Steffen Hölldobler et al. (Hrsg.)

Ausgezeichnete Informatikdissertationen 2015

Im Auftrag der GI herausgegeben durch die Mitglieder des Nominierungsausschusses

Abraham Bernstein, Universität Zürich
Wolfgang Effelsberg, Universität Mannheim
Felix Freiling, Universität Erlangen-Nürnberg
Steffen Hölldobler (Vorsitzender), Technische Universität Dresden
Hans-Peter Lenhof, Universität des Saarlandes
Paul Molitor, Martin-Luther-Universität Halle-Wittenberg
Gustaf Neumann, Wirtschaftsuniversität Wien
Rüdiger Reischuk, Universität zu Lübeck
Nicole Schweikardt, Humbold-Universität zu Berlin
Myra Spiliopoulou, Otto-von-Guericke-Universität Magdeburg
Harald Störrle, Technical University of Denmark
Sabine Süsstrunk, École Polytechnique Fédérale de Lausanne

Gesellschaft für Informatik e.V. (GI)

Lecture Notes in Informatics (LNI) - Dissertations
Series of the Gesellschaft für Informatik (GI), Volume D-16
ISBN 978-3-88579-975-7

Dissertations Editorial Board
Prof. Dr. Steffen Hölldobler (Chair), Technische Universität Dresden,
Fakultät für Informatik, Institut für Künstliche Intelligenz, 01062 Dresden

Abraham Bernstein, Universität Zürich
Wolfgang Effelsberg, Universität Mannheim
Felix Freiling, Universität Erlangen-Nürnberg
Steffen Hölldobler (Vorsitzender), Technische Universität Dresden
Hans-Peter Lenhof, Universität des Saarlandes
Paul Molitor, Martin-Luther-Universität Halle-Wittenberg
Gustaf Neumann, Wirtschaftsuniversität Wien
Rüdiger Reischuk, Universität zu Lübeck
Nicole Schweikardt, Humbold-Universität zu Berlin
Myra Spiliopoulou, Otto-von-Guericke-Universität Magdeburg
Harald Störrle, Technical University of Denmark
Sabine Süsstrunk, École Polytechnique Fédérale de Lausanne

Series Editorial Board
Heinrich C. Mayr, Alpen-Adria-Universität Klagenfurt, Austria
(Chairman, mayr@ifit.uni-klu.ac.at)
Dieter Fellner, Technische Universität Darmstadt, Germany
Ulrich Flegel, Hochschule für Technik, Stuttgart, Germany
Ulrich Frank, Universität Duisburg-Essen, Germany
Johann-Christoph Freytag, Humboldt-Universität zu Berlin, Germany
Michael Goedicke, Universität Duisburg-Essen, Germany
Ralf Hofestädt, Universität Bielefeld, Germany
Michael Koch, Universität der Bundeswehr München, Germany
Axel Lehmann, Universität der Bundeswehr München, Germany
Peter Sanders, Karlsruher Institut für Technologie (KIT), Germany
Sigrid Schubert, Universität Siegen, Germany
Ingo Timm, Universität Trier, Germany
Karin Vosseberg, Hochschule Bremerhaven, Germany
Maria Wimmer, Universität Koblenz-Landau, Germany

Dissertations
Steffen Hölldobler, Technische Universität Dresden, Germany
Seminars
Reinhard Wilhelm, Universität des Saarlandes, Germany
Thematics
Andreas Oberweis, Karlsruher Institut für Technologie (KIT), Germany

© Gesellschaft für Informatik, Bonn 2016
printed by Köllen Druck+Verlag GmbH, Bonn

Vorwort

Die Gesellschaft für Informatik e.V. (GI) vergibt gemeinsam mit der Schweizer Informatik Gesellschaft (SI), der Österreichischen Computergesellschaft (OCG) und dem German Chapter of the ACM (GChACM) jährlich einen Preis für eine hervorragende Dissertation im Bereich der Informatik. Hierzu zählen nicht nur Arbeiten, die einen Fortschritt in der Informatik bedeuten, sondern auch Arbeiten aus dem Bereich der Anwendungen in anderen Disziplinen und Arbeiten, die die Wechselwirkungen zwischen Informatik und Gesellschaft untersuchen. Die Auswahl dieser Dissertationen stützt sich auf die von den Universitäten und Hochschulen für diesen Preis vorgeschlagenen Dissertationen. Jede dieser Hochschulen kann jedes Jahr nur eine Dissertation vorschlagen. Somit sind die im Auswahlverfahren vorgeschlagenen Kandidatinnen und Kandidaten bereits „Preisträger" ihrer Hochschule.

Die 38 Einreichungen zum Dissertationspreis 2015 belegen die zunehmende Bedeutung und auch die Bekanntheit des Dissertationspreises. Wie jedes Jahr wurden die vorgeschlagenen Arbeiten im Rahmen eines Kolloquiums im Leibniz-Zentrum für Informatik Schloss Dagstuhl von den Nominierten vorgestellt. Für die Mitglieder des Nominierungsausschusses war das persönliche Zusammentreffen mit den Nominierten der Höhepunkt der Auswahlarbeit, und für die Nominierten hat das Kolloquium sicher eine Reihe neuer Erfahrungen und wissenschaftlicher Kontakte geboten. Das wissenschaftlich sehr hohe Niveau der Vorträge, die regen Diskussionen und die angenehme Atmosphäre in Schloss Dagstuhl wurde von allen Teilnehmerinnen und Teilnehmern des Kolloquiums sehr begrüßt.

Wie in jedem Jahr fiel es dem Nominierungsausschuss sehr schwer, eine einzige Dissertation auszuwählen, die durch den Preis besonders gewürdigt wird. Mit der Präsentation aller vorgeschlagenen Dissertationen in diesem Band wird die Ungerechtigkeit, eine aus mehreren ebenbürtigen Dissertationen hervorzuheben, etwas ausgeglichen. Dieser Band soll zudem einen Beitrag zum Wissenstransfer innerhalb der Informatik und von den Universitäten und Hochschulen in die Bereiche Technik, Wirtschaft und Gesellschaft leisten.

Die beteiligten Gesellschaften zeichnen Herrn Dr. rer. nat. Radu Curticapean für seine hervorragende Dissertation „The simple, little and slow things count: On parameterized counting complexity" mit dem Dissertationspreis 2015 aus.

Im Zentrum der Dissertation steht das algorithmische Problem, die Anzahl der perfekten Matchings in einem Graphen zu bestimmen. In diesem klassischen Bereich der Komplexitätstheorie löst Dr. Curticapean mehrere graphtheoretische Fragestellungen, an denen sich gestandene Experten jahrelang versucht haben. Dabei setzt er neben bekannten komplexen Methoden auch von ihm – größtenteils alleine – entwickelte neue Methoden ein.

Mit dieser Preisverleihung würdigen die beteiligten Gesellschaften – die Gesellschaft für Informatik e.V. (GI), die Schweizer Informatik Gesellschaft (SI), die Österreichische Computergesellschaft (OCG) und das German Chapter of the ACM (GChACM) – eine herausragende wissenschaftliche Arbeit, die auf dem Gebiet der Komplexitätstheorie einen nennenswerten Fortschritt darstellt.

Ein besonderer Dank gilt dem Nominierungsausschuss, der sehr effizient und konstruktiv zusammengearbeitet hat. Bei Frau Emmanuelle-Anna Dietz möchte ich mich für die Unterstützung bei der Entgegennahme der vorgeschlagenen Dissertationen, für die Organisation des Kolloquiums sowie für die Zusammenstellung und Anpassung der Beiträge an das Format der GI-Edition Lecture Notes in Informatik (LNI) bedanken. Für die finanzielle Unterstützung des Nominierungskolloquiums sei den beteiligten Gesellschaften gedankt. Die Gastfreundlichkeit und die hervorragende Bewirtung in Dagstuhl trugen zum Erfolg des Kolloquiums bei, wofür ich mich an dieser Stelle ebenfalls herzlich bedanke.

Steffen Hölldobler
Dresden im August 2016

Kandidaten für den
GI-Dissertationspreis 2015

Dr.-Ing. Bernhard, Jürgen	TU Dramstadt
Dr. rer. nat. Bläsius, Thomas	Karlsruher Institut für Informatik
Dr. Bremer, Jörg	Carl von Ossitzky Universität Oldenburg
Dr. rer. nat. Breuer, Alexander	Technische Universität München
Dr. Brosch, Tobias	Universität Ulm
Dr. Christakis, Maria	ETH Zürich
Dr. rer. nat. Curticapean, Radu	Universität des Saarlandes
Dr. Dokmanić, Ivan	Ecole Polytechnique Fédérale de Lausanne
Dr. rer. nat. Dörr, Daniel	Universität Bielefeld
Dr.-Ing. Eberius, Julian	Technische Universität Dresden
Forler, Christian	Bauhaus-Universität Weimar
Dipl.-Ing. Hölzl, Gerold	Johannes Kepler Universität Linz
Dr. Isberner, Malte	TU Dortmund
Dr. rer. nat. Kehrer, Timo	Universität Siegen
Dipl.-Ing. Dr.techn. Kreilinger, Alex	Technische Universität Graz
Dr. Krinninger, Sebastian	Universität Wien
Dr. rer. nat. Krämer, Juliane	Technische Universität Berlin
Dr. Le, Hoang M.	Universität Bremen
Dr. Liebig, Jörg	Universität Passau
Dr. rer. nat. Mittelstädt, Sebastian	Universität Konstanz
Dr. Moritz, Ruby	Universität Leipzig
Dr. Mustafa, Maryam	Technische Universität Braunschweig
Dr. Niemann, Katja	RWTH Aachen
Dr. Reitmaier, Tobias	Universität Kassel
DI DI Dr. Rodler, Patrick	Alpen-Adria-Universität Klagenfurt
Dr. Schmitt, Berthold Immanuel	Friedrich-Alexander-Universität Erlangen-Nürnberg
Dr. rer. nat. Steuwer, Michel	Westfälische Wilhelms-Universität
Dr. Strötgen, Jannik	Universität Heidelberg
Mag.rer.soc.oec. Bakk.techn. Taha, Abdel Aziz	Technische Universität Wien
Dr. -Ing. Thüm, Thomas	Otto-von-Guericke-Universität Magdeburg
Dr.rer.nat. Thom, Dennis	Universität Stuttgart
Dr. rer. nat. Urbaczek, Sascha	Universität Hamburg
Dr. Wachsmuth, Henning	Universität Paderborn
Dr. Wamser, Florian	Julius-Maximilians-Universität Würzburg
Dr. Wander, Matthäus	Universität Duisburg-Essen
Dr. Winkler, Thomas	Universität Regensburg
Dr. rer. nat. Zerr, Sergej	Leibniz Universität Hannover
Dr. Zhang, Shanshan	Universität Bonn

Mitglieder des Nominierungsausschusses für den GI-Dissertationspreis 2015

Von links nach rechts:

Prof. Dr.-Ing. Wolfgang Effelsberg	Universität Mannheim
Prof. Dr. Gustaf Neumann	Wirtschaftsuniversität Wien
Prof. Dr. Harald Störrle	Technical University of Denmark
Prof. Dr. Myra Spiliopoulou	Otto-von-Guericke-Universität Magdeburg
Prof. Dr. Sabine Süsstrunk	École Polytechnique Fédérale de Lausanne
Prof. Dr. Steffen Hölldobler (Vorsitzender)	Technische Universität Dresden
Prof. Dr. Paul Molitor	Martin-Luther-Universität Halle-Wittenberg
Prof. Dr.-Ing. Felix Freiling	Universität Erlangen-Nürnberg
Prof. Dr. Abraham Bernstein	Universität Zürich
Prof. Dr. Hans-Peter Lenhof	Universität des Saarlandes
Prof. Dr. Nicole Schweikardt	Humbold-Universität zu Berlin

Nicht im Bild:

Prof. Dr. Rüdiger Reischuk   Universität zu Lübeck

Inhaltsverzeichnis

Jürgen Bernhard
Explorative Suche in Zeitbasierten Primärdaten 11

Thomas Bläsius
Neue Methoden für klassische Grapheinbettungsprobleme
- Orthogonale Zeichnungen & bedingte Planarität 21

Jörg Bremer
Constraint-Handling mit Supportvektor-Dekodern in der verteilten Optimierung. 31

Alexander Breuer
Hochperformante Erdbebensimulationen 41

Tobias Brosch
Kognitiver sequentieller Parallelismus: Von kanonischen neuronalen
Schaltkreisen und dem Training rekurrenter neuronaler Netze für
perzeptuelle Entscheidungsfindungen 51

Maria Christakis
Brückenschlag zwischen Verifikation und systematischem Testen 61

Radu Curticapean
Die einfachen, kleinen und langsamen Dinge zählen 71

Ivan Dokmanić
Anhören von Abständen und Hören von Formen:
Inverse Probleme in Raumakustik und darüber hinaus 81

Daniel Dörr
Genfamilienfreier Genomvergleich 91

Julian Eberius
Datenintegration zur Anfragezeit 101

Christian Forler
Analyse, Design und Einsatz kryptographischer Primitive 111

Gerold Hölzl
Zielorientiertes Sensing im Pervasive Computing 121

Malte Isberner
Grundlagen des aktiven Automatenlernens: Eine algorithmische Sichtweise 131

Timo Kehrer
*Berechnung und Propagation von Modelländerungen
auf der Basis von Editieroperationen* 141

Alex Kreilinger
*Verbessern von kontinuierlichen Anwendungen,
die mit Bewegungsvorstellung kontrolliert werden,
mittels hybriden Gehirn-Computer Schnittstellen Design-Prinzipien* 151

Sebastian Krinninger
*Schnellere Approximationsalgorithmen
zur Partiell-Dynamischen Berechnung Kürzester Wege* 161

Juliane Krämer
*Warum wir uns in der Kryptographie nicht
auf die Komplexität physikalischer Angriffe verlassen sollten* 171

Hoang M. Le
*Funktionale Verifikation eingebetteter Systeme:
Techniken und Werkzeuge auf Systemebene* 179

Jörg Liebig
Analyse und Transformation konfigurierbarer Systeme 189

Sebastian Mittelstädt
*Methoden für effektive Farbkodierung und
zur Kompensation von Kontrasteffekten* 199

Ruby Moritz
Kooperation in selbstorganisierten heterogenen Schwärmen 209

Maryam Mustafa
ElectroEncephaloGraphics: Eine neue Modalität für die Grafikforschung 219

Katja Niemann
*Discovery of Usage-based Item Similarities
to Support Recommender Systems in Dealing with Rarely Used Items* 229

Tobias Reitmaier
*Aktives Lernen für Klassifikationsprobleme
unter der Nutzung von Strukturinformationen* 239

Patrick Rodler
Interaktives Debugging von Wissensbasen 249

Berthold Immanuel Schmitt
Konvergenzanalyse für die Partikelschwarmoptimierung 259

Michel Steuwer
Verbesserung der Programmierbarkeit und
Performance-Portabilität von Manycore-Prozessoren 269

Jannik Strötgen
Domänen-sensitives Temporal Tagging
für Event-zentriertes Information Retrieval 279

Abdel Aziz Taha
Bias, Effizienz und Hubness:
Herausforderungen in der Anwendbarkeit von Metriken 289

Thomas Thüm
Spezifikation und Verifikation von Produktlinien
mit Feature-orientierten Verträgen 299

Dennis Thom
Visuelle Analyse Sozialer Medien für die Situationseinschätzung 309

Sascha Urbaczek
Ein konsistentes Framework für automatisiertes virtuelles Screening 319

Henning Wachsmuth
Pipelines für effiziente und robuste Ad-hoc-Textanalyse 329

Florian Wamser
Leistungsbewertung von Ressourcenmanagementstrategien
für zelluläre und drahtlose Mesh-Netzwerke 339

Matthäus Wander
Über die Auswirkungen von DNSSEC auf das Internet 349

Thomas Winkler
Methoden zur genomweiten Evaluierung von Gen-Strata-Interaktionen 359

Sergej Zerr
Datenschutzorientierte Analyse, Indizierung und
Suche von Dokumenten in Sozialen Internetanwendungen 369

Shanshan Zhang
Effiziente Fußgängererkennung in Städtischen Verkehrsszenen 379

Explorative Suche in Zeitbasierten Primärdaten[1]

Jürgen Bernard[2]

Abstract:

Die Ära des Big Data birgt gewaltige Potenziale für die datenzentrierte Forschung, denen Herausforderungen wie die Größe, die Qualität oder temporale Aspekte der Daten gegenüberstehen. Für die explorative Suche nach unerforschtem Wissen in komplexen Daten benötigen Domänenexperten effektive Analysetechniken und -systeme. Im Design dieser Systeme lassen sich die Kompetenzen von Data Scientists mit denen der Domänenexperten vereinen. Am Beispiel von zeitbasierten Primärdaten präsentiere ich in meiner Dissertation Konzepte, Richtlinien, Techniken und Systeme für die explorative Suche zur Unterstützung der datenzentrierten Forschung. Dabei verfolge ich in einem Visual-Analytics-Ansatz die strikte Kopplung von visuell-interaktiven Benutzerschnittstellen mit algorithmischen Modellen zur Datenanalyse. Beim Design von explorativen Suchsystemen ermögliche ich den Vergleich und die Auswahl von Modellen, unter Einbezug von Domänenexperten.

1 Einleitung

Die Menschheitsgeschichte war stets geprägt von wissenschaftlichen Paradigmen. Nach der experimentellen Wissenschaft in der Antike, der theoretischen Wissenschaft im Mittelalter, und der simulationsbasierten Wissenschft ab dem Computerzeitalter, erleben wir heute das Paradigma der *datenzentrierten Forschung* [HTT09]. Die Suche nach interessanten Strukturen in großen Datenmengen wird zur wissenschaftlichen Praxis. Damit sieht sich die datenzentrierte Forschung mit Herausforderungen aus dem Big-Data-Bereich, wie z.B. der Informationsüberlastung (engl. Information Overload), konfrontiert. Dringend bedarf es neuer, intelligenter Lösungen für die Analyse und Exploration komplexer Daten.

In meiner Dissertation fokussiere ich mich auf *zeitbasierte Primärdaten*, einem Datentyp zur Erfassung von komplexen, temporalen Phänomenen (a.k.a. *Zeitserien, Zeitreihen*), zwei Anwendungsdomänen sind in Abbildung 1 dargestellt. Die temporale Eigenschaft der Daten ermöglicht spezielle Analysetasks, wie etwa die Identifikation von Trends, periodischen Mustern, oder temporalen Anomalien. Primärdaten beschreiben Phänomene in ihrer ursprünglichen Form und unterliegen damit keiner Veränderung oder Manipulation. So bergen zeitbasierte Primärdaten unerforschtes Wissen, welches insbesondere für die datenzentrierte Forschung von großem Interesse ist. Um Erkenntnisse aus den Primärdaten zu ziehen und diese zu verifizieren, bedarf es geeigneter Werkzeuge aus der explorativen und konfirmativen Datenanalyse. Neben der Größe und der Heterogenität komplexer Daten, sind die Qualität und der Zeitbezug spezielle datenseitige Problemstellungen. Zusätzlich zum Dateninhalt (engl. Content), stellen Metadaten (Daten über Daten) eine weitere Komplexität dar. Die Suche nach Zusammenhängen zwischen dem Dateninhalt und Metadaten (z.B. Variablen die temporale Veränderungen in Klimamessungen erklären könnten) ist in vielen Forschungsbereichen höchst relevant, und nicht selten zeitaufwändig.

Eine Vision in der datenzentrierten Forschung ist die Sicherstellung der *Wiederverwendbarkeit* von erhobenen Primärdaten, insbesondere für zeitbasierte, unwiederbringliche Da-

---

[1] Englischer Titel der Dissertation: "Exploratory Search in Time-Oriented Primary Data"
[2] Fraunhofer-Institut für Graphische Datenverarbeitung IGD, Darmstadt, juergen.bernard@igd.fraunhofer.de

(a) Datenzentrierte Forschung in der Klimaforschung. An der Neumayer Station in der Antarktis werden Wetterphänomene mit Sensoren gemessen. Seit über 30 Jahren werden diese zeitbasierten Primärdaten aus der ganzen Welt zusammengetragen, und stehen der Forschung zur Wiederverwendung bereit.

(b) Links: Tracking menschlicher Bewegungsdaten mit Markern. Domänenexperten in Sportwissenschaften, Medizin, oder Biomechanik interessieren sich für Variationen in Bewegungsabläufen. Rechts: Evaluierung des MotionExplorer Systems zur explorativen Suche in Bewegungsdaten.

Abb. 1: Forschungsgebiete in denen zeitbasierte Primärdaten gemessen, verarbeitet, und anschließend für die wissenschaftliche Wiederverwendung persistiert werden.

ten. Diverse Domänenexperten aus der Forschungslandschaft können so an den selben Daten forschen. Zu weiten Teilen ungelöst ist jedoch das Problem des intuitiven und effektiven Zugangs zu großen, komplexen Datenkollektionen. Die Unterstützung der Suche nach relevanten Daten *ohne* Vorwissen gilt hierbei als besonders schwierig, und bedarf neuartiger, explorativer Datenanalysetechniken. Digitale Bibliotheken und ähnliche Infrastrukturen können hier in Zukunft eine noch zentralere Rolle spielen.

Ziel meiner Dissertation ist die Unterstützung der datenzentrierten Forschung bei der Wiederverwendung und der Analyse von zeitbasierten Primärdaten. Dazu setze ich das Konzept der explorativen Suche [Ma06, WR09] erstmals für zeitbasierte Primärdaten in die Praxis um. Grundsätzlich repräsentiert die explorative Suche die Idee, verschiedene Informationsbedürfnisse des Nutzers in einem System vereint zu unterstützen. Dabei sollen Aktivitäten vom Abrufen von Faktenwissen (Suche) bis hin zur Erkundung völlig neuer Such- und Informationsräume (Exploration) unterstützt werden. Um die explorative Suche erstmals für zeitbasierte Primärdaten umzusetzen, bediene ich mich der Techniken der Informationsvisualisuerung und der Visual Analytics. Die Informationsvisualisierung ist die Lehre der visuell-interaktiven Repräsentierung von abstrakten Daten [CMS99], Visual Analytics erforscht das geeignete Zusammenspiel zwischen automatischer Datenanalyse und visueller Datenexploration [Ke10].

Eine Recherche verwandter Arbeiten ergab insbesondere folgende ungelöste Probleme. Zunächst existierte die explorative Suche weitestgehend nur als Konzept, mit der Ausnahme von Systemen für Textdaten. Es fehlte an Strategien, um das Design geeigneter Systeme auch methodisch zu unterstüzen. Der inhaltsbasierte Zugang zu zeitbasierten Primärdaten stellte ein zentrales technisches Problem dar. So war die Suche bisher nur über Metadaten (Daten über Daten) möglich. Zur Unterstützung der explorativen Datenanalyse lag eine Schwierigkeit darin, einen Überblick über große Mengen an zeitbasierten Primärdaten in einem visuellen Suchsystem anzubieten. Des Weiteren bestand ein Defizit in Suchsystemen darin, dass die Identifikation von Zusammenhängen zwischen Zeitseriendaten (dem Dateninhalt) und Metadaten nicht Teil des analytischen Repertoires war.

In dieser Dissertation beschäftige ich mich mit diesen Herausforderungen und entwickle Methoden, Techniken, und Systeme für die explorative Suche in zeitbasierten Primärdaten.

Es werden Methoden für das Design von explorativen Suchsystemen aufgezeigt (Kapitel 3). Darauf aufbauend stellen die Kapitel 4, 5, und 6 die technischen Schwerpunkte der Dissertation dar. Zunächst löst das erste Visual Analytics System für das visuell-interaktive Preprocessing von Zeitseriendaten das Problem des inhaltsbasierten Zugangs zu zeitbasierten Primärdaten. Ein weiteres Kapitel stellt Richtlinien und Techniken für das Design von Überblicksvisualisierungen für Zeitseriendaten vor. Schließlich werden drei neuartige Techniken für die kombinierte Analyse von Dateninhalt und Metadaten vorgestellt. Die technischen Beiträge dieser Dissertation berücksichtigen explizit die Herausforderung, geeignete algorithmische Modelle in der richtigen Reihenfolge und mit den richtigen Parametern zu wählen. Des Weiteren wird für alle Techniken beschrieben, wie Nutzer in das Design involviert werden können. In Kapitel 7 validiere ich die Methoden und Techniken anhand zweier explorativer Suchsysteme für zeitbasierte Primärdaten.

Mit den Ergebnissen dieser Dissertation [Be15c] leiste ich einen Beitrag zur Wiederverwendung von zeitbasierten Primärdaten, insbesondere zur Unterstützung der datenzentrierten Forschung. Nutzer können durch die Definition von visuell-interaktiven Suchanfragen (query-by-sketch, query-by-example) direkt im Dateninhalt suchen. Mit visuell-interaktiven Überblicksdarstellungen sind Nutzer zudem in der Lage unbekannte Zusammenhänge im Suchraum zu explorieren und diese für die Wissenserweiterung zu nutzen. Durch die Öffnung des Designprozesses für den Nutzer und die strikt visuelle Art der Datenrepräsentierung leistet diese Dissertation zudem einen Beitrag zum User-centered Design, sowie zur Kommunikation von Information und Wissen aus zeitbasierten Primärdaten.

2 Zielsetzung und Problemdefinition

Die übergeordnete Zielsetzung dieser Dissertation lässt sich wie folgt beschreiben: Wie kann, für eine spezifische Forschungsfrage, ein Analysesystem zur Suche und Exploration in großen Datenmengen entwickelt werden, das (a) auf die charakteristischen Eigenschaften der Daten Bezug nimmt, (b) die spezifischen Nutzeranforderungen berücksichtigt, und (c) dabei einen möglichst umfassenden Pool an Analysealgorithmen, Visualisierungs- und Interaktionstechniken bereitstellt. Zudem soll, neben den Lösungen für spezifische datenzentrierte Forschungsprobleme, ein allgemeiner Ansatz hervorgehen, der es Data Scientists und Domänenexperten ermöglicht, gemeinsam explorative Suchsysteme in wesentlich kürzerer Zeit zu entwickeln, als dies derzeit mit dem Stand der Technik möglich ist. Auf Basis einer sorgfältigen Literaturrecherche beschreibe ich im Folgenden die sechs größten Herausforderungen C_x dieser Zielsetzung.

C_{MES} **Fehlende Methodologie** Data Scientists sind mit einer Reihe von Freiheitsgraden (engl. Design Space) konfrontiert, unter Anderem aufgespannt durch komplexe Daten, individuelle Nutzerwünsche, und spezifische Analysetasks im explorativen Suchkontext. In der Informationsvisualisierung und der Visual Analytics wurden eine Reihe von Konzepten und Techniken erforscht, die auch für das Design von explorativen Suchsystemen von Nutzen wären. Hier bedarf es jedoch zunächst einer genauen Betrachtung von Anknüpfungspunkten und Synergieeffekten.

C_{CBA} **Inhaltsbasierter Zugang zu Zeitbasierten Primärdaten** Die Verwendung des Dateninhalts ist ein vielversprechender Ansatz für effektive Such- und Explorationsmechanismen. Der inhaltsbasierte Zugang zu textuellem Dateninhalt spielt hier eine Pionierrolle. Jedoch gibt es z.B. kaum Digitale Bibliothekssysteme, deren Funktionsumfang die inhalts-

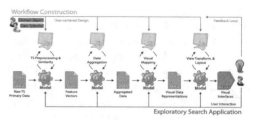
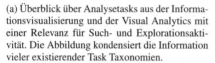

(a) Überblick über Analysetasks aus der Informationsvisualisierung und der Visual Analytics mit einer Relevanz für Such- und Explorationsaktivität. Die Abbildung kondensiert die Information vieler existierender Task Taxonomien.

(b) Referenzworkflow für das Design und die Anwendung von explorativen Suchsystemen. In vier Schritten bestimmen Data Scientists und Domänenexperten algorithmische Modelle und Parameter. Das Resultat ist ein Analyseprozess, integriert in eine visuell-interaktive Benutzerschnittstelle.

Abb. 2: Schematische Darstellungen der zwei wesentlichen konzeptionellen Beiträge.

basierte Suche in Zeitseriendaten unterstützt. Die unsichere Datenqualität und der Zeitbezug sind spezifische Probleme zeitbasierter Primärdaten für den inhaltsbasierten Zugang.

C_{CBO} **Visuelle Repräsentierung des Inhalts großer Datenmengen** Eine wichtige Eigenschaft effektiver Analysesysteme ist die Unterstützung der Nutzer bei der Identifikation von struktureller Information großer Datenmengen. Eine zentrale Herausforderung beim Design solcher Überblickstechniken ist die Aggregation der Daten, welche zudem in eine visuelle Form gebracht, und in das explorative Suchsystem integriert werden müssen. Neben dem Visualisierungsdesign spielt das Interaktionsdesign eine entscheidende Rolle.

C_{C+M} **Zusammenhänge zwischen Dateninhalt und Metadaten** Die Integration von Metadaten in den Analyseprozess ist ein mächtiges, und zu gleich schwieriges analytisches Konzept. Die Charakterisierung von Zusammenhängen (Korrelationen, Assoziationen, etc.), und die Bewertung von deren Interessantheit ist abhängig von der Forschungsfrage. Schließlich bedarf es neuartiger Visualisierungs- und Interaktionstechniken für deren Exploration.

C_{MPC}, C_{UCD} **Übergeordnete Problemstellungen** Schließlich stellen (a) die Wahl von geeigneten algorithmischen Modellen und Parametern C_{MPC}, sowie (b) der Einbezug der Nutzergruppe in das Design C_{UCD} eigene Problemstellungen dar. Diese haben Einfluss auf die Umsetzung aller technischer Beiträge dieser Dissertation. Das Design von explorativen Suchsystemen führt zu einer Reihe von technischen Freiheitsgraden die sich aus der Kombination von Daten, Nutzern und Tasks ergeben. Die Wahl geeigneter algorithmischer Modelle in geeigneter Reihenfolge, mit geeigneten Parametern C_{MPC} ist grundsätzlich schwierig. Bereits kleine Änderungen im Analyseworkflow haben oft gravierende Auswirkungen auf das Analyseergebnis. Den technischen Freiheitsgraden gegenüber steht die Notwendigkeit des Einbezugs der Nutzer in das Design C_{UCD}, insbesondere bei der Unterstützung von Domänenexperten in der datenzentrierten Forschung. Grundsätzlich sollte der Designprozess iterativ ablaufen. Wichtige Designentscheidungen sollten nutzerbestimmt sein.

3 Konzeptueller Beitrag

Der konzeptionelle Beitrag dieser Dissertation löst das Problem der fehlenden Methodologie für das Design von explorativen Suchsystemen C_{MES} in zwei wesentlichen Teilaspekten.

Zunächst wird ein *Überblick über analytische Tasks* gegeben, die für das Design von explorativen Suchsystemen relevant sind. Um Data Scientists das Design von explorativen

Explorative Suche in Zeitbasierten Primärdaten   15

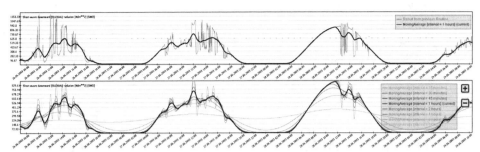

Abb. 3: Visuell-interaktives Preprocessing von Zeitserien. Oben: Nutzer vergleichen eine geglättete Zeitserie (schwarz) mit der ursprünglichen, verrauschten Zeitserie (grau). Unten: Vergleich zwischen der aktuellen Modell-Parameterisierung (schwarz) und 7 Alternativvorschlägen vom System (blau bis braun). Beide Visualisierungen ermöglichen die Optimierung von Modell und Parameterwahl.

Suchsystemen zu erleichtern, sind alle analytischen Tasks in einer einzigen schematischen Darstellung vereint (siehe Abbildung 2a). Diese Darstellung ist das Ergebnis eines Surveys über Tasktaxonomien und Methodologien aus der Informationsvisualisierung, Visual Analytics, sowie den verwandten Domänen Human-Computer Interaction (HCI), Data Mining (DM), und Knowledge Discovery in Databases (KDD).

Der zweite Beitrag beschreibt einen *Referenzworkflow* für das Design und die Anwendung von explorativen Suchsystemen (siehe Abbildung 2b). In vier Schritten wird der Designprozess für visuell-interaktive Benutzerschnittstellen beschrieben. Dabei stellt jeder der vier Schritte eine Instanzierung des Visual Analytics Referenzmodells [Ke10] dar, welches (1) Daten, (2) algorithmische Modelle, (3) visuell-interaktive Nutzerschnittstellen, und (4) resultierende Erkenntnisse in Bezug setzt. Der Referenzworkflow erleichtert das Design von visuell-interaktiven Benutzerschnittstellen, und hilft bei der Optimierung der Wahl, Parameterisierung, und Verschaltung von algorithmischen Modellen.

Zusammenfassend stellt der konzeptuelle Beitrag der Dissertation den Stand der Technik aus der Informationsvisualisierung und der Visual Analytics zusammen, und baut darauf einen allgemeinen Ansatz für das Design von explorativen Suchsystemen auf. Data Scientists haben nun die Möglichkeit, in Kollaboration mit Domänenexperten, spezifische Forschungsfragen gezielt durch neuartige explorative Suchsysteme zu unterstützen.

4   Visuell-Interaktives Preprocessing von Zeitbasierten Primärdaten

Kapitel 4 der Dissertation addressiert das Problem des inhaltsbasierten Zugangs zu zeitbasierten Primärdaten C_{CBA}. Präsentiert wird der erste Visual Analytics Ansatz für das visuell-interaktive Preprocessing von Zeitserien [Be12a]. So ist es nun möglich die *Qualität* von zeitbasierten Primärdaten visuell-interaktiv zu analysieren und zu optimieren. Hierzu stehen eine Reihe von algorithmischen Modellen aus dem Bereich des Time Series Data Mining zur Verfügung, welche Data Scientists gemeinsam mit Domänenexperten zu einem Preprocessing-Workflow verschalten können. Abbildung 3 zeigt ein solches algorithmisches Modell. Ein Nutzer glättet eine verrauschte Zeitserie durch eine Moving Average Routine. Das System gibt visuelles Feedback durch den Input-Output Vergleich (oben), und durch Parameter-Guidance (unten) C_{MPC}. Fehler in der Konstruktion von Workflows, wie zum Beispiel Kaskadeneffekte, lassen sich somit direkt erkennen und beseitigen. Um in explorativen Suchsystemen effektive und effiziente Retrieval- und Analysealgorithmen ausführen zu können, stellt der Ansatz zudem algorithmische Modelle zur Verfügung, mit denen Zeitserien in den *Feature Space* transformiert werden können.

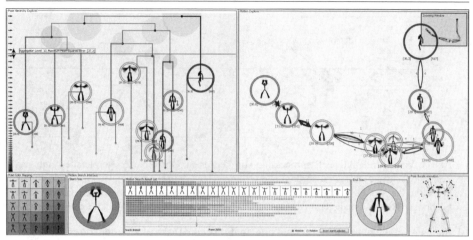

Abb. 4: Explorative Suche in menschlichen Bewegungsdaten. In zwei inhaltsbasierten Überblicksvisualisierungen werden tausende menschlicher Posen (oben links) und Bewegungen zwischen Posen (oben rechts) auf intuitive Weise dargestellt. Mit nur 5 Klicks kann ein Domänenexperte 2 Posen auswählen (hier: rote Pose und grüne Pose), worauf die Suche nach Subsequenzen gestartet wird (siehe unten). Im Beispiel visualisiert das System 12 gefundene Hampelmann-Bewegungen.

Diese Modelle werden häufig als (Zeitserien-) *Deskriptoren* bezeichnet, welche nun auch visuell-interaktiv in den Workflow integrierbar sind. Schließlich schließt dieser Ansatz die visuell-interaktive Definition von Ähnlichkeitsmaßen für Zeitserien mit ein.

Zusammenfassend stellt der präsentierte wissenschaftliche Beitrag zur Konstruktion von Preprocessing Workflows einen vollständigen Umstieg auf einen visuell-interaktiven Ansatz dar. Auf effiziente Weise können Data Scientists, gemeinsam mit Domänenexperten, effektive Preprocessing Workflows für zeitbasierte Primärdaten konstruieren C_{UCD}. Nach Abschluss eines Workflows kann dieser dann voll-automatisch Zeitserien prozessieren. Eine der naheliegenden Anwendungen ist der nutzerzentrierte, inhaltsbasierte Zugang zu zeitbasierten Primärdaten mit der anschließenden Integration in explorative Suchsysteme.

5 Visueller Überblick über den Dateninhalt

Kapitel 5 der Dissertation beschreibt Lösungen zur visuellen Repräsentierung großer Datenmengen C_{CBO} in drei technischen Aspekten. Zunächst werden visuell-interaktive Techniken für den Clusteranalyseprozess präsentiert [Be11]. Hier werden unter Anderem neuartige Techniken für die halb-überwachte (engl. semi-supervised) Clusteranalyse, und für die Qualitätsbewertung von Clusterergebnissen vorgestellt. Der zweite Beitrag zeigt auf wie aggregierte Daten, als Produkt des Clusteringprozesses, visuell repräsentiert werden können. Hierbei liegt besonderes Augenmerk auf der kombinierten Visualisierung von Clusters und deren Datenpunkten, sowie auf dem wissenschftlich korrekten Umgang mit *Farbe*, als ähnlichkeitserhaltende, visuelle Variable zum visuellen Vergleich von Clusters [Be15b]. Der dritte Beitrag zeigt Möglichkeiten auf, wie aggregierte Daten auf sinnvolle Weise in einem 2D Layout arrangiert werden können. Von besonderer Wichtigkeit ist hier der sinnvolle Einsatz von Algorithmen zur Dimensionsreduktion (Projektion) zur Beibehaltung struktureller Information hochdimensionaler Daten.

In allen drei Beiträgen wird Wert auf den Einbezug von Nutzerwünschen gelegt C_{UCD}, sowie auf die richtige Wahl von algorithmischen Modellen und Modellparametern C_{MPC}. So

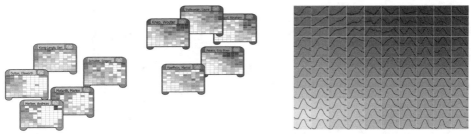

Abb. 5: Analyse von Zusammenhängen zwischen zehn Forschern (links) und den von ihnen gemessenen und publizierten Primärdaten im Überblick (rechts). Ein Layout arrangiert die zehn Forscher anhand der Ähnlichkeit ihrer Daten. Interessanterweise bilden sich zwei Gruppen von Forschern deutlich heraus. Gespräche mit dem Domänenexperten ergaben, dass die Forschergruppe 'braun' überwiegend im Antarktischen misst. Eine Mosaikmetapher zeigt die Daten als visuelle Signaturen.

können Data Scientists nun z.b. in den Clusteranalyseprozess eingreifen, bzw. auf effektive Weise geeignete Clusteralgorithmen und Parameter identifizieren. Abbildung 4 zeigt ein Anwendungsbeispiel das von allen drei technischen Aspekten profitiert.

6 Kombinierte Analyse von Dateninhalt und Metadaten

Kapitel 6 der Dissertation löst Probleme bei der Analyse von Zusammenhängen zwischen dem Dateninhalt (Zeitserien) und Metadaten C_{C+M}. Es werden drei Techniken präsentiert, die es Nutzern ermöglichen auf visuell-interaktive Weise nach interessanten Zusammenhängen zwischen zeitbasierten Primärdaten und Metadaten zu suchen. Die Ansätze unterscheiden sich in der Festlegung der abhängigen Variable, und damit in der Art der unterstützten wissenschaftlichen Fragestellung. Im ersten Ansatz wird die Zielvariable im Dateninhalt festgelegt [Be12c]. Das System präsentiert interessante Metadaten, die mit dem Dateninhalt in Zusammenhang stehen (z.B. "Verläufe hoher Luftfeuchtigkeit treten verstärkt in tropischen Regionen auf"). Der Zweite Ansatz unterstützt das inverse Informationsbedürfnis: für ein festgelegtes Metadatenattribut werden interessante Zeitverläufe exploriert (Beispiel Finanzbranche: "die Internetbranche erlebte Ende der 90er Jahre einen starken Aufwärtstrend") [Be12b]. Schließlich wird ein Explorationssystem vorgestellt, das gänzlich ohne die Festlegung von Zielvariablen arbeitet [Be14]. Auf einen Blick werden die interessantesten Zusammenhänge im gesamten Datensatz aufgezeigt. Das System nimmt damit Domänenexperten nicht nur das Testen von Hypothesen ab, sondern auch deren Entdeckung und Formulierung.

Allen drei Ansätzen gemein ist die Definition von Interessantheit. Domänenexperten legen fest welches algorithmische Modell Interessantheiten berechnet (z.B. Korrelationsmaße, Signifikanztests, etc.), und die visuell-interaktiven Techniken präsentieren automatisch die interessantesten Zusammenhänge. Abbildung 5 zeigt ein Beispiel für den zweiten Ansatz.

7 Designstudien - Explorative Suchsysteme

In Kapitel 7 der Dissertation werden die neuartigen Konzepte, Guidelines, und Techniken in die Praxis umgesetzt. In zwei Anwendungsbeispielen wird das Konzept der explorativen Suche erstmals für zeitbasierte Primärdaten umgesetzt. Beide Systeme wurden unter Einbezug von Domänenexperten geplant, entwickelt, verfeinert, und evaluiert C_{UCD} C_{MPC}.

18 Jürgen Bernhard

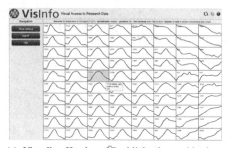 

(a) Visueller Katalog: Überblick über zeitbasierte Primärdaten. Hier: 200000 Temperaturverläufe.

(b) Sketchbasierte, visuelle Benutzerschnittstelle zur inhaltsbasierten Suche in zeitbasierten Primärdaten.

Abb. 6: VisInfo: Explorative Suche in großen Mengen an Temperaturverläufen, zur Klimaforschung.

VisInfo [Be15a] ist ein Digitales Bibliothekssystem, das den visuellen Zugang zu zeitbasierten Primärdaten, und damit deren Wiederverwendung ermöglicht. In einer Überblicksvisualisierung können Domänexperten in Tageverläufen explorieren (siehe Abbildung 6a). Die Zeitserien stammen aus einem frei zugängigen Klimadaten-Repository ('Open Data'). Zur inhaltsbasierten Suche in den Daten können interessante Zeitverläufe direkt ausgewählt werden ('query-by-example'). Alternativ untersützt VisInfo das Skizzieren von Suchtermen ('query-by-sketch'), illustriert in Abbildung 6b. Suchergebnisse werden in VisInfo visuell-interaktiv repräsentiert, so können Domänenexperten die gefundenen zeitbasierten Primärdaten direkt einsehen und darin browsen. Facetten ermöglichen den Einbezug von Metadaten bei der Trefferschließung. Zudem lassen sich die Suchtreffer im Kontext einer Kalender- und einer Geobasierten Visualisierung interpretieren.

MotionExplorer [Be13] ist ein exploratives Suchsystem zur Analyse menschlicher Bewegungsdaten, Abbildung 4 verleiht einen visuellen Eindruck des Systems. Im Anwendungsbeispiel werden verschiedene menschliche Bewegungsabläufe einer großen Motion-Capturing Datenbank analysiert. Einige davon beschreiben Bewegungen eines "Hampelmanns". In zwei Überblicksvisualisierungen können Domänenexperten große Mengen an Dateninhalt explorieren. Dabei unterscheiden sich die beiden visuellen Benutzerschnittstellen durch ihre Fokussierung auf menschliche Posen (oben links) und Bewegungen (oben rechts). Interessante Posen können für die inhaltsbasierte Suche verwendet werden ('query-by-example'). Auf die Definition einer Start- und Endpose hin sucht ein Retrievalalgorithmus automatisch nach entsprechenden Bewegungsabläufen. Suchergebnisse sind in MotionExplorer visuell-interaktiv explorierbar (unten). So werden alle gefundenen Bewegungsabläufe in einer Liste dargestellt, ein Sliderwerkzeug ermöglicht das Browsen in der temporalen Information der Suchtreffer, ähnlich wie bei der Navigation eines Videos. Ein Animationsfenster ermöglicht den visuellen Vergleich aller Suchtreffer (unten rechts).

VisInfo und MotionExplorer stellen zwei der ersten explorativen Suchsysteme für zeitbasierte Primärdaten dar. Beide Designstudien belegen die Anwendbarkeit der Konzepte, Richtlinien, und Techniken dieser Dissertation. Beide explorativen Suchsysteme enthalten konkrete Lösungen für die sechs vorrangigen Problemstellungen (vgl. Kapitel 2).

8 Zusammenfassung

In dieser Dissertation habe ich Konzepte, Richtlinien, Techniken, und Systeme für die explorative Suche in zeitbasierten Primärdaten vorgestellt. Als vorrangige Nutzergruppe galten Domänenexperten in der datenzentrierten Forschung. Die wissenschaftlichen Beiträge erstrecken sich über den gesamten Workflow der Zeitserienanalyse, beginnend mit "rohen" zeitbasierten Primärdaten, bis hin zu Systemen mit visuell-interaktiven Benutzerschnittstellen für die Zeitserienanalyse. Die Suche in zeitbasierten Primärdaten wird durch visuelle Benutzerschnittstellen unterstützt ('query-by-example', 'query-by-sketch'). Überblicksvisualisierungen über den Dateninhalt und neuartige visuell-interaktive Techniken zur Analyse von Zusammenhängen zwischen dem Dateninhalt und Metadaten, stellen die wissenschaftlichen Beiträge zur Exploration dar. In dieser Dissertation wurde Visual Analytics als ein vielversprechender Weg für das Design von effektiven und effizienten visuell-interaktiven Analysesystemen vorgestellt. Mit der Möglichkeit zur Visualisierung von Zwischenergebnissen des Workflows ermögliche ich den Einbezug von Nutzern in das Design. Durch diese Herangehensweise entstehen robuste und zugleich generalisierbare Workflows für die Zeitserienanalyse, die im Anschluss vollautomatisch ausgeführt werden können. In Kombination mit dem nutzerzentrierten Ansatz, ermöglicht ein hoher Grad an Automatisierung auch die Simplifizierung von visuellen Benutzerschnittstellen, was zu einfachen und intuitiven explorativen Suchsystemen führt. Dies wird auch in den beiden Anwendungsbeispielen deutlich, in denen explorative Suchsysteme mit einfachen und intuitiven Interaktionsdesigns demonstriert wurden. Unterstützend wirkte in diesem Zusammenhang auch die iterative Herangehensweise bei der Entwicklung, sowie die fortlaufende Evaluierung der Systeme mit der jeweiligen Zielgruppe. Beide Systeme zeigen auf, wie die datenzentrierte Forschung durch die explorative Suche unterstützt werden kann. Durch die vorgestellten Analysetechniken trägt diese Dissertation auch zum Prozess bei, Hypothesen künftig effizienter und effektiver testen und formulieren zu können. So wurden eine Reihe von Techniken vorgestellt, die, in Kombination mit der Definition von Interessantheitsmaßen durch den Nutzer, ähnliche Muster und interessante Zusammenhänge vollkommen automatisch erkennen und visuell repräsentieren.

An die Ergebnisse dieser Dissertation knüpfen eine Reihe von Forschungsfragen an. Naheliegend ist der Einbezug neuer Daten, Nutzer, Analysetasks. Darüber hinaus eignet sich die entstandene Basis durch die visuell-interaktive Herangehensweise für kollaborative Forschungsunternehmungen. Weiter lässt sich der Ansatz der Interessantheitsdefinition durch den Nutzer, und die damit verbundene Automatisierung des Forschungsprozesses, auf weitere Szenarien übertragen. Schließlich eröffnet die Vision einer nutzerbasierten Definition von Ähnlichkeit hochdimensionaler Datenobjekte neuartige Forschungsfragen für datenanalytische Forschungsgebiete, wie etwa Informationsvisualisierung, Visual Analytics, Visual Data Mining, Machine Learning, oder Active Learning.

Literaturverzeichnis

[Be11] Bernard, Jürgen; von Landesberger, Tatiana; Bremm, Sebastian; Schreck, Tobias: Multiscale visual quality assessment for cluster analysis with Self-Organizing Maps. In: IS&T/SPIE Conference on Visualization and Data Analysis (VDA). SPIE Press, S. 78680N.1 – 78680N.12, 2011.

[Be12a] Bernard, Jürgen; Ruppert, Tobias; Goroll, Oliver; May, Thorsten; Kohlhammer, Jörn: Visual-Interactive Preprocessing of Time Series Data. In (Kerren, Andreas; Seipel, Stefan, Hrsg.): SIGRAD. Jgg. 81 in Linköping Electronic Conference Proceedings. Eurographics, S. 39–48, 2012.

[Be12b] Bernard, Jürgen; Ruppert, Tobias; Scherer, Maximilian; Kohlhammer, Jörn; Schreck, Tobias: Content-based Layouts for Exploratory Metadata Search in Scientific Research Data. In: Joint Conference on Digital Libraries (JCDL). ACM, S. 139–148, 2012.

[Be12c] Bernard, Jürgen; Ruppert, Tobias; Scherer, Maximilian; Schreck, Tobias; Kohlhammer, Jörn: Guided Discovery of Interesting Relationships Between Time Series Clusters and Metadata Properties. In: International Conference on Knowledge Management and Knowledge Technologies (i-KNOW). ACM, New York, NY, USA, S. 22:1–22:8, 2012.

[Be13] Bernard, Jürgen; Wilhelm, Nils; Kruger, Bjorn; May, Thorsten; Schreck, Tobias; Kohlhammer, Jörn: MotionExplorer: Exploratory search in human motion capture data based on hierarchical aggregation. IEEE Transactions on Visualization and Computer Graphics (TVCG), 19(12):2257–2266, 2013.

[Be14] Bernard, Jürgen; Steiger, Martin; Widmer, Sven; Lücke-Tieke, Hendrik; May, Thorsten; Kohlhammer, Jörn: Visual-interactive Exploration of Interesting Multivariate Relations in Mixed Research Data Sets. Computer Graphics Forum (CGF), 33(3):291–300, 2014.

[Be15a] Bernard, Jürgen; Daberkow, Debora; Fellner, Dieter; Fischer, Katrin; Koepler, Oliver; Kohlhammer, Jörn; Runnwerth, Mila; Ruppert, Tobias; Schreck, Tobias; Sens, Irina: VisInfo: a digital library system for time series research data based on exploratory search - a user-centered design approach. Internat. Journal on Digital Libraries, 16(1):37–59, 2015.

[Be15b] Bernard, Jürgen; Steiger, Martin; Mittelstädt, Sebastian; Thum, Simon; Keim, Daniel; Kohlhammer, Jörn: A survey and task-based quality assessment of static 2D colormaps. In: SPIE, Visualization and Data Analysis (VDA). Jgg. 9397, 2015.

[Be15c] Bernard, Jürgen: Exploratory search in time-oriented primary data. dissertation, Technische Universität Darmstadt, Graphisch-Interaktive Systeme (GRIS), Darmstadt, Germany, 2015.

[CMS99] Card, Stuart K.; Mackinlay, Jock D.; Shneiderman, Ben, Hrsg. Readings in Information Visualization: Using Vision to Think. Morgan Kaufmann Publishers, CA, USA, 1999.

[HTT09] Hey, Anthony J. G.; Tansley, Stewart; Tolle, Kristin M.: The Fourth Paradigm: Data-Intensive Scientific Discovery. Microsoft Research, 2009.

[Ke10] Keim, D.; Kohlhammer, Jörn; Ellis, G.; Mansmann, F., Hrsg. Mastering the Information Age: Solving Problems with Visual Analytics. VisMaster, http://www.vismaster.eu/book/, 2010.

[Ma06] Marchionini, Gary: Exploratory Search: From Finding to Understanding. Commun. ACM, 49(4):41–46, 2006.

[WR09] White, Ryen W.; Roth, Resa A.: Exploratory Search: Beyond the Query-Response Paradigm. Synthesis Lect. on Information Concepts, Retrieval, and Services, 1:1–98, 2009.

Jürgen Bernard studierte Informatik an der TU Darmstadt, mit den Schwerpunkten Computergraphik und Bionik. Seine Diplomarbeit schrieb er 2009, über Methoden zur visuell-interaktiven Clusteranalyse. Er promovierte an der TU Darmstadt, zunächst am Fachgebiet Graphisch-Interaktive Systeme (GRIS) und schließlich am Fraunhofer Institut für Graphische Datenverarbeitung (IGD). Seine Dissertation mit dem Titel "Exploratory Search in Time-Oriented Primary Data" [Be15c] verteidigte Jürgen Bernard im Herbst 2015. Schwerpunkte seiner wissenschaftlichen Arbeit sind die visuell-interaktive Analyse von multidimensionalen und zeitbasierten Daten. Seine Anwendungsdomänen erstrecken sich von Digitalen Bibliotheken, über Klimaforschung, menschliche Bewegungsanalyse, bis hin zur Analyse von Patientendaten. Als Autor von über 40 Publikationen hat Jürgen Bernard, neben der nutzerzentrierten Projektarbeit, seinen eigenen Forschungsschwerpunkt definiert, den er seit März 2016 als Post-Doc an der TU Darmstadt weiter verfolgt.

Neue Methoden für klassische Grapheinbettungsprobleme Orthogonale Zeichnungen & bedingte Planarität[1]

Thomas Bläsius[2]

Abstract: Möchte man Graphen automatisiert möglichst anschaulich darstellen, so stößt man häufig auf anspruchsvolle Optimierungsprobleme, die diesen Visualisierungsproblemen zugrunde liegen. Ein gutes theoretisches Verständnis dieser Kernprobleme ist essentiell für den Entwurf von Algorithmen, die sowohl performant sind, als auch qualitativ hochwertige Visualisierungen generieren.

Die in meiner Dissertation [Bl15] untersuchten Kernprobleme fallen in zwei Kategorien und haben gemeinsam, dass sie zwar schon verhältnismäßig intensiv erforscht wurden (und damit als klassisch angesehen werden können), wohingegen gewissen zentrale Fragestellungen noch offen sind bzw. waren. Bei der ersten Kategorie handelt es sich um die Knickminimierung in orthogonalen Zeichnungen. Konkret wird der Fall betrachtet, dass die Topologie der Zeichnung nicht schon in der Eingabe gegeben ist (was mehr Freiheiten und damit bessere Ergebnisse zulässt, das Problem aber signifikant schwerer macht), sowie der Fall, dass die Knotengrade 4 überschreiten dürfen. Die zweite Kategorie beschäftigt sich mit dem Basisfall der Kreuzungsminimierung, also mit der Frage, ob ein Graph ganz ohne Kreuzungen (d.h. planar) gezeichnet werden kann. Dabei werden jedoch Szenarien betrachtet, in denen nicht nur ein einzelner Graph für sich visualisiert werden soll, sondern beispielsweise ein Graph zusammen mit einer Gruppierung (clustering) der Knoten oder zusammen mit einem zweiten Graphen auf der gleichen Knotenmenge (zum Vergleich verschiedener oder einer sich verändernden Relation auf den gleichen Objekten).

Bei all diesen grundlegenden Problemen gehe ich der Frage nach, ob und unter welchen Voraussetzungen sie sich effizient (d.h. in polynomieller Zeit) lösen lassen.

1 Der Nutzen von Graphzeichnungen

In einer Welt, in der Daten im Übermaß verfügbar sind, ist es wichtig, über geeignete Verfahren zu verfügen, um vorhandenen Rohdaten analysieren und interpretieren zu können. In vielen Fällen kann diese Aufgabe von Computern übernommen werden. Das vermutlich populärste Beispiel sind Navigationssysteme, die kürzeste Wege in einem Straßengraphen berechnen können. Ein anderes Beispiel wäre die Berechnung eines minimalen Schnittes zur Lokalisierung von Schwachpunkten in Transport-, Energie- oder Computernetzwerken. Auf der anderen Seite gibt es aber auch Fälle, in denen eine solche direkte algorithmische Lösung nicht anwendbar ist. Dies ist beispielsweise der Fall, wenn die Fragestellung zu wage ist um sie sinnvoll zu formalisieren oder wenn es schlicht keinen Algorithmus gibt, der das zugehörige Problem in angemessener Zeit löst. Eine weitere Schwierigkeit ergibt sich dadurch, dass der Nutzer eine Lösung eventuell nur dann akzeptiert, wenn er sie auch nachvollziehen kann.

---
[1] Englischer Titel der Dissertation: "New Approaches to Classic Graph-Embedding Problems – Orthogonal Drawings & Constrained Planarity"
[2] Hasso Plattner Institut, thomas.blaesius@hpi.de

Ein Beispiel für eine schwer zu formalisierende Fragestellung ist das auffinden eines Anführers innerhalb einer Gruppe, basierend auf der Kommunikation zwischen den Mitgliedern. Ein möglicher Lösungsansatz besteht darin, möglichst zentrale Knoten in dem Kommunikationsgraphen zu finden. Dabei hängt das Resultat aber stark von dem verwendeten Zentralitätsmaß ab. Darüber hinaus ist eine Lösung für den Benutzer gegebenenfalls nicht akzeptabel, wenn er nicht weiß, wie diese Lösung zustande kommt. Ähnlich verhält es sich, wenn Infrastruktur mit dem Ziel erweitert werden soll, die Ausfallsicherheit unter Einhaltung eines Budgets zu maximieren. Da in solchen Fällen politische Entscheidungen eine wichtige Rolle spielen, muss der Benutzer in der Lage sein, eine potentielle Lösung sowohl verstehen als auch kommunizieren zu können. Darüber hinaus enthalten vieler solcher praxisnaher Fragestellungen grundlegende NP-schwere Probleme, wie zum Beispiel das STEINER BAUM Problem [GJ79], und können daher nicht in polynomieller Zeit gelöst werden (vorausgesetzt $P \neq NP$).

Man kann also nicht jede Fragestellung mithilfe eines Algorithmus direkt beantworten. Das heißt allerdings nicht, dass Computer bei der Suche nach einer Antwort nicht als Werkzeug dienen können. Architekten machen beispielsweise intensiven Gebrauch von Computern, auch wenn eine automatische Generierung eines vollständigen Gebäudeplans nicht realistisch ist. Der Schlüssel besteht dabei darin, dass der Benutzer in den Prozess der Lösungsfindung eingebunden ist. Dabei ist es sogar möglich, dass dem Benutzer erst während dieses Prozesses das genaue Ziel klar wird; eine formale Problemstellung ist also nicht mehr notwendig. Die Beteiligung des Nutzers sorgt darüber hinaus für eine nachvollziehbare Lösung. Schlussendlich kann die menschliche Intuition helfen, die entscheidenden Schritte zu finden, die zur Lösung eines NP-schweren oder sogar unentscheidbaren Problems (z.B. beim maschinengestützten Beweisen) führen.

Da Menschen nicht besonders gut darin sind sehr große abstrakte Datenmengen zu verstehen, müssen diese Rohdaten mit einer visuellen Repräsentation ergänzt werden; siehe auch Abbildung 1. So kann man dem Benutzer beispielsweise eine Zeichnung des Kommunikationsgraphen einer Gruppe von Menschen präsentieren. Anhand dieser Zeichnung kann der Benutzer einen Überblick über die Daten gewinnen, selbstständig entscheidende Personen identifizieren oder für bzw. gegen mögliche Anführer argumentieren, die von einem Algorithmus vorgeschlagen werden. Dieses Beispiel zeigt einen Anwendungsfall für die Visualisierung von Informationen im Allgemeinen sowie für das Zeichnen von Graphen im speziellen: Der Benutzer möchte, basierend auf ihm unbekannten Daten, einen Kenntnisgewinn erzielen.

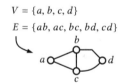

Abbildung 1: Ein Graph bestehend aus Knotenmenge V und Kantenmenge E (abstrakte Rohdaten) sowie eine visuellen Darstellung.

Eine leicht anders gelagerte Anwendung ist die, dass der Benutzer die Daten bereits kennt und zu interpretieren weiß, sein Wissen aber anderen zugänglich machen möchte. Das ist beispielsweise relevant für Lehrer, Museen oder Journalisten, die ihr Wissen an Schüler, Besucher bzw. Leser in anschaulicher Form weitergeben wollen. UML-Diagramme, welche die Struktur eines Softwareprojekts visualisieren, fallen ebenfalls in diese Kategorie.

Das Zeichnen von Graphen mit dem Zweck anderen Menschen Informationen zugänglich zu machen hat lange Tradition. Die ältesten bekannten Zeichnungen von Graphen sind mindestens 900 Jahre alt [Li14]. Abbildung 2 zeigt die Zeichnung eines Baumes (zusammenhängender und kreisfreier Graph) von 1866, der eine biologische Kategorisierung darstell.

Aus algorithmischer Sicht hat das Zeichnen von Graphen zunächst im Zusammenhang mit dem Entwurf von integrierten Schaltkreisen Beachtung erlangt [AGR70]. Dabei besteht das Problem darin, die logische Struktur eines Computerchips auf eine tatsächliche physische Struktur zu übertragen. Dabei müssen Komponenten auf Positionen auf dem Chip und Verbindungen auf Leitungen zwischen den entsprechenden Komponenten abgebildet werden. Man kann also sagen, dass ein gegebener Graph, der die logische Struktur des Computerchips repräsentiert, gezeichnet werden muss. Eine ähnliche aber aktuellere Anwendung ist der Entwurf von Biochips, die im Prinzip ein Miniaturlabor darstellen, auf dem mehrere Reaktionen simultan stattfinden können; siehe Abbildung 3.

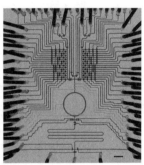

Abbildung 3: Ein Biochip der bis zu 1024 Reaktionen parallel ausführen kann [Wa09].

Zusammenfassend kann man also sagen, dass das Zeichnen von Graphen, neben der Visualisierung von Informationen, auch dazu genutzt werden kann, eine gegebene logische Struktur in eine physisches Objekt zu übertragen. Trotz der unterschiedlichen Anwendungen sind sich die Optimierungsziele oftmals erstaunlich ähnlich. Beispielsweise verschlechtern Kantenkreuzungen die Lesbarkeit von Zeichnungen erheblich [PCJ96]. In Schaltkreisen führen sie dazu, dass die entsprechenden Leitungen auf unterschiedlichen Lagen verlegt werden müssen. Damit ist das Konzept der Planarität (also der kreuzungsfreien Zeichenbarkeit) aus der Sicht verschiedener Anwendungen relevant. Ähnlich verhält es sich bei sogenannten orthogonalen Zeichnungen. Dies sind Zeichnungen, bei denen Kanten durch Sequenzen von horizontalen und vertikalen Strecken dargestellt werden. Diese Art von Zeichnungen werden sehr häufig im Chipentwurf verwendet (die meisten Kanten bei dem Biochip in Abbildung 3 sind orthogonal), sind aber auch bei der Visualisierung von UML-Diagrammen sehr beliebt.

Einige Graphzeichnen-Probleme sind trotz ihrer langen Historie und ihrer grundlegenden Bedeutung bislang ungelöst. Das Ziel meiner Arbeit ist es, die Forschung an solchen klassischen Zeichenproblemen voranzutreiben. Dabei steht die Entwicklung effizienter Algorithmen (mit polynomieller Laufzeit) im Vordergrund. Stellt sich für ein Problem heraus, dass es NP-schwer ist, so stelle ich diesem negativen Resultat immer auch positive Ergebnisse gegenüber. Dazu gebe ich beispielsweise Algorithmen an, deren Laufzeit nur exponentiell bezüglich eines oder mehrerer Parameter ist.

Die Arbeit gliedert sich in zwei Teile. Im ersten Teil werden die bereits erwähnten orthogonale Zeichnungen betrachtet. Im zweiten Teil geht es um die verallgemeinerten Planaritätsbegriffe c-Planarität (*engl.* clustered planarity) sowie simultane Planarität.

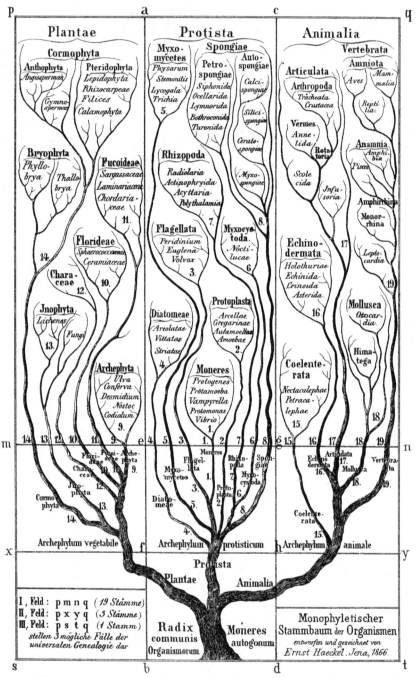

Abbildung 2: Der „Monophyletische Stammbaum der Organismen" von Ernst Haeckel (1866). Die drei Kategorieren auf dem obersten Level sind Pflanzen (Plantae), Einzeller (Protista) und Tiere (Animalia). In der oberen rechten Ecke sind beispielsweise Vögel (Aves), Reptilien (Reptilia) und Säugetiere (Mammalia).

2 Orthogonale Zeichnungen

Historisch wurde die automatisierte Erstellung von orthogonalen Zeichnungen zunächst im Zusammenhang mit dem Entwurf von integrierten Schaltkreisen erforscht. Die naheliegendsten Optimierungskriterien waren dabei die benötigte Fläche, die sich direkt auf die Größe des Mikrochips überträgt, sowie die Gesamtkantenlänge. Etwas später kam die Knickzahl als mögliches Optimierungskriterium hinzu [St80]. Dies wurde zum einen motiviert durch Kosten, die an Knicken entstehen, wenn Informationen mittels Licht oder Mikrowellen übertragen werden, zum anderen durch „aufgeräumtere" Zeichnungen.

Der Aspekt der aufgeräumteren Zeichnung erlangt größere Bedeutung, wenn es darum geht, Graphen zum Zweck der Netzwerkanalyse anschaulich zu visualisieren. Dank der klaren und strukturierten Darstellung, die ausschließlich vertikale und horizontale Strecken mit sich bringen, gehören orthogonale Zeichnungen bis heute zu den meistverwendeten Zeichenstilen bei der Visualisierung von kleinen bis mittelgroßen Netzwerken.

Üblicherweise wird der Eingabegraph bei der Erzeugung orthogonaler Zeichnungen als planar vorausgesetzt. Für nicht-planare Graphen wird zunächst eine sogenannte Planarisierung mit möglichst wenigen Kreuzungen berechnet. Diese kann dann wie ein planarer Graph behandelt werden. Da man jeden Gitterpunkt im orthogonalen Gitter nur in vier verschiedene Richtungen verlassen kann, schränkt man sich bei orthogonalen Zeichnungen häufig auf Graphen mit Maximalgrad 4 ein; siehe auch Abbildung 4. Eine Möglichkeit auch mit höhergradigen Knoten umzugehen bietet das sogenannte Kandinskymodell, das in Abschnitt 2.2 näher besprochen wird; siehe auch Abbildung 5.

2.1 Graphen mit Maximalgrad 4

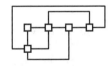

Abbildung 4: Eine orthogonale Zeichnung mit bis zu vier Knicken pro Kante und neun Knicken insgesamt.

Trotz drei Jahrzehnten intensiver Forschung zu orthogonalen Zeichnungen blieben eine Reihe Fragen lange unbeantwortet. Beispielsweise ist seit 1994 bekannt, dass jeder 4-planare Graph (planar, mit Maximalgrad 4) eine orthogonale Zeichnung mit zwei Knicken pro Kante besitzt [BK98], es jedoch NP-schwer ist zu entscheiden, ob ein gegebener Graph ohne Knicke gezeichnet werden kann [GT01]. Eine naheliegende Frage ist, wie sich die Komplexität zwischen zwei Knicken und keinem Knick pro Kante verhält, also wenn man einen Knick pro Kante erlaubt. Diese Frage konnten wir erst 2010 positiv beantworten, indem wir einen einen effizienten Algorithmus angegeben haben, der entscheidet, ob ein gegebener 4-planarer Graph eine orthogonale Zeichnung besitzt, bei der jede Kante maximal einen Knick enthält [Bl14]. Daran anschließend bieten sich die folgenden zwei Fragestellungen an. Was passiert wenn man nur für manche Kanten fordert, dass diese keinen Knick haben? Falls es keine Zeichnung mit einem Knick pro Kante gibt, kann man dann die Anzahl der Knicke die darüber hinaus gehen effizient minimieren?

Graphen mit starren Kanten. Um die erste dieser beiden Fragen zu beantworten und damit die oben aufgezeigte Komplexitätslücke weiter zu schließen, untersuche ich den Fall, dass manche Kanten nicht geknickt werden dürfen, wohingegen alle anderen mindestens einen Knick erlauben. Kanten die nicht geknickt werden dürfen nenne ich *starr*, die anderen Kanten sind *flexibel*. Beachte, dass diese Problemstellung zwischen dem oben genannten NP-schweren Fall (alle Kanten starr [GT01]) und dem effizient lösbaren Fall (alle Kanten flexibel [Bl14]) liegt. Ich gebe einen parametrisierten Algorithmus an, dessen Laufzeit nur exponentiell in der Anzahl starren Kanten ist. Genauer erhalte ich die Laufzeit $O(2^k \cdot n \cdot T_{\text{flow}}(n))$. Dabei ist k die Anzahl der starren Kanten und $T_{\text{flow}}(n)$ die nötige Zeit um einen maximalen Fluss in einem planaren Flussnetzwerk der Größe n mit mehreren Quellen und mehreren Senken zu berechnen (was in polynomieller Zeit machbar ist). Der Algorithmus ist also ein sogenannter FPT-Algorithmus (*fixed-parameter tractable*). Tatsächlich ist die Laufzeit sogar polynomiell, wenn die Anzahl der starren Kanten in $O(\log n)$ liegt.

Auf der anderen Seite zeige ich, dass das Problem NP-schwer wird, sobald der Graph $O(n^\varepsilon)$ ($\varepsilon > 0$) starre Kanten enthält, selbst wenn diese gleichmäßig über den Graphen verteilt sind, also paarweise Abstand $\Omega(n^{1-\varepsilon})$ haben. Dies beinhaltet beispielsweise den sehr eingeschränkten Fall, dass die starren Kanten ein Matching bilden.

Knickminimierung. Bei den bislang erwähnten Graphzeichen-Problemen handelt es sich um Entscheidungsprobleme, bei denen nur überprüft wird, ob es eine Zeichnung mit den gewünschten Eigenschaften gibt. Existiert beispielsweise keine knickfreie Zeichnung, so würde man stattdessen gerne eine Zeichnung mit möglichst wenigen Knicken ausgeben. Das ist aber leider NP-schwer, da es bereits schwer ist zu testen, ob es ohne Knicke geht. Da man aber effizient testen kann, ob der Graph mit einem Knick pro Kante gezeichnet werden kann, besteht die Hoffnung, dass man auch die Anzahl der Knicke, die über den ersten Knick pro Kante hinausgehen effizient minimieren kann.

Durch den Beweis einiger struktureller Eigenschaften von orthogonalen Zeichnungen mit einem Knick pro Kante gelingt es mir, einen solchen Algorithmus anzugeben. Der Algorithmus funktioniert auch dann noch, wenn man jeder Kante eine individuelle konvexe Kostenfunktion zuweist (vorausgesetzt, der erste Knick ist kostenlos). Damit gebe ich den ersten effizienten Algorithmus zur Knickminimierung in orthogonalen Zeichnungen bei variabler Topologie an, der beliebige 4-planare Graphen als Eingabe erlaubt. Darüberhinaus ist dieser Algorithmus optimal in dem Sinne, dass das Weglassen einer der Forderungen (konvexe Kostenfunktionen und erster Knick pro Kante ist kostenlos) das Problem NP-schwer macht.

2.2 Kandinskyzeichnungen

Im Kandinskymodell werden Knoten als Quadrate fester Größe dargestellt und mehrere Kanten dürfen einen Knoten in dieselbe Richtung verlassen; siehe beispielsweise

Abbildung 5. Die Einschränkung auf Graphen mit Maximalgrad 4 besteht damit nicht mehr. Das Kandinskymodell wurde bereits 1995 vorgestellt [FK95]. Dabei wurde auch ein Algorithmus angegeben, der die Anzahl der Knicke minimiert, unter der Voraussetzung, dass die Topologie der Zeichnung bereits festgelegt ist (d.h. die zyklische Ordnung der Kanten um jeden Knoten ist gegeben). Wenig später stellte sich heraus, dass der Algorithmus einen Fehler enthält [Ei03]. Seither entstanden zahlreiche, meist approximative oder heuristische Verfahren, die Kandinskyzeichnungen generieren oder das Modell, zum Beispiel auf nicht-planare Graphen, erweitern [FK97].

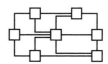

Abbildung 5: Die größeren Knoten im Kandinskymodell erlauben Knoten mit hohem Grad, machen aber die Knickminimierung schwieriger.

Indem ich zeige, dass Knickminimierung im Kandinskymodell NP-schwer ist, beantworte ich die grundlegende Frage nach der Komplexität dieses Problems. Darüberhinaus betrachte ich seine parametrisierte Komplexität bezüglich verschiedener Parameter. Dies liefert insbesondere einen polynomiellen Algorithmus für serien-parallele Graphen (Laufzeit $O(n^3)$), einen subexponentiellen Algorithmus im Allgemeinen (Laufzeit $2^{O(\sqrt{n}\log n)}$), sowie einen FPT-Algorithmus, wobei die Verzweigungsweite des Graphen plus die maximale Facettengröße als Parameter dient. Damit beantworte ich nicht nur eine seit zwanzig Jahren offene Frage, sondern gebe auch neue algorithmische Lösungsansätze für dieses NP-schwere Problem.

3 Planarität mit Nebenbedingungen

In diesem Teil meiner Arbeit geht es um zwei Probleme, bei denen man neben dem Graphen selbst auch zusätzliche Informationen darstellen will. Bei dem Problem der c-Planarität besteht diese zusätzliche Information aus einer Gruppierung (*engl.* clustering) der Knoten. Bei dem Problem der simultanen Planarität soll die Veränderung eines dynamischen Graphen über die Zeit visualisiert werden.

3.1 C-Planarität

Ist zu dem Graphen noch eine Gruppierung der Knoten gegeben (beispielsweise die Einteilung von Klassen eines Softwareprojekts in Pakete), so kann es wünschenswert sein, neben dem Graphen selbst, auch diese Gruppierung mithilfe von Regionen darzustellen, wie es beispielsweise in Abbildung 6 zu sehen ist. Neben Kreuzungen zwischen Kanten, kann es in einer solchen Zeichnung auch zu Kreuzungen zwischen unterschiedlichen Regionen oder Kreuzungen zwischen Kanten und Regionen kommen. Damit erhält man eine Verallgemeinerung des Konzeptes der Planarität: Ein gruppierter Graph heißt *c-planar* (*engl.* clustered planar), wenn

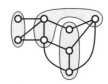

Abbildung 6: Eine c-planare Visualisierung eines Graphen dessen Knoten in drei Gruppen unterteilt sind.

eine Zeichnung existiert, in der keiner dieser drei Kreuzungstypen auftaucht. Das Problem, einen gegebenen gruppierten Graphen auf c-Planarität zu testen, wurde bereits 1986 das erste Mal betrachtet [Le89]. Trotz zahlreicher Arbeiten zu dem Thema konnten seither nur Spezialfälle gelöst werden. Die Komplexität des allgemeinen Problems ist nach wie vor ungeklärt.

Indem ich eine neue Datenstruktur zusammen mit einer Charakterisierung für c-Planarität angebe, kann ich zeigen, dass c-Planarität auf ein bedingtes Einbettungsproblem hinausläuft. Dabei stellt sich die Frage, ob ein gegebener planarer Graph eine planare Zeichnung besitzt, wenn man die möglichen Ordnungen von Kanten um Knoten herum einschränkt. Mithilfe dieser neuen Sichtweise zeige ich, dass sich diverse vorherige, auf den ersten Blick sehr unterschiedliche Resultate, mit ähnlichen Techniken beweisen lassen. Neben der Vereinheitlichung und Vereinfachung existierender Ergebnisse gebe ich effiziente Algorithmen für einige bislang offene Fälle an. Darunter fällt ein effizienter Algorithmus für den Fall, dass jeder Cluster maximal fünf ausgehende Kanten hat, sowie ein Algorithmus dafür, dass jeder Cluster, sowie das Komplement jeden Clusters aus maximal zwei Zusammenhangskomponenten besteht.

3.2 Simultane Planarität

Bei der Visualisierung dynamischer Graphen möchte man neben der Graphstruktur auch die Veränderung dieser Struktur zwischen verschiedenen Zeitpunkten verstehen. Daraus ergibt sich das Problem der simultanen Visualisierung, bei der mehrere Graphen so gezeichnet werden sollen, dass ihr gemeinsamer, unveränderter Teil gleich dargestellt ist; siehe beispielsweise Abbildung 7. Dabei soll weiterhin jeder der Graphen für sich eine möglichst übersichtliche Zeichnung haben. Wählt man die Kreuzungen zwischen Kanten als vorwiegendes Ästhetikkriterium, so erhält man das Konzept der

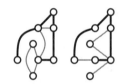

Abbildung 7: Zwei Graphen auf der gleichen Knotenmenge, die sich den fett gezeichneten Subgraph teilen.

simultanen Planarität. Das Beispiel in Abbildung 7 zeigt einen dynamischen Graphen zu zwei unterschiedlichen Zeitpunkten, wobei die fett gezeichneten Kanten unverändert geblieben sind. Beachte, dass jede Zeichnung für sich gesehen planar ist und der unveränderte Teil in beiden Zeichnungen gleich dargestellt wird. Das Graphenpaar ist also simultan planar. Man beachte, dass die Überlagerung der beiden Zeichnungen nicht planar sein muss (und es in diesem Beispiel auch nicht ist). Eine alternative Formulierung der simultanen Planarität kann damit wie folgt lauten. Gegeben ein Graph in dem jede Kante schwarz (gemeinsame Kante), rot (exklusive Kante des ersten Graphen) oder grün (exklusive Kante des zweiten Graphen) gefärbt ist, gibt es eine Zeichnung, bei der es ausschließlich Kreuzungen zwischen roten und grünen Kanten gibt?

Aus algorithmischer Sicht ist die simultane Planarität nah verwandt mit der c-Planarität [AL14, Sc13] und es ist ebenfalls ein offenes Problem, ob man zwei gegebene Graphen effizient auf simultane Planarität testen kann. Für diverse Sonderfälle konnte diese Frage allerdings positiv beantwortet werden.

Dabei wurde bisher meist angenommen, dass der gemeinsame Teilgraph (fett und schwarz in Abbildung 7) zusammenhängend ist. Dies vereinfacht das Problem der simultanen Planarität insofern, dass es genügt, die beiden Graphen so einzubetten, dass die zyklischen Ordnungen der gemeinsamen Kanten um Knoten konsistent sind. Besteht der gemeinsame Graph aus mehreren Zusammenhangskomponenten, so muss man darüber hinaus konsistente relative Positionen der Komponenten zueinander sicherstellen.

Ich gehe zunächst den umgekehrten Weg und löse die Fälle, in denen die zyklischen Ordnungen keine Rolle spielen, man also nur für konsistente relative Lagen sorgen muss. Dies ist dann der Fall, wenn der gemeinsame Graph eine Menge von Kreisen und Pfaden ist oder man die Einbettung jeder Zusammenhangskomponente in der Eingabe festlegt. Die daraus entstehenden Techniken kombiniere ich mit bereits existierenden, sowie neu von mir entwickelten Verfahren zur Sicherstellung konsistenter zyklischer Ordnungen. Daraus ergibt sich insbesondere ein effizienter Algorithmus für den Fall, dass jede Zusammenhangskomponente zweifach zusammenhängend ist, Maximalgrad 3 hat oder außenplanar ist mit Schnittknoten von Grad höchstens 3. Ist jede Zusammenhangskomponente zweifach zusammenhängend, so hat der Algorithmus sogar optimale (lineare) Laufzeit.

Literaturverzeichnis

[AGR70] Akers, Sheldon B.; Geyer, James M.; Roberts, Donald L.: IC Mask Layout with a Single Conductor Layer. In: Proceedings of the 7th Annual Design Automation Conference (DAC'70). ACM Press, S. 7–16, 1970.

[AL14] Angelini, Patrizio; Lozzo, Giordano Da: Deepening the Relationship between SEFE and C-Planarity. Computing Research Repository, abs/1404.6175:1–8, 2014.

[BK98] Biedl, Therese; Kant, Goos: A Better Heuristic for Orthogonal Graph Drawings. Computational Geometry: Theory and Applications, 9(3):159–180, 1998.

[Bl14] Bläsius, Thomas; Krug, Marcus; Rutter, Ignaz; Wagner, Dorothea: Orthogonal Graph Drawing with Flexibility Constraints. Algorithmica, 68(4):859–885, 2014.

[Bl15] Bläsius, Thomas: New Approaches to Classic Graph-Embedding Problems – Orthogonal Drawings & Constrained Planarity. Dissertation, Faculty of Informatics, Karlsruhe Institute of Technology (KIT), 2015.

[Ei03] Eiglsperger, Markus: Automatic Layout of UML Class Diagrams: A Topology-Shape-Metrics Approach. Dissertation, Universität Tübingen, 2003.

[FK95] Fößmeier, Ulrich; Kaufmann, Michael: Drawing High Degree Graphs with Low Bend Numbers. In (Brandenburg, Franz J., Hrsg.): Proceedings of the 3rd International Symposium on Graph Drawing (GD'95). Jgg. 1027 in Lecture Notes in Computer Science. Springer Berlin/Heidelberg, S. 254–266, 1995.

[FK97] Fößmeier, Ulrich; Kaufmann, Michael: Algorithms and Area Bounds for Nonplanar Orthogonal Drawings. In (Di Battista, Giuseppe, Hrsg.): Proceedings of the 5th International Symposium on Graph Drawing (GD'97). Jgg. 1353 in Lecture Notes in Computer Science. Springer Berlin/Heidelberg, S. 134–145, 1997.

[GJ79] Garey, Michael R.; Johnson, David S.: Computers and Intractability: A Guide to the Theory of NP-Completeness. W. H. Freeman and Company, 1979.

[GT01]   Garg, Ashim; Tamassia, Roberto: On the Computational Complexity of Upward and Rectilinear Planarity Testing. SIAM Journal on Computing, 31(2):601–625, 2001.

[Le89]   Lengauer, Thomas: Hierarchical Planarity Testing Algorithms. Journal of the ACM, 36(3):474–509, 1989.

[Li14]   Lima, Manuel: The Book of Trees: Visualizing Branches of Knowledge. Princeton Architectural Press, 2014.

[PCJ96] Purchase, Helen C.; Cohen, Robert F.; James, Murray: Validating Graph Drawing Aesthetics. In (Brandenburg, Franz J., Hrsg.): Proceedings of the 3rd International Symposium on Graph Drawing (GD'95). Jgg. 1027 in Lecture Notes in Computer Science. Springer Berlin/Heidelberg, S. 435–446, 1996.

[Sc13]   Schaefer, Marcus: Toward a Theory of Planarity: Hanani-Tutte and Planarity Variants. Journal of Graph Algorithms and Applications, 17(4):367–440, 2013.

[St80]   Storer, James A.: The Node Cost Measure for Embedding Graphs on the Planar Grid (Extended Abstract). In: Proceedings of the 12th Annual ACM Symposium on Theory of Computing (STOC'80). ACM Press, S. 201–210, 1980.

[Wa09]   Wang, Yanju; Lin, Wei-Yu; Liu, Kan; Lin, Rachel J.; Selke, Matthias; Kolb, Hartmuth C.; Zhang, Nangang; Zhao, Xing-Zhong; Phelps, Michael E.; Shen, Clifton K. F.; Faull, Kym F.; Tseng, Hsian-Rong: An Integrated Microfluidic Device for Large-Scale in Situ Click Chemistry Screening. Lab on a Chip, 9(16):2281–2285, 2009.

Thomas Bläsius wurde 1987 in Konstanz geboren und ist in Trier aufgewachsten. Dort ging er auch zur Schule und erlangte im Frühjahr 2006 das Abitur. Bis zum Beginn des Informatikstudiums am Karlsruher Institut für Technologie im Herbst 2006 (damals noch unter dem Namen Universität Karlsruhe) war er als Praktikant im Bereich der Softwareentwicklung in der Mindox GmbH tätig. Das Informatikstudium schloss er im September 2011 mit einem Diplom ab. Ab Oktober 2011 arbeitete er als wissenschaftlicher Mitarbeiter am Lehrstuhl für Algorithmik von Prof. Dorothea Wagner des Karlsruher Institut für Technologie, wo er neben der Forschung an Algorithmen zur Graphvisualisierung, die zu der hier beschriebenen Dissertation führte, auch in der Lehre tätig war. Seine Promotion schloss er im Juli 2015 ab. Seit Oktober 2015 ist er Postdoc am Algorithm Engineering Lehrstuhl von Prof. Tobias Friedrich am Hasso Plattner Institut (Potsdam).

Constraint-Handling mit Supportvektor-Dekodern in der verteilten Optimierung

Jörg Bremer[1]

Abstract: Optimierungsansätze in dynamisch organisierten, kooperativen Systemen stehen oft vor dem Problem, nicht auf ein statisches Optimierungsmodell zurückgreifen zu können. Im Smart Grid muss bei der Koordination dezentraler Energieerzeugungsanlagen jeder Anlage ein Fahrplan aus dem eigenen, spezifischen Lösungsraum zugewiesen werden, um einen gewünschten Gesamtlastgang zu erzielen. Diese Arbeit entwickelt ein Verfahren, mit dem abstrakte Darstellungen von Lösungsräumen einschließlich beschränkender Nebenbedingungen ohne spezifisches Wissen über die individuelle Modellierung automatisiert zu einem gemeinsamen Optimierungsmodell integriert werden können. Durch einen Supportvektor-Dekoder werden zulässige Lösungen systematisch generiert, sodass eingesetzte Optimierungsverfahren weder über eigene Constraintbehandlung noch über analgenspezifische Modellierungskenntnisse verfügen müssen.

1 Einleitung

Eine schrittweise Transformation von den heutigen, zentralen Markt- und Netzstrukturen in der Energieversorgung hin zu einem dezentralen Aufbau ist nicht nur Ziel aktueller politischer Entscheidungen [Eu09, De10] sondern auch dringende Notwendigkeit für eine erfolgreiche Integration regenerativer Stromerzeugung [Ra12, Bu08, Cr10].

Im Gegensatz zu dem relativ überschaubaren Planungsproblem für den Einsatz zentraler Großkraftwerke führt die stetige Integration dezentraler, individuell operierter Kleinerzeuger zu neuen Herausforderungen in der Einsatzplanung. Eine zunehmende Dezentralisierung der Netzsteuerung, bedingt durch die stetig wachsende Zahl an Erzeugern, führt zur Notwendigkeit dezentraler Algorithmen, um der wachsenden Komplexität entgegenzuwirken. Markterfordernisse lassen zudem die Entwicklung hin zu einem sich regelmäßig anpassenden System erwarten, bei dem sich die verteilten Anlagen selbsttätig je nach Marktlage produktorientiert zusammenfinden. Diese Dynamik macht aber auch die Zusammenarbeit von verschiedenen sich unbekannten Anlagen erforderlich. Ohne zentrale Steuerungseinheit (mit zentraler, statischer Modellierung) müssen im Rahmen von Optimierungsansätzen die individuellen Suchräume mit den verschiedenen alternativen Betriebsmöglichkeiten der beteiligten Anlagen ad hoc und automatisiert zu einem Modell des aktuell zu lösenden Optimierungsproblems integriert werden können.

Die Entwicklung einer Planung für nicht a priori feststehende Anlagenverbünde erfordert eine Modellabstraktion von den konkreten Energieanlagen welche sich einerseits zur Laufzeit zu einem Optimierungsmodell integrieren lässt, ohne spezifische Informationen über technische Nebenbedingungen inkorporieren zu müssen. Andererseits wird ein System zur

---
[1] Carl von Ossietzky Universität Oldenburg, joerg.bremer@uni-oldenburg.de

systematischen Erzeugung zulässiger Lösungskandidaten benötigt, da die modellspezifische Implementierung eines Planungsalgorithmus nicht möglich ist, wenn zur Laufzeit die Anlagen noch nicht bekannt sind. Dennoch muss sichergestellt sein, dass jede Anlage den zugewiesenen Fahrplan technisch umsetzen kann. Hierfür war bisher kein Ansatz bekannt.

In [Br15] wurde zu diesem Zweck ein Ansatz basierend auf einer Supportvektor-Beschreibung von Fahrplanräumen entwickelt. Ziel der Arbeit war die Entwicklung eines hybriden Ansatzes für die Integration modellunabhängiger Beschreibungen beliebiger elektrischer Anlagen mit verschiedenen Optimierungsverfahren. Hierzu wurde ein Dekoder entwickelt, welcher auf einem Supportvektor-Modell zur Beschreibung möglichen Anlagenhaltens aufsetzt. Die Hybridisierung mit verschiedenen Optimierungsansätzen ergibt sich durch eine Reformulierung der Problemstellung, welche durch den entwickelten Dekoder das Optimierungsproblem dadurch vereinfacht, dass alle technischen Modelle der Anlagen einschließlich der individuellen Constraints abstrakt gekapselt werden. Der Lösungsalgorithmus selbst braucht daher keine Nebenbedingungen mehr zu beachten. Hierdurch wird eine constraintfreie Formulierung möglich, wodurch verschiedene Standardansätze zur Optimierung ohne spezielle Anpassung an das Problem und ohne ansatzspezifische Constraintmodellierung eingesetzt werden können.

Im Folgenden wird zunächst das allgemeine Konzept hergeleitet bevor ein Modell zur Abstraktion der Fahrplanräume vorgestellt wird. Um für prinzipiell beliebige Planungsalgorithmen hieraus systematisch zulässige Lösungen generieren zu können wird anschließend aus dem Modell ein Dekoder zur Lösungserzeugung hergeleitet. Die praktische Anwendbarkeit wird abschließend an einem Beispiel basierend auf einer Simulated Annealing Optimierung demonstriert.

2 Problemstellung und konzeptioneller Ansatz

Sei ein Fahrplan definiert als Vektor $x \in \mathbb{R}^d$, wobei das i-te Element von x die mittlere Leistung über das Zeitintervall t_i kennzeichnet. Nun ist in der Praxis nicht jeder Fahrplan für jede Anlage umsetzbar. Dem stehen sowohl technisch begründete harte (max. Leistungsgradienten, Speicherfüllstände, etc.) als auch weiche Nebenbedingungen (etwa wirtschaftlich begründet, einzuhaltende Komfortgrößen, o. ä.) entgegen. Exemplarisch für den Fall des prädiktiven Schedulings – bei dem durch vorausschauende Planung von Energieerzeugung (ggf. unter Einbezug steuerbaren Verbrauchs) Fahrpläne für eine Gruppe von Anlagen erstellt werden, sodass in Summe möglichst genau ein gewünschter Gesamtlastgang erreicht wird – ließe sich eine mögliche Problemstellung wie folgt formalisieren:

$$\delta \left(\sum_{i=1}^n x_i, \zeta \right) \to min \quad , \text{wobei } x_i \in \mathscr{F}_i \; 1 < i \leq n. \tag{1}$$

Zu minimieren ist also die Distanz δ (z. B. Euklidischer Abstand) zwischen der Summe aller Fahrpläne x_i aller n Anlagen und der Zielvorgabe $\zeta \in \mathbb{R}^d$ für d zukünftiger Zeitintervalle, wobei jeder Fahrplan aus dem Unterraum $\mathscr{F}_i$ der für Anlage i zulässigen Fahrpläne stammen muss. $\mathscr{F}_i$ ist üblicherweise eine anlagenspezifische, nichtlineare Region welche auch vom jeweiligen Betriebszustand zu Beginn des Zeitraums und Prognosen (z. B.

Wetter) abhängig ist und daher nicht statisch modelliert werden kann. Aus Gründen der Gleichbehandlung unterschiedlicher Anlagen bietet es sich an, alle Fahrpläne zu skalieren, sodass im Folgenden o.B.d.A. nur noch Fahrpläne $x \in \mathscr{F}_{[0,1]} = [0,1]^d$ betrachtet werden. Mittels eines geeigneten Samplingverfahrens kann eine Menge zulässiger Fahrpläne als Trainingsmenge leicht aus einem gegebenen Simulationsmodell einer Anlage generiert werden [Br15]. Diese Menge an Beispielfahrplänen, welche nach obiger Definition als Vektoren aus $\mathscr{F}_{[0,1]}$ aufgefasst werden, soll nunmehr als Schablone für die geometrische Region $\mathscr{F}_{[0,1]}$ im Fahrplanraum aufgefasst werden, welche genau nur die zulässigen Fahrpläne enthält, die ohne Verletzung von Nebenbedingungen umgesetzt werden können.

Die eingeschränkten Suchräume jeder Anlage können mit einem Supportvektor-Modell kodiert werden, das von jedweder individueller, mathematischer Beschreibung der Anlagenfähigkeiten und -constraints abstrahiert. Solche Stützvektormethoden (engl. support vector, SV) für die Datenmodellierung nutzen zur Beschreibung eines Datenraums eine Trainingsmenge mit Beispieldaten aus diesem Raum und wählen hieraus eine Teilmenge (die Supportvektoren) mit denen eine die Daten einschließende Hüllkurve (oder trennende Hyperebene) berechnet werden kann [TD04, Be01]. Constraints sind in einem solchen Modell nicht mehr mathematisch beschrieben, sondern sind lediglich noch implizit durch ihre Auswirkungen vertreten. Beschrieben ist ein Unterraum des Vektorraums aller Fahrpläne, welcher durch die Constraints begrenzt ist, jedoch beschrieben durch eine Menge von Beispielelementen aus diesem Unterraum und nicht länger durch die Constraints selbst. Im Ergebnis ergibt sich hieraus ein Blackbox-Modell welches ersatzweise für das Anlagenmodell entscheiden kann, ob ein beliebiger gegebener Fahrplan zulässig ist oder nicht. Eine systematische Erzeugung zulässiger Fahrpläne ergibt sich hieraus noch nicht. Ziel der Arbeit war aber die Entwicklung eines hybriden Ansatzes welcher die Integration modellunabhängiger Beschreibungen beliebiger elektrischer Anlagen mit verschiedenen Optimierungsverfahren ermöglicht, um eine systematische und zielgerichtete Navigation im Lösungsraum zu ermöglichen ohne dass dieser vollständig beschrieben vorliegen muss.

Hierzu wurde basierend auf dem SV-Modell ein Dekoder entwickelt. Ein Dekoder stellt eine Beziehung zwischen einer gültigen Lösung und einer Dekoderlösung her und stellt somit eine Konstruktionsvorschrift für gültige Lösungen dar. Die Hybridisierung mit verschiedenen Optimierungsansätzen ergibt sich durch die Reformulierung der Problemstellung. Bei dieser Umformulierung wird durch den entwickelten Dekoder das Optimierungsproblem dadurch vereinfacht, dass alle technischen Modelle der Anlagen einschließlich der individuellen Constraints in Dekodern gekapselt werden. Der Lösungsalgorithmus selbst braucht daher keine Nebenbedingungen mehr zu beachten. Hierdurch wird eine constraintfreie Formulierung möglich, wodurch verschiedene Standardansätze zur Optimierung ohne ansatzspezifische Constraintmodellierung eingesetzt werden können.

3 Surrogatmodell und Dekoder

Ausgehend von einer gegebenen Menge an zulässigen Fahrplänen wird ein Modell durch Erlernen einer Entscheidungsgrenze um die Fahrplanmenge herum umgesetzt. Durch Verwenden einer so genannten Support Vector Domain Description (SVDD) ist es nicht erforderlich, dass der Unterraum der zulässigen Fahrpläne zusammenhängend, konvex oder linear begrenzt ist. Zunächst soll kurz die Erstellung dieses Modells erläutert werden Die nachfolgenden Darstellungen orientieren sich u. a. an [TD04, Be01].

Sei $\{x_i\}_n \subseteq \mathscr{X} \subset \mathbb{R}^d$ eine Menge von n gegebenen Datenpunkten aus dem Fahrplanraum mit der Dimension d. Sei ferner $\Phi : \mathscr{X} \to \mathscr{H}$, $x \mapsto \Phi(x)$ eine nicht-lineare Abbildung (Featuremap) von Datenpunkten x_i aus $\mathbb{R}^d$ in einen hoch- (möglicherweise unendlich-) dimensionalen Featureraum $\mathscr{H}$. Zu jedem positiv semidefiniten Kern k gehört ein assoziierter Reproducing Kernel Hilbert Space RKHS $\mathscr{H}$. Dies ist der durch die Featuremap erzeugte Featureraum. Eine ausführliche Diskussion findet sich beispielsweise in [STC04]. Nun beschreibt $\|\Phi(x_i) - a\|^2 \leq R^2 \ \forall i$ eine Kugel in $\mathscr{H}$ welche die Bilder aller Datenpunkte $\{\Phi(x_i)\}_n$ enthält. Hierbei bezeichne $\|\cdot\|$ den Euklidischen Abstand und a den Mittelpunkt dieser Hypersphäre.

Abhängig von der genauen Ausgestaltung der Featuremap Φ sind unterschiedlich große Sphären denkbar, welche $\{\Phi(x_i)\}_n$ jeweils einschließen. Um die kleinste Sphäre zu finden lässt sich nach Einführung von Schlupfvariablen β und diversen Umformungen [TD04, Br15] ein Optimierungsproblem definieren, welches im Kern eine Belegung für β für nachfolgende Gleichung (2) liefert. Hierbei kann auf das Theorem von Mercer (Kern-Trick) zurückgegriffen werden, um die Berechnung von Skalarprodukten in $\mathscr{H}$ durch geeignete Kernfunktionen (hier: Gauß-Kern $k(x_i, x_j) = e^{-\frac{1}{2\sigma^2}\|x_i - x_j\|^2}$) direkt in $\mathbb{R}^d$ durchzuführen [Sc99]: $\Phi(x_i) \cdot \Phi(x_j) = k(x_i, x_j)$.

$$R^2(z) = 1 - 2\sum_i \beta_i k(x_i, z) + \sum_{i,j} \beta_i \beta_j k(x_i, x_j). \tag{2}$$

Gleichung (2) ermöglicht die Berechnung des Abstandes eines Bildes $\Phi(x)$ vom Zentrum a der Hypersphäre $\mathscr{S}$ ohne Φ oder den zugehörigen RKHS zu kennen. Weiteres Ergebnis des Trainings sind diejenigen Datenpunkte, welche exakt auf die Oberfläche der Sphäre abgebildet werden. Sie definieren mittels (2) den Radius der Sphäre und erlaubt somit eine Entscheidung bezüglich der Zugehörigkeit neuer Datenpunkte zur kodierten Datenmenge. Ein beliebiger Vektor gehört zur Positivklasse genau dann, wenn er unter Φ in die Kugel oder auf die Oberfläche abgebildet wird; wenn also sein Bild einen Abstand von a kleiner oder gleich des Radius der Kugel hat: $\mathscr{X} = \{x \mid R(x) \leq R_\mathscr{S}\}$. Das auf SVDD basierende Suchraummodell besteht somit aus den folgenden Komponenten [BRS11]:

1. Eine Menge $SV = \{s_i \subset \mathscr{X} \in [0,1]^d \mid \beta_i \neq 0\}$ von Supportvektoren. Jeder Supportvektor $s \in SV$ ist ein skalierter Fahrplan aus der Trainingsmenge der Fahrpläne, die durch das Sampling aus dem Einheitensimulationsmodell erzeugt wurden.

2. Ein Gewichtungsvektor $w = (\beta_1, \ldots, \beta_n) \ \forall \ \beta_i \neq 0$, der nur noch die Gewichtungen für die Supportvektoren enthält. Die Gewichte aller anderen Fahrpläne aus der Trainingsmenge sind 0, wessenthalben sowohl die zugehörigen Fahrpläne als auch deren Gewichte zur Berechnung von (2) nicht benötigt werden.

3. Anlagenparameter, die zur Skalierung der Fahrpläne benötigt werden. Dies sind in der Regel die minimale und maximale Wirkleistung der Anlage.

4. Die Abstandfunktion $R^2(x) = 1 - 2\sum_i w_i k(s_i, x) + \sum_{i,j} w_i w_j k(s_i, s_j)$, mit $1 \leq i, j \leq |SV|$, welche die Klassifikatorausgabe des Modells berechnet. Der Suchraum, der durch dieses Modell kodiert wird ist somit definiert als $\mathscr{X} \approx \{x | R(x) \leq R_{\mathscr{S}}\}$.

Der Gewichtungsvektor w stellt eine reduzierte Version der Lagrangemultiplikatoren dar, welcher nur noch die relevanten Werte größer 0 enthält. Somit lässt sich die Darstellung des Bildes eines Fahrplans $\Phi(x) \in \mathscr{H}$, welches durch die Expansion $\Psi_x = \sum_{i=1}^{n} \beta_i \phi(x_i)$ repräsentiert wird vereinfachen zu $\Psi_x = \sum_{i=1}^{\ell} w_i \phi(s_i)$. Die Zahl der Supportvektoren ℓ ist deutlich kleiner ist als die Anzahl n der Fahrpläne in der Trainingsmenge. Für die Umsetzung des Dekoders findet die folgende Abbildung Verwendung:

$$\gamma : [0,1]^d \to \mathscr{F}_{[0,1]} \subseteq [0,1]^d, x \mapsto \gamma(x), \tag{3}$$

welche den Einheitshyperwürfel $[0,1]^d$ auf den Unterraum der zulässigen Fahrpläne $\mathscr{F}_{[0,1]}$ abbildet. Konzeptionell werden für die Konstruktion bekannte geometrische Zusammenhänge der Sphäre ausgenutzt. Drei Schritte sind zu bewerkstelligen (vgl. Abbildung 1). Ein gegebener (ungültiger) Fahrplan x müsste abgebildet werden mit $\Phi(x)$. Da Φ nicht bekannt ist, muss eine alternative Abbildung $\hat{\Phi}_\ell$ als Näherung verwendet werden [Sc99]. Das Bild von x muss so verändert werden, dass es das Bild eines gültigen Fahrplans darstellt. Hierzu muss es mit einer geeigneten Abbildung Γ_a in Richtung des Mittelpunktes a der Sphäre verschoben werden [Pa07]. Schließlich muss von dem verschobenen Bild das Urbild gefunden werden, welches den nunmehr gültigen Fahrplan repräsentiert. Dies ist nicht direkt, sondern nur mittels einer Näherung $\Phi_\ell^{\sim 1}$ möglich (vgl. z. B. [KT04]).

Anstatt also eine direkte Abbildung nach $\mathscr{F}_{[0,1]}$ zu suchen, wird ein Weg über den durch den Kern k induzierten RKHS eingeschlagen. Ausgangspunkt ist das SV-Modell. An dieser Stelle sei davon ausgegangen, dass dieser Schritt wie zuvor erläutert bereits durchgeführt wurde. Dies sind die einzigen Informationen, die für die Konstruktion des Dekoders benötigt werden. Im Folgenden werden die einzelnen Schritte näher erläutert.

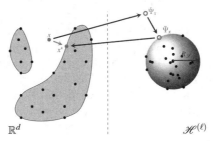

Abb. 1: Prinzipskizze des Supportvektor-Dekoderansatzes.

Schritt 1: Abbildung in den Supportvektor RKHS $\mathscr{H}^{(\ell)}$ mittels empirischer Kernabbildung Das SVDD-Training findet auf einer endlichen Trainingsmenge statt. SV-Algorithmen arbeiten daher in einem Unterraum des Featureraums, der durch die Bilder der Trainingsvektoren aufgespannt wird. Dieser Unterraum kann durch eine empirische

Kernabbildung in einen Euklidischen Raum eingebettet werden, sodass paarweise Abstände und Winkel zwischen den Vektoren erhalten bleiben [XSA05]. Analog kann der Unterraum betrachtet werden, der durch die Bilder der Supportvektoren aufgespannt wird. Abbildung

$$\hat{\Phi}_\ell : \mathbb{R}^d \to \mathcal{H}^{(\ell)}, x \mapsto K^{-\frac{1}{2}}(k(s_1,x),\ldots,k(s_\ell,x)), \qquad (4)$$

bildet beliebige Punkte $x, y \in \mathbb{R}^d$ so nach $\mathcal{H}^{(\ell)}$ ab, dass gilt [Sc99]: $k(x,y) = \hat{\Phi}_\ell(x) \cdot \hat{\Phi}_\ell(y)$. K ist hierbei die Kern Gram-Matrix $K_{ij} = k(s_i, s_j)$. Mit $\hat{\Phi}_\ell$ ist es einfach möglich, beliebige Punkte (insbesondere aus $[0,1]^d \subseteq \mathbb{R}^d$) in einen ℓ-dimensionalen Raum $\mathcal{H}^{(\ell)}$ abzubilden, der eine ℓ-dimensionale Projektion der Hypersphäre enthält. Auch hier gilt: die geometrische Struktur bleibt erhalten [XSA05], d.h. Punkte aus $\mathscr{F}_{[0,1]}$ werden in die projizierte Hypersphäre abgebildet, Punkte von außerhalb liegen auch in $\mathcal{H}^{(\ell)}$ außerhalb der Sphäre. Das in diesem Schritt erzeugt Bild $\hat{\Psi}_x$ muss im nächsten Schritt modifiziert werden, um zu einem Bild eines gültigen Fahrplans zu werden.

Schritt 2: Rejustierung im RKHS Das Bild der mittels SVDD kodierten Region wird im RKHS $\mathcal{H}$ als Sphäre $\mathscr{S}$ mit Mittelpunkt a und Radius $R_\mathscr{S}$ dargestellt. Punkte außerhalb sind keine Bilder aus $\mathscr{X}$. Zulässige Fahrpläne werden unter Φ in die Sphäre abgebildet (oder auf die Oberfläche). Durch die Verwendung eines Gaußkerns bildet Φ genaugenommen in eine maximal n-dimensionale Mannigfaltigkeit (mit n: Anzahl Fahrpläne) ab, welche eingebettet ist in $\mathcal{H}$. Diese Mannigfaltigkeit wird aufgespannt von den Bildern der Stichprobe. Dies gilt analog auch für die niedriger dimensionalen, von den ℓ Supportvektoren aufgespannten Unterraum und der niedriger (ℓ-) dimensionalen Projektion der Sphäre darin, wenn $\hat{\Phi}_\ell$ (Gleichung 4) für die Abbildung verwendet wird. Ziel dieses Schritts ist es, Punkte von außerhalb $\mathscr{F}_{[0,1]}$ auf möglichst direktem Weg in den zulässigen Bereich zu ziehen und so gültig zu machen. Zu diesem Zweck kann beispielsweise die folgende Gleichung genutzt werden:

$$\tilde{\Psi}_x = a + (\hat{\Psi}_x - a) \cdot R_\mathscr{S} \cdot R_x^{-1} \qquad (5)$$

wie sie in ähnlicher Form auch beim Entrauschen (dort allerdings durch geodätische Projektion mit Hilfe einer Bestimmung der trennenden Hyperebene) Verwendung findet (vgl. beispielsweise [Pa07]). Mit (5) kann das Bild eines ungültigen Fahrplans auf die Oberfläche von $\mathscr{S}$ gezogen werden. Verbesserte Verfahren, welche auch das innere der Sphäre ausnutzen finden sich in [Br15]. Im Anschluss an diese Rejustierung liegt das modifizierte Bild $\tilde{\Psi}_x$ des Ausgangspunktes x in Form eines veränderten Gewichtungsvektors $\tilde{w}^{\Gamma a}$ vor und repräsentiert bereits das Bild eines Punktes aus $\mathscr{F}_{[0,1]}$.

Schritt 3: Urbildbestimmung Als letzter Schritt muss noch das Urbild des Bildes $\tilde{\Psi}_x$ aus Schritt 2 bestimmt werden, um einen Punkt aus $\mathscr{F}_{[0,1]}$ zu erhalten. Ein Problem hierbei ist, dass nicht jeder Punkt aus des linearen Hülle $\mathscr{L}(\Phi)$ das Bild eines unter Φ abgebildeten Punktes ist [Sc99]. Stattdessen wird derjenige Punkt $y^* \in [0,1]^d$ bestimmt, für den der Abstand zum tatsächlichen Urbild $\|y^* - \Phi^{-1}(y)\|$ minimal ist. Dieser Umstand kann auch formuliert werden als y^* ist approximiertes Urbild von y, falls $\|\Psi_y - \Phi(y^*)\|$ klein ist [Sc99], wobei die Größenordnung von *klein* vom konkreten Problem abhängt [Sc99]. Es bietet sich an, ein Näherungsverfahren zu verwenden [Mi99], wie es bzw. für die Verwendung von Gaußkernen vorgeschlagen wird.

$$x^*_{n+1} = \frac{\sum_{i=1}^{\ell}(\tilde{w}_i^{\Gamma_a} e^{-\|s_i - x^*_n\|^2/2\sigma^2} s_i)}{\sum_{i=1}^{\ell}(\tilde{w}_i^{\Gamma_a} e^{-\|s_i - x^*_n\|^2/2\sigma^2})}. \tag{6}$$

Mit Ausführung dieses dritten Schrittes ist das Ziel erreicht: Ein ursprünglich ungültiger Punkt x wurde abgebildet auf einen nunmehr gültigen Punkt $x^* = \gamma(x)$, wobei sich γ als $\gamma = \Phi_\ell^{\sim 1} \circ \Gamma_a \circ \hat{\Phi}_\ell$ zusammensetzt. Damit ist der Dekoder fertig konzipiert.

In vielen Optimierungsszenarien sind Lösungskandidaten mit unterschiedlichen Kennzahlen zur Bewertung hinsichtlich verschiedener Zielfunktionen verbunden. In klassischen Mehrziel-Optimierungsszenarien ist normalerweise eine Annotation von Lösungskandidaten mit Kennzahlen zur Bewertung hinsichtlich verschiedener Kriterien nicht notwendig. Dort liegen die Bewertungskriterien direkt als mathematische Formulierung in Form eines Satzes von Zielfunktionen vor. Ein solches Vorgehen ist in dem hier vorgeschlagenen Ansatz bei dem die Optimierung auf einem Satz von dezentral erstellten Suchraummodellen mit Dekoder arbeitet nicht immer sinnvoll möglich. Eine Erweiterung des Fahrplanvektors mit weiteren Elementen, welche die jeweilige Bewertung des Fahrplans hinsichtlich verschiedener Kriterien darstellen, ist jedoch einfach möglich. Auf diese Weise entsteht aus jedem Fahrplan ein Featurevektor, der sowohl eine Menge von Leistungswerten als auch Bewertungskennzahlen enthält. Der Vorteil bei diesem Ansatz ist, dass alle Verfahren für die Erstellung des Suchraummodells und des Dekoders unverändert verwendet werden können und das verwendete Optimierungsverfahren keine Bewertung von Lösungskandidaten integrieren muss, da diese Bewertungen bereits vom Dekoder mitgeliefert werden können. Eine ausführliche Diskussion dieser Erweiterung findet sich z. B. in [Br15].

4 Ergebnisse

Schließlich soll noch die Anwendung des Ansatzes an einem konkreten Beispiel betrachtet werden. Hierfür soll in einem Verbund von 100 BHKW der Betrieb jedes BHKWs im Rahmen eines prädiktiven Scheduling so angepasst werden, dass in Summe möglichst genau ein vorgegebener Gesamtlastgang nachgefahren wird. Als Optimierungsverfahren kommt Simulated Annealing (SA) [KE95] zum Einsatz; um sicherzustellen, dass alle gefundenen Fahrpläne auch von den jeweiligen Anlagen umgesetzt werden können, wird für jede Anlage ein Dekoder trainiert. Die Trainingsmengen wurden mit Hilfe eines Simulationsmodells für die BHKW (einschließlich angeschlossener Wärmespeicher und simuliertem Wärmebedarf eines Einfamilienhauses) mit folgenden Nebenbedingungen für den Betrieb erstellt: neben der jederzeitigen Deckung des Wärmestroms zum Ausgleich des Wärmeverlusts, sind Temperaturgrenzen des Wärmespeichers, die Grenzen der Leistungsvariation des Motors und Minimallaufzeiten zu beachten. Das Optimierungsproblem aus Gleichung (1) lässt sich durch den Einsatz von Dekodern zunächst wie folgt vereinfachen.

$$\delta\left(\sum_{i=1}^{d} r_i \circ \gamma_i(x'_i), \zeta\right) \to \min, \tag{7}$$

Hierbei stellt x'_i als Genotyp die interne Repräsentation eines Fahrplans für BHKW i dar, $\gamma_i(x'_i)$ ist eine für Anlage i zulässige Dekoderlösung. Nebenbedingungen gibt es in dieser Formulierung keine mehr. Ein Simulated Annealing Ansatz (Abbildung 2(a)) kann also fast unverändert verwendet werden. Intern repräsentiert eine Matrix X die Menge der Fahrpläne aus $[0,1]^d$ ohne Beachtung von Nebenbedingungen; skaliert auf [0,1]. Daher enthält Gleichung (7) auch noch den Faktor r zur elementweisen Skalierung. Eine parallel geführte zweite Repräsentation M enthält alle zeilenweise mit den zugehörigen Dekodern abgebildeten Fahrpläne. Nach Mutation eines Fahrplans in X muss auch nur dieser mit seinem Dekoder neu auf einen zulässigen Fahrplan abgebildet werden. Alle Lösungsbewertungen erfolgen auf M.

$X_{ij} \leftarrow x_i \sim U(0,1)^d,\ 1 \leq i \leq n$
$M_{ij} \leftarrow \gamma_i(X_i),\ 1 \leq i \leq n$
$\vartheta \leftarrow \vartheta_{start}$
while $\vartheta < \vartheta_{min}$ do
  choose random k; $1 \leq k \leq n$
  $x^* \leftarrow X_k$
  mutate(x^*)
  $M^* \leftarrow M$; $M_k^* \leftarrow \gamma_k(x^*)$
  if $e^{-\frac{E(M^*)-E(M)}{T}} > r \sim U(0,1)$ then
    $M \leftarrow M^*$; $X_k \leftarrow x^*$
  end if
  $T \leftarrow \text{cooling}(T)$
end while

(a)   (b)

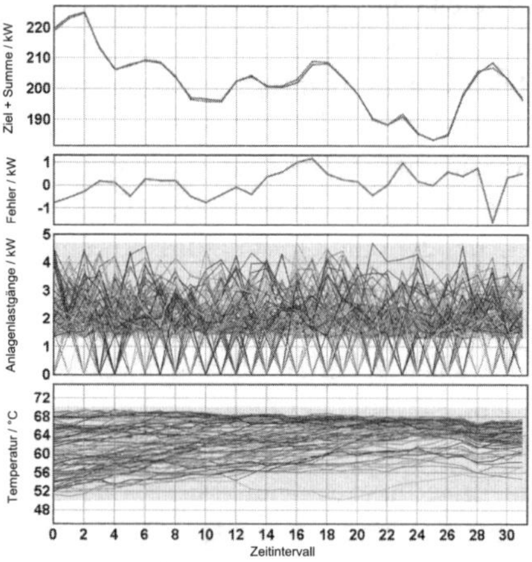

Abb. 2: Simulated Annealing mit Dekoder und Beispielergebnis.

Abbildung 2(b) zeigt exemplarisch eine Lösung mit dem Ziel- und Summenfahrplan und dem verbliebenen Restfehler in den beiden oberen Charts. Die beiden unteren Charts zeigen am Beispiel von Leistungsvariationsbereich und erlaubtem Speichertemperaturbereich (jeweils grau hinterlegt), dass alle Constraints eingehalten wurden, obwohl das Optimierungsverfahren selbst keinerlei integriertes Anlagenmodell beinhaltet oder Informationen über die Betriebsmöglichkeiten der BHKW integrieren musste.

5 Zusammenfassung

Ziel war es, eine abstrakte Beschreibung von Suchräumen bzw. von beschränkenden Constraints zu erarbeiten, die eine abstrakte Formulierung von Planungsproblemen ermöglicht, bei der nicht a priori die Menge der Anlagen (und damit auch nicht deren Modellierung) bekannt sein muss. Es ist nunmehr möglich, die zulässigen Handlungsalternativen verschiedener Akteure einer Gruppe auf abstrakter Ebene so zu erfassen, dass diese ad hoc und insbesondere automatisiert zu einem Optimierungsmodell für ein kombinatorisches Problem integriert werden können, bei dem verschiedene Handlungsoptionen der Einzelnen sich zu einer gewünschten Gesamthandlungsweise ergänzen. Zu diesem Zweck wurde eine Prozesskette erarbeitet, die eine Modellierung der Suchräume auf abstrakter, geometrischer Ebene vornimmt und ein System bereitstellt, welches eine systematische Bewegung in diesem Suchraum ermöglicht. Zentrales Element ist ein geometrisches Modell der individuellen Suchräume basierend auf einem 1-Klassen-Klassifikator. Realisierbare Fahrpläne können unabhängig vom Anlagentyp erfasst und angesprochen werden. Ein integrierendes Suchverfahren muss die zugrundeliegende Systematik (Modellierung sowie einschränkende Constraints) nicht kennen, da aufgrund des abstrakten Modells alle Anlagentypen gleich behandelt werden können. Die Integration kann automatisiert über einen algorithmisch ableitbaren Dekoder erfolgen, der eine einheitliche Navigation innerhalb der zulässigen Suchräume erlaubt.

Auch wenn im Rahmen des zur Evaluation verwendeten Anwendungsfalls der Wirkleistungsplanung im Smart Grid beinahe alle Teilaspekte anwendungsspezifisch umgesetzt wurden, ist das zugrundeliegende Konzept dennoch problemoffen und auf andere Domänen leicht anpassbar. Der Bedarf an intelligenten, selbsttätig arbeitenden Methoden zur Integration einer stetig wachsenden Zahl dezentraler, schwer prognostizierbarer Stromerzeuger in die Planung und Steuerung der jederzeitigen Abstimmung zwischen elektrischer Erzeugung und Verbrauch wird in Zukunft weiter zunehmen. Eine Heerschar verteilter, individuell konfigurierter, für sich selbst entscheidender Anlagen muss in der Lage sein, sich selbsttätig untereinander abzustimmen. Hierfür werden Algorithmen benötigt, die in der Lage sind, die alternativen Möglichkeiten dezentraler Energieanlagen systematisch zu betrachten und zu bewerten. Jedwede Planung im zukünftigen Smart Grid ist wertlos, wenn nicht bei der Planung bereits die Umsetzbarkeit der Einsatzpläne sichergestellt werden kann. Ein Beitrag zur Sicherstellung der praktischen Umsetzbarkeit der Ergebnisse von Planungsalgorithmen konnte in dieser Arbeit geleistet werden.

Literaturverzeichnis

[Be01] Ben-Hur, Asa; Siegelmann, Hava T.; Horn, David; Vapnik, Vladimir: Support Vector Clustering. Journal of Machine Learning Research, 2:125–137, 2001.

[Br15] Bremer, Jörg: Constraint-Handling mit Supportvektor-Dekodern in der verteilten Optimierung. Dissertation, Carl von Ossietzky Universität Oldenburg, 2015.

[BRS11] Bremer, Jörg; Rapp, Barbara; Sonnenschein, Michael: Encoding distributed Search Spaces for Virtual Power Plants. In: IEEE Symposium Series on Computational Intelligence 2011 (SSCI 2011). Paris, France, 4 2011.

[Bu08] Buchholz, Bernd; Bühner, Volker; Frey, Hellmuth; u.a.: VDE-Studie: Smart Distribution 2020 – virtuelle Kraftwerke in Verteilungsnetzen; technische, regulatorische und kommerzielle Rahmenbedingungen. Studie der Energietechnischen Gesellschaft im VDE (ETG), Verband der Elektrotechnik Elektronik Informationstechnik e.V. (VDE), 2008.

[Cr10] Consentec GmbH; r2b energy consulting GmbH: Voraussetzungen einer optimalen Integration erneuerbarer Energien in das Stromversorgungssystem. Studie im Auftrag des Bundesministeriums für Wirtschaft und Technologie (BMWi), Endbericht, Consentec Consulting für Energiewirtschaft und -technik GmbH und r2b energy consulting GmbH, Aachen, Köln, 06 2010.

[De10] Deutsche Bundesregierung (Bundeskabinett): National Renewable Energy Action Plan in accordance with Directive 2009/28/EC on the promotion of the use of energy from renewable sources. Nationaler Aktionsplan, 2010.

[Eu09] European Parliament & Council: Directive 2009/28/EC of 23 April 2009 on the promotion of the use of energy from renewable sources and amending and subsequently repealing Directives 2001/77/EC and 2003/30/EC. Richtlinie, 2009.

[KE95] Kennedy, J.; Eberhart, R.: Particle swarm optimization. In: Neural Networks, 1995. Proceedings., IEEE International Conference on. Jgg. 4. IEEE, S. 1942–1948 vol.4, November 1995.

[KT04] Kwok, J. T. Y.; Tsang, I. W. H.: The pre-image problem in kernel methods. Neural Networks, IEEE Transactions on, 15(6):1517–1525, November 2004.

[Mi99] Mika, Sebastian; Schölkopf, Bernhard; Smola, Alex; Müller, Klaus R.; Scholz, Matthias; Rätsch, Gunnar: Kernel PCA and de-noising in feature spaces. In: Proceedings of the 1998 conference on Advances in neural information processing systems II. MIT Press, Cambridge, MA, USA, S. 536–542, 1999.

[Pa07] Park, Jooyoung; Kang, Daesung; Kim, Jongho; Kwok, James T.; Tsang, Ivor W.: SVDD-Based Pattern Denoising. Neural Computing, 19(7):1919–1938, 2007.

[Ra12] Ramchurn, Sarvapali D.; Vytelingum, Perukrishnen; Rogers, Alex; Jennings, Nicholas R.: Putting the 'Smarts' into the Smart Grid: A Grand Challenge for Artificial Intelligence. Commun. ACM, 55(4):86–97, April 2012.

[Sc99] Schölkopf, B.; Mika, S.; Burges, C.; Knirsch, P.; Müller, K.-R.; Rätsch, G.; Smola, A.: Input space vs. feature space in kernel-based methods. IEEE Transactions on Neural Networks, 10(5):1000–1017, 1999.

[STC04] Shawe-Taylor, John; Cristianini, Nello: Kernel Methods for Pattern Analysis. Cambridge University Press, New York, NY, USA, 2004.

[TD04] Tax, David M. J.; Duin, Robert P. W.: Support Vector Data Description. Mach. Learn., 54(1):45–66, 2004.

[XSA05] Xiong, Huilin; Swamy, M.N.S.; Ahmad, M.O.: Optimizing the kernel in the empirical feature space. Neural Networks, IEEE Transactions on, 16(2):460–474, 03 2005.

Jörg Bremer wurde am 1. März 1968 in Oldenburg (Oldb) gebohren. Nach dem Abitur auf dem zweiten Bildungsweg studierte er von 2000 bis 2006 Umweltinformatik an der Carl von Ossietzky Universität Oldenburg. Nach einer Tätigkeit am OFFIS Institut für Informatik kehrte er 2007 an die Universität zurück und arbeitete als wissenschaftlicher Mitarbeiter an den Lehrstühlen für Umweltinformatik und VLBA an diversen nationalen und internationalen Forschungsprojekten sowie in der Lehre in den Fachbereichen Umwelt- und Energieinformatik. Das Forschungsinteresse liegt hauptsächlich auf Methoden der Computational Intelligence und deren Anwendung in der Umwelt- und Energiedomäne. Nach der Promotion erfolgte im Jahr 2015 ein Wechsel in die Abteilung für Energieinformatik der Universität Oldenburg wo er bis heute vorwiegend in der Lehre tätig ist.

Hochperformante Erdbebensimulationen[1]

Alexander Nikolas Breuer[2]

Abstract: Das Verständnis der Erdbebendynamik wird von hochauflösenden, gekoppelten Simulationen des Bruchprozesses und der seismischen Wellenausbreitung unterstützt. Für die benötigten hohen Auflösungen wird eine immense Menge an Höchstleistungsrechenressourcen verwendet, daher ist eine optimale Ausnutzung durch die Software unerlässlich. Getrieben durch aktuelle Entwicklungen in der Hardware erfordern die höheren Anforderungen an Parallelisierung und Datenlokalität häufig das Ersetzen ganzer Softwareteile, um gleichzeitig eine effiziente Numerik und Maschinenauslastung zu gewährleisten.

In dieser Dissertation präsentiere ich einen neuen Rechenkern für die seismische Simulationssoftware SeisSol. Der neue Kern maximiert den Wert und Durchsatz der Gleitkommaoperationen in der zugrundeliegenden ADER-DG Diskretisierungsmethode, um die Rechenzeit zum gewünschten Ergebnis zu minimieren. Beinhaltet sind automatisch optimierte Matrixkernel, hybride Parallelisierung von Vielkernarchitekturen bis hin zum kompletten Großrechner, sowie ein hochperformantes gruppiertes lokales Zeitschrittschema.

Der präsentierte Kern reduziert die Rechenzeit von SeisSol um einen substantiellen Faktor und skaliert bis hin zu mehr als einer Millionen Recheneinheiten. Durch den Kern wurde eine wegweisende Simulation des Landers-Erdbebens von 1992 auf einem kompletten Großrechner ermöglicht. Zum ersten Mal erlaubte diese Simulation die Analyse des damit verbundenen komplexen Bruchprozesses, welcher aus der nichtlinearen Interaktion des Reibungsprozesses gekoppelt an die seismische Wellenausbreitung resultiert, in einer komplizierten Geometrie.

1 Einleitung

Erdbebengefährdung am Beispiel Kaliforniens: Schätzungsweise 143 Millionen Menschen (46 % der Bevölkerung) leben, bezogen auf die Vereinigten Staaten, in Gebieten mit Potential für Erschütterungen (0.1 g) durch Erdbeben [Ja15]. Von diesen sind 44 Millionen durch sehr starke Erschütterungen (0.4 g) gefährdet [Ja15]. Mehr als 30 Millionen davon leben allein im Bundesstaat Kalifornien[3]. Die Metropolregionen San Francisco, Los Angeles und San Diego sind verantwortlich für 40 % des gemittelten, landesweiten Schadens durch Erdbeben [Fe08]. Während bereits die Zerstörung oder Beschädigung von Gebäuden durch seismische Wellen eine große Gefahr darstellt, können auch Sekundärfolgen großen Schaden anrichten. Beispiele sind gegeben durch Autounfälle, Folgen von Stromausfällen, Ausfälle in der Wasserversorgung, Tsunamis, Erdrutsche, Bodenverflüssigung, Schäden durch Verwerfungen, Dammbrüche, Feuer oder die Freisetzung von gefährlichen Materialien.

---

[1] Englischer Titel der Dissertation: "High Performance Earthquake Simulations"
[2] University of California, San Diego, anbreuer@ucsd.edu
[3] https://web.archive.org/web/20160215065038/http://www.usgs.gov/blogs/features/usgs_top_story/nearly-half-of-americans-exposed-to-potentially-damaging-earthquakes/

Dynamische Bruchsimulationen: Erdbeben sind ein Multiskalenphänomen. Seismische Wellen bewegen sich durch die komplette Erde und können noch tausende Kilometer entfernt von der Quelle gemessen werden. Im Gegensatz dazu ist die Entstehung von Erdbeben ein höchst lokaler Prozess mit kritischen Auflösungen im Meterbereich. Dieser nichtlineare Prozess ist ein wichtige Bestandteil in der seismische Gefahrenanalyse. Computersimulationen stellen daher ein unersetzbares Werkzeug dar, um die Ursachen und Effekte von Erdbeben zu simulieren. Die dynamische Simulation des Bruchprozesses stellt hohe Anforderungen an die Simulationsumgebungen. Realistische Darstellungen der Verwerfungen führen einen hohen Grad an geometrischer Komplexität ein, da die entsprechenden Verwerfungssysteme hochkomplex sind und als nichtplanare Flächen beschrieben werden (z.B. [Pl07]).

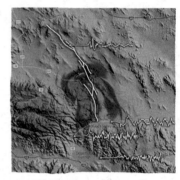

Abb. 1: Visualisierung der Geschwindigkeitsamplitude für das Landers-Erdbeben von 1992. Das komplexe Verwerfungssystem ist weiß. Quelle: [He14].

Der Bruch generiert seismische Wellen, welche sich durch das Volumen des simulierten Bereichs bewegen. Treffen diese Wellen wiederum auf eine Verwerfung, so können erneut überkritische Zustände entstehen, welche weitere Brüche mit entsprechenden Reibungsprozessen in Gang setzen. Folglich sind präzise Simulation von seismischer Wellenausbreitung und des dynamischen Bruchprozesses gleich wichtig. Die Softwareumgebung *SeisSol* ist Thema dieser Arbeit und benutzt die Finite Elemente Methode zur räumlich Diskretisierung. Das verwendete, unstetige Galerkin-Verfahren ermöglicht, zusammen mit der ADER-Diskretisierung in der Zeit, die genaue Darstellung von Verwerfungssystemen, Topographie und heterogenen Materialeigenschaften [Du06, Pe12, Pu09].

In dieser Arbeit präsentiere ich einen neuen Rechenkern für SeisSols rechenintensive Komponente, welche die seismische Wellenausbreitung simuliert. Mein Kern ist ausgelegt auf komplexe Geometrien und heterogene Materialparameter, berücksichtigt Regularitätsanforderungen moderner Höchstleistungsrechner bereits in der algorithmischen Designphase, und berücksichtigt alle Level an Parallelität in der Optimierung.

2 Algorithmische Grundlagen

SeisSol löst die elastischen Wellengleichungen. In Differentialform können die elastischen Wellengleichungen als ein lineares System hyperbolischer, partieller Differentialgleichungen mit variablen Koeffizienten formuliert werden:

$$q_t + A^x q_x + A^y q_y + A^z q_z = 0. \quad (1)$$

$q(\vec{x},t) = (u, v, w, \sigma_{xx}, \sigma_{yy}, \sigma_{zz}, \sigma_{xy}, \sigma_{xz}, \sigma_{yz})^T$ ist der Vektor der elastischen Variablen. Die Partikelgeschwindigkeiten in kartesischer x-, y- und z-Richtung sind gegeben durch u, v und w. σ_{xx}, σ_{yy} und σ_{zz} sind die drei Normalspannungen, und σ_{xy}, σ_{xz}, σ_{yz} die drei Scherspannungen. $A^x(\vec{x})$, $A^y(\vec{x})$ und $A^z(\vec{x})$ sind die räumlich variablen Jacobi-Matrizen, welche den Einfluss der Materialparameter auf (1) kodieren. SeisSol benutzt unstrukturierte Tetraedergitter für die räumliche Diskretisierung. In Kombination mit einem Satz von B_O Basisfunktionen, erhalten wir die Freiheitsgrade Q_k in jedem Element. Die Freiheitsgrade Q_k (Größe $B_O \times 9$) fassen die B_O modalen Koeffizienten der Basisfunktionen in Tetraeder k für jede der neun elastischen Variablen zusammen. Typische Konvergenzordnungen in Produktionsläufen sind $O = 5$ oder $O = 6$ und resultieren in $B_5 = 35$ bzw. $B_6 = 56$ Basisfunktionen.

Operatoren in aller Kürze: Mein neuer Rechenkern für SeisSol fasst die Integratoren der ADER-DG-Maschinerie in Operatoren zusammen. Diese Operatoren setzen sich wiederum aus Matrixoperationen zusammen. Neben einer kompakten Zusammenfassung, ermöglicht uns diese Darstellung eine Trennung von Elementabhängigkeiten in den jeweiligen Zeitschritten. Dies ist wichtig, um korrekte und effiziente Parallelisierung auf allen Ebenen eines Höchstleistungsrechners zu erreichen.

Unser erster Operator, der **ADER-Operator**, betrachtet die elementlokalen Freiheitsgrade und gibt eine Vorhersage wie diese sich, im Bezug auf das Element, in der Zeit verhalten. Der Operator ist somit komplett elementlokal und hat keine Datenabhängigkeit zu benachbarten Elementen. Mit den Freiheitsgraden des Elements k zum aktuellen Zeitschritt $t_k^{n_k}$ als Anfangswert, $\partial^0/\partial t^0 Q_k(t_0) = Q_k^{n_k}$, ist der ADER-Operator gegeben durch:

$$\frac{\partial^{d+1}}{\partial t^{d+1}} Q_k(t_0) = -\sum_{c=1}^{3} \hat{K}^{\xi_c} \left(\frac{\partial^j}{\partial t^j} Q_k(t_0) \right) A_k^{\xi_c}. \quad (2)$$

$\hat{K}^{\xi_c}$ sind die drei globalen, transponierten Steifigkeitsmatrizen (Größe $B_O \times B_O$) welche in der Vorverarbeitung mit der diagonalen, inversen Massenmatrix multipliziert wurden. Der Ausdruck *global* sagt, dass diese mit Hilfe eines eindeutigen Referenzelement definiert sind, der ADER-Operator also, unabhängig vom aktuellen Element, stets auf die gleichen Matrizen zurückgreift. Dies ist besonders mit Blick auf Datenlokalität in modernen Cache-Hierarchien eine wichtige Eigenschaft. Die drei elementlokalen Matrizen $A_k^{\xi_c}$ (Größe 9×9) sind Linearkombinationen der Jacobi-Matrizen [Du06]. Abb. 2 zeigt den ADER-Operator für eine Diskretisierung mit Ordnung $O = 5$, bzw. $B_5 = 35$ Basisfunktionen. Hier ist die Besetztheitsstruktur der Matrizen in grau dargestellt. Zeilen der Freiheitsgrade $Q_k^{n_k}$ bzw. von $\partial^d/\partial t^d Q_k(t_0)$ sind den Basisfunktionen zugeordnet, wobei die elastische Variablen als Spalten dargestellt sind. Orangefarbenen und grauen Blöcke zeigen eine besondere Eigenschaft der transponierten Steifigkeitsmatrizen auf. Orangefarbene Blöcke enthalten Nullwerte und erzeugen Nullblöcke in den jeweiligen Spalten des Ergebnisses von (2). Im Gegensatz dazu enthalten graue Blöcke Nichtnulleinträge, treffen aber im dargestellten Aufruf auf einen erzeugten Nullblock. Wir nutzen diese Eigenschaft aus, um a) die Zahl der Operationen im ADER-Operator zu reduzieren [Br14] und b) den Speicherbedarf im Falle einer Ausführung mit lokalen Zeitschritten zu reduzieren [Br15b].

Unser zweiter Operator ist der **Elementoperator**, welcher alle Aktualisierung eines Zeitschrittes enthält, die ausschließlich Daten des Elements selbst benötigen. Der Elementoperator setzt sich aus der Volumenintegration und einem Teil der Randintegration zusammen. Eingabe für den Elementoperator sind Linearkombinationen T_k der $\partial^d/\partial t^d Q_k(t_0)$, welche

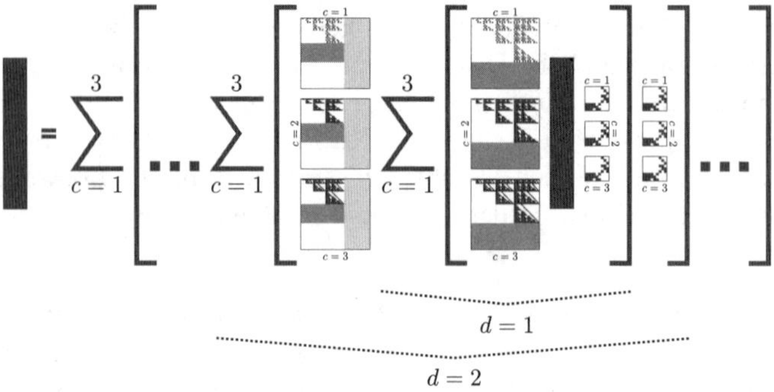

$$I = \sum_{c=1}^{3} \left[\cdots \sum_{c=1}^{3} \left[\begin{array}{c} \\ \end{array} \sum_{c=1}^{3} \left[\begin{array}{c} \\ \end{array} \right] \right] \cdots \right]$$

Abb. 2: Visualisierung des ADER-Operators (2). Die Besetztheitsstrukturen der Matrizen sind grau. Orangefarbene Blöcke erzeugen Nullblöcke, graue Blöcke treffen auf erzeugte Nullblöcke. Quelle: [Br15b]

im ADER-Operator (2) berechnet wurden:

$$Q_k^{*,n_k+1} = Q_k^{n_k} + \sum_{c=1}^{3} \tilde{K}^{\xi_c}(T_k) A_k^{\xi_c} - \sum_{i=1}^{4} \hat{F}^{-,i}(T_k) \hat{A}_{k,i}^{-}. \quad (3)$$

$\tilde{K}^{\xi_c}$ sind die drei globalen Steifigkeitsmatrizen (Größe $B_O \times B_O$), $\hat{F}^{-,i}$ vier globale Flussmatrizen (Größe $B_O \times B_O$). $\tilde{K}^{\xi_c}$ und $\hat{F}^{-,i}$ wurden in der Vorverarbeitung wieder mit der inversen Massenmatrix multipliziert. Die elementlokalen Matrizen $\hat{A}_{k,i}^{-}$ (Größe 9×9) lösen, bezogen auf die Seitenflächen der Tetraeder, lokale Riemann-Probleme. Analog zum ADER-Operator, zeigt Abb. 3 den Elementoperator für ein Verfahren mit Konvergenzordnung $O = 5$.

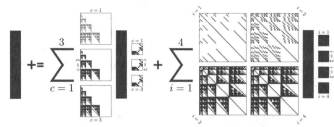

Abb. 3: Visualisierung des Elementoperators (3). Die Besetztheitsstrukturen sind grau. Quelle: [Br15b]

Der dritte und letzte Operator ist gegeben durch den **Nachbaroperator**, welcher Datenabhängigkeiten bezogen auf Nachbarelementen auflöst. Das ADER-DG-Verfahren ist in dieser Hinsicht optimal, da nur Daten von benachbarten Elementen benötigt werden, welche über Flächen an das aktuelle Element angrenzen. In unserem Fall hängt der Elementoperator von Tetraeder k also nur von den vier, über Dreiecksflächen benachbarten Tetraedern k_i, $i \in 1,\ldots,4$ ab. Der Nachbaroperator vervollständigt die Aktualisierung der Freiheitsgrade und wir erhalten als Ergebnis die Freiheitsgrade von Element k zum nächsten

Zeitschritt:

$$Q_k^{n_k+1} = Q_k^{*,n_k+1} - \sum_{i=1}^{4} \hat{F}^{+,i,j_k,h_k}\left(T_{k_i}\right) \hat{A}_{k,i}^+. \qquad (4)$$

$\hat{F}^{+,i,j,h}$, $j \in 1,\ldots,4$, $k \in 1,\ldots,3$ sind 48 globale Flussmatrizen (Größe $B_O \times B_O$), welche in der Vorverarbeitung wieder mit der inversen Massenmatrix multipliziert wurden. Die Wahl der Indizes j_k und h_k hängt von den Knoten ab, welche zwei benachbarte Tetraeder im Bezug auf ihre Abbildung auf das Referenzelement teilen. Die elementlokalen Matrizen $\hat{A}_{k,i}^+$ (Größe 9×9) lösen, bezogen auf die Seitenflächen der Tetraeder, lokale Riemann-Probleme. Abb. 4 visualisiert den Nachbaroperator für ein Verfahren der Konvergenzordnung $O = 5$.

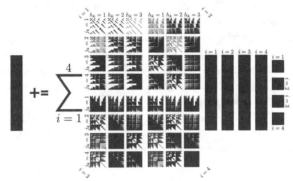

Abb. 4: Visualisierung des Nachbaroperators (4). Die Besetztheitsstrukturen sind grau. Quelle: [Br15b]

Lokale Zeitschritte: Die Wahl eines numerisch stabilen Zeitschrittes für das Schema in (3) und (4) hängt von der CFL-Bedingung ab. Die CFL-Bedingung berücksichtigt die Geschwindigkeit mit der Information durch ein Element propagiert und limitiert dementsprechend den Zeitschritt. Der maximale, elementlokale Zeitschritt Δt_k^{CFL} ist limitiert durch die maximale Wellengeschwindigkeit, den Inkugeldurchmesser und die Konvergenzordnung des Verfahrens. Wir erlauben für jedes Element einen maximalen Zeitschritt Δt_k^{CFL}, welcher 50 % der Stabilitätsbedingungen von Runge-Kutta-Verfahren entspricht [Du06]. Wie in [Du07] vorgestellt, erlaubt das ADER-Verfahren die Aktualisierung jedes Elementes in (3) und (4) mit dem lokalen Zeitschrittlimit, $\Delta t_k = \Delta t_k^{\text{CFL}}$. Jedoch führt dieser Ansatz zu einem sehr heterogenen Rechenschema und limitiert effiziente Implementierungen. Im Gegensatz dazu schränkt mein lokales Zeitschrittverfahren die möglichen Beziehungen zweier benachbarter Elemente auf zwei grundlegende Fälle ein.

Nehmen wir ein gegebenes Tetraeder k mit benachbartem Element k_i und den dazugehörigen Zeitschritten Δt_k und Δt_{k_i} an. Wir unterscheiden zwischen den beiden Fällen $\Delta t_k = \frac{1}{r} \cdot \Delta t_{k_i}$, $r \in \mathbb{N}^+$ und $\Delta t_k = r \cdot \Delta t_{k_i}$, $r \in \mathbb{N}^+$. Die Beziehung $\Delta t_k = \Delta t_{k_i}$ ($r = 1$) ist in beiden Fällen enthalten und die Entscheidung, welcher Fall verwendet wird, hängt von der Zeitschrittkonfiguration der Nachbarelemente ab. Unsere Limitierung der Zeitschrittunterschiede auf $r \in \mathbb{N}^+$ anstelle von beliebigen Raten $r \in \mathbb{R}^+$ ist nicht von dem ADER-Verfahren erfordert und geschieht aus Effizienzgründen. Hierbei reduzieren wir die algorithmische Komplexität des lokalen Zeitschrittverfahrens und berücksichtigen bereits im

Design die effiziente Ausführung auf einem Höchstleistungsrechner. Dazu opfern wir hier und im Folgenden einen Teil numerischen Optimalität für einen deutlich erhöhten Durchsatz an Gleitkommaoperation in der finalen Implementierung.

3 Speicherlayout

Mein Rechenkern beinhaltet ein Speicherlayout für alle Datenstrukturen, das sich mittels einer Sortierung der Elemente an die Rechenoperationen anschmiegt und Regularitätsanforderungen von modernen Großrechnern gerecht wird. Wir fassen alle Elemente, welche gemäß des vorigen Kapitels eine gemeinsame Zeitschrittlänge haben, in einer Gruppe C_l zusammen. Folglich überdecken die L disjunkten Gruppen C_l, $l \in 1, \ldots, L$ das komplette Intervall der möglichen Zeitschritte und haben jeweils einen Zeitschrittunterschied, gegeben durch die Rate r in den beiden möglichen Zeitschrittbeziehungen. In jeder Partition p bzgl. des verteilten Speichers eines Höchstleistungsrechner sortieren wir alle Elemente gemäß ihre Zugehörigkeit zu den Gruppen C_l, erhalten die Partition-Gruppen-Kombination $C_{l,p}$, und garantieren somit linearen Speicherzugriff, wenn wir über eine Gruppe mittels ADER- (2) und Elementoperator (3) iterieren. Der Nachbaroperator (4) folgt für die Zugriffe auf T_{k_i} dem unstrukturierten Gitter und uneingeschränkte Linearität ist nicht gegeben. Jedoch sind auch hier die Zugriffe auf die Freiheitsgrade des Elements selbst linear.

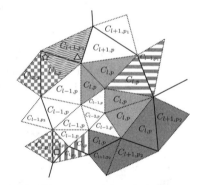

(a) Nur Elemente von $C_{l,p}$ sind eingefärbt.

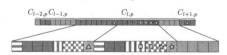

(b) Sortierung der Elemente im Speicher.

Abb. 5: Exemplarisches Speicherlayout für eine Partition p. Quelle: [Br16, Br15b].

In der nächsten Ebene sortieren wir die Gruppen C_l in jeder Partition p gemäß den Kommunikationsstrukturen. Wir unterscheiden zwischen Elementen, die an Kommunikation im Bezug auf den verteilten Speicher involviert sind und inneren Elemente, die bzgl. eines Zeitschrittes unabhängig von entfernten Daten sind. Innerhalb der Elemente, welche an Kommunikation beteiligt sind, sortieren wir weiter nach Regionen. Somit speichern wir Daten einer Nachricht, die über das Netzwerk verschickt wird, linear im Speicher und müssen diese nicht zunächst aus dem Speicher zusammensuchen.

Abb. 5 illustriert für ein kleines zweidimensionales Beispiel diese Sortierung der Elemente im Speicher. Partition p grenzt an Partitionen p_1, p_2 und p_3 an. Partitionsgrenzen sind in Abb. 5a mittels durchgezogener Linien dargestellt. Die Zeitschrittgruppen C_{l-2}, C_{l-1}, C_l und C_{l+1} sind in Partition p vertreten, wobei das Speicherlayout von $C_{l,p}$ hervorgehoben ist. Die vier inneren Elemente sind grau, Elemente die Daten zu benachbarten Partitionen senden sind blau und Elementdaten, welche von Nachbarn empfangen werden, in Orange dargestellt. Die Muster in der Farbgebung unterscheiden die einzelnen Kommunikationsregionen. So kommuniziert beispielsweise die Gruppe C_l in Partition p und p_3 mittels der gekachelten Elemente. Die Elemente mit einem gelben Dreieck, Stern und Quadrat sind Sonderfälle, da hier einzelne Elemente an mehreren Regionen beteiligt sind und von uns dupliziert werden. Der obere Teil von Abb. 5b zeigt die Einordnung von Elementen in Zeitschrittgruppen und Kommunikationsbereiche. Zusätzlich zeigt der untere Teil die Anordnung der einzelnen Regionen im Speicher. Hier empfangen wir beispielsweise die beiden orangefarbene, gekachelten Elemente in jedem Zeitschritt von $C_{l,p}$. Analog stellen die beiden blauen, gekachelten Bereiche eine ausgehende Nachricht dar.

Auf der untersten Ebene, welche den Gleitkommaoperationen am nächsten ist, füllt unser Speicherlayout die Freiheitsgrade Q_k und die Ergebnisse des ADER-Operators (2) mit Nullen in den Spalten auf (siehe auch Abb. 2, 3, 4). Dies versichert Alignment der Daten auf 16 Byte (SSE3), 32 Byte (AVX, AVX2), bzw. 64 Byte Grenzen (KNC ISA, AVX-512) und erlaubt die Verwendung von schnellen aligned-load und aligned-store Operationen in den Matrixoperatoren [Br15a, Br15b].

4 Parallelisierung

Einzelner Kern: Auf der Ebene eines einzelnen Kerns greift die Parallelisierung auf die LIBXSMM-Bibliothek für die Ausführung der Matrixoperationen im ADER-, Element- und Nachbaroperator zurück. LIBXSMM ermöglicht die Generierung von Code, der speziell auf die kleinen Matrix-Matrix-Multiplikationen in den Operatoren und die jeweilige Zielarchitektur zugeschnitten ist. Zu diesem Zweck teilen wir dem Codegenerator die Struktur der Operatoren (siehe Abb. 2, 3, 4) mit und integrieren die speziellen Codeteile zur Compilezeit. Ein zusätzlicher Schritt selektiert individuell zwischen Matrixoperatoren, die die Besetztheit der Matrizen ausnutzen und solchen, die auf dicht besetzten Blöcken rechnen. Ähnlich zu den Optimierungen im Zeitschrittverfahren, wählen wir den optimalen Mittelweg zwischen Minimierung der benötigten Gleitkommaoperationen und der Maximierung des Durchsatzes. Die Codegenerierung war zunächst ein eigenständiger Teil von SeisSol [Br13, Br14, He14] und wurde später in LIBXSMM integriert [He15, Br15a, Br16].

Gemeinsamer Speicher: Das strikte Speicherlayout aus Kap. 3 ermöglicht eine einfache, aber hocheffiziente Parallelisierung für Rechenknoten mit gemeinsamem Speicher. Die Berechnung des ADER- und Elementoperators erfolgt in einer ersten Schleife, und die Berechnung des Nachbaroperators in einer zweiten Schleife. Hier teilen wir die zu berechnenden Elemente bei beiden Schleifeneintritten statisch auf die verfügbaren Recheneinheiten auf und versichern somit implizit, dass jedes Element einem ihm zugewiesenen Kern hat. Dieser Struktur folgen wir auch bei der Initialisierung der Datenstrukturen. Das Ergebnis ist eine Zuweisung von Speicher in Hardware, der dem berechnenden Kern am nächsten liegt. So maximieren wird die verfügbare Bandbreite und können, zusammen mit Prefetches in Hardware und Software, für hohe Konvergenzraten die Speicherzugriffe hinter Berechnungen verstecken.

Verteilter Speicher: Die Parallelisierung des Rechenkerns für Systeme mit verteiltem Speicher geschieht mithilfe des Message Passing Interface (MPI). Auf modernen Vielkernarchitekturen reservieren wir einen Kern pro Rechenknoten exklusiv für die Kommunikation mittels MPI. Neben der Verwaltung der Sende- und Empfangsoperationen ist dieser Kern für die Progression der Nachrichten zuständig. Dies ist wichtig, um echte asynchrone Kommunikation zu erreichen, da die reine Verwendung von nicht-blockierender Kommunikation in aktuellen MPI-Implementierung keine überlappende Kommunikation sicherstellt. Wir kombinieren diesen Ansatz mit einer dynamischen Berechnung von Arbeitspaketen. Jede Zeitschrittgruppe C_l in einer Partition p berechnet einen Zeitschritt mittels vier Arbeitspaketen. Das erste Arbeitspaket $WP1_{l,p}$ berechnet den ADER- und Elementoperator für Zellen, die Daten für benachbarte Partitionen zu Verfügung stellen müssen. $WP2_{l,p}$ berechnet ADER- und Elementoperator für von Kommunikation unabhängige Zellen. $WP3_{l,p}$ berechnet den Nachbaroperator für Elemente, die Daten von benachbarten Partitionen benötigen und $WP4_{l,p}$ analog für von Kommunikation unabhängige Elemente. Wir maximieren überlappende Kommunikation und Berechnung indem wir die in Kommunikation involvierten Paketen $WP1_{l,p}$ und $WP3_{l,p}$ priorisieren. Sollte jedoch eines der Pakete noch auf eine Sende- oder Empfangsoperation warten, springen wir sofort zum nächsten Paket. Die von Kommunikation unabhängigen Arbeitspakete stellen wegen SeisSols kompakter Partitionierung mittels des dualen Graphen den rechenintensiven Teil dar. Hier berechnet der Rechenkern jeweils ein Paket und springt anschließend zurück zu den kommunikationsabhängigen Paketen. Unter den internen Arbeitspaketen $WP2_{l,p}$ und $WP4_{l,p}$ priorisieren wir nach der Zeitschrittgröße und nehmen an, dass kleine Zeitschritte den kritischen Pfad unserer Simulation darstellen.

5 Ergebnisse

Der präsentierte Rechenkern lief erfolgreich auf den kompletten Großrechnern SuperMUC Phase 1 (LRZ, Deutschland), SuperMUC Phase 2 (LRZ, Deutschland), Stampede (TACC, USA) und dem halben Tianhe-2 (NUDT, China). Auf allen Maschinen konnte petascale Leistung (10^{15} Rechenoperationen pro Sekunde mit doppelter Genauigkeit) erreicht werden. Die Maximalleistung liegt hier bei 8.6 PFLOPS auf 8,192 Knoten von Tianhe-2 (1+ Mio. Kerne). Im Folgenden fokussieren wir uns auf zwei Simulationen, die auf den 3,072 Knoten (86,016 Kerne) von SuperMUC Phase 2 gelaufen sind.

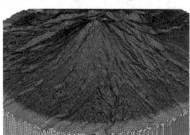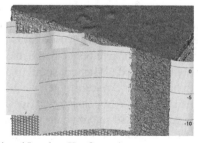

Abb. 6: Gitter der Mount Merapi und Landers Konfiguration.

Die erste Anwendung unseres Rechenkerns simuliert die Ausbreitung von seismischen Wellen im Vulkan **Mount Merapi**. Wir verwenden ein Gitter mit 99,831,401 Elementen und sechste Ordnung im ADER-DG-Verfahren (50,315,026,104 Freiheitsgrade). Das Gitter ist in der linken Seite von Abb. 6 gezeigt und die Seitenflächen sind anhand der Oberflächentopographie ausgerichtet. Wir verwenden unser gruppierte Zeitschrittverfahren mit einer Rate von $r = 2$ zwischen den Gruppen. Ausführender Höchstleistungsrechner ist die komplette zweite Phase von SuperMUC. Die Simulation erreichte die gewünschten 10 simulierten Sekunden nach einer Stunde und 6.6 Minuten. Im Schnitt (inkl. Setup und I/O) lief die Simulation mit 1.3 PFLOPS in Hardware, wobei 53 % der Operationen Nichtnulloperationen waren. Bezogen auf die Leistung der Phase 2 im HPL-Benchmark, dem Benchmark der TOP500-Liste[4], entspricht dies einer HPL-Effizienz von 46 % in Hardware.

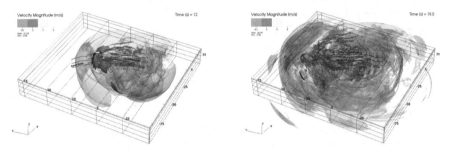

Abb. 7: Wellenausbreitung des auf 86,016 Kernen simulierten Landers Erdbebens von 1992 nach 12 s und 19.5 s. Quelle: [Br15b]

Unsere zweite Anwendung ist ein Produktionslauf, der das **Landers Erdbeben** von 1992 simuliert. Dieser Lauf verwendete ein Gitter mit 191,098,540 Elementen, sechste Ordnung (96,313,664,160 Freiheitsgrade) und den gleichen Zeitschritt in allen Elementen ($r = \infty$). Die Seitenflächen der Tetraeder sind anhand der Topographie und des Verwerfungssystems ausgerichtet. Abb. 6 zeigt auf der rechten Seite das Gitter mit dem eingebetteten Verwerfungssystem. Auf den Verwerfungen geben Konturlinien die Tiefe in Kilometern an (0 km, -5 km, -10 km). Da die Simulation in der Testphase von SuperMUC Phase 2 lief, musste sie mehrfach von Checkpoints neu gestartet werden. Der längste, ununterbrochene Teil lief für eine Stunde und 52 Minuten und schaltete die Simulation um 11.75 s vorwärts. Hier wurde eine durchschnittliche Leistung (inkl. I/O) von 1.4 PFLOPS in Hardware erzielt. Abb. 7 zeigt die komplexe seismische Wellenausbreitung dieser Simulation an verschiedenen Zeitpunkten.

Literaturverzeichnis

[Br13] Breuer, Alexander et al.: Accelerating SeisSol by Generating Vectorized Code for Sparse Matrix Operators. In: Parallel Computing - Accelerating Computational Science and Engineering (CSE). Advances in Parallel Computing. IOS Press, 2013.

---

[4] http://www.top500.org/

[Br14] Breuer, Alexander et al.: Sustained Petascale Performance of Seismic Simulations with SeisSol on SuperMUC. In: Supercomputing. Lecture Notes in Computer Science. Springer, 2014.

[Br15a] Breuer, Alexander et al.: High-Order ADER-DG Minimizes Energy- and Time-to-Solution of SeisSol. In: High Performance Computing. Lecture Notes in Computer Science. Springer, 2015.

[Br15b] Breuer, Alexander Nikolas: High Performance Earthquake Simulations. Dissertation, Technische Universität München, München, 2015.

[Br16] Breuer, Alexander et al.: Petascale Local Time Stepping for the ADER-DG Finite Element Method. In: Parallel and Distributed Processing Symposium (IPDPS), to appear. 2016.

[Du06] Dumbser, Michael et al.: An arbitrary high-order discontinuous Galerkin method for elastic waves on unstructured meshes - II. The three-dimensional isotropic case. Geophysical Journal International, 2006.

[Du07] Dumbser, Michael et al.: An arbitrary high-order Discontinuous Galerkin method for elastic waves on unstructured meshes - V. Local time stepping and p-adaptivity. Geophysical Journal International, 2007.

[Fe08] Federal Emergency Management Agency (FEMA): Hazus-MH Estimated Annualized Earthquake Losses for the United States, FEMA 366s. Mitigation Division, Washington, D.C, 2008.

[He14] Heinecke, Alexander et al.: Petascale High Order Dynamic Rupture Earthquake Simulations on Heterogeneous Supercomputers. In: Proceedings of the International Conference on High Performance Computing, Networking, Storage and Analysis. IEEE, 2014.

[He15] Heinecke, Alexander et al.: LIBXSMM: A High Performance Library for Small Matrix Multiplications. In: SC15, poster. 2015.

[Ja15] Jaiswal, Kishor S. et al.: Earthquake Shaking Hazard Estimates and Exposure Changes in the Conterminous United States. Earthquake Spectra, 31(S1):S201–S220, 2015.

[Pe12] Pelties, Christian et al.: Three-dimensional dynamic rupture simulation with a high-order discontinuous Galerkin method on unstructured tetrahedral meshes. Journal of Geophysical Research: Solid Earth, 2012.

[Pl07] Plesch, Andreas et al.: Community Fault Model (CFM) for Southern California. Bulletin of the Seismological Society of America, 2007.

[Pu09] de la Puente, Josep et al.: Dynamic Rupture Modeling on Unstructured Meshes Using a Discontinuous Galerkin Method. Journal of Geophysical Research: Solid Earth, 2009.

Alexander Breuer promovierte 2015 am Lehrstuhl für Wissenschaftliches Rechnen der Fakultät für Informatik der Technischen Universität München und ist seitdem an der University of California, San Diego. Alexanders Forschung fokussiert sich auf die Lösung hyperbolischer Differentialgleichungen und deckt Optimierungen in der kompletten Simulationspipeline ab. Dies beinhaltet Optimierungen auf dem Level eines Knoten, sowie homogene und heterogene Parallelisierung bis hin zum kompletten Höchstleistungsrechner.

Kognitiver sequentieller Parallelismus: Von kanonischen neuronalen Schaltkreisen und dem Training rekurrenter neuronaler Netze für perzeptuelle Entscheidungsfindungen[1]

Tobias Brosch[2]

Abstract: Die Entwicklung autonomer Fahrzeuge zeigt einmal mehr die Schwierigkeiten der visuellen Informationsverarbeitung. Während es Menschen scheinbar mühelos gelingt den visuellen Informationsstrom auszuwerten, bedarf es bei technischen Anwendungen leistungsstarker/energieintensiver GPUs. Neuromorphe Hardware, welche vom Gehirn inspiriert Millionen von Neuronen simuliert, zeigt hier alternative Ansätze für hochgradig skalierbare und energieeffiziente Lösungen [Me14]. Bestehende Algorithmen aus der Computer Vision lassen sich jedoch nur selten auf solche Hardware portieren [Es13]. Vielmehr bedarf es neuer Algorithmen um die Leistungsfähigkeit neuromorpher Systeme zu nutzen. Hierzu trägt meine Arbeit unmittelbar bei. Durch die Modellierung dynamischer Prozesse mit direktem Bezug zur visuellen Informationsverarbeitung im Gehirn und deren mathematischer Analyse wird die Basis geschaffen, um skalierbare und komplexe Systeme zu modellieren. Die Entwicklung eines ereignisbasierten Algorithmus zur optischen Flussschätzung und eines Lernalgorithmus für simultan rekurrente Netze ermöglicht ein verbessertes Verständnis von neurophysiologischen Untersuchungsdaten aber auch die Entwicklung neuer Anwendungen für extrem parallele (GPUs) und/oder neuromorphe Hardware.

Keywords: Neuromorphic computing, machine learning, neural dynamics, event-based sensing

1 Einleitung

Um die Funktionalität des menschlichen Gehirns besser zu verstehen und die gewonnenen Erkenntnisse in Algorithmen zu überführen, wurden in den vergangenen Jahrzehnten eine Vielzahl von anatomisch-physiologischen Studien durchgeführt. Eine Vielzahl an Belegen deutet darauf hin, dass kortikale Areale in einer reziprok verbundenen Verarbeitungshierarchie angeordnet sind, welche primär von sensorischen Daten angeregt werden (z.B. visuellen Stimuli). Dabei interagieren verschiedene Areale sowohl lateral (intern) als auch mit vorangehenden Arealen [FVE91]. Verschiedene Studien zeigen eine Asymmetrie zwischen diesen vor- und rückwärts gerichteten Verbindungen [Sp02, LSL04]. Während Aktivität primär von vorwärts gerichteten Verbindungen hervorgerufen wird, modulieren rückwärts gerichtete Verbindungen diese Aktivitäten, um sie zu verfeinern und aufgabenrelevante Merkmale hervorzuheben. Weiterhin wurde gezeigt, dass diese Interaktion zu dem *kanonischen* Verarbeitungsmechanismus der so genannten *Normalisierung* führen kann, welche die Aktivität begrenzt und somit das visuelle Perzept stabilisiert [BMC05, CH12, BN12].

---
[1] Englischer Titel der Dissertation: "Cognitive Sequential Parallelism: From Canonical Neural Circuits to Training Recurrent Neural Networks in Perceptual Decision-Making" [Br15]

[2] Institut für Neuroinformatik, Ulm University, James-Franck-Ring, 89081 Ulm, Deutschland, tobias.brosch@uni-ulm.de

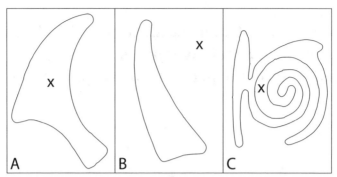

Abb. 1: Während es in den Fällen **A** und **B** fast instantan möglich ist zu bestimmen, ob der markierte Punkt innerhalb oder außerhalb der Kontur liegt (Indiz für parallele Verarbeitung), ist dies im Fall **C** schwieriger. Empirische Untersuchungen zeigen, dass die beobachteten Verarbeitungszeiten konsistent mit einer seriellen Abarbeitung des Stimulus sind [TG80]. Reproduziert aus [Ul84].

Entlang der Verarbeitungshierarchie nimmt die Größe der rezeptiven Felder von Zellen sowie die Komplexität der repräsentierten Merkmale zu (von einfachen Kontrasten bis hin zu komplexen Formen und Objekten). Die Einfachheit einer rein vorwärts gerichteten Verarbeitungshierarchie (im Gegensatz zu rekurrenten Interaktionen) führte in den vergangenen Jahren zu einer Vielzahl von sehr erfolgreichen Objekterkennungsnetzen [Sz14]. Nicht alle Aufgaben können jedoch in einer rein vorwärts gerichteten Verarbeitungshierarchie gelöst werden (c.f. Abb. 1), was sich unter anderem in Fehlklassifikationen solcher Netzwerke bei nur kleinen Änderungen der Eingabedaten niederschlägt [Sz13].

Um noch universellere und stabilere Netzwerke zu konzipieren, gilt es also ein besseres Verständnis von vor- und rückwärts gerichteten Verbindungen zu erlangen. Dazu habe ich im Rahmen meiner Arbeit [Br15] dynamische Modelle kortikaler Kolumnen (i.e. lokale Ansammlungen mehrerer stark vernetzter Nervenzellen) mathematisch analysiert. Mithilfe der Ergebnisse wurden anschließend Modelle konzipiert und trainiert, welche eine Vielzahl neurophysiologischer Untersuchungsdaten im Kontext der perzeptuellen Entscheidungsfindung erklären. So tragen die Ergebnisse u.a. zu einem besseren Verständnis von dynamischen Bildverbesserungsmechanismen wie z.B. kontrastabhängigen rezeptiven Feldgrößen, orientierungskontrastabhängigem Antwortverhalten oder kohärenter Signalamplifikation bei. Weiter wurde unter anderem ein neuer Algorithmus zur optischen Flussschätzung auf Basis von event-basierten Sensordaten sowie ein Lernalgorithmus für rekurrente neuronale Netze entwickelt [BSN13, Br15]. Zusammenfassend verbessern die erzielten Ergebnisse das Verständnis über die Funktion der Informationsverarbeitung des Primaten-Gehirns, schaffen aber auch die Grundlage für technische neuronal inspirierte Algorithmen, von denen bereits einige in der Arbeit umgesetzt wurden.

2 Interaktion vor- und rückwärts gerichteter Verarbeitungspfade mit Normalisierung

Zur formalen Beschreibung der Dynamik und der komplexen Interaktion von Neuronen wurden Raten-Code Modelle gewählt, die das mittlere Membranpotential von Neuronengruppen repräsentieren (beschrieben in Abb. 2). Diese stark vernetzte Ansammlung mehre-

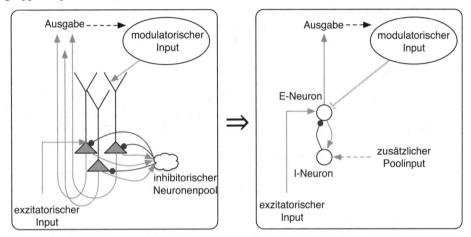

Abb. 2: **Kortikale Kolumnen als E-I-Neuronenpaar. Links:** Vereinfachte Abbildung von Zellen einer kortikalen Kolumne. Exzitatorischer Input (Pfeillinienenden) generieren Aktivierungen, die von Interneuronen, welche eine lokale Nachbarschaft hemmen (runde Linienenden), gesammelt werden (Normalisierung). Die Ausgabe wird in höher gelegenen Arealen mit weiteren Informationen fusioniert und koppelt so gewonnene Kontextinformationen an distalen Lokationen ein. **Rechts:** Diese Verarbeitungsmechanismen können vereinfacht durch ein exzitatorisch-inhibitorisches (E-I) Neuronenpaar abgebildet werden. Dabei werden Interneurone durch eine inhibitorische Zelle und Pool-Input realisiert. Kontextbezogener Input kann durch modulatorische Interaktion den Einfluss distal koppelnder rückwärtiger Verbindungen abbilden (flache Linienenden). Reproduziert von [Br15].

rer geschichteter Neurone führt zu einem Gesamtverhalten, welches zur Erklärung vieler Untersuchungsdaten bereits ausreicht, ohne jedoch die Komplexität von z.B. spikenden multi-Kompartment-Modellen mit sich zu bringen [LSL04, BN14b]. Um die Asymmetrie zwischen vorwärts- und rückwärtsgerichteten Verbindungen abzubilden, wirken in dem untersuchten Modell rückwärtige Signale (Feedback) modulatorisch, d.h. derartige Signale können bestehende (z.B. durch exzitatorische Verbindungen ausgelöste) Aktivitäten verstärken, aber nicht alleinig ohne gleichzeitige Signaleingabe hervorrufen. Hierdurch können selektiv aufgabenrelevante Aktivierungen verstärkt werden, welche durch lokale Interaktion simultan zu einer Abschwächung der Repräsentierungen von Distraktoren führen. Die Interaktion ist in Abb. 3 skizziert und kann vereinfacht wie folgt formuliert werden:

$$\dot{r} = -\alpha \cdot r + (\beta - r) \cdot (I + \gamma_{SE} \cdot g_r(r)) \cdot (1 + \lambda \cdot net^{FB}) - \gamma \cdot rg_p(p), \quad (1)$$

$$\dot{p} = -p + \beta_p \cdot g_r(r) + I_c, \quad (2)$$

wobei r und p das Membranpotential eines exzitatorischen (E) bzw. inhibitorischen (I) Neurons, I der exzitatorische Input des E-Neurons, I_c der exzitatorische Input des I-Neurons

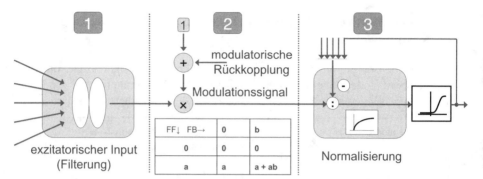

Abb. 3: Dreistufige Hierarchie des Modells einer kanonischen Kolumne. (1) Der Input wird durch Filterantworten der ersten Stufe generiert. (2) Die Kombination aus modulatorischer Rückkopplung b (feedback; FB) und exzitatorischem FF Input a erhöht die Aktivierung um die Korrelation $a \cdot b$. Ohne exzitatorischen Input (feedforward (FF); obere Tabellenreihe) wird keine Aktivierung generiert. (3) Die Ausgabestufe realisiert eine Normalisierung der Energie durch die Interkation mit einem lokalen Pool von Neuronen.

From Tobias Brosch and Heiko Neumann, "Computing with a Canonical Neural Circuits Model with Pool Normalization and Modulating Feedback", Neural Computation, 26:12 (December, 2014), pp. 2735-2789. © 2014 by the Massachusetts Institute of Technology.

und net^{FB} der modulatorische Input des E-Neurons sind. Der Parameter β ist die obere Aktivitätsschranke des E-Neuron und $\alpha, \gamma_{SE}, \lambda, \gamma, \beta_p$ sind Verstärkungsfaktoren der verschiedenen Interaktionskomponenten (siehe [BN14a] für weitere Details).

Durch die mathematische Analyse des Phasenraums und der Equilibria konnten verschiedene Parameterbereiche identifiziert werden, in welchen das System stabil ist, oszilliert oder instabile Interaktionen zeigt. Hierdurch trugen die Ergebnisse in weiteren Untersuchungen zur Entwicklung von Modellen bei, welche eine Vielzahl von elektrophysiologischen Untersuchungsdaten erklären und technische Modelle für neuronale dynamische Signalverbesserung beschreiben. Darunter sind die Verstärkung schwacher und Hemmung starker Signale, kontrastabhängige rezeptive Feldgrößen, verschiedene Arten der Aufmerksamkeitsmodulation, kohärente Signalamplifikation, sowie orientierungskontrastabhängiges Antwortverhalten mit nur geringen Parameteränderungen [BN14a]. Darüber hinaus wurde in einem separaten Beitrag gezeigt, dass das untersuchte Modell auf der verwendeten Modellierungsebene kohärent mit Untersuchungsdaten zur Elektrophysiologie von Einzelzellen im visuellen Kortex sowie detaillierten Modellen hierzu ist, jedoch einen geringeren Rechenaufwand benötigt [BN14b]. Die Vielzahl der erklärten Untersuchungsergebnisse bestätigt somit die bereits zuvor postulierte kanonische Eigenschaft der Normalisierung, die durch den E-I-Schaltkreis realisiert wird [CH12]. Zusätzlich schafft die mathematische Analyse und das dadurch vertiefte Verständnis die Grundlage zur Realisierung komplexer neuronaler/technischer Systeme, in denen eine Vielzahl von Neuronen miteinander interagiert ohne instabil zu werden.

3 Ereignisbasierte Verarbeitungsalgorithmen

In weiteren Untersuchungen wurde gezeigt, dass der kanonische Mechanismus der Normalisierung ebenfalls zur Verbesserung optischer Flussschätzung dienen kann. Im Kontext energieeffizienter neuromorpher Hardware wurde hierzu ein neuartiger Algorithmus zur optischen Flussschätzung entwickelt, welcher ereignisbasierte Daten eines neuromorphen asynchronen Bildsensors verarbeitet (beschrieben in Abb. 4). Dazu wurden Untersuchungs-

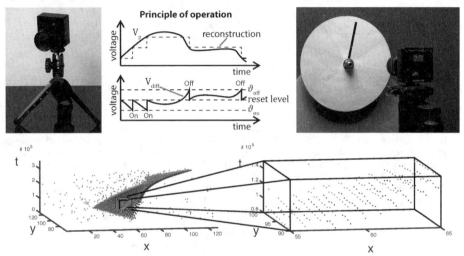

Abb. 4: **Asynchroner Bildsensor. Oben (von links nach rechts):** Bild, Verarbeitungsprinzip und Stimulusgenerierung eines asynchronen Bildsensors. Helligkeitsänderungen, welche eine gegebene Schwelle überschreiten, führen zu ON bzw. OFF Ereignissen. Die sehr geringe Latenz des dynamischen Bildsensors ($15\mu s$) benötigt eine analoge Stimulusgenerierung (rechts). Nach [LPD08]. **Unten:** Visualisierung der Raum-zeitlichen Ereigniswolke, welche von einem rotierenden Balken als Eingabe (oben rechts) generiert wird.
Reproduziert von [BTN15] published under the terms of the Creative Commons Attribution License (CC BY) http://creativecommons.org/licenses/by/4.0/.

ergebnisse von [De00] verwendet um einen Filter zu generieren, welcher auf raum-zeitliche Änderung reagiert. Der neuartige Filter wird durch Invertierung der Singularwertzerlegung des rezeptiven Felds von bewegungssensitiven Zellen von [De00] generiert (c.f. [DOF95], dortige Abb. 3). Jeder der beiden Filter setzt sich separabel aus einem bi-phasischen temporalen und einem geraden räumlichen Filter oder einem mono-phasischen temporalen und einem ungeraden räumlichen Filter zusammen.

Weiter wurde gezeigt, dass Normalisierung hilft ein typisches Problem der optischen Flussschätzung zu reduzieren. Dieses ist das so genannte Aperturproblem. So ist bei 1D Strukturen, wie z.B. einer geraden Kontrastkante, nicht klar, wie stark sich die Kante parallel zu der Kante bewegt, sondern lediglich wie stark die Bewegung orthogonal dazu ist. 2D Strukturen wie z.B. Eckpunkte hingegen erlauben eine eindeutige Bestimmung der Bewegungsrichtung und Geschwindigkeit. In Experimenten konnte gezeigt werden, dass der kanonische Mechanismus der Normalisierung (c.f. Abschnitt 2) dieses Problem lösen kann, indem Aktivierungen entlang der Kante reduziert und Aktivierungen an Ecken hervorgehoben werden. Dadurch bekommt die Schätzung durch Neurone an den Ecken

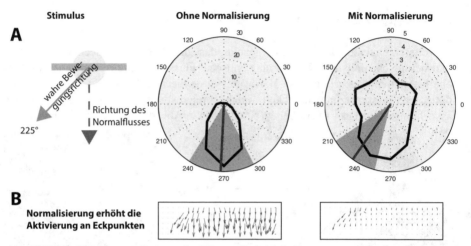

Abb. 5: **Normalisierung verbessert signifikant die initiale Bewegungsschätzung** einer geraden Kante, welche sich mit 45° Winkeldifferenz zu ihrer Orientierung bewegt. **A, linkes Histogramm:** Initial dominiert die Aktivierung der Zellen in Richtung des Normalflusses (blaue Linie; blaue Fläche gibt Standardabweichung an). **A, rechtes Histogramm:** Normalisierung durch die lokale Nachbarschaft erhöht die Aktivierung an den Ecken und hemmt die Aktivierung entlang der Kante (**B**), sodass die Schätzung stärker in Richtung der wahren Bewegungsrichtung zeigt und somit das Aperturproblem minimiert (**A, rechts**) (c.f. [Gu06, Ts10]).
Nach [BTN15] published under the terms of the Creative Commons Attribution License (CC BY) http://creativecommons.org/licenses/by/4.0/.

eine stärkere Gewichtung als Neurone entlang von Kanten, was durch Feedback-Interaktion weiter verbessert werden kann (Abb. 5; [Ts14, BTN15]).

Zusammenfassend zeigen die Untersuchungsergebnisse, dass die kanonische Operation der Normalisierung auch zur Signalverbesserung von optischen Flusssignalen basierend auf event-basierten Daten eines neuromorphen Sensors eingesetzt werden kann. Weiterführend konnte gezeigt werden, dass der neu entwickelte Filter aufgrund seiner Separierbarkeit nicht nur auf konventioneller, sondern auch auf neuromorpher Hardware effizient implementiert werden kann. Dazu wurde im Rahmen der Arbeit gezeigt, wie sich die analysierten neuronalen Mechanismen auf einem konkreten spikenden neuromorphen Chip (IBM; TrueNorth-Chip) realisieren lassen ([Br15], Appendix A). Noch spezifischer wurde in anschließenden Arbeiten skizziert, wie eine konkrete Implementierung den event-basierten Eingabestrom in Echtzeit mit nur geringem Energieaufwand (ca. 72mW) analysieren kann [BN15].

4 Verarbeitung und Lernen in rekurrenten neuronalen Netzen

Wie bereits in der Einleitung diskutiert, führt die Konstruktion immer größerer neuronaler Algorithmen/Netze zu Problemen in der Parameterwahl, sodass Lernalgorithmen eine immer größere Bedeutung zukommt. Weiter wurde dargelegt, dass rein vorwärts gerichtete (feedforward) Netze in ihrem Funktionsumfang limitiert sind (c.f. Abb. 1). Daher wurde im Rahmen meiner Arbeit ein Lernalgorithmus für rekurrente neuronale Netze entwickelt (REinforcement LEArning in Recurrent Neural Networks; RELEARNN), welcher durch laterale Interaktionen und rückwärts gerichtete Verbindungen (Feedback) zu einer Stabilisierung der internen Repräsentationen, aber auch zur Etablierung neuer, in feedforward Netzen nicht möglichen, funktionalen Strukturen beitragen kann. So können beispielsweise Aufgaben, wie das mentale Verfolgen statischer beliebig geformter Linien um z.b. deren Anfang und Ende zu finden (c.f. Abb. 1C) nur mit kombinatorischer Komplexität in reinen feedforward Netzen gelöst werden [MP87], wohingegen in meiner Arbeit eine derartige Aufgabe in einem trainierten rekurrenten Netz gelöst wurde. Die Interaktion zwischen Neuronen ist dabei wie folgt gegeben (E-I-Paare wie in Gl. (1) können hier durch Lernen etabliert werden; $I^{ex,inh,mod}$ beschreiben die Summe aller eingehenden Aktivierungen für jede Unit):

$$\frac{d}{dt}p = -\alpha p + (\beta - p) \cdot I^{ex} \cdot (1 + \gamma I^{mod}) - (\zeta + p) \cdot I^{inh}, \qquad (3)$$

wobei β und δ die obere bzw. untere Schranke sind und α, γ die Abklingrate und den Einfluss von modulatorischem Feedback beschreiben. Dabei wurde mathematisch eine Beziehung zu früheren Arbeiten rekurrenter Rückpropagation von Almeida und Pineda im speziellen Fall des Reinforcement Lernens hergeleitet [Al87, Pi87], welches eine Übertragung von Eigenschaften wie z.B. Stabilitätsbeweisen zulässt. Zusätzlich wurde eine dreistufige Beschreibung mit lokalen Interaktionen entwickelt, welche nun eine testbare Hypothese für künftige Untersuchungen darstellt (c.f. Abb. 6): In einer *ersten Phase* wird

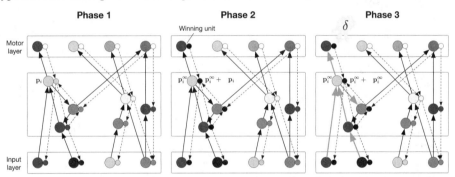

Abb. 6: **Illustration der Lernphasen.** Für die Propagation des Lernsignals gibt es zu jeder regulären Unit (große Kreise) eine *accessory* Unit (kleine Kreise). **1)** Sensorischer Input führt zu einem stabilen Zustand p^∞ der regulären Units. Dabei repräsentieren Units in der Ausgabeschicht durch ihre Aktivierung die erwartete Belohnung für den Fall, in welchem die mit den Ausgabeunits assoziierte Aktion ausgeführt wird. **2)** Die gewinnende Ausgabeunit injiziert zusätzliche Aktivität in das *accessory* Netzwerk, welches reziproke Verbindungsgewichte wie das reguläre Netzwerk hat. Dabei haben *accessory* Units, deren assoziierte reguläre Unit einen starken Einfluss auf die Aktivierung der gewinnenden Unit hat, eine starke Aktivitätserhöhung Δp in dieser Phase. **3)** Synaptische Änderungen hängen von Δp und einem globalen Belohnungsvorhersagefehler δ ab. Reproduziert von [BNR15]. Siehe [BNR15] für weitere Details.

das reguläre rekurrente Netzwerk aktiviert. Units in der Ausgabeschicht werden darauf trainiert, die erwartete Belohnung der mit ihnen assoziierten Aktion zu kodieren und stehen in einer Kompetition um die auszuführende Aktion. Um das Lernsignal zu bestimmen, wird in der *zweiten Phase* ein zum regulären Netzwerk reziprokes *accessory* Netzwerk durch die gewinnende Unit aktiviert. Die Aktivierungen im regulären r_k^∞ als auch im *accessory* Netzwerk $r_k^\infty + \Delta p_l^\infty$ werden dann in der *dritten Phase* (initiiert durch ein globales Lernsignal) zur Gewichtsadaptation ΔW_{kl} verwendet. Die Veränderung der Verbindungsstärke ΔW_{kl} von Unit k zu Unit l ist dabei wie folgt gegeben:

$$\Delta W_{kl} = \eta \cdot \delta \cdot \Delta p_l^\infty \cdot f_l(p_l^\infty) \cdot r_k^\infty, \quad (4)$$

wobei η die Lernrate ist, δ das globale Lernsignal, Δp_l^∞ die Änderung im *accessory* Netzwerk in Phase (2) beschreibt (c.f. Abb. 6), $f_l(p_l^\infty)$ eine interaktionsabhängige Funktion im Membranpotential des Zielneurons l und r_k^∞ die Feuerrate des Ausgangsneurons ist. So konnten in Simulationen durch das Training von rekurrenten Verbindungen mit RELEARNN erstmals Verhaltens- aber auch elektrophysiologische-Untersuchungsdaten in zwei herausfordernden Aufgaben innerhalb einer Lernarchitektur erklärt werden (siehe [BNR15] für mehr Details). Zusätzlich konnte gezeigt werden, dass sowohl die Interaktionen im regulären als auch dem *accessory* Netzwerk auf neuromorpher Hardware realisierbar sind [Br15], App. A. Somit können mit RELEARNN trainierte Netzwerke sowohl auf klassischer als auch auf neuromorpher Hardware trainiert und ausgeführt werden, um bestehende Ansätze und Netzwerke robuster und funktional reicher zu machen.

5 Zusammenfassung

Im Rahmen meiner Doktorarbeit [Br15] konnte ich durch die mathematische Analyse dynamischer Systeme, die Entwicklung neuronaler Modelle, ereignisbasierter optischer Flussschätzung und einem Lernalgorithmus für rekurrente neuronale Netze die notwendigen Grundlagen für neuromorphe Algorithmen erweitern. Ein Beitrag, welcher gerade im Hinblick auf das sich abzeichnende Ende von schneller getakteten Prozessoren und Moore's Law immer wichtiger erscheint [Me14]. Gleichzeitig sind die erarbeiteten Ergebnisse auch von Relevanz für ein verbessertes Verständnis unseres eigenen Gehirns. Insbesondere die gute Übereinstimmung der Simulationsergebnisse des neuen Lernalgorithmus RELEARNN mit verhaltensbezogenen- und elektrophysiologischen-Untersuchungsdaten stellt testbare Prädiktionen für makroskopische lernbezogene Signale auf, welche in künftigen Experimenten untersucht werden können.

Literaturverzeichnis

[Al87] Almeida, L. B.: A learning Rule for Asynchronous Perceptrons with Feedback in a Combinatorial Environment. In: First Annual International Conference on Neural Networks. IEEE, 1987.

[BMC05] Bonin, V.; Mante, V.; Carandini, M.: The Suppressive Field of Neurons in Lateral Geniculate Nucleus. Journal of Neuroscience, 25(47):10844–56, 2005.

[BN12] Brosch, T.; Neumann, H.: The Brain's Sequential Parallelism: Perceptual Decision–Making and Early Sensory Responses. In: ICONIP (Part II). Vol. 7664 in LNCS, S. 41–50, 2012.

[BN14a] Brosch, T.; Neumann, H.: Computing with a Canonical Neural Circuits Model with Pool Normalization and Modulating Feedback. Neural Computation, 26(12):2735–89, 2014.

[BN14b]   Brosch, T.; Neumann, H.: Interaction of Feedforward and Feedback Streams in Visual Cortex in a Firing–Rate Model of Columnar Computations. Neural Networks, 54:11–6, 2014.

[BN15]   Brosch, T.; Neumann, H.: Event–Based Optical Flow on Neuromorphic Hardware. In: BICT. 2015.

[BNR15]   Brosch, T.; Neumann, H.; Roelfsema, P. R.: Reinforcement Learning of Linking and Tracing Contours in Recurrent Neural Networks. PLoS Computational Biology, 11(10):e1004489, 2015.

[Br15]   Brosch, T.: Cognitive Sequential Parallelism: From Canonical Neural Circuits to Training Recurrent Neural Networks in Perceptual Decision–Making. Dissertation, Ulm University, 2015.

[BSN13]   Brosch, T.; Schwenker, F.; Neumann, H.: Attention–Gated Reinforcement Learning in Neural Networks–A Unified View. In: ICANN. Vol. 8131 in LNCS. Springer, S. 272–9, 2013.

[BTN15]   Brosch, T.; Tschechne, S.; Neumann, H.: On Event–Based Optical Flow Detection. Frontiers in Neuroscience, 9(137):1–15, 2015.

[CH12]   Carandini, M.; Heeger, D. J.: Normalization as a Canonical Neural Computation. Nature Reviews Neuroscience, 13:51–62, 2012.

[De00]   De Valois, R. L.; Cottaris, N. P.; Mahon, L. E.; Elfar, S. D.; Wilson, J. A.: Spatial and Temporal Receptive Fields of Geniculate and Cortical Cells and Directional Selectivity. Vision Research, 40(27):3685–702, 2000.

[DOF95]   DeAngelis, G. C.; Ohzawa, I.; Freeman, R. D.: Receptive–Field Dynamics in the Central Visual Pathways. TINS, 18(10):451–8, 1995.

[Es13]   Esser, S. K.; Andreopoulos, A.; Appuswamy, R.; Datta, P.; Barch, D.; Amir, A.; Arthur, J.; Cassidy, A.; Flickner, M.; Merolla, P.; Chandra, S.; Basilico, N.; Carpin, S.; Zimmerman, T.; Zee, F.; Alvarez-Icaza, R.; Kusnitz, J. A.; Wong, T. M.; Risk, W. P.; McQuinn, E.; Nayak, T. K.; Raghavendra Singh, R.; Modha, D. S.: Cognitive Computing Systems: Algorithms and Applications for Networks of Neurosynaptic Cores. In: IJCNN. IEEE, S. 1–10, 2013.

[FVE91]   Felleman, D. J.; Van Essen, D. C.: Distributed Hierarchical Processing in the Primate Cerebral Cortex. Cerebral Cortex, 1(1):1–47, 1991.

[Gu06]   Guo, K.; Robertson, R.; Nevado, A.; Pulgarin, M.; Mahmoodi, S.; Young, M. P.: Primary Visual Cortex Neurons that Contribute to Resolve the Aperture Problem. Neuroscience, 138(4):1397–1406, 2006.

[LPD08]   Lichtsteiner, P.; Posch, C.; Delbruck, T.: A 128×128 120 dB 15 μs Latency Asynchronous Temporal Contrast Vision Sensor. Solid–State Circuits, IEEE Journal of, 43(2):566–76, 2008.

[LSL04]   Larkum, M. E.; Senn, W.; Lüscher, H.-R.: Top–Down Dendritic Input Increases the Gain of Layer 5 Pyramidal Neurons. Cerebral Cortex, 14(10):1059–70, 2004.

[Me14]   Merolla, P. A.; Arthur, J. V.; Alvarez-Icaza, R.; Cassidy, A. S.; Sawada, J.; Akopyan, F.; Jackson, B. L.; Imam, N.; Guo, C.; Nakamura, Y.; Brezzo, B.; Vo, I.; Esser, S. K.; Appuswamy, R.; Taba, B.; Amir, A.; Flickner, M. D.; Risk, W. P.; Manohar, R.; Modha, D. S.: A Million Spiking–Neuron Integrated Circuit with a Scalable Communication Network and Interface. Science, 345(6197):668–73, 2014.

[MP87] Minsky, M.; Papert, S. A.: Perceptrons: An Introduction to Computational Geometry. MIT Press, Cambridge, MA, 1987.

[Pi87] Pineda, F. J.: Generalization of Back–Propagation to Recurrent Neural Networks. Physical Review Letters, 59(19):2229–32, 1987.

[Sp02] Spratling, M. W.: Cortical Region Interactions and the Functional Role of Apical Dendrites. Behavioral and Cognitive Neuroscience Reviews, 1(3):219–28, 2002.

[Sz13] Szegedy, C.; Zaremba, W.; Sutskever, I.; Bruna, J.; Erhan, D.; Goodfellow, I.; Fergus, R.: , Intriguing Properties of Neural Networks , 2013. http://arxiv.org/abs/1312.6199, Jan. 2016 (Zugegriffen: Jan. 2016).

[Sz14] Szegedy, C.; Liu, W.; Jia, Y.; Sermanet, P.; Reed, S.; Anguelov, D.; Erhan, D.; Vanhoucke, V.; Rabinovich, A.: , Going Deeper with Convolutions, 2014. http://arxiv.org/abs/1409.4842, Feb. 2015 (Zugegriffen: Feb. 2015).

[TG80] Treisman, A. M.; Gelade, G.: A Feature–Integration Theory of Attention. Cognitive Psychology, 12:97–136, 1980.

[Ts10] Tsui, J. M. G.; Hunter, J N.; Born, R. T.; Pack, C. C.: The Role of V1 Surround Suppression in MT Motion Integration. Journal of Neurophysiology, 103:3123–38, 2010.

[Ts14] Tschechne, S.; Brosch, T.; Sailer, R.; von Egloffstein, N.; Abdul-Kreem, L. I.; Neumann, H.: On Event–Based Motion Detection and Integration. In: 8th International ACM Conf. on Bio–inspired Information and Communications Technologies. S. 298–305, 2014.

[Ul84] Ullman, S.: Visual Routines. Cognition, 18(1–3):97–159, 1984.

Dr. Tobias Brosch wurde am 11. Oktober 1985 in Ulm geboren. Sein Mathematik Studium mit Nebenfach Informatik an der Universität Ulm schloss er 2010 nach 8 Semestern mit seiner Diplomarbeit über adaptive Merkmalsfusion am Institut für Neuroinformatik ab. Der Erhalt eines Stipendiums des „Promotionskollegs Mathematical Analysis of Evolution, Information and Complexity" ermöglichte ihm den direkten Einstieg in die Promotion am Institut für Neuroinformatik der Universität Ulm bei Prof. Dr. Heiko Neumann. Während seiner Promotion erstellte er zahlreiche Beiträge für internationale Journals/Tagungen und kollaborierte in Forschungsaufenthalten u.a. mit Prof. Dr. Pieter Roelfsema vom Netherlands Institute for Neuroscience (2013). Seine Beiträge reichen dabei von der mathematischen Analyse dynamischer Systeme über optische Flussschätzung ereignisbasierter Sensordaten bis hin zu neuen Algorithmen für simultan rekurrente neuronale Netze. Nach Abschluss seiner Promotion (2015) arbeitete er am IBM Almaden Research Laboratory, vertiefte dabei seine Kenntnisse in *deep neural networks* und neuromorphen Algorithmen und initiierte ein Field Test Agreement mit der Universität Ulm zur Nutzung des neurosynaptischen IBM-Chips „TrueNorth".

Brückenschlag zwischen Verifikation und systematischem Testen[1]

Maria Christakis[2]

1 Einführung

Die Forschung beschäftigt sich seit circa fünf Jahrzehnten mit Verifikation und sie wird vermehrt in der Industrie dazu eingesetzt, um während der Softwareentwicklung Fehler zu erkennen. Verifikationstechniken basieren darauf, dass Softwareentwickler die von ihnen gewünschten Eigenschaften des Programms vorgeben. Anschliessend können verschiedene Techniken dazu eingesetzt werden, um diese Korrektheitseigenschaften zu beweisen. Inzwischen sind Verifikationswerkzeuge so erfolgreich, dass sie vermehrt routinemassig von vielen Softwareentwicklern dazu eingesetzt werden, um Fehler in industriell eingesetzter Software zu finden. In der Tat gibt es inzwischen eine Vielzahl solcher Werkzeuge für etablierte Programmiersprachen. Diese decken ein sehr breites Spektrum ab: einfache heuristische Werkzeuge, Werkzeuge die auf Abstrakter Interpretation basieren, Software-Model-Checker, bis hin zu Verifikationswerkzeugen, die auf automatischen Theorembeweisern aufbauen.

Im Laufe der letzten zehn Jahre keimte gleichzeitig ein vermehrtes Interesse an systematischem Testen auf. Die meisten dieser Techniken basieren auf symbolischer Programmausführung, welche vor mehr als drei Jahrzehnten entwickelt wurde. Die Entwicklung von dynamischem symbolischen Testen wurde durch erhebliche Fortschritte im Bereich der Constraint Satisfiability und der zunehmenden Skalierbarkeit von simultaner konkreter und symbolischer Programmausführung begünstigt. Diese Techniken erlauben es eine hohe Testabdeckung des Programms zu erreichen und tiefliegende Fehler in grossen und komplexen Programmen auszumachen. Dynamisches symbolisches Testen ist daher von grosser Bedeutung für viele Forschungsbereiche in der Informatik, wie zum Beispiel Software Engineering, Sicherheit, Computersysteme, Debugging und Fehlerbehebung, Netzwerke, Bildung und viele mehr.

Der Fokus dieser Dissertation [Ch15] liegt darauf die Kluft zwischen diesen beiden etablierten Techniken—Verifikation auf der einen Seite und systematisches Testen auf der anderen Seite—zu verringern. Auf der einen Seite ergänzen wir Verifikation mit systematischem Testen, um die Software-Qualität zu maximieren und indem wir gleichzeitig den Testaufwand reduzieren. Im Besonderen definie-

---
[1] Narrowing the gap between verification and systematic testing
[2] Microsoft Research, Redmond, USA, mchri@microsoft.com

ren wir präzise welche Korrektheitsgarantien Verifikationswerkzeuge bieten. Erst dies erlaubt uns solche Werkzeuge wirkungsvoll mit dynamischem symbolischem Testen zu ergänzen. Gleichzeitig erweitern wir systematische Test-Techniken mit besseren Test-Orakeln, die es uns erlauben, bisher ignorierte Aspekte der Programmausführung in Betracht zu ziehen und dadurch mehr Fehler mit weniger Ressourcen und früher im Entwicklungsprozess auszumachen. Auf der anderen Seite untersuchen wir in wie weit systematisches Testen zur Verifikation von realistischen Applikationen benutzt werden kann. Im Besonderen untersuchen wir im Rahmen einer bestimmten Kategorie von Applikationen, ob systematisches Testen in der Lage ist Verifikation zu erreichen. Diese Forschungsrichtung lotet das Potenzial von dynamischem systematischem Testen zur Sicherstellung von Software-Korrektheit aus.

Im Folgenden erläutern wir die Motivation und Idee hinter den beiden Forschungsrichtungen dieser Dissertation: die Kombination von Verifikation und systematischem Testen und Verifikation mittels systematischem Testen.

2 Kombination von Verifikation und Systematischem Testen

Typischerweise betrachten sounde Verifikationstechniken eine Überapproximation der möglichen Programmausführungen, um die Abwesenheit von Fehlern in einem Programm zu beweisen. Im Gegensatz dazu versucht systematisches Testen die Existenz von Fehlern zu beweisen, indem eine Unterapproximation der möglichen Programmausführungen betrachtet wird.

In der Praxis setzen Software-Projekte heutzutage auf eine Vielzahl von Techniken, wie zum Beispiel Testen, Code Reviews und statische Analyse, um Fehler in Programmen zu finden. In der Regel betrachten jedoch all diese Techniken nicht alle möglichen Programmausführungen. Oft werden ganze Programmpfade nicht verifiziert (beispielsweise wenn eine Test-Suite nicht vollständige Pfadabdeckung erreicht), einige Eigenschaften werden nicht verifiziert (beispielsweise komplexe Assertions), oder einige Pfade werden lediglich unter Annahmen (beispielsweise dass keine arithmetischen Überläufe auftreten) verifiziert, die nicht zwangsläufig in allen Programmausführungen halten. In Code Reviews sind solche Annahmen nötig, um die Komplexität für den Gutachter in Grenzen zu halten. Ferner ist es üblich in statischen Analysen Annahmen zu treffen, um die Präzision, Effizienz und Modularität der Analyse zu erhöhen [CMW15] und da sich gewisse Programmfeatures einer statischen Überprüfung entziehen. In anderen Worten verzichten die meisten statischen Analysen zu Gunsten von anderen wichtige Qualitäten auf Soundness.

Obwohl statische Analysen wirkungsvoll zum Aufspüren von Software-Fehlern verwendet werden können, sind sie nicht in der Lage den Testaufwand zu ersetzen oder erheblich zu reduzieren. Viele solcher Analysen für etablierte Programmiersprachen machen verschiedene Kompromisse, um die Automatisierung zu steigern und den manuellen Annotationsaufwand, die Anzahl der unechten Fehler und die Dauer der Analyse zu reduzieren. Solche Kompromisse bestehen darin, dass gewisse Eigenschaften (beispielsweise Terminierung) nicht überprüft werden, implizite Annahmen getroffen werden (beispielsweise dass arithmetische Operationen nicht überlaufen) und Unsoundness (beispielsweise dass nur eine beschränkte Anzahl von Schleifeniterationen betrachtet werden).

Trotz dieser Limitationen finden solche statischen Analysen echte Fehler in industrieller Software. Aufgrund dieser Limitationen ist es jedoch nicht klar, welche Korrektheitsgarantien solche statischen Analysen besitzen. Es ist ebenfalls unklar, wie sich eben diese nicht sound verifizierten Eigenschaften mittels systematischem Testen überprüfen lassen. Daher sind Software-Ingenieure gezwungen Programme so gründlich zu testen, als wenn keine statischen Analysen zum Einsatz gekommen wären. Dies ist ineffizient, da es eine grosse Test-Suite voraussetzt.

Bis heute wurden mehrere Ansätze entwickelt, um Verifikation mit Testen zu ergänzen. Diese dienen jedoch mehrheitlich dazu festzustellen, ob es sich bei einem statisch entdeckten Fehler um einen echten Fehler handelt. Keiner dieser Ansätze zieht jedoch in Betracht, dass statische Analysen Fehler übersehen können aufgrund der bereits erwähnten Limitationen. In anderen Worten zielt das Testen lediglich darauf ab, Programmausführungen zu überprüfen, für welche die Verifikation fehlschlug. Wie in der Abbildung rechts ersichtlich wird, werden dabei Programmausführungen ignoriert, die aufgrund von Unsoundness nicht statisch überprüft wurden.

Um dieses Problem in den Griff zu bekommen, haben wir eine neue Technik zur Kombination von Verifikation und systematischem Testen entwickelt. Diese Technik leitet das systematische Testen nicht nur zu den Programmausführungen, für welche die Verifikation fehlschlug, sondern auch zu jenen, die aufgrund von Unsoundness nicht verifiziert wurden. Die schattierten Flächen in der Abbildung rechts zeigen ebendiese Programmausführungen.

Im Besonderen präsentieren wir eine Werkzeug-Architektur die (1) mehrere, komplementäre statische Analysen, welche unterschiedliche Eigenschaften überprüfen und unterschiedliche Annahmen treffen, mit (2) dynamischem systematischem Testen ergänzt, um Eigenschaften zu überprüfen, die statisch nicht bereits überprüft wurden [CMW12]. Der Schlüsselgedanke hinter dieser Architektur besteht darin, explizit zu machen, welche Eigenschaften statisch überprüft wurden und unter welchen Annahmen. Dies erlaubt es, die Korrektheitsgarantien einer statischen Analyse präzise zu dokumentieren und ermöglicht bei der Test-Generierung jene Eigenschaften ins Auge zu fassen, die noch nicht verifiziert wurden. Das Resultat davon sind kleinere und wirkungsvollere Test-Suiten.

Die drei wissenschaftlichen Errungenschaften unser Architektur lassen sich folgendermassen zusammenfassen:

1. Sie macht absichtliche Kompromisse von statischen Analysen explizit, indem jede Assertion entweder als vollständig verifiziert, unter Annahmen verifiziert oder nicht verifiziert gekennzeichnet wird.
2. Sie generiert Testfälle automatisch basierend auf den Resultaten der statischen Analysen. Dies erlaubt es dem Benutzer zu entscheiden wie viel Aufwand er in die statischen Analysen und das Testen stecken möchte. Beispielsweise hat der Benutzer die Wahl keinerlei Aufwand zu betreiben, um die Verifikation vollständig durchzuführen (z.B. indem er keinerlei Invarianten für Schleifen schreibt). Das Verifikationswerkzeug ist in der Lage einige Eigenschaften zu beweisen und unsere Architektur erlaubt es, die übrigen zu testen. Wahlweise hat der Benutzer die Möglichkeit möglichst viele Eigenschaften von kritischen Software-Komponenten zu beweisen und die übrigen Eigenschaften (z.B. in Bibliothekskomponenten) zu testen. Somit ist das Mass an statischer Analyse konfigurierbar und kann von nichts bis vollständig reichen.
3. Sie richtet die statische Analyse und das Testen auf die Eigenschaften die noch nicht (sound) überprüft wurden. Dies erlaubt gezielte statische Analyse und Testen und, im speziellen, führt zu kleineren und wirkungsvolleren Test-Suiten.

Unsere Architektur nimmt als Eingabe ein Programm, bestehend aus Code, Spezifikationen und den Eigenschaften, welche überprüft werden sollen (z.B. Division-durch-Null und Null-Dereferenzierung). Für jede Überprüfung in dem Programm hält unsere Architektur fest, ob sie sound verifiziert wurde oder unter Annahmen. Wie in der Abbildung rechts ersichtlich wird, besteht die Architektur aus zwei Phasen, wobei die erste aus statischen Analysen besteht und die zweite aus systematischem Testen.

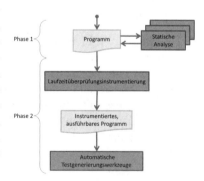

Die erste Phase erlaubt dem Benutzer eine beliebige Anzahl (eventuell keine) von statischen Analysen durchzuführen. Jede Analyse liest das Programm, welches Resultate aus früheren Analysen enthalten kann, und versucht Eigenschaften zu beweisen, die noch nicht von vorgeschalteten Analyse-Werkzeugen bewiesen wurden. Wie bereits beschrieben, ist jede Assertion entweder als vollständig (d.h. sound) verifiziert, unter gewissen Annahmen verifiziert oder nicht verifiziert (d.h. Verifikation wurde nicht versucht oder ist fehlgeschlagen) gekennzeichnet. Eine Analyse versucht dann diejenigen Assertions zu beweisen, die noch nicht von vorgeschalteten Analyse-Werkzeugen bewiesen wurden. Jede Analyse erfasst ihre Resultate im Programm, welches wiederum als Eingabe für das nachgeschaltete Werkzeug dient.

Das Programm, das von der ersten Phase produziert wird, ist entweder vollständig (und sound) verifiziert oder es existieren noch Überprüfungen, die nicht bewiesen werden konnten. Jede Zwischenversion des Programms erfasst genau, welche Eigenschaften bereits vollständig verifiziert wurden und welche noch zu validieren sind. Dies macht es den Entwicklern leicht den Verifikationszyklus jederzeit zu unterbrechen, was in der Praxis entscheidend ist, da Entwickler nur einen begrenzten Aufwand für die statische Analysen betreiben können. Die übrigen Eigenschaften können durch die anschliessende Test-Phase abgedeckt werden.

In dieser zweiten Phase setzen wir dynamisches symbolisches Testen ein, um automatisch Testfälle anhand des (in der Regel bereits statisch analysierten) Programms zu generieren. Insbesondere nutzen wir eine instrumentierte Version des Programms, in der sowohl Eigenschaften, die noch zu überprüfen sind, als auch die Annahmen der statischen Analysen als Laufzeit-Überprüfungen vorkommen. Das resultierende instrumentierte Programm kann dann mit einem oder mehreren Testgenerierungswerkzeugen getestet werden. Unsere Instrumentierung führt dazu, dass das symbolische Testen genau die Constraints und Testdaten generiert, um die Eigenschaften zu überprüfen, die noch nicht (sound) statisch verifiziert wurden. Dies reduziert die Anzahl generierter Tests. Es können jedoch nicht alle Spezifikationen effizient zur Laufzeit überprüft werden (beispielsweise Objektinvarianten) und Programme interagieren mit deren Umgebung auf verschiedene Arten (beispielsweise über den statischen Zustand). Daher benutzen wir in dieser Phase Strategien, um die Resultate des systematisch Testen bezüglich der wirklich überprüften Eigenschaften und der entdeckten Fehler zu verbessern.

Indem wir diese Architektur entwickelten, waren wir in der Lage die folgenden wissenschaftlichen Themen zu untersuchen.

Wie entwirft man eine Annotationssprache die Verifikation und systematisches Testen unterstützt. Seit Design by Contract wurden mehrere verwandte Annotationssprachen entwickelt. Beispielsweise wurden Eiffel, JML (Java Modeling Language), Spec# und Code Contracts für .NET so entworfen, dass sie sich sowohl für statische Analysen als auch für die Laufzeitüberprüfung von Annotationen eignen. Keine dieser Sprachen eignet sich jedoch, um unser Architektur für Werkzeuge zu verwirklichen.

Wir haben daher eine Annotationssprache entwickelt, um absichtliche Kompromisse von statischen Analysen explizit zu machen [CMW12] (siehe Kapitel 2). Die Haupttugenden unserer Annotationen sind, (1) dass sie leicht von einer Vielzahl von statischen und dynamischem Werkzeugen verstanden werden können [CMW16], (2) dass sie ausdrucksstark sind, wie wir nachgewiesen haben, indem wir typische Kompromisse von deduktiven Verifikationswerkzeugen [CMW12] und des abstrakten Interpreters Clousot für .NET ausgedrückt haben und (3) dass sie sich gut für Testgenerierung eignen [CMW12, CMW16].

Welches sind die Limitationen von etablierten Verifikationswerkzeugen und wie lassen sie sich explizit machen. Viele etablierte statische Analysen machen Kompromisse, um die Automatisierung oder den Durchsatz zu verbessern oder um die Anzahl der unechten Fehler oder den Annotationsaufwand zu reduzieren. Beispielsweise benutzt HAVOC Schreibeffektspezifikationen ohne diese zu überprüfen, Spec# ignoriert arithmetische Überläufe und Kontrollfluss für Exceptions, ESC/Java betrachtet nur eine beschränkte Anzahl Schleifeniterationen, der abstrakte Interpreter Clousot für .NET benutzt eine unsound Heap-Abstraktion, KeY unterstützt Multi-Objektinvarianten nicht auf sounde Art und Weise, Krakatoa handhabt Klasseninvarianten und Klasseninitialisierung nicht auf sounde Art und Weise und Frama-C benutzt Plug-ins für verschiedene Analysen, selbst wenn sie widersprüchliche Annahmen treffen.

Solange man die Kompromisse dieser Analysen explizit macht, können ihre Benutzer unmittelbar von unserer Architektur profitieren, welche die Zusammenarbeit von Analysen unterstützt und wirkungsvoll von Testgenerierungswerkzeugen ergänzt werden kann.

Wir haben unsere Annotationen benutzt, um typische Kompromisse von deduktiven Verifikationswerkzeugen explizit zu machen [CMW12]. Gleichzeitig haben wir die meisten Soundness-Kompromisse in Clousot, einem weitverbreiteten kommerziellen statischen Analysewerkzeug, ausgedrückt. Wir haben die Auswirkungen der unsounden Annahmen in Clousot für mehrere Open-Source-Projekte gemessen und damit die erste systematische Anstrengung unternommen, um die Quellen der Unsoundness in einem praktischen Analysewerkzeug zu dokumentieren und zu untersuchen [CMW15].

Wie ergänzt man Verifikation mit systematischem Testen, sodass Code-Qualität maximiert wird und Testaufwand minimiert wird. Wie bereits erwähnt, existieren mehrere Ansätze, um unsounde Verifikation mit Testen zu ergänzen, hauptsächlich jedoch um festzustellen, ob ein Verifikationsfehler unecht ist. Unsere Architektur ist ebenfalls in der Lage, zu bestätigen, ob ein Verifikationsfehler auch tatsächlich ein echter Fehler ist. Die Phase, welche die Laufzeitüberprüfungen hinzufügt, führt Assertions für all jene Eigenschaften ein, die noch nicht statisch verifiziert wurden (inklusive fehlgeschlagener Verifikationsversuche). Die Test-Phase benutzt nun diese Assertions, um die Testgenerierungswerkzeuge zu den Eigenschaften zu leiten, welche noch nicht verifiziert wurden. Schlussendlich generieren die Testgenerierungswerkzeuge entweder eine Reihe von erfolgreichen Testfällen, welche das Vertrauen der Benutzer in die Korrektheit des Programms steigern, oder ein konkretes Gegenbeispiel, das einen Fehler reproduziert.

Wir haben unsere Toolchain für das statische .Net-Analysewerkzeug Clousot und das Testgenerierungswerkzeug Pex entwickelt, um zu untersuchen, wie sich unsounde statische Analyse mit systematischem Testen mittels unserer Annotationen ergänzen lässt. In diesem Rahmen haben wir untersucht, wie sich diese Annotationen optimal ausnutzen lassen, um die Testgenerierung zu den Eigenschaften zu führen, welche noch nicht sound von der statischen Analyse überprüft wurden.

In Kapitel 2 präsentieren wir eine Technik, um die Redundanz mit der statischen Analyse zu reduzieren, wenn partielle Verifikationsresultate (ausgedrückt mithilfe unserer Annotationen) durch automatische Testgenerierung [CMW16] ergänzt werden. Unsere Haupterrungenschaft besteht aus einer Code-Instrumentierung, welche das dynamische systematische Testen dazu bringt, Testfälle vorzeitig zu beenden, welche zu verifizierten Programmausführungen führen, Teile des Suchraums zu eliminieren und Testfälle zu priorisieren, welche zu unverifizierten Programmausführungen führen. Diese Instrumentierung basiert auf einer effizienten statischen Inferenz, die Information über unverifizierte Programmausführungen im Kontrollfluss nach oben propagiert, wo sich der Suchraum wirkungsvoller eingrenzen lässt. Unsere Instrumentierung erlaubt es Pex kleinere Test-Suiten (bis zu 19.2%) zu produzieren, mehr unverifizierte Programmausführungen abzudecken (bis zu 7.1%) und die Test-Dauer zu reduzieren (bis zu 52.4%).

Es ist ebenfalls nützlich sounde, interaktive Verifikation mit systematischem Testen von Eigenschaften zu ergänzen, die noch nicht verifiziert wurden. In Kapitel 5, stellen wir Delfy vor, ein dynamisches Testgenerierungswerkzeug mit dem Ziel das sounde interaktive Verifikationswerkzeuge Dafny zu ergänzen. In diesem Kapitel untersuchen wir, wie sich interessante Sprach- und Spezifikationskonstrukte der Dafny Programmiersprache testen lassen. Wir erläutern ausserdem, wie man durch Testen vermeiden kann, dass man unnützerweise Zeit damit verbringt, ein inkorrektes Programm zu verifizieren, wie sich unechte Verifikationsfehler debuggen lassen und wie sich redundante Spezifikationen vermeiden lassen [Ch16].

Wie generiert man Testfälle für Eigenschaften, die schwer zu verifizieren sind und welche die Leistungsfähigkeit von systematischen Testwerkzeugen überschreiten. In der zweiten Phase unserer Architektur versuchen wir jene Eigenschaften zu testen, welche noch nicht sound von vorgeschalteten statischen Analysen verifiziert wurden. Da unser Endziel darin besteht automatisch Indizien für die Korrektheit des Programms zu finden, muss diese Phase dazu in der Lage sein, sowohl wirkungsvolle Test-Orakel für unverifizierte, komplexe Eigenschaften (als Laufzeitüberprüfungen) zu erstellen, als auch Test-Inputs zu finden, welche diese Orakel gründlich validieren. Wir haben untersucht, wie sich ein attraktiver Kompromiss zwischen Durchsatz und Abdeckung von Orakeln erreichen lässt, indem eine einfache statische Analyse verwendet wird, um sowohl die Anzahl Orakel, welche noch überprüft werden müssen, als auch die Anzahl Test-Inputs, die jene Orakel beeinträchtigen, zu reduzieren.

In Kapitel 3 befassen wir uns mit einer Limitation von existierenden Testgenerierungswerkzeugen bei der Erstellung von Orakeln, die stark genug sind für komplexe Spezifikation. Insbesondere verlangen automatische Testgenerierungswerkzeuge eine Beschreibung der Inputdaten, welche das Unit-Under-Test handhaben soll. Im

Fall von Heap-Datenstrukturen wird eine solche Beschreibung typischerweise mittels einer Objektinvariante ausgedrückt. Wenn ein Programm jedoch Datenstrukturen erstellen kann, welche die Invariante verletzen, werden Testdaten systematisch nicht berücksichtigt, sofern sie mit Hilfe der Invariante erstellt wurden. Dies kann dazu führen, dass Fehler nicht erkannt werden. Wir lösen dieses Problem mit einer Technik, die Verletzungen von Objektinvarianten erkennt [CMW14]. Wir erläutern drei Szenarien, in welchen die traditionelle Art der Invariantenüberprüfung (wie für gewöhnlich in existierenden Testgenerierungswerkzeugen implementiert) solche Verletzungen übersehen kann. Basierend auf einer Reihe von vordefinierten Mustern, welche diese Szenarien abdecken, synthetisieren wird Parameterized-Unit-Tests, die voraussichtlich die Invarianten verletzen, und verwenden dynamisches systematisches Testen, um Inputs für die synthetisierten Tests zu erstellen. Wir haben diese Technik als eine Erweiterung des dynamischen Testgenerierungswerkzeugs Pex implementiert und haben sie auf Open-Source-Projekte angewendet, welche sowohl manuell von Programmierern erstellte Invarianten enthalten als auch Invarianten, die von Daikon automatisch inferiert wurden. In beiden Fällen konnten wir eine erhebliche Anzahl von Invariantenverletzungen ausmachen.

In Kapitel 4 betrachten wir eine zweite Limitation von existierenden Testgenerierungswerkzeugen bei der Erstellung von geeigneten Inputs für ein Unit-Under-Test. Obwohl statischer Zustand häufig in objektorientierten Programmen verwendet wird, ignorieren automatische Testgenerierungswerkzeuge potentielle Interferenzen zwischen dem statischen Zustand und dem Unit-Under-Test, was dazu führen kann, dass subtile Fehler übersehen werden. Insbesondere betrachten existierende Testgenerierungswerkzeuge statische Felder nicht als Input des Unit-Under-Test und steuern die Ausführung von statischen Initialisierungen nicht. Wir lösen dieses Problem mittels einer neuartigen Technik zur automatische Testgenerierung [CEM14], welche auf statischer Analyse und dynamischem systematischem Testen basiert. Wir haben unsere Technik auf eine Reihe von Open-Source-Projekte angewendet und Fehler ausgemacht, die von existierenden Testgenerierungswerkzeugen nicht erkannt werden. Unsere Experimente zeigen, dass dieses Problem tatsächlich in der Realität auftritt, sie geben Hinweise darauf welche Arten von Fehlern nicht von existierenden Werkzeugen entdeckt werden und sie demonstrieren die Wirksamkeit unserer Technik.

3 Verifikation mittels Systematischem Testen

Im Laufe der letzten Dekade wurde dynamisches systematisches Testen in einer Vielzahl von weitverbreiteten Werkzeugen implementiert. Einige Beispiele sind EXE, jCUTE, Pex, KLEE, BitBlaze, und Apollo. Obwohl diese Werkzeuge wirkungsvoll dazu eingesetzt werden Fehler zu finden, wurden sie nie zur Verifikation von grossen und komplexen Programmen verwendet; d.h um zu Beweisen, dass in dem Programm keine Fehler einer gewissen Art auftreten. Im zweiten Teil dieser Dissertation untersuchen wir, inwieweit Verifikation mit systematischem Testen in der Praxis erreicht werden kann. Dazu beschränken wir uns auf eine bestimmte

Kategorie von Applikationen und zwar von Binary-Image-Parsern. Insbesondere untersuchen wir, im Rahmen dieser Kategorie von Applikationen, ob es realistisch ist, dass alle möglichen Programmausführungen mittels systematischem Testen abgedeckt werden können.

In Kapitel 6 erläutern wir unsere Erweiterung von dynamischem systematischem Testen zur Verifikation des ANI-Image-Parsers in Windows, welcher in systemnahem C geschrieben ist [CG15b]. Um dies zu erreichen, haben wir lediglich drei Kerntechniken angewendet, nämlich (1) symbolische Programmausführung auf der Stufe des x86-Binärprogramms, (2) erschöpfende Aufzählung und Testen aller Programmpfade und (3) Programmdekomposition und Summarization mit Hilfe des Benutzers. Wir haben SAGE und ein neuartiges Werkzeug namens MicroX verwendet, um Teile des Programms isoliert mittels einer speziell fürs Testen entwickelten virtuellen Maschine auszuführen. Dies erlaubt es uns erstmalig zu beweisen, dass ein komplexer Image-Parser in Windows memory-safe ist; d.h. frei von jeglichen Buffer-Overflow-Anfälligkeiten, vorausgesetzt dass unsere Werkzeuge sound sind und dass weitere Annahmen zutreffen bezüglich der Beschränkung von Schleifen, die vom Input abhängen, der Behebung von Buffer-Overflow-Fehlern und abgesehen von einigen Teilen des Programms, die absichtlich nicht memory-safe sind. Dieser Prozess führte ausserdem dazu, dass mehrere Limitationen in unseren Werkzeugen aufgedeckt und eliminiert wurden.

In Kapitel 6, beschränken wir die Pfadexplosion mittels Programmdekomposition und Summarization mit Hilfe des Benutzers. Insbesondere zerlegen wird das Programm lediglich entlang einiger weniger Funktionsinterfaces. Diese sind sehr einfach gestrickt, was es uns ermöglicht die Summaries effizient logisch auszudrücken. Basierend auf den dabei erzielten Erkenntnissen, erläutern wir IC-Cut (Interface-Complexity-based Cut) [CG15a], eine compositional Search-Stratey für systematisches Testen von grossen Programmen, in Kapitel 7. IC-Cut ermittelt auf dynamische Art und Weise Funktionsinterfaces, welche einfach genug sind, um dafür kostengünstig ein Summary zu erstellen. IC-Cut zerlegt dann das Programm hierarchisch in Teile, welche durch Funktionen und deren Unter-Funktionen im Call-Graph definiert sind. Diese Teile werden unabhängig voneinander getestet, wobei die Test-Resultate in Summaries von geringer Komplexität überführt werden, und diese Summaries werden anschliessend zum Testen der höheren Funktionsstufen im Call-Graph verwendet. Dies ermöglicht uns, die Pfadexplosion zu beschränken. Wenn die zerlegten Teile erschöpfend getestet wurden, entsprechen sie verifizierten Komponenten des Programms. IC-Cut wird dynamisch während der Suche ausgeführt, was typischerweise dazu führt, dass Cuts im Laufe der Suche verfeinert werden. Wir haben diesen Algorithmus als eine neue Search-Stratey in SAGE entwickelt und wir präsentieren detaillierte experimentelle Resultate, die beim Testen des ANI-Image-Parsers in Windows erzielt wurden. Unsere Resultate zeigen, dass IC-Cut, im Vergleich zur gegenwärtigen Generational-Search-Stratey in SAGE, die Pfadexplosion lindert, wohingegen die Codeabdeckung und die Fähigkeit Fehler zu finden erhalten oder sogar gesteigert wird.

Danksagung. Ich danke Valentin Wüstholz für die deutsche Übersetzung dieser Abhandlung und für seine Hilfe und sein Feedback.

Literaturverzeichnis

[CEM14] Christakis, Maria; Emmisberger, Patrick; Müller, Peter: Dynamic Test Generation with Static Fields and Initializers. In: RV. Jgg. 8734 in LNCS. Springer, S. 269–284, 2014.

[CG15a] Christakis, Maria; Godefroid, Patrice: IC-Cut: A Compositional Search Strategy for Dynamic Test Generation. In: SPIN. Jgg. 9232 in LNCS. Springer, S. 300–318, 2015.

[CG15b] Christakis, Maria; Godefroid, Patrice: Proving Memory Safety of the ANI Windows Image Parser Using Compositional Exhaustive Testing. In: VMCAI. Jgg. 8931 in LNCS. Springer, S. 373–392, 2015.

[Ch15] Christakis, Maria: Narrowing the Gap between Verification and Systematic Testing. Dissertation, ETH Zurich, 2015.

[Ch16] Christakis, Maria; Leino, K. Rustan M.; Müller, Peter; Wüstholz, Valentin: Integrated Environment for Diagnosing Verification Errors. In: TACAS. LNCS. Springer, 2016. To appear.

[CMW12] Christakis, Maria; Müller, Peter; Wüstholz, Valentin: Collaborative Verification and Testing with Explicit Assumptions. In: FM. Jgg. 7436 in LNCS. Springer, S. 132–146, 2012.

[CMW14] Christakis, Maria; Müller, Peter; Wüstholz, Valentin: Synthesizing Parameterized Unit Tests to Detect Object Invariant Violations. In: SEFM. Jgg. 8702 in LNCS. Springer, S. 65–80, 2014.

[CMW15] Christakis, Maria; Müller, Peter; Wüstholz, Valentin: An Experimental Evaluation of Deliberate Unsoundness in a Static Program Analyzer. In: VMCAI. Jgg. 8931 in LNCS. Springer, S. 336–354, 2015.

[CMW16] Christakis, Maria; Müller, Peter; Wüstholz, Valentin: Guiding Dynamic Symbolic Execution Toward Unverified Program Executions. In: ICSE. ACM, 2016. To appear.

Maria Christakis ist zur Zeit ein Post-doctoral Researcher in den Research in Software Engineering (RiSE) und Tools for Software Engineers (TSE) Gruppen bei Microsoft Research in Redmond (USA). Sie schloss ihr Doktorat im Sommer 2015 am Departement für Informatik der ETH Zürich ab, wo sie das Glück hatte von Peter Müller betreut zu werden. Für ihre Dissertation erhielt sie die ETH-Medaille für hervorragende Dissertationen. Sie machte ihren Bachelor- und Master-Abschluss in Elektrotechnik und Informatik an der National Technical University of Athens (Griechenland).

Die einfachen, kleinen und langsamen Dinge zählen: Über die parametrisierte Komplexität von Zählproblemen[1]

Radu Curticapean[2]

Abstract: Wir untersuchen kombinatorische Zählprobleme hinsichtlich ihrer parametrisierten und Exponentialzeit-Komplexität. Im Vordergrund stehen hierbei das Zählen von Paarungen in strukturell einfachen Graphen, das Zählen kleiner Subgraph-Muster in sehr großen Zielgraphen, sowie exponentielle untere Schranken an die Laufzeit, die zum Lösen von Zählproblemen benötigt wird.

1 Einführung

Viele Probleme der theoretischen Informatik gehen der Frage nach, ob bestimmte mit der Eingabe verbundene Strukturen *existieren*. Ein prominentes Beispiel hierfür sind die Probleme in NP, wie etwa das NP-vollständige Erfüllbarkeitsproblem SAT für aussagenlogische Formeln. Oftmals ist es allerdings ebenso wichtig, eine bestimmte Struktur zu *finden*, alle Strukturen *aufzulisten* oder die *Anzahl* solcher Strukturen zu bestimmen. Es ist diese letzte Aufgabe, der sich die vorliegende Dissertation widmet. Beispielsweise lässt sich ein Zählproblem #SAT definieren, in dem auf Eingabe einer Formel φ nach der *Anzahl* der erfüllenden Belegungen von φ gefragt wird. Dies ist offensichtlich schwerer als das Entscheiden der Erfüllbarkeit von φ, und aufgrund von Todas Theorem [To91] lassen sich mit einem Orakel für #SAT sogar effizient Probleme entscheiden, die wir außerhalb von NP vermuten, nämlich die gesamte Polynomialzeit-Hierarchie.

Zählprobleme treten allerdings auch in der freien Natur außerhalb der theoretischen Informatik auf: In der statistischen Physik etwa lassen sich Aussagen über die thermodynamischen Eigenschaften von Systemen treffen, indem ihre *Partitionsfunktionen* berechnet werden [Ka67]. Dies entspricht dem (gewichteten) Zählen von Konfigurationen des Systems. Da es typischerweise eine exponentielle Anzahl von Konfigurationen gibt, sind effizientere Methoden als das Abzählen sämtlicher Konfigurationen nötig – und in einzelnen Fällen tatsächlich möglich [TF61, Ka61]. In der Bioinformatik oder der Analyse von Netzwerken ergeben sich Zählprobleme, wenn etwa nachgewiesen werden soll, dass ein gewisses Muster in einem Netzwerk mit signifikanter Häufigkeit auftritt [GS10, UBK13].

Für die meisten dieser Probleme sind jedoch keine effizienten Algorithmen bekannt, wodurch eine Komplexitätstheorie von Zählproblemen notwendig wurde. Diese wurde durch Valiant [Va79] eingeführt, indem er eine Komplexitätsklasse #P definierte, für die beispielsweise #SAT ein vollständiges Problem darstellt. Interessanterweise zeigte Valiant

---
[1] Englischer Titel der Arbeit: "The simple, little and slow things count: On parameterized counting complexity"
[2] Simons Institute for the Theory of Computing, UC Berkeley, curticapean@berkeley.edu

auch, dass es (unter polynomiellen Turing-Reduktionen) natürliche #P-vollständige Probleme gibt, deren Entscheidungsversion effizient lösbar ist: So zeigte er etwa die #P-Vollständigkeit des Zählens perfekter Paarungen in Graphen, obwohl die Existenz einer perfekten Paarung bekanntermaßen in Polynomialzeit entschieden werden kann. Eine *Paarung* in einem Graphen $G = (V, E)$ ist hierbei eine Teilmenge M von E, so dass jeder Knoten mit höchstens einer Kante in M inzident ist. Die Paarung ist *perfekt*, wenn jeder Knoten mit *exakt* einer Kante inzident ist.

Die Analyse von Zählproblemen hat sich seit diesem programmatischen Resultat zu einem klassischen Teilgebiet der Komplexitätstheorie etabliert, und das spezifische Problem des Zählens perfekter Paarungen spielte in dieser Entwicklung durchgehend eine besondere Rolle. Wir kürzen dieses Problem im Folgenden durch PerfMatch ab. Beispielsweise wurde bereits vor Valiants Resultat gezeigt, dass PerfMatch auf *planaren* Graphen in Polynomialzeit lösbar ist [TF61, Ka61, Ka67]. Darauf aufbauend hat Valiant [Va08] kürzlich das Konzept der sogenannten *holographischen Algorithmen* eingeführt, die es erlauben, eine Reihe von Zählproblemen auf diesen positiven Fall zu reduzieren. In der Kombinatorik und der algebraischen Komplexitätstheorie ist die Anzahl perfekter Paarungen in bipartiten Graphen G bekannt als die *Permanente* der Bi-Adjazenzmatrix von G, und eine algebraische Variante des "P vs. NP"-Problems zielt darauf ab, die Komplexitäten der Permanente und der Determinante zu unterscheiden [Ag06].

Da PerfMatch wie viele interessante Zählprobleme #P-schwer ist, wurden im Laufe der Zeit verfeinerte Versionen betrachtet. Klassische Strategien für einen verfeinerten Umgang mit Zählproblemen sind die Einschränkung auf bestimmte Klassen von Eingaben (etwa planare Graphen), das Zählen modulo kleiner Primzahlen (so lässt sich PerfMatch etwa modulo 2 in Polynomialzeit berechnen) und das approximative Zählen (ein berühmter Algorithmus [JSV04] erlaubt eine effiziente Approximation von PerfMatch für bipartite Graphen). In dieser Dissertation widmen wir uns zwei der jüngsten Verfeinerungen der Analyse von Zählproblemen, nämlich der *parametrisierten* Komplexitätstheorie von Zählproblemen (eingeführt von Flum und Grohe [FG04]) und ihrer *Exponentialzeit*-Komplexitätstheorie (eingeführt von Dell et al. [De14]).

1.1 Parametrisierte Komplexitätstheorie von Zählproblemen

Der Gegenstandsbereich der parametrisierten Komplexitätstheorie sind *parametrisierte Probleme*. Dies sind Berechnungsprobleme mit Eingaben $x \in \{0,1\}^*$, die mit *Parametrisierungen* $\kappa : \{0,1\}^* \to \mathbb{N}$ versehen werden, so dass in typischen Anwendungsfällen der Parameterwert $\kappa(x)$ deutlich kleiner als die Eingabelänge $|x|$ ist. Die konkrete Wahl der Parametrisierung hängt von der erwünschten Anwendung ab; typische Parameter für Graphenprobleme lassen sich aber in zwei Gruppen einteilen:

- **Strukturelle Parameter** messen die Komplexität des Eingabegraphens; wir wenden sie in dieser Dissertation auf das Problem PerfMatch an. Ein kleiner Parameterwert bedeutet hier, dass der Graph eine einfache Struktur aufweist, die sich potentiell algorithmisch nutzen lässt. Beispiele hierfür sind etwa der Maximalgrad von G, die Kreuzungszahl oder der Genus von G.[3]

- Für viele Zählprobleme enthält die Eingabe selbst bereits eine Zahl $k \in \mathbb{N}$, so dass Strukturen der Größe k gezählt werden sollen; in solchen Fällen ist eine **Parametrisierung durch** k oft sinnvoll. Beispielsweise kann man, gegeben einen Graphen G und $k \in \mathbb{N}$, nach der Anzahl von Paarungen mit exakt k Kanten oder der Anzahl von Knotenüberdeckungen mit exakt k Knoten fragen.[4] Parametrisiert man nun durch k, so bedeutet das intuitiv, dass man Teilstrukturen zählen möchte, die deutlich kleiner als der eigentliche Eingabegraph sind – dies macht etwa Sinn, wenn kleine Muster in riesigen Datenbanken gesucht werden.

Wurde ein sinnvoller Parameter für ein gegebenes #P-schweres Problem identifiziert, so stellt sich die Frage, inwieweit dieser sich tatsächlich algorithmisch nutzen lässt. Hier können nun, je nach Problem, drei wesentliche Fälle auftreten [FG06]:

1. Im schlechtesten Fall ist das Problem für konstante Werte von $\kappa(x)$ bereits #P-schwer. So ist etwa PerfMatch in Graphen mit Maximalgrad 3 bereits #P-vollständig.

2. Bessere Aussichten erhalten wir, wenn sich das Problem für jeden festen Wert von $\kappa(x)$ in Polynomialzeit lösen lässt – oder besser, wenn wir einen Algorithmus finden können, der das Problem in Zeit $O(|x|^{f(\kappa(x))})$ löst, wobei f eine berechenbare Funktion ist. Wir sprechen dann von einem **XP-Algorithmus**. Derartige Algorithmen sind etwa für das Zählen von Paarungen mit k Kanten in Graphen mit n Knoten gegeben, da ein einfacher Brute-Force-Ansatz eine Laufzeit von $n^{O(k)}$ garantiert.

3. Im idealen Fall erhalten wir sogar einen Algorithmus, dessen Laufzeit für jeden festen Wert von $\kappa(x)$ durch $O(|x|^c)$ beschränkt ist, wobei $c \in \mathbb{N}$ eine feste Konstante ist. Wir können also im Vergleich zum vorherigen Fall zusätzlich den Parameter $\kappa(x)$ aus dem Exponenten von $|x|$ entfernen. Allerdings darf (und muss) hierbei die in der O-Notation verborgene Konstante super-polynomiell von $\kappa(x)$ abhängen, was zum Begriff der **fixed-parameter tractability (FPT)** führt: Ein Problem mit Parameter κ ist FPT, wenn es auf Eingaben x in Zeit $f(\kappa(x)) \cdot |x|^c$ gelöst werden kann, wobei c eine feste Konstante und f eine beliebige berechenbare Funktion ist. Beispielsweise lassen sich Knotenüberdeckungen der Größe k auf Graphen mit n Knoten in Zeit $O(2^k \cdot n)$ zählen [FG04]. Weiterhin lassen sich perfekte Paarungen auf Graphen vom Genus g in Zeit $O(4^g \cdot n^3)$ zählen [GL98].

Wir können nun eines der Hauptanliegen der parametrisierten Algorithmik formaler benennen: Gegeben ein parametrisiertes Problem, können wir einen XP-Algorithmus finden? Und falls ja, ist sogar ein FPT-Algorithmus möglich? Sollte eine dieser Fragen negativ beantwortet werden, tritt die Komplexitätstheorie ins Spiel und versucht, die erwünschten

---

[3] Die Kreuzungszahl von G ist die minimale Anzahl von Kreuzungen über alle Zeichnungen von G in der Ebene. Der Genus von G ist der minimale Genus einer Oberfläche, auf die G kreuzungsfrei gezeichnet werden kann.

[4] Eine Knotenüberdeckung eines Graphens $G = (V, E)$ ist eine Teilmenge $S \subseteq V$, so dass jede Kante $e \in E$ mindestens einen Knoten aus S enthält.

Algorithmen auszuschließen. So können XP-Algorithmen für parametrisierte Probleme bereits mittels klassischer Komplexitätstheorie ausgeschlossen werden: Es reicht hierfür aus, die #P-Schwere des Problems für einen konstanten Wert des Parameters zu zeigen. Anders stellt sich die Situation bei Problemen dar, die immerhin XP-Algorithmen zulassen: Da diese für jede feste Wahl des Parameters in Polynomialzeit lösbar sind, lässt die klassische Komplexitätstheorie hier keine Aussage zu. Um dennoch die Abwesenheit von FPT-Algorithmen für das Problem erklären zu können, wurde die Komplexitätsklasse #W[1] (analog zu #P) und der Begriff von #W[1]-schweren Problemen eingeführt [FG04].

Die Komplexitätsklasse **#W[1]** kann definiert werden als die Menge aller parametrisierten Probleme, die sich über **parametrisierte Reduktionen** auf das Zählen von k-Cliquen in Graphen (parametrisiert durch k) reduzieren lassen. Eine parametrisierte Reduktion von einem Problem A mit Parameter κ auf ein Problem B mit Parameter τ ist hierbei ein Algorithmus, der das Problem A auf Eingaben x in Zeit $f(\kappa(x)) \cdot |x|^{O(1)}$ löst, wobei Orakelzugriff auf das Problem B gegeben ist. Hier müssen allerdings alle Anfragen y an das Orakel die Parameterbeschränkung $\tau(y) \leq g(\kappa(x))$ aufweisen. Die Funktionen f und g sind hierbei beliebige berechenbare Funktionen. Durch parametrisierte Reduktionen vom Zählen von k-Cliquen lässt sich beispielsweise zeigen, dass das Zählen von Pfaden und Kreisen der Größe k ebenfalls #W[1]-vollständig ist [FG04]. Folgt man nun der weitläufigen Annahme, dass FPT und #W[1] unterschiedliche Klassen sind, so hat keines dieser #W[1]-vollständigen Probleme einen FPT-Algorithmus.

1.2 Exponentialzeit-Komplexität für Zählprobleme

Wurde ein Problem als FPT oder #W[1]-schwer klassifiziert, so wissen wir, ob wir Laufzeiten vom Typ $f(k) \cdot n^{O(1)}$ oder $n^{f(k)}$ erwarten sollen. In der Entwicklung der parametrisierten Komplexitätstheorie zeigte sich jedoch, dass eine noch feinere Analyse möglich ist: Durch die *Exponentialzeit-Komplexitätstheorie* [IPZ01, De14] lässt sich oftmals präzise angeben, welches Wachstum für f zu erwarten ist. Hierzu nutzen wir die *Exponentialzeit-Hypothese* ETH und ihre Zählversion #ETH, welche postulieren, dass SAT bzw. #SAT für Formeln mit n Variablen nicht in Zeit $2^{o(n)}$ gelöst werden kann. Eine Falsifikation von ETH oder #ETH würde einen fundamentalen und unerwarteten Durchbruch für die Theorie von SAT-Algorithmen darstellen.

Betrachten wir nun ein Problem mit Parameter κ, und nehmen wir an, wir können in Polynomialzeit #SAT für Formeln φ mit n Variablen auf Instanzen x des Problems reduzieren, so dass $\kappa(x) = O(n)$ gilt. Dann schließt #ETH Algorithmen mit Laufzeit $2^{o(\kappa(x))} \cdot |x|^{O(1)}$ für das Problem aus. Ein derartiger Ansatz erlaubt es etwa, einen Algorithmus mit Laufzeit $2^{o(g)} \cdot n^{O(1)}$ für PerfMatch in Graphen von Genus g auszuschließen [CM16] und komplementiert somit die zuvor genannte obere Schranke von $O(4^g \cdot n^3)$.

1.3 Inhalte der Dissertation

Die vorliegende Dissertation [Cu15b] befasst sich mit verschiedenen Aspekten der parametrisierten Komplexität und der Exponentialzeit-Komplexität von Zählproblemen. Im

Einleitungsteil werden zunächst Grundlagen aus der Komplexitäts- und Graphentheorie sowie der Algebra und Kombinatorik gesammelt. Ebenfalls enthalten ist eine Einführung in das sogenannte Holant-Framework, das für die meisten nachfolgenden Resultate benötigt wird. Darauf aufbauend wird im ersten Hauptteil das Problem PerfMatch unter strukturellen Parametern analysiert. Im zweiten Hauptteil widmen wir uns dann dem Zählen kleiner Subgraph-Muster in großen Eingabegraphen. Im letzten Hauptteil befassen wir uns eingehend mit exponentiellen unteren Schranken für Zählprobleme wie PerfMatch. Jeder Hauptteil entspricht einem Adjektiv im Titel der Dissertation.

2 Das Holant-Framework

Ein Ziel der Dissertation liegt in der Entwicklung von allgemein nutzbaren Techniken für Zählprobleme. Hierfür erweitern wir im einleitenden Teil zunächst die Theorie der sogenannten *Holant-Probleme* [Va08, CLX09]. Die Eingaben für solche Probleme sind Graphen $G = (V, E)$, deren Knoten $v \in V$ mit *Signaturen* f_v versehen sind: Ist $I(v)$ die Menge der mit v inzidenten Kanten, so weist f_v jeder Belegung $\{0,1\}^{I(v)}$ einen Wert zu. Auf Eingabe solcher Graphen gilt es dann, den Wert Holant(G) zu berechnen: Dies ist eine Summe über alle Belegungen $x \in \{0,1\}^E$, wobei jede Belegung x mit dem Produkt der Auswertungen $f_v(x|_{I(v)})$ über alle Knoten v gewichtet wird. Hier ist $x|_{I(v)}$ die Einschränkung der Belegung x auf die Kanten $I(v)$. Wir erhalten also, formaler ausgedrückt:

$$\text{Holant}(G) = \sum_{x \in \{0,1\}^E} \prod_{v \in V} f_v(x|_{I(v)}).$$

Beispielsweise lässt sich PerfMatch durch geeignete Wahl der Signaturen auf natürliche Weise als Holant-Problem ausdrücken: Jede Signatur muss nur überprüfen, ob exakt eine Kante mit Belegung 1 am Knoten anliegt. Das Problem #SAT lässt sich ähnlich als Holant-Problem ausdrücken.

Wir führen zwei neue Techniken für Holant-Probleme ein, die in der Dissertation und nachfolgenden Arbeiten [CX15, CM16] genutzt werden: Erstens konstruieren wir eine uniforme Reduktion von beliebigen Holant-Problemen auf PerfMatch. Hierbei ersetzen wir die Knoten im Graphen des Ausgangsproblems durch Gadgets, die deren Signaturen simulieren. Wir können insbesondere zeigen, dass derartige Gadgets immer existieren. Zweitens führen wir (gemeinsam mit Mingji Xia) Linearkombinationen von Signaturen für parametrisierte Reduktionen zwischen Holant-Problemen ein. Enthält ein Graph G eine kleine Anzahl k von "besonderen" Signaturen, die sich als Linearkombinationen von $c \in \mathbb{N}$ "gewöhnlichen" Signaturen darstellen lassen, so können wir Holant(G) als Linearkombination von c^k Werten vom Typ Holant(G') ausdrücken, wobei in den Graphen G' nur gewöhnliche Signaturen auftreten. Die entstehende Laufzeit von $O(c^k)$ erlaubt in unseren Anwendungen parametrisierte Reduktionen.

3 Perfekte Paarungen in strukturell einfachen Graphen zählen

Im ersten Hauptteil beschäftigen wir uns mit PerfMatch auf Graphen, die feste Minoren[5] ausschließen. Dies lässt sich als Verallgemeinerung des planaren Falles betrachten, welcher in Polynomialzeit gelöst werden kann [TF61, Ka61, Ka67]. Der Begriff des Minors spielt eine zentrale Rolle in der Graphentheorie und führte zum sogenannten Graphminorentheorem [RS04], das besagt, dass jede unter Minoren abgeschlossene Klasse von Graphen $\mathscr{C}$ durch eine endliche Menge $F(\mathscr{C})$ von verbotenen Minoren ausgedrückt werden kann. Dies gilt beispielsweise für die Klasse von planaren Graphen, die exakt die Graphen sind, die $K_{3,3}$ und K_5 als Minoren ausschließen.

Es stellt sich heraus, dass alle bekannten Klassen, in denen PerfMatch in Polynomialzeit gelöst werden kann, einen festen Minor ausschließen: Dies gilt für planare Graphen, für $K_{3,3}$-freie Graphen [Li74], für Graphen von beschränktem Genus [GL98], und für K_5-freie Graphen [STW14]. Von diesen einzelnen Resultaten ausgehend, fragen wir uns, wie das Ausschließen beliebiger Minoren H die Komplexität des Problems PerfMatch beeinflusst, wenn wir durch die Größe von H parametrisieren. Hierfür orientieren wir uns am Graphstrukturtheorem [RS03], das die Struktur von Graphen G beschreibt, die einen festen Minor H ausschließen: Für jeden Graphen H gibt es eine Konstante $k = k(H)$, so dass sich die H-freien Graphen aus bestimmten elementaren Graphen zusammensetzen lassen. Ein elementarer Graph ist hierbei ein Graph vom Genus k, in welchen lokal k sogenannte Strudel (bestimmte nicht-planare Graphen) eingesetzt werden dürfen. Anschließend dürfen k sogenannte Apex-Knoten an den entstehenden Graphen angefügt werden, die beliebig mit anderen Knoten verbunden sein können.

Wie wir wissen, ist PerfMatch auf Graphen mit beschränktem Genus FPT [GL98]. Um den generellen Fall zu verstehen, müssen wir also die Auswirkungen von Apex-Knoten und Strudeln auf die Komplexität verstehen. Wir zeigen (mit Mingji Xia), dass bereits k Apex-Knoten an einem planaren Graphen FPT-Algorithmen ausschließen. Hierfür nutzen wir unsere neue Technik der Linearkombinationen von Signaturen.

Theorem 1. *Das folgende Problem ist* #W[1]-*schwer: Gegeben einen Graphen G und eine Knotenmenge $A \subseteq V(G)$, so dass $G - A$ planar ist, bestimme die Anzahl perfekter Paarungen in G. Hierbei parametrisieren wir durch $|A|$.*

Hieraus folgt eine Reihe von Aussagen, so etwa die #W[1]-Schwere von PerfMatch, wenn wir durch die Größe des minimalen ausgeschlossenen Minors H parametrisieren. Dennoch ist es möglich, FPT-Algorithmen für eingeschränkte Klassen von ausgeschlossenen Minoren zu erhalten, und tatsächlich können wir eine derartige Klasse identifizieren: Alle Minoren, die sich mit höchstens einer Kreuzung in die Ebene zeichnen lassen. Dies umfasst beispielsweise $K_{3,3}$ und K_5 und verallgemeinert einige der oben genannten Algorithmen:

Theorem 2. *Ist H ein Graph, der sich mit höchstens einer Kreuzung in die Ebene zeichnen lässt, so lässt sich* PerfMatch *auf H-freien Graphen in Zeit $O(f(H) \cdot n^4)$ lösen.*

---

[5] Ein Graph H ist ein Minor von G, wenn sich H aus G durch Löschung von Knoten und Kanten sowie durch Kontraktionen von Kanten erhalten lässt.

Die Dissertation hinterlässt die Frage, ob sich PerfMatch in Zeit $n^{f(H)}$ auf allgemeinen H-freien Graphen lösen lässt. Kürzlich konnte diese Frage durch den Autor negativ beantwortet werden.

4 Kleine Subgraphen in großen Graphen zählen

Im zweiten Hauptteil zählen wir kleine Subgraph-Muster H auf k Knoten (etwa Kreise oder Pfade der Größe k) in allgemeinen Graphen G mit n Knoten, parametrisiert durch k. Ein simpler Brute-Force-Ansatz liefert hierfür eine Laufzeit von $n^{O(k)}$, welche allerdings selbst für kleine Werte von k oft nicht mehr vertretbar ist. Wir fragen wir uns daher, welche Eigenschaften von H sich ausnutzen lassen, um FPT-Algorithmen zu erhalten. Hierzu führen wir formal das folgende Problem #Sub($\mathcal{H}$) für feste Graphklassen $\mathcal{H}$ ein: Gegeben Graphen G und $H \in \mathcal{H}$, zähle die Subgraphen in G, die isomorph zu H sind, parametrisiert durch $|V(H)|$. Unser Ziel ist es, für jede Klasse $\mathcal{H}$ anzugeben, ob #Sub($\mathcal{H}$) FPT oder #W[1]-schwer ist.

Ist $\mathcal{H}$ beispielsweise die Klasse von Kreisen oder die Klasse von Pfaden, so wurde die #W[1]-Vollständigkeit von #Sub($\mathcal{H}$) bereits von Flum und Grohe [FG04] bewiesen. Die selben Autoren vermuteten auch, dass #Sub($\mathcal{M}$) für die Klasse $\mathcal{M}$ der Paarungen #W[1]-vollständig ist. Wir zeigten zunächst (mit Markus Bläser), dass eine gewichtete Variante dieses Problems #W[1]-schwer ist [BC12]. Anschließend konnte der Autor der Dissertation die #W[1]-Vollständigkeit des ungewichteten Problems zeigen [Cu13]. Im Hauptteil der Dissertation zeigen wir einen vereinfachten Beweis (mit Dániel Marx), der die im einleitenden Teil eingeführten Linearkombinationen von Signaturen ausnutzt [CM14]. Wir erhalten somit:

Theorem 3. *Das Problem* #Sub($\mathcal{M}$) *ist* #W[1]-*vollständig. Gegeben einen Graphen G und $k \in \mathbb{N}$, ist es also* #W[1]-*vollständig, die Paarungen mit k Kanten in G zu zählen.*

Dies lässt sich als die parametrisierte Variante der #P-Vollständigkeit von PerfMatch auffassen und stellt ein nützliches Ausgangsproblem für weitere Reduktionen dar. Insbesondere erlaubt es jedoch, die Probleme #Sub($\mathcal{H}$) vollständig zu klassifizieren, da #Sub($\mathcal{M}$) hierfür einen minimalen schweren Fall darstellt: Es ist bekannt, dass #Sub($\mathcal{H}$) einen Algorithmus mit Laufzeit $n^{O(1)}$ gestattet, wenn die Graphen in $\mathcal{H}$ nur Paarungen konstanter Größe enthalten [WW13]. Dies trifft beispielsweise auf die Klasse $\mathcal{S}$ der Sterne[6] zu. Ist nun andererseits eine Klasse $\mathcal{H}$ gegeben, in deren Graphen sich beliebig große Paarungen finden lassen, so zeigen wir (mit Dániel Marx), dass sich #Sub($\mathcal{M}$) auf #Sub($\mathcal{H}$) reduzieren lässt. Dies zeigt:

Theorem 4. *Es sei $\mathcal{H}$ eine rekursiv aufzählbare Klasse von Graphen. Gibt es eine Konstante $c \in \mathbb{N}$, so dass kein Graph in $\mathcal{H}$ eine Paarung mit mehr als c Kanten enthält, so lässt sich* #Sub($\mathcal{H}$) *in Zeit $O(n^d)$ lösen, wobei d von c abhängt. Lassen sich hingegen beliebig große Paarungen in $\mathcal{H}$ finden, so ist* #Sub($\mathcal{H}$) *ein* #W[1]-*vollständiges Problem.*

---

[6] Ein Stern besteht aus Knoten $w, v_1 \ldots, v_n$ und den Kanten wv_i für alle i.

Es ist anzumerken, dass das Theorem für jedes Problem #Sub($\mathcal{H}$) zeigt, ob es in *Polynomialzeit* lösbar oder #W[1]-vollständig ist. Unter der Annahme, dass FPT und #W[1] nicht zusammenfallen, erhalten wir somit eine exakte Klassifikation der Probleme #Sub($\mathcal{H}$), die in Polynomialzeit lösbar sind. Tatsächlich wäre dies mit klassischen Methoden nicht möglich, da es #P-intermediäre Fälle für #Sub($\mathcal{H}$) gibt.

5 Untere Schranken für Zählprobleme unter #ETH

Im letzten Teil fragen wir uns, ob klassische Probleme wie PerfMatch in subexponentieller Zeit gelöst werden können, also in Zeit $2^{o(n)}$ für Graphen mit n Knoten. Hierfür nehmen wir die Exponentialzeit-Hypothese #ETH an.

Es lässt sich (mit den Techniken aus dem einleitenden Teil) einfach zeigen, dass eine gewichtete Variante von PerfMatch auf Graphen mit Kantengewichten 1 und -1 keinen Algorithmus mit Laufzeit $2^{o(n)}$ erlaubt, sofern #ETH gilt. Für Graphen $G = (V, E)$ mit Kantengewichten $w : E \to \{-1, 1\}$ fragt diese Variante nach dem Wert von $\sum_M \prod_{e \in M} w(e)$, wobei M sich über alle perfekten Paarungen von G erstreckt. Es ist nun jedoch essentiell, das Gewicht -1 zu entfernen, da es beispielsweise für Reduktionen von PerfMatch auf Zielprobleme unklar ist, wie sich negative Kantengewichte simulieren lassen. Eine klassische Lösung hierfür nutzt das Prinzip der Polynominterpolation aus [De14]: Indem wir jedes Kantengewicht -1 durch eine Variable x ersetzen, erhalten wir einen Graphen G_x, so dass PerfMatch(G_x) ein Polynom in x vom Grad $\leq \frac{n}{2}$ ist und $p(-1) = $ PerfMatch(G) gilt. Sind die Werte $p(1), \ldots, p(\frac{n}{2}+1)$ bekannt, so können wir p interpolieren und $p(-1)$ auswerten. Diese Werte lassen sich nun jedoch durch eine einfache Reduktion auf den ungewichteten Fall von PerfMatch bestimmen: Setzen wir $x = t$ in G_x für positives $t \in \mathbb{N}$, so erhalten wir einen Graphen mit Gewichten 1 und t. Positive ganzzahlige Gewichte t lassen sich aber durch ungewichtete Gadgets mit $O(t)$ Knoten und Kanten simulieren. Wir erhalten so eine Reduktion von PerfMatch(G) mit Gewichten ± 1 auf $O(n)$ Instanzen des ungewichteten Problems auf Graphen G_t, wobei G_t höchstens $O(nt)$ Knoten hat. Der größte Graph G_t hat wegen $t = O(n)$ allerdings $O(n^2)$ Knoten. Eine scharfe untere Schranke unter #ETH können wir mit dieser Methode also nicht zeigen: Um einen Algorithmus mit Laufzeit $2^{o(n)}$ für PerfMatch mit Gewichten 1 und -1 zu erhalten, müssten wir einen Algorithmus mit Laufzeit $2^{o(\sqrt{n})}$ für den ungewichteten Fall finden.

In der Dissertation lösen wir dieses Problem auf zwei verschiedene Arten. In der ersten Lösung führen wir eine allgemeine Technik ein, die wir als "Block-Interpolation" bezeichnen [Cu15a]. Diese erlaubt es, viele klassische #P-Vollständigkeitsbeweise mit geringem Aufwand zu scharfen unteren Schranken unter #ETH zu erweitern. Zentral ist hierfür die Einsicht, dass sich Interpolations-Argumente, in denen wie oben *eine* Variable x eingeführt wird, oft zu multivariaten Versionen ausbauen lassen. Dies ermöglicht Reduktionen, die zwar $2^{o(n)}$ Zeit benötigen, aber nur auf Instanzen des Zielproblems abbilden, die $O(n)$ Knoten haben. Wir können somit die folgenden Schranken zeigen:

Theorem 5. *Sofern #ETH gilt, lassen sich perfekte Paarungen, Paarungen, unabhängige Mengen und Knotenüberdeckungen nicht in Zeit $2^{o(n)}$ auf Graphen mit n Knoten zählen. Dies gilt auch für die Auswertung der sogenannten Paarungs- und Tutte-Polynome.*

Unsere zweite Lösung trifft nur auf das spezifische Problem PerfMatch zu: Für jeden Graphen G mit n Knoten und m Kanten mit Gewichten ± 1 zeigen wir die Existenz zweier ungewichteter Graphen G_1 und G_2 mit $O(n+m)$ Knoten und Kanten, so dass PerfMatch$(G) = $ PerfMatch$(G_1) - $ PerfMatch(G_2) gilt [Cu16]. Neben der daraus folgenden unteren Schranke für PerfMatch können wir zeigen, dass die folgenden Probleme unter polynomiellen Many-One-Reduktionen äquivalent sind: Erstens, gegeben zwei Formeln φ_1, φ_2, entscheide, ob diese die gleiche Anzahl erfüllender Belegungen haben. Zweitens, gegeben zwei Graphen G_1, G_2, entscheide, ob diese die gleiche Anzahl perfekter Paarungen haben.

Literaturverzeichnis

[Ag06]   Agrawal, Manindra: Determinant versus permanent. In: Proceedings of the 25th International Congress of Mathematicians, ICM 2006. Jgg. 3, S. 985–997, 2006.

[BC12]   Bläser, Markus; Curticapean, Radu: Weighted Counting of k-Matchings Is #W[1]-Hard. In: IPEC 2012. S. 171–181, 2012.

[CLX09] Cai, Jin-yi; Lu, Pinyan; Xia, Mingji: Holant problems and counting CSP. In: STOC 2009. S. 715–724, 2009.

[CM14]   Curticapean, Radu; Marx, Dániel: Complexity of Counting Subgraphs: Only the Boundedness of the Vertex-Cover Number Counts. In: FOCS 2014. S. 130–139, 2014.

[CM16]   Curticapean, Radu; Marx, Dániel: Tight conditional lower bounds for counting perfect matchings on graphs of bounded treewidth, cliquewidth, and genus. In: SODA 2016. S. 1650–1669, 2016.

[Cu13]   Curticapean, Radu: Counting Matchings of Size k Is #W[1]-Hard. In: ICALP 2013. S. 352–363, 2013.

[Cu15a] Curticapean, Radu: Block Interpolation: A Framework for Tight Exponential-Time Counting Complexity. In: ICALP 2015. S. 380–392, 2015.

[Cu15b] Curticapean, Radu: The simple, little and slow things count: on parameterized counting complexity. Dissertation, Universität des Saarlandes, 2015.

[Cu16]   Curticapean, Radu: Parity Separation: A Scientifically Proven Method for Permanent Weight Loss. In: ICALP 2016. 2016.

[CX15]   Curticapean, Radu; Xia, Mingji: Parameterizing the Permanent: Genus, Apices, Minors, Evaluation Mod 2k. In: FOCS 2015. S. 994–1009, 2015.

[De14]   Dell, Holger; Husfeldt, Thore; Marx, Dániel; Taslaman, Nina; Wahlen, Martin: Exponential Time Complexity of the Permanent and the Tutte Polynomial. ACM Transactions on Algorithms, 10(4):21, 2014.

[FG04]   Flum, Jörg; Grohe, Martin: The parameterized complexity of counting problems. SIAM Journal on Computing, (4):892–922, 2004.

[FG06]   Flum, J.; Grohe, M.: Parameterized Complexity Theory (Texts in Theoretical Computer Science. An EATCS Series). Springer-Verlag New York, Inc., Secaucus, NJ, USA, 2006.

[GL98]   Galluccio, Anna; Loebl, Martin: On the Theory of Pfaffian Orientations. I. Perfect Matchings and Permanents. Electronic Journal of Combinatorics, 6, 1998.

[GS10] Guillemot, Sylvain; Sikora, Florian: Finding and Counting Vertex-Colored Subtrees. In: MFCS 2010. S. 405–416, 2010.

[HO02] Hemaspaandra, Lane A.; Ogihara, Mitsunori: The Complexity Theory Companion. Springer, 2002.

[IPZ01] Impagliazzo, Russell; Paturi, Ramamohan; Zane, Francis: Which problems have strongly exponential complexity? J. Computer and Sys. Sci., 63(4):512–530, 2001.

[JSV04] Jerrum, Mark; Sinclair, Alistair; Vigoda, Eric: A polynomial-time approximation algorithm for the permanent of a matrix with nonnegative entries. J. ACM, 51(4):671–697, 2004.

[Ka61] Kasteleyn, Pieter W.: The statistics of dimers on a lattice: I. The number of dimer arrangements on a quadratic lattice. Physica, 27(12):1209 – 1225, 1961.

[Ka67] Kasteleyn, Pieter W.: Graph Theory and Crystal Physics. In: Graph Theory and Theoretical Physics, S. 43–110. Academic Press, 1967.

[Li74] Little, Charles: An Extension of Kasteleyn's method of enumerating the 1-factors of planar graphs. In: Combinatorial Mathematics, LNCS, S. 63–72. 1974.

[RS03] Robertson, Neil; Seymour, Paul D.: Graph Minors. XVI. Excluding a non-planar graph. J. Comb. Theory, Ser. B, 89(1):43 – 76, 2003.

[RS04] Robertson, Neil; Seymour, Paul D.: Graph Minors. XX. Wagner's conjecture. J. Comb. Theory, Ser. B, 92(2):325–357, 2004.

[STW14] Straub, Simon; Thierauf, Thomas; Wagner, Fabian: Counting the Number of Perfect Matchings in K_5-Free Graphs. In: CCC 2014. S. 66–77, 2014.

[TF61] Temperley, H. N. V.; Fisher, Michael E.: Dimer problem in statistical mechanics - an exact result. Philosophical Magazine, 6(68):1478–6435, 1961.

[To91] Toda, Seinosuke: PP is as hard as the polynomial-time hierarchy. SIAM Journal on Computing, 20(5):865–877, 1991.

[UBK13] Ugander, Johan; Backstrom, Lars; Kleinberg, Jon M.: Subgraph frequencies: mapping the empirical and extremal geography of large graph collections. In: WWW 2013. S. 1307–1318, 2013.

[Va79] Valiant, Leslie G.: The complexity of computing the permanent. Theoret. Comput. Sci., 8(2):189–201, 1979.

[Va08] Valiant, Leslie G.: Holographic Algorithms. SIAM J. Comput., 37(5):1565–1594, 2008.

[WW13] Williams, Virginia Vassilevska; Williams, Ryan: Finding, Minimizing, and Counting Weighted Subgraphs. SIAM J. Comput., 42(3):831–854, 2013.

Radu Curticapean studierte an der Universität des Saarlandes in Saarbrücken Informatik, bis er sämtliche in der Mensa angebotenen Gerichte auswendig kannte und 2015 unter der Betreuung von Prof. Dr. Markus Bläser promovierte. Dann zog es ihn nach Budapest zum SZTAKI-Institut der ungarischen Akademie der Wissenschaften, unterbrochen von zwei Semestern in Kalifornien, in denen er am Simons-Institut für theoretische Informatik in Berkeley arbeitete.

Anhören von Abständen und Hören von Formen: Inverse Probleme in Raumakustik und darüber hinaus[1]

Ivan Dokmanić[2]

Abstract: Echos und Mehrwegausbreitungen werden herkömmlich als lästiges Übel wahrgenommen; mit dieser Doktorarbeit zeigen wir auf, dass sie auch zu nützlichen, interessanten und manchmal überraschenden Ergebnissen führen können. Wenn wir zu den Echos die richtigen Einstellungen haben, durch das Prisma der Punktmengen und der Geometrie euklidischer Abstände, so offenbaren sie uns wesentliche geometrische Angaben über das Quellen–Kanal–Empfänger System. Diese Perspektive erlaubt uns, aus Echos die Form von Objekten oder Räumen zu rekonstruieren, eine beliebige Anzahl von Mikrofonen in einem unbekannten Raum mit einem Fingerschnippen zu lokalisieren oder die Sprachqualität beim Zuhören einer Quelle, die sich hinter einer Störquelle befindet, zu verbessern. Echos können auch implizit durch die Wellengleichung genutzt werden. Des Weiteren zeigen wir, wie man Echos von der Perspektive der Wellengleichung zur Gestaltung der Infrastruktur mit sehr niedrigen Anforderungen und mit Hilfe von "compressed sensing" und der Abtasttheorie "finite rate of innovation" auf einer Kugeloberfläche anwenden kann. Schließlich analysieren wir eine neue Klasse von allgemeinen Pseudoinversen auf Basis der Normminimierung für die Auflösung inverser Probleme und stellen diese vor.

1 Einleitung

Wie hört man eine räumliche Form? Eine Fledermaus kennt die Antwort: Sie hört auf Echos, um etwas über ihre Umgebung zu erfahren. Die Menschen sind von dieser Fähigkeit der Fledermaus fasziniert—man denke nur an Ikonen der Popkultur wie Daredevil oder Batman. Im Hollywood-Blockbuster Batman: The Dark Knight (2008) benutzen Batman und seine Helfer die Handys ahnungsloser Menschen, um die Räume am anderen Ende der Leitung zu sehen.

Das ist weit hergeholt, aber auch wieder nicht so weit. Eine der zentralen Fragen, denen sich diese Arbeit widmet, lautet: "Ist es möglich, die Form eines Raums zu hören?" Es wird gezeigt, dass die Handlung von The Dark Knight die Grenze zwischen Fiktion und Realität vielleicht überschritten hat. Der Trick besteht darin, Abstände zu hören.

Wie hört man also einen Abstand? Vielleicht so: Als ich noch ein Kind war, brachte mein Vater mir bei, wie man die Sekunden zwischen Blitz und Donner zählt und daraus ermittelt, wie weit das Gewitter entfernt ist. Oder so: Wer schon einmal auf das Echo seiner Fußtritte von einer Wand in der Nähe gehört hat, muss bemerkt haben, dass sich Fußtritt und Echo desto mehr annähern, je näher man der Wand kommt.

---

[1] Englischer Titel der Dissertation: "Listening to Distances and Hearing Shapes: Inverse Problems in Room Acoustics and Beyond" [Do15]
[2] School of Computer and Communication Sciences, Ecole Polytechnique Fédérale de Lausanne, ivan.dokmanic@epfl.ch

In beiden Fällen wandeln wir Zeit in Abstand um. Das ist möglich, weil wir die Schallgeschwindigkeit kennen. Also sollte es auch möglich sein, unsere Ohren und Berechnungen auf einem Notizzettel durch Mikrofone und einen Computer zu ersetzen, auf dem ausgeklügelte Algorithmen arbeiten. Dann ließen sich viel kompliziertere Fragen beantworten als nur, wie weit entfernt ein Blitz eingeschlagen ist. Man könnte zum Beispiel aus Echos die Form von Objekten oder Räumen rekonstruieren—ganz ähnlich wie in The Dark Knight—oder einen Flugroboter nur mithilfe von Schall steuern.

Wir hören Abstände, indem wir den Echos zuhören, und können Schlüsse über die Geometrie unserer Umgebung ziehen (genau wie Fledermäuse!). Das Gute daran: Es gibt genug Echos dafür. Wir verbringen viel Zeit in Räumen, und Räume dienen vielen Zwecken, ein "Zweck" allerdings wird häufig übersehen: Ein gut gestalteter Raum erleichtert die Konversation. Das liegt daran, dass es in Räumen Echos gibt, und dass unser Gehirn die frühen Echos mit dem direkten Schall kombinieren und dadurch den effektiven Rauschabstand verbessern kann. (In dieser Arbeit zeigen wir sogar, dass Computer im Wesentlichen dasselbe tun können). Im Rahmen dieser Arbeit wollen wir uns von Menschen, Fledermäusen und dem Dunklen Ritter inspirieren lassen und das Potential von Echos nutzen, um interessante Probleme zu lösen.

2 Inverse Probleme in der Raumakustik und darüber hinaus

Um welche Probleme es dabei geht, steht im Untertitel der Arbeit. Gleich drei Begriffe daraus bedürfen einer Erklärung: inverse Probleme, Raumakustik und darüber hinaus.

2.1 Inverse Probleme

Inverse Probleme könnte man auch einfach Probleme nennen. Das qualifizierende Wort "invers" weist darauf hin, dass es ein zugehöriges Problem gibt, das möglicherweise besser bekannt und besser untersucht ist und dem Problem, das uns interessiert, in gewisser Weise entgegengesetzt ist. Dieses andere Problem heißt dann das direkte Problem (oder Vorwärtsproblem). Manchmal ist es egal, welches Problem man als das direkte und welches als das inverse bezeichnet. Oft rühren Messergebnisse vom direkten Problem her, und wir versuchen, das Problem zu invertieren, um etwas über den Mechanismus zu erfahren, der die Messergebnisse produziert hat.

Hier eine gute Daumenregel für die Einordnung eines Problems als direktes oder inverses Problem: Die direkte Richtung stammt in der Regel von einem physikalischen Prozess (oder allgemeiner: von der Natur). Der Urknall hat eine Spur hinterlassen, die wir als Fluktuationen in der Hintergrundstrahlung des Universums beobachten können. Der Weg vom Urknall bis zu diesen Fluktuationen wurde von der Natur erledigt. Das direkte Problem zu lösen würde also bedeuten, Rechenmaschinen zu erdenken, die die Messwerte jedes interessierenden Parameters simulieren können, wenn die Bedingungen des Urknalls bekannt sind (das ist konzeptuell einfach, derzeit allerdings praktisch unmöglich). Das inverse Problem könnte darin bestehen, aus der Messung der noch vorhandenen Fluktuationen in der

Hintergrundstrahlung auf die Parameter des Universums unmittelbar nach dem Urknall zu schließen [Ad14].

Eine bessere Vorstellung davon, was mit inversen Problemen gemeint ist, vermittelt die folgende Gegenüberstellung von direkten und zugehörigen inversen Problemen:

(i) Man berechne die Flugbahn eines Projektils anhand seiner Anfangsgeschwindigkeit und der Gravitationsbeschleunigung g der Erde. / Man berechne anhand der Position des Projektils zu k unterschiedlichen (aber bekannten) Zeitpunkten den Wert von g (um es etwas schwieriger zu machen, ersetze man *bekannt* durch *unbekannt*).

(ii) Man berechne anhand der Raumgeometrie und der Eigenschaften der Wände sowie der Schallquelle das Schallfeld für alle Zeiten an allen Punkten in der Umgebung. / Man berechne anhand der Messwerte des Schalldrucks an drei Punkten den Ort der Schallquelle (mit oder ohne Kenntnis der Randbedingungen).

(iii) Man berechne anhand der Geometrie eines Ultraschallkopf-Arrays, das um eine weibliche Brust gelegt ist, und der Dichteverteilung des Brustgewebes die Wellenformen, die die Ultraschallköpfe aufzeichnen, wenn jeder einen Impuls aussendet. / Man berechne anhand der Geometrie des Arrays und der Wellenformen die Dichteverteilung in der Brust.

(iv) Man berechne anhand der Form eines Trommelfells (einer Membrane) ihre Resonanzfrequenzen. / Man berechne anhand der Resonanzfrequenzen einer Trommel ihre Form.

(v) Man berechne anhand von Daten zur Geometrie eines Gitarre-Verstärker-Systems die Wellenform der Rückkopplung. / Man berechne anhand der Studioaufnahme von "I feel fine" der Beatles den zeitabhängigen Abstand von Lennons Gibson J-160E zum Lautsprecher des Verstärkers.

Wir stellen uns ein inverses Problem in der Regel komplizierter vor als ein direktes Problem, aber dies ist nicht unbedingt so. Zum Beispiel könnte das direkte Problem lauten: Man finde anhand der Koeffizienten eines univariaten Polynoms seine Nullstellen. Dann ist das inverse Problem—nämlich das Polynom anhand seiner Nullstellen zu finden—viel einfacher.

Dieses scheinbar banale Beispiel führt das Konzept der *korrekten Problemstellung* oder *Well-Posedness* vor Augen—eines der zentralen Konzepte bei inversen Problemen. Ohne weitere Angaben ist das Problem, ein Polynom anhand seiner Nullstellen zu finden, nicht korrekt gestellt, weil es keine eindeutige Lösung hat. Es ist einfach, eine Lösung zu finden, aber falls wir ein konkretes Polynom suchen, das die gegebenen Nullstellen hat, können wir nicht hoffen, dass genau dieses Polynom gefunden wird, da jede Umskalierung der Koeffizienten die Nullstellen unverändert lässt.

Das Konzept der korrekten Problemstellung wurde von Hadamard formalisiert [Ha02]. Hadamard bezeichnete jedes Problem als *schlecht gestellt*, das mindestens eine der folgenden Bedingungen nicht erfüllt:

- Existenz einer Lösung,
- Eindeutigkeit der Lösung,
- Stabilität in Bezug auf die Daten.

Hadamard hegte starke Vorbehalte gegen schlecht gestellte Probleme—er dachte, sie hätten keine physikalische Bedeutung. Doch inzwischen hat das Fachgebiet gigantische Fortschritte gemacht. Heutzutage sind in der Tat die meisten (wenn nicht alle) interessanten inversen Probleme schlecht gestellt.

2.2 Raumakustik

Raumakustik ist ein Teilgebiet der Akustik, das sich damit beschäftigt, wie sich Schall in Räumen ausbreitet. An und für sich behandelt die Raumakustik zwei sehr unterschiedliche Fragestellungen. Die erste davon betrifft die Physik: Welche Wellenmechanik gilt für die Schallerzeugung und -ausbreitung in geschlossenen Räumen? Dazu gehört die Untersuchung von spiegelnden und diffusen Reflexionen, von Kantenbeugung, von Streuung an diversen Strukturen und des Einflusses einer Reihe weiterer Parameter.

Die zweite Fragestellung betrifft die Wahrnehmung: Als wie angenehm empfinden wir die Akustik in einem konkreten Raum? Es könnte auch darum gehen, wie förderlich die Akustik eines Raums für bestimmte Zwecke ist: zum Anhören eines klassischen Konzerts, eines Jazzkonzerts, einer Vorlesung oder vielleicht einfach für Small Talk im Café. Dazu muss das beim Studium der ersten Fragestellung erlangte Wissen über die Schallausbreitung in Räumen mit Erkenntnissen aus der Psychoakustik und Ergonomie kombiniert werden.

In dieser Arbeit geht es hauptsächlich um den physikalischen Aspekt der Raumakustik. Die Eigenschaften der Wellenausbreitung sollen benutzt werden, um interessante inverse Probleme zu lösen. Wir beschränken und dabei noch weiter und betrachten ausschließlich frühe Reflexionen. Die verwendeten Modelle sind in der Raumakustik weit verbreitet, haben aber wenig mit Wahrnehmung zu tun (wie meine Kollegen aus der Hi-Fi-Ecke immer wieder anmerken).

2.3 ... und darüber hinaus

Bisher war die Rede von Echos von Schall in Räumen. Doch die von uns benutzte Abstandsgeometrie der Reflexionen ist allen Wellenphänomenen gemein. Insbesondere lassen sich die Ergebnisse auch auf die Mehrwegausbreitung von Funkwellen anwenden.

Der formale geometrische Rahmen, der in dieser Arbeit entwickelt wird, ist überall von Nutzen, wo mit kennzeichenlosen Abstandsmengen operiert wird. Naheliegende Anwendungsfälle finden sich bei der Kalibrierung von Sensornetzwerken. Interessanterweise tritt die gleiche Art von Problemen aber auch in der Kristallografie auf.

Zwei Kapitel dieser Arbeit behandeln inverse Probleme, die über den Rahmen von Echo und Abstand hinausgehen. Das erste entstand beim Nachdenken über die Lokalisierung von Schallquellen mit sphärischen Mikrofonarrays. Dies führte zur Entwicklung einer sphärischen FRI—Abtasttheorie "Finite Rate of Innovation" für das Abtasten dünn besetzter Signale auf einer Kugeloberfläche. Das zweite entstand beim Nachdenken über einen tomografischen Ansatz für Touch-Displays. Dabei haben wir eine *dünn besetzte Pseudoinverse* vorgeschlagen, die mit der begrenzten Rechenleistung und Speicherkapazität von Embedded-Hardware kompatibel ist. Daraus ergab sich eine umfassendere Studie von generalisierten Inversen, die die Norm minimieren.

3 Gliederung der Arbeit und Beiträge zum Erkenntnisgewinn

Kapitel 2: Echos und Distanzen Damit diese Arbeit vollständig ist und für sich selbst stehen kann, werden zunächst die grundlegenden physikalischen Prinzipien behandelt. Der erste Teil von Kapitel 2 erläutert, wie Wellen Echos erzeugen und wie sich diese modellieren lassen. Dies bildet die Grundlage für die Einführung eines zentralen Instruments: des Bildquellenmodells. Es wird zunächst als exaktes Instrument zum Lösen partieller Differenzialgleichungen in einigen konkreten Bereichen eingeführt, sodann als Instrument in der geometrischen Akustik, das mit beliebigen Geometrien zurechtkommt. Der zweite Teil des Kapitels behandelt die Geometrie euklidischer Abstände und beschäftigt sich hauptsächlich mit einem immer wieder nützlichen Instrument: den euklidischen Abstandsmatrizen. In den weiteren Kapiteln dienen das Bildquellenmodell und die Geometrie euklidischer Abstände in Kombination als leistungsstarkes Mittel zur Gewinnung geometrischer Informationen in Räumen. Kapitel 2 dient als Auffrischung oder als Einführung für mit dem Thema nicht vertraute Leser.

Kapitel 3: Kann man die Form eines Raums hören? Im Jahr 1966 fragte Mark Kac [Ka66]: "Kann man die Form einer Trommel hören?" Eigentlich wollte er herausfinden, ob das Problem, die Form einer Trommel aus ihren Resonanzfrequenzen zu berechnen, korrekt gestellt ist.

Der zentrale Teil der vorliegenden Arbeit beschäftigt sich mit einer Übertragung von Kacs Frage auf Räume. Stellen Sie sich vor, Sie stehen mit verbundenen Augen in einem unbekannten Raum. Sie schnippen mit den Fingern und hören auf die Reaktion des Raums. Können Sie seine Form hören? Manche Menschen können das intuitiv, doch können wir Computeralgorithmen entwerfen, die Räume hören? Wenn wir die Frage stellen, ob man die Form eines Raums hören kann, wollen wir wissen, ob es möglich ist, die Form eines Raums anhand der Impulsantworten des Raums zu bestimmen und nicht anhand seiner Resonanzfrequenzen wie bei Kac. Wir gehen diese Fragestellung aber nicht mit Instrumenten aus der Funktionsanalyse an, sondern argumentieren, dass der Weg über Echos und Bildquellen, gewürzt mit einer starken Prise geometrischer Akustik, der nützlichere und praktikablere ist.

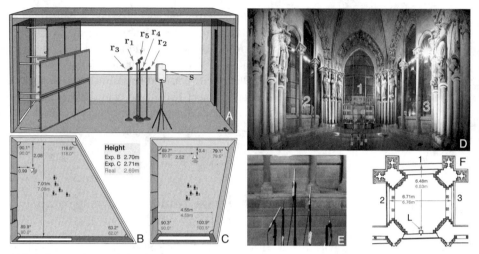

Abb. 1: Raumrekonstruktion in einem Klassenzimmer der EPFL (links) und in der Kathedrale von Lausanne (rechts). Im zweiten Beispiel ist der Raum nicht konvex, doch die Methode ist dennoch robust.

Zunächst stellen wir einen Algorithmus vor, der aus einer einzigen Impulsantwort des Raums, also mittels nur eines Mikrofons, die Geometrie eines konvexen polyedrischen Raums rekonstruieren kann. Wir zeigen, dass die Menge der Echos erster und zweiter Ordnung die Geometrie des Raums eindeutig beschreibt. Unser Algorithmus stützt sich auf starke geometrische Verbindungen zwischen den ersten beiden Generationen von Bildquellen und zwischen den korrespondierenden Echoankunftszeiten. Da wir nur ein einzelnes Mikrofon benutzen, benötigten wir mehr als nur die Echos erster Ordnung. Dass der Raum mit nur einem Mikrofon rekonstruiert werden kann, ist ein überraschendes Ergebnis und ein echtes Analogon zu Kacs Frage in der Zeitdomäne.

Es ist schwierig, Echos höher Ordnung aus Raumimpulsantworten zu erhalten. Deswegen verwendet der zweite vorgeschlagene Algorithmus nur Echos erster Ordnung und ein paar Mikrofone, um die Form eines Raums zu berechnen. Weiterhin zeigen wir, dass diese Echos erster Ordnung bei günstigen Bedingungen konvexe polyedrische Räume eindeutig beschreiben können. Der entscheidende Schritt dabei ist das Sortieren der Echos, bei dem die einzelnen Echos den korrekten Wänden zugeordnet werden. Anders als frühere Methoden rekonstruiert der vorgeschlagene Algorithmus aus einer einzelnen Schallemission mithilfe eines Mikrofon-Arrays beliebiger Geometrie die vollständige dreidimensionale Geometrie des Raums. Solange die Mikrofone die Echos hören können, lassen sie sich frei anordnen. Unsere Ergebnisse beantworten nicht nur eine grundlegende Frage über das inverse Problem der Raumakustik; sie finden auch Anwendungen in der Architekturakustik, bei der Indoor-Lokalisierung, in der virtuellen Realität und in der Audioforensik.

Kapitel 4: Lokalisierung und Kalibrierung Die Lokalisierung von Quellen ist ein klassisches inverses Problem. Viele Verfahren funktionieren im freien Raum hervorragend, haben jedoch Probleme mit Echos in Räumen. Wir schlagen einen formalen Rahmen vor, bei dem der Raum nicht stört, sondern vielmehr *hilft*.

Statt Echos geometrisch zu behandeln, berücksichtigen wir sie zunächst nur implizit: Das Problem der Lokalisierung mehrerer Quellen in einem Raum lösen wir durch Diskretisierung der Helmholtz-Gleichung. Unter der Annahme, dass der Raum bekannt ist, zeigen wir, wie ein konkretes Diskretisierungsschema—das Finite-Elemente-Verfahren (FEM)—zugleich die partielle Differenzialgleichung löst und uns mit einem Verzeichnis zur Ausdünnung versorgt, so dass zur Lokalisierung der Quelle dünn besetzte Wiedergewinnungsmethoden eingesetzt werden können. Die zweite wichtige Zutat ist der sogenannte Breitbandvorteil. Eine einzelne Helmholtz-Gleichung modelliert, was bei einer Frequenz passiert, aber für Breitbandquellen können wir die Helmholtz-Gleichung bei vielen Frequenzen aufstellen. Entscheidend dabei ist, dass das Dünnbesetztheitsmuster im Quellenvektor über die Frequenzen hinweg konstant bleibt. Möglicherweise überraschend ermöglicht uns diese Beobachtung, mit lediglich einem Mikrofon mehrere Quellen mit beliebigen Breitbandspektren zu lokalisieren.

Im Weiteren zeigen wir, wie das in Kapitel 3 vorgestellte Sortieren der Echos dabei hilft, in einem *bekannten* Raum Informationen zu gewinnen. Wir wenden dieses Verfahren auf die Indoor-Lokalisierung mit lediglich einem omnidirektionalen Sensor an (im freien Raum wäre dies unmöglich) und zeigen, wie man Quellen in nichtkonvexen Räumen lokalisiert. Wir gehen davon aus, dass die Quelle einen Impuls emittiert, dessen Ankunftszeit auf Empfängerseite gemessen werden kann.

Operationen mit Mikrofonen erfordern normalerweise die Kenntnis der Positionen der Mikrofone. Anders ausgedrückt: Die Geometrie des Mikrofonarrays muss bekannt sein. Die Idee, Quellen an unbekannten Orten zu benutzen, um die Arraygeometrie zu kalibrieren, ist verlockend. Interessanterweise lassen sich sowohl die Orte der Quellen als auch die Orte der Empfänger rekonstruieren, wenn ihre Anzahl ein vorbestimmtes Minimum überschreitet; dies haben in jüngster Zeit mehrere Arbeiten erkannt. Das Problem ist ein Fall von mehrdimensionalem Entfalten, und wir schlagen vor, es durch EDM-Vervollständigung zu lösen, wodurch wir eine Formulierung erhalten, die anders als frühere Arbeiten einfach mit fehlenden Distanzen und sonstigen vorab nicht bekannten Informationen über das Array zurechtkommt.

Anschließend zeigen wir, dass sich die Anzahl der für die Kalibrierung des Arrays benötigten Quellen in einem Raum deutlich reduzieren lässt, selbst wenn der Raum unbekannt ist. Denn—und das ist die zentrale Beobachtung—die Echos im Raum entsprechen virtuellen Quellen, die wir "gratis" dazubekommen. Dies ermöglicht Vorhaben wie etwa, das Array mit nur einer Quelle zu kalibrieren, zum Beispiel mit einem Fingerschnippen. Mit unserer Technik lässt sich auch die absolute Position des Mikrofonarrays im Raum berechnen. Andere Verfahren lieferten bisher Erkenntnisse darüber nur bis zu einer starren Transformation oder Reflexion. Und außerdem erhalten wir als Nebenprodukt die Geometrie des Raums!

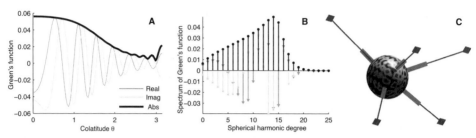

Abb. 2: Quellenidentifizierung für eine sphärische Anordnung von Mikrofonen. In (A) die Green Funktion, in (B) die spektralen Koeffizienten, und in (C) die Lokalisierung.

Kapitel 5: Abtasten dünn besetzter Signale auf einer Kugeloberfläche Bei der Beantwortung von Fragen über die Lokalisierung von Schallquellen mit sphärischen Mikrofonarrays (Abb. 2) entstand eine umfassende Theorie über das Abtasten dünn besetzter Ansammlungen von Spikes auf einer Kugeloberfläche. Diese Theorie wird in Kapitel 5 vorgestellt.

Wir entwickeln ein Abtasttheorem und zugehörige Algorithmen, die eine Ansammlung von Spikes auf einer Kugeloberfläche aus Abtastungen ihrer tiefpassgefilterten Ablesungen perfekt rekonstruieren kann. Entscheidend für den Algorithmus ist eine Verallgemeinerung der Methode der auslöschenden Filter—einem Instrument, das häufig zur Verarbeitung von Arraysignalen und zur FRI-Abtastung eingesetzt wird. Der vorgeschlagene Algorithmus kann K Spikes aus $(K+\sqrt{K})^2$ sphärischen Abtastungen rekonstruieren. Dies stellt gegenüber bekannten FRI-Abtastschemata auf der Kugeloberfläche eine Verbesserung um einen Faktor vier bei großen K dar.

Kapitel 6: Ein Rake-Empfänger für die Cocktail-Party In diesem Kapitel geht es darum nachzuahmen, wie Menschen Echos benutzen. Es ist bekannt, dass Echos die Sprachverständlichkeit verbessern [BSP03, LB64]. Tatsächlich ist zusätzliche Energie in Form früher Echos (innerhalb ca. der ersten 50 ms der Raumimpulsantwort) äquivalent zu ebenso viel zusätzlicher Energie im direkten Schall [BSP03]. Diese Beobachtung legt neue Konstruktionsprinzipien für Indoor-Strahlformer nahe, mit unterschiedlichen Optionen für Leistungsmaße und Referenzsignale.

Wir stellen das Konzept eines akustischen Rake-Empfängers vor—eines Mikrofon-Strahlformers, der mit Hilfe von Echos die Schall- und Interferenzunterdrückung verbessert. Die "Rake"-Idee ist auf dem Gebiet der drahtlosen Datenübertragung wohlbekannt: Es geht darum, verschiedene bei den Empfängerantennen eintreffende Mehrwegkomponenten konstruktiv zu kombinieren. Anders als die zur drahtlosen Datenübertragung dienenden Spreizspektrumsignale sind Sprachsignale nicht (nahezu) orthogonal zu ihren Verschiebungen oder zu anderen Sprachsignalen. Daher konzentrieren wir uns auf die räumliche statt auf die zeitliche Struktur. Anstatt den Kanal explizit abzuschätzen, stellen wir Korrespondenzbeziehungen zwischen frühen Echos in der Zeit und Bildquellen im Raum her. Diese mehrfachen Quellen des gewünschten und des störenden Signals bieten zusätzliche räumliche Diversität, die wir bei der Entwicklung des Strahlformers nutzen können. Wir stellen verschiedene "intuitive" und optimale Formulierungen akustischer Rake-Empfänger sowohl in der Frequenzdomäne als auch in der Zeitdomäne vor und zeigen theoretisch und numerisch, dass die Rake-Formulierung des Strahlformers mit maximalem Signal-Interferenz/Rausch-Abstand (Rake-MaxSINR) eine signifikant bessere Rausch- und Interferenzunterdrückung ermöglicht. Neben dem SINR beobachten wir auch Verbesserungen bei der wahrnehmungsorientierten Beurteilung der Sprachqualität—der sogenannten PESQ-Metrik (Perceptual Evaluation of Speech Quality).

Kapitel 7: Alternative generalisierte Inverse Ähnlich wie Kapitel 5 weicht auch das letzte Kapitel dieser Arbeit ein wenig vom zentralen Thema ab. Es entstand aus einer Bemühung heraus, gewisse überbestimmte tomografische Inversionen zu beschleunigen, die für eine neue Touch-Display-Technologie benötigt wurden. Im ersten Ansatz versuchten wir, die Rekonstruktion mit der Moore-Penrose-Pseudoinverse (MPP) der Systemmatrix zu berechnen. Aber die Anforderungen an die Framerate waren so hoch, dass die Verwendung der MPP viel zu viel Rechenzeit kostete. Die Lösung bestand darin, eine alternative generalisierte Inverse mit vielen Nullen zu benutzen—die *dünn besetzte Pseudoinverse*. Es handelt sich dabei um die generalisierte Inverse mit der kleinsten l1-Betragssummennorm. Angeregt von den Implikationen dieses Ergebnisses, studierten wir das Konzept einer die Norm minimierenden alternativen generalisierten Inversen in wesentlich größerer Ausführlichkeit. Kapitel 7 beschreibt diese Studien.

Eine konkrete generalisierte Inverse, die die Norm minimiert, ist die MPP. Sie hat unter allen generalisierten Inversen einer Matrix die geringste Frobenius-Norm. Die MPP ist weit über die Frobenius-Norm hinaus optimal, aber das Freiwerden der Freiheitsgrade im Zusammenhang mit der optimalen Quadratnorm ermöglicht uns, weitere nützliche Eigenschaften zu realisieren. Zunächst generalisieren wir die Ergebnisse von Ziętak [Zi97], indem wir zeigen, dass die MPP neben unitär invarianten Norman auch verschiedene andere Normen minimiert—ein weiterer Nachweis ihrer Robustheit als richtige Wahl für die meisten Situationen.

Anschließend beschäftigen wir uns mit einigen Normen, die von der MPP nicht minimiert werden, deren Minimierung aber für linear inverse Probleme und dünn besetzte Darstellungen relevant ist. Insbesondere betrachten wir die ℓ^1-Betragssummennorm und die induzierten $\ell^p \to \ell^q$-Normen. Zum Beispiel zeigen wir, wie generalisierte Inverse berechnet werden können, die insofern eine "Arme Leute"-Minimierung von ℓ^p erreichen, als sie das Aufblasen der ℓ^p-Norm im durchschnittlichen oder im schlimmsten Fall minimieren. Weiterhin konzentrieren wir uns anstelle von Normen auf Matrizen mit interessantem Verhalten. Wir stellen eine Klasse von Matrizen vor, für welche die MPP Normen minimiert, die sie normalerweise nicht minimiert, sowie eine Klasse, bei der viele die Norm minimierende generalisierte Inversen zusammenfallen, jedoch nicht mit der MPP. Abschließend diskutieren wir die effiziente Berechnung der generalisierten Inversen zu verschiedenen Normen.

Zusammenfassung und Ausblick Unsere Techniken zur Arbeit mit Abständen unter Rahmenbedingungen wie Rauschen, Löschungen und unbekannten Permutationen sind weit über die Raumakustik hinaus von Nutzen. Mögliche Anwendungen liegen in der MIMO-Kommunikation, bei der autonomen Roboternavigation und Kartographie sowie der Tiefenbildgebung, um nur einige zu nennen. Besonders spannend ist vielleicht die Verbindung zur Kristallografie, wo sie möglicherweise verschiedene *Ab-initio*-Rekonstruktionsverfahren erschließen könnten.

Der Breitbandvorteil könnte benutzt werden, um eine neue Generation von Streumikrofonen zu entwickeln, die insbesondere die Quellenlokalisierung und die blinde Quellentrennung verbessern könnten.

Literaturverzeichnis

[Ad14]   Ade, P A R et al.; BICEP2 Collaboration: Detection of B-Mode Polarization at Degree Angular Scales by BICEP2. Phys. Rev. Lett., 112(24):241101, Juni 2014.

[BSP03] Bradley, J S; Sato, H; Picard, M: On the Importance of Early Reflections for Speech in Rooms. J. Acoust. Soc. Am., 113(6):3233, 2003.

[Do15]   Dokmanić, Ivan: Listening to Distances and Hearing Shapes: Inverse Problems in Room Acoustics and Beyond. Dissertation, EPFL, Lausanne, 2015.

[Ha02]   Hadamard, J: Sur Les Problémes Aux Dérivées Partielles Et Leur Signification Physique. Princeton University Bulletin, 1902.

[Ka66]   Kac, Mark: Can One Hear the Shape of a Drum. Am. Math. Mon., 73:1–23, 1966.

[LB64]   Lochner, JPA; Burger, J F: The Influence of Reflections on Auditorium Acoustics. J. Sound Vib., 1(4):426–454, 1964.

[Zi97]   Ziętak, K: Strict Spectral Approximation of a Matrix and Some Related Problems. Appl. Math., 24(3):267–280, 1997.

Ivan Dokmanić promovierte 2015 an der ETH Lausanne im Fach Computer- und Kommunikationswissenschaften. Zuvor war er Studienassistent an der Universität Zagreb, Codec Entwickler für MainConcept AG und Designer für digitale Audioeffekte für Little Endian Ltd. Im Sommer 2013 arbeitete er für Microsoft Research, Redmond. Er beschäftigt sich mit inversen Problemen, Audio und Akustik, Signalverarbeitung für Sensornetzwerke und mit grundlegenden Bestandteilen der Signalverarbeitung. Für seine Arbeit über Rekonstruktion von Raumformen durch Echos erhielt er 2011 den Best Student Paper Award von ICASSP. 2014 erhielt er ein Google PhD Stipendium. Seit 2015 arbeitet er als Postdoc mit Laurent Daudet (Institut Langevin), Stéphane Mallat (ENS), und Martin Vetterli (ETH Lausanne). Im Herbst 2016 wird er eine Stelle als Assistenzprofessor an der UIUC antreten. Ivan Dokmanić ist auch Sänger und Gitarrist in der Band Ivan and the Terribles, zusammen mit Martin Vetterli am Bass, Paolo Prandoni an allem, und Marta Martinez-Cámara am Saxophone.

Genfamilienfreier Genomvergleich[1]

Daniel Dörr[2]

Abstract: Das Genom bezeichnet die gesamte genetische Information eines Organismus, welche hauptsächlich auf Chromosomen gespeichert ist. Der rechnergestützte Vergleich der Genome unterschiedlicher Spezies gewährt wertvolle Einsichten in deren gemeinsame und individuelle evolutionäre Historie. Hierzu werden Mutationen identifiziert, welche die DNA-Sequenzen in der evolutionären Vergangenheit verändert haben. Eine bestimmte Art von Mutationen führt zu Veränderungen in der Genreihenfolge von Genomen. Diese Arbeit stellt neue rechnergestützte Vergleichsmethoden der Genreihenfolge in Genomen unterschiedlicher Spezies vor. Hierzu werden klare Optimierungsprobleme identifiziert, deren Berechnungskomplexität analysiert und exakte, approximative, sowie heuristische Lösungsverfahren entwickelt.

1 Einleitung

Die *rechnergestützte vergleichende Genomik* gewährt wertvolle Einsichten in die gemeinsame und individuelle evolutionäre Historie von lebenden und ausgestorbenen Spezies. Genome zu vergleichen bedeutet, deren Unterschiede zu bestimmen, die durch Mutationen in ihrer evolutionären Vergangenheit entstanden sind.

Im Bereich der Genomevolution differenziert man zwischen *Punktmutationen*, *Genomumordnungen* und Änderungen des *Gengehalts* von Genomen. Punktmutationen verändern ein oder wenige aufeinanderfolgende Nukleotide in der DNA-Sequenz. Genomumordnungen ändern die Reihenfolge der Gene und ihre Aufteilung in chromosomale Sequenzen. Der Gengehalt wird durch die Evolution von Genfamilien beeinflusst, welche zu Genduplikationen oder dem Verlust von Genen führt.

Studien zur Erforschung von Genomumordnungen zwischen Genomen setzen die Kenntnis der evolutionären Verhältnisse zwischen deren Genen voraus. Mittels des biologischen Konzepts der *Homologie* kann die Menge aller Gene in Genfamilien unterteilt werden: Alle Gene in einer Genfamilie sind paarweise homolog zueinander, was bedeutet, dass sie von einer gemeinsamen Ursequenz abstammen. Homologien zwischen Genen sind in der Regel unbekannt und werden daher häufig mit rechnergestützten Methoden vorhergesagt. Dazu werden Sequenzähnlichkeiten zwischen Genen oder andere Ähnlichkeiten in den Eigenschaften ihrer Genprodukte quantifiziert. Allerdings ist die Vorhersage von Homologien häufig unzuverlässig, was zu Fehlern in einer anschließenden Studie von Genomumordnungen führt.

---
[1] Englischer Titel der Dissertation: "Gene Family-free Genome Comparison" [Do15]
[2] Universität Bielefeld, Technische Fakultät, Universitätsstr. 25, 33615 Bielefeld
  aktuelle Adresse: EPFL, School of Computer and Communication Sciences, 1015 Lausanne, Schweiz

Diese Doktorarbeit verfolgt einen neuen Forschungszweig mit der Zielsetzung, Fehler durch falsche oder unvollständige Vorhersagen von Genfamilien in der Untersuchung von Genomumordnungen zu vermeiden. Dazu werden neue rechnergestützte Methoden zur Erforschung von Genomumordnungen entwickelt, die die Kenntnis von Genfamilien nicht voraussetzen. Dieser Ansatz, auch *genfamilienfreier Genomvergleich* genannt, greift direkt auf Genähnlichkeiten zurück, welche üblicherweise zur Vorhersage von Genfamilien verwendet werden. Somit können Unterschiede, welche durch Punktmutationen entstanden sind, in der Untersuchung von Genomumordnungen berücksichtigt werden.

2 Gene, Genome und Genähnlichkeiten

Die dem Genom eines Organismus zugehörigen DNA-Sequenzen beherbergen *vererbbare Eigenschaften*, welche messbare Funktionen im Zellsystem des Organismus ausüben und Gegenstand natürlicher Selektion sind. In dieser Arbeit wird ein Segment auf einer DNA-Sequenz, welches mit einer vererbbaren Eigenschaft assoziiert ist, *Gen* genannt. Zwei oder mehr Gene, die von derselben Ursequenz abstammen sind *homolog* [Fi00]. Eine *Genfamilie* bezeichnet eine Menge homologer Gene.

Im Folgenden ist ein Genom G gänzlich durch ein Tupel $G \equiv (\mathscr{C}, \mathscr{A})$ repräsentiert, wobei $\mathscr{C}$ eine nichtleere Menge eindeutiger Gene und $\mathscr{A}$ die Menge von (Gen-) *Nachbarschaften* sind. Gene werden repräsentiert durch ihre Extremitäten, d. h., ein Gen $g \equiv (g^t, g^h)$, $g \in \mathscr{C}$, besteht aus einem *Ende (tail)* g^t und einem *Kopf (head)* g^h. Die Extremitäten zweier beliebiger Gene können jeweils eine *Nachbarschaft* formen und somit die Genmenge eines Genoms zu ein oder mehreren linearen oder zirkulären *Genreihenfolgen*, auch *Chromosomen* genannt, zusammensetzen. Die Endpunkte linearer Chromosomen, *Telomere* genannt, werden als spezielle "Gene" behandelt, welche nur eine Extremität "∘" besitzen. Eine Genreihenfolge kann in zwei Richtungen gelesen werden, wobei eine der beiden Richtungen zur kanonischen *Leserichtung* bestimmt wird. Ein Gen g, welches dieser Leserichtung gegenläufig ist, d. h. dessen Kopf vor dem Ende erscheint, wird mit einem Balken $\bar{g}$ gekennzeichnet. Im Folgenden wird bequemer Weise von der Notation $\mathscr{C}(G)$ und $\mathscr{A}(G)$ Gebrauch gemacht, um Bezug auf die Mengen der Gene und Nachbarschaften eines Genomes G zu nehmen.

Das Prinzip des genfamilienfreien Genomvergleichs verkörpert die Idee, Genreihenfolgen zu analysieren, ohne vorher die Zugehörigkeit ihrer Gene zu Genfamilien zu kennen. Stattdessen wird auf *Genähnlichkeiten* zurückgegriffen, welche symmetrische und reflexive *Ähnlichkeitsmaße* $\sigma : \Sigma \times \Sigma \to \mathbb{R}_{\geq 0}$ über dem Universum aller Gene Σ darstellen [Br13]. Ganz unabhängig davon welches Maß zur Bestimmung der Ähnlichkeit zweier Gene benutzt wird, wird in dieser Arbeit eine hohe Ähnlichkeit als Indikator für Homologie betrachtet. Dabei dient der *Genähnlichkeitsgraph* als zentrale Datenstruktur:

Definition 1 (Genähnlichkeitsgraph [DTS12, Br13]) *Gegeben seien k Genome $G_1, \ldots, G_k$ und ein Ähnlichkeitsmaß σ. Dann ist der* Genähnlichkeitsgraph *ein gewichteter, ungerichteter k-partiter Graph $B = (V_1, V_2, \ldots, V_k, E)$, wobei jede Knotenmenge V_i, $1 \leq i \leq k$, die Genmenge des i-ten Genoms repräsentiert, d. h., $V_i = \mathscr{C}(G_i)$, und die Kantenmenge*

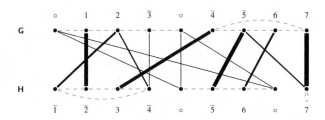

Abb. 1: Genähnlichkeitsgraph B zweier exemplarischer Genome G und H. Jeder Knoten repräsentiert ein Gen oder ein Telomer. Der Einfachheit halber sind Gene nach ihren Indices beschriftet. Schwarze Kanten kennzeichnen Ähnlichkeiten zwischen Genen aus G und H, wobei die Kantendicke den Ähnlichkeitsgrad visualisiert. Gestrichelte graue Kanten weisen auf Nachbarschaften in G und H hin, sind aber nicht Teil des Genähnlichkeitsgraphen.

$E = \{\{g,h\} \mid g \in \mathscr{C}(G_i), h \in \mathscr{C}(G_j), 1 \leq i < j \leq k : \sigma(g,h) > 0\}$ *Ähnlichkeiten zwischen Genen unterschiedlicher Genome darstellt. Dabei entspricht das Kantengewicht $w(\{g,h\})$ einer Kante $\{g,h\} \in E$ der Genähnlichkeit $\sigma(g,h)$.*

3 Genfamilienfreie Nachbarschaften

Die Anzahl *konservierter Nachbarschaften*, das heißt Nachbarschaften, welche zwei untersuchten Genomen gemein sind, kann als Maß zur Quantifizierung der Ähnlichkeit von Genomen verwendet werden. Gegeben seien zwei Genome G und H und Ähnlichkeitsmaß σ, zwei Nachbarschaften, $\{g_1^a, g_2^b\} \in \mathscr{A}(G)$ und $\{h_1^a, h_2^b\} \in \mathscr{A}(H)$ mit $a,b \in \{h, t\}$ sind *konserviert* wenn $\sigma(g_1, h_1) > 0$ und $\sigma(g_2, h_2) > 0$. Wenn der Gengehalt beider Genome identisch ist, dann ist die Anzahl konservierter Nachbarschaften das duale Maß zur *Breakpoint-Distanz* [Wa82]. Der *Score* der Nachbarschaft vier beliebiger Extremitäten g^a, h^b, i^c, j^d, wobei $a,b,c,d \in \{h,t\}$ und $g,h,i,j \in \Sigma$, ist als geometrisches Mittel ihrer entsprechenden Genähnlichkeiten definiert:

$$s(g^a, h^b, i^c, j^d) \equiv \sqrt{\sigma(g,h) \cdot \sigma(i,j)} \qquad (1)$$

Ziel ist es, ein Matching im Genähnlichkeitsgraphen zweier Genome G und H zu etablieren, welches nicht nur Genähnlichkeiten berücksichtigt, sondern auch den Summenscore konservierter Nachbarschaften maximiert. Dabei wird zur Bestimmung der Gennachbarschaften die Matching-induzierte Genreihenfolge verwendet. Das bedeutet, dass Gene, deren entsprechende Knoten nicht Teil des Matchings sind, in der jeweiligen (ursprünglichen) Genreihenfolge übersprungen werden. Dieses Vorgehen erlaubt, duplizierte und neue Gene zu ignorieren und dadurch möglichst viele hochkonservierte Nachbarschaften zu identifizieren. Die Qualität des Matchings wird dabei mithilfe folgender Maße

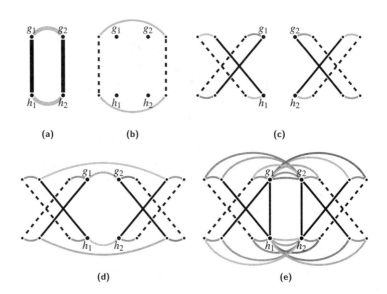

Abb. 2: Teile (a)–(e) zeigen alle möglichen Kandidaten konservierter Nachbarschaften der Gene g_1, g_2, h_1 und h_2. Schwarze Kanten sind dem Genähnlichkeitsgraphen B zugehörig, Paare von Bögen gleicher Farbe entsprechen konservierten Nachbarschaften der jeweiligen Gene. Gestrichelte schwarze Kanten weisen auf solche hin, deren Präsenz in B angenommen, jedoch nicht überprüft wird.

quantifiziert:

$$adj_{GH}(\mathcal{M}) = \sum_{\substack{\{\{g_1,h_1\},\{g_2,h_2\}\}\subseteq\mathcal{M}, \\ \{g_1^a,g_2^b\}\in\mathscr{A}(G_{\mathcal{M}}), \\ \{h_1^a,h_2^b\}\in\mathscr{A}(H_{\mathcal{M}})}} s(g_1^a,g_2^b,h_1^a,h_2^b) \qquad (2)$$

$$edg(\mathcal{M}) = \sum_{e\in\mathcal{M}} w(e) \qquad (3)$$

Man beachte, dass die Genpaare (g_1,h_1) und (g_2,h_2) im Maß konservierter Nachbarschaften adj_{GH} die gleichen Extremitäten a und b haben, wobei $a,b \in \{h,t\}$. Wir können nun folgendes Optimierungsproblem formulieren, welches zum Ziel hat, eine Lösung zu finden, die eine lineare Kombination beider erwähnter Qualitätsmaße adj_{GH} und edg maximiert:

Problem 1 (FF-Adjacencies) *Gegeben seien zwei Genome G, H und $\alpha \in [0,1]$, finde ein Matching $\mathcal{M}$ im Genähnlichkeitsgraphen B von G und H, sodass folgende Formel maximiert wird:*

$$\mathscr{F}_\alpha(\mathcal{M}) = \alpha \cdot adj_{GH}(\mathcal{M}) + (1-\alpha) \cdot edg(\mathcal{M}). \qquad (4)$$

Theorem 1 *Problem FF-Adjacencies ist NP-schwer für* $0 < \alpha < \frac{1}{3}$.[3]

Mit dem ganzzahligen linearen Programm FFAdj-2G wurde ein exaktes Lösungsverfahren für Problem FF-Adjacencies entwickelt. Anhand einer umfassenden Analyse des Lösungsraums konnte die praktische Berechnungsgeschwindigkeit wesentlich verbessert werden, was in der Praxis den Vergleich bakterieller Genome ermöglicht. Dazu wurden unterschiedliche Ansätze gewählt, um optimale und strikt suboptimale Teilräume zu identifizieren. Als besonders effektiv hat sich hierbei die Suche nach einfachen, stark konservierten Nachbarschaften im Genähnlichkeitsgraphen zweier gegebener Genome herausgestellt. Abb. 2 skizziert hierbei die Vorgehensweise: Für jede stark konservierte Nachbarschaft zwischen vier Genen (Abb. 2 (a)), werden alle möglichen Kombinationen alternativer Lösungen identifiziert (Abb. 2 (b)–(e)), um eine Obergrenze für den Zugewinn im Summenscore konservierter Nachbarschaften zu berechnen. Liegt diese Obergrenze unterhalb des Scores der betrachteten Nachbarschaft, kann letztere als optimale Teillösung festgehalten werden. Solch identifizierte Nachbarschaften werden *Anker* genannt.

Programm FFAdj-2G und die ebenfalls entwickelte Heuristik FFAdj-MCS wurden auf simulierten und bakteriellen Genomdatensätzen getestet und mit einem genfamilienbasierten Lösungsverfahren verglichen [An09].

4 Genfamilienfreier Median

Im Folgenden wird die Problematik der Rekonstruktion von Ursequenzen im Rahmen des genfamilienfreien Genomvergleichs betrachtet. Die vorliegende Arbeit untersucht das Problem, ein viertes Genom M, *Median* genannt, anhand dreier gegebener Genome G, H, und I zu rekonstruieren. Hierbei wird das Modell des *gemischten multichromosomalen Breakpoint-Medians* verallgemeinert. Der Gengehalt des gesuchten Medians M ist wie folgt definiert: Jedes Gen $m \in \mathscr{C}(M)$ muss eindeutig mit einem Tripel von Genen (g,h,i), $g \in \mathscr{C}(G)$, $h \in \mathscr{C}(H)$ und $i \in \mathscr{C}(I)$ assoziiert sein. Des Weiteren verlangt die Berechnung der Scores konservierter Nachbarschaften Kenntnis der Genähnlichkeiten zwischen jedem Tripel von Genen (g,h,i) und dem jeweiligen, vermutlich ausgestorbenen, Gen m, wie in Abb. 3 (a) gezeigt wird. Da Genähnlichkeiten zu Mediangenen grundsätzlich nicht bekannt sind, werden sie von den jeweiligen Genen der gegebenen Genome abgeleitet. Hier folgen wir dem oben beschriebenen Score-Schema von Nachbarschaften und definieren die Ähnlichkeit zwischen Genen g, h und i zu ihrem entsprechenden Mediangen m als geometrisches Mittel ihrer paarweisen Genähnlichkeiten:

$$\sigma(g,m) = \sigma(h,m) = \sigma(i,m) \equiv \sqrt[3]{\sigma(g,h) \cdot \sigma(g,i) \cdot \sigma(h,i)} \qquad (5)$$

Im Folgenden wird das Mapping $\pi_G(m) \equiv g$, $\pi_H(m) \equiv h$ und $\pi_I(m) \equiv i$ benutzt um von Mediangen m auf die entsprechenden Gene in den gegebenen Genomen Bezug zu nehmen. Zwei Mediangenkandidaten m_1 und m_2 sind *in Konflikt* wenn $m_1 \neq m_2$ und die Schnittmenge der assoziierten Gene $\{\pi_G(m_1), \pi_H(m_1), \pi_I(m_1)\}$ und $\{\pi_G(m_2), \pi_H(m_2), \pi_I(m_2)\}$ nichtleer ist. Folglich wird ein Median M *konfliktfrei* genannt, wenn keine zwei Gene $m_1, m_2 \subseteq \mathscr{C}(M)$ in Konflikt sind.

---
[3] In [Ko16] wurde die NP-schwere für allgemeines $\alpha > 0$ bewiesen.

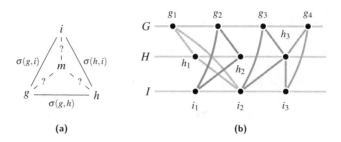

Abb. 3: (a) Visualisierung der Problematik der Berechnung von Genähnlichkeiten zu Mediangenen; (b) Beispiel dreier Genome G, H und I mit folgenden Mediangenkandidaten: $m_1 = (g_1, h_1, i_2)$ (gelb), $m_2 = (g_2, h_2, i_1)$ (rot), $m_3 = (g_3, h_3, i_2)$ (blau) und $m_4 = (g_4, h_3, i_3)$ (grün). Des Weiteren sind Mediangenkandidaten m_1, m_3 beziehungsweise m_3, m_4 in Konflikt.

Damit kann nun das Problem des genfamilienfreien Medians formalisiert werden:

Problem 2 (FF-Median) *Gegeben seien drei Genome G, H und I und ein Genähnlichkeitsmaß σ, finde einen konfliktfreien Median M, der folgende Formel maximiert:*

$$\mathscr{F}_\lambda(M) = \sum_{\{m_1^a, m_2^b\} \in \mathscr{A}(M)} \sum_{\substack{X \in \{G,H,I\}, \\ \{\pi_X(m_1)^a, \pi_X(m_2)^b\} \in \mathscr{A}(X)}} s(m_1^a, m_2^b, \pi_X(m_1)^a, \pi_X(m_2)^b), \quad (6)$$

wobei $a, b \in \{h, t\}$ und $s(\cdot)$ der in Gleichung (1) definierte Nachbarschaftsscore ist.

Theorem 2 *Problem FF-Median ist NP-schwer.*

Zur exakten Lösung des Problems wurde das ganzzahlige lineare Program FF-Median entworfen. Weiterhin wurde das heuristische Verfahren FFAdj-3G-H entwickelt, welches zudem Änderungen der Genomsequenzen durch Genduplikation und -verlust toleriert. Diese zeigte im Vergleich auf simulierten Datensätzen überlegene Leistung. FFAdj-3G-H wurde anschließend zur Rekonstruktion von *Yersinia pestis* verwendet. Die Resultate wurden mit denen von Rajaraman *et al.* [RTC13] verglichen.

5 Genfamilienfreie Syntenie

Mit der Länge des evolutionären Zeitraums steigt die Zahl der Genomumordnungen, welche die Genreihenfolge zunehmend durchmischen. Aus diesem Grund sind Studien über evolutionär weit entfernte Genome, die konservierte Nachbarschaften identifizieren, nicht aufschlussreich. Dennoch können verallgemeinerte Definitionen konservierter Genreihenfolge ein schwächeres, aber dennoch vorhandenes Signal gemeinsamer Genreihenfolge auffangen. Dies ist Gegenstand eines Forschungszweigs, welcher sich mit der Identifikation *syntenischer Bereiche* beschäftigt. Wenn Genfamilien bekannt sind, dann lässt sich eine

Genreihenfolge als Zeichenfolge (String) über dem Alphabet von Genfamilienbezeichnungen darstellen. Ein Paar von Intervallen in zwei Strings wird *Common Intervals* genannt, wenn ihre Zeichenmenge identisch ist. Die Definition von Common Intervals wurde ursprünglich auf Permutationen eingeführt [UY00] und anschließend auf allgemeine Strings erweitert [Am03, Di07]. Common Intervals können zur Bestimmung syntenischer Bereiche in zwei oder mehr Genomen verwendet werden. Im Folgenden wird die Definition von Common Intervals auf *Indeterminate Strings* erweitert. Indeterminate Strings sind Sequenzen, in denen jede Position aus einer nicht-leeren Zeichenmenge besteht. Mehrere Modelle von Common Intervals für Indeterminate Strings werden vorgestellt und effiziente Algorithmen für das Auffinden entsprechender Intervallpaare in zwei Indeterminate Strings entwickelt. Diese neuen Algorithmen können zur Bestimmung syntenischer Bereiche im Rahmen des genfamilienfreien Genomvergleichs verwendet werden [Do14].

Für einen Indeterminate String S mit n Positionen muss gelten, dass für jedes i, $1 \leq i \leq n$, $S[i] \subseteq \Sigma$ und $S[i] \neq \emptyset$, wobei $S[i]$ die Zeichenmenge der i-ten Position in S ist. Im speziellen Fall, dass jede Position eines Indeterminate Strings S eine einelementige Menge ist, ist S äquivalent zu einem gewöhnlichen String. Die *Länge* eines Indeterminate Strings S mit n Positionen wird mit $|S| \equiv n$ angegeben und die Kardinalität, d. h. die Anzahl *aller* Zeichen in S, mit $\|S\| \equiv \sum_{i=1}^{n} |S[i]|$. Zwei Positionen a und b, $1 \leq a \leq b \leq |S|$, induzieren einen *Indeterminate Teilstring* $S[a,b] \equiv S[a]S[a+1]\ldots S[b]$.

Die Idee hinter Common Intervals ist der Vergleich von Strings, oder besser gesagt Teilstrings, auf Basis ihrer Zeichenmengen. Die Zeichenmenge eines gewöhnlichen Strings S ist definiert als $\mathscr{C}(S) \equiv \{S[i] \mid 1 \leq i \leq |S|\}$. Das äquivalente Konzept für Indeterminate Strings ist wie folgt definiert:

Definition 2 (Zeichenmenge) *Die Zeichenmenge eines Indeterminate Strings S der Länge n wird mit* $\mathscr{C}(S) \equiv \bigcup_{i=1}^{n} S[i]$ *angegeben.*

Man beachte, dass die Zeichenmenge $\mathscr{C}(S)$ und $\mathscr{C}(T)$ zweier Indeterminate Strings S und T identisch sein kann, jedoch sich keine zwei Positionen zwischen S und T die gleiche Zeichenmenge teilen. Das strikte Analogon für *Common Intervals* in Indeterminate String ist:

Definition 3 (Strikte Common Intervals) *Gegeben seien zwei Indeterminate Strings S und T, dann sind zwei Intervalle* $[i,j]$ *in S und* $[k,l]$ *in T* Strikte Common Intervals *wenn ihre Zeichenmengen* $\mathscr{C}(S[i,j])$ *und* $\mathscr{C}(T[k,l])$ *gleich sind.*

Eine abgeschwächte Definition, basierend auf der Schnittmenge von Zeichenmengen, ist wie folgt:

Definition 4 (Schwache Common Intervals) *Gegeben seien zwei Indeterminate Strings S und T, dann sind zwei Intervalle* $[i,j]$ *in S und* $[k,l]$ *in T* Schwache Common Intervals *mit gemeinsamer Zeichenmenge* $C = \mathscr{C}(S[i,j]) \cap \mathscr{C}(T[k,l])$ *wenn für jede Position x,* $i \leq x \leq j$, *gilt, dass* $C \cap S[x] \neq \emptyset$, *und für jede Position y,* $k \leq y \leq l$, *gilt, dass* $C \cap T[y] \neq \emptyset$.

Einem früheren Forschungszweig folgend, können strikte und schwache Common Intervals ferner erweitert werden, indem eine begrenzte Anzahl an abweichenden Positionen erlaubt wird:

Definition 5 (Approximativ-schwache Common Intervals) *Gegeben seien zwei Indeterminate Strings S und T und Schwellenwert* $\delta \in \mathbb{N}_0$. *Dann sind zwei Intervalle,* $[i,j]$ *in S und* $[k,l]$ *in T, sind* approximativ-schwache Common Intervals *mit gemeinsamer Zeichenmenge* $C = \mathscr{C}(S[i,j]) \cap \mathscr{C}(T[k,l])$ *wenn die Anzahl der Positionen mit leerer Schnittmenge zu C durch* δ *begrenzt ist, d. h.,* $|\{x \mid i \leq x \leq j : S[x] \cap C = \emptyset\}| + |\{y \mid k \leq y \leq l : T[y] \cap C = \emptyset\}| \leq \delta$.

Grundsätzlich listen Algorithmen zum Auffinden von Common Intervals in gewöhnlichen Strings nur solche Intervallpaare, die auch *maximal sind*, d. h., die nicht links oder rechts erweitert werden können, ohne die gemeinsame Zeichenmenge zu vergrößern. Die äquivalente Bedingung für Indeterminate Strings ist wie folgt:

Definition 6 (Maximal) *Ein Intervall* $[i,j]$ *in S ist* maximal *wenn (i)* $i = 1$ *oder* $S[i-1] \not\subseteq \mathscr{C}(S[i,j])$ *und (ii)* $j = |S|$ *oder* $S[j+1] \not\subseteq \mathscr{C}(S[i,j])$.

Man beachte, dass die Maximalitätseigenschaft nicht mit schwachen Common Intervals kombiniert werden kann, ohne dass sinnvolle Intervallpaare dabei verloren gehen. Stattdessen könnte man überlegen, den Suchraum über zwei Indeterminate Strings auf solche Paare zu begrenzen, die nicht im Bezug auf ihre gemeinsame Zeichenmenge erweitert werden können. Dies führt zu folgender Eigenschaft, welche von [Ja11] abgeleitet wurde:

Definition 7 (C-abgeschlossen) *Gegeben sei ein Indeterminate String S, ein Intervall* $[i,j]$ *und eine Zeichenmenge* $C \subseteq \Sigma$. *Dann ist das Intervall* $[i,j]$ *C-abgeschlossen, wenn* $S[i], S[j] \cap C \neq \emptyset$ *und wenn* $i = 1$ *oder* $S[i-1] \cap C = \emptyset$ *und wenn* $j = |S|$ *oder* $S[j+1] \cap C = \emptyset$.

Allerdings ist die Anzahl der Intervallpaare, die mit Bezug auf ihre gemeinsame Zeichenmenge abgeschlossen sind, immer noch absurd hoch, auch für einfache schwache Indeterminate Strings. Eine vernünftige Balance zwischen dem Ausschluss unnötiger und dem Einschluss sinnvoller schwacher Common Intervals findet man in der Teilmenge solcher, die *beidseitig-abgeschlossen* sind:

Definition 8 (beidseitig-abgeschlossen) *Gegeben seien zwei Indeterminate Strings S und T und zwei Intervalle,* $[i,j]$ *in S und* $[k,l]$ *in T. Dann ist das Intervallpaar* $[i,j], [k,l]$ beidseitig-abgeschlossen *wenn Intervall* $[i,j]$ $\mathscr{C}(T[k,l])$-*abgeschlossen und Intervall* $[k,l]$ $\mathscr{C}(S[i,j])$-*abgeschlossen ist.*

Folglich beschränken wir die Aufzählung schwacher Common Intervals und approximativ-schwacher Common Intervals auf solche, die beidseitig-geschlossen sind. Für alle erwähnten Varianten von Common Interals in Indeterminate Strings wurden Algorithmen entwickelt, deren Laufzeiten und Speicherverbrauch in folgenden drei Theoremen festgehalten ist:

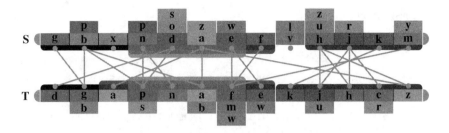

Abb. 4: Beispiel zweier Indeterminate Strings S und T. Folgende Intervallpaare sind ohne Anspruch auf Vollständigkeit hervorgehoben: Rote Intervallpaare kennzeichnen schwache, Blaue beidseitig-geschlossene schwache, und Schwarze beidseitig-geschlossene approximativ-schwache Common Intervals.

Theorem 3 *Alle Paare maximal strikter Common Intervals in zwei Indeterminate Strings S und T können in $O(|S| \cdot (\|S\| + \|T\|))$ Zeit und $O(\|S\| + \|T\|)$ Platz aufgezählt werden.*

Theorem 4 *Alle Paare beidseitig-geschlossener schwacher Common Intervals in zwei Indeterminate Strings S und T können in $O(|S|^2 \cdot |T|)$ Zeit und $O(|S| \cdot |T|)$ Platz aufgezählt werden.*

Theorem 5 *Gegeben sei ein Schwellenwert $\delta \geq 0$, dann können alle Paare beidseitig-geschlossener approximativ-schwacher Common Intervals in zwei Indeterminate Strings S und T in $O((\delta+1)^2 \cdot |S|^3 \cdot |T|)$ Zeit und $O((\delta+1)^2 \cdot |S| \cdot |T|)$ Platz aufgezählt werden.*

Die Algorithmen zum Auffinden schwacher bzw. approximativ-schwacher Common Intervals wurden implementiert und zur Analyse von *Genclustern* in bakteriellen Genomen verwendet. Gencluster sind kurze konservierte Bereiche funktional zusammenhängender Gene.

6 Zusammenfassung und Ausblick

Mit dieser Arbeit wurde ein neuer Forschungszweig der rechnergestützten vergleichenden Genomik angestoßen, dessen Ziel die Entwicklung neuer Vergleichsmethoden der Genreihenfolge von Genomen ist, die jedoch keine Kenntnis von Genfamilien voraussetzen. Dabei wurden Modelle und Lösungsverfahren für drei verschiedene Problemstellungen ausgearbeitet.

Im praktischen Teil der vorliegenden Arbeit wurden Genähnlichkeiten mittels einer Heuristik für lokales Sequenzalignment berechnet. Alternativ könnten hier Substitutionsratenfunktionen von Modellen der DNA-Evolution verwendet werden. Diese würden es ermöglichen, Genomumordnungsmodelle mit Modellen der DNA-Evolution zu kombinieren und würden somit dem Ziel einer ganzheitlichen Studie der Genomevolution ein Stück näherkommen.

Literaturverzeichnis

[Am03] Amir, A; Apostolico, A; Landau, G M; Satta, G: Efficient text fingerprinting via Parikh mapping. J. Discr. Alg., 1(5–6):409–421, 2003.

[An09] Angibaud, S; Fertin, G; Rusu, I; Thévenin, A; Vialette, S: On the Approximability of Comparing Genomes with Duplicates. J. Graph Alg. Appl., 13(1):19–53, 2009.

[Br13] Braga, M D V; Chauve, C; Doerr, D; Jahn, K; Stoye, J; Thévenin, A; Wittler, R: The Potential of Family-Free Genome Comparison. In: Models and Algorithms for Genome Evolution, Jgg. 19 in Comp. Biol., Kapitel 13, S. 287–323. Springer London, 2013.

[Di07] Didier, G; Schmidt, T; Stoye, J; Tsur, D: Character sets of strings. J. Discr. Alg., 5(2):330–340, 2007.

[Do14] Doerr, D; Stoye, J; Böcker, S; Jahn, K: Identifying gene clusters by discovering common intervals in indeterminate strings. BMC Genomics, 15(Suppl 6):S2, 2014.

[Do15] Doerr, D.: Gene Family-free Genome Comparison. Ph. D. thesis, Faculty of Technology, Bielefeld University, Germany, 2015.

[DTS12] Doerr, D; Thévenin, A; Stoye, J: Gene family assignment-free comparative genomics. BMC Bioinformatics, 13(Suppl 19):S3, 2012.

[Fi00] Fitch, Walter M: Homology a personal view on some of the problems. Trends Genet., 16(5):227–231, 2000.

[Ja11] Jahn, K: Efficient Computation of Approximate Gene Clusters Based on Reference Occurrences. J. Comput. Biol., 18(9):1255–1274, 2011.

[Ko16] Kowada, L A B; Doerr, D; Dantas, S; Stoye, J: New Genome Similarity Measures based on Conserved Gene Adjacencies. In: Proc. of RECOMB 2016, to appear. LNBI, Springer Verlag, Berlin, 2016.

[RTC13] Rajaraman, A; Tannier, E; Chauve, C: FPSAC: Fast phylogenetic scaffolding of ancient contigs. Bioinformatics, 29(23):2987–2994, 2013.

[UY00] Uno, T; Yagiura, M: Fast algorithms to enumerate all common intervals of two permutations. Algorithmica, 26(2):290–309, 2000.

[Wa82] Watterson, GA; Ewens, WJ; Hall, TE; Morgan, A: The Chromosome Inversion Problem. J. Theor. Biol., 99(1):1–7, 1982.

Daniel Dörr, geboren am 1. Juni 1983 in Saarbrücken, absolvierte sein Bachelor- und Masterstudium in Bioinformatik und Genomforschung an der Universität Bielefeld. Während des Masterstudiums war er Gaststudent am Technion in Haifa, Israel. Daniel war Doktorand des *CLIB-Graduiertencluster "Industrielle Biotechnologie"* und assoziierter Student des GRKs *Computational Methods for the Analysis of the Diversity and Dynamics of Genomes*. Während seiner Promotion machte er Forschungsaufenthalte bei IBM Research in Almaden, USA, und an der Simon Fraser University in Burnaby, Kanada. Letzterer wurde durch das DAAD "FITweltweit" Programm ermöglicht. Seit Mai 2015 ist Daniel Postdoctoral Fellow an der EFPL in Lausanne, Schweiz.

Datenintegration zur Anfragezeit[1]

Julian Eberius[2]

Abstract: In der Big-Data-Ära werden neue Daten oft in einer Geschwindigkeit gesammelt, die klassische Integration mit statischen ETL-Prozessen und globalen Schemata nicht mehr erlaubt. Diese Arbeit stellt das Prinzip der *Datenintegration zur Anfragezeit* vor, das darauf abzielt, zur Laufzeit einer Datenbankanfrage zusätzliche externe Datenquelle zu integrieren, und diese direkt im Anfrageergebnis darzustellen. Um dieses Ziel zu erreichen, wurde eine Reihe neuer Methoden, Algorithmen und Systeme entwickelt. An erster Stelle steht ein *Top-k-Entity-Augmentation-System*, das es ermöglicht, einen Datensatz ad hoc um neue Attribute zu erweitern. Darauf aufbauend wurde ein Datenbanksystem weiterentwickelt, das sogenannte Open-World-SQL-Anfragen verarbeitet, also Anfragen die über das definierte Schema hinausgehen. Die letzte Komponente ist ein *Datenkurationssystem*, das darauf zielt, die individuelle Nachnutzbarkeit heterogener Datenbestände für die Ad-hoc-Integration zu erhöhen, ohne jedoch ein zentrales Schema vorauszusetzen.

1 Einführung

Der Begriff *Big Data* wird meistens mit den Chancen und Risiken der immer schneller wachsenden Datenvolumen, die heute gesammelt werden, in Verbindung gebracht. Tatsächlich beschreibt er neben dem wachsenden Volumen und der zunehmenden Dynamik aber auch noch den Aspekt der wachsenden *Vielfältigkeit* der gesammelten Daten [La01]. Dabei treten sowohl immer verschiedenere Datenarten, -formate und Schemata, als auch immer heterogenere Datenquellen auf. Das Spektrum neuer Datenqellen reicht von großangelegten Sensornetzwerken über Messdaten von mobilen Endgeräten oder Industriemaschinen, bis hin zu Log- und Clickströmen der immer komplexer werdenden Softwarearchitekturen und -applikationen. Hinzu kommen öffentlich zugängliche Daten, wie etwa soziale Netzwerkdaten sowie Web- und Open Data. Auch wenn die Wertschöpfung aus diesen neuen Datenformen nicht trivial ist, ist ihr Potenzial allgemein anerkannt [LJ12]. Eine besondere Herausforderung die sich aus dem *Vielfältigkeitsaspekt* von Big Data ergibt, ist die Heterogenität und Vielfalt der verwendeten Datenquellen und damit das Problem der *Datenintegration*. Diese Arbeit stellt diesen Aspekt unter besonderer Berücksichtigung von sich ändernden Datenmanagementprozessen und -praktiken in den Fokus.

Datenintegration ist ein häufiges Problem bei der Datenverwaltung, das sich mit der Kombination von Daten unterschiedlicher Herkunft und ihrer Überführung in eine einheitlich nutzbare Form beschäftigt. Im Allgemeinen ist es ein mühsamer und meist manueller Prozess, der *vorzeitig* durchgeführt werden muss, das heißt, bevor

---
[1] Englischer Titel der Dissertation: "Query-Time Data Integration" [Eb15]
[2] Lehrstuhl für Datenbanken, TU Dresden, julian.eberius@tu-dresden.de

Anfragen auf den kombinierten Daten ausgeführt werden können. Aufgrund seiner Komplexität wird er üblicherweise von Fachleuten durchgeführt, beispielsweise ETL- und Integrationsspezialisten. Zugleich werden datenbasierte Ansätze in mehr und mehr Kontexten verwendet und beziehen immer mehr Anwender außerhalb der traditionellen IT-community ein. Neue, *agile* Datenmanagement-Ansätze, wie etwa MAD [Co09], ergänzen oder ersetzen zunehmend die statischen Prozesse der Data Warehouse Infrastrukturen. Mehr und mehr setzt sich die Überzeugung durch, dass alle Arten von Organisationen davon profitieren können, ihren Domänenexperten die Möglichkeit zu eigenem Datenmanagement und zur eigenen Datenanalyse zu geben, ohne dass diese in hohem Maße IT-Personal miteinbeziehen müssen [MB12].

Demgegenüber stehen die konventionellen Dateninfrastrukturen, die kontrollierte ETL-Prozesse mit wohldefinierten Quell- und Zielschemata voraussetzen, und die noch immer die Systemlandschaften in den meisten Organisationen dominieren. Ihre Schemata definieren unmittelbar was für einen Analysten anfragbar ist. Beim Auftreten eines situativen Informationsbedürfnis, das mit dem vorhandenen Schema nicht befriedigt werden, müssen komplexe Prozesse durchlaufen werden um etwa externe Informationsquellen zu integrieren. Weil das Warehouse oft ein geschäftsentscheidendes System ist, wird es meist hochgradig reglementiert und kontrolliert und ist daher für die Ad-hoc-Integration völlig ungeeignet. Tatsächlich wäre eine statische Integration in vielen Fällen nicht einmal wünschenswert, da die zukünftige Nachnutzung solcher dynamisch ergänzten Daten nicht gesichert ist.

Zusammengefasst lassen sich zwei Trends feststellen: zum einen gibt es eine *wachsende Verfügbarkeit wertvoller aber heterogener Datenquellen*, zum anderen einen *zunehmenden Bedarf an self-service und Ad-hoc-Integration*, welcher von neuen Daten-Nutzergruppen und -kontexten bestimmt wird. Während der erste Trend mehr und mehr zu einer Situation führt, in der Daten durch Integration externer Quellen angereichert werden können, sorgt er auch für eine höhere Komplexität. Der zweite Trend dagegen macht es notwendig, dass die Werkzeuge und Prozesse, die bei der Integration zum Einsatz kommen, möglichst einfach sein sollten, um den Ansprüchen eines breiteren Nutzerspektrums gerecht zu werden.

2 Datenintegration zur Anfragezeit

Diese Arbeit hat sich zum Ziel gesetzt, die beiden oben beschriebenen Trends zu adressieren und damit die verfügbare Datenvielfalt und -menge für die Analysen der Anwender zu erschließen.

Abbildung 1a zeigt eine Übersicht über einen manuellen Prozess zur Beantwortung einer Ad-hoc-Datenbankanfrage, die auf Daten von noch unbekannten externen Quellen angewiesen ist. Bevor der Nutzer die eigentliche Anfrage stellen kann, muss er zunächst relevante Datenquellen identifizieren, zum Beispiel durch eine normale Suchmaschine. Im Folgenden müssen die Daten extrahiert und bereinigt werden, also in eine Form gebracht werden, die in einem normalen Datenbanksystem verwendbar

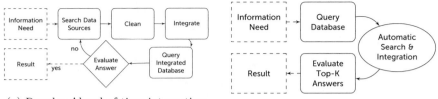

(a) Regular Ahead-of-time integration (b) Top-k Query-time Data Integration

Abb. 1: Alternative Vorgehensweisen für Ad-hoc-Anfrage über externe Daten

ist. In einem nächsten Schritt müssen die Daten mit der vorhandenen Datenbasis integriert werden, was die Abbildung von einander entsprechenden Konzepten, aber auch Instanztransformationen beinhaltet. Erst wenn dieser Prozess abgeschlossen ist, kann die ursprüngliche Anfrage gestellt werden. Falls das Ergebnis nicht den Anforderungen des Nutzers entspricht oder der Nutzer versuchsweise eine andere Datenquelle nutzen möchte, muss der Prozess wiederholt werden.

In dieser Arbeit wird das Konzept der *Datenintegration zur Anfragezeit* als alternatives Konzept eingeführt. Dabei geht es darum, dem Nutzer zu ermöglichen, Anfragen an eine Datenbank zu stellen, und dabei beliebige, noch nicht definierte Attribute zu referenzieren, für die dann automatisch zur Anfragezeit Quellen gesucht und integriert werden. Dabei soll es nicht erforderlich sein, bestimmte Quellen oder Abbildungen explizit anzugeben. In dieser Arbeit werden solche Anfragen als *Open World Anfragen* bezeichnet, da sie über Daten definiert sind, die (noch) nicht in der Datenbank enthalten sind. Das Ziel dabei ist es, dem Nutzer die Spezifikation von Informationsbedürfnissen auf deklarativem Wege zu ermöglichen, und zwar so als ob dabei nur lokale Daten zum Einsatz kommen würden. Das Datenbanksystem automatisiert dann den Prozess der Datensuche und -integration.

Allerdings ist ein vollständig automatischer Such- und Integrationsprozess nicht vorstellbar. Die zugrundeliegenden Methoden aus den Bereichen Information Retrieval und Automatischem Matching arbeiten selbst mit Top-k Ergebnissen oder liefern unsichere Antworten mit Konfidenzwerten. Um mit diesen Faktoren umzugehen, überträgt diese Arbeit das Konzept der Top-k Suchergebnisse, wie es aus Suchmaschinen bekannt ist, auf strukturierte Datenbankanfrageergebnisse. Unter diesem Paradigma antwortet das System auf eine Open World Anfrage nicht mit einem einzelnen, eindeutigen Ergebnis, wie es bei einer normalen Datenbankanfage stets der Fall wäre. Stattdessen produziert es eine geordnete Liste von möglichen Antworten, von denen jede auf anderen Datenquellen oder anderen Anfrageinterpretationen basiert. Der Nutzer kann dann die Antwort wählen, die dem vorhandenen Informationsbedürfnis am ehesten entspricht. Dieser alternative Prozess ist in Abbildung 1b dargestellt.

Die Architektur, die das Prinzip der *Datenintegration zur Anfragezeit* realisiert, nähert sich dem Problem der Ad-hoc-Integration auf drei verschiedenen Wegen, die in Abbildung 2 dargestellt sind. Dabei wird eine große Sammlung externer Daten-

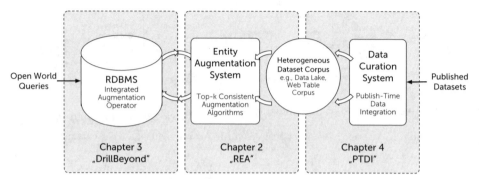

Abb. 2: Query-time data integration architecture and thesis structure

quellen angenommen, also eine Menge von potentiell nützlichen, aber unabhängigen und heterogenen Datensätzen, die zur Erfüllung von ad-hoc Informationsbedürnissen eingesetzt werden könnten. Dabei könnte es sich konkret beispielsweise um einen Korpus von Webtabellen, also datentragenden Tabellen aus dem offen Web handeln, oder aber um die Datensätze, die auf einer Open Data Plattform oder cinem kommerziellen Data Lake [MBC15] verfügbar sind. Um aus einer solchen lose gekoppelten Menge von Datensets einen Nutzen ziehen zu können, werden in dieser Arbeit drei komplementäre System vorgeschlagen: Das Erste, genannt *REA*, ermöglicht *Top-k Entity Augmentation*, eine Grundoperation der Ad-hoc-Integration, bei der mehrere alternative Vorschläge zur Erweiterung ("Augmentierung") eines bestehenden Datensatzes mit neuen Attributen erzeugt werden. Das zweite System, genannt *DrillBeyond*, ist ein erweitertes RDBMS, das Open World SQL-Anfragen verarbeiten kann, also Anfragen die Attribute referenzieren, die über das definierte Schema hinausgehen. Die dritte Komponente ist ein *Datenkurationssystem*, das darauf zielt, die individuelle Wiederverwendbarkeit der Daten im Korpus zu erhöhen, ohne ein zentrales Schema zu fordern.

Die neuartigen Methoden und Algorithmen, die in diesen drei Systemen vorgestellt werden, bilden den Kern dieser Arbeit und werden in drei Hauptkapiteln diskutiert, die in den folgenden drei Abschnitten angerissen werden sollen.

3 Top-k Entity Augmentierung

Im ersten Hauptkapitel werden neue Algorithmen vorgestellt, die multiple, konsistente, aber komplementäre Integrationsvorschläge für eine Vielzahl potentieller Datenquellen erzeugen. Dabei wird das *Entity Augmentation* Problem diskutiert, welches auf die Erweiterung einer gegebenen Menge von Entitäten durch ein zusätzliches, nutzerbestimmtes Attribut abzielt, welches für diese noch nicht definiert ist. Dieses Attribut wird dann materialisiert, indem relevante Datenquellen gesucht und integriert werden. In Abbildung 3 ist ein Beispiel für ein solches Entity Augmentation Problem dargestellt. Dabei symbolisiert die obere Tabelle die Augmentations-Anfrage, die potentiellen Datenquellen sind darunter dargestellt. Die Anfragetabelle enthält eine Menge von fünf Konzernen, und das geforderte

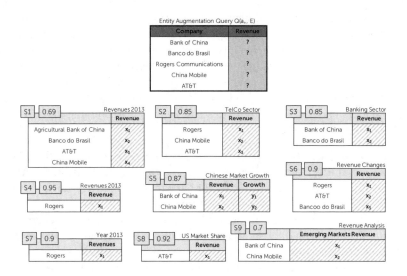

Abb. 3: Beispielhaftes Augmentierungs-Szenario: Anfrage- und Kandidatentabellen

Augmentationsattribute *"revenue"*, also *Umsatz*. Die Kandidatequellen darunter variieren in ihrer Abdeckung der Anfragedomäne, dem genauen Attribut, das sie zur Verfügung stellen, und ihrem Kontext. Die Aufgabe ist also, das geforderte Attribut mit einer Menge von Werten aus den heterogenen und sich überlappenden Kandidaten zu ergänzen.

In den letzten Jahren ist eine Vielzahl verwandter Arbeiten publiziert worden, die solche Anfragen auf Basis großer Webtabellenkorpora beantworten, so etwa *InfoGather* [Ya12] oder das *WWT* System [PS12]. Allerdings beantworten alle vorgeschlagenen Methoden solche Anfragen mit einer einzelnen Antwort, bei der die Werte auf Basis der einzelnen Entititäten bestimmt werden, wobei wenig auf Konsistenz und Anzahl der dazu verwendeten Datenquellen geachtet wird. In dieser Arbeit werden Schwächen dieser Ansätze im Bezug auf Probleme wie *Attributvariationen, unklare Nutzerabsichten, Vertrauenswürdigkeit, Explorative Suche* und *Fehlertoleranz* aufgezeigt.

Um diese Schwächen zu vermeiden, zielt der in dieser Arbeit vorgeschlagenen Ansatz darauf ab, *konsistente* wie auch *relevante* Ergebnisse aus einer *minimalen* Menge von Quellen zu erzeugen und dabei statt einer Antwort *diversifizierte Top-k* Antworten zu geben. Dazu stellt diese Arbeit eine erweiterte Form des bekannten Set Cover Problems vor, das *Top-k konsistente Set Cover*-Problem, auf das die obigen Anforderungen abgebildet werden. Es wird ein Kern-Framework zur Lösung des Top-K konsistenten Set Cover-Problems vorgestellt, das es erlaubt, die vier erwähnten Problemdimensionen gemeinsam zu optimieren. Als Basisverfahren wird ein einfacher Greedy-Algorithmus, der nach den entsprechenden Ansätzen für das klassische Set Cover-Problem modelliert ist, vorgestellt. Dieser wählt konsistente, d.h. möglichst ähnliche Quellen aus, um die einzelnen Lösungen zu erzeugen, während er die Diversität zwischen den in mehreren Iterationen erzeugten Lösungen maximiert, um komplimentäre Alternativlösungen zu erzeugen. Im folgenden wird der einfache Greedy-Algorithmus noch mehrmals erweitert: zunächst um einen Ansatz, der den durchsuchten Teil des Suchraums vergrößert und dafür eine Selektionsphase einführt, um die enstandenen Mehr-Lösungen zu filtern. Schließlich wird das Problem noch auf evolutionäre Algorithmen abgebildet, da diese durch das Konzept der Population eine besonders effektive Abbildung des Problems der Erzeugung von diversifizierten Top-k Lösungen ermöglichen.

Um die Vorteile des *Top-k konsistenten Set Cover*-Ansatzes zu illustrieren, kann man das erwähnte Problem der *Attributvariationen* am Beispiel in Abbildung 3 heranziehen. Denn selbst bei der scheinbar einfache Anfrage nach *"revenue/Umsatz"*, handelt es sich real um ein komplexes Konzept, mit vielen Varianten wie "US Umsatz" oder "Umsatz in Schwellenländern", mit verschiedenen Gültigkeitszeiträumen, unterschiedlichen Währungen und auch mit abgeleiteten Attributen wie "Umsatzwachstum". Während die meisten verwandten Arbeiten annehmen, dass man eine eindeutige Wahrheit in einem einzelnen Anfrageergebnis abbilden kann, ergeben sich aus dem in dieser Arbeit vorschlagenen Ansatz stets mehrere, alternative Lösungen. Letzlich löst das Top-k Paradigma viele Schwächen, die aus der Unsicherheit und Mehrdeutigkeit von Webdaten und Nutzeranfragen resultieren, indem der Nutzer bei der Auswahl der richtigen Lösung in den Prozess einbezogen wird, analog zu dem Vorgehen einer klassischen Suchmaschine.

Die neuen Algorithmen sind in einem öffentlich verfügbaren neu-entwickelten Webtabellen Such- und Integrationssystem namens REA implementiert. Das System wurde auf Basis des DWTC evaluiert, eines im Zuge der vorliegenden Arbeit entstandenen Korpus' von 125 Millionen aus dem Web extrahierten Datentabellen, welcher der wissenschaftlichen Community als Datensatz zugänglich gemacht wurde. In dieser Evaluation wurde der Effekt der vorgeschlagenen Algorithmen auf die Basismaße Präzision, Abdeckung und Laufzeit, aber auch auf die neu-identifizierten Problemdimensionen Konsistenz, Minimaliät und Diversität der Ergebnisliste hin untersucht. Die Experimente haben gezeigt, dass besonders der genetische Set Covering Ansatz die Konsistenz und Minimalität der Ergebnisse signifikant verbessert, ohne dabei Kompromisse bei Präzision oder Abdeckung machen zu müssen.

4 Open-world SQL Queries

Bisher wurde der Ansatz der Entity Augmentation lediglich isoliert, bezogen auf eine Tabelle betrachtet und in einem abgeschlossenen Entity-Augmentation-System implementiert. Jedoch kann angenommen werden, dass die Ad-hoc-Integration von Daten, vor allem komplexer Analyseszenarien, gewinnbringend eingesetzt werden kann, in denen die Ausführung der Augmentation-Anfrage nur ein Baustein in einer ganzen Reihe analytischer Operationen darstellt. Der Nutzer eines solchen Systems ist dann nicht an dem reinen Ergebnis der Augmentation-Anfrage interessiert, sondern stattdessen an einem höherwertigen Anfrageergebnis, das nur zu

```
select                              select
    n_name,                             nation. creditRating ,
    avg(o_totalprice)                   avg(o_totalprice)
from nation, customer, orders       from nation, customer, orders
where                               where
    n_nationkey=c_nationkey             n_nationkey=c_nationkey
    and c_custkey=o_custkey             and c_custkey=o_custkey
group by n_name                         and nation. gdp  > 10.0
                                    group by nation. creditRating
    (a) Initiale Anfrage                (b) Open World Anfrage
```

Abb. 4: Beispielhafte Open World SQL-Anfrage

einem gewissen Teil aus externen Attibuten besteht. Der größere Teil der Daten wird weiterhin aus klassischen Datenbanksystemen stammen. Dies soll im folgenden an einem Beispiel illustriert werden: hier sei eine typische Data-Warehouseanfrage angenommen (siehe Abbildung 4a), welche die Verkäufe, gruppiert nach einzelnen Ländern, analysiert. In einem nächsten Schritt möchte der Nutzer den aggregierten Verkaufsdaten externe Kontextinformationen, wie etwa das Bruttoinlandsprodukt (GDP) oder die Bonität der Länder (credit rating), hinzufügen. Da diese nicht im lokalen Datenbankschema repräsentiert sind, muss dafür auf externe Datenquellen zurückgegriffen und die darin enthaltenen Daten müssen über viele Verarbeitungsschritte in das Datenbanksystem überführt werden. Idealerweise wäre der Nutzer in der Lage, dieses situative Informationsbedürfnis deklarativ, durch eine einfache Erweiterung der Ursprungsanfrage, auszudrücken. Dies ist in der Anfrage in Abbildung 4b dargestellt, in der die offenen Attribute emphgdp und *credit* einfach in die SQL-Anweisung aufgenommen wurden und in verschiedenen Klauseln direkt adressiert werden.

In dieser Dissertation wurde ein hybrides Datenbank/IR-System namens *Drill-Beyond* vorgestellt, das eben solche Anfragen, die zum einem über den regulären Inhalt der Datenbank zum anderen auch über offene Attribute definiert sind, beantworten kann. Dazu wurde das bereits vorgestellte Entity-Augmentation-System in einem neuen Datenbankoperator ω eingekapselt und so eine enge Verzahnung mit einem bestehenden Datenbanksystem gewährleistet. Des Weiteren wurde die optimale Platzierung des neuen Operators in einem Anfrageplan unter dem Aspekt der Anfragelaufzeit als auch der Ergebnisqualität diskutiert. Dafür wurde ein Kostenmodell sowie eine ganze Reihe von Optimierungsregeln eingeführt. Diese werden entweder zur Planungszeit einer Anfrage oder zur Ausführungszeit angewandt. Hier galt es insbesondere zu berücksichtigen, wie hinsichtlich der möglichen Ergebnisalternativen die invarianten Teile eines Anfrageplans maximiert werden können. Dadurch können Pläne erzeugt werden, die bei einer einmaligen Ausführung langsamer sind aber bei einer durch den Top-k-Ansatz bedingten Mehrfachausführung stärker von Zwischenmaterialisierung profitieren. Weiterhin wurde untersucht, wie der ursprüngliche Prozess der Entity-Augmentation durch Kontextinformation, die in den SQL-Anfragen kodiert sind, verbessert werden kann. Hier seien beispielhaft die über Typinferenz ermittelten Datentypen offener Attribute oder Prädikate genannt.

Schließlich wurde der Operator und die entwickelten Optimierungen praktisch in PostgresQL implementiert, was die aussagekräftige Evaluierung der Konzepte auf standardisierten Testdatenbanken und vollwertigen SQL-Anfragen erlaubt. In dieser Evaluation konnte die Effektivität der vorgestellten Optimierungen zur Reduktion des Laufzeit-Overheads von Open World Anfragen nachgewiesen werden. Desweiteren wurde gezeigt, dass der Einsatz von Kontextwissen aus den SQL-Anfragen im zugrundeliegenden Augmentation-System die Qualität und Performanz der Augmentierung im Vergleich zum isolierten Betrieb verbessert werden kann.

Zusammenfassend lässt sich sagen, dass das DrillBeyond System mit seiner engen Integration von Augmentierung und relationaler Anfrageverarbeitung die Verarbeitung von Ad-hoc-Datensuche und -integrationsanfragen auch in praktischen Kontexten ermöglicht.

5 Publish-time Data Integration

Die in den vorherigen Abschnitten beschriebenen Erweiterungstechniken basieren alle auf großen Dokumentsammlungen bestehend aus vielen, heterogenen Datensätzen. Im letzen Kapitel dieser Dissertation werden die Herausforderungen bei der Verwaltung solcher Dokumentenkorpora beschrieben und darauf aufbauend ein *Datenkurationssystem* (engl. *data curation systems* [St13]) als Komplement zu klassischen Datenbank- und Data-Warehouse-Systemen eingeführt. Im ersten Schritt werden Beispielausprägungen solcher Systeme, wie etwa Open-Data-Plattformen, wissenschaftliche Datenrepositorien und Data Lakes diskutiert. All diesen Systemen ist gemein, dass sie die Daten in ihrem Ursprungsformat speichern, so wie sie entweder vom Quellsystem oder von einem Menschen erzeugt wurden und keinem zentralen Schema folgen. Die zugrundeliegende Motivation dafür besteht darin, zunächst alle Daten zu speichern, auch wenn noch nicht bekannt ist, ob und wie diese Daten in Zukunft genutzt werden.

Um die Probleme zu definieren, die bei dieser neuen Form der Datenverwaltung entstehen können, wurde eine große Zahl von Open-Data-Plattformen untersucht. Ein zentrales Ergebnis dieser Studie war die Erkenntnis, dass obwohl diese Plattformen viele nützlichen Daten bereitstellen, sie die Nachnutzbarkeit der Daten nur sehr begrenzt unterstützten. Insbesondere das automatisierte Finden und die Ad-hoc-Integration offener Daten wird durch das Fehlen einheitlicher Metadaten sowie Standards erschwert. Da eine vollständige Integration, wie sie üblicherweise angestrebt ist, nicht von Open-Data-Plattformen geleistet werden kann, fällt der gesamte Aufwand der Datensuche, -bereinigung und -integration den potentiellen zukünftigen Nutzer der Daten zu.

Damit sind *Datenkurationssystem* in ihrem Wesen eng mit dem Konzept des sogenannten Dataspace [FHM05] verwandt, die im Sinne eines "Pay-as-you-go"-Ansatzes [Ma07] die Datenintegration erst leisten, wenn klar ist, wie die Daten genutzt werden sollen. Nichtsdestotrotz, sollten einige wesentliche Integrationsaufgaben bereits a

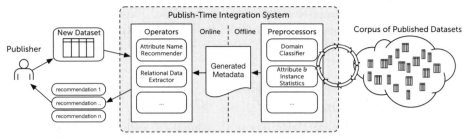

Abb. 5: Architektur einer PTDI-Plattform

priori geleistet werden, um damit den Nutzen dieser Plattformen als solches zu erhöhen. Aus diesem Grund wird in dieser Dissertation das neue Paradigma der *Publish-time Data Integration*, kurz PTDI, eingeführt. In Kern bedeutet dies, dass beim Veröffentlichen neuer Daten die Nutzer Integrationsempfehlungen erhalten, wie sie die Nachnutzbarkeit des Datensatzes maximieren können. Konkret wird dazu das Konzept der *PTDI-Operatoren* eingeführt (siehe die Architekturübersicht in Abbildung 5). Diese werden bei der Veröffentlichung neuer Daten angestoßen und erzeugen operatorspezifische Empfehlungen. Zur Unterstützung des Laufzeitsystems bei der Erzeugung der Vorschläge werden Metadaten und Statistiken von einem *PTDI-Präprozessor* gesammelt. Als konkrete Instanzierungen werden in der Dissertation zwei PTDI-Operatoren vorgeschlagen: Zum einen die *Erzeugung alternativer Attributnamen* und zum anderen das *Extrahieren relationaler Daten aus partiell strukturierten Dokumenten* wie zum Beispiel Tabellenkalkulations- bzw. HTML-Dateien.

Der erste Operator ermöglicht es, Empfehlungen alternativer Attibutnamen zu erzeugen, die besser zu den Schemata der bereits bestehenden Datensätze passen. Damit soll, trotz Fehlens eines globalen Schemas, die Heterogenität bei den Spaltenbezeichnern begrenzt werden. Die Empfehlungen werden basierend auf dem Grad der Schnittmenge zwischen den Ausprägungsmengen sowie unter Verwendung von Klassifikationsansätzen erzeugt. Für letzteren Ansatz werden die bestehenden Datensätze segmentiert so dass ähnliche Datensätze einen Cluster bilden. Zur Bewertung des Ansatzes zur Erzeugung alternativer Attributnamen wurde das Laufzeitverhalten und die Anzahl der generierten Empfehlungen sowie ihre Genauigkeit untersucht. Der zweite PTDI-Operator mit dem Namen *DeExcelerator* ermöglicht es, die Transformation partiell strukturierter Dokumente, d.h. Dokumente in denen strukturierte Daten mit beliebigen Textdaten und Layoutinformation vermischt werden, in Relationen erster Normalform zu überführen. Dazu wurde zunächst eine große Zahl von Tabellenkalkulationsdateien verschiedener Open-Data-Plattformen betrachtet und eine Menge typischer Denormalisierungen abgeleitet. Mit Denormalisierungen sind hier Muster gemeint, die eine Nachnutzung der Daten verhindern. Darauf aufbauend wird eine Operatorkette definiert, mit der sukzessiv Denormalisierungen entfernt und die Tabellenkalkulationsdateien transformiert werden. Die Relevanz der einzelnen Denormalisierungen und die Korrektheit der entsprechenden Transformationen wurde anhand einer repräsentativen Menge echter

Tabellenkalkulationsdateien evaluiert. Anhand der Experimente kann das Fazit gezogen werden, dass die vorgestellten Ansätze die Nachnutzbarkeit heterogener Dokumentsammlungen wesentlich erhöhen, ohne das dadurch die Einfachheit des Datenpublikationsprozesses leidet.

Literaturverzeichnis

[Co09] Cohen, Jeffrey; Dolan, Brian; Dunlap, Mark; Hellerstein, Joseph M.; Welton, Caleb: MAD skills: new analysis practices for big data. VLDB, 2:1481–1492, August 2009.

[Eb15] Eberius, Julian: Query-Time Data Integration. http://nbn-resolving.de/urn:nbn:de:bsz:14-qucosa-191560, 2015.

[FHM05] Franklin, Michael; Halevy, Alon; Maier, David: From databases to dataspaces: a new abstraction for information management. SIGMOD Rec., 2005.

[La01] Laney, Doug: 3D data management: Controlling data volume, velocity and variety. META Group Research Note, 6:70, 2001.

[LJ12] Labrinidis, Alexandros; Jagadish, H. V.: Challenges and Opportunities with Big Data. Proc. VLDB Endow., 5(12):2032–2033, August 2012.

[Ma07] Madhavan, Jayant; Jeffery, Shawn R.; Cohen, Shirley; Dong, Xin Luna; Ko, David; Yu, Cong; Halevy, Alon: Web-scale Data Integration: You Can Only Afford to Pay As You Go. In: CIDR. 2007.

[MB12] McAfee, Andrew; Brynjolfsson, Erik: Big data: the management revolution. Harvard business review, 90(10):60—6, 68, 128, October 2012.

[MBC15] Mohanty, Hrushikesha; Bhuyan, Prachet; Chenthati, Deepak: Big Data: A Primer. Springer India, 2015.

[PS12] Pimplikar, Rakesh; Sarawagi, Sunita: Answering Table Queries on the Web using Column Keywords. In: VLDB. 2012.

[St13] Stonebraker, Michael; Beskales, George; Pagan, Alexander; Bruckner, Daniel; Cherniack, Mitch; Xu, Shan; Analytics, Verisk; Ilyas, Ihab F.; Zdonik, Stan: Data Curation at Scale: The Data Tamer System. In: CIDR. 2013.

[Ya12] Yakout, Mohamed; Ganjam, Kris; Chakrabarti, Kaushik; Chaudhuri, Surajit: InfoGather: entity augmentation and attribute discovery by holistic matching with web tables. In: SIGMOD. S. 97–108, 2012.

Julian Eberius studierte von 2005 bis 2010 Medieninformatik an der TU Dresden. Für seine Diplomarbeit zu selbstkonfigurierenden Schema Matching Systemen erhielt er den AMD Preis für die beste Diplomarbeit der Fakultät Informatik der Technischen Universität Dresden. Bis 2015 war er wissenschaftlicher Mitarbeiter an der Professur Datenbanken der TU Dresden und verteidigte im Dezember 2015 seine Dissertation zum Thema "Query-Time Data Integration". Derzeit arbeitet er bei einem TU Startup im Bereich Mobile Analytics und Big Data.

Analyse, Design und Einsatz kryptographischer Primitive[1]

Christian Forler[2]

Zusammenfassung. Diese Arbeit gibt eine Übersicht über die Dissertation von Herrn Christian Forler, welche sich im Themenkomplex der symmetrischen Kryptographie bewegt. Es wird dabei auf die folgenden drei Resultate eingegangen, sowie deren Einfluss auf die Forschung in diesem Gebiet vorgestellt: (i) eine Robustheitsanalyse von bestehenden Verfahren zur authentisierten Verschlüsselung, (ii) McOE – das erste robuste Verfahren zur authentisierten Verschlüsselung und (iii) CATENA – ein modernes Verfahren zur Generierung von Passworthashes.

1 Einführung

Im Rahmen von Herrn Forlers Dissertation [Fo15] wurden vier Verfahren entworfen, um praktische Probleme in der Anwendung kryptographischer Systeme zu lösen. Aus Platzgründen fokussiert die vorliegende Zusammenfassung lediglich auf zwei dieser Verfahren: McOE – ein robustes Verfahren zur authentisierten Verschlüsselung; und CATENA – eine Passwort-Hashfunktion mit dem Ziel einer signifikanten Steigerung der Sicherheit von Passworten. Die anderen beiden Verfahren (COFFE [Fo14] – ein weiteres Verfahren zur authentisierten Verschlüsselung und Twister$_\pi$ [Fl10] – eine dezidierte kryptographische Hashfunktion) werden nicht betrachtet.

2 McOE: Ein Verfahren zur authentisierten Verschlüsselung

Herr Forler setzt sich in seiner Dissertation mit der Robustheit von beweisbar sicheren Verfahren zur authentisierten Verschlüsselung (AE-Verfahren) auseinander. Insbesondere liegt der Fokus auf sogenannten On-line-AE-Verfahren (OAE-Verfahren), welche es ermöglichen, Datenströme unbekannter Länge ohne spürbare Latenz zu verschlüsseln, d.h. AE-Verfahren bei denen eine Nachricht in Blöcke aufgeteilt wird, und zur Berechnung des i-ten Chiffretextblocks nur die ersten i Klartextblöcke gelesen werden müssen.

OAE-Verfahren erlauben den Aufbau eines *sicheren Kanals* zwischen Sender und Empfänger, welcher nicht nur die Vertraulichkeit der übertragenen Daten, sondern auch deren Integrität schützt. Dies verhindert zum einen, dass ein Angreifer etwas über den Inhalt der übertragenen Daten erfährt und zum anderen, dass es für einen Angreifer nicht möglich ist, diese unentdeckt zu manipulieren.

Herr Forler hat im Rahmen seiner Promotion die Robustheit von existierenden OAE-Verfahren analysiert. Dabei hat er sich intensiv mit zwei sogenannten Missbrauchsfällen (*Misuse*) auseinandergesetzt: (i) die Wiederverwendung einer Nonce (*Nonce Misuse*), und (ii) die Freigabe unverifizierter Klartexte (*Decryption Misuse*).

---

[1] Englischer Titel der Dissertation: "Analysis, Design & Applications of Cryptographic Building Blocks"
[2] Hochschule Schmalkalden, c.forler@hs-sm.de

2.1 Der Missbrauch von Verfahren zur authentisierten Verschlüsselung

Wiederverwendung einer Nonce (*Nonce Misuse*). Ein Verfahren zur Verschlüsselung von Daten kann im kryptographischen Sinne nur sicher sein, falls es entweder probabilistisch ist, oder einen Zustand hat. Goldwasser und Micali haben bereits 1984 in einer ihrer Veröffentlichungen dise Aussage formal bewiesen [GM84]. Der Einsatz von probabilistischen Verfahren gestaltet sich jedoch in der Praxis als äußerts schwierig, da hierfür kryptographisch sichere Zufallszahlen generiert werden müssen. Aus diesem Grund ist die kryptographische Community dem Vorschlag von Rogaway gefolgt, sich auf zustandsbehaftete AE-Verfahren zu konzentrieren [Ro02, Ro04b]. Bei dem Zustand eines AE-Verfahren handelt es sich um einen weiteren Eingabevektor, der neben dem geheimen Schlüssel und dem Klartext vom Benutzer übergeben werden muss. Damit liegt das Unterbinden von der Mehrfachverwendung eines Zustands – unter dem gleichen Schlüssel – in dem Verantwortungsbereich des Nutzers. Eine Bürde, dieser sich viele Nutzer nicht einmal bewusst sind.

In der Kryptographie wird ein Zustand, der sich unter dem gleichen Schlüssel nicht wiederholen darf, als Nonce (**N**umber used **once**) bezeichnet. Der Sicherheitsbeweis eines zustandsbehafteten AE-Verfahrens geht immer davon aus, dass sich ein Zustand (Nonce) niemals wiederholt. Eine Wiederverwendung einer Nonce führt daher unweigerlich zur Invalidierung des Sicherheitsbeweises. Dies hat zur Folge, dass in diesem Fall keine Sicherheit mehr garantiert wird, da das Verfahren außerhalb seiner Spezifikation betrieben wird.

In der Praxis kommt es durch den Mangel an Sicherheitsbewusstsein immer wieder zu einem fehlerhaften Umgang mit Nonces, einem sogenannten *Nonce Misuse*. Selbst etablierte Softwareprodukte wie Microsoft Word oder Excel sind nicht gegen diese Art von missbräuchlicher Nutzung gefeit [Wu05].

Freigabe unverifizierter Klartext(teil)e (*Decryption Misuse*). Kryptographen gehen bei der Entschlüsselung eines Chiffretextes implizit davon aus, dass diese korrekt und ohne die Freigabe unverifizierter Klartexte abläuft. Das heißt, ein Klartext wird erst nach erfolgreicher Integritätsprüfung an den Benutzer übergeben. Aus Gründen der Performanz sind die Integritätsprüfung und die Entschlüsselung miteinander verbunden, d.h. erst bei der Entschlüsselung des finalen Chiffretextblockes wird die Integrität des gesamten Chiffretextes und somit auch die Integrität des Klartextes überprüft. Bei einer ordnungsgemäßen Entschlüsselung wird der unverifizierte Klartext daher bis zur Freigabe im Adressraum des Entschlüsselungsprozesses gepuffert.

Oftmals haben kryptographische Bibliotheken, wie beispielsweise OpenSSL, Programmierschnittstellen (APIs), die Anwendungsprogrammierer zur Freigabe unverifizierter Teile eines Klartextes *ermuntern*. Es werden APIs bereitgestellt, bei denen Chiffretexte peu à peu entschlüsselt werden können. Im Anschluss an die Entschlüsselung ist es dann noch möglich, die Integrität des Chiffretextes zu überprüfen. Von solchen APIs ist abzuraten. Weiterhin leitet die Anleitung zur vermeintlich korrekten Entschlüsselung von

OAE-Verfahren auf dem offiziellen OpenSSL-Wiki den Leser zur Freigabe unverifizierter Klartexte an[3]. Das Beispiel liefert selbst bei einer gescheitertern Integritätsprüfung einen manipulierten Klartexte zurück. Der Anwender bekommt lediglich durch den Rückgabewert der Entschlüsselungsfunktion mit, ob die Validierung des Chiffretextes erfolgreich war oder nicht. Ein solches vorgehen ist fahrlässig und führt früher oder später unvermeidlich dazu, dass ein naiver Benutzer manipulierte Klartexte für authentisch erachtet, weshalb nicht-authentische Klartexte unverzüglich gelöscht werden sollten. Nur in begründeten Ausnahmen ist von einem solchen Vorgehen abzuweichen.

Philipp Heckel hat 2014 in seinem Blog einen Fehler in der `CipherOutputStream` im Java JDK 1.7 audgedeckt[4]. Bei der Verwendung dieser Klasse mit einem OAE-Verfahren wurde eine gescheiterte Integritätsprüfung ignoriert. Somit war es nicht möglich, die Manipulation des Chiffretextes zu erkennen und entsprechend zu reagieren.

Mit einer Einschränkung oder Minimierung des Missbrauchspotentials ist bei den üblichen kryptographischen Bibliotheken in absehbarer Zukunft nicht zu rechnen.

Bei der vorzeitigen Freigabe von Klartexten (*Decryption Misuse*) handelt es sich nicht immer um einen Softwarefehler. Es gibt Umgebungen, die sich durch einen hohen Durchsatz, niedrige Latenz und lange Nachrichten auszeichnen. In solch einem Umfeld ist das Zurückhalten des Klartextes bis zur erfolgreichen Integritätsprüfung nicht praktikabel bzw. gar nicht möglich. Ein Beispiel hierfür sind OTNs (Optical Transport Networks) [IT09], bei denen mit einem Durchsatz von bis zu 100 Gbps und einer Latenz von nur wenigen Taktzyklen Netzwerkpakete bis 64 kB verarbeitet werden. Bei einer ordnungsgemäßen Entschlüsselung würde die vorgeschriebe Latenzzeit überschritten werden. Für solche Einsatzgebiete werden robuste OAE-Verfahren benötigt, die selbst unter solch widrigen Umständen noch ein akzeptables Maß an Sicherheit garantieren.

2.2 Analyse und Ergebnis der Robustheitsuntersuchung

In seiner Dissertation hat Herr Forler bis dato alle gängigen OAE-Verfahren auf Robustheit gegenüber *Nonce Misuse* und *Decryption Misuse* untersucht. Die Ergebnisse der Untersuchung sind in Tabelle 1 zu finden. Es ist darauf hinzuweisen, dass diese Ergebnisse keinesfalls die existierenden Sicherheitsbeweise der untersuchten Verfahren invalidieren. Die Betrachtungen fanden in einem *Misuse*-Szenario statt, in welchem über die Sicherheit dieser Verfahren zuvor keine Aussage getätigt wurde. Bei sachgerechtem Einsatz bieten also alle untersuchten Verfahren ein hohes Maß ein Sicherheit.

---

[3] https://wiki.openssl.org/index.php/EVP_Authenticated_Encryption_and_Decryption, Januar 2016

[4] https://blog.heckel.xyz/2014/03/01/cipherinputstream-for-aead-modes-is-broken-in-jdk7-gcm/, Januar 2016

Verfahren		Nonce Misuse		Decryption Misuse
		Vertraulichkeit	Integrität	Vertraulichkeit
CCFB	[Lu05]	$O(1)$	$O(1)$	$O(1)$
CHM	[Iw06]	$O(1)$	$O(1)$	$O(1)$
COPA	[An13]	N/A	N/A	$O(1)$
CWC	[KVW04]	$O(1)$	$O(1)$	$O(1)$
EAX	[BRW04]	$O(1)$	$O(1)$	$O(1)$
GCM	[MV04]	$O(1)$	$O(1)$	$O(1)$
IACBC	[Ju08]	$O(1)$	$O(1)$	$O(1)$
IAPM	[Ju08]	$O(1)$	$O(1)$	$O(1)$
OCB1	[Ro01]	$O(1)$	$O(1)$	$O(1)$
OCB2	[Ro04a]	$O(1)$	$O(1)$	$O(1)$
OCB3	[KR11]	$O(1)$	$O(1)$	$O(1)$
RPC	[BKY01]	$O(1)$	$O(1)$	$O(1)$
TAE	[LRW11]	$O(1)$	$O(1)$	$O(1)$
XCBC-XOR	[GD01]	$O(2^{n/4})$	$O(1)$	$O(1)$

Tab. 1: Maximum aus Speicher und Zeitkomplexität von Angriffen, welche die Vertraulichkeit und Integrität gebräuchlicher OAE-Verfahren massiv verletzen. Alle Angriffe haben eine Erfolgswahrscheinlichkeit von 1.

2.3 MCOE

Im Rahmen seiner Tätigkeit als wissenschaftlicher Mitarbeiter an der Bauhaus-Universität Weimar, war Herr Forler maßgeblich an der Entwicklung von MCOE beteiligt, welches auf der FSE 2012 in Washington, DC präsentiert wurde [FFL12]. Hierbei handelt es sich um das erste robuste OAE-Verfahren, welches bei fehlerhaftem Umgang mit einer Nonce noch eine moderates Maß an Sicherheit garantierte, d.h. der Schutz der Integrität bleibt vollständig erhalten, während die Vertraulichkeit nicht mehr vollständig gewährleistet werden kann. Bei der Wiederverwendung einer Nonce kann ein Angreifer feststellen, ob zwei Klartexte einen gemeinsamen Präfix haben und wie lang dieser ist. Auf der CRYPTO 2015 haben Hoang et. al darauf hingewiesen, dass diese Eigenschaft zur vollkommenen Verlust der Vertraulichkeit führen kann, falls einem Angreifer (i) bereits die Entschlüsselung des Präfixes vorliegt und (ii) dieser in der Lage ist, beliebige Klartexte mit Hilfe eines Orakels zu verschlüsseln [Ho15].

Die ursprünglich in [FFL12] präsentierte Variante von McOE ist nicht sicher gegen *Decryption Misuse*, In seiner Dissertation präsentiert Herr Forler eine minimale Modifikation von MCOE, die ohne nennenswerte Auswirkungen auf die Performanz Sicherheit gegen *Nonce Misuse* ermöglicht.

Die Ideen aus [FFL12] wurden von zahlreichen internationalen Forschergruppen aufgegriffen, um ihrerseits eigene robuste OAE Verfahren zu entwickeln [An13, Ab14, An14a, An14b, DN14]. Inzwischen hat sich das Konzept der Robustheit etabliert; beispielsweise trägt der laufende Wettbewerb CAESAR[5] (Competition for Authenticated Encryption: Security, Applicability, and Robustness), bei dem ein neuer Standard zur authentisierten Verschlüsselung gesucht wird, bereits das Wort *Robustheit* im Namen.

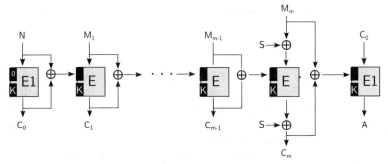

Abb. 1: Illustration der Verschlüsselungoperation von MCOE.

Die grundlegende generische Struktur von MCOE (siehe Abbildung 1) ist gegeben durch TC3 [RZ11] – ein Verschlüsselungsverfahren basierend auf einer *tweakable Blockchiffre*. Bei einer *tweakable Blockchiffre* $\widetilde{E} : \{0,1\}^k \times \{0,1\}^\tau \times \{0,1\}^n \to \{0,1\}^n$ handelt es sich um eine Blockchiffre mit einen zusätzlichen öffentlichen τ-Bit-Parameter T, dem Tweak. Für jedes Tupel $(K, T) \in \{0,1\}^k \times \{0,1\}^\tau$, welches aus einem Schlüssel K und einem Tweak T besteht, gilt: $\widetilde{E}_K(T, \cdot)$ ist eine schlüsselabhängige n-Bit-Permutation, welche sich effizient aus einer regulären Blockchiffre, wie beispielsweise dem AES [DR00], konstruieren lässt [LRW11]. Der Ver- und Entschlüsselungsprozess von MCOE wird im Folgenden näher erläutert.

Verschlüsselung. Die Verarbeitung eine Tupels (N, M), bestehend aus einer n-Bit-Nonce N und einer Nachricht $M = M_1, \ldots, M_m$ funktioniert wie folgt. Als erstes wird die Nonce $M_0 = N$ mittels $\widetilde{E}_K$ unter dem Tweak $T = 0^n$ (Folge von n Nullen) zu dem Chiffretextblock C_0 verschlüsselt. Anschließend werden die einzelnen Nachrichtenblöcke, mit Ausnahme des letzten Blockes verschlüsselt, wobei gilt: $C_i = \widetilde{E}_K(C_{i-1} \oplus M_{i-1}, M_i)$. Der letzte Nachrichtenblock M_m wird dann wie folgt verarbeitet: $C_m = \widetilde{E}_K(C_{m-1} \oplus M_{m-1}, M_m \oplus S) \oplus S$ (siehe Abbildung 1). Bei $S = \widetilde{E}_K(1^n, |M_m|)$ handelt es sich um einen Schlüsselstrom, der aus der Bitlänge des letzten Nachrichtenblockes ($|M_m|$) zusammen mit dem Tweak 1^n (Folge von n Einsen) berechnet wird. Nach der Verarbeitung des finalen Nachrichtenblocks erfolgt die Generierung des Authentisierungstags A, wobei gilt: $A = \widetilde{E}_K(C_m \oplus M_m, C_0)$. Der Chiffretext C ergibt sich aus der sukzessiven Konkatenation der Werte C_1 bis C_m, d.h. $C = C_1, \ldots, C_m$. Um die Entschlüsselung und Verifizierung des Chiffretextes zu gewährleisten, wird C zusammen mit N und A übertragen.

Entschlüsselung. Die Verarbeitung eines Nonce-Chiffretext-Authentisierungstag-Tupels (N, C, T) beginnt mit der erneuten Berechnung von C_0. Anschließend werden alle Chiffretextblöcke, bis auf den letzten (C_m), entschlüsselt; es gilt: $M_i = \widetilde{E}_K^{-1}(C_{i-1} \oplus M_{i-1}, C_i)$,

---
[5] http://competitions.cr.yp.to/caesar.html, Januar 2016

wobei es sich bei $\widetilde{E}_K^{-1}$ um das Inverse (Entschlüsselungsoperation) von $\widetilde{E}_K$ handelt. Anschließend wird der letzte Nachrichtenblock M_m rekonstruiert; es gilt: $M_m = \widetilde{E}_K^{-1}(C_{m-1} \oplus M_{m-1}, C_m \oplus S) \oplus S$. Zum Schluss wird getestet, ob die Gleichung $\widetilde{E}_K(C_m \oplus M_m, C_0) = A$ erfüllt ist. Falls ja, ist der Chiffretext authentisch, ansonsten fand bei der Übertragung ein Fehler oder eine Manipulation statt.

Anmerkungen. Bei dem vorgestellten Verfahren handelt es sich um eine vereinfachte Variante von MCOE für Nachrichten, deren Länge ein Vielfaches der Blockgröße n ist und bei der keine Zusatzinformationen verarbeitet werden. Das Original erlaubt die Verarbeitung von Nonces und Nachrichten beliebiger Länge [FFL12]. Dies ermöglicht die Authentisierung von Metadaten, wie beispielsweise den Nachrichtenkopf (Header) eines Netzwerkpaketes, indem diese als (Teil einer) Nonce deklariert werden. Bei der Verarbeitung einer beliebig langen Nachricht wird eine Technik namens *Tagsplitting* angewandt. Dabei wird der Authentisierungstag A auf zwei Blöcke aufgespalten. Der letzte Chiffretextblock wird mit dem ersten Teil von A *aufgefüllt* und der letzte Teil von A wird wie gehabt generiert und anschließend auf die entsprechende Bitlänge gekürzt. Dieses Verfahren wurde von Herrn Forler im Rahmen von MCOE mitentwickelt. Weiterhin war er auch maßgeblich an den Sicherheitsbeweisen von MCOE beteiligt. Die vollständige Spezifikation von MCOE und alle dazugehörigen Sicherheitsbeweise finden sich in seiner Dissertation wieder [Fo15].

3 CATENA: Ein Passworthashverfahren

Ein weiterer Aspekt von Herr Forlers Dissertation ist die Konstruktion und der Einsatz kryptographischer Hashfunktionen. Im Fokus liegen hier Verfahren zur Generierung von Passworthashes[6], welche auf einem Rechnersystem zum Zweck der Benutzerauthentisierung verwendet werden.

Seit den 60er Jahren ist es üblich, dass sich ein Benutzer gegenüber einem Rechner durch die Kenntniss eines Geheimnisses in Form eines Passwortes authentisiert. Wilkes hat bereits 1968 darauf hingewiesen, dass die Speicherung von Passwörtern im Klartext unsicher ist [Wi68], da jeder Benutzer potentiell lesenden Zugriff auf den Passwortspeicher hat. Aus diesem Grund wird, seit der Entwicklung von UNIX, auf einem Rechner nur noch der Hash eines Passwortes gespeichert, welcher mit einer kryptographisch sicheren Passworthashfunktion (PHF) generiert wurde [MT79]. In der Regel wird ein Passworthash nicht nur aus dem vertraulichen Passwort, sondern zusätzlich auch aus einer (*öffentlich einsehbaren*) Zufallszahl (Salt) abgeleitet. Die Generierung eines Codebuches – bei der zu jedem Passwort der zugehörige Hash gespeichert wird – wird damit unpraktikabel. Ein Angreifer müsste für jeden Wert eines s-bit-Salts ein eigenes Codebuch generieren. Beispielsweise werden bereits für die Speicherung der Codebücher eines 80-Bit-Salts mehrere Yottabytes (eine Billion Terabytes) benötigt.

---

[6] Den *Hash* eines Passwortes kann man als dessen Fingerabdruck interpretieren.

Bei einer klassischen PHF F handelt es sich um die iterative Ausführung einer kryptographischen Hashfunktion H, d.h. $F(\text{pwd}, \text{salt}) = H(H(\ldots(H(\text{pwd}, \text{salt})\ldots)))$, wobei *pwd* das geheime Passwort darstellt. Die üblichen Anforderungen an eine kryptographische Hashfunktion haben zur Folge, dass sie im Regelfall äußerst effizient und mit wenig Speicher (< 4 KB) berechnet werden kann. Diese Eigenschaft macht Hashfunktionen extrem anfällig gegenüber hoch-parallelisierbaren Angriffen. Moderne Graphical Processing Units (GPUs) mit hunderten von Kernen [Co12], wie sie in handelsüblichen Grafikkarten verbaut werden, ist es daher möglich, aus einem Passworthash, ein (schwaches oder moderates) Passwort in absehbarer Zeit wieder zu *rekonstruieren*. Beispielsweise kann das *Password Recovery Tool* hashcat[7], mit Hilfe einer AMD Radeon™ HD 7970 Grafikkarte, pro Sekunde ungefähr 17 Milliarden NTLM[8]-Passwortkandidaten durchprobieren. Von 2013 bis 2015 fand die *Password Hashing Competition* (PHC) statt, um die Forschung in diesem Teilbereich der Kryptographie zu intensivieren. Ziel für die folgenden Jahre ist die internationale Etablierung des Wettbewerbssiegers Argon2 [BDK15] als Standard für das zum Hashen von Passwörtern.

3.1 CATENA

Bei dem PHC-Finalisten CATENA handelt es sich um eine moderne und speicherintensive PHF, welche auch neuen Anforderungen für Sicherheit und Funktionalität, wie intensiven Speicherverbrauch und nutzerunabhängige Aktualisierungen des Passworthashes, gerecht wird. CATENA wurde von Herrn Forler auf der ASIACRYPT 2014 in Taiwan vorgestellt [FLW14].

CATENA basiert grundsätzlich auf zwei Primitiven: (i) einer kryptographischen Hashfunktion $H : \{0,1\}^* \to \{0,1\}^n$ und (ii) einer speicherintensiven Hashfunktion $F_\lambda : \{0,1\}^\alpha \times \{0,1\}^n \to \{0,1\}^n$, welche effizient mit $G = 2^g$ Speicherzellen berechnet werden kann. Die wichtigste Anforderung an F_λ ist die sogenannte λ-*Memory-Hardness*, d.h. der Time-Memory Tradeoff für diese Funktion ist $O(S^\lambda)$ für $S \ll G$. Daher lässt sich F_λ schon für kleine Werte λ mit wenigen Speicherzellen nicht mehr effizient berechnen. Dies hat zur Folge, dass auf einer GPU nur noch wenige Passwortkandidaten pro Sekunde getestet werden können. Eine mögliche Instantiierungen für F_λ ist ein Stapel aus λ leicht modifizierten G-Superkonzentratoren. In seiner Dissertation hat Herr Forler eine Instantiierungen mit einem modifizierten *Doublebutterfly*-Graph, welcher aus zwei zusammengesetzten FFT-Graphen besteht [Br14], vorgestellt. Dabei beschreibt jeder Knoten des Graphen den unter anderem aus seinem direkten Vorgänger berechneten Hashwert dar.

Für zwei Instanzen von H und F_λ funktioniert CATENA wie folgt. Zuerst wird aus einem Tweak T, dem Passwort P, und einem Salt S der initiale Verkettungswert X berechnet. Der Tweak aus den folgenden fünf Komponenten zusammen: (i) einem Anwendungszweck (Byte-kodiert), (ii) den Wert λ (Byte-kodiert), (iii) die Blockgröße n (16-Bit-kodiert), (iv) die Länge des Salts (32-Bit-kodiert), (v) der Hash von Metadaten, wie beispielsweise der Hostname oder die Benutzer-ID (n-bit-kodiert). Im Anschluss wird der Verkettungswert

---
[7] https://hashcat.net/oclhashcat/, Januar 2016
[8] Eine PHF-basiertes Verfahren von Microsoft, welches in Windows zum Einsatz kommt.

Algorithm 1 CATENA

1: $X \leftarrow H(T \;||\; P \;||\; S)$
2: **for** $c = 1, \ldots, g$ **do**
3: $\quad X \leftarrow F_\lambda(c, X)$
4: $\quad X \leftarrow H(c \;||\; X)$
5: **end for**
6: **return** x

für jede Ganzzahl c in dem Intervall $[1, g]$ durch die Funktion F_λ und H aktualisiert (siehe Algorithmus 1). Zum Schluss wird der Passworthash X zurückgegeben.

Die Struktur von CATENA erlaubt es, bei Erhöhung des Sicherheitsparamters g, die Passworthashes ohne Nutzerinteraktion zu erneuern. Weiterhin erlaubt es CATENA einen Server zu entlasten, indem der Client alle Operationen bis auf den finalen Aufruf von H berechnen (Algorithmus 1, Zeile 4 für $c = g$). Der Server muss daher nur noch einmal die effiziente Hashfunktion H aufrufen, um den Passworthash zu generieren.

In seiner Dissertation hat Herr Forler formal die Sicherheit des Verfahrens, einen Betriebsmodus für die Generierung kryptographischer Schlüssel und konkrete Instantiierungen vorgestellt.

Literaturverzeichnis

[Ab14] Abed, Farzaneh; Fluhrer, Scott R.; Forler, Christian; List, Eik; Lucks, Stefan; McGrew, David A.; Wenzel, Jakob: Pipelineable On-line Encryption. In: Fast Software Encryption - 21st International Workshop, FSE 201 4, London, UK, March 3-5, 2014. Revised Selected Papers. S. 205–223, 2014.

[An13] Andreeva, Elena; Bogdanov, Andrey; Luykx, Atul; Mennink, Bart; Tischhauser, Elmar; Yasuda, Kan: Parallelizable and Authenticated Online Ciphers. In: Advances in Cryptology - ASIACRYPT 2013 - 19th International Co nference on the Theory and Application of Cryptology and Information Secur ity, Bengaluru, India, December 1-5, 2013, Proceedings, Part I. S. 424–443, 2013.

[An14a] Andreeva, Elena; Bilgin, Begül; Bogdanov, Andrey; Luykx, Atul; Mennink, Bart; Mouha, Nicky; Yasuda, Kan: APE: Authenticated Permutation-Based Encryption for Lightweight Cryptography. In: Fast Software Encryption - 21st International Workshop, FSE 2014, London, UK, March 3-5, 2014. Revised Selected Papers. S. 168–186, 2014.

[An14b] Andreeva, Elena; Luykx, Atul; Mennink, Bart; Yasuda, Kan: COBRA: A Parallelizable Authenticated Online Cipher Without Block Cipher Inverse. In: Fast Software Encryption - 21st International Workshop, FSE 2014, London, UK, March 3-5, 2014. Revised Selected Papers. S. 187–204, 2014.

[BDK15] Biryukov, Alex; Dinu, Daniel; Khovratovich, Dmitry: , Fast and Tradeoff-Resilient Memory-Hard Functions for Cryptocurrencies and Password Hashing. Cryptology ePrint Archive, Report 2015/430, 2015. http://eprint.iacr.org/.

[BKY01] Buonanno, Enrico; Katz, Jonathan; Yung, Moti: Incremental Unforgeable Encryption. In: Fast Software Encryption, 8th International Workshop, FSE 2001 Yokohama, Japan, April 2-4, 2001, Revised Papers. S. 109–124, 2001.

[Br14]   Bradley, William F.: Superconcentration on a Pair of Butterflies. CoRR, abs/1401.7263, 2014.

[BRW04]   Bellare, Mihir; Rogaway, Phillip; Wagner, David: The EAX Mode of Operation. In: Fast Software Encryption, 11th International Workshop, FSE 2004 , Delhi, India, February 5-7, 2004, Revised Papers. S. 389–407, 2004.

[Co12]   Corporation, Nvidia: , Nvidia GeForce GTX 680 - Technology Overview, 2012.

[DN14]   Datta, Nilanjan; Nandi, Mridul: ELmE: A Misuse Resistant Parallel Authenticated Encryption. In: Information Security and Privacy - 19th Australasian Conference, ACISP 2014, Wollongong, NSW, Australia, July 7-9, 2014. Proceedings. S. 306–321, 2014.

[DR00]   Daemen, Joan; Rijmen, Vincent: Rijndael for AES. In: AES Candidate Conference. S. 343–348, 2000.

[FFL12]   Fleischmann, Ewan; Forler, Christian; Lucks, Stefan: McOE: A Family of Almost Foolproof On-Line Authenticated Encryp tion Schemes. In: Fast Software Encryption - 19th International Workshop, FSE 201 2, Washington, DC, USA, March 19-21, 2012. Revised Selected Papers. S. 196–215, 2012.

[Fl10]   Fleischmann, Ewan; Forler, Christian; Gorski, Michael; Lucks, Stefan: TWISTER$_{pi}$ - a framework for secure and fast hash functions. IJACT, 2(1):68–81, 2010.

[FLW14]   Forler, Christian; Lucks, Stefan; Wenzel, Jakob: Memory-Demanding Password Scrambling. In: Advances in Cryptology - ASIACRYPT 2014 - 20th International Conference on the Theory and Application of Cryptology and Information Security, Kaoshiung, Taiwan, R.O.C., December 7-11, 2014, Proceedings, Part II. S. 289–305, 2014.

[Fo14]   Forler, Christian; McGrew, David; Lucks, Stefan; Wenzel, Jakob: , COFFE: Ciphertext Output Feedback Faithful Encryption. Cryptology ePrint Archive, Report 2014/1003, 2014. http://eprint.iacr.org/.

[Fo15]   Forler, Christian: Analysis, Design & Applications of Cryptographic Building Blocks. Dissertation, Bauhaus-Universität Weimar, 2015.

[GD01]   Gligor, Virgil D.; Donescu, Pompiliu: Fast Encryption and Authentication: XCBC Encryption and XECB Authentication Modes. In: Fast Software Encryption, 8th International Workshop, FSE 2001 Yokohama, Japan, April 2-4, 2001, Revised Papers. S. 92–108, 2001.

[GM84]   Goldwasser, Shafi; Micali, Silvio: Probabilistic Encryption. Journal of Computer and System Sciences, 28(2):270–299, 1984.

[Ho15]   Hoang, Viet Tung; Reyhanitabar, Reza; Rogaway, Phillip; Vizár, Damian: Online Authenticated-Encryption and its Nonce-Reuse Misuse-Resistance. In: Advances in Cryptology - CRYPTO 2015 - 35th Annual Cryptology Conference, Santa Barbara, CA, USA, August 16-20, 2015, Proceedings, Part I. S. 493–517, 2015.

[IT09]   ITU-T: Interfaces for the Optical Transport Network (OTN). Recommendation G.709/Y.1331, International Telecommunication Union, Geneva, December 2009.

[Iw06]   Iwata, Tetsu: New Blockcipher Modes of Operation with Beyond the Birthday Bound Security. In: Fast Software Encryption, 13th International Workshop, FSE 2006, Graz, Austria, March 15-17, 2006, Revised Selected Papers. S. 310–327, 2006.

[Ju08]   Jutla, Charanjit S.: Encryption Modes with Almost Free Message Integrity. J. Cryptology, 21(4):547–578, 2008.

[KR11]   Krovetz, Ted; Rogaway, Phillip: The Software Performance of Authenticated-Encryption Modes. In: Fast Software Encryption - 18th International Workshop, FSE 201 1, Lyngby, Denmark, February 13-16, 2011, Revised Selected Papers. S. 306–327, 2011.

[KVW04]   Kohno, Tadayoshi; Viega, John; Whiting, Doug: CWC: A High-Performance Conventional Authenticated Encryption Mode. In: Fast Software Encryption, 11th International Workshop, FSE 2004 , Delhi, India, February 5-7, 2004, Revised Papers. S. 408–426, 2004.

[LRW11]   Liskov, Moses; Rivest, Ronald L.; Wagner, David: Tweakable Block Ciphers. Journal of Cryptology, 24(3):588–613, 2011.

[Lu05]   Lucks, Stefan: Two-Pass Authenticated Encryption Faster Than Generic Composition . In: Fast Software Encryption: 12th International Workshop, FSE 2005 , Paris, France, February 21-23, 2005, Revised Selected Papers. S. 284–298, 2005.

[MT79]   Morris, Robert; Thompson, Ken: Password Security - A Case History. Communications of the ACM, 22(11):594–597, 1979.

[MV04]   McGrew, David A.; Viega, John: The Security and Performance of the Galois/Counter Mode (GCM) of Operation. In: Progress in Cryptology - INDOCRYPT 2004, 5th International Conference on Cryptology in India, Chennai, India, December 20-22, 2004, Proceedings. S. 343–355, 2004.

[Ro01]   Rogaway, Phillip; Bellare, Mihir; Black, John; Krovetz, Ted: OCB: a block-cipher mode of operation for efficient authenticated encryption. In: CCS 2001, Proceedings of the 8th ACM Conference on Computer and Communications Security, Philadelphia, Pennsylvania, USA, November 6-8, 2001. S. 196–205, 2001.

[Ro02]   Rogaway, Phillip: Authenticated-encryption with associated-data. In: Proceedings of the 9th ACM Conference on Computer and Communica tions Security, CCS 2002, Washington, DC, USA, November 18-22, 2002. S. 98–107, 2002.

[Ro04a]   Rogaway, Phillip: Efficient Instantiations of Tweakable Blockciphers and Refinements to Modes OCB and PMAC. In: Advances in Cryptology - ASIACRYPT 2004, 10th International Conference on the Theory and Application of Cryptology and Information Security, Jeju Island, Korea, December 5-9, 2004, Proceedings. S. 16–31, 2004.

[Ro04b]   Rogaway, Phillip: Nonce-Based Symmetric Encryption. In: Fast Software Encryption, 11th International Workshop, FSE 2004 , Delhi, India, February 5-7, 2004, Revised Papers. S. 348–359, 2004.

[RZ11]   Rogaway, Phillip; Zhang, Haibin: Online Ciphers from Tweakable Blockciphers. In: Topics in Cryptology - CT-RSA 2011 - The Cryptographers' Track at the RSA Conference 2011, San Francisco, CA, USA, February 14-18 , 2011. Proceedings. S. 237–249, 2011.

[Wi68]   Wilkes, M.V.: Time-Sharing Computer Systems. MacDonald computer monographs. American Elsevier Publishing Company, 1968.

[Wu05]   Wu, Hongjun: The Misuse of RC4 in Microsoft Word and Excel. IACR Cryptology ePrint Archive, 2005:7, 2005.

Christian Forler wurde am 5. Mai 1978 in Landau geboren. Nach seinem erfolgreich abgeschlossenen Studium der Wirtschaftsinformatik an der Universität-Mannheim hat er mehrere Jahre bei der Sirrix AG als Systemprogrammierer und Systemarchitekt an Sicherheitslösungen im Umfeld Trusted-Computing und Virtuelle Private Netzwerke (VPN) gearbeitet. Im Oktober 2010 hat Christian Forler seine Promotion an der Bauhaus-Universität Weimar am Lehrstuhl für Mediensicherheit bei Prof. Dr. Stefan Lucks begonnen. Während seiner Promotion hat er sich nicht nur mit der Robustheit von Verfahren zur authentisierten Verschlüsselung beschäftigt, sondern hat auch an mehreren internationalen Wettbewerben wie der *SHA-3 Competition* oder *CEASAR* teilgenommen. Bei dem Wettbewerb PHC wurde sein Finalist vom Programmkommitee mit einer besonderen Anerkennung gewürdigt. 2015 hat er mit seiner Verteidigung seiner Dissertation seine Promotion mit dem Prädikat *summa cum laude* abgeschlossen. Seit 1. Oktober 2015 ist Christian Forler Professor an der Hochschule Schmalkalden.

Zielorientiertes Sensing im Pervasive Computing[1]

Dipl.-Ing. Dr. Gerold Hölzl[2]

Abstract: Wissen über Kontext setzt sich aus einer Vielzahl von unterschiedlichen und heterogenen Informationsquellen zusammen. Beim dominierenden Designansatz zum Bau von Kontext bezogenen, pervasiven Systemen, geht man von unten nach oben vor. Der entscheidende Nachteil dieses Designansatzes besteht darin, dass als erstes mit der Auswahl der nötigen Sensoren begonnen wird. Im Anschluss wird die so genannte Aktivitäts- und Kontexterkennungskette, aufbauend auf der Sensor Ebene, definiert, um Kontextinformation aus den Sensordaten zu extrahieren. Die Systemdefinition wird während der Entwicklung des Systems festgelegt und ist von diesem Zeitpunkt an statisch und unveränderlich. Durch den unaufhaltsamen Anstieg an verfügbaren, intelligenten Geräten mit integrierten Sensoren ist dieser statische Ansatz bereits antiquiert. Für den weit verbreiteten Einsatz von kontextbezogenen, allgegenwärtigen sensor-basierten Systemen müssen neue Methoden diskutiert werden, um die statischen und vordefinierten Eigenschaften der derzeit bestehenden Ansätze aufzubrechen. Die Vision dieser Arbeit soll den Weg ebnen, um den von unten nach oben orientierten Ansatz in eine zielorientierte, von oben nach unten durchzuführende Konfiguration des kontextsensitiven Systems zu ändern. Eine zielorientierte, auf sogenannten Erkennungszielen basierende Methodik wird verwendet, um die dynamische, selbstorganisierende und adaptive Systemkonfiguration zur Laufzeit zu ermöglichen. Der zielorientierte Ansatz wird die derzeit dominierenden Verfahren neu bewerten und verändern. Dies wird dazu beitragen, die Komplexitätskrise der heutigen hohen Verfügbarkeit von Milliarden von Sensoren, die zur Aktivitäts- und Kontexterkennung verwendet werden können, zu überwinden. Die Reduzierung der Komplexität bezüglich Installation, Konfiguration, Optimierung und Wartung von sensorbasierten, kontextsensitiven Systemen durch einen zielorientierten Ansatz wird die Akzeptanz, die Verwendbarkeit und die Nützlichkeit dieser Systeme auf einer breiteren, offeneren Basis zeigen und erhöhen. Der zielorientierte Ansatz verfolgt eine offene Sicht der Dinge, in der Sensoren im Rahmen ihrer Möglichkeiten den definierten Erkennungszielen zugeordnet werden können. Ein zielgerichtetes Kontexterkennungssystem kann dynamisch auf Änderungen in der Sensorinfrastruktur reagieren und sich darauf einstellen. Dies stellt sicher, dass zu jedem Zeitpunkt die beste Auswahl an verfügbaren Sensoren eingesetzt wird, um das Ziel zu erreichen. Die Kernbeiträge dieser Arbeit sind die Entwicklung neuer Methoden und algorithmischer Lösungen für (i) semantische Aktivitäts- und Kontextbeziehungen, (ii) die Formulierung sowie das Übersetzen und Abarbeiten eines Erkennungsziels, (iii) die semantische Abbildung des Erkennungszieles auf die verfügbare Sensorinfrastruktur zur Laufzeit, begleitet von (iv) der Nutzung mehrerer Sensorinformationsquellen, um auf die Aktivitäten und den Kontext von Personen zu schließen. Die Erkenntnisse und Beiträge dieser Arbeit werden einen methodischen Paradigmensprung, weg von vordefinierten und statischen Kontexterkennungssystemen hin zu deren zielorientierter, dynamischer Laufzeitkonfiguration und Anpassung einleiten.

---

[1] Englischer Titel der Dissertation: "Goal Oriented Sensing in Pervasive Computing"
[2] Lehrstuhl für Informatik mit Schwerpunkt Eingebettete Systeme, Universität Passau, Deutschland, gerold.hoelzl@gmail.com

1 Einführung

Kontexterkennungssysteme wie wir sie heute kennen sind in ihrer Dynamik, Flexibilität und Adaption sehr eingeschränkt. Dies beruht auf der Tatsache, dass diese Systeme eine statische, sich nicht mehr verändernde Sensorinfrastruktur benötigen um korrekt zu funktionieren. Der dominierende Designansatz für diese Systeme ist immer noch ein von unten nach oben gerichteter. Dieser Ansatz war zu Zeiten sinnvoll, als wenige Sensoren verfügbar waren und diese mit dem Kontexterkennungssystem konfiguriert und ausgeliefert wurden. Während der gesamten Lebenszeit des Kontexterkennungssystems musste diese statische Sensorinfrastruktur funktionieren und konnte auch nicht geändert werden. Jegliche Veränderungen oder Fehler in der vordefinierten Sensorinfrastruktur führte zu einem Zusammenbruch des gesamten Kontexterkennungssystems. Die Annahme, dass die vordefinierte und statische Sensorinfrastruktur immer fehlerfrei funktioniert, ist die heutige Achillesferse dieser Systeme. Keine der heute zur Verfügung stehenden Frameworks oder Middlewares adressieren diese Limitierung noch nehmen Sie Bezug auf die große Anzahl an bereits zur Verfügung stehender Sensorik, die zur Aktivitäts- und Kontexterkennung eingesetzt werden kann. Daraus resultieren immer noch strikte Anforderungen an Designer und Ingenieure von Kontexterkennungssystemen. Sensoren müssen zur Designzeit des Systems für den einen speziellen Anwendungsfall konfiguriert werden. Während der Laufzeit benötigt das Kontexterkennungssystem exakt die gleichen Sensoren die initial definiert wurden. Diese Bedingungen verhindern einen breiteren Einsatz von Kontexterkennungssystemen. Jede Änderung in der Sensorinfrastruktur oder in der Sensorcharakteristik resultiert in einer Verschlechterung der Erkennungsperformanz oder im kompletten Ausfall des gesamten Kontexterkennungssystems.

Die essentiellen Nachteile eines vordefinierten, statischen Aktivitäts- und Kontexterkennungssystems verhindern dessen universellen Einsatz. Zusammenfassend wurden folgende Limitierungen von aktuellen Aktivitäts- und Kontexterkennungssystemen identifiziert:

- Statische, a-priori Annahme über die Verfügbarkeit von Sensoren und deren Charakteristik, welche die heutigen Kontexterkennungssysteme anfällig gegenüber jeglicher unerwarteten Veränderung oder möglichen Fehlern macht.

- Zur Designzeit definierte und fixierte statische Sensorinfrastruktur, die in einem kompletten Systemausfall resultiert, wenn einer der Sensoren defekt ist (Sensor zeigt Fehler, Erkennung wird schlechter, oder ein kompletter Sensorausfall passiert).

- Fehlende Anpassungsfähigkeit an Veränderungen in der Sensorinfrastruktur, welche während der Entwurfszeit des Systems mit einem von unten nach oben verlaufenden Entwurfsmuster definiert werden.

- Fehlende Möglichkeit, zusätzliche Sensorressourcen, die zur Laufzeit entdeckt werden, zu verwenden.

- Vorgelernte, nicht anpassungsfähige, statistische Modelle mit einer begrenzten Anzahl an Aktivitätsklassen werden in der Aktivitätserkennungskette eingesetzt. Dies ist unbrauchbar für den Einsatz von Kontexterkennungssystemen in großem Maßstab bei realen Anwendungen.

- Fehlende Fähigkeit, Veränderungen in den Sensorparametern (beispielsweise die Abtastrate, Auflösung, Genauigkeit) zu berücksichtigen.
- Fehlende Anpassung an Änderungen in den Sensordatenströmen z.b. aufgrund von Sensor-Rotation oder Fehlausrichtung, die zu einer Verschlechterung der Erkennungsleistung führt. Sensoren müssen daher immer an einer genau definierten Position getragen und befestigt werden. Dies führt zu benutzerspezifischen Kontexterkennungssystemen (Empfindlichkeit gegenüber Veränderungen von Körperproportionen, Kleidung, etc.)
- Fehlende Wiederverwendung oder parallele Nutzung von sich bereits im Einsatz befindlichen Sensoren und trainierten Modellen als Bausteine für neue Kontexterkennungssysteme.
- Fehlende Laufzeit-Bewertungsmetriken, um die Qualität der gelieferten Sensordatenströme zu charakterisieren.
- Fehlende Integration oder Austausch von Sensoren mit neu verfügbaren (besseren). Dies macht es dem Kontexterkennungssystem unmöglich, sich an künftige Gegebenheiten anzupassen, oder sich an kurzfristige Änderungen und langfristige Trends in der Sensorik anzugleichen.
- Fehlende dynamische Sensor (-selbst) Charakterisierung, die eine maschinenles- und verarbeitbare Quantifizierung der Sensor Fähigkeiten zur Laufzeit ermöglicht.
- Fehlende (Selbst-)verwaltete Interaktion und Konfiguration der einzelnen Bestandteile des Kontexterkennungssystems.
- Fehlende Ensemble Koordinationsarchitektur für spezifische und dynamische Sensorauswahl.
- Fehlende Möglichkeit, die Erkennungsarchitektur an verschiedene Anwendungsdomänen und für unterschiedliche Erkennungsziele anpassen und wiederverwenden zu können.
- Aktuelle Ansätze erlauben es nicht, Kontexterkennungssysteme als Bausteine für groß angelegte, offene, intelligente Umgebungen zu verwenden, da in diesen Umgebungen immer neue Sensoren hinzugefügt werden und neuer Kontext erkannt werden muss. Dies erfordert das jeweils benutzerspezifische (um)Lernen für jeden neuen Sensor und jeden neuen Kontext.

Unter Berücksichtigung der statischen Natur mit all den Limitierungen dieses antiquierten Designansatzes für Kontexterkennungarchitekturen und der Tatsache, dass heute bereits millionenfach Sensoren in unserer Umgebung verfügbar sind, die für die Aktivitäts- und Kontexterkennung verwendet werden können, ist es notwendig, diesen Ansatz radikal umzudenken, um die identifizierten Einschränkungen zu überwinden. Dieser neue Designansatz wird zu dynamischen, selbstorganisierenden und adaptiven Kontexterkennungssystemen führen.

2 Von instrumentiertem zu opportunistischem Sensing

Der Fokus der Dissertation [Ho15] liegt auf einem Wechsel, oder präziser ausgedrückt, einem Paradigmensprung mit der Bezeichnung *Opportunistisches Sensing* dessen Vision es ist, das etablierte Designparadigma für Kontexterkennungssysteme zu revidieren und umzukehren. Kontexterkennungssysteme sollen nach dem opportunistischen Prinzip dynamisch zur Laufzeit von oben nach unten konfiguriert werden. Opportunistische Kontexterkennungssysteme müssen die bereits verfügbare Sensorinfrastruktur nutzen können. Diese Sensoren müssen koordiniert, also aufeinander abgestimmt werden, und sie müssen sich selbst zu *zielorientierten* Sensorensembles formieren, um effizient Informationen zu relevanten Aktivitäten und Kontext sammeln zu können. Opportunistisches Sensing beinhaltet Prinzipien zur Unterstützung eines autonomen Betriebs in offenen Umgebungen wie Selbst-Konfiguration, autonome Evolution und Selbstverbesserung, die als Schlüsselprinzipien für den Einsatz in großen, intelligenten Umgebungen gesehen werden können. Opportunistisches Sensing adressiert direkt die bestehenden Einschränkungen aktueller Aktivitäts- und Kontexterkennungssysteme wie die anwendungsspezifische Sensorausbringung und die Annahme über stationäre Umgebungen und Sensoren. Es adressiert realwelt Probleme [Ho12] bei der Bereitstellung und dem Mainstreaming intelligenter Umgebungen durch die Ausnutzung jeglicher verfügbarer und passender Sensoren [HKF12]. Weiters lockert es die Einschränkungen über die Platzierung von Sensoren, was zu einer erhöhten Nutzerakzeptanz führen wird, und erhöht die Robustheit gegenüber nicht vorhersehbaren Änderungen in realwelt Umgebungen [HKF13a].

Als Folge daraus, und um das opportunistische Systemverhalten zu erreichen, ist eine Direktive notwendig, die den Adaptionsprozess in einen von oben nach unten verlaufenden Prozess hinsichtlich eines definierten Erkennungsziels für das opportunistische System während der Laufzeit steuert und regelt. Es ist von essenzieller Bedeutung für ein opportunistisches Kontexterkennungssystem, welches in unkontrollierten Umgebungen arbeitet, zu wissen, welche Sensoren es verwenden kann. Diese Direktive wird als das *Erkennungsziel* [HKF13b] definiert. Es beinhaltet eine abstrakte Beschreibung, was opportunistische Kontexterkennungssysteme leisten sollen, präziser formuliert, was sie erkennen sollen, aber nicht wie.

Dies ist gegensätzlich zu aktuellen Kontexterkennungssystemen. Wenn wir bei aktuellen Systemen überhaupt von einem zu erfüllenden *Ziel* sprechen können, ist es fix im System implementiert und unveränderbar. Um ein abstraktes Erkennunsgziel (z.B. wieviele Personen befinden sich im Raum; welche Aktivitäten werden gerade durchgeführt; sind die Personen gerade aufmerksam oder nicht) formulieren zu können, muss ein formaler Ansatz definiert werden, wie ein Ziel syntaktisch und semantisch formuliert und zusammengesetzt sein kann, um die geeigneten Sensoren aus der Menge an verfügbarer Sensoren im Umfeld auszuwählen. Abhängig von den verfügbaren Sensoren in der Umgebung, kann das formulierte Erkennungsziel dann in einem gewissen Ausmaß umgesetzt werden, oder nicht. Durch die abstrakte Formulierung des Erkennungszieles kann das opportunistische Kontexterkennungssystem autonom und dynamisch auf Änderungen in der Sensorinfrastruktur reagieren, und so zu jedem Zeitpunkt das beste Sensorensemble für das formulierte Erkennungsziel konfigurieren.

3 Das Erkennungsziel: Die Essenz des opportunistischen Sensings

Der Kernbeitrag dieser Arbeit ist ein formaler Ansatz, wie Erkennungsziele für ein opportunistisches Kontexterkennungssystem definiert und angegeben werden können. Die Erkennungsziele sind eine abstrakte Formulierung des erwarteten Systemverhaltens des opportunistischen Kontexterkennungssystems in Bezug auf die Aktivitäten und den Kontext, den es erkennen soll. Die Definition des Ziels und dessen Verarbeitung ist in drei fundamentale Kategorien aufgeteilt: (i) die formale und syntaktische Definition des Erkennungsziels, (ii) eine ontologische Wissensbasis um das nötige Domänenwissen abzubilden und das Erkennungsziel auf semantischer Ebene verarbeiten, schlussfolgern und substituieren zu können, und (iii) eine semantische Verarbeitungseinheit, welche die notwendigen Algorithmen bereitstellt, um das Erkennungsziel auf die verfügbaren Sensoren abzubilden, schlusszufolgern und zu substituieren. Das abstrakte Erkennungsziel wird dynamisch in eine koordinierte, sogenannte *Sensing Mission* übersetzt (dies beinhaltet alle notwendigen machine learning- und Mustererkennungsmethodologien die in der Aktivitätserkennungskette definiert sind), und resultiert in einem zielorientierten Sensorensemble welches autonom vom opportunistischen Kontexterkennungssystem ausgeführt wird. Die in der Arbeit Identifizierten Vor- und Nachteile des zielorientierten Ansatzes für ein Aktivitäts- und Kontexterkennungssystem werden im Folgenden zusammengefasst, um einen kompakten Überblick zu ermöglichen:

Identifizierte Vorteile

- Zielorientierte, dynamische, von oben nach unten verlaufende Konfiguration eines Aktivitäts- und Kontexterkennungssystems um den heutzutage dominierenden statischen, von unten nach oben gehenden Designansatz umzukehren.

- Dynamische Änderung des Erkennungszweckes des opportunistischen Kontexterkennungssystems zur Laufzeit, basierenden auf den formulierten Erkennungszielen welche die autonome Konfiguration des Systems lenken.

- Dynamische Selektion, Instanziierung und Kombination der verfügbaren Sensorinfrastruktur zu Sensorensembles zur Laufzeit, gelenkt durch das formulierte Erkennungsziel.

- Dynamische, zielorientierte (wieder-)Verwendung von Elementen der Aktivitäts- und Kontexterkennungskette.

- Kombination von, und Kooperation zwischen Sensing, Signalverarbeitung, Merkmalsextraktion und Klassifizierungsschritten unter sich dynamisch ändernden Konditionen.

- Dynamische Rekonfiguration von Sensorensembles basierend auf (i) Veränderungen im Erkennungsziel und/oder (ii) Veränderungen in der Sensorinfrastruktur.

- Dynamische Selektion und fortlaufende Reevaluation der besten Menge an Sensoren (Sensorensemble) die das Erkennungsziel ausführen können.

- Verarbeitung multipler und paralleler Erkennungsziele mit (sogar) überlappenden Sensorensembles.

- Semantische und dynamische Kombination von Sensoren basierend auf Wissensschlussfolgerungen, Umformungen des Erkennungszieles und Zuordnung zwischen dem Erkennungsziel und der selbstbeschriebenen Sensorinfrastruktur.

- Überwindung der statischen und vordefinierten Natur heutiger Aktivitäts- und Kontexterkennungssysteme mit dem Ziel in unkontrollierten, offenen Umgebungen arbeiten zu können.

- eine zielorientierte sensing Architektur, die in einem elastischen und belastbaren sensing System gegenüber Änderungen in der Sensorinfrastruktur resultiert.

Identifizierte Schwierigkeiten

- Das Erkennungsziel ist überhaupt nicht beschreibbar, da es nicht auf eine formalisierte, computer-verarbeitbare Formulierung heruntergebrochen werden kann.

- Die Definition des Erkennungsziels könnte zu unpräzise sein um die Bedürfnisse eines Benutzers oder einer Anwendung exakt formulieren zu können. Dies kann in zwei Dimensionen betrachtet werden: (i) die Ausdrucksstärke der Definition des Erkennungsziels ihrerseits ist zu schwach, oder (ii) Benutzer und Anwendungen können die Ausdrucksstärke der Erkennungszielbeschreibung nicht nutzen.

- Als Konsequenz des Einsatzes einer dynamischen Erkennungszielverarbeitung, Substitution und Schlussfolgerung kann das resultierende System unerwartete Performanz im Bezug auf Laufzeit und Erkennungsgenauigkeit, vor allem in unkontrollierten Realweltumgebungen zeigen.

- Ungenaues oder fehlendes Domänenwissen in der modellierten Wissensbasis kann die Genauigkeit und die Präzision der Erkennungszielverarbeitung massiv beeinflussen und somit auch die konfigurierten Sensorensembles.

- Der semantische Abgleichprozess der dynamisch das Sensingensemble koordiniert und formt kann in unterschiedlichen Ensembles mit gleicher Genauigkeit resultieren. Die Selektion des Sensorensembles muss dann anhand von a-priori Wissen und/oder einem Regelwerk geschehen.

- Erkennungsziele können zu bestimmten Zeitpunkten erfüllt werden. Da sich die Sensorinfrastruktur aber dynamisch ändern kann, kann sich auch die Erfüllbarkeit von Erkennungszielen ändern (von z.B. erfüllbar auf nicht erfüllbar). Die Frage die sich stellt ist, wie lange das opportunistische System abwartet bevor es ein Erkennungsziel als definitv nicht (mehr) erfüllbar ansieht (z.B. durch Verwendung eines Time-Outs). Speziell in asynchronen Umgebungen ist dies ein kritischer Faktor.

- Multiple Erkennungsziele können dem System parallel angegeben werden. Diese Erkennungsziele können konfliktierend in Bezug auf die zu verwendenden Systemressourcen und die verfügbaren Sensoren in der Umgebung sein. Welche Erken-

nungsziele dann weiter verarbeitet werden muss aufgrund einer Konfliktlösungsstrategie entschieden werden.
- Dynamische Erkennungsziele können sich mit der Zeit verändern. Dies kann von einer Sekunde auf die andere passieren. Da der Rekonfigurationsprozess eine gewisse Zeit in Anspruch nimmt, kann dies zu einem instabilen Systemzustand führen, wenn die Erkennungziele im Bezug zur Rekonfigurationszeit zu schnell wechseln.
- Die Erfüllbarkeit von Zielen mit dem vorgestellten Ansatz ist immer noch abhängig vom überwachten Trainieren von Sensoren und Modellen. Obwohl es sich dabei um einen geringfügigeren Aspekt für ein zielorientiertes System handelt, da Sensoren ja dynamisch ausgetauscht oder hinzugefügt werden können, limitiert dies dennoch die Adaptierung an das sich lebenslang ändernde Verhalten von Menschen auf der Sensorebene.

4 Forschungsherausforderungen

Forschungsfrage: Zielorientiertheit

- Gibt es Evidenz in der Natur, die als Grundlage dienen kann, einen zielorientierten Ansatz für Aktivitäts- und Kontexterkennungssysteme zu adaptieren?
- Sind zielorientierte Ansätze vielversprechend und gegenüber den von unten nach oben basierten Ansätzen für Aktivitäts- und Kontexterkennungsarchitekturen zu bevorzugen?

Forschungsfrage: Modellierung von Aktivitäten und Kontext

- Wie kann Domänenwissen in einem autonomen und adaptiven Aktivitäts- und Kontexterkennungssystem verwendet werden?
- Welche Beziehungen zwischen Aktivitäten und Kontext können als vorteilhaft und gewinnbringend für autonome und adaptive Aktivitäts- und Kontexterkennungssysteme identifiziert werden?
- Wie können die identifizierten Beziehungen für autonome und adaptive Aktivitäts- und Kontexterkennungssysteme dargestellt und Schlussfolgerungen daraus gezogen werden?
- In welcher Form muss die Wissensbasis verarbeitet werden um eine Zielübersetzung zu ermöglichen, und wie kann dies definiert und formuliert werden.

Forschungsfrage: Erkennungsziel

- Wie kann ein Erkennungsziel formuliert und repräsentiert werden?
- Wie kann ein Erkennungsziel in eine maschinell verarbeitbare Repräsentation übersetzt werden, die von einem autonomen und adaptiven Aktivitäts- und Kontexterkennungssystem verarbeitet werden kann?
- Welche Technologien sind für eine Zielrepräsentation, Zielkomposition und Zielübersetzung anwendbar?

Forschungsfrage: Kombination von Informationsquellen
- Wie kann die Erkennungsleistung verschiedener Sensoren kombiniert werden um ein Erkennungsziel zu erfüllen?
- Wie kann die Erkennungsleistung von verschiedenen kombinierten Sensoren quantifiziert werden?

4.1 Beitrag

Der Kernbeitrag dieser Dissertation ist die Entwicklung und die Evaluierung von Methodologien, um den aktuell dominanten Designansatz von Aktivitäts- und Kontexterkennungssystemen zu überarbeiten und zu revidieren. Der vorgeschlagene Ansatz ist eine *zielorientierte*, von oben nach unten dynamisch durchgeführte Konfiguration des Aktivitäts- und Kontexterkennungssystems. Diese Systeme passen sich dynamisch anhand des definierten Erkennungszieles an die verfügbare Sensorinfrastruktur an. Dies gewährleistet eine flexible, dynamische Anpassung, sowie ein stabiles Aktivitäts- und Kontexterkennungssystem das nicht von vordefinierten und statischen Sensoren abhängig ist.

Unabhängig von Änderungen in der Sensorinfrastruktur während der Laufzeit verwendet ein zielorientiertes Aktivitäts- und Kontexterkennungssystem semantische Methoden und Schlussfolgerungsalgorithmik um zu jedem Zeitpunkt das bestmögliche Sensorensemble zur Erfüllung des Erkennungszieles zu konfigurieren.

Die Forschungsschwerpunkte fokussierten sich dabei auf: (i) die Vorteile von zielorientierten Ansätzen für Aktivitäts- und Kontexterkennungssystemen herauszuarbeiten, (ii) die Definition eines neuen Aktivitäts- und Kontextmodells für die zielgerichtete Erkennung und (iii) die zielgerichtete Kombination von unterschiedlichen Informationsquellen. Die entwickelten Konzepte wurden in einem Echtzeitsystem implementiert um den Beweis für deren Anwendbarkeit und Durchführbarkeit zu erbringen. Ein Anwendungsszenario für implizites Energiemanagement [Ho12] basierend auf einem zielorientierten Aktivitäts- und Kontexterkennungssystem wurde evaluiert. Abschließend wird ein Ausblick auf den Einsatz von zielgerichteten Erkennungssystemen im Bezug auf kollektive, adaptive Systeme [Ho14] durch den Einsatz von sogenannten *smart wearables* gegeben.

Im Folgenden werden die Schlüsselbeiträge der Dissertation hinsichtlich der Vision einer zielorientierten Erkennungsarchitektur zusammengefasst, wobei ein Ziel als: *"Ein Erkennungsziel ist eine high level Direktive die abstrakt definiert und spezifiziert, was das System leisten, und wie es sich verhalten soll"*, definiert ist.

- *Zielorientiertheit*
  - Zur Verfügung stellen von zielorientierten Ansätzen und Methoden zur dynamischen, von oben nach unten gelenkten Konfiguration von Aktivitäts- und Kontexterkennungssystemen.
  - Über den aktuellen Stand von AWARE-Erkennungsarchitekturen hinauszugehen und die Limitierungen in Bezug auf statische, a-priori Annahmen über die Sensorverfügbarkeit zu überwinden.

- Semantische Zielformulierung, Bearbeitung und Schlussfolgerung unter Verwendung von TexTivity-Prädikaten zur dynamischen Konfiguration von autonomen Aktivitäts- und Kontexterkennungssystemen und deren Adaptierung zur Laufzeit.

- *Semantische Modellierung*

  - Verbessertes Verständnis und Modellierung von Aktivität und Kontext als ein Netzwerk von Beziehungen, die die Wissensbasis für die semantische Zielformulierung, Verarbeitung und Übersetzung darstellt.

  - Möglichkeiten zum semantischen Abgleich des Erkennungszieles mit der zur Verfügung stehenden Sensorinfrastruktur zur dynamischen Ensemblegenerierung. Dazu gehört die Überwindung der 1:1 Abgleichslimitierung zwischen dem Erkennungsziel und den Sensoren während des Ensemblekonfigurationsprozesses unter Zuhilfenahme von semantischen Kontextbeziehungen.

- *Maschinelles Lernen*

  - Zielorientierter Ansatz zur dynamischen Konfiguration von High-Level Erkennungsmodellen (HMM, Evidential Network) für zusammengesetzte Aktivitäten basierend auf einer ontologischen Wissensbasis mit unterschiedlichen und variierenden Quellen der Information (Sensoren).

- *Erkennungsarchitekturen*

  - Es wurde ein konzeptionelles Framework entwickelt, das einen Paradigmensprung von statischen hinzu dynamischen, adaptiven, zielorientierten Architekturen unter Einbindung von Erkenntnissen aus der Natur induzieren soll.

  - Dynamische Selektion, Instanziierung, Kombination und Reevaluierung der Sensorinfrastruktur zur Laufzeit basierend auf dem Erkennungsziel.

  - Die entwickelten Konzepte und Methoden sind alle als Referenzarchitektur für zielorientierte Erkennungsarchitekturen implementiert und umgesetzt.

5 Conclusio

Basierend auf der Annahme einer offenen, dynamischen und flexiblen Welt, in der neue, und bis jetzt unvorhergesehene intelligente Sensoren und Aktuatoren in Zukunft entwickelt werden können, sind die Methodologien für den zielorientierten Ansatz für opportunistische Aktivitäts- und Kontexterkennungssysteme so generell wie möglich gehalten. Dies stellt sicher, dass die entwickelten Konzepte und deren Manifestation in Form der implementierten, zielorientierten Kontexterkennungsarchitektur zukunftssicher sind, da diese leicht für zukünftige Anwendungsdomänen adaptiert werden können. Zukünftige, intelligente Umgebungen müssen sich dynamisch an die Ziele und Bedürfnisse ihrer Benutzer anpassen. Ein wesentliches Kriterium für den Erfolg dieser intelligenten Umgebungen muss deren Fähigkeit sein, die benötigten Ressourcen selbständig und dynamisch gemäß den erkannten Zielen der Menschen anzupassen. Die in der Arbeit vorgestellten Beiträge werden als Pionierarbeit hinsichtlich dieses komplexen und anspruchsvollen Zieles gesehen. Ich betrachte es als eine Herausforderung für die Menschheit Limitierungen zu überwinden, die durch den statischen, anwendungsspezifischen, einmal auszubringenden Systemansatz gegeben sind. Dies wird zu flexiblen, autonomen und zielorientierten Systemansätzen führen, die sich hinsichtlich eines definierten Zieles selbständig adaptieren und organisieren können. Informationen, die die einzelnen Knoten erfassen, sowie Kommunikationskanäle zwischen benachbarten Knoten und deren dynamische Reorganisation wird zur Konvergenz hin zum globalen Optimum bei der definierten Zielerfüllung führen.

Literaturverzeichnis

[HKF12]   Hoelzl, Gerold; Kurz, Marc; Ferscha, Alois: Goal Oriented Opportunistic Recognition of High-Level Composed Activities using Dynamically Configured Hidden Markov Models. In: The 3rd International Conference on Ambient Systems, Networks and Technologies (ANT2012), Niagara Falls, Ontario, Canada. August 2012.

[HKF13a] Hoelzl, Gerold; Kurz, Marc; Ferscha, Alois: Goal Oriented Recognition of Composed Activities for Reliable and Adaptable Intelligence Systems. Journal of Ambient Intelligence and Humanized Computing (JAIHC), 5(3):357–368, July 2013.

[HKF13b] Hoelzl, Gerold; Kurz, Marc; Ferscha, Alois: Goal Processing and Semantic Matchmaking in Opportunistic Activity and Context Recognition Systems. In: The 9th International Conference on Autonomic and Autonomous Systems (ICAS2013), March 24 - 29, Lisbon, Portugal, **Best Paper Award**. S. 33–39, March 2013.

[Ho12]   Hoelzl, Gerold; Kurz, Marc; Halbmayer, Peter; Erhart, Jürgen; Matscheko, Michael; Ferscha, Alois; Eisl, Susanne; Kaltenleithner, Johann: Locomotion@Location: When the Rubber hits the Road. In: The 9th International Conference on Autonomic Computing (ICAC2012), San Jose, California, USA. September 2012.

[Ho14]   Hoelzl, Gerold; Ferscha, Alois; Halbmayer, Peter; Pereira, Welma: Goal Oriented Smart Watches for Cyber Physical Superorganisms. In: Workshop on Collective Wearables: The Superorgansim of Massive Collective Wearables, at 2014 ACM International Joint Conference on Pervasive and Ubiquitous Computing (UbiComp 2014), Seattle, USA, September. S. 1071 – 1076, September 2014.

[Ho15]   Hoelzl, Gerold: Goal oriented sensing in pervasive computing. Dissertation, Johannes Kepler University Linz, May 2015.

Gerold Hölzl studierte Informatik und promovierte mit Auszeichnung an der JKU Linz zum Thema *zielorientierte Aktivitäts- und Kontexterkennung mit dynamisch variierenden Sensorensembles*. Seit August 2015 arbeitet er als akademischer Rat auf Zeit im EISLAB[2]. Dr. Hölzl forschte erfolgreich in grundlagenorientierten und angewandten Forschungsprojekten auf europäischer und nationaler Ebene. Seine Forschungsschwerpunkte liegen in den Themengebieten Eingebettete Intelligenz & Pervasive Computing, Aktivitäts- und Kontexterkennungssysteme, Maschinelles Lernen & Mustererkennung, Sensor-Netzwerke und Mobile Computing. Gerold Hölzl ist langjähriges Mitglied der Österreichischen Computergesellschaft (OCG) und des ICST (Institute for Computer Sciences, Social Informatics and Telecommunications Engineering).

---
[2] http://www.eislab.net

Grundlagen des aktiven Automatenlernens: Eine algorithmische Sichtweise[1]

Malte Isberner[2]

Abstract: Der immer schnellere, verstärkt auf Agilität fokussierte Prozess der industriellen Softwareentwicklung stellt ein großes Hindernis für die Anwendung formaler, modell-basierter Techniken dar. *Aktives Automatenlernen* verspricht mit der Möglichkeit, jederzeit auf dem neuesten Stand gehaltene Modelle automatisch generieren zu können, einen Ausweg. Der praktische Einsatz dieser Technologie brachte jedoch lange Zeit große Fragen mit sich, da existierende Algorithmen insbesondere für den vielversprechenden Anwendungsfall der *kontinuierlichen Validierung* inhärent ungeeignet waren. Durch eine komplett frische, erstmals formal grundierte Auseinandersetzung mit diesem nahezu dreißig Jahre alten Forschungsthema löst die vorliegende Dissertation das zentrale Problem der effizienten Behandlung von langen Gegenbeispielen, und bahnt so den Weg für eine Vielzahl von neuen Anwendungs- und Forschungsperspektiven.

1 Einleitung

Vor nahezu dreißig Jahren veröffentlichte Dana Angluin ihr vielbeachtetes Werk *Learning Regular Sets from Queries and Counterexamples* [An87], in welchem sie ein positives Lernbarkeitsresultat für reguläre Sprachen lieferte: mittels einer endlichen Anzahl sogenannter *Membership* und *Equivalence Queries*, die an einen *Lehrer* (*Teacher*) gestellt werden, kann ein *Lerner* ein Modell einer regulären (Ziel-)Sprache in Form eines deterministischen endlichen Automaten (*deterministic finite automaton, DFA*) erlernen. Eine *Membership Query* entspricht hierbei der Frage „Ist das Wort $w \in \Sigma^*$ ein Element der Zielsprache?", und eine *Equivalence Query* steht für eine Anfrage der Form „Ist meine Hypothese der Sprache, repräsentiert durch den DFA $\mathcal{H}$, korrekt?". Falls eine solche Anfrage positiv beantwortet wird, so ist der Lernvorgang offensichtlich abgeschlossen. Anderenfalls erwartet der Lerner ein *Gegenbeispiel*, welches die Fehlerhaftigkeit seiner Hypothese beweist und in der Folge zu einer *Verfeinerung* der Hypothese führt. Ein Lehrer, welcher für eine gegebene Zielsprache diese beiden Anfragetypen beantworten kann, heißt auch *minimal adäquat* (*minimally adequate teacher, MAT*), und der gesamte Prozess wird *aktives Automatenlernen* (*active automata learning*) genannt. Angluin zeigte weiterhin, dass eine – in der Größe des kanonischen DFA für die Zielsprache – polynomielle Anzahl solcher Anfragen ausreicht, und stellte auch den ersten polynomiellen Algorithmus zur Lösung des Problems, genannt L*, vor.

---

[1] Englischer Titel der Dissertation: „*Foundations of Active Automata Learning: An Algorithmic Perspective*" [Is15].
[2] TU Dortmund, malte.isberner@cs.tu-dortmund.de

Obwohl dieses Resultat in der theoretischen Forschungsgemeinschaft auf viel Beachtung stieß, erschien es lange Zeit für die Praxis ungeeignet. So listet etwa eine Übersicht von de la Higuera [dlH05] aus dem Jahre 2005 als einzige potentielle Anwendung das Erlernen von Karten in unbekanntem Terrain auf – ein möglicher Anwendungsfall, dessen sich schon Rivest und Schapire [RS93] im Jahre 1993 bedient hatten, jedoch ohne von einer tatsächlichen Realisierung zu berichten. Als ein großes Hindernis für die praktische Anwendbarkeit wurde die Annahme der Existenz eines Lehrers, welcher definitiv richtige Antworten gibt, gesehen. In vielen potentiellen Anwendungskontexten wurde daher passiven Lernverfahren, bei welchen der Lehrer durch eine Menge von Beispielen (*Samples*) ersetzt wird, der Vorzug gegeben. Bei diesen Verfahren liegt der Fokus nicht darauf, *die richtigen Fragen zu stellen*, sondern ein Modell zu finden, welches möglichst gut im Einklang mit der Beispielmenge steht.

Gegen Ende des letzten Jahrtausends stieg das Interesse an aktivem Automatenlernen jedoch wieder sprunghaft an, was den Arbeiten zweier Forschergruppen zu verdanken ist: 1999 stellten Peled *et al.* ihre Idee des *Black-Box-Checking* [PVY99] vor, welche die Anwendung von Model Checking [CGP99] auf Black-Box-Systeme erlaubte. Unabhängig davon präsentierten Steffen *et al.* kurze Zeit später ihren Ansatz der *Testbasierten Modellinferenz* [Ha02]. Beiden Ansätzen war gemein, dass sie eine Brücke zwischen aktivem Automatenlernen und dem Feld der formalen Methoden schlugen. Dies war nicht zuletzt dadurch motiviert, dass trotz immer leistungsfähigerer Techniken die Anwendung formaler modellbasierter Methoden in der Praxis oft an einem vergleichsweise simplen Problem scheiterte: Modelle existieren oft nicht, sind nur partiell vorhanden (bspw. aufgrund der Verwendung externer Komponenten wie etwa Web-Services), oder repräsentieren eine veraltete Spezifikation, welche nicht mehr mit der Funktionalität der Implementierung übereinstimmt. Hier verspricht aktives Automatenlernen eine Abhilfe, da es zur Generierung von Modellen, welche das tatsächliche Systemverhalten reflektieren, benutzt werden kann.

Das Interesse der Formale-Methoden-Forschungsgemeinschaft an aktivem Automatenlernen führte zu großen Fortschritten in der praktischen Anwendbarkeit dieser Technologie. Motiviert durch eine Fülle von Anwendungsfällen wurden zahlreiche Optimierungen und Methoden zur Performanzverbesserung entwickelt. In einer vielbeachteten Fallstudie von Cho *et al.* [Ch10] wurde aktives Automatenlernen zur Inferenz des Modells eines Botnet-Steuerungsprotokolls eingesetzt, um so Wissen über die Funktionsweise zu erlangen und Gegenmaßnahmen entwickeln zu können.

Ein wenig überraschend erscheint in diesem Kontext die Tatsache, dass seit Angluins initialer Beschreibung ihres L*-Algorithmus nur wenige Verbesserungen auf der rein algorithmischen Ebene erzielt wurden. Zu nennen sind hier die Arbeiten von Rivest und Schapire [RS93], die eine neue effizientere Art der *Gegenbeispielbehandlung* einführten, von Kearns und Vazirani [KV94], welche die ursprüngliche tabellenartige durch eine baumbasierte Datenstruktur ersetzten, sowie von Howar [Ho12], der beide Ansätze zu einem neuen Algorithmus kombinierte. Noch überraschender erscheint es aber, dass viele Fallstudien – darunter auch die oben erwähnte von Cho *et al.* [Ch10] –

diese teilweise über zwanzig Jahre alten Entwicklungen ignorierten, trotz einer nachweislich höheren Effizienz.

Es darf vermutet werden, dass dies auf die Kompliziertheit der Lernalgorithem, deren Verhalten oftmals auch als überraschend und kontraintuitiv empfunden wird, zurückzuführen ist. So behauptete etwa Irfan [Ir12] noch 2012 in seiner Dissertation fälschlicherweise, dass der Algorithmus von Rivest und Schapire [RS93] nicht funktioniere. Kritisch muss ebenfalls angemerkt werden, dass nahezu sämtliche zuvor existierende Literatur zum aktiven Automatenlernen sich darauf beschränkt, das Funktionieren bestimmter Algorithmen zu beweisen, Fragen nach dem *Warum?* jedoch oft aus dem Weg geht.

1.1 Beitrag der Dissertation

Das Anliegen der Dissertation *Foundations of Active Automata Learning: An Algorithmic Perspective* [Is15] ist nicht weniger als die Behebung dieses Missstandes. Dies wird angegangen durch einen radikalen Paradigmenwechsel, weg von konkreten, notwendigerweise durch bestimmte Designentscheidungen eingeschränkten Algorithmen hin zu einer allgemein-mathematischen Beschreibung und Analyse des Problems. Aufbauend auf dieser ergeben sich ganz natürlich eine Reihe sowohl fundamental wichtiger als auch wünschenswerter Eigenschaften. Es wird ein theoretisches Framework entworfen, dessen allgemeine Natur es erlaubt, sämtliche existierenden Algorithmen in Hinblick auf diese Eigenschaften zu untersuchen und zu klassifizieren, und erlaubt so eine Beantwortung der Frage, warum manche Algorithmen anderen überlegen sind, und warum gewisse Phänomene nur bei bestimmten Algorithmen zu beobachten sind.

Dies führt auch zu der Erkenntnis, dass kein bisher beschriebener Algorithmus alle wünschenswerten Eigenschaften in sich vereint. Hierbei handelt es sich nicht um einen Zufall, da die beiden möglichen Gegenbeispielbehandlungsparadigmen – präfix-basierte und suffix-basierte Behandlung – inhärent mit einer Verletzung jeweils einer dieser Eigenschaften einhergeht. Das Beibehalten bzw. Wiederherstellen der wünschenswerten Eigenschaften ist daher ein komplexer, involvierter Prozess. Realisiert wird er im sogenannten TTT-Algorithmus, welcher im Rahmen dieser Dissertation neu und auf Basis des oben erwähnten mathematischen Frameworks entwickelt wurde. Anhand einer Reihe von Experimenten zeigt sich sehr deutlich, dass der Effekt hiervon weit über theoretische Gesichtspunkte hinausgeht: TTT ist der einzige existierende Algorithmus, der mit Gegenbeispielsequenzen großer Länge umgehen kann. Die oftmals vorgeschlagene Kombination von Lernen mit Monitoring zur Modellvalidierung wird daher durch den TTT-Algorithmus überhaupt erst möglich (mehr dazu in Abschnitt 2).

Im letzten Teil der Dissertation werden die Implikationen der gewonnenen Erkenntnisse auf das Lernen von Sprachklassen jenseits der regulären Sprachen untersucht. Als exemplarisches Beispiel wurden hier die sogenannten *Visibly-Pushdown*-Sprachen gewählt. Diese wurden von Alur und Madhusudan [AM04] als geeignetes

Modell für Programme mit Rekursion vorgeschlagen, und eröffnen dadurch ein weites Feld an interessanten Anwendungsfällen in Bezug auf Systeme, deren Verhalten mit endlichen Automaten nur inadäquat modelliert werden kann. Es zeigt sich, dass sich sämtliche im Rahmen der Dissertation entwickelten Konzepte und identifizierten Phänomene nahezu eins-zu-eins auf das Feld der *Visibly-Pushdown*-Sprachen bzw. -Automaten übertragen lässt. Dies umfasst auch eine Version des TTT-Algorithmus für diese Sprachklasse, welcher ähnlich herausragende Eigenschaften wie die Version für reguläre Sprachen aufweist.

2 Der TTT-Algorithmus

Auch wenn die Arbeit – wie oben aufgeführt – viele fundamentale Erkenntnisse und Einsichten über aktives Automatenlernen an sich enthält, so ist das Herzstück der Dissertation zweifellos der TTT-Algorithmus. Er ist nicht nur aufgrund seiner hohen Effizienz von großer praktischer Relevanz, sondern weist auch herausragende theoretische Eigenschaften auf. Damit stellt er einen direkten Beweis für den Wert der im ersten Teil der Arbeit durch eine rein mathematische Betrachtung gewonnen Erkenntnisse auf. Zudem liefert er eine Blaupause für die Entwicklung von effizienten Lernalgorithmen für weitere Sprachklassen, wie dies im dritten Teil der Arbeit anhand von *Visibly-Pushdown*-Sprachen ausgeführt wird. Der Rest dieser Zusammenfassung widmet sich daher detailliert diesem Algorithmus und seinen Eigenschaften.

2.1 Motivation

Die ursprüngliche Motivation für die Entwicklung des TTT-Algorithmus entsprang einer praktischen Herausforderung im Rahmen des EU-Projekts CONNECT [Is09]: hier wurde aktives Lernen eingesetzt, um formale (Verhaltens-)Modelle für vernetzte Systeme zu erhalten. Diese Modelle dienten als Eingabe für eine automatische Konnektorsynthese, mit dem Ziel der Herstellung von Interoperabilität in einem heterogenen Umfeld. Da *Equivalence Queries* in der Realität nur approximiert werden können, liefert aktives Lernen immer nur (stetig verbesserte) *Hypothesen*. Aufgrund dieser Tatsache, sowie um der Möglichkeit eines evolvierenden Systemverhaltens Rechnung zu tragen, sollten diese Modelle kontinuierlich mithilfe von Monitoring-Techniken validiert werden [Be12]. Die Aufgabe der Monitoring-Komponente war es also, Abweichungen zwischen dem tatsächlichen Systemverhalten sowie dem vom Modell vorausgesagten Verhalten zu erkennen, und in Form von Gegenbeispielen dem Lerner zugänglich zu machen. Abbildung 1 stellt dieses Szenario schematisch dar.

Es stellte sich jedoch heraus, dass sämtliche zu diesem Zeitpunkt existierenden aktiven Automatenlernalgorithmen für einen solchen Einsatzzweck ungeeignet sind. Dies hängt damit zusammen, dass die von der Monitoring-Komponente gelieferten Gegenbeispielen üblicherweise sehr lang waren: das gelernte Modell bildet in frühen Iterationen nur das „übliche" Systemverhalten ab. Gegenbeispiele welche ein Verhalten

Grundlagen des aktiven Automatenlernens   135

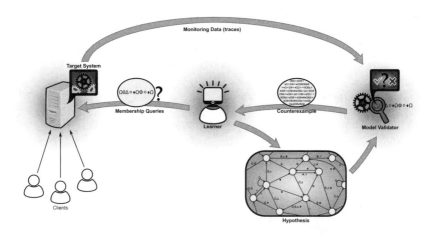

Abbildung 1: Visualisierung eines möglichen Szenarios welches Lernen und Monitoring kombiniert [IHS14b].

abseits des Üblichen aufzeigen haben daher ebenfalls oft einen sehr langen „Präfix üblichen Verhaltens", in welchem keine Abweichung erkennbar ist.

Zwar wächst bei den meisten aktiven Lernalgorithmen die *Anzahl* an benötigten Membership Queries nur logarithmisch mit der Länge von Gegenbeispielen, die *Länge* dieser Queries jedoch linear. Dies ist aus zwei Gründen problematisch: zum einen steht die zur Ausführung einer Membership Query benötigte Zeit in einem direkten Zusammenhang mit der Länge dieser. Ist das Zielsystem beispielsweise ein entfernter (Web-)Service, so liegt die Zeit für die Ausführung eines einzelnen Symbols leicht im Bereich von mehr als 50 Millisekunden (verursacht durch Latenz), was Millionen von Rechenzyklen entspricht. Zum anderen ist der durch lange Gegenbeispiele hervorgerufene Effekt persistent: selbst nach der vollständigen Abarbeitung eines langen Gegenbeispiels sind die in zukünftigen Iterationen generierten Membership Queries signifikant länger. Dies liegt darin begründet, dass sämtliche Lernalgorithmen Teilstücke des Gegenbeispiels zu einer Verfeinerung ihrer Wissensbasis verwenden.

2.2 Idee

Der TTT-Algorithmus ersetzt diese *ad-hoc*-Verfeinerung auf Basis eines Gegenbeispiels durch eine involvierte Analyse, in welcher das Gegenbeispiel lediglich als Richtschnur zu einer natürlichen, lückenlos auf vorhandenem Wissen inkrementell aufbauenden Verfeinerung verwendet wird. Der Name TTT leitet sich aus dem wichtigsten Merkmal des Algorithmus ab: einem elaborierten Zusammenspiel dreier Baum-basierter Datenstrukturen. Dies ist exemplarisch in Abbildung 2 dargestellt: die *Spannbaum-Hypothese* (*spanning Tree*, links) stellt die vom Lerner vermutete Zustandsstruktur dar, wobei die Spannbaumkanten erreichende Pfade definieren. Die

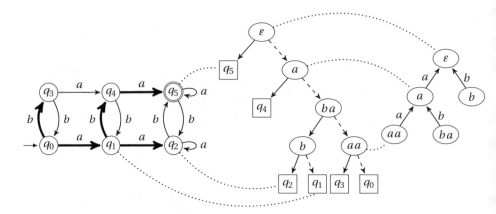

Abbildung 2: Zusammenspiel der Datenstrukturen im TTT-Algorithmus (v.l.n.r.): Spannbaum-Hypothese, *Discrimination Tree*, *Suffix Trie*

Trennung von Zuständen ist im *Discrimination Tree* (mitte) verankert; dieser Baum definiert damit eine Approximation der bekannten Nerode-Relation [Ne58]. Der *Suffix Trie* (rechts) schließlich speichert die sog. trennenden Suffixe, welche die inneren Knoten des Discrimination Tree beschriften.

Auch ohne die genaue Rolle dieser Phänomene im Detail zu erkennen erkennt man aus dem oben beschriebenen Aufbau sowie der Skizze in Abbildung 2 das Eingangs erwähnte zentrale Unterscheidungsmerkmal gegenüber anderen Algorithmen: der Aufbau des Wissens des Lerners, welches in den Datenstrukturen repräsentiert ist, geschieht *inkrementell* und *fundiert*. Die Spannbaumstruktur in der Hypothese stellt sicher dass jeder Zustand in einem Schritt von einem existierenden Zustand aus erreicht wird, und die Speicherung der Suffixe in einem Trie bedingt, dass sich die Trennung jedes Zustandspaares in einem Schritt auf die Trennung eines anderen Zustandspaares reduzieren lässt. Aus dieser *Redundanzfreiheit* folgen mehrere Alleinstellungsmerkmale, sowohl von der theoretischen als auch der praktischen Perspektive her.

2.3 Speicherplatzoptimalität

Eine besondere Eigenschaft des TTT-Algorithmus ist die Tatsache, dass er mit linearem Speicherplatz auskommt: sämtliche internen Datenstrukturen benötigen Speicherplatz in $\Theta(kn)$, wobei k die Alphabetgröße und n die Zustandsanzahl der Hypothese ist. Man erkennt leicht, dass dies dem asymptotischen Speicherplatz der Hypothese alleine (in einer üblichen Repräsentation, bspw. als Zustandsübergangstabelle) entspricht. Es lässt sich also festhalten, dass die vom TTT-Algorithmus für den Lern*prozess* benötigte Menge an Information asymptotisch gleich groß wie die im Lern*ergebnis* enthaltene Menge an Information ist.

Dass der TTT-Algorithmus eine lineare Speicherplatzkomplexität hat, wird bereits bei Betrachtung von Abbildung 2 deutlich: sämtliche internen Datenstrukturen sind baumbasiert, und haben so einen jeweils linearen Platzbedarf. Wie in der Arbeit detailliert nachgewiesen wird, ist dieser Speicherplatzbedarf optimal, d.h. kein anderer aktiver Lernalgorithmus kann mit asymptotisch weniger Speicher auskommen. Da ein Lernalgorithmus in seinen Datenstrukturen Informationen ablegt, die er vorher durch Membership Queries gewonnen hat, ist die Speicherplatzkomplexität Zeuge eines hocheffizienten Umgangs mit Informationen.

2.4 Praktische Evaluation

Um die praktische Bedeutung des TTT-Algorithmus besser analysieren zu können, wurden zahlreiche Experimentserien auf realistischen und synthetischen Beispielen durchgeführt. Hierfür wurde der TTT-Algorithmus auf Basis der *LearnLib*-Bibliothek [IHS15] implementiert, die in der Hauptsache vom Autor entwickelt wurde und der wissenschaftlichen Gemeinschaft unter einer Open-Source-Lizenz zur Verfügung steht.[3]

Über sämtliche Experimentserien hinweg zeigt sich das konsistente Bild, dass TTT allen anderen Algorithmen mindestens ebenbürtig ist. Dies ist insofern besonders, als dass die Performanz eines Algorithmus oft stark vom Profil des Zielsystems variiert – ein Algorithmus, der für einen Fall gut funktioniert, kann für ein anderes System sehr viel schlechter abschneiden als andere Algorithmen. TTT hingegen liefert konsistent eine Spitzenperformanz, und empfiehlt sich daher klar als *der* Algorithmus der Wahl für sämtliche Anwendungsfälle.

Bezogen auf das spezielle Szenario langer Gegenbeispiele, welches ja die ursprüngliche Motivation für die Entwicklung des TTT-Algorithmus darstellte (vgl. Abschnitt 2.1), ergibt sich ein völlig eindeutiges Bild: TTT schneidet hier nicht nur besser als sämtliche anderen Algorithmen ab, sondern wird von langen Gegenbeispielen in seiner Performanz nahezu nicht beeinflusst. Dies ist sehr schön in Abbildung 3 zu erkennen: der linke Plot zeigt die Anzahl Membership Queries verschiedener Algorithmen beim Lernen eines ausgewählten Systems (`pots2`) in Abhängigkeit von der Gegenbeispiellänge. Während eine Erhöhung dieser bei dem Algorithmus **OP** bereits zu einer deutlichen Verschlechterung der Performanz führt, hat dies beim Algorithmus **KV** keinen unmittelbar sichtbaren Einfluss. Dies ändert sich, wenn man statt der Anzahl Membership Queries deren kumulierte Länge betrachtet (rechts): während der Plot für TTT hier nach wie vor eine „Flatline" zeigt, ist bei beiden Vergleichsalgorithmen ein sehr deutlicher Anstieg mit wachsender Gegenbeispiellänge zu erkennen. Vergleichbare oder sogar noch dramatischere Resultate zeigen sich für sämtliche Kombinationen von Zielsystemen und Vergleichsalgorithmen.

---

[3] http://learnlib.de/

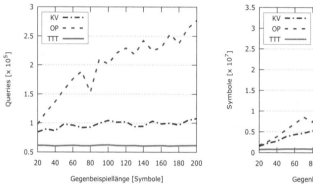 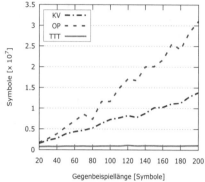

(a) Anzahl Membership Queries (b) Gesamtzahl Symbole in Membership Queries

Abbildung 3: Query- und Symbolkomplexität des TTT-Algorithmus auf dem Modell `pots2` im Vergleich mit anderen Algorithmen

2.5 Übertragung auf Visibly-Pushdown-Systeme

Einer der häufigsten Kritikpunkte an aktiven Lernverfahren betrifft die Tatsache, dass diese in der Regel auf die Klasse der regulären Sprachen beschränkt sind, was wiederum das mögliche erfassbare (bzw. erlernbare) Verhalten eines Systems einschränkt. Gleichwohl sind deutlich mächtigere Sprachklassen wie etwa kontextfreie Sprachen für diese Zwecke ungeeignet, da selbst mit Kenntnis der Grammatik bzw. eines Kellerautomaten viele Probleme unentscheidbar sind. Als Ausweg haben Alur und Madhusudan [AM04] *Visibly-Pushdown*-Automaten vorgeschlagen, also Kellerautomaten, bei denen die Aktion auf dem Keller – *push*, *pop*, oder keine Veränderung – durch das Eingabesymbol bestimmt sind (nicht jedoch das Kellersymbol). Verwendet werden diese üblicherweise zur Modellierung von Systemen mit (rekursiven) Funktionsaufrufen.

Im Rahmen der Dissertation wurde daher ebenfalls eine Variante des TTT-Algorithmus für *Visibly Pushdown*-Sprachen entwickelt. Dem voraus geht eine detaillierte Analyse der sich in diesem Problemfeld ergebenden Phänomene und Konzepte. Diese lassen sich zu großen Teilen auf entsprechende Konzepte aus dem Bereich des aktiven Lernens regulärer Sprachen übertragen, mit dem Resultat, dass sich die TTT-Variante für *Visibly Pushdown*-Sprachen nahezu von selbst, bzw. durch reinen Analogieschluss ergibt. In Experimentserien wird weiterhin gezeigt, dass dieser anderen Algorithmen auf eine ähnliche Art und Weise überlegen ist wie in der Domäne der regulären Sprachen, beispielsweise im Hinblick auf sein Laufzeitverhalten für lange Gegenbeispiele.

3 Ausblick

Es ist die persönliche Hoffnung des Autors, dass seine Dissertation eine gravierende Änderung der Forschungsperspektive in Bezug auf aktives Automatenlernen anstößt: weg von einem *ad-hoc*-Vorgehen mit nachträglicher Rechtfertigung, hin zu einer sorgfältigen, mathematischen Analyse der Konzepte und Phänomene, welche es erlaubt eine der zentralen Fragen in diesem Feld zu beantworten: „Welche sind die *richtigen* Fragen, die gestellt werden *müssen*?"

Auch ohne solcherart philosophische Betrachtungen steht der Wert dieses Vorgehens außer Frage. Der TTT-Algorithmus positioniert sich klar als der beste existierende Algorithmus für das allgemeine Problem des Automatenlernens. Ein Gewinn für die zukünftige Forschung ist aber nicht zuletzt auch von der Übertragung auf *Visibly Pushdown*-Systeme zu erhoffen. Abgesehen von den direkt hierdurch eröffneten Anwendungsfällen liefert diese eine Blaupause, wie allein durch Identifikation der richtigen Konzepte und Analogieschlüsse sich ein hocheffizienter Algorithmus für eine neue Sprachklasse geradezu von selbst ergeben kann. Es ist zu erwarten, dass eine Übertragung auf Lernverfahren für andere Sprachklassen – wie etwa Registerautomaten [IHS14a] – zu signifikanten Effizienzsteigerungen und einem drastisch gesteigerten Potential dieser Technologie führen wird.

Literatur

[AM04] Alur, R.; Madhusudan, P.: Visibly Pushdown Languages. In: Proceedings of the Thirty-sixth Annual ACM Symposium on Theory of Computing. STOC '04, ACM, New York, NY, USA, S. 202–211, 2004.

[An87] Angluin, D.: Learning regular sets from queries and counterexamples. Information and Computation, 75(2):87–106, 1987.

[Be12] Bertolino, A.; Calabrò, A.; Merten, M.; Steffen, B.: Never-stop Learning: Continuous Validation of Learned Models for Evolving Systems through Monitoring. ERCIM News, 2012(88):28–29, 2012.

[CGP99] Clarke, E. M.; Grumberg, O.; Peled, D. A.: Model Checking. The MIT Press, Cambridge, MA, USA, 1999.

[Ch10] Cho, C. Y.; Babić, D.; Shin, E. C. R.; Song, D.: Inference and Analysis of Formal Models of Botnet Command and Control Protocols. In: Proceedings of the 17th ACM Conference on Computer and Communications Security. CCS '10, ACM, New York, NY, USA, S. 426–439, 2010.

[dlH05] de la Higuera, C.: A Bibliographical Study of Grammatical Inference. Pattern Recogn., 38(9):1332–1348, September 2005.

[Ha02] Hagerer, A.; Hungar, H.; Niese, O.; Steffen, B.: Model Generation by Moderated Regular Extrapolation. In (Kutsche, R.-D.; Weber, H., Hrsg.): Fundamental Approaches to Software Engineering, Jgg. 2306, S. 80–95. Springer Berlin / Heidelberg, 2002.

[Ho12] Howar, F.: Active Learning of Interface Programs. Dissertation, TU Dortmund, 2012.

[IHS14a] Isberner, M.; Howar, F.; Steffen, B.: Learning register automata: from languages to program structures. Machine Learning, 96(1-2):65–98, 2014.

[IHS14b] Isberner, M.; Howar, F.; Steffen, B.: The TTT Algorithm: A Redundancy-Free Approach to Active Automata Learning. In (Bonakdarpour, B.; Smolka, S. A., Hrsg.): Runtime Verification, Jgg. 8734 in Lecture Notes in Computer Science, S. 307–322. Springer International Publishing, 2014.

[IHS15] Isberner, M.; Howar, F.; Steffen, B.: The Open-Source LearnLib. In (Kroening, Daniel; Păsăreanu, Corina S., Hrsg.): Computer Aided Verification, Jgg. 9206 in Lecture Notes in Computer Science, S. 487–495. Springer International Publishing, 2015.

[Ir12] Irfan, M. N.: Analysis and optimization of software model inference algorithms. Dissertation, Université de Grenoble, Grenoble, Frankreich, September 2012.

[Is09] Issarny, V.; Steffen, B.; Jonsson, B.; Blair, G. S.; Grace, P.; Kwiatkowska, M. Z.; Calinescu, R.; Inverardi, P.; Tivoli, M.; Bertolino, A.; Sabetta, A.: CONNECT Challenges: Towards Emergent Connectors for Eternal Networked Systems. In: ICECCS. IEEE Computer Society, S. 154–161, Juni 2009.

[Is15] Isberner, M.: Foundations of Active Automata Learning: An Algorithmic Perspective. Dissertation, TU Dortmund, September 2015.

[KV94] Kearns, M. J.; Vazirani, U. V.: An Introduction to Computational Learning Theory. MIT Press, Cambridge, MA, USA, 1994.

[Ne58] Nerode, A.: Linear Automaton Transformations. Proceedings of the American Mathematical Society, 9(4):541–544, 1958.

[PVY99] Peled, D.; Vardi, M. Y.; Yannakakis, M.: Black Box Checking. In (Wu, J.; Chanson, S. T.; Gao, Q., Hrsg.): Formal Methods for Protocol Engineering and Distributed Systems, Jgg. 28 in IFIP, S. 225–240. Springer US, 1999.

[RS93] Rivest, R. L.; Schapire, R. E.: Inference of finite automata using homing sequences. Inf. Comput., 103(2):299–347, 1993.

Malte Isberner wurde am 3. Mai 1988 in Duisburg geboren. Im Jahr 2006 begann er das Studium der Informatik an der TU Dortmund, welches er im August 2011 *mit Auszeichnung* abschloss. Während seiner Promotion am *Lehrstuhl für Programmiersysteme* von Prof. Dr. Bernhard Steffen beschäftigte er sich eingehend mit theoretischen und praktischen Aspekten aktiven Automatenlernens. Im Rahmen dieser Arbeit wurde er zum Hauptentwickler der Automatenlernbibliothek *LearnLib*, die auf der renommierten *CAV*-Konferenz 2015 mit dem *Best Artifact Award* ausgezeichnet wurde. Nach Auslandsaufenthalten an der Universität Uppsala, der Carnegie Mellon University sowie dem Cybersecurity-Startup *FireEye* schloss er seine Promotion im September 2015 mit der Note *ausgezeichnet (summa cum laude)* ab. Seitdem arbeitet er als Software Engineer bei Google im kalifornischen Mountain View.

Berechnung und Propagation von Modelländerungen auf der Basis von Editieroperationen[1]

Timo Kehrer[2]

Abstract: Modellbasierte Softwareentwicklung hat sich in verschiedensten Applikationsdomänen fest etabliert. Größtenteils visuelle Modelle wie bspw. diverse Varianten verschiedener Modelltypen der UML werden hierbei zum integralen Bestandteil aller Phasen modellbasierter Entwicklungsprozesse. Modelle unterliegen somit kontinuierlichen Änderungen und existieren im Laufe ihrer Evolution in zahlreichen Versionen und Varianten. In der Praxis zeigt sich sehr deutlich, dass die gleichen grundlegenden Werkzeugfunktionen für das Versionsmanagement von Modellen benötigt werden, die man von klassischen Repository-Systemen für textuelle Dokumente gewohnt ist. Qualitativ hochwertige und für ein breites Spektrum unterschiedlicher Modelltypen einsetzbare Differenz-, Patch- und Mischwerkzeuge sind jedoch nicht verfügbar. Einen umfassenden und generischen Lösungsansatz beschreibt die hier zusammengefasste Dissertation. Diverse Zusammenarbeiten mit anderen Wissenschaftlern und der Industrie zeigen das große Interesse an der Arbeit und belegen ferner die breite Anwendbarkeit der entwickelten Konzepte und Techniken.

Keywords: Modellbasierte Softwareentwicklung, Softwareevolution, Konfigurationsmanagement, Versionsverwaltung, Differenzberechnung, Änderungspropagation

1 Einführung

Modellbildung ist ein Mittel zur Abstraktion auf nahezu allen Gebieten der Informatik. In der Softwaretechnik spielen Modelle eine zunehmend zentrale Rolle, um die stetig wachsende Komplexität softwareintensiver Systeme zu beherrschen. Modellbasierte Softwareentwicklung (MBSE) [BCW12] hat sich in einigen Applikationsdomänen fest etabliert, zu nennen sind hier insbesondere der Automotive-, der Luft- und Raumfahrt- sowie der Telekommunikationssektor. Die Einsatzbereiche für Modelle sowie die eingesetzten Modelltypen sind vielfältig. Größtenteils visuelle Modelle, so z.B. diverse Varianten verschiedener Modelltypen der UML, werden hierbei zum integralen Bestandteil aller Phasen modellbasierter Entwicklungsprozesse. Modelle sind somit primäre Artefakte, unterliegen ständigen Änderungen und existieren im Laufe ihrer Evolution in zahlreichen Versionen und Varianten. Letztere müssen oftmals parallel weiter entwickelt und gewartet werden. Ferner muss die kollaborative Entwicklung von Modellen koordiniert werden. Die Versionierung von Software wird klassischerweise durch Repository-Systeme wie CVS, SVN oder Git unterstützt. Essentielle Repository-Dienste sind, neben Basisfunktionen zur Verwaltung von Versionsgraphen und administrativer Daten, der Dokumentenvergleich sowie die

---

[1] Englischer Titel der Dissertation: "Calculation and Propagation of Model Changes Based on User-level Edit Operations: A Foundation for Version and Variant Management in Model-driven Engineering" (URN: urn:nbn:de:hbz:467-9265) [Ke15a]. Die Dissertation entstand während der Arbeit des Autors als Wissenschaftlicher Mitarbeiter an der Universität Siegen unter der Betreuung von Prof. Dr. Udo Kelter (Universität Siegen) und Prof. Dr. Gabriele Taentzer (Philipps-Universität Marburg). Der Autor wurde teilfinanziert durch das DFG-Schwerpunktprogramm 1593 "Design for Future – Managed Software Evolution".

[2] Politecnico di Milano, Dipartimento di Elettronica, Informazione e Bioingegneria, Italy.

Propagation von Dokumentänderungen, einerseits zwischen unterschiedlichen Entwicklungszweigen ("Cherry Picking" [CSFP04]), andererseits vom zentralen Repository auf lokale Arbeitsbereiche ("Workspace Update" [CSFP04]). Klassische Differenz-, Patch- und Mischwerkzeuge wurden jedoch für Texte ohne spezielle Struktur konzipiert bzw. reduzieren die konzeptuelle Struktur der verwalteten Dokumente auf eine einfache Sequenz von Textzeilen. Für Source Code und andere textuelle Dokumente führen zeilenbasierte Verfahren zu akzeptablen Ergebnissen, nicht aber für Modelle, insbesondere nicht für visuelle Modelle. Die Softwaretechnik-Forschung hat sich mit dem Aufkommen des MBSE-Paradigmas daher zunehmend der Versionierung von Modellen gewidmet. Die Online Bibliographie[3] zum Versions- und Variantenmanagement von Modellen enthält über 400 Einträge, die meisten davon datieren aus dem Jahr 2003 oder später. Allgemeiner Konsens besteht darin, dass hier Verfahren benötigt werden, welche sich an der für Modelle typischen Graphstruktur orientieren. Dennoch beklagt die industrielle Praxis immer noch einen Mangel an qualitativ hochwertigen und für ein breites Spektrum unterschiedlicher Modelltypen einsetzbaren Differenzwerkzeugen [BE09, Em12]. Auch in der Forschung wird die Modellversionierung noch einige Jahre nach dem Erscheinen der ersten Publikationen auf diesem Gebiet als eine der zentralen Herausforderungen zur Etablierung der modellbasierten Entwicklung identifiziert [Al09].

Abschnitt 2 skizziert die gravierenden Probleme derzeitig verfügbarer Werkzeuge für das Versions- und Variantenmangement von Modellen. Abschnitt 3 leitet daraus die Zielsetzung der hier zusammengefassten Dissertation ab und gibt einen Überblick über die Kernideen des entwickelten Ansatzes. Abschnitt 4 fasst die wesentlichen Ergebnisse und wissenschaftlichen Beiträge zusammen, abschließend resümieren wir in Abschnitt 5.

2 Problemmotivation

Werkzeugfunktionen zum Vergleichen, Patchen und Mischen von Dokumenten basieren im Kern auf einer Repräsentation der Unterschiede zwischen Dokumenten. Konzeptuelle Frameworks [CW98] definieren eine (gerichtete) Differenz $\Delta(v_1, v_2)$ als Sequenz von Änderungsschritten $s_1, ..., s_n$, die, bei Anwendung auf Dokumentversion v_1, Version v_2 erzeugt. Ein Änderungsschritt repräsentiert den Aufruf einer Änderungsoperation mit aktuellen Parametern. Die konzeptuelle Repräsentationsform sowie die für einen Dokumenttyp zur Verfügung stehenden Änderungsoperationen werden von diesen grundlegenden Definitionen offen gelassen. Klassische Verfahren basieren auf Texten und unterstellen sehr einfache Änderungsoperationen, i.W. die Einfügung und Löschung einzelner Textzeilen; ein Ansatz der, wie bereits erwähnt, nicht sinnvoll auf Modelle übertragen werden kann. Im weiteren Verlauf dieses Abschnitts betrachten wir die für Modelle üblichen Interpretationen der in obigen Definitionen genannten Variationspunkte. Daraus leiten wir die Problemmotivation für die hier zusammengefasste Dissertation ab[4].

Elementweise Betrachtung von Modelländerungen. Differenzwerkzeuge für Modelle sollen sich an der für Modelle typischen Graphstruktur orientieren. Eine hierfür geeignete,

---

[3] http://pi.informatik.uni-siegen.de/CVSM
[4] Wir berufen uns hierbei auf den Stand der Technik zu Beginn des Promotionsvorhabens Anfang des Jahres 2011. In der Zwischenzeit publizierte, verwandte Arbeiten werden in der Dissertation ausführlich beleuchtet und von dem hier skizzierten Ansatz abgegrenzt.

Berechnung und Propagation von Änderungen an Softwaremodellen 143

konzeptuelle Repräsentationsform ist der abstrakte Syntaxgraph (ASG), dessen Knoten- und Kantentypen sowie ggf. weitere Wohlgeformtheitskriterien üblicherweise durch ein Metamodell definiert werden. Die für Texte übliche, zeilenbasierte Betrachtung von Änderungen wird jedoch nahezu analog auf die ASG-Struktur übertragen: Modelländerungen werden elementweise beschrieben, als verfügbare Änderungsoperationen werden primitive Graphoperationen zum Erzeugen und Löschen von Knoten und Kanten des ASG unterstellt [Al09, KKT11, SC13]. Gewöhnliche Benutzer sind jedoch mit den Details von Metamodellen und der ASG-basierten Repräsentation von Modellen nicht vertraut. Die Beschreibung von Modelländerungen auf Basis primitiver Graphoperationen führt daher zu "low-level" Differenzen, welche schwer zu verstehen sind und hochgradig konfus wirken [Al09, KKT11]. Bei der Propagation von Modelländerungen führen primitive Graphoperationen zu weiteren Problemen, da sie elementare Konsistenzkriterien verletzen können. Im schlimmsten Fall kann ein Modell so inkorrekt werden, dass es mit Standard-Modelleditoren nicht mehr verarbeitet werden kann. Dies gilt insbesondere für visuelle Modelle, welche in diesem Fall nur noch mit einfachen Texteditoren auf Basis der Repräsentation des serialisierten Datenformats (z.B. XML) korrigiert werden können.

Nicht-Verallgemeinerbarkeit existierender Lösungsansätze. Lösungsansätze existieren lediglich für einzelne Modelltypen, so z.B. Prozessmodelle [Kü08], oder unterstellen die Verfügbarkeit umgebungsspezifischer Zusatzinformationen, bspw. die Existenz von Editierprotokollen [HK10]. Dies führt zu erheblichen Einschränkungen. Die vorgeschlagenen Verfahren sind somit nicht in der Breite einsetzbar, wie dies für klassische Repository-Systeme der Fall ist. Die Erfahrung auf dem Gebiet der Versionierung von Source Code hat jedoch gezeigt, dass eine breite Einsetzbarkeit ein wesentlicher Erfolgsfaktor ist [Es05]. Dies wird auch für Modelle erwartet, weshalb wir nicht verallgemeinerbare Ansätze für das Versionsmanagement von Modellen hier nicht näher betrachten. Für einen Überblick sei auf die Beschreibung des Stands der Technik in der Dissertation verwiesen.

3 Zielsetzung und Überblick

Werkzeuge für das Versions- und Variantenmanagement von Modellen sollen nicht auf elementweisen, kleinteiligen Änderungsbeschreibungen basieren, sondern auf Änderungsoperationen, welche für den Benutzer verständlich sind und ferner elementare Konsistenzkriterien zur externen Darstellbarkeit der Modelle erhalten. Beispiele für solche konzeptuellen Beschreibungen von Änderungen sind *Editieroperationen*, wie sie bspw. von Modelleditoren oder modernen Refactoring-Werkzeugen angeboten werden. Benutzer sind mit der Bedienung dieser Werkzeuge und den zur Verfügung stehenden Editierkommandos vertraut. Weitere komplexe Editieroperationen lassen sich aus wiederkehrenden, schematischen Editiertätigkeiten ableiten. Editieroperationen nehmen im Kontext der Modellversionierung zwei zentrale Rollen ein: *(i)* Eine *deskriptive* Rolle zur Beschreibung der zwischen zwei Modellversionen beobachtbaren Änderungen, insbesondere zwischen zeitlich aufeinander folgenden Versionen einer Modellhistorie; *(ii)* Eine *präskriptive* Rolle zur Spezifikation von Änderungen, welche auf einer existierenden Version eines Modells auszuführen sind, insbesondere im Rahmen der Propagation von Modelländerungen.

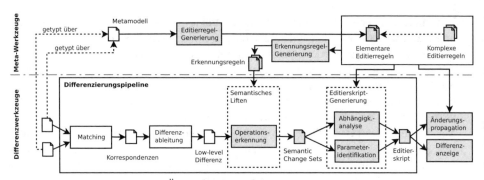

Abb. 1: Übersicht über den entwickelten Ansatz

Ziel der hier zusammengefassten Dissertation ist die systematische Anhebung von Konzepten, Algorithmen, Techniken und Werkzeugen zur Modellversionierung auf ein höheres Abstraktionsniveau basierend auf Editieroperationen. Kernidee des Ansatzes ist es, die für einen Modelltyp verfügbaren Editieroperationen in Form von In-Place Transformationen zu spezifizieren. Hierzu wird die Modelltransformationssprache Henshin [Ar10] genutzt, welche auf Graphtransformationskonzepten [Eh06] basiert. Formale Spezifikationen von Editieroperationen, i.F. als *Editierregeln* bezeichnet, dienen als Konfigurationsparameter für diverse generische Werkzeugkomponenten (s. Abb. 1). Zunächst werden existierende Differenzwerkzeuge für Modelle um die Erkennung von Editieroperationen erweitert (s. Abschnitt 4.1). Die so erhaltenen "semantisch gelifteten Modelldifferenzen" können bei Bedarf in konsistenzerhaltende Editierskripte konvertiert werden (s. Abschnitt 4.2). Diese bilden die Grundlage für die kontrollierte Propagation von Modelländerungen. Wir beschreiben hierzu einen flexiblen Ansatz zum Patchen von Modellen, welcher gängige Propagationsszenarien, insbesondere das "Cherrypicking" und die Aktualisierung lokaler Arbeitsbereiche ("Workspace Update"), unterstützt (s. Abschnitt 4.3). Die Erzeugung konsistenzerhaltender Editierregeln erfolgt größtenteils automatisiert auf Basis des Metamodells für einen gegebenen Modelltyp (s. Abschnitt 4.4). Die erarbeiteten Techniken und Methoden werden in einem universellen Framework zusammengefasst. Eine Referenzimplementierung auf Basis des weit verbreiteten Eclipse Modeling Framework (EMF) zeigt die technische Umsetzbarkeit und ist unter dem Namen *SiLift* [Ke12a] bekannt und frei verfügbar. Die Konzeption des Frameworks basiert auf etablierten Methoden zur Entwicklung von Softwareproduktlinien und ermöglicht es, spezialisierte Werkzeuge und Werkzeugfunktionen für das Versionsmanagement von Modellen zu konfigurieren (s. Abschnitt 4.5).

4 Resultate und wissenschaftliche Beiträge

4.1 Semantisches Liften von Modelldifferenzen

Ziel. Gängige Verfahren des Modellvergleichs liefern große und unstrukturierte Mengen von kleinteiligen Änderungen auf dem ASG. Diese sollen so partitioniert werden, dass jede Teilmenge den Effekt einer Editieroperation repräsentiert. Eine solche Teilmenge bezeichnen wir als *Semantic Change Set*, das Verfahren zur Transformation von low-level

Differenzen hin zu konzeptuellen Beschreibungen von Änderungen auf Basis von Editieroperationen wird als *semantisches Liften von Modelldifferenzen* bezeichnet.

Ansatz. Als Ausgangspunkt für das semantische Liften von Modelldifferenzen unterstellen wir die übliche Struktur zustandsbasierter Vergleichsverfahren, d.h. die beiden ersten Verarbeitungsschritte der in Abb. 1 dargestellten Differenzierungspipeline. Ein graphbasierter Matching-Algorithmus bestimmt im ersten Schritt die korrespondierenden ASG-Elemente der beiden zu vergleichenden Eingabemodelle. Die Ableitung einer low-level Differenz erfolgt in einem zweiten Schritt; nicht korrespondierende ASG-Elemente werden als eingefügt bzw. gelöscht erachtet. Eine zentrale Beobachtung ist, dass Editieroperationen zu charakteristischen Änderungsmustern in der strukturellen Repräsentation von low-level Differenzen führen. Die Erkennung von Semantic Change Sets resultiert somit i.w. in einem Mustererkennungsproblem. Die zu erkennenden Änderungsmuster weisen eine hochgradig komplexe Struktur auf. Eine manuelle Musterspezifikation wird daher bereits für kleine Mengen an Editieroperationen extrem aufwendig und fehleranfällig. Zur Lösung wird ein regelbasierter Ansatz vorgestellt [KKT11]. Die benötigten Suchmuster werden in Form von *Erkennungsregeln* in Henshin formuliert, welche automatisch aus den zugehörigen Editierregeln generiert werden. Erkennungsregeln sind ferner so konstruiert, dass sie parallel auf eine gegebene low-level Differenz angewendet werden können. Falsch-Positive, d.h. überlappende Semantic Change Sets, werden in einem nachgelagerten heuristischen Verfahren behandelt, um eine möglichst optimale Partitionierung der Gesamtmenge an low-level Änderungen zu bestimmen.

Experimentelle Ergebnisse. Experimente mit verschiedenen Testmodellen zeigen, dass sich die Anzahl der in einer Differenz enthaltenen Editierschritte durch semantisches Liften drastisch komprimieren lässt. Die Kompressionsraten variieren je nach Modelltyp und Testreihe; für die UML wurden Kompressionsfaktoren von bis zu 18,0 gemessen [KKT11]. Dies kann als Indikator für die Verbesserung der Verständlichkeit von Differenzen betrachtet werden. Untersuchungen zur Laufzeit des semantischen Liftens zeigen ferner, dass das Verfahren auch für reale Modelle skaliert.

4.2 Generierung ausführbarer Editierskripte

Grundlegende Definitionen und Ziele. Semantisches Liften von Modelldifferenzen verbessert deren Verständlichkeit, die gewonnenen Informationen reichen jedoch nicht aus, um Differenzen in Szenarien der Änderungspropagation auch ausführen zu können. Hierzu definieren wir eine erweiterte Form der gerichteten Differenz, die wir als *Editierskript* bezeichnen. Ein Editierskript enthält zusätzlich zu den auszuführenden Editieroperationen auch aktuelle Parameter und Informationen zu sequentiellen Abhängigkeiten von Editierschritten. Gegeben eine geliftete Differenz sowie die Menge der für einen Modelltyp zur Verfügung stehenden Editierregeln sollen Editierskripte automatisch generiert werden.

Generierung von Editierskripten. Ausgehend von einer semantisch gelifteten Differenz erfolgt die Generierung eines Editierskripts in zwei Schritten: *Parameteridentifikation* und *Abhängigkeitsanalyse* (s. Abb. 1). Aktuelle Regelparameter können anhand der Matches der Erkennungsregeln bestimmt werden. Um eine effiziente Abhängigkeitsanalyse zur Laufzeit zu gewährleisten, werden alle kombinatorisch möglichen Paare von Editieroperationen bereits statisch auf potentielle Abhängigkeiten untersucht. Die geschieht auf Basis der Technik der Kritischen-Paar-Analyse [Eh06]. Die so gewonnenen kritischen Paare repräsentieren potentielle Abhängigkeitsbeziehungen in einem minimalen Kontext. Zur Laufzeit prüfen wir für jedes Paar von Editierschritten, deren Editieroperationen potentiell in einer sequentiellen Abhängigkeitsbeziehung stehen, ob diese in einer Differenz tatsächlich auftritt. Details des Verfahrens wurden in [KKT13] vorab veröffentlicht.

4.3 Kontrollierte Propagation von Modelländerungen

Ziele. Die Propagation von Modelländerungen soll insofern kontrolliert ablaufen, als dass die synthetisierten Ergebnisse in Standard-Editoren extern repräsentiert werden können. Diverse Fehlerfälle und Konflikte sollen erkannt und, sofern eine automatisierte Fehlerbehebung bzw. Konfliktlösung nicht plausibel erscheint, dem Benutzer in geeigneter Weise präsentiert werden. In diesem Fall muss eine manuelle Intervention ermöglicht werden.

Ansatz. Zur kontrollierten Propagation von Modelländerungen wird ein flexibles Patch-Verfahren für Modelle vorgeschlagen, welches konsistenzerhaltende Editierskripte als Patches verwendet. Unter einem *konsistenzerhaltenden Editierskript* verstehen wir ein spezielles Editierskript, welches ausschließlich konsistenzerhaltende Editieroperationen verwendet. Der einzuhaltende Konsistenzgrad orientiert sich an Standard-Editoren für Modelle. Dies ermöglicht eine schrittweise und interaktive Anwendung von Patches. Da jeder Editierschritt in einem graphisch darstellbaren Folgezustand resultiert, können die Auswirkungen jedes einzelnen Editierschritts in der externen Darstellung des Zielmodells sichtbar gemacht werden. Darüber hinaus werden diverse Fehlerfälle behandelt und Möglichkeiten für manuelle Eingriffe angeboten [KKK13]. Basierend auf dem Prinzip des Patchens wird ferner ein neuartiger Ansatz zur Aktualisierung von Workspaces vorgestellt, welcher sich technisch und methodisch vom klassischen 3-Wege Mischen unterscheidet [KKR14]. Statt einer aufwendigen Konflikterkennung und -behandlung wird, zusätzlich zu den Fehlererkennungsroutinen des Patch-Verfahrens, eine Warnungsroutine eingeführt, welche das blinde Überschreiben lokaler Änderungen in Arbeitsbereichen verhindert.

Evaluation. Aufgrund des substantiellen Mangels an Patch-Werkzeugen für Modelle konzentriert sich die Evaluation auf das neuartige Verfahren zur Aktualisierung von Arbeitsbereichen. Wir vergleichen hierzu den Ansatz mit dem traditionellen 3-Wege Mischen. Einige Vorzüge sind offensichtlich. So ist z.B. die grafische Benutzeroberfläche des interaktiven Werkzeugs deutlich weniger komplex als jene interaktiver Mischwerkzeuge. Erkauft wird dies durch eine gewisse Unschärfe in der Konflikterkennung; die vorgestellten Varianten zur Realisierung einer Warnungsroutine basieren auf Heuristiken. Benchmarking-Ergebnisse zeigen jedoch, dass Konflikte, deren Erkennung von 3-Wege Mischwerkzeugen erwartet wird, auch von unserem Ansatz detektiert werden.

4.4 Generierung konsistenzerhaltender Editierregeln.

Ziel. Konsistenzerhaltende Editierskripte sind essentielle Grundlage für die kontrollierte Propagation von Modelländerungen. Die Anpassung an einen gegebenen Modelltyp sowie eine hierfür unterstellte Editierumgebung erfolgt durch die Spezifikation konsistenzerhaltender Editieroperationen. Hierzu wird eine vollständige Menge an konsistenzerhaltenden Editieroperationen benötigt, welche jede mögliche Änderung an beliebigen konsistenten Modellen eines gegebenen Typs abdeckt. Die Spezifikation soll daher durch geeignete Meta-Werkzeuge unterstützt werden.

Ansatz. Zur Unterstützung der Erzeugung konsistenzerhaltender Editierregeln beschreiben wir einen Algorithmus welcher, gegeben ein Metamodell mit Multiplizitäten, eine vollständige Menge an Editierregeln erzeugt. Der Erhalt elementarer Konsistenzkriterien und Multiplizitäten wird formal nachgewiesen. Der vorgestellte Ansatz geht davon aus, dass Standard-Metamodelle zunächst zu effektiven Metamodellen für eine gegebene Editierumgebung reduziert werden. Grundlegende Ideen wurden in [Ke13b, RKK14, Ke16] publiziert.

Evaluation. Die durchgeführten Untersuchungen zeigen, dass nicht-lokal wirksame Wohlgeformtheitskriterien für effektive Metamodelle eine sekundäre Rolle spielen. Lediglich ausgereifte, meist kommerzielle UML-Editoren fordern die Einhaltung weniger solcher Kriterien. Der Aufwand zur Nachbearbeitung generierter Editierregeln ist daher gering. Meist sind nur wenige Regeln um zusätzliche Anwendungsbedingungen zu ergänzen.

4.5 Methodik zur Entwicklung von Werkzeugen für die Modellversionierung

Ziel. Für ein qualitativ hochwertiges Versionsmanagement von Modellen werden für jeden Modelltyp eigene, dedizierte Werkzeuge benötigt, welche zusätzlich an Benutzerpräferenzen und technische Randbedingungen angepasst werden müssen. Hierfür wird ein methodischer Ansatz benötigt, um dies mit vertretbarem Aufwand leisten zu können.

Ansatz. Zur Umsetzung der oben skizzierten Anforderungen wird ein umfassendes Framework vorgestellt. Die Konzeption des Frameworks basiert auf Methoden zur Entwicklung von Softwareproduktlinien. In einer Feature-orientierten Domänenanalyse werden zunächst die variablen und gemeinsamen Eigenschaften der benötigten Werkzeuge identifiziert. Ein wichtiger Variationspunkt, die Menge der verfügbaren Editieroperationen, wurde bereits diskutiert. Weitere Variationspunkte sind bspw. die Anzeigeform für Differenzen, die Fehlerbehandlung bei der Änderungspropagation oder die Integration mit anderen Werkzeugen einer MBSE-Umgebung. Zur technischen Umsetzung der Variabilität wird ein kompositionaler Ansatz verfolgt. Werkzeug-Eigenschaften (Features) werden auf wiederverwendbare Implementierungskomponenten abgebildet, welche flexibel kombiniert und zu fertigen Werkzeugen gebunden werden können. Grundlegende Betrachtungen zur Adaptierbarkeit von Differenzwerkzeugen wurden in [Ke12b] vorab veröffentlicht.

Evaluation. Die *Flexibilität* des Frameworks wird durch die Entwicklung diverser Werkzeuge für unterschiedlichste Anwendungskontexte und Problemstellungen unter Beweis gestellt. Das Anwendungsspektrum umfasst zum einen Differenz-, Patch- und Mischwerkzeuge für Modelle, einige davon wurden in referierten Werkzeugdemonstrationen auf internationalen Konferenzen [KKR14, Ke15b] und in wissenschaftlichen Fachzeitschriften [KKT14] präsentiert. Zum anderen wurden Werkzeugfunktionen zur Lösung konkreter

Probleme in anderen Forschungsprojekten realisiert, so z.B. für statistische Analysen zur Evolution von Modellen [GRK14, Ya13, Ya14, Ya15], zur semantischen Klassifikation von Modelländerungen [Bü15] oder im Kontext der delta-orientierten Entwicklung modellbasierter Softwareproduktlinien [Pi15, Vo15]. Die *Adaptierbarkeit* der entwickelten Komponenten wird durch die Unterstützung einer Vielzahl verschiedenartiger Standard- [KKR14, KKT14, Pi15] und domänenspezifischer [Bü15, Ke13a, Ke15b, Vo15] Modelltypen unterstrichen.

5 Resümee

Hauptproblem der modellbasierten Softwareentwicklung ist, die Entwicklungsprozesse durch hochwertige Werkzeuge zu unterstützen. Dies zeigt sich insbesondere im Kontext des Versions- und Variantenmangements. Klassische Verfahren für Texte sind auf Modelle nicht anwendbar. Verfügbare Werkzeuge für Modelle verfolgen zwar einen strukturellen Ansatz, beschreiben Änderungen an Modellen jedoch mittels primitiver Graphoperationen. Solch kleinteilige Beschreibungen sind für Benutzer unverständlich und bergen im Kontext der Änderungspropagation die Gefahr der Synthetisierung inkonsistenter Modelle. Zur Lösung dieser Probleme wird in der hier zusammengefassten Dissertation ein umfassender Ansatz vorgestellt. Existierende Konzepte und Techniken zur Berechnung und Propagation von Modelländerungen werden auf einen höheren Abstraktionsgrad basierend auf Editieroperationen angehoben. Die konzipierten Verfahren sind generisch und hochgradig anpassbar. Hierzu wird ein methodischer Ansatz zur Implementierung einer Familie grundlegender und für ein breites Spektrum unterschiedlicher Modelltypen und Szenarien einsetzbarer Werkzeugfunkionen vorgestellt. Der Ansatz ist durch die formale Spezifikation von Editieroperationen theoretisch fundiert, gleichzeitig wird der praktische Nutzen durch zahlreiche Experimente und Fallstudien belegt. Diverse Zusammenarbeiten mit anderen Wissenschaftlern und der Industrie zeigen das große Interesse an der Arbeit und belegen ferner die breite Anwendbarkeit der entwickelten Konzepte und Techniken. Die Arbeit ermöglicht die Modellversionierung auf einer Abstraktionsebene, welche für die Programmversionierung so bisher nicht erreicht wurde. Ein interessanter Ausgangspunkt für weitere Forschungsprojekte ist die Frage, wie weit die Ideen zur Programmversionierung eingesetzt werden können. Die Arbeit bildet ferner die Basis für ein kürzlich bewilligtes DFG-Projekt, in dem die hier vorgestellten Konzepte auf die Versionierung koevolvierender Modelle erweitert werden sollen.

Literaturverzeichnis

[Al09] Altmanninger, Kerstin; Brosch, Petra; Kappel, Gerti; Langer, Philip; Seidl, Martina; Wieland, Konrad; Wimmer, Manuel: Why model versioning research is needed!? An experience report. In: Intl. MoDSE-MCCM Workshop. 2009.

[Ar10] Arendt, Thorsten; Biermann, Enrico; Jurack, Stefan; Krause, Christian; Taentzer, Gabriele: Henshin: advanced concepts and tools for in-place EMF model transformations. In: Intl. Conf. on Model Driven Engineering Languages and Systems, S. 121–135. Springer, 2010.

[BCW12] Brambilla, Marco; Cabot, Jordi; Wimmer, Manuel: Model-driven software engineering in practice. Synthesis Lectures on Software Engineering, 1(1):1–182, 2012.

[BE09]   Bendix, Lars; Emanuelsson, Pär: Collaborative work with software models–industrial experience and requirements. In: Intl. Conf. on Model-Based Systems Engineering. IEEE, S. 60–68, 2009.

[Bü15]   Bürdek, Johannes; Kehrer, Timo; Lochau, Malte; Reuling, Dennis; Kelter, Udo; Schürr, Andy: Reasoning about product-line evolution using complex feature model differences. Automated Software Engineering, S. 1–47, 2015.

[CSFP04] Collins-Sussman, Ben; Fitzpatrick, Brian; Pilato, Michael: Version control with subversion. O'Reilly Media, Inc., 2004.

[CW98]   Conradi, Reidar; Westfechtel, Bernhard: Version models for software configuration management. ACM Computing Surveys, 30(2):232–282, 1998.

[Eh06]   Ehrig, Hartmut; Ehrig, Karsten; Prange, Ulrike; Taentzer, Gabriele: Fundamentals of Algebraic Graph Transformation. Springer, 2006.

[Em12]   Emanuelsson, Pär: There is a strong need for diff/merge tools on models. Softwaretechnik-Trends, 32(4):30–31, 2012.

[Es05]   Estublier, Jacky; Leblang, David; Hoek, André van der; Conradi, Reidar; Clemm, Geoffrey; Tichy, Walter; Wiborg-Weber, Darcy: Impact of software engineering research on the practice of software configuration management. ACM Transactions on Software Engineering and Methodology, 14(4):383–430, 2005.

[GRK14]   Getir, Sinem; Rindt, Michaela; Kehrer, Timo: A Generic Framework for Analyzing Model Co-Evolution. In: Intl. Workshop on Models and Evolution. S. 12–21, 2014.

[HK10]   Herrmannsörfer, Markus; Koegel, Maximilian: Towards a generic operation recorder for model evolution. In: Intl. Workshop on Model Comparison in Practice. S. 76–81, 2010.

[Ke12a]   Kehrer, Timo; Kelter, Udo; Ohrndorf, Manuel; Sollbach, Tim: Understanding model evolution through semantically lifting model differences with SiLift. In: Intl. Conf. on Software Maintenance. IEEE CS, S. 638–641, 2012.

[Ke12b]   Kehrer, Timo; Kelter, Udo; Pietsch, Pit; Schmidt, Maik: Adaptability of model comparison tools. In: Intl. Conf. on Automated Software Engineering. ACM, S. 306–309, 2012.

[Ke13a]   Kehrer, Timo; Pietsch, Pit; Yazdi, Hamed Shariat; Kelter, Udo: Detection of High-Level Changes in Evolving Java Software. Softwaretechnik-Trends, 33(2), 2013.

[Ke13b]   Kehrer, Timo; Rindt, Michaela; Pietsch, Pit; Kelter, Udo: Generating Edit Operations for Profiled UML Models. In: Intl. Workshop on Models and Evolution. S. 30–39, 2013.

[Ke15a]   Kehrer, Timo: Calculation and Propagation of Model Changes Based on User-level Edit Operations. Dissertation, University of Siegen, 2015.

[Ke15b]   Kehrer, Timo; Pietsch, Christopher; Kelter, Udo; Strüber, Daniel; Vaupel, Steffen: An Adaptable Tool Environment for High-level Differencing of Textual Models. In: Intl. Workshop on OCL and Textual Modeling. S. 62–72, 2015.

[Ke16]   Kehrer, Timo; Taentzer, Gabriele; Rindt, Michaela; Kelter, Udo: Automatically Deriving the Specification of Model Editing Operations from Meta-Models. In: Intl. Conf. on Model Transformations. Jgg. 9765 in LNCS. Springer, S. 173–188, 2016.

[KKK13]   Kelter, Udo; Kehrer, Timo; Koch, Dennis: Patchen von Modellen. In: Software Engineering 2013: Fachtagung des GI-Fachbereichs Softwaretechnik. Jgg. 213 in LNI. GI, S. 171–184, 2013.

[KKR14]   Kehrer, Timo; Kelter, Udo; Reuling, Dennis: Workspace updates of visual models. In: Intl. Conf. on Automated Software Engineering. ACM, S. 827–830, 2014.

[KKT11]   Kehrer, Timo; Kelter, Udo; Taentzer, Gabriele: A rule-based approach to the semantic lifting of model differences in the context of model versioning. In: Intl. Conf. on Automated Software Engineering. IEEE, S. 163–172, 2011.

[KKT13]   Kehrer, Timo; Kelter, Udo; Taentzer, Gabriele: Consistency-preserving edit scripts in model versioning. In: Intl. Conf. on Automated Software Engineering. IEEE, S. 191–201, 2013.

[KKT14]   Kehrer, Timo; Kelter, Udo; Taentzer, Gabriele: Propagation of Software Model Changes in the Context of Industrial Plant Automation. Automatisierungstechnik, 62(11):803–814, 2014.

[Kü08]   Küster, Jochen M; Gerth, Christian; Förster, Alexander; Engels, Gregor: Detecting and resolving process model differences in the absence of a change log. In: Business Process Management, S. 244–260. Springer, 2008.

[Pi15]   Pietsch, Christopher; Kehrer, Timo; Kelter, Udo; Reuling, Dennis; Ohrndorf, Manuel: SiPL - A Delta-based Modeling Framework For Software Product Line Engineering. In: Intl. Conf. on Automated Software Engineering. ACM, 2015.

[RKK14]   Rindt, Michaela; Kehrer, Timo; Kelter, Udo: Automatic Generation of Consistency-Preserving Edit Operations for MDE Tools. In: Intl. Conf. on Model Driven Engineering Languages and Systems. 2014.

[SC13]   Stephan, Matthew; Cordy, James R: A Survey of Model Comparison Approaches and Applications. In: Modelsward. S. 265–277, 2013.

[Vo15]   Vogel-Heuser, Birgit; Folmer, Jens; Kowal, Matthias; Schaefer, Ina; Lity, Sascha; Fay, Alexander; Lamersdorf, Winfried; Kehrer, Timo; Tichy, Matthias; Beckert, Bernhard: Selected Challenges of Software Evolution for Automated Production Systems. In: Intl. Conf. on Industrial Informatics. IEEE, S. 314–321, 2015.

[Ya13]   Yazdi, Hamed Shariat; Pietsch, Pit; Kehrer, Timo; Kelter, Udo: Statistical Analysis of Changes for Synthesizing Realistic Test Models. In: Software Engineering 2013: Fachtagung des GI-Fachbereichs Softwaretechnik. Jgg. 213 in LNI. GI, S. 225–238, 2013.

[Ya14]   Yazdi, Hamed Shariat; Mirbolouki, Mahnaz; Pietsch, Pit; Kehrer, Timo; Kelter, Udo: Analysis and Prediction of Design Model Evolution Using Time Series. In: Advanced Information Systems Engineering Workshops. Jgg. 178 in LNBIP. Springer, S. 1–15, 2014.

[Ya15]   Yazdi, Hamed Shariat; Pietsch, Pit; Kehrer, Timo; Kelter, Udo: Synthesizing realistic test models. Computer Science-Research and Development, 30(3-4):231–253, 2015.

Timo Kehrer wurde geboren am 3. Dezember 1981 in Reutlingen. Er machte sein Abitur am Wildermuth-Gymnasium Tübingen und studierte Medieninformatik und Angewandte Informatik in Stuttgart und Siegen. Sein Informatik-Diplom erlangte er Anfang des Jahres 2011. Anschließend arbeitete Kehrer als Wissenschaftlicher Mitarbeiter in der Fachgruppe Praktische Informatik der Naturwissenschaftlich-Technischen Fakultät der Universität Siegen. Seine Promotion schloss er 2015 mit der hier zusammengefassten Dissertation ab. Zum Oktober 2015 erhielt Kehrer ein Forschungsstipendium an der Politecnico di Milano und arbeitet dort seither als Postdoktorand. Zu seinen Arbeitsgebieten zählt u.a. die modellbasierte Softwareentwicklung mit einem Schwerpunkt auf der Unterstützung und Untersuchung der Evolution von Modellen.

Verbessern von kontinuierlichen Anwendungen, die mit Bewegungsvorstellung kontrolliert werden, mittels hybriden Gehirn-Computer Schnittstellen Design-Prinzipien[1]

Alex Kreilinger[2]

Abstract: Gehirn-Computer Schnittstellen, die für Querschnittgelähmte oder Schlaganfallpatienten einen Kommunikationskanal bieten können, weisen teilweise unzureichende Funktionalität und Verlässlichkeit auf. In der hier vorgestellten Dissertation wurden neue hybride Entwicklungsmethoden eingesetzt, um genau diese Faktoren zu verbessern. Insbesondere wurde ein allgemeiner Ansatz einer hybriden Gehirn-Computer Schnittstelle erprobt und die automatische Detektion von Fehlern während kontinuierlicher, asynchroner Steuerung untersucht. Außerdem wurde unter enger Zusammenarbeit mit querschnittgelähmten Anwendern verschiedene Methoden der Neuroprothesensteuerung erstellt und über einen längeren Zeitraum hinweg analysiert.

1 Einführung

Menschen, die von Querschnittlähmung betroffen sind oder an den Folgen von Läsionen im Gehirn, z.B. hervorgerufen durch Schlaganfall, leiden, müssen oft mit beträchtlichen Einschränkungen bei der Interaktion bzw. Kommunikation mit ihrer Umgebung leben. Die Hauptursachen für diese Einschränkungen sind normalerweise die unterbrochenen afferenten und efferenten neuralen Pfade zwischen Gehirn und Muskeln. Das Ziel von Gehirn-Computer Schnittstellen (Brain-Computer Interface, BCI) ist es, diese Unterbrechungen zu umgehen, indem Gehirnaktivität direkt in Kommandos für die betroffenen Muskeln übersetzt werden. Gehirnaktivität kann mit verschiedenen Technologien gemessen werden, allem voran steht jedoch die nicht invasive Methode der Ableitung von elektrischen Signalen mittels der Elektroenzophalografie (EEG).

Obwohl auf dem Gebiet der BCI-Forschung während der letzten Jahre kontinuierlich Erfolge verzeichnet werden konnten, ist die Verlässlichkeit und Leistungsfähigkeit von BCIs definitiv noch ausbaufähig. Die Tatsache, dass man sich nicht zu hundert Prozent auf eine BCI-Applikation verlassen kann, ist für viele potentielle Anwender ein Grund, diese eben nicht in ihrem täglichen Leben einzusetzen. Ein relativ neuartiges Konzept, wie man diese Probleme lösen, oder zumindest lindern kann, ist das sogenannte hybride BCI. In einem hybriden BCI (hBCI) werden BCI-Signale mit anderen Signalen kombiniert, die ohne weiteres auch BCI-Signale sein können, aber auch von anderen Quellen stammen können, wie z.B. von anderen Biosignalen oder von Sensoren, die die unmittelbare Umgebung des Anwenders überwachen. Eine große Herausforderung ist es, sinnvolle Kombinationen

---

[1] Englischer Titel der Dissertation: "Improving Continuous Motor Imagery-Controlled Applications with Hybrid Brain-Computer Interface Design Principles"
[2] Universitätsaugenklinik, Medizinische Universität Graz alex.kreilinger@medunigraz.at

von Signalen zu finden, die für den Anwender eine bestmögliche Verbindung von BCI und anderen assistiven Technologien ermöglicht. Im Gegensatz zu ursprünglichen BCI-Applikationen soll das BCI-Signal hierbei nicht zwingend als das Hauptsteuerungssignal, sondern je nach Funktionalität auch nur als optionales, zusätzliches Signal angesehen werden. Je nach Fähigkeiten und Zustand der Anwender kann man so das jeweils beste Szenario auswählen. In einem Beispiel kann etwa das BCI als Hauptkontrollsignal verwendet werden, solange der Anwender noch konzentriert ist. Wird nach längerer Anwendungsdauer der Anwender jedoch müde, kann das hBCI auf ein anderes Kontrollsignal umschalten, z.B. auf ein Signal, das auf noch aktiven Muskelfunktionen basiert. Vice versa kann nach zunehmender Erschöpfung der Muskelkraft wieder der BCI-Kanal verwendet werden. In einem anderen Beispiel könnte ein Anwender bei der Kontrolle eines BCIs unterstützt werden, indem die zusätzliche Einbindung von Sensorsignalen ein zielorientiertes Steuern ermöglicht. Dadurch bekommen auch Anwender, die sonst Schwierigkeiten haben ein BCI zu kontrollieren, die Möglichkeit, dieses sinnvoll einzusetzen.

Eine andere Möglichkeit, die Benutzerfreundlichkeit von BCIs zu verbessern, basiert auf einer automatisierten Detektion von Fehlern [CSM14]. In zahlreichen Studien wurde bereits eindeutig eine spezifische Region ausgemacht, die hauptsächlich für die Verarbeitung von Fehlern verantwortlich ist. Diese Region liegt im vorderen Teil des Gyrus cinguli (anterior cingulate cortex, ACC) [O'07]. Es konnte außerdem bereits gezeigt werden, dass nach dem Beobachten, Ausführen, oder Erfahren von Fehlern charakteristische, zeit- und phasengekoppelte Signale im Zeitbereich gemessen werden können. Ein solches Signal wird Fehlerpotential genannt (error potential, ErrP). Je nach den Umständen, unter denen das ErrP ausgelöst wird, unterscheidet man zwischen Antwort-, Feedback-, Observations- und Interaktions-ErrP. Im Bereich von BCIs ist das Interaktions-ErrP am besten geeignet, weil es gemessen werden kann, wenn die Anwender den Eindruck haben, nicht selbst für den Fehler verantwortlich zu sein. Vielmehr wird die BCI-Applikation selbst verantwortlich gemacht, was im Falle von BCIs auch durchaus der Fall sein kann. Im Kontext von BCIs kann bereits das Inkludieren von Fehlerdetektion als ein hybrides BCI bezeichnet werden, da das normale BCI von einer zusätzlichen Komponente unterstützt wird. Dass diese Fehlerdetektion funktioniert, wurde schon in Experimenten nachgewiesen. Diese bedienten sich jedoch hauptsächlich diskreter BCI-Applikationen, bei denen Aktionen, die potentielle Fehlerquellen darstellen, nur zu bestimmten Zeitpunkten ausgeführt werden können [DMM10, Fe07, Sp12].

Ein Anwendungsbereich, in dem die Verwendung von hBCIs—egal ob mit oder ohne Fehlerdetektion—besonders sinnvoll sein kann, ist die Steuerung von Neuroprothesen, die auf der funktionellen Elektrostimulation (FES) basieren [Ru15]. Für Querschnittgelähmte mit Höhe der Blockade bei C4/C5 oder höher ist es ein besonders wichtiges Bedürfnis, wieder greifen zu können, um die Selbständigkeit zu erhalten. Zu einem gewissen Grad ist dazu natürlich auch die Elbogenfunktionalität notwendig. Eine FES-Neuroprothese kann den Anwendern helfen, diese Funktionen wieder zu erlangen. Dabei werden Kommandos, die durch das Analysieren von Gehirnaktivität generiert wurden, direkt in Stromimpulse umgesetzt, die die motorischen Punkte nahe der zu kontrahierenden Muskeln stimulieren. Durch das Variieren des Orts und der Stärke dieser Pulse können mit aufeinanderfolgenden Muskelkontraktionen Bewegungsabläufe induziert werden.

2 Forschungsziele

Das Hauptforschungsziel der Dissertation [Kr15] war die allgemeine Verbesserung der Verlässlichkeit und Funktionalität von BCIs mittels der Anwendung von hBCI Designprinzipien. Zu diesem Zweck wurden drei verschiedene Strategien erprobt.

Erstens wurde das generelle Konzept eines hBCIs analysiert und dessen Eignung für eine automatische Bewertung und Selektion verschiedener Eingangssignale untersucht. Dies ist besonders wichtig für hBCIs, die keine kontextuelle Information zur Verfügung haben, sondern nur Eigenschaften der Signale selbst beurteilen können. Basierend auf diesen Eigenschaften, sollte eine automatisierte Qualitätsbewertung getestet werden.

Die zweite Strategie behandelt die automatische Erkennung und Unterdrückung von Fehlern in online BCIs. Der Fokus lag hier insbesondere in der Detektion von Fehlern in asynchronen, kontinuierlichen BCI-Applikationen. Asynchron bedeutet, dass der Anwender die Applikation jederzeit kontrollieren kann, nicht nur zu vorgegebenen Zeitepochen. Kontinuierlich beschreibt die Art, wie die Applikation kontrolliert wird: anstatt nur diskrete Zustände zu kontrollieren (z.B. Hand auf oder zu) kann mit einem kontinuierlichen BCI der Öffnungsgrad beliebig viele Zustände zwischen geöffnet und geschlossen annehmen. Wie schon erwähnt, konnte die Funktionalität der Fehlerdetektion in synchronen, diskreten BCI-Applikationen bereits erfolgreich demonstriert werden. Ein asynchrones, kontinuierliches BCI bietet jedoch ein natürlicheres Erlebnis für die Anwender und wird daher mit höherer Wahrscheinlichkeit im Alltag verwendet.

Die dritte Strategie betrifft die intensive Zusammenarbeit mit querschnittgelähmten Patienten. Beachtet man die große Variabilität an individuellen Bedürfnissen und Einschränkungen, wird schnell deutlich, dass ein Anwender-zentriertes Design notwendig ist. In dieser Dissertation werden Studien mit drei querschnittgelähmten Personen vorgestellt, die BCI in unterschiedlichen Varianten verwenden: als Hauptsteuerungskanal für komplexe Bewegungen bis zu optionalen, einfachen Schaltvorgängen.

Insgesamt besteht die kumulative Dissertation aus sieben Veröffentlichungen, die sich mit den bereits genannten Forschungszielen beschäftigen. In allen Arbeiten wurde BCI-Kontrolle immer mittels Bewegungsvorstellung (motor imagery, MI) [PN01] realisiert, genauer gesagt, Bewegungsvorstellungen der linken/rechten Hand oder beider Füße. Die dabei entstehenden Muster können am somatosensorischen Kortex gemessen und zur Generierung von Steuersignalen verwendet werden.

3 Selektion von manueller Steuerung oder BCI-Steuerung basierend auf Qualitätsbewertungen

In einem Autospiel, das entweder mit einem manuellen Joystick oder mittels MI-BCI gesteuert werden konnte, wurden beide Eingangssignale kontinuierlich qualitativ bewertet. Diese Qualitätsbewertung wurde dazu verwendet, das jeweils am besten geeignete Steuersignal auszuwählen [Kr12]. Das besondere an dieser Bewertung war, dass diese nur auf Eigenschaften der jeweiligen Signale einging. Das Ziel der Studie war, herauszufinden, ob es möglich ist, ausschließlich durch diese Eigenschaften eine sinnvolle Selektion durchzuführen. Zehn gesunde Probanden nahmen an dem Experiment teil, bei dem es ihre Aufgabe war, möglichst viele Münzen zu sammeln und Barrieren auszuweichen. Das hBCI war in der Lage, bei Bedarf zwischen BCI und Joystick umzuschalten. Die Qualitätsbewertung des BCI-Signals war von detektiertem Rauschen, Instabilität, Invariabilität und Bias des Klassifikators abhängig; beim Joysticksignal basierte diese auf Zittern, zu niedriger Amplitude, Invariabilität und Bias.

Es konnte gezeigt werden, dass diese Umschaltungsfunktion die Funktionalität im Vergleich zu Messungen, bei denen nicht umgeschaltet wurde, verbessern konnte. Diese Publikation diente als wichtiges Beispiel, das demonstrieren konnte, wie ein hBCI potentiell verwendet werden kann, um selbständig seine Eingänge zu bewerten und zu selektieren. Das Funktionsprinzip ist in Abb. 1 dargestellt.

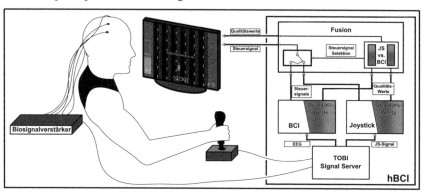

Abb. 1: Der Anwender kann entweder den Joystick oder ein auf Bewegungsvorstellungen basierendes BCI verwenden, um das Auto nach links oder rechts zu bewegen. Das aktive Signal wird konstant auf seine Qualität überprüft und bei Bedarf kann das hBCI zum anderen Signal wechseln. Dazwischen können sich entweder die Konzentration oder die Muskeln wieder erholen.

4 Fehlerdetektion während der kontinuierlichen Bewegung eines gedankengesteuerten künstlichen Arms

Das Ziel dieser Arbeit war, Reaktionen auf Fehler aufzuzeichnen und zu klassifizieren, die während der Beobachtung einer kontinuierlichen Bewegung entstehen [KNMP12]. Dazu wurde ein zeitversetztes BCI-Experiment verwendet, bei dem zehn gesunde Probanden zuerst Bewegungsvorstellung über eine vorgegebene Zeit ausführten, um dann die korrekte oder falsche Interpretation anhand der Bewegung eines künstlichen Arms über die gemessene Zeit zu beobachten. LEDs wurden verwendet, um zusätzlich zu der kontinuierlichen Bewegung diskretes Feedback zu geben, und zwar über die noch zu erwartende Länge der Bewegung. Diese LEDs blinkten je einmal vor jeder Sekunde: weiß, wenn der Arm sich noch mehr als 1 s weiter bewegen würde; rot, wenn der Arm innerhalb der nächsten Sekunde die Bewegung beenden würde. Das Schema wird mit einem Beispielziel von 3 s in Abb. 2 erläutert.

ErrPs konnten zwar über Zufallsniveau detektiert werden, allerdings ist die durchschnittliche Erkennungsrate von ca. 60 % noch zu niedrig für zukünftige Online-Anwendungen.

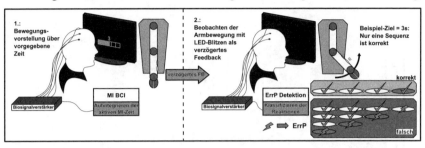

Abb. 2: In diesem zweigeteilten Experiment führen die Anwender zunächst je nach Vorgabe eine Bewegungsvorstellung aus. Die Länge der detektieren Vorstellung wird währenddessen integriert und dann dazu verwendet, den künstlichen Arm genau solange zu bewegen. Farbkodierte LEDs zeigen zu Beginn jeder Sekunde an, ob sich der Arm noch länger als 1 s bewegen wird. Dabei kann, je nach Zielvorgabe, immer nur genau eine LED-Sequenz korrekt sein. Weicht die Sequenz ab, wird zum Zeitpunkt des LED-Blitzes ein Fehlerpotential erzeugt.

5 Detektion von einzelnen und mehrfachen Fehlern in einem gedankengesteuerten Autospiel mit diskretem und kontinuierlichem Feedback

In der nächsten Arbeit, die sich mit Fehlerpotentialen befasst, wurden versucht, die Limitationen der Vorgängerpublikation zu beseitigen [KHMP15]. Eine Limitation war die zeitliche Entkopplung, die zur Folge hatte, dass die Anwender wenig involviert waren. Außerdem war das Feedback zu abstrakt und die Steuerung schwer zu meistern. In dieser Arbeit wurde stattdessen wieder ein Autospiel verwendet, das eine kontinuierliche, asynchrone Steuerung durch Bewegungsvorstellung der rechten Hand (Bewegung nach rechts) und beider Füße (Bewegung nach links) zuließ. Darüberhinaus galt es während vordefinierter Trials, deren Anfang und Ende mit eindeutig gekennzeichnet wurden, möglichst viele Münzen zu sammeln und Barrieren auszuweichen. Bei der Kollision mit diesen Objekten wurde ein diskretes Feedback ausgelöst: Über einen kurzen Zeitraum wurde das Auto vergrößert und in anderer Farbe dargestellt. Zeitgleich wurde außerdem ein kurzer Ton abgespielt.

In einer neuartigen Methode wurden dabei Fehler nicht anhand einzelner Reaktionen, auch Events genannt, klassifiziert, sondern immer erst nachdem eine Serie von Events aufgenommen worden war. Damit wurde dann bestimmt, ob ein ganzer Trial, der aus bis zu vier Münzen und/oder Barrieren bestand, eher fehlerhaft oder korrekt war, siehe Abb. 3. Bei Detektion eines fehlerhaften Trials konnte dieses dann verworfen werden. Mit dieser neuen Auswertung von mehrfachen Events konnte in offline Simulationen eine signifikant höhere Erkennungsrate erzielt werden. Mit vier der zehn Teilnehmern konnte die neue Methode auch online mit Erfolg angewendet werden.

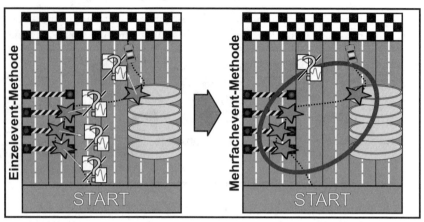

Abb. 3: Üblicherweise werden Fehler bei jedem einzelnen Event klassifiziert. Mit der neuartigen Mehrfachevent-Methode wird erst abgewartet, bis eine Serie von Reaktionen aufgezeichnet wurde. Erst nach Ende des Trials wird entschieden, ob dieses korrekt oder falsch war.

6 Neuroprothesensteuerung mittels hBCI

Die Steuerung von Neuroprothesen mittels BCI wurde in verschiedenen Szenarien mit gesunden und querschnittgelähmten Anwendern erprobt. Dabei wurde besonders darauf geachtet, ein hBCI zu verwenden, das auf die individuellen Bedürfnisse und Fähigkeiten der Patienten eingehen kann. Haben die Patienten z.B. noch relative viele muskuläre Restfunktionen, muss das BCI-Signal nur wenig Kontrolle übernehmen. Sind diese Funktionen nicht mehr vorhanden, oder von rascher Ermüdung betroffen, ist es notwendig, dass das BCI mehr Verantwortung übernimmt.

Eine Möglichkeit, wie BCI als das Hauptsteuersignal verwendet werden kann, um die Ellenbogen- und Greiffunktion einer Neuroprothese zu kontrollieren, wurde in [Wu13] gezeigt. Hier wurde ein zeitkodiertes BCI verwendet: Lange Bewegungsvorstellungen wurden für Extension/Flexion des Arms verwendet. Der Winkel wurde dabei, solange die Vorstellung detektiert wurde, kontinuierlich mit Hilfe des FES-Stimulationsgeräts (MotionStim, Medel, Hamburg) mitgeregelt. Dies wurde durch einen Winkelsensor ermöglicht, der in der verwendeten hybriden FES-Orthese [Ro13] eingebaut war. Darüberhinaus konnte die Armposition durch einen mechanischen Riegel fixiert werden, um permanente Stimulation zu vermeiden, welche sonst rasch zu Ermüdung der kontrahierten Muskeln führt. Kurze Vorstellungen wurden verwendet, um die Hand zu öffnen oder zu schließen. Allerdings wurde zusätzlich eine sogenannte "Shared Control-" Logik verwendet [LM12], die je nach aktuellem Status, Kommandos auch anders interpretieren kann. Shared Control ist eine wichtige Komponente von hBCIs und dient vor allem dazu, die Steuerung für die Anwender durch zielorientierte Strategien zu unterstützen. Der Aufbau wird in Abb. 4

gezeigt. In diesem Szenario konnte mit kurzen Vorstellung je nach Position des Arms auch eine vollständige Extension oder Flexion erreicht werden. Im Experiment wurde von zehn gesunden und einem querschnittgelähmten Probanden versucht, vordefinierte Bewegungsabfolgen auszuführen. Der querschnittgelähmte Proband konnte dabei insgesamt die zweitbeste Leistung erzielen.

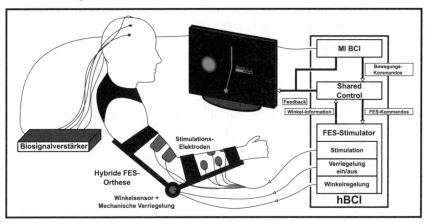

Abb. 4: Bei dieser hauptsächlich durch BCI gesteuerten Neuroprothese kann der Anwender mittels langen oder kurzen Bewegungsvorstellungen den Arm oder die Hand bewegen. Lange Vorstellungen bewegen den Arm, solange die Vorstellung aktiv detektiert wird. Eine kurze Vorstellung öffnet oder schließt die Hand, oder bewegt den Arm in die Ausgangs- oder Endposition. Diese kontextabhängigen Entscheidungen werden von der Shared Control-Logik getroffen. Der Winkel des Ellbogens wird mit dem Stimulationsgerät eingeregelt. Die gewünschte Position kann mittels mechanischer Verriegelung fixiert werden.

In einem anderen Beispiel, bei dem die Anwender Schulterbewegungen durchführen und zum Teil auch noch den Ellenbogen abwinkeln können, wurden zwei hBCIs getestet, bei denen das BCI-Signal nur als Schalter verwendet wurde. In einer Variante wurde BCI dazu verwendet, zwischen zwei verschiedenen Greifmustern umzuschalten, die mit einem FES-Stimulationsgerät realisiert wurden. Damit konnte der Anwender frei entscheiden, ob er einen Palmar- oder einen Daumengriff verwenden wollte. Die tatsächliche Ausführung der Greifbewegung wurde dann mit einem Schulterpositionssensor gesteuert [Kr13a, Kr13b]. Bei einer anderen Variante wurde mit dem BCI zwischen Hand- und Armsteuerung umgeschaltet [Ro13]. Diese beiden Varianten wurden über einen Zeitraum von mehreren Monaten stetig eingesetzt und trainiert, sowohl im Labor als auch bei den Anwendern zu Hause.

7 Diskussion der Ergebnisse

In der ersten Publikation (Sektion 3) wurde ein allgemeines Problem der hBCI-Entwicklung behandelt. Da ein hBCI definitionsgemäß [Mu11, Pf10] mehrere Eingänge zur Verfügung hat, müssen auch gewisse Regeln, die vorgeben, wie die Eingänge zu verwenden sind, vorhanden sein. Liegen Informationen über den aktuellen Kontext vor (z.B. von

Kameras), können daraus Rückschlüsse über die individuelle Eignung von Signalen getroffen werden. In diesem Beispiel war das Ziel jedoch, eine Möglichkeit für den Fall aufzuzeigen, dass nur die Eingangssignale, aber keinerlei Zusatzinformationen, vorhanden sind. Die individuellen Qualitätsbewertungen konnten erfolgreich dazu verwendet werden, zwischen zwei Eingangssignalen umzuschalten. Es konnte beispielsweise gezeigt werden, dass schlechte BCI-Anwender weniger Zeit im BCI-Steuermodus verbrachten als geübte BCI-Anwender. Es konnte also eine potentielle Möglichkeit demonstriert werden, wie man Entscheidungen über das beste Eingangssignal treffen kann, basierend rein auf individuellen Signaleigenschaften.

Auch betreffend der Detektion von Fehlern in kontinuierlichen BCI-Anwendungen konnten Fortschritte verzeichnet werden (Sektionen 4 und 5). Zum einen konnte gezeigt werden, dass es möglich ist, Fehler während kontinuierlicher Anwendungen zu detektieren und auch über Zufallsniveau zu klassifizieren, solange man einen sinnvollen Weg findet, diskretes Feedback zu integrieren. Zum anderen wurde anhand einer neuartigen Methode, der Mehrfachevent-Methode, signifikant bessere Klassifizierungen erreicht. Dabei wurden nicht einzelne Events klassifiert, sondern ganze Trials, die mehrere solcher Events beinhalten konnten. Es gibt einige potentielle Anwendungsbeispiele für diese neue Methode. Zum Beispiel könnten dadurch ungewollte Zustände als falsch identifiziert werden, wenn diese über einen längeren Zeitraum diskrete Feedbackevents bereitstellen. Ein naheliegender Vergleich wäre beispielsweise das repetitive akustische Signal eines LKWs im Rückwärtsgang.

In Sektion 6 werden drei verschiedene, auf hBCI basierende, Neuroprothesensteuerungen vorgestellt. Die starken Unterschiede bei diesen Anwendungen demonstrieren die Notwendigkeit einer individuellen, Anwender-zentrierten Entwicklung. BCI-Applikationen müssen genau auf die Bedürfnisse und Fähigkeiten von potentiellen Anwendern abgestimmt sein und sich möglichst sinnvoll mit bestehenden assistiven Technologien kombinieren lassen. Diese Kombination kann durch das Bereitstellen von alternativen Steuersignalen erfolgen, aber auch durch zusätzliche Funktionen oder verbesserte Steuerungsmöglichkeiten durch Integration von Information, die man aus Gehirnsignalen zusätzlich ableiten kann.

8 Conclusio und Ausblick

In dieser Dissertation wird die Nützlichkeit von hybriden Entwicklungsprinzipien anhand einer Variation von Beispielen demonstriert. Diese beinhalten zum einen die Implementierung eines allgemeinen Konzepts, wie man anhand von Qualitätsbewertungen Steuersignale auswählen kann, aber auch konkrete Anwendungsbeispiele, die die Detektion von Fehlern in kontinuierlichen BCI-Applikationen zum Ziel hatten. Darüberhinaus wurden individuelle Lösungen für querschnittgelähmte Anwender erstellt und mit deren Hilfe über längere Zeiträume getestet.

Eine Zukunftsvision ist die Kombination aller untersuchten Themen: Die kontinuierliche, asynchrone Steuerung einer Neuroprothese für einen querschnittgelähmten Anwender, welche verschiedene Steuerungssignale (unter anderem BCI) zur Verfügung hat. Der

Anwender kann dann entweder selbst den Steuerungskanal auswählen, oder wird in der Auswahl oder auch in der Steuerung durch eine automatische Fehlerdetektion unterstützt. Eine Shared Control-Logik überwacht die Applikation und erleichtert für den Anwender die Kontrolle je nach aktuellem Kontext. Das Fundament für so eine Anwendung wurde jedenfalls mit der Dissertation schon gelegt.

Die Dissertation wurde vom europäischen Projekt Tools for Brain-Computer Interaction (TOBI), FP7-224631, gefördert.

Literaturverzeichnis

[CSM14]   Chavarriaga, Ricardo; Sobolewski, Aleksander; Millán, José del R.: Errare machinale est: The use of error-related potentials in brain-machine interfaces. Frontiers in Neuroscience, 8(208), 2014.

[DMM10]   Dal Seno, Bernardo; Matteucci, Matteo; Mainardi, Luca: Online detection of P300 and error potentials in a BCI speller. Computational Intelligence and Neuroscience, (307254):5, 2010.

[Fe07]   Ferrez, Pierre W.: Error-related EEG potentials in brain-computer interfaces. Dissertation, École Polytechnique Fédérale de Lausanne, 2007.

[KHMP15]   Kreilinger, Alex; Hiebel, Hannah; Müller-Putz, Gernot R.: Single versus multiple events error potential detection in a BCI-controlled car game with continuous and discrete feedback. IEEE Transactions on Biomedical Engineering, S. in press, 2015.

[KNMP12]   Kreilinger, Alex; Neuper, Christa; Müller-Putz, Gernot R.: Error potential detection during continuous movement of an artificial arm controlled by brain-computer interface. Medical & Biological Engineering & Computing, 50(3):223–230, 2012.

[Kr12]   Kreilinger, Alex; Kaiser, Vera; Breitwieser, Christian; Williamson, John; Neuper, Christa; Müller-Putz, Gernot R.: Switching between manual control and brain-computer interface using long term and short term quality measures. Frontiers in Neuroscience, 5(147), 2012.

[Kr13a]   Kreilinger, Alex; Hiebel, Hannah; Ofner, Patrick; Rohm, Martin; Rupp, Rüdiger; Müller-Putz, Gernot R.: Brain-Computer Interfaces als assistierende Technologie und in der Rehabilitation nach Schlaganfall. Orthopädie-Technik, 6:18–25, 2013.

[Kr13b]   Kreilinger, Alex; Kaiser, Vera; Rohm, Martin; Rupp, Rüdiger; Müller-Putz, Gernot R.: BCI and FES training of a spinal cord injured end-user to control a neuroprosthesis. In: Proceedings of the BMT2013 Conference. Graz, S. 1007–1008, 2013.

[Kr15]   Kreilinger, Alex: Improving Continuous Motor Imagery-Controlled Applications with Hybrid Brain-Computer Interface Design Principles. Dissertation, Technische Universität Graz, 2015.

[LM12]   Leeb, Robert; Millán, José del R.: Introduction to devices, applications and users: Towards practical BCIs based on shared control techniques. In (Allison, B.; Dunne, S.; Leeb, R.; Millán, J. del R.; Nijholt, A., Hrsg.): Towards Practical Brain-Computer Interfaces: Bridging the Gap from Research to Real-World Applications. Springer, 2012.

[Mu11]   Mueller-Putz, Gernot R.; Breitwieser, Christian; Cincotti, Febo; Leeb, Robert; Schreuder, Martijn; Leotta, Francesco; Tavella, Michele; Bianchi, Luigi; Kreilinger, Alex; Ramsay, Andrew; Rohm, Martin; Sagebaum, Max; Tonin, Luca; Neuper, Christa; Millán, José del R.: Tools for Brain-Computer Interaction: a general concept for a hybrid BCI (hBCI). Frontiers in Neuroinformatics, 5(30):1–10, 2011.

[O'07]   O'Connell, Redmond G.; Dockree, Paul M.; Bellgrove, Mark A.; Kelly, Simon P.; Hester, Robert; Garavan, Hugh; Robertson, Ian H.; Foxe, John J.: The role of cingulate cortex in the detection of errors with and without awareness: a high-density electrical mapping study. European Journal of Neuroscience, 25(8):2571–2579, 2007.

[Pf10]   Pfurtscheller, Gert; Allison, Brendan Z.; Brunner, Clemens; Bauernfeind, Günther; Solis-Escalante, Teodoro; Scherer, Reinhold; Zander, Thorsten O.; Müller-Putz, Gernot R.; Neuper, Christa; Birbaumer, Niels: The hybrid BCI. Frontiers in Neuroscience, 4:30, 2010.

[PN01]   Pfurtscheller, Gert; Neuper, Christa: Motor imagery and direct brain-computer communication. Proceedings of the IEEE, 89:1123–1134, 2001.

[Ro13]   Rohm, Martin; Schneiders, Matthias; Müller, Constantin; Kreilinger, Alex; Kaiser, Vera; Müller-Putz, Gernot R.; Rupp, Rüdiger: Hybrid brain-computer interfaces and hybrid neuroprostheses for restoration of upper limb functions in individuals with high-level spinal cord injury. Artificial Intelligence in Medicine, 59(2):133–142, 2013.

[Ru15]   Rupp, Rüdiger; Rohm, Martin; Schneiders, Matthias; Kreilinger, Alex; Müller-Putz, Gernot R.: Functional rehabilitation of the paralyzed upper extremity after spinal cord injury by noninvasive hybrid neuroprostheses. Proceedings of the IEEE, 103(6):954–968, 2015.

[Sp12]   Spüler, Martin; Bensch, Michael; Kleih, Sonja; Rosenstiel, Wolfgang; Bogdan, Martin; Kübler, Andrea: Online use of error-related potentials in healthy users and people with severe motor impairment increases performance of a P300-BCI. Clinical Neurophysiology, 123(7):1328–1337, 2012.

[Wu13]   Wu, Zhaohui; Reddy, Raj; Pan, Gang; Zheng, Nenggan; Verschure, Paul F. M. J.; Zhang, Qiaosheng; Zheng, Xiaoxiang; Principe, José C.; Kreilinger, Alex; Rohm, Martin; Kaiser, Vera; Leeb, Robert; Rupp, Rüdiger; Müller-Putz, Gernot R.: The convergence of machine and biological intelligence. Intelligent Systems, IEEE, 28(5):28–43, 2013.

Alex Kreilinger hat im Jahr 2008 sein Diplomstudium Elektrotechnik/Biomedizinische Technik an der Technischen Universität Graz abgeschlossen. Von 2008–2013 war er am Institut für Neurotechnologie an der Technischen Universität Graz als wissenschaftlicher Projektmitarbeiter angestellt und hat 2015 an diesem Institut sein Doktoratsstudium erfolgreich beendet. Seit 2013 is er als wissenschaftlicher Projektmitarbeiter an der Universitätsaugenklinik, Artificial Vision Center, an der Medizinischen Universität Graz tätig. Seine Forschungsinteressen beinhalten Gehirn-Computer Schnittstellen, insbesondere die Detektion von Fehlern in Gehirnsignalen, die Steuerung von Neuroprothesen und die Rehabilitation von Sehfunktionen blinder Personen mittels Retinaimplantaten.

Schnellere Approximationsalgorithmen zur Partiell-Dynamischen Berechnung Kürzester Wege[1]

Sebastian Krinninger[2]

Abstract: Ein Algorithmus gilt als dynamisch wenn seine Eingabe mit der Zeit immer wieder Änderungen unterworfen ist und er deshalb das Ergebnis seiner Berechnungen regelmäßig aktualisiert. Das Hauptziel ist es, schneller zu sein als ein naiver Algorithmus, der das Ergebnis nach jeder Änderung von Grund auf neu berechnet. Für dynamische Probleme auf Graphen bestehen die Änderungen in der Regel aus Einfügungen und Löschungen von Kanten. In dieser Arbeit konzentrieren wir uns auf partiell-dynamische Algorithmen, die nur eine Art von Änderungen erlauben; entweder ausschließlich Einfügungen (inkrementeller Algorithmus) oder ausschließlich Löschungen (dekrementeller Algorithmus). Wir entwickeln schnellere, partiell-dynamische Approximationsalgorithmen zur Berechnung annähernd kürzester Wege in Graphen in Bezug auf die Gesamtlaufzeit, also die Summe der Laufzeiten, die jeweils benötigt werden, um das Ergebnis nach einer Änderung zu aktualisieren.

Keywords: Kürzeste Wege, dynamische Graphalgorithmen

1 Einführung und Motivation

Die Berechnung kürzester Wege ist ein fundamentales Problem der Informatik. Wird beispielsweise ein Verkehrsnetz durch einen Graph, bestehend aus Knoten und Kanten, modelliert, so lässt sich die schnellste Verbindung von *A* nach *B* als kürzester Weg im Graph berechnen. In möglichst realistischen Modellen wird zugelassen, dass sich der Graph mit der Zeit verändert. Typische Veränderungen des Graphen sind Einfügungen und Löschungen von Kanten. In einem Verkehrsnetz könnte beispielsweise ein temporärer Stau dadurch modelliert werden, dass die entsprechende Kante im Graph gelöscht und später wieder eingefügt wird. Die naive Lösung für ein dynamisches Szenario besteht darin, den kürzesten Weg nach jeder Veränderung im Graph von Grund auf neu zu berechnen. Wünschenswert sind jedoch weitaus effizientere Algorithmen, die nur einen Bruchteil dieser Zeit benötigen. Aus dieser Motivation heraus werden mit dynamischen Graphalgorithmen spezielle Datenstrukturen entwickelt, die Lösungen für fundamentale Graphprobleme nach Veränderungen im Graph schnell wieder aktualisieren. Neben der Berechnung kürzester Wege wurden dynamische Algorithmen bisher auch für zahlreiche andere Probleme entwickelt, so zum Beispiel für Konnektivität, minimaler Spannbaum, größtmögliches Matching, transitive Hülle und starke Zusammenhangskomponenten. Das Ziel dieser Dissertation war, schnellere Algorithmen für dynamische kürzeste Wege in Bezug auf beweisbare obere Schranken der Laufzeit zu finden.

---

[1] Englischer Titel der Dissertation: „Faster Approximation Algorithms for Partially Dynamic Shortest Paths Problems"

[2] Max-Planck-Institut für Informatik, Department 1: Algorithms and Complexity, Campus E1 4, 66123 Saarbrücken

Ein dynamischer Algorithmus für kürzeste Wege ist eine Datenstruktur, die folgende Operationen für alle Paare von Knoten u und v eines sich verändernden Graphen G mit n Knoten und maximal m Kanten bereitstellt:

- Insert (u, v): Füge die Kante (u,v) zu G hinzu, falls sie noch nicht existiert.
- Delete (u, v): Lösche die Kante (u,v) aus G, falls sie existiert.
- Query (u, v): Gib die Distanz $d_G(u,v)$ von u nach v zurück.

Jede Einfügung oder Löschung wird auch *Update* genannt. Nach jedem Update läuft der Algorithmus für eine gewisse Zeit, um auf die Veränderung im Graph reagieren zu können, sodass nachfolgende Distanz-Queries schnell beantwortet werden können. Die Zeit, die der Algorithmus nach jedem Update benötigt, wird *Update-Zeit* genannt. Sehr oft wird die Update-Zeit über eine Sequenz von Updates amortisiert. Die Zeit, die benötigt wird, um ein Query zu beantworten, wird *Query-Zeit* genannt. Im Folgenden berücksichtigen wir nur kleine Query-Zeiten wie $O(1)$ oder $O(\text{polylog} n)$. Alle in dieser Arbeit vorgestellten Algorithmen können ohne großen Mehraufwand als Antwort auf ein Query auch einen Pfad der entsprechenden Länge zurückgeben – in Zeit proportional zur Länge des Pfades.

Üblicherweise werden in der Literatur folgende Einschränkungen für dynamische Kürzeste-Wege-Probleme betrachtet:

- Anstatt sowohl Einfügungen als auch Löschungen zu erlauben, werden für *partiell-dynamische* Algorithmen nur Updates eines Typs erlaubt. Werden nur Einfügungen erlaubt, so spricht man von *inkrementellen* Algorithmen. Werden nur Löschungen erlaubt, so spricht man von *dekrementellen* Algorithmen. Werden beide Arten von Updates erlaubt, so spricht man von *voll-dynamischen* Algorithmen.

- Anstatt exakter kürzester Wege, berechnen manche Algorithmen nur eine *Approximation*. Ein Algorithmus liefert eine (α,β)-Approximation (wobei $\alpha \geq 1$ und $\beta \geq 0$), falls er auf ein Query mit einer Distanz-Schätzung $\delta(u,v)$ antwortet, für die gilt: $d_G(u,v) \leq \delta(u,v) \leq \alpha d_G(u,v) + \beta$. Eine rein multiplikative Approximation mit $\beta = 0$ bezeichnen wir üblicherweise als α-Approximation statt als $(\alpha,0)$-Approximation. In dieser Arbeit gilt meist $\alpha = 1+\varepsilon$ für ein ε mit $0 < \varepsilon \leq 1$, wobei wir im Folgenden der Übersichtlichkeit halber annehmen, dass ε eine kleine Konstante ist.

- Anstatt die kürzesten Wege zwischen allen Knoten zu berechnen, werden nur die kürzesten Wege von einem ausgewählten Startknoten zu allen anderen Knoten berechnet. Die erste Variante wird als *APSP-Problem* („all-pairs shortest paths") bezeichnet, die zweite Variante als *SSSP-Problem* („single-source shortest paths").

- Anstatt nur gewichtete, gerichtete Graphen zu untersuchen, sind auch Einschränkungen auf ungewichtete und ungerichtete Graphen von Interesse.

Hauptsächlich gibt es zwei Motivationen, warum die oben genannten Einschränkungen gemacht werden. Erstens lassen sich die spezialisierten Algorithmen oftmals als Bausteine zur Lösung der allgemeineren Probleme verwenden. Beispielsweise lässt sich manchmal ein dekrementeller Algorithmus zu einem voll-dynamischen Algorithmus erweitern [HK95]. Zweitens lassen sich Effizienzgewinne über allgemeinere Algorithmen erreichen, indem *Bottlenecks* vermieden werden. Möchte man beispielsweise alle paarweisen Distanzen eines Graphen explizit in einer $n \times n$ Matrix speichern, so ist eine Update-Zeit von $\Omega(n^2)$ unvermeidbar, wenn sowohl Einfügungen als auch Löschungen erlaubt sind, da sich durch ein einziges Update $\Omega(n^2)$ Einträge der Matrix verändern können. Zahlreiche weitere Barrieren wurden kürzlich in Form bedingter unterer Schranken gefunden [AVW14, He15].

In dieser Dissertation wurden mehrere partiell-dynamische Approximationsalgorithmen entwickelt. Meist handelt es sich dabei um dekrementelle Algorithmen, da inkrementelle Algorithmen typischerweise einfacher zu erhalten sind als dekrementelle Algorithmen. Insbesondere können alle im Folgenden besprochenen dekrementellen Algorithmen auch als inkrementelle Algorithmen formuliert werden und liefern die gleichen asymptotischen Laufzeiten wie ihre dekrementellen Gegenstücke. Partiell-dynamische Algorithmen erreichen ihre Laufzeitschranken üblicherweise durch Amortisierung über $\Omega(m)$ viele Updates. Im Folgenden verstehen wir unter der *Gesamtlaufzeit* die Summe der Update-Zeiten für alle Updates.

2 Vorbemerkungen

2.1 Stand der Forschung

Dynamische Graphalgorithmen, insbesondere auch zur Berechnung kürzester Wege, sind seit mehr als drei Jahrzehnten ein aktiver Forschungsgegenstand. Daraus ergibt sich eine reichhaltige Vergleichsliteratur. Wir beleuchten im Folgenden nur den State-of-the-Art für die wichtigsten in dieser Dissertation behandelten Probleme.

- *Exaktes dekrementelles SSSP-Problem:* Der deterministische Algorithmus von Even und Shiloach [ES81] kann einen Baum kürzester Wege eines ungewichteten, ungerichteten Graphen laufend aktualisieren, wenn Kanten aus dem Graph gelöscht werden. Seine Gesamtlaufzeit beträgt $O(mn)$ und jedes Query kann in konstanter Zeit beantwortet werden. Der Algorithmus kann so erweitert werden, dass er innerhalb derselben Laufzeitschranken für ungewichtete, gerichtete Graphen funktioniert [HK95]. Für gewichtete, gerichtete Graphen gibt es eine Modifikation mit der pseudopolynomialen Gesamtlaufzeit $O(mnW)$ [Ki99], wenn die Kantengewichte ganze Zahlen von 1 bis W sind.

- *Approximatives dekrementelles SSSP-Problem:* Bernstein und Roditty [BR11] entwickelten einen dekrementellen $(1 + \varepsilon)$-approximativen Algorithmus für SSSP in ungewichteten, ungerichteten Graphen. Der Algorithmus ist randomisiert[3] und hat eine Gesamtlaufzeit von $O(n^{2+o(1)})$ und konstante Query-Zeit.

---

[3] Hier und im Folgenden sind für randomisierte Algorithmen die Gesamtlaufzeiten in Erwartung zu verstehen. Die Korrektheit der randomisierten Algorithmen gilt zudem mit hoher Wahrscheinlichkeit, das heißt mit Wahrscheinlichkeit mindestens $1 - 1/n^c$ für eine Konstante c. Es wird ferner davon ausgegangen, dass die Sequenz von Updates unabhängig von den Zufallsbits des Algorithmus ist.

- *Approximatives dekrementelles APSP-Problem:* Für gewichtete, gerichtete Graphen gibt es einen randomisierten $(1 + \varepsilon)$-approximativen dekrementellen Algorithmus für APSP, der eine Gesamtlaufzeit von $\tilde{O}(mn \log W)^4$ und konstante Query-Zeit besitzt [Be13]. Diesem Ergebnis ging ein Algorithmus von Roditty und Zwick [RZ12] voraus, der die gleichen Garantien für ungewichtete, ungerichtete Graphen bot.

2.2 Grundlegende Techniken

Im Folgenden stellen wir zwei grundlegende Techniken vor, die als Bausteine in einer Vielzahl von dynamischen Algorithmen zur Berechnung kürzester Wege verwendet werden.

Einer dieser Bausteine ist der Algorithmus von Even und Shiloach (bzw. die oben erwähnten Erweiterungen), mit dem ein Baum kürzester Wege laufend aktualisiert werden kann. Seine zentrale Bedeutung ergibt sich daraus, dass man den Algorithmus auch so verwenden kann, dass der Baum nur Pfade bis zu einer festgelegten Distanz D enthält. Die Gesamtlaufzeit hierfür beträgt $O(mD)$, was beispielsweise in ungewichteten Graphen bei entsprechend kleinem D weitaus effizienter sein kann als die Laufzeit von $O(mn)$ für einen vollständigen Baum. Falls zudem eine $(1 + \varepsilon)$-approximative Lösung gut genug ist, kann der Algorithmus durch ein geschicktes mehrstufiges Runden der Gewichte so erweitert werden, dass der Baum approximative kürzeste Wege mit bis zu h Kanten („hops") enthält. Die Gesamtlaufzeit hierfür beträgt $\tilde{O}(mh)$.

Der zweite oft verwendete Baustein ist eine Sampling-Technik die zuerst von Ullman und Yannakakis im Kontext paralleler Algorithmen verwendet wurde [UY91]: Wird jeder Knoten des Graphen bei der Initialisierung unabhängig mit Wahrscheinlichkeit $\Theta((\log n)/h)$ ausgewählt, so enthält man eine Menge S, die in Erwartung aus $\tilde{O}(n/h)$ Knoten besteht. Außerdem enthält jeder kürzeste Weg mit mindestens h Kanten mit hoher Wahrscheinlichkeit einen Knoten aus S. Für partiell-dynamische Algorithmen gilt diese Aussage sogar in allen – höchstens n^2 – Versionen des Graphen, die durch die Updates erzeugt werden.

Diese beiden Beobachtungen lassen sich geschickt gemeinsam nutzen, was beispielsweise zu folgendem exemplarischen Algorithmus führen könnte. Wenn man für jeden Knoten der zufällig gewählten Menge S den Algorithmus von Even und Shiloach bis zur Tiefe $2h$ laufen lässt, so benötigt dies insgesamt eine Laufzeit von nur $\tilde{O}(mh(n/h)) = \tilde{O}(mn)$. Wiederholt man diese Vorgehensweise $\log n$ Mal, wobei h jeweils den Wert der nächsten Zweierpotenz annimmt, so hat man implizit bereits alle kürzesten Wege gespeichert: ein kürzester Weg von u nach v besteht, mit hoher Wahrscheinlichkeit, aus einem Teilpfad von u zu einem Knoten $x \in S$ und dann einem Teilpfad von x nach v. Beide Pfade sind bereits im Even-Shiloach Baum von x gespeichert und man muss sie daher nur noch zusammenfügen.[5] Nahezu alle Beiträge dieser Arbeit zielen darauf ab, eine Verbesserung gegenüber dieser wohl bekannten Kombination aus Even-Shiloach Bäumen und zufälliger Auswahl von Knoten zu erreichen.

---
[4] Mit der $\tilde{O}(\cdot)$-Notation unterdrücken wir der Übersichtlichkeit halber polylogarithmische Faktoren.
[5] Dies könnte beispielsweise dadurch realisiert werden, dass alle zufällig gewählten Knoten als möglicher Mittelknoten durchprobiert werden, was eine Query-Zeit von $\tilde{O}(n)$ zur Folge hätte.

3 Übersicht der Ergebnisse

Im Folgenden werden die wichtigsten Ergebnisse der Dissertation, sowie die dafür entwickelten algorithmischen Techniken, skizziert.

3.1 APSP in Ungewichteten, Ungerichteten Graphen

Wir erarbeiten zwei dekrementelle Approximationsalgorithmen für das APSP-Problem in ungewichteten, ungerichteten Graphen: Einen randomisierten Algorithmus mit Gesamtlaufzeit $\tilde{O}(n^{2.5})$, der eine $(1+\varepsilon, 2)$-Approximation liefert, sowie einen deterministischen Algorithmus mit Gesamtlaufzeit $\tilde{O}(mn)$, der eine $(1+\varepsilon)$-Approximation liefert. Vor dieser Arbeit waren die folgenden beiden Algorithmen als Stand der Technik bekannt: eine randomisierte $(1+\varepsilon)$-Approximation mit Gesamtlaufzeit $\tilde{O}(mn)$ von Roditty und Zwick und ein deterministischer exakter Algorithmus mit Gesamtlaufzeit $\tilde{O}(mn^2)$, bei dem ein Even-Shiloach Baum für jeden Knoten verwendet wird. Somit entspricht die Laufzeit unseres deterministischen Algorithmus der schnellsten bekannten $(1+\varepsilon)$-Approximation und unser randomisierter Algorithmus verbessert die Laufzeit auf Kosten eines zusätzlichen kleinen additiven Fehlers.

3.1.1 Schnellerer Randomisierter Algorithmus

Der randomisierte Algorithmus verwendet den folgenden Ansatz: Zunächst verwenden wir einen dekrementellen Algorithmus, um einen dünn besetzten $(1+\varepsilon, 2)$-Emulator H des ursprünglichen Graphen G instand zu halten. Der $(1+\varepsilon, 2)$-Emulator H enthält genau die gleichen Knoten wie G sowie gewichtete Kanten, die nicht unbedingt in G enthalten sein müssen, und garantiert dass $d_H(u,v) \leq (1+\varepsilon)d_G(u,v) + 2$ für alle Knoten u und v.[6] Zu jeder Zeit kann die Anzahl der Kanten in H durch $\tilde{O}(n^{1.5})$ beschränkt werden, wohingegen der Graph G bis zu $n(n-1)$ viele Kanten enthalten könnte. Auf diesem Graph H wird dann eine Modifikation des Algorithmus von Roditty und Zwick verwendet. Dessen ursprüngliche Laufzeit von $\tilde{O}(mn)$ verringert sich dadurch auf $\tilde{O}(n^{2.5})$. Unser Algorithmus für das Instandhalten des Emulators benötigt eine Gesamtlaufzeit von $\tilde{O}(m\sqrt{n})$ und wird von $\tilde{O}(n^{2.5})$ dominiert. Die finale Approximationsgarantie von $(1+\varepsilon, 2)$ ergibt sich aus der Multiplikation der $(1+\varepsilon, 2)$-Garantie von H und der $(1+\varepsilon)$-Garantie von Roditty-Zwick, wenn man den Algorithmus mit einem konstant kleineren ε laufen lässt.

Die technische Herausforderung dieses Ansatzes besteht darin, dass, obwohl in G nur Kantenlöschungen vorgenommen werden, in H sowohl Kanten gelöscht als auch hinzugefügt werden könnten, da keine effiziente Methode bekannt ist, um den Emulator H so zu aktualisieren, dass ebenfalls nur Löschungen auftreten. Es ist daher nicht möglich, einen rein dekrementellen Algorithmus – wie etwa jenen von Roditty und Zwick – als „Black Box" auf dem Emulator H laufen zu lassen. Wir lösen dieses Problem, indem wir den

---

[6] Ein verwandtes Konzept ist das des k-Spanners: Ein k-Spanner H eines ungerichteten Graphen G ist ein *Subgraph* von G, in dem für alle Knoten u und v gilt, dass $d_H(u,v) \leq k \cdot d_G(u,v)$.

Even-Shiloach Baum, die Hauptkomponente von Roditty-Zwick, so modifizieren, dass er mit den Einfügungen unseres spezifischen Emulators H umgehen kann, ohne die Approximationsgarantie von $(1 + \varepsilon, 2)$ zu verletzen. Diese Modifikation nennen wir *monotoner Even-Shiloach Baum*. Führt das Löschen einer Kante in G zum Hinzufügen einer Kante in H, sodass sich die Distanz zweier Knoten in H verringert, so ignoriert unsere Modifikation diese Distanzverringerung in H. Auch wenn unsere Modifikation nahezu trivial ist – reagiere nicht auf Kanteneinfügungen – so ist die Analyse der Approximationsgüte etwas komplexer, da spezielle Eigenschaften von H benötigt werden.

3.1.2 Deterministischer Algorithmus

Unser deterministischer Algorithmus ist eine Derandomisierung des Algorithmus von Roditty und Zwick. Das Herzstück von Roditty-Zwick ist folgende Struktur zur Überdeckung des Graphen, die für mehrere ausgewählte Werte eines Parameters h eingesetzt wird. Zunächst wird durch zufällige Auswahl eine Menge von Knoten S der (erwarteten) Größe $\tilde{O}(n/h)$ generiert, sodass es für jeden Knoten u des Graphen einen Knoten v aus S gibt mit $d_G(u, v) \leq h$, sofern u in einer Zusammenhangskomponente der Größe mindestens h liegt. Dann wird jeder Knoten aus S als Wurzel eines Even-Shiloach Baums mit Tiefe h verwendet. Wir entwickeln eine deterministische Variante dieser Überdeckungsstruktur. Durch eine Greedy-Heuristik lässt sich eine Menge S von Knoten mit den oben genannten Eigenschaften im statischen Fall deterministisch berechnen, wobei die Größe der Menge dadurch beschränkt wird, dass jedem Element von S mindestens $h/2$ Knoten eindeutig zugewiesen werden. Die Herausforderung besteht nun darin, S über die Löschungen in G hinweg aktuell zu halten, da sich im Laufe der Löschungen Zusammenhangskomponenten aufteilen können und somit die Anzahl der zuweisbaren Knoten für einen Knoten aus S unter die Schranke von $h/2$ fallen könnte. Im Algorithmus von Roditty und Zwick taucht dieses Problem aufgrund der Randomisierung nicht auf: die einmal gewählte Menge S hat die gewünschte Eigenschaft mit hoher Wahrscheinlichkeit während aller Kantenlöschungen. Potentiell ergeben sich in unserem deterministischen Ansatz noch zusätzliche Laufzeitverluste dadurch, dass bei Änderungen in S die entsprechenden Even-Shiloach Bäume neu initialisiert werden müssen. Man kann zeigen das jede Verschiebung eines Baums zu einem seiner Nachbarknoten nur mit Kosten $O(m)$ in der Gesamtlaufzeit bestraft wird. Diese Beobachtung kann dann durch geschickt gewählte Regeln zum Aktualisieren der Menge S und Verschieben der Even-Shiloach Bäume so genutzt werden, dass über alle Kantenlöschungen hinweg höchstens $O(n)$ solcher Verschiebungen erforderlich sind. Daher kann der Gesamtaufwand für alle Verschiebungen mit $O(mn)$ abgeschätzt werden, was innerhalb der gewünschten Laufzeit liegt.

3.2 SSSP

Für das partiell-dynamische SSSP-Problem gilt zu beachten, dass es eine bedingte untere Schranke von $\Omega(mn)$ für die Gesamtlaufzeit gibt [RZ11, He15], sowohl für die inkrementelle als auch die dekrementelle Variante und sogar in ungewichteten, ungerichteten

Graphen. Es scheint daher notwendig zu sein, irgendeine Form der Approximation zuzulassen, wenn diese Schranke durchbrochen werden soll. Entsprechende Algorithmen werden im Folgenden vorgestellt.

3.2.1 SSSP in Gewichteten, Ungerichteten Graphen

Für gewichtete, ungerichtete Graphen entwickeln wir einen dekrementellen Algorithmus für eine $(1+\varepsilon)$-Approximation mit der nahezu linearen Gesamtlaufzeit $O(m^{1+o(1)}\log W)$, welche bis auf subpolynomiale Faktoren optimal ist. Dies verbessert die Laufzeit von $O(n^{2+o(1)})$ von Bernstein und Roditty für ungewichtete Graphen [BR11] sowie die Laufzeit von $O(mn\log W)$ des approximativen Even-Shiloach Baums für gewichtete Graphen [Be13].

Die grundlegende Idee unseres Algorithmus ist eine Technik zur Verringerung der zu berücksichtigenden Kantentiefe im Kürzeste-Wege-Baum mit Hilfe eines sogenannten Hopsets. Ein (h,ε)-Hopset eines Graphen $G = (V,E)$ ist eine Menge gewichteter Kanten $F \subseteq V^2$ mit der folgenden Eigenschaft: fügt man F zum ursprünglichen Graph G hinzu, so lässt sich in $G \cup F$ für jedes Paar von Knoten u und v ein Pfad von u nach v finden, dessen Gewicht höchstens $(1+\varepsilon)d_G(u,v)$ beträgt.[7] Hat man ein entsprechendes (h,ε)-Hopset F zur Verfügung, lässt sich auf $G \cup F$ der approximative Even-Shiloach Baum mit Tiefe h anwenden, um eine $(1+\varepsilon)$-Approximation von SSSP mit Gesamtlaufzeit $O(mh)$ zu erhalten. Intuitiv findet durch das Hopset eine „Verdichtung" des Graphen auf einen kleinen Durchmesser auf Kosten eines relativ kleinen multiplikativen Fehlers statt. Insbesondere unterscheidet sich diese Idee vom „Sparsification"-Ansatz früherer Algorithmen, etwa dem von Bernstein und Roditty [BR11] sowie dem in Abschnitt 3.1.1 vorgestellten. Dies scheint notwendig, da diese Art der Sparsification alleine nicht dazu geeignet ist eine lineare Laufzeit zu erhalten, wenn – grob gesprochen – in der Laufzeit m durch n ersetzt wird.

Hopsets wurden von Cohen zur schnellen parallelen Berechnung von (statischem) SSSP eingeführt [Co00]. Cohens Konstruktion liefert ein $(\text{polylog } n, \varepsilon)$-Hopset mit $O(m^{1+o(1)})$ Kanten. Wir verwenden stattdessen ein $(n^{o(1)}, \varepsilon)$-Hopset mit $O(m^{1+o(1)})$ Kanten, das auf der Spanner-Konstruktion von Thorup und Zwick [TZ06] basiert. Die Herausforderung für uns ist, das Hopset auch tatsächlich auf dem aktuellen Stand zu halten, wenn Kanten im ursprünglichen Graph gelöscht werden. Dies gelingt uns mit unserem eigens auf diesen Zweck zugeschnittenen Hopset durch Verwendung des monotonen Even-Shiloach Baums aus Abschnitt 3.1.1, wohingegen dies für Cohens Hopset bisher nicht gelungen ist. In Bezug auf die Anwendung für dekrementelles SSSP würde aber auch der etwas bessere h-Parameter von Cohens Hopset keine Verbesserung der asymptotischen Laufzeit liefern.

3.2.2 SSSP in Gewichteten, Gerichteten Graphen

Dieser Algorithmus funktioniert für den allgemeinsten Fall – gewichtete, gerichtete Graphen. Wir erhalten eine $(1+\varepsilon)$-Approximation mit Gesamtlaufzeit $O(mn^{0.9+o(1)})$, wenn das

---
[7] Zusätzlich muss beachtet werden, dass das Gewicht jeder Kante $(u,v) \in F$ mindestens der Distanz $d_G(u,v)$ entspricht, das heißt, dass $G \cup F$ die ursprünglichen Distanzen nicht unterschätzt.

größte Kantengewicht W durch $2^{\log^c n}$ für eine Konstante c beschränkt ist. Es handelt sich hierbei um den ersten Algorithmus, der die $O(mn)$-Barriere durchbricht. Diese Barriere bestand auch für das vermeintlich einfachere dekrementelle *single-source reachability (SSR)* Problem und die Frage, ob ein $o(mn)$-Algorithmus existiert, war lange Zeit offen [Ki08].

Mit unserem Ansatz ergeben sich zwei leicht unterschiedliche Algorithmen für dünn und dicht besetzte Graphen. Die oben erwähnte obere Laufzeit von $O(mn^{0.9+o(1)})$ dient als obere Schranke für beide Algorithmen. In Grenzfällen werden bessere Laufzeiten erzielt. Beispielsweise hat der Algorithmus für das dekrementelle SSR-Problem eine Laufzeit von $O(n^{2+2/3+o(1)})$, wenn $m = \Omega(n^2)$. Außerdem erhalten wir dieselben Laufzeiten wie für SSR auch für das Problem, die starken Zusammenhangskomponenten eines gerichteten Graphen dynamisch auf dem aktuellen Stand zu halten. Dies folgt aus einer Modifikation der Reduktion von Roditty und Zwick [RZ08]. Auch hier ist dies die erste Verbesserung der zuvor bekannten oberen Schranke von $O(mn)$.

Die technische Neuerung hinter diesem Algorithmus ist folgender *double sampling* Ansatz: Durch Zufallsauswahl erhalten wir zwei Mengen von Knoten A und B, die mit hoher Wahrscheinlichkeit folgende Eigenschaften erfüllen: (1) Jeder kürzester Weg des Graphen mit ausreichend vielen Kanten enthält einen Knoten aus A. (2) Jedes Paar von Knoten u und v aus A besitzt entweder eine Verbindung über einen Knoten aus B mit wenigen Kanten oder die Anzahl der Knoten auf allen kurzen Pfaden von u nach v ist klein. Eigenschaft (1) wurde bereits in früheren Algorithmen verwendet (siehe Abschnitt 2.2). Eigenschaft (2) wurde bisher hingegen noch nicht ausgenutzt und erlaubt uns die Anzahl der zu berücksichtigenden Knoten durch die Wahrscheinlichkeit für die Zufallsauswahl zu steuern. Der Algorithmus verwendet nun für jeden Knoten aus B einen „eingehenden" und einen „ausgehenden" Even-Shiloach Baum, mit dem für jedes Paar u und v von Knoten aus A festgestellt werden kann, ob es noch eine kurze Verbindung von u nach v über einen Knoten aus B gibt. Sobald dies nicht mehr der Fall ist, konstruieren wir einen Graph der alle kurzen Wege von u nach v enthält und lassen eine Instanz des Even-Shiloach Baums auf diesem Graph laufen. Durch Eigenschaft (2) kann garantiert werden, dass dieser Graph nur wenige Knoten enthält, wodurch sich ein Effizienzgewinn ergibt. Durch geeignete Wahl der Parameter lassen sich hiermit approximative kürzeste Wege zwischen allen Knoten aus A auf dem aktuellen Stand halten. Mit bekannte Techniken lässt sich dies dann auf einen approximativen SSSP-Algorithmus erweitern.

3.2.3 Inkrementeller SSSP Algorithmus für Ungewichtete, Ungerichtete Graphen

Zuletzt stellen wir einen $(1+\varepsilon)$-approximativen inkrementellen Algorithmus für SSSP in ungewichteten, ungerichteten Graphen mit Gesamtlaufzeit $O(m^{3/2}n^{1/4}\log n)$ vor. Dieselbe Idee führt außerdem zu sowohl einen inkrementellen also auch einen dekrementellen dynamischen Algorithmus im synchronisierten verteilten Modell, den wir aus Platzgründen nicht besprechen.

Die Hauptidee des Algorithmus ist, einen Baum für kürzeste Wege bewusst „nachlässig" zu aktualisieren. Der inkrementelle Algorithmus hat zwei Parameter k und Δ und teilt die

Updates in Phasen ein, die aus jeweils k Updates bestehen. Zu Beginn jeder Phase wird ein Baum kürzester Wege T vom Startknoten s aus, zusammen mit den zugehörigen Distanzen $\delta(s,\cdot)$, durch Breitensuche berechnet. Wird eine Kante (u,v) in den Graph eingefügt, so unterscheiden wir zwei Fälle.[8] (1) Falls, $\delta(v) - \delta(u) > \Delta$, so startet der Algorithmus vorzeitig eine neue Phase. (2) Falls $\delta(v) - \delta(u) \leq \Delta$, so fügen wir die Kante (u,v) in den Baum T ein, indem wir v als Kind von u verbinden und die Kante zum vorherigen Elternknoten von v entfernen. Jedes Mal wenn Fall (2) eintritt, erhöht sich der Fehler unsere Distanz-Schätzung $\delta(s,\cdot)$ vom Beginn der Phase um einen additiven Fehler von höchstens Δ. Das heißt, dass nach k solchen Einfügungen der additive Fehler höchstens $k\Delta$ beträgt. Umgekehrt finden wir in Fall (1) einen Knoten dessen Distanz zum Startknoten sich um mindestens Δ verringert. Da die maximale Distanz zum Startknoten in einem ungewichteten Graph höchstens n beträgt, kann dies für jeden Knoten höchsten n/Δ Mal passieren, also insgesamt n^2/Δ Mal. Da der Graph aber zusätzlich noch ungerichtet ist, verringert sich in diesem Fall auch die Distanz zu s für alle Knoten, die nahe genug an v liegen. Es lässt sich zeigen, dass aufgrund dieser Beobachtung der erste Fall höchstens $O(n^2/\Delta^2)$ Mal auftreten kann. Bei q Kanteneinfügungen lässt sich die Anzahl der Phasen des Algorithmus somit durch $O(q/k + n^2/\Delta^2)$ beschränken. Die Gesamtlaufzeit des Algorithmus wird von der Breitensuche zu Beginn jeder Phase dominiert. Somit lässt sich ein additiver Fehler von $k\Delta$ mit einer Gesamtlaufzeit von $O((q/k + n^2/\Delta) \cdot m)$ erreichen. Hieraus erhält man eine $(1+\varepsilon)$-Approximation, wenn man für kleine Distanzen zusätzlich einen inkrementellen Even-Shiloach Baum bis zur Tiefe $k\Delta/\varepsilon$ verwendet. Die oben erwähnte Gesamtlaufzeit erhält man nun durch eine geeignete Wahl der Parameter k und Δ.

4 Zusammenfassung und Ausblick

In dieser Arbeit wurden mehrere offene Probleme in Bereich dynamischer Graphalgorithmen gelöst. Randomisierung war oft ein essentieller Bestandteil der resultierenden Algorithmen. Daher stellt sich die Frage, ob sich die Ergebnisse weiter konsolidieren lassen, indem sie mit deterministischen Algorithmen „nachgebaut" werden. In dieser Dissertation wurde dies beispielsweise mit der Derandomisierung des Algorithmus von Roditty und Zwick [RZ12] vorgemacht. Eine weitere interessante Frage ist, ob die in dieser Dissertation entwickelten Techniken auch für nicht-dynamische Probleme nützlich sein könnten. So konnte beispielsweise eine etwas einfachere Version des in Abschnitt 3.2.1 erwähnten Hopsets dazu verwendet werden, einen nahezu optimalen *verteilten* Algorithmus für approximative kürzeste Wege zu entwickeln [HKN16]. Da dynamische Algorithmen oft nur *lokale* Berechnungen durchführen, könnten unsere Techniken noch weitere Anwendung für parallele und verteilte Algorithmen finden.

Literaturverzeichnis

[AVW14] Abboud, Amir; Vassilevska Williams, Virginia: Popular conjectures imply strong lower bounds for dynamic problems. In: Symposium on Foundations of Computer Science (FOCS). S. 434–443, 2014.

---

[8] Da der Graph ungerichtet ist, müssen die beiden Fälle zusätzlich mit vertauschten Rollen von u und v getestet werden.

[Be13] Bernstein, Aaron: Maintaining Shortest Paths Under Deletions in Weighted Directed Graphs. In: Symposium on Theory of Computing (STOC). S. 725–734, 2013.

[BR11] Bernstein, Aaron; Roditty, Liam: Improved Dynamic Algorithms for Maintaining Approximate Shortest Paths Under Deletions. In: Symposium on Discrete Algorithms (SODA). S. 1355–1365, 2011.

[Co00] Cohen, Edith: Polylog-Time and Near-Linear Work Approximation Scheme for Undirected Shortest Paths. Journal of the ACM, 47(1):132–166, 2000.

[ES81] Even, Shimon; Shiloach, Yossi: An On-Line Edge-Deletion Problem. Journal of the ACM, 28(1):1–4, 1981.

[He15] Henzinger, Monika; Krinninger, Sebastian; Nanongkai, Danupon; Saranurak, Thatchaphol: Unifying and Strengthening Hardness for Dynamic Problems via the Online Matrix-Vector Multiplication Conjecture. In: Symposium on Theory of Computing (STOC). S. 21–30, 2015.

[HK95] Henzinger, Monika; King, Valerie: Fully Dynamic Biconnectivity and Transitive Closure. In: Symposium on Foundations of Computer Science (FOCS). S. 664–672, 1995.

[HKN16] Henzinger, Monika; Krinninger, Sebastian; Nanongkai, Danupon: A Deterministic Almost-Tight Distributed Algorithm for Approximating Single-Source Shortest Paths. In: Symposium on Theory of Computing (STOC). 2016.

[Ki99] King, Valerie: Fully Dynamic Algorithms for Maintaining All-Pairs Shortest Paths and Transitive Closure in Digraphs. In: Symposium on Foundations of Computer Science (FOCS). S. 81–91, 1999.

[Ki08] King, Valerie: Fully Dynamic Transitive Closure. In: Encyclopedia of Algorithms. 2008.

[RZ08] Roditty, Liam; Zwick, Uri: Improved Dynamic Reachability Algorithms for Directed Graphs. SIAM Journal on Computing, 37(5):1455–1471, 2008.

[RZ11] Roditty, Liam; Zwick, Uri: On Dynamic Shortest Paths Problems. Algorithmica, 61(2):389–401, 2011.

[RZ12] Roditty, Liam; Zwick, Uri: Dynamic Approximate All-Pairs Shortest Paths in Undirected Graphs. SIAM Journal on Computing, 41(3):670–683, 2012.

[TZ06] Thorup, Mikkel; Zwick, Uri: Spanners and emulators with sublinear distance errors. In: Symposium on Discrete Algorithms (SODA). S. 802–809, 2006.

[UY91] Ullman, Jeffrey D.; Yannakakis, Mihalis: High-Probability Parallel Transitive-Closure Algorithms. SIAM Journal on Computing, 20(1):100–125, 1991.

Sebastian Krinninger wurde 1986 in Gräfelfing geboren. Er studierte von 2005 bis 2008 im Bachelor-Studiengang Informatik an der Universität Passau sowie von 2008 bis 2011 im Master-Studiengang Computational Intelligence an der Technischen Universität Wien, wo er eine Abschlussarbeit im Bereich der mathematischen Fuzzy-Logik schrieb. Von 2011 bis 2015 verfasste er seine Doktorarbeit über dynamische Graphalgorithmen zur Berechnung kürzester Wege unter der Betreuung von Monika Henzinger an der Universität Wien. Das Herbstsemester 2015 verbrachte er als Fellow am Simons Institute for the Theory of Computing in Berkeley. Seit Anfang 2016 forscht er als Postdoc am Max-Planck-Institut in Saarbrücken.

Warum wir uns in der Kryptographie nicht auf die Komplexität physikalischer Angriffe verlassen sollten[1]

Juliane Krämer[2]

Abstract: Kryptographische Algorithmen müssen nicht nur mathematisch sicher, sondern auch resistent gegenüber physikalischen Angriffen sein, da physikalische Angriffe die Sicherheit von kryptographischen Algorithmen auch dann bedrohen, wenn die ihnen zugrunde liegende Mathematik eine hohe Sicherheit verspricht. Daher wird bei der Implementierung und Nutzung der Algorithmen sichergestellt, dass Gegenmaßnahmen gegen physikalische Angriffe berücksichtigt werden. Angriffe, die nur theoretisch bekannt sind, aber noch nicht praktisch realisiert wurden, werden dabei häufig außer Acht gelassen, wenn ihre praktische Durchführung als zu komplex eingeschätzt wird. Anhand der erstmaligen praktischen Durchführung zweier als zu komplex eingeschätzter physikalischer Angriffe (photonische Seitenkanal-Analyse sowie ein Instruction-Skip-Fehlerangriff gegen kryptographische Paarungen) zeigt diese Arbeit, dass die Einschätzung der physikalischen Angriffskomplexität fehlerhaft sein kann. Damit macht sie deutlich, dass auch solche Angriffe, die nur theoretisch bekannt sind, bei der Entwicklung von Schutzmechanismen berücksicht werden müssen, da sonst ein zu großes Risiko in Kauf genommen wird.

1 Physikalische Angriffe

Kryptologie ist die Kunst und die Wissenschaft der Geheimhaltung. Sie teilt sich auf in die Kryptographie und die Kryptoanalyse: In der Kryptographie werden Algorithmen entwickelt, die für Geheimhaltung sorgen sollen. Die Kryptoanalyse hingegen hat als Ziel, diese Algorithmen zu brechen und geheime Informationen aus kryptographischen Systemen zu ermitteln. Da kryptographische Algorithmen auf komplexen mathematischen Funktionen basieren, bestand das Ziel von Kryptoanalytikern über Jahrhunderte hinweg darin, mathematische Schwachstellen in solchen Algorithmen zu finden und auszunutzen. Mitte der neunziger Jahre des zwanzigsten Jahrhunderts änderte sich diese Situation grundlegend, als die ersten *physikalischen Angriffe* (oder *Implementierungsangriffe*) auf kryptographische Technologien vorgestellt wurden [Ko96, BDL97]. Diese Angriffe nutzen keine mathematischen Schwachstellen aus; im Gegenteil können sie einen Algorithmus sogar unabhängig von dessen mathematischer Stärke bedrohen. Es werden zwei unterschiedliche Arten der Implementierungsangriffe unterschieden: *Seitenkanalangriffe* (oder *passive* Implementierungsangriffe) messen während der Berechnung einer kryptographischen Operation physikalische Informationen, wie zum Beispiel den Stromverbrauch des Geräts, das die Operation berechnet. Aus der (statistischen) Analyse dieser Informationen kann ein Angreifer Rückschlüsse auf sicherheitsrelevante Daten, wie zum Beispiel den verwendeten geheimen Schlüssel, ziehen. *Fehlerangriffe* (oder *aktive* Implementierungsangriffe) hingegen greifen aktiv in die kryptographische Berechnung ein, indem zum Beispiel durch

---

[1] Englischer Titel der Dissertation: "Why Cryptography Should Not Rely on Physical Attack Complexity"
[2] Technische Universität Berlin/ Security in Telecommunications, juliane@sec.t-labs.tu-berlin.de

die kurzzeitige Veränderung der Spannung eines Mikrocontrollers ein Zwischenwert der Berechnung zufällig verändert wird. Ein Angreifer kann aus dem fehlerhaften Ergebnis wiederum Rückschlüsse auf geheime Informationen ziehen.

Seit ihrem öffentlichen Aufkommen vor 20 Jahren rückt die Bedrohung durch Seitenkanal- und Fehlerangriffe für elektronische Anwendungen wie Chip-Karten, elektronische Pässe oder RFID-Etiketten zunehmend in das Blickfeld der Forschung und der Industrie. Seitdem die ersten Seitenkanal- und Fehlerangriffe auf kryptographische Systeme vorgestellt wurden, werden kontinuierlich neue Möglichkeiten physikalischer Angriffe erforscht. Nach zahlreichen Untersuchungen sind solche Angriffe als ernsthafte Bedrohung für die Sicherheits-Industrie und alltägliche kryptographische Anwendungen wie im Internet of Things oder der Car-to-Car-Kommunikation akzeptiert worden. Der Gefahr, die von diesen Angriffen ausgeht, wird begegnet, indem auf bekannte Angriffe reagiert wird und Gegenmaßnahmen zum Schutz vor ihnen implementiert werden. Diese Gegenmaßnahmen finden sowohl auf Hardware- als auch auf Software-Ebene statt. So werden beispielsweise allgemeine Regeln entwickelt, die bei der Implementierung kryptographischer Algorithmen beachtet werden sollten, um die Verwundbarkeit gegenüber bestimmten Angriffen zu verringern. Bei physikalischen Angriffen, die zwar grundsätzlich bekannt sind, die jedoch noch nicht praktisch umgesetzt wurden, verhält es sich hingegen anders. Erst die praktische Realisierung eines Angriffs führt dazu, dass der Angriff wirklich ernst genommen wird, selbst wenn er in der Theorie schon lange bekannt und sehr mächtig ist. Insbesondere Angriffe, deren Realisierung eine hohe physikalische Komplexität zugeschrieben wird, werden weniger ernst genommen. Das Vertrauen darauf, dass diese Angriffe aufgrund ihrer physikalischen Komplexität tatsächlich nicht möglich sein werden, führt dazu, dass auf keiner Ebene Gegenmaßnahmen für sie entwickelt werden. Dieses Vorgehen ist problematisch, wenn sich im Nachhinein durch die Realisierung solcher Angriffe die Einschätzung der Komplexität als falsch erweist.

1.1 Wissenschaftlicher Beitrag

Die Dissertation *Why Cryptography Should Not Rely on Physical Attack Complexity* [Kr15] präsentiert zwei praktische physikalische Angriffe, deren Theorie bereits seit mehreren Jahren bekannt ist. Da diese Angriffe jedoch zuvor nicht erfolgreich praktisch umgesetzt wurden, wurde in ihnen keine Gefahr gesehen. Die vermeintliche Komplexität ihrer Durchführung wurde als ausreichender Schutz vor ihnen wahrgenommen. Diese Dissertation zeigt jedoch, dass die Komplexität der Durchführung dieser beiden Angriffe überschätzt wurde und Sicherheitssysteme daher nicht frühzeitig gegen sie geschützt wurden. Damit ist sie auch eine Warnung, diesen Fehler bei anderen möglichen Angriffen bzw. technischen Entwicklungen nicht zu wiederholen, um die durch Kryptographie bereitgestellte Sicherheit auch zukünftig zu gewährleisten.

Zunächst wird der *photonische Seitenkanal* vorgestellt, der neben der zeitlichen die größtmögliche räumliche Auflösung bietet, aufgrund der hohen Kosten bei seiner ersten Anwendung jedoch lange nicht ernst genommen wurde. Sowohl einfache als auch differentielle photonische Seitenkanalanalysen werden präsentiert [Sc12, Sc13, Kr13, KKS14].

Über die Komplexität physikalischer Angriffe in der Kryptographie 173

Anschließend wird ein *Fehlerangriff auf paarungsbasierte Kryptographie* vorgestellt, der aufgrund der Notwendigkeit zweier unabhängiger präziser Fehler in einer einzigen Paarungsberechnung bei der Entwicklung von Gegenmaßnahmen nicht berücksichtigt wurde [Bl14]. Es wird gezeigt, wie Angreifer mit Hilfe dieser physikalischen Angriffe geheimes Schlüsselmaterial symmetrischer und asymmetrischer Algorithmen ermitteln können. Anschließend werden Gegenmaßnahmen auf Software- und Hardware-Ebene beschrieben, mit deren Hilfe diesen neuen Angriffen zukünftig standgehalten werden kann. Nicht wenige dieser Gegenmaßnahmen hätten auch entwickelt und implementiert werden können, ohne die Angriffe praktisch durchzuführen.

2 Der photonische Seitenkanal

Die Möglichkeiten des photonischen (oder optischen) Seitenkanals wurden 2008 der interessierten Öffentlichkeit bekannt [FH08]. Mit dem Aufkommen dieses Seitenkanals war ein ganz neuer und sehr gefährlicher Angriffsvektor gefunden worden. Der entscheidende Unterschied der photonischen Analyse gegenüber anderen bis dahin bekannten Seitenkanalangriffen wird deutlich, wenn bedacht wird, dass diese ausschließlich globale physikalische Informationen liefern, deren Veränderung im Zeitverlauf betrachtet wird. Eine Stromverbrauchsanalyse einer Smart Card beispielsweise misst den Stromverbrauch der gesamten Smart Card während einer kryptographischen Operation und analysiert, wie er sich währenddessen verändert. Die Messung photonischer Emissionen hingegen erlaubt nicht nur eine zeitliche, sondern zusätzlich eine räumliche Auflösung. Dadurch wird nicht nur die globale Photonen-Emission des Chips gemessen, sondern die zeitliche Entwicklung der Emission pro räumlichem Messpunkt detektiert. Je nach Qualität der Messinstrumente können die Emissionen für jeden Transistor einzeln gemessen werden. Gerade diese gemeinsame räumliche und zeitliche Auflösung von Seitenkanalinformationen birgt völlig neue Möglichkeiten für Angriffe und damit neue Risiken für die Sicherheits-IC-Industrie. Im extremen Fall kann die lokalisierte Auflösung jegliche Gegenmaßnahmen, die zu den vorher bekannten Strom-, Zeit- und elektromagnetischen Seitenkanal-Angriffen entwickelt worden sind, außer Kraft setzen.

Die Autoren der ersten Veröffentlichung nutzten zwar ein sehr mächtiges, jedoch auch extrem teures Messverfahren, welches auf der sogenannten Picosecond Imaging Circuit Analyse (PICA) basiert. Mit Hilfe eines solchen Instruments konnten die Autoren bereits das grundlegende Prinzip der photonischen Seitenkanalanalysen zeigen, indem Emissionen einzelner Regionen eines Mikrocontroller-Dies separat gemessen wurden. Aufgrund der hohen Kosten für das PICA-Equipment schlossen die Autoren allerdings aus, dass dieser neue Seitenkanal eine realistische Bedrohung darstellt. Ebenso wurde er weder von der Forschung noch von der Industrie als relevant eingestuft.

Diese Dissertation erbringt den endgültigen Beweis, dass photonische Seitenkanal-Angriffe in der Praxis sicherheitsrelevant sind. Die Arbeit zeigt, dass es auch mit wesentlich günstigeren optischen Methoden möglich ist, die Herausforderungen der zeitlich und örtlich hochaufgelösten Photonen-Messung zu bewältigen. Indem mathematisch und kryptographisch anspruchsvolle Analysen entwickelt und implementiert wurden, wird gezeigt, wie

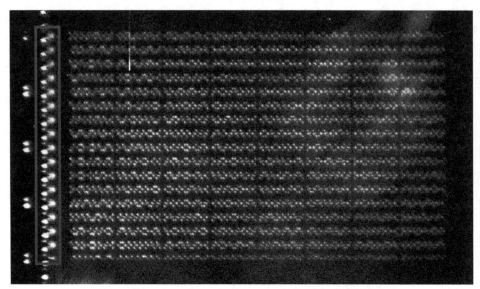

Abb. 1: Optisches Emmissions-Bild der AES-S-Box, gespeichert im SRAM eines ATMega328P-Mikrocontrollers der Firma Atmel. Die 256 Bytes der S-Box sind in 32 Speicherzeilen mit je 8 Bytes gespeichert. Die Emissionen der Zeilentreiber, die links der entsprechenden Speicherzeilen im roten Rechteck zu sehen sind, sind deutlich sichtbar und ermöglichen die sogenannte *Simple Photonic Emission Analysis*.

photonische Seitenkanalinformationen kryptographische Geheimnisse preisgeben können. Es wird gezeigt, dass bisherige Gegenmaßnahmen gegen Seitenkanalangriffe bei weitem nicht ausreichen, um Sicherheitssysteme in Bezug auf den photonischen Seitenkanal zu schützen. Um die praktische Durchführbarkeit unter Beweis zu stellen, wurde eine Implementierung des symmetrischen Standards AES auf verschiedenen Mikrocontrollern der Firma Atmel angegriffen. Insbesondere die SubBytes-Operation wurde auf verschiedene Arten zum Ziel der Analyse. In allen Fällen konnte der geheime Schlüssel fehlerfrei extrahiert werden, unabhängig davon, ob AES-128, AES-192 oder AES-256 angegriffen wurde. In der *Simple Photonic Emission Analysis*, siehe Abbildung 1, wurden Zugriffe auf die in SRAM gespeicherte S-Box direkt beobachtet. Dadurch konnte, mit Wissen über den verwendeten Klartext der Verschlüsselung, der mögliche Schlüsselraum deutlich eingegrenzt und in vielen Fällen, abhängig von der konkreten Speicherung der S-Box, auf einen einzigen möglichen Kandidaten beschränkt werden. In verschiedenen differentiellen Analysen (*Differential Photonic Emission Analysis*) wurde der geheime Schlüssel ebenfalls eindeutig extrahiert. Hierfür wurden erneut Zugriffe auf die S-Box beobachtet, jedoch durch Messung der Emissionen eines Adress-Busses während des Ladens der entsprechenden Speicher-Adresse. Mit Hilfe verschiedener statistischer Methoden, zum Beispiel Difference of Means, Pearson-Korrelation und dem stochastischen Ansatz, konnte der geheime Schlüssel bestimmt werden.

Aufbauend auf den erfolgreichen praktischen photonischen Seitenkanal-Angriffen gegen AES wurde beschrieben, wie auch andere kryptographische Algorithmen mit der photonischen Analyse angegriffen werden können. Um zu zeigen, wie diese Seitenkanal-Angriffe verhindert oder zumindest deutlich erschwert werden können, wurden anschließend Gegenmaßnahmen zur Abwendung dieser Angriffe entwickelt. Die Software-Gegenmaßnahmen bestehen einerseits aus allgemeinen Implementierungsempfehlungen (z.B. Randomisierung), zum anderen aus AES- und Blockchiffre-spezifischen Ansätzen (zum Beispiel die erzwungene Nutzung einer S-Box, die am Anfang einer SRAM-Zeile ausgerichtet ist). Weiterhin werden Gegenmaßnahmen auf Hardware-Ebene beschrieben, wie zum Beispiel solche, die das Öffnen eines ICs von der Rückseite, wie es für die Durchführung photonischer Seitenkanalangriffe nötig ist, detektieren.

Der photonische Seitenkanal wird mittlerweile auch vom Bundesnachrichtendienst ernstgenommen [Z14] und hat in weiteren sicherheitskritischen Forschungsergebnissen, wie zum Beispiel in der Analyse von Timing-PUFs (PUF = Physical Unclonable Function), Anwendung gefunden [Ga15].

3 Fehlerangriffe auf paarungsbasierte Kryptographie

Paarungsbasierte Kryptographie ist in den letzten Jahren für die Kryptographie interessant geworden, da sie unter anderem verspricht, identitätsbasierte Kryptographie realisieren zu können [BF01]. Identitätsbasierte Kryptographie ist eine Form der Public-Key-Kryptographie, bei der der öffentliche Schlüssel jedes Teilnehmers direkt mit dessen Identität zusammenhängt (beispielsweise könnte die Email-Adresse eines Teilnehmers sein öffentlicher Schlüssel sein). Identitätsbasierte Kryptographie bietet für viele Anwendungen, zum Beispiel Sensornetze, die in der Industrie 4.0 große Bedeutung haben, entscheidende Vorteile. Diese betreffen vor allem die vereinfachte Schlüsselverwaltung. Seit ihrer ersten Beschreibung Mitte der achtziger Jahre konnten sie aufgrund fehlender mathematischer Methoden nicht praktisch realisiert werden. Paarungen jedoch versprechen, identitätsbasierte Kryptographie sicher und effizient umsetzen zu können.

Da die paarungsbasierte Kryptographie durch dieses Versprechen in den Fokus der kryptographischen Forschung kam, begannen viele Forscher, auch Fehlerangriffe auf sie zu entwickeln, siehe zum Beispiel [PV04, PV, El09]. Die Berechnung von Paarungen hat jedoch eine entscheidende Eigenschaft, die dazu führte, dass sie lange als resistent gegenüber Fehlerangriffen eingeschätzt wurden und die Fehlerangriffe nur theoretisch beschrieben werden konnten: Eine mathematische Paarung bekommt zwei Eingaben und besteht aus der Berechnung zweier aufeinanderfolgender Funktionen (Miller-Funktion und finale Exponentiation), die beide jeweils für sich schwierig zu invertieren sind. Ein Angreifer müsste aber die gesamte Paarung, also beide Unterfunktionen, invertieren, um geheime Informationen zu erhalten, da diese ein Teil der Eingabe der Paarung sind. Ein entsprechender Fehlerangriff, der die mathematischen Invertierungen umgehen oder deutlich erleichtern könnte, müsste laut aktuellem Wissen daher aus mehreren Fehlern bestehen, da ein einzelner Fehler im Allgemeinen nur eine einzelne Funktion betrifft, so dass die Nicht-Invertierbarkeit der anderen Funktion als Schutz bestehen bliebe. Folglich müsste ein erfolgreicher praktischer Fehlerangriff auf eine Paarungsberechnung mindestens aus zwei unabhängigen Fehlern bestehen. Dies jedoch erschien viele Jahre unrealistisch, wie verschiedene Zitate aus englischsprachigen Publikationen zeigen: *If the adversary can inject multiple faults [...], then an attack could be launched. This however, is an unrealistic attack scenario* [WS07] und *[...] how to properly override the Final Exponentiation in conjunction with a fault attack on the Miller Algorithm remains an open problem [...]* [La14].

Diese Dissertation zeigt, dass Fehlerangriffe auf paarungsbasierte Kryptographie durchaus realistisch sind und eine reale Gefahr darstellen - trotz der Notwendigkeit zweier unabhängiger Fehler. Der Fehlerangriff wurde physikalisch durch sogenanntes Clock-Glitching realisiert. Hierbei wird das Abarbeiten der Befehle im Mikrocontroller gestört, indem kurzzeitig eine falsche Taktfrequenz eingebracht wird. Dies führt zum Überspringen, das heißt Nicht-Ausführen, einzelner Operationen. Das entwickelte Angriffs-Setup erlaubt nicht nur das Überspringen von zwei Operationen, sondern ermöglicht es theoretisch sogar, bis zu 256 unabhängige Einzel-Operationen zielgerichtet zu überspringen. Nach der erfolgreichen Einbringung beider Fehler kann das fehlerhafte Ergebnis der Paarungsberechnung analysiert werden, so dass die geheime Eingabe der Paarung ermittelt werden kann. Für diese mathematische Analyse wurden unter anderem Gröbner-Basis-Techniken genutzt. Um die praktische Relevanz dieses Angriffs zu erhöhen, wurden nur solche Geräte und Zubehör zu seiner Durchführung genutzt, die im Gebiet der Fehlerangriffe als günstig gelten.

Um die Gefahr, die von Fehlerangriffen auch auf paarungsbasierte Kryptographie ausgeht, abzuschwächen, werden in dieser Arbeit verschiedene Gegenmaßnahmen vorgestellt. Hierbei wird die Eigenschaft der durchgeführten Fehler berücksichtigt: Bestimmte Überprüfungen, die zur Detektion von Fehlerangriffen häufig in Algorithmen eingebaut werden, erweisen sich als unwirksam, wenn berücksichtigt wird, dass auch eine solche Überprüfung mit einem weiteren Fehler leicht übersprungen werden kann. Jedoch gibt es auch hier mit Hilfe von Randomisierung die Möglichkeit, Implementierungen zu stärken. Dies ist in diesem Fall möglich, da der exakte Zeitpunkt der Ziel-Operation bekannt sein muss, um einen efolgreichen Fehler einzubringen. Wird der Algorithmus zeitlich randomisiert berechnet, wird dies erschwert. Weitere Gegenmaßnahmen betreffen konkret die Paarungen. Beispielsweise ist es sehr effektiv, das Ergebnis einer Paarungsberechnung zu hashen, bevor es veröffentlicht (und damit auch dem Angreifer zugänglich gemacht) wird.

4 Fazit

Beide Angriffe, die in dieser Dissertation praktisch realisiert werden, waren bereits vorher in der Theorie bekannt. Jedoch wurden sie nicht als Bedrohung für Sicherheits-Systeme wahrgenommen, da ihre praktische Durchführung für zu komplex gehalten wurden. Fahrlässig wurden also Sicherheitslücken in Sicherheits-Systemen in Kauf genommen.

Anhand der beiden vorgestellten Angriffe zeigt diese Arbeit, dass die Einschätzung physikalischer Angriffskomplexität fehlerhaft sein kann. Es ist daher falsch, auf sie zu vertrauen. Die Entwicklung von Gegenmaßnahmen erfordert häufig nicht die erfolgreiche Durchführung praktischer Angriffe, sondern kann bereits erfolgen, sobald das Prinzip eines Seitenkanals oder eines Fehlerangriffs verstanden ist. Kryptographische Technologien sollten daher gegenüber sämtlichen physikalischen Angriffen geschützt werden, seien diese bereits praktisch umgesetzt oder nur theoretisch bekannt.

Dass die Gefahr zukünftiger technischer Entwicklungen in anderen Bereichen der Kryptographie bereits antizipiert wird, zeigt sich teilweise in aktueller Forschung an zukünftigen Public-Key-Algorithmen: Da alle heute genutzten Algorithmen für Public-Key-Kryptographie von Quantencomputern, die nach Aussage von Experten in einigen Jahren Realität werden könnten (die Europäische Union rechnet damit, dass im Jahr 2035 ausreichend große universelle Quantencomputer existieren [Z16]), gebrochen werden können, wird bereits heute an Alternativen, sogenannter Post-Quantum-Kryptographie, geforscht.

Literaturverzeichnis

[BDL97] Boneh, Dan; DeMillo, Richard A.; Lipton, Richard J.: On the Importance of Checking Cryptographic Protocols for Faults. In (Fumy, Walter, Hrsg.): Advances in Cryptology - EUROCRYPT '97. Jgg. 1233 in Lecture Notes in Computer Science. Springer Berlin Heidelberg, S. 37–51, 1997.

[BF01] Boneh, Dan; Franklin, Matthew K.: Identity-Based Encryption from the Weil Pairing. In (Kilian, Joe, Hrsg.): Advances in Cryptology - CRYPTO 2001, 21st Annual International Cryptology Conference. Jgg. 2139 in Lecture Notes in Computer Science. Springer-Verlag, S. 213–229, 2001.

[Bl14] Blömer, Johannes; Gomes da Silva, Ricardo; Günther, Peter; Krämer, Juliane; Seifert, Jean-Pierre: A Practical Second-Order Fault Attack against a Real-World Pairing Implementation. In: 2014 Workshop on Fault Diagnosis and Tolerance in Cryptography (FDTC). 2014. To appear. Updated version at https://eprint.iacr.org/2014/543.

[El09] El Mrabet, Nadia: What about Vulnerability to a Fault Attack of the Miller's Algorithm During an Identity Based Protocol? In: Proceedings of the 3rd International Conference and Workshops on Advances in Information Security and Assurance. ISA '09. Springer Berlin Heidelberg, S. 122–134, 2009.

[FH08] Ferrigno, J.; Hlaváč, M.: When AES blinks: introducing optical side channel. Information Security, IET, 2(3):94 –98, 2008.

[Ga15] Ganji, Fatemeh; Krämer, Juliane; Seifert, Jean-Pierre; Tajik, Shahin: Lattice Basis Reduction Attack against Physically Unclonable Functions. In (Ray, Indrajit; Li, Ninghui; Kruegel, Christopher, Hrsg.): Proceedings of the 22nd ACM SIGSAC Conference on Computer and Communications Security, Denver, CO, USA, October 12-6, 2015. ACM, S. 1070–1080, 2015.

[KKS14] Krämer, Juliane; Kasper, Michael; Seifert, Jean-Pierre: The Role of Photons in Cryptanalysis. In: 19th Asia and South Pacific Design Automation Conference, ASP-DAC 2014. IEEE, S. 780–787, 2014.

[Ko96] Kocher, Paul C.: Timing Attacks on Implementations of Diffie-Hellman, RSA, DSS, and Other Systems. In (Koblitz, Neal, Hrsg.): Advances in Cryptology - CRYPTO 1996, 16th Annual International Cryptology Conference. Jgg. 1109 in Lecture Notes in Computer Science. Springer, S. 104–113, 1996.

[Kr13] Krämer, Juliane; Nedospasov, Dmitry; Schlösser, Alexander; Seifert, Jean-Pierre: Differential Photonic Emission Analysis. In (Prouff, Emmanuel, Hrsg.): Constructive Side-Channel Analysis and Secure Design - 4th International Workshop, COSADE 2013. Jgg. 7864 in Lecture Notes in Computer Science. Springer Berlin Heidelberg, S. 1–16, 2013.

[Kr15]   Krämer, Juliane: , Why cryptography should not rely on physical attack complexity. http://dx.doi.org/10.14279/depositonce-4523, 2015. Dissertation, Technische Universität Berlin.

[La14]   Lashermes, Ronan; Paindavoine, Marie; El Mrabet, Nadia; Fournier, Jacques; Goubin, Louis: Practical Validation of Several Fault Attacks against the Miller Algorithm. In: 2014 Workshop on Fault Diagnosis and Tolerance in Cryptography (FDTC). 2014.

[PV]   Page, Daniel; Vercauteren, Frederik: A Fault Attack on Pairing-Based Cryptography. IEEE Transactions on Computers, 55(9):1075–1080.

[PV04]   Page, Daniel; Vercauteren, Frederik: Fault and Side-Channel Attacks on Pairing Based Cryptography. IACR Cryptology ePrint Archive, Report 2004/283, 2004.

[Sc12]   Schlösser, Alexander; Nedospasov, Dmitry; Krämer, Juliane; Orlic, Susanna; Seifert, Jean-Pierre: Simple Photonic Emission Analysis of AES - Photonic side channel analysis for the rest of us. In: Cryptographic Hardware and Embedded Systems - CHES 2012. Lecture Notes in Computer Science, 2012.

[Sc13]   Schlösser, Alexander; Nedospasov, Dmitry; Krämer, Juliane; Orlic, Susanna; Seifert, Jean-Pierre: Simple photonic emission analysis of AES. J. Cryptographic Engineering, 3(1):3–15, 2013.

[WS07]   Whelan, Claire; Scott, Michael: The Importance of the Final Exponentiation in Pairings When Considering Fault Attacks. In: Pairing. Jgg. 4575 in Lecture Notes in Computer Science. Springer Berlin Heidelberg, S. 225–246, 2007.

[Z14]   Wie der BND Verschlüsselung knacken will. http://www.zeit.de/digital/datenschutz/2014-11/bnd-chipanalyse-triphemos-verschluesselung-knacken/komplettansicht, 2014. abgerufen am 31. Januar 2016.

[Z16]   Eine Milliarde Euro als Quantenbeschleuniger. http://www.faz.net/aktuell/wissen/physik-mehr/eu-will-entwicklung-der-quantentechnologie-foerdern-14236502.html, 2016. abgerufen am 10. Juni 2016.

Juliane Krämer studierte Wirtschaftsmathematik an der Technischen Universität (TU) Berlin und promovierte anschließend ebenda am Lehrstuhl Security in Telecommunications bei Prof. Dr. Jean-Pierre Seifert. In ihrer Promotion beschäftigte sie sich mit Seitenkanal- und Fehlerangriffen und zeigte, dass kryptographische Implementierungen bereits gegen solche Angriffe geschützt werden müssen, bevor sie zum ersten Mal praktisch durchgeführt werden. Seit 2015 ist sie Postdoktorandin an der TU Darmstadt am Lehrstuhl CDC von Prof. Dr. Johannes Buchmann. Dort forscht sie primär an Gitter-Kryptographie, um eine Alternative für Public-Key-Algorithmen bereitzustellen, die resistent gegenüber Quantencomputern ist.

Funktionale Verifikation eingebetteter Systeme: Techniken und Werkzeuge auf Systemebene [1]

Hoang M. Le[2]

Abstract: Aufgrund der rasch zunehmenden Komplexität eingebetteter Systeme ergab sich die Notwendigkeit, die Abstraktionsebene im Systementwurf anzuheben. Es wurde die elektronische Systemebene geschaffen, auf der die Systembeschreibungssprache SystemC und die Konzepte zur Modellierung auf Transaktionsebene (engl. Transaction Level Modeling, TLM) große Bedeutung erlangten. TLM-Modelle, die in SystemC geschrieben sind, ermöglichen den Entwicklern, sehr früh mit der Entwicklung von Software sowie einer Verifikationsumgebung für herkömmliche Hardware-Modelle, die weniger abstrakt und erst viel später im Entwurfsablauf verfügbar sind, zu beginnen. Die resultierende Zeitersparnis und Steigerung der Produktivität hängt jedoch sehr stark von der Korrektheit der TLM-Modelle ab, die als Referenz für die weitere Software- und Hardware-Entwicklung dienen. Aus diesem Grund ist die funktionale Verifikation von TLM-Modellen unerlässlich. Hierfür wurden in der vorliegenden Dissertation zwei wesentliche Ergebnisse erzielt. Erstens wird die Kapazität der formalen Verifikation durch die vorgeschlagenen Techniken in vielen Fällen um mehrere Größenordnungen erhöht. Zweitens ist es mit den entwickelten Verfahren zur Fehlerlokalisierung erstmalig möglich, das Debugging auf der TLM-Abstraktion zu automatisieren. Weitere neuartige Ansätze runden die ganzheitliche Betrachtung des Themas funktionale Verifikation ab.

1 Einführung

Eingebettete Systeme werden heutzutage in unseren Alltag mehr und mehr integriert und übernehmen in vielen Fällen sicherheitskritische Funktionen (z.B. Herzschrittmacher oder Airbag-Steuerung). Das Versagen solcher Systeme kann sehr ernste, wirtschaftliche und menschliche Folgen haben. Daher ist es äußerst wichtig, die funktionale Korrektheit dieser Systeme vor deren Einsatz in der realen Welt zu gewährleisten. Dies ist eine sehr große Herausforderung angesichts der rasch zunehmenden Komplexität und des Time-to-Market-Drucks.

Ausgehend von seiner Spezifikation unterzieht sich jedes eingebettete System einem komplexen Entwurfsablauf, wobei sowohl Hardware- als auch Software-Entwicklung stattfinden. Der herkömmliche Entwurfsablauf beginnt mit der Entwicklung von HW-Modellen auf der *Register-Transfer-Ebene* (engl. Register Transfer Level, RTL) unter Verwendung einer Hardwarebeschreibungssprache (z.B. VHDL [IEE08] oder SystemVerilog [IEE12]).

Nach einem langwierigen und aufwändigen Prozess, wobei der größte Aufwand auf die *funktionale Verifikation* entfällt [WM12], entsteht ein physikalischer HW-Prototyp. Aufgrund der langsamen RTL-Simulation kann erst nach der Verfügbarkeit dieses Prototypen die SW-Entwicklung und Integration beginnen. Diese Abhängigkeit zusammen mit der

---

[1] Englischer Titel: "Automated Techniques for Functional Verification at the Electronic System Level" [Le15]
[2] Universität Bremen, AG Rechnerarchitektur, Bibliothekstraße 1, 28359 Bremen, hle@cs.uni-bremen.de

funktionalen Verifikation von HW sind zwei Engpässe, die nicht mit dem stetigen Komplexitätswachtum skalieren.

Die Anhebung der Abstraktionsebene ist eine bewährte Methode, um mit Komplexität umzugehen. In den letzten Jahren etablierte sich die so genannte *eletronische Systemebene* (engl. Electronic System Level, ESL) [BMP07]. Die HW-Modellierung auf dieser Ebene ist gängige Praxis in der Industrie geworden [Gh06, BG10]. Dies hat sie zum größten Teil der IEEE-standardisierten Systembeschreibungsprache SystemC [IEE11] und seinem frei verfügbaren Referenzsimulator von *Accellera Systems Initiative* (ASI) zu verdanken. SystemC bietet grundlegende Primitiven wie Prozesse, Module, Schnittstellen und Kanäle zusammen mit einem event-basierten Simulationskernel zur Modellierung auf unterschiedlichen Abstraktionsebenen. Primitiven für die Modellierung auf RTL wie Drähte, Signale, HW-Register, Taktzyklen, usw. sind ebenfalls vorhanden. Allerdings machen ESL HW-Modelle in SystemC von ihnen sehr wenig oder keinen Gebrauch. Die Abstraktion von taktgenauer Kommunikation und Datenpfaden auf Funktionsaufrufe und -parameter ist das zentrale Konzept der ESL-SystemC-Modellierung. Diese Technik ist als *Transaction Level Modeling* (TLM) bekannt und wurde bereits in SystemC standardisiert. Die ESL-Hardware-Modelle in SystemC werden daher auch oft als TLM-Modelle bezeichnet.

Aufgrund der Abstraktion bieten TLM-Modelle die gleichen Funktionalitäten wie RTL-Modelle aus der SW-Sicht. TLM-Modelle sind allerdings viel früher verfügbar und können viel schneller simuliert werden (bis zu Faktor 10.000 [BG10]). Die SW-Entwicklung kann somit viel früher beginnen, d.h. sobald ein *virtueller Prototyp* (VP) zur Verfügung steht, welcher aus TLM-Modellen der realen HW-Bausteine besteht. Darüberhinaus können mit Hilfe von TLM-Modellen eine Verifikationsumgebung entwickelt werden, um damit später RTL-Modelle zu verifizieren. Dabei dienen TLM-Modelle auch als Referenzmodelle.

Offensichtlich sind TLM-Modelle von großer Bedeutung, da mit ihnen die beiden genannten Engpässe in der Entwicklung deutlich gemildert werden. Allerdings haben Fehler in TLM-Modellen zwei wichtige Konsequenzen: SW-Entwicklung findet auf einem fehlerhaften VP statt und RTL-Modelle werden mit inkorrekten Referenzmodellen verifiziert. Somit können sich TLM-Fehler in SW/HW-Teile und möglicherweise auch ins Endprodukt fortpflanzen. Deshalb ist die Absicherung der funktionalen Korrektheit bereits auf der TLM-Ebene sehr wichtig, weil je früher Fehler gefunden werden, desto geringer ist der Aufwand, sie zu beheben. Diese Dissertation [Le15] liefert für die funktionale Verifikation von TLM-Modellen wichtige Beiträge, welche ein breites Spektrum von Grundlagenforschung bis zur direkten industriellen Anwendbarkeit abdecken. Die Beiträge werden in Abschnitt 3 näher erläutert.

2 Stand der Technik

Bevor die wissenschaftlichen Beiträge der Dissertation präsentiert werden, gibt dieser Abschnitt eine kompakte Darstellung vom Stand der Technik. Der Fokus liegt dabei auf den zwei wichtigste Aufgaben im Verifikationsablauf: *Verifkation* und *Debugging*. Funktionale Verifikation für RTL Modelle ist ein sehr ausgereiftes Forschungs- und Entwicklungsfeld mit der zugehörigen etablierten *Electronic Design Automation* (EDA) Industrie. Die folgende Gegenüberstellung der verfügbaren Techniken auf den beiden Ebenen soll die fehlenden Teile auf Systemebene aufzeigen.

2.1 Simulationsbasierte Verifikation

Simulationsbasierte Verifikation ist und bleibt dank der hohen Benutzbarkeit und Skalierbarkeit die Standard-Technik für funktionale Verifikation in der Industrie. Zur Durchführung wird eine Verifikationsumgebung bzw. *Testbench* benötigt, welche mehrere Komponenten enthält. Diese fallen in eine der beiden folgenden Kategorien:

- Stimuligenerator: Generierung und Weiterleitung von Eingabewerten an das *Design-Under-Verification* (DUV) für die Simulation;

- Monitor und Checker: Überwachung der Ausgaben/Reaktion und internen Variablen vom DUV und Überprüfung ihrer Konformität mit der Spezifikation.

Dabei spielt das Konzept der constraint-basierten Verifikation (engl. Constrained Random Verification, CRV) [YPA06] eine entscheidende Rolle. CRV generiert Stimuli fürs DUV, welche Lösungen von logischen und arithmetischen Constraints darstellen. Die Lösungen werden mit Hilfe eines Constraint-Solvers ermittelt. Constraints werden von Verifikationsingenieuren formuliert, um den gesamten Eingaberaum auf die "interessanten" Werte zu reduzieren. CRV bietet zwei wesentliche Vorteile. Erstens ermöglicht CRV unerwartete Fehler im DUV zu finden, da Szenarien simuliert werden, an denen Verifikationsingenieuren nicht gedacht haben. Zweitens wird durch CRV die Stimuligenerierung vollautomatisiert und daher eine große Reihe von Szenarien überprüft. Für RTL Verifikation ist CRV-Testbench bereits als *Universal Verification Methodology* (UVM) [Acc14] standardisiert und wird von EDA-Firmen angeboten.

Zwei wesentliche CRV-Bausteine bilden ein effizienter Constraint-Solver und eine kompakte und dennoch ausdrucksstarke Constraint-Sprache. Für SystemC ist die einzige CRV-Option die *SystemC Verification* (SCV) Bibliothek [IS03] von ASI. Allerdings weist diese Bibliothek viele Schwächen in Bezug auf die beiden genannten Punkte auf und deshalb nur sehr eingeschränkt einsetzbar zur Verifikation von TLM-Modellen. Ein Beispiel ist die ausschließliche Nutzung von BDDs [Br86] für das Constraint-Solving, die typischerweise große Mengen von Constraints in TLM Testbenches nicht lösen kann. Existierende Verbesserungen von SCV [GED07, Wi09] kompensierten die Schwachpunkte bis zu einem gewissen Grad, allerdings wurden die begrenzte Ausdrucksmächtigkeit und Nutzbarkeit der Spezifikation von Constraints noch nicht behandelt.

2.1.1 Formale Verifikation

Trotz der hohen Skalierbarkeit haben simulationsbasierte Techniken eine fundamentale Schwäche. Fehler werden nur gefunden, wenn entsprechende Stimuli vorliegen. CRV löst diese Problem nur teilweise, weil es praktisch unmöglich ist, alle möglichen Stimuli zu simulieren. Formale Verifikation, hier in Form der *Eigenschaftsprüfung*, hingegen versucht, die Abwesenheit von Fehlern mathematisch zu beweisen. Im Gegensatz zu Simulation ist ein Testbench nicht erforderlich. Ein Eigenschaftsprüfer liest die RTL-Beschreibung und eine Eigenschaft. Danach wird der Zustandsraum des DUV erschöpfend exploriert. Dabei kann entweder beweisen werden, dass die Eigenschaft für alle gültigen Eingangsstimuli gilt, oder ein Gegenbeispiel (d.h. eine konkrete Folge von Stimuli) gefunden werden, die zu einer Verletzung der Eigenschaft führen. Einst nur vom akademischem Interesse, werden RTL-Eigenschaftsprüfer von EDA-Firmen angeboten. Der erfolgreichste Algorithmus zur Eigenschaftsprüfung ist *Bounded Model Checking* (BMC) [Bi03] unter Verwendung von SAT-Solvern [Mo01, ES03] (d.h. Solver für das Boolesche Erfüllbarkeitsproblem). BMC rollt das RTL-DUV zusammen mit der zu beweisenden Eigenschaft für eine bestimmte Anzahl von Zeitschritten ab und übersetzt diese abgerollte Beschreibung in eine SAT-Instanz, welche nur erfüllbar ist, wenn die Eigenschaft nicht gilt.

Für den Einsatz formaler Verifikation auf der TLM-Abstraktion stellen die Objektorientierung und die event-basierte Simulationssemantik von SystemC eine große Herausforderung dar [Va07]. Zunächst muss ein TLM-Eigenschaftsprüfer offensichtlich alle möglichen Stimuli betrachten. Zweitens besteht das Gesamtverhalten eines typischen TLM-DUV aus mehreren asynchronen Prozessen. Jede mögliche Ausführungsreihenfolge der Prozessen kann potentiell zu einem anderen Ergebnis führen. Deshalb müssen ein TLM-Eigenschaftsprüfer auch alle Ausführungsreihenfolgen berücksichtigen. Drittens findet man in TLM-Modellen neben SystemC-Primitiven auch beliebige C++-Konstrukte. Infolgedessen muss ein TLM-Eigenschaftsprüfer in der Lage sein, ein formales Modell unter Betrachtung der vollen Komplexität von C++ zu extrahieren.

Für die Extrahierung existiert bis heute keine zufriedenstellende Lösung trotz vieler Versuche z.B. [Fe04, FZI, MMMC05]. Es existiert nichtsdestotrotz bereits eine große Anzahl formaler Verifikationsansätze für SystemC TLM, die unterschiedliche kleine Untermenge der Sprachkonstrukte unterstützen. Viele der existierenden Ansätze beschränken sich nur auf das oben erwähnte Problem der vielen möglichen Ausführungsreihenfolgen der asynchronen Prozesse. Diese Lösungen [KGG08, HMM09] versuchen, unter einer vorgegebenen Eingabe die Ausführungsreihenfolgen möglichst effizient zu explorieren. Dabei wird auf Varianten von *Partial Order Reduction* (POR) Techniken [Go96, FG05] zurückgegriffen. Generell versuchen POR-Techniken, äquivalenten Reihenfolgen zu erkennen und wiederholte Explorationen zu vermeiden. Weitere Ansätze [KS05, KEP06, Tr07, HFG08] betrachten dazu auch noch alle möglichen Eingaben und verwenden dabei viele verschiedene Formalismen unter anderem Petri-Netze, Promela oder Timed Automata. Danach wird in den meisten Fällen ein expliziter Modellprüfer zur Verifikation eingesetzt. Explizite Modellprüfung [CGP99] hat bekanntlich Skalierbarkeitsprobleme bei Modellen, die Variablen mit großen Wertebereichen besitzen.

2.1.2 Debugging

Wenn ein Fehler festgestellt wird, sei es durch simulationsbasierte oder formale Verifikation, wird ein Fehlerprotokoll bzw. Gegenbeispiel geliefert. Beim traditionellen Debugging untersuchen Verifikationsingenieure manuell dieses Fehlerprotokoll mit Hilfe eines Debuggers, um die Fehlerursache zu finden. Automatisierte Debugging-Techniken reduzieren diesen manuellen Aufwand, indem sie automatisch eine Liste von Fehlerkandidaten im DUV berechnen und den Ingenieuren präsentieren. In dieser Arbeit werden solche Techniken als *Fehlerlokalisierung* bezeichnet.

Auf der RTL-Abstraktion ist die Fehlerlokalisierung recht gut verstanden. Mehrere skalierbare Ansätze [SVV04, Fe08, SV09] existieren, die die Fehlerlokalisierung als Boolesches Erfüllbarkeitsproblem formulieren und somit die Leistungsfähigkeit moderner SAT-Solver ausnutzen können. Zur Fehlerlokalisierung in TLM-Modellen war vor dieser Dissertation kein Verfahren bekannt.

3 Funktionale Verification von TLM-Modellen

Im Rahmen dieser Dissertation wurden wichtige Beiträge zur Weiterentwicklung der funktionalen Verifikation auf der TLM-Abstraktion geleistet. Die Beiträge adressieren vor allem die im vorherigen Abschnitt identifizierten Schwachpunkte:

1. Ein neuer constraint-basierter Stimuligenerator wurde für die simulationsbasierte TLM-Verifikation entwickelt, welcher im Vergleich zum Stand der Technik deutlich effizienter ist und wesentlich ausdrucksstärkere Constraints unterstützt;

2. Neue Ansätze für TLM-Eigenschaftsprüfung wurden entwickelt, die existierende Lösungen leistungsmäßig weitaus übertreffen;

3. Neue Fehlerlokalisierungsverfahren wurden entwickelt, welche es erstmalig erlauben, für TLM-Modelle Fehlerstellen automatisch und genau zu bestimmen.

Die einzelnen Punkte werden im Folgenden kurz näher beschrieben.

3.1 Constraint-basierte Stimuligenerierung

Wir entwickelten eine Bibliothek namens CRAVE (Constrained RAndom Verification Environment) für SystemC. CRAVE ist komplett quelloffen[3] und bietet viele neue Funktionalitäten, die in SCV nicht ohne weiteres möglich sind:

- Eine neue und vollständig überarbeitete API zur Constraint-Spezifikation;
- Dynamische Constraints, die zur Laufzeit gesteuert werden können;
- Automatische Diagnose von widersprüchlichen Constraints;
- Constraints für dynamische Datenstrukturen (z.B. STL-Vektoren), Soft-Constraints und Verteilungsconstraints;
- Parallelisiertes Constraint-Solving;
- automatische Partitionierung von Constraints in unabhängige Gruppen.

---

[3] erhältlich unter http://www.systemc-verification.org/crave

Die ersten drei Funktionalitäten verbessern die Benutzerfreundlichkeit, die vierte die Ausdrucksmächtigkeit der Spezifikation von Constraints. Die letzten beiden Funktionalitäten beschleunigen den Constraint-Solving-Prozess. Die Konzepte, die Einzelheiten der Umsetzung sowie die experimentellen Ergebnisse wurden in [Ha12, LD14a] veröffentlicht. Darüber hinaus integrierten wir CRAVE in das Framework der *System Verification Methodology* (SVM) [Ol12b] und demonstrierten in einer Fallstudie [Ol12a] die Anwendbarkeit dieser Integration an einem abstrakten Modell eines Zweirad-Elektrofahrzeugs, das von der Infineon Technologies München zur Verfügung gestellt wurde.

3.2 Formale Eigenschaftsprüfung

Wir präsentierten in [GLD10] den ersten Ansatz zur TLM-Eigenschaftsprüfung, der eine vollständige und effiziente Verifikation von "richtigen" TLM Eigenschaften ermöglicht. Neben einfachen Sicherheitseigenschaften kann der Anwender die Wirkungskette von Transaktionen und Events spezifizieren und verifizieren. Der Ansatz basiert auf einer neuartigen und vollständig automatisierten Übersetzung des DUV von TLM nach C. Während der Übersetzung wird ein Monitor aus der zu verifizierenden Eigenschaft erzeugt und als Zusicherungen in das C-Modell eingebettet. Die Verifikation selbst wird durch eine neuartige Variante von BMC und k-Induktion auf der Ebene des C-Codes ausgeführt. In [LGD11] beschrieben wir eine Erweiterung, die TLM-Eigenschaften mit lokalen Variablen zwecks Datenintegritätsprüfung unterstützen.

Um die Effizienz der Eigenschaftsprüfung weiter zu verbessern, schlugen wir in [Le13] einen komplementären Ansatz vor. Die Neuheit an diesem Ansatz zur symbolischen Simulation ist die intelligente Kombination zwei effizienter Verifikationstechniken für SW: POR [Go96, FG05] und symbolische Ausführung [Ki76, CDE08], unter Berücksichtigung der Nebenläufigkeit von SystemC. Während POR redundante Ausführungsreihenfolgen abschneidet, exploriert die symbolische Ausführung alle bedingten Ausführungspfade in Verbindung mit symbolischen Eingabewerten durch. Damit deckt eine symbolische Simulation den gesamten Zustandsraum des DUV ab. Vor kurzem präsentierten wir in [HLD15] eine wichtige Erweiterung dieses Ansatzes, um zyklische Zustandsräume zu unterstützen. Diese Räume entstehen natürlicherweise in vielen TLM-Modellen durch den häufigen Einsatz unbegrenzter Schleifen in SystemC-Prozessen.

Die experimentellen Ergebnisse in [GLD10, Le13, HLD15] zeigten, dass unsere Ansätze existierende Techniken zur TLM-Eigenschaftsprüfung leistungsmäßig weitaus übertreffen, in vielen Fällen um mehrere Größenordnungen.

3.3 Fehlerlokalisierung

In [LGD12] stellten wir den ersten Ansatz zur Fehlerlokalisierung für TLM-Modlle vor. Der Ansatz berechnet anhand eines Fehlerprotokolls automatisch alle Fehlerkandidaten. Jeder Kandidat ist eine Anweisung, die TLM-Primitiven enthält und oft von Entwicklern falsch angewendet wird. Zum Beispiel wird fälschlicherweise eine blockierende Transaktion anstelle einer nicht-blockierenden verwendet oder ein falsches Event wird benachrichtigt. Alle Kandidaten besitzen die Eigenschaft, dass eine syntaktische Änderung an ihnen dazu führen kann, dass das Fehlerprotokoll nicht mehr zu reproduzieren ist. Die Berechnung der Fehlerkandidaten ist auf den oben beschrieben formalen Verifikationsansätzen aufgebaut. Die experimentellen Ergebnisse in [LGD12] zeigten, dass dieser Ansatz in den meisten Fällen genau und relativ schnell die Fehlerstelle lokalisieren kann.

Da die komplexesten TLM-Modelle mit ihren riesigen Zustandsräumen nicht komplett mit formalen Methoden behandelbar sind, schlugen wir in [LGD13] ein besonders skalierbares Verfahren zur Fehlerlokalisierung für TLM-Modelle vor. Das neue Verfahren ist durch die Diagnose-Techniken für SW inspiriert, simulationsbasiert und leicht in eine typische Verifikationsumgebung zu integrieren. Wir erweiterten das Konzept der Ausführungsprofile (z.b. in der einfachsten Ausprägung: Anweisungsabdeckung) von SW-Programmen für TLM-Simulationen. Während der Simulation sammelt das Verfahren Ausführungsprofile für jeden einzelnen Eingabe-Berechnung-Ausgabe-Pfad. Dann werden mögliche Fehlerstellen anhand der Unterschiede von Ausführungsprofilen zwischen fehlerfreien und fehlerbehafteten Läufen berechnet. Die experimentellen Ergebnisse in [LGD13] zeigten, dass die Fehlerstellen genau und sehr schnell identifiziert wurden.

3.4 Anwendungen

Über die Kerntechniken hinaus schlugen wir zwei auf TLM-Eigenschaftsprüfung basierte Anwendungen vor, die wiederum die funktionale Verifikation effizienter machen.

Die erste Anwendung [LGD10] ist darauf ausgelegt, Lücke in einem TLM-Eigenschaftssatz zu finden. Dieses Problem ist bereits für RTL-Eigenschaftsprüfung bekannt ("habe ich genug Eigenschaften geschrieben?" [KG99]). In einem TLM-Modell sollte jede mögliche Transaktionsinitierung in mindestens einer Eigenschaft eindeutig beschrieben sein. Eine nicht beschriebene Initierung weist auf Lücke in dem Eigenschaftssatz hin. Unser Hauptbeitrag ist die Formulierung dieses Problems als eine Instanz der TLM-Eigenschaftsprüfung.

Die zweite Anwendung [LD14b] zielt darauf ab, die Eingabe-Ausgabe-Determiniertheit eines TLM-DUV nachzuweisen. Das bedeutet, dass das TLM-DUV für jede mögliche Eingabe die gleiche Ausgabe unter allen Ausführungsreihenfolgen liefert. Determiniertheit ist ein wertvolles Korrektheitskriterium und bietet mehrere Vorteile in Bezug auf sowohl simulationsbasierte als auch formale Verifikation. Wir implementierten einen Prototypen zur Demonstration der Determiniertheitsprüfung für TLM-Modelle. Der Prototyp führt eine Determiniertheitsprüfung darauf zurück, die Äquivalenz der Ausgaben von zwei Versionen des Original-DUV mit einem TLM-Eigenschaftsprüfer zu checken.

4 Zusammenfassung und Ausblick

Die Entstehung und industrieweite Verbreitung der neuen Abstraktionsebene ESL hat zur Produktivitätssteigerung im Entwurfsablauf eingebetteter Systeme geführt. Aber auch die abstrakten TLM-Modelle auf Systemebene bedürfen gründlicher Prüfung ihrer Korrektheit. In dieser Arbeit stellten wir eine Reihe von neuen automatisierten Ansätze zur funktionalen Verifikation von TLM-Modellen vor. Die Ansätze leisteten wichtige Beiträge dazu, den Verifikationsablauf auf der neuen Abstraktionsebene näher an den Reifegrad der funktionale Verifikation von RTL-Modellen zu bringen. Zum Zeitpunkt der Erstellung dieses Textes ist die Verifikationsbibliothek CRAVE bereits im Integrationsprozess in die standardisierte Verifikationsmethodik UVM-SystemC. Es ist zu erwarten, dass die anderen hier vorgestellten Techniken in den nächsten Jahren auch ihren Weg in den industriellen Einsatz finden.

Literaturverzeichnis

[Acc14]   Accellera Systems Initiative. Universal Verification Methodology, 2014.

[BG10]   Bailey, B.; Grant, M.: ESL Models and their Applications. Springer, 2010.

[Bi03]   Biere, A.; Cimatti, A.; Clarke, E. M.; Strichman, O.; Zhu, Y.: Bounded model checking. Advances in Computers, 58:118–149, 2003.

[BMP07]   Bailey, B.; Martin, G.; Piziali, A.: ESL Design and Verification: A Prescription for Electronic System Level Methodology. Morgan Kaufmann/Elsevier, 2007.

[Br86]   Bryant, R. E.: Graph-Based Algorithms for Boolean Function Manipulation. IEEE Trans. on Comp., 35(8):677–691, 1986.

[CDE08]   Cadar, Cristian; Dunbar, Daniel; Engler, Dawson R.: KLEE: Unassisted and Automatic Generation of High-Coverage Tests for Complex Systems Programs. In: OSDI. S. 209–224, 2008.

[CGP99]   Clarke, E. M.; Grumberg, O.; Peled, D.: Model Checking. MIT Press, 1999.

[ES03]   Eén, N.; Sörensson, N.: An Extensible SAT-solver. In: SAT. S. 502–518, 2003.

[Fe04]   Fey, G.; Große, D.; Cassens, T.; Genz, C.; Warode, T.; Drechsler, R.: ParSyC: An Efficient SystemC Parser. In: Workshop on Synthesis And System Integration of Mixed Information technologies. S. 148–154, 2004.

[Fe08]   Fey, G.; Staber, S.; Bloem, R.; Drechsler, R.: Automatic Fault Localization for Property Checking. IEEE Trans. on CAD, 27(6):1138–1149, 2008.

[FG05]   Flanagan, Cormac; Godefroid, Patrice: Dynamic partial-order reduction for model checking software. In: POPL. S. 110–121, 2005.

[FZI]   FZI. KaSCPar - Karlsruhe SystemC Parser Suite.

[GED07]   Große, D.; Ebendt, R.; Drechsler, R.: Improvements for constraint solving in the SystemC verification library. In: ACM Great Lakes Symposium on VLSI. S. 493–496, 2007.

[Gh06]   Ghenassia, F.: Transaction-Level Modeling with SystemC: TLM Concepts and Applications for Embedded Systems. Springer, 2006.

[GLD10]   Große, D.; Le, H. M.; Drechsler, R.: Proving Transaction and System-level Properties of Untimed SystemC TLM Designs. In: ACM & IEEE International Conference on Formal Methods and Models for Codesign. S. 113–122, 2010.

[Go96]   Godefroid, Patrice: Partial-Order Methods for the Verification of Concurrent Systems: An Approach to the State-Explosion Problem. Springer, 1996.

[Ha12]   Haedicke, F.; Le, H. M.; Große, D.; Drechsler, R.: CRAVE: An Advanced Constrained RAndom Verification Environment for SystemC. In: Int'l Symposium on System-on-Chip. S. 1–6, 2012.

[HFG08]   Herber, P.; Fellmuth, J.; Glesner, S.: Model checking SystemC designs using timed automata. In: Int'l Conference on Hardware/Software Codesign and System Synthesis. S. 131–136, 2008.

[HLD15]   Herdt, V.; Le, H. M.; Drechsler, R.: Verifying SystemC using Stateful Symbolic Simulation. In: Design Automation Conf. 2015.

[HMM09]   Helmstetter, Claude; Maraninchi, Florence; Maillet-Contoz, Laurent: Full simulation coverage for SystemC transaction-level models of systems-on-a-chip. Formal Methods in System Design: An International Journal, 35(2):152–189, 2009.

[IEE08]   IEEE Std. 1076. IEEE Standard VHDL LRM, 2008.

[IEE11]   IEEE Std. 1666. IEEE Standard SystemC LRM, 2011.

[IEE12]   IEEE Std. 1800. IEEE Standard for SystemVerilog–Unified Hardware Design, Specification, and Verification Language, 2012.

[IS03]   Ip, C. Norris; Swan, S.: A Tutorial Introduction on the New SystemC Verification Standard. White paper, www.systemc.org, 2003.

[KEP06]   Karlsson, D.; Eles, P.; Peng, Z.: Formal verification of SystemC designs using a petri-net based representation. In: Design, Automation and Test in Europe. S. 1228–1233, 2006.

[KG99]   Katz, S.; Grumberg, O.: Have I written enough Properties - A Method of Comparison between Specification and Implementation. In: Correct Hardware Design and Verification Methods. S. 280–297, 1999.

[KGG08]   Kundu, S.; Ganai, M.; Gupta, R.: Partial order reduction for scalable testing of SystemC TLM designs. In: Design Automation Conf. S. 936–941, 2008.

[Ki76]   King, James C.: Symbolic Execution and Program Testing. Commun. ACM, 19(7):385–394, Juli 1976.

[KS05]   Kroening, D.; Sharygina, N.: Formal verification of SystemC by automatic hardware-/software partitioning. In: ACM & IEEE International Conference on Formal Methods and Models for Codesign. S. 101–110, 2005.

[LD14a]   Le, H. M.; Drechsler, R.: CRAVE 2.0: The Next Generation Constrained Random Stimuli Generator for SystemC. In: Design and Verification Conference and Exhibition Europe (DVCon Europe). 2014.

[LD14b]   Le, H. M.; Drechsler, R.: Towards Verifying Determinism of SystemC Designs. In: Design, Automation and Test in Europe. S. 153:1–153:4, 2014.

[Le13]   Le, H. M.; Große, D.; Herdt, V.; Drechsler, R.: Verifying SystemC using an Intermediate Verification Language and Symbolic Simulation. In: Design Automation Conf. S. 116:1–116:6, 2013.

[Le15]   Le, Hoang M.: Automated Techniques for Functional Verification at the Electronic System Level. Dissertation, Universitity of Bremen, Germany, 2015.

[LGD10]   Le, H. M.; Große, D.; Drechsler, R.: Towards Analyzing Functional Coverage in SystemC TLM Property Checking. In: IEEE International High Level Design Validation and Test Workshop. S. 67–74, 2010.

[LGD11]   Le, H. M.; Große, D.; Drechsler, R.: Towards Proving TLM Properties with Local Variables. In: Int'l Workshop on Constraints in Formal Verification. 2011.

[LGD12]   Le, H. M.; Große, D.; Drechsler, R.: Automatic TLM Fault Localization for SystemC. IEEE Trans. on CAD, 31(8):1249–1262, August 2012.

[LGD13]   Le, H. M.; Große, D.; Drechsler, R.: Scalable Fault Localization for SystemC TLM Designs. In: Design, Automation and Test in Europe. S. 35–38, 2013.

[MMMC05] Moy, Matthieu; Maraninchi, Florence; Maillet-Contoz, Laurent: Pinapa: An Extraction Tool for SystemC Descriptions of Systems-on-a-chip. In: ACM Iternational Conference on Embedded Software. S. 317–324, 2005.

[Mo01]   Moskewicz, M. W.; Madigan, C. F.; Zhao, Y.; Zhang, L.; Malik, S.: Chaff: Engineering an Efficient SAT Solver. In: Design Automation Conf. S. 530–535, 2001.

[Ol12a]   Oliveira, M. F. S.; Kuznik, C.; Le, H. M.; Große, D.; Haedicke, F.; Mueller, W.; Drechsler, R.; Ecker, W.; Esen, V.: The System Verification Methodology for Advanced TLM Verification. In: Int'l Conference on Hardware/Software Codesign and System Synthesis. S. 313–322, 2012.

[Ol12b]   Oliveira, M. F. S.; Kuznik, C.; Mueller, W.; Ecker, W.; Esen, V.: A SystemC Library for Advanced TLM Verification. In: Design and Verification Conference and Exhibition (DVCon). 2012.

[SV09]   Safarpour, Sean; Veneris, Andreas: Automated design debugging with abstraction and refinement. IEEE Trans. on CAD, 28:1597–1608, Oct. 2009.

[SVV04]   Smith, A.; Veneris, A.; Viglas, A.: Design Diagnosis Using Boolean Satisfiability. In: ASP Design Automation Conf. S. 218–223, 2004.

[Tr07]   Traulsen, C.; Cornet, J.; Moy, M.; Maraninchi, F.: A SystemC/TLM Semantics in Promela and Its Possible Applications. In: SPIN. S. 204–222, 2007.

[Va07]   Vardi, M. Y.: Formal techniques for SystemC verification. In: Design Automation Conf. S. 188–192, 2007.

[Wi09]   Wille, R.; Große, D.; Haedicke, F.; Drechsler, R.: SMT-based Stimuli Generation in the SystemC Verification Library. In: Forum on specification and Design Languages. S. 1–6, 2009.

[WM12]   The 2012 Wilson Research Group Functional Verification Study.

[YPA06]   Yuan, J.; Pixley, C.; Aziz, A.: Constraint-based Verification. Springer, 2006.

Hoang M. Le erhielt 2009 sein Diplom mit Auszeichnung in Informatik von der Universität Bremen. Seit November 2009 ist er als wissenschaftlicher Mitarbeiter in der Arbeitsgruppe Rechnerarchitektur an der Universität Bremen tätig. Im Juli 2016 schloss er seine Promotion erfolgreich mit dem Prädikat *summa cum laude* ab. Für sein Dissertationsprojekt erhielt er bereits zwei Auszeichnungen auf dem PhD-Forum von zwei der bedeutendsten Konferenzen auf seinem Forschungsgebiet: der Asia and South Pacific Design Automation Conference (ASP-DAC) in 2012 und der Design, Automation and Test in Europe (DATE) in 2013.

Analyse und Transformation konfigurierbarer Systeme[1]

Jörg Liebig[2]

Abstract: Viele Softwaresysteme, wie z.B. das Betriebssystem Linux, stellen zum Teil tausende von Konfigurationsoptionen bereit, mit deren Hilfe eine zum Teil astronomisch große Anzahl unterschiedlicher Varianten (für Linux vom Smartphone bis zum Supercomputer) erstellt werden kann. Die Variantenvielfalt dieser Systeme stellt Softwareentwickler vor enorme Herausforderungen hinsichtlich ihrer Korrektheit, da entsprechende Entwicklungswerkzeuge fehlen. In dieser Arbeit beschreiben wir skalierbare, variabilitätsgewahre Techniken für die Entwicklung von Analyse- und Transformationswerkzeugen, die mit der Variantenvielfalt konfigurierbarer Systeme umgehen können. Wir zeigen, dass diese Techniken bestehenden Verfahren hinsichtlich Laufzeit, Aufwand zur Anwendung und Vollständigkeit überlegen sind.

1 Einleitung

Statische Analyse- und Transformationswerkzeuge für Quellcode gehören zur Standardausrüstung eines Softwareentwicklers. Ihre Anwendung vereinfacht die tägliche Arbeit bezüglich der Pflege und Weiterentwicklung des Quellcodes entscheidend. Daher beeinflussen sie maßgeblich die Effizienz und Produktivität von Entwicklern. Ferner hat die Anwendung der Werkzeuge auch finanzielle Vorteile, denn Programmierfehler können so bereits frühzeitig im Software-Entwicklungsprozess aufgespürt bzw. vermieden werden [KM03]. Das hat zur Folge, dass sich Wartungs- und Entwicklungskosten entscheidend reduzieren lassen.

In der Praxis werden Softwaresysteme häufig aufgrund unterschiedlicher Anforderungen als konfigurierbare Systeme entwickelt. Für deren Entwicklung greifen Entwickler häufig auf **#ifdef** Direktiven des Präprozessors CPP zurück, um Variabilität zur Compilezeit eines Systems umzusetzen. Variable Codefragmente werden mit Hilfe von **#ifdef** Direktiven annotiert und über Konfigurationsoptionen kontrolliert. Deren Auswahl/Abwahl im Konfigurationsprozess eines Systems entscheidet über den Funktionsumfang der Systemvarianten. Die Nutzung von Annotationen für die Entwicklung konfigurierbarer Systeme ist einfach zu lernen und anzuwenden, sodass sie von vielen Entwicklern für Konfigurationszwecke verwendet werden. Existierende konfigurierbare Systeme, wie zum Beispiel der LINUX Kernel, stellen für Konfigurationszwecke häufig tausende von Konfigurationsoptionen bereit, mit deren Hilfe Billiarden unterschiedlicher Systemvarianten (von eingebetteten Systemen über Smartphones und PCs, bis hin zu Supercomputern) auf Abruf erstellt werden können.

Obwohl konfigurierbare Systeme und entsprechende Implementierungsansätze in der Praxis weit verbreitet sind, fehlen passende Entwicklungswerkzeuge. Bestehende Analyse- und Transformationswerkzeuge sind nicht für die Entwicklung konfigurierbarer Systeme vorbereitet, d.h. sie können nicht mit Variabilität im Quellcode umgehen. Das hat

---
[1] Analysis and Transformation of Configurable Systems [Li15a]
[2] Method Park, joerg.liebig@methodpark.com

zur Folge, dass bestehende Werkzeuge fehlerhafte oder unvollständige Ergebnisse liefern. Gleichzeitig lassen sich immer komplexere Softwaresysteme häufig ohne entsprechende Werkzeugunterstützung nicht mehr effizient entwickeln. Trotz ihrer weiten Verbreitung werden Implementierungsansätze auf der Basis von Präprozessor-Direktiven in der Forschung häufig kritisiert. Die Kritik richtet sich unter anderem auch an die fehlenden Entwicklungswerkzeuge (z.B. [SC92, Fa96]). Obwohl die vorgebrachte Kritik zum Teil seit mehr als 20 Jahren besteht, gibt es keine Anzeichen für grundlegende Verbesserungen.

Der Beitrag dieser Arbeit liegt im Bereich der Entwicklung von variabilitätsgewahren Techniken zur Analyse und Transformation von konfigurierbaren Systemen [Li15a]. Diese Techniken nutzen Gemeinsamkeiten zwischen verschiedenen Systemvarianten aus, um den Aufwand für Analysen und Transformationen entscheidend zu reduzieren. Die Durchführung von Analyse und Transformationen für alle Systemvarianten mit Hilfe von brute-force (jede Variante wird einzeln betrachtet) ist für praktische Systeme mit einer häufig astronomisch großen Anzahl an Systemvarianten nicht möglich. Die dafür notwendigen Ressourcen (Rechenleistung und Speicherplatzverbrauch) übertreffen verfügbare Ressourcen um ein Vielfaches. In dieser Arbeit entwickeln wir neue Analyseansätze für die statische Analyse von Billiarden unterschiedlicher Systemvarianten und vergleichen sie mit traditionellen Verfahren auf der Basis von Sampling, also der individuellen Betrachtung einiger weniger Systemvarianten mit Hilfe von Analysen, die nicht variabilitätsgewahr sind. Der Vergleich zeigt, dass variabilitätsgewahre Analysen im Hinblick auf Vollständigkeit (alle gültigen Systemvarianten werden betrachtet), Effizienz (sie haben eine geringere Laufzeit) und Skalierbarkeit (Anwendbarkeit auch für große Softwaresysteme) Sampling-Verfahren überlegen sind. Wir zeigen die praktische Anwendbarkeit variabilitätsgewahre Analysen auch für Softwaresysteme der Größe des Betriebssystems LINUX.

Auf der Grundlage variabilitätsgewahrer Analysen entwickeln wir ein Transformationswerkzeug für C namens MORPHEUS, das drei Standard-Refactorings umsetzt (RENAME IDENTIFIER, EXTRACT FUNCTION und INLINE FUNCTION). MORPHEUS berücksichtigt Variabilität im Quellcode direkt und räumt mit bestehenden Defiziten (fehlende Vollständigkeit, Anwendung von Heuristiken und mangelnde Skalierbarkeit) existierender Transformationswerkzeuge auf. Gleichzeitig werden alle Systemvarianten eines konfigurierbaren Systems berücksichtigt, damit das Systemverhalten aller Varianten vor und nach der Transformation gleich bleibt. Um dies sicherzustellen erweitern wir einen gängigen Testansatz für Transformationswerkzeuge um die Fähigkeit zur Überprüfung von Variabilität. Wir zeigen damit anhand praktischen Fallstudien, dass variabilitätsgewahre Transformationen effektiv sind und auch für größere Softwaresysteme skalieren.

2 Zum Verständnis von Präprozessor Annotationen

Obwohl Präprozessor-basierte Implementierungsansätze in der Praxis seit mehr als 40 Jahren eingesetzt werden, ist recht wenig über ihren Einsatz zur Implementierung konfigurierbarer Systeme bekannt. Für konfigurierbare Systeme fehlen häufig bereits einfache Informationen, wie beispielsweise die Anzahl der Konfigurationsoptionen. Um eine umfassende Übersicht zur Verwendung von `#ifdef` Annotationen in der Praxis zu erhalten, haben wir ihre Verwendung im Detail untersucht [Li10, Li11]. Grundlage für beide Studien war die

Goal Question Metric (GQM) Methode zur systematischen Erfassung und Messung des Einflusses von `#ifdef` Annotationen auf die Entwicklung von Werkzeugen. Im Einzelnen haben wir die Beziehungen von Konfigurationsoptionen untereinander, die Implementierung variablen Quellcodes mit Hilfe von `#ifdef`s und die Disziplin von `#ifdef` Annotationen untersucht. Für deren qualitative Erfassung wurde eine Reihe unterschiedlicher Metriken definiert. Zwei Beispiele dieser Metriken sind die Anzahl der Konfigurationsoptionen und die Verschachtelungstiefe von `#ifdef` Annotationen im Quellcode. Beide Metriken erlauben eine grobe Abschätzung der möglicherweise exponentiellen Komplexität konfigurierbarer Systeme und sie bestimmen maßgeblich ihren Analyse- und Transformationsaufwand.

Für 42 open-source Softwaresysteme aus unterschiedlichen Bereichen (z.B. Datenbanken, Web-Server oder Anwendungsprogramme) und verschiedener Größe haben wir die Metriken erhoben. Obwohl einige Softwaresysteme eine große Anzahl von Konfigurationsoptionen haben, konnten wir keine exponentielle Komplexität durch Verschachtelung im Quellcode finden. Dennoch haben wir eine Reihe wichtiger Anforderungen hinsichtlich der Entwicklung von Werkzeugen bestimmt. Zwei Beispiele sind: 1) `#ifdef`s bestehen häufig aus komplexen, Booleschen Ausdrücken von Konfigurationsoptionen und 2) Variabilität im Quellcode tritt in unterschiedlichen Bereichen auf (von annotierten Funktionen bis hin zu einzelnen Klammern). Die Berücksichtigung dieser und weiterer Anforderungen ist für die Entwicklung von Entwicklungswerkzeugen unerlässlich.

Darüber hinaus haben wir eine wichtige Eigenschaft von Präprozessor-basierten Implementierungsansätzen im Quellcode untersucht: Disziplin von `#ifdef` Annotationen [Li11]. Die Disziplin hat einen wesentlichen Einfluss auf die Erzeugung von Abstraktionen, die in Analyse- und Transformationswerkzeugen zum Einsatz kommen (Abschnitt 3). Das Problem ist, dass `#ifdef` Annotationen nicht an die syntaktische Struktur von Quellcode gebunden sind. D.h. Entwickler können `#ifdef`s für Annotationen beliebiger Codefragmente (z.B. Funktionen oder Anweisungen) bis hin zu einzelnen Zeichen, wie z.B. eine Klammer, verwenden. Gerade letztere Art von Annotationen, die wir undisziplinierte Annotationen nennen, können zu Syntaxfehlern im Quellcode führen [Kä09]. Ferner erlauben sie keine 1:1 Abbildung in variabilitätsgewahren Abstraktionen die für effiziente Entwicklungswerkzeuge, wie wir sie vorstellen, notwendig sind. Mit unserer Definition von disziplinierten und undisziplinierten Annotationen [Li11] haben wir alle Annotationen in den 42 Softwaresystemen untersucht. Dabei zeigte sich, dass bereits 85 % aller Annotationen diszipliniert sind. Allerdings war nur ein einziges von allen Softwaresystemen frei von undisziplinierten Annotationen, woraus folgt dass Entwicklungswerkzeuge mit diesen umgehen können müssen.

3 Die Analyse von C Code im Kontext von #ifdef Annotationen

Mit Sampling-Verfahren und variabilitätsgewahren Analysen existieren zwei Analyseansätze für konfigurierbarer Systeme [Th14]. Sampling basiert auf der Idee, dass die Analyse einer repräsentativen Menge ausreichende Ergebnisse für die Programmanalyse liefert. Mit Hilfe einer Heuristik wird eine Teilmenge aller gültigen Systemvarianten ausgewählt und mit traditionellen, nicht-variabilitätsgewahren Analysewerkzeugen untersucht. Dabei werden Gemeinsamkeiten, die von unterschiedlichen Systemvarianten geteilt werden, mehrfach analysiert (Redundanz), sodass Analyseergebnisse für ähnliche Varianten mehrfach berechnet werden. Obwohl die Ergebnisse Sampling-basierter Verfahren notwendigerweise unvollständig sind, ist Sampling Standard in der Analyse konfigurierbarer Systeme [Th14].

Im Gegensatz zu Sampling arbeiten variabilitätsgewahre Analysen direkt auf der variablen Quellcodebasis. Alle durch `#ifdef` Direktiven auftretenden lokalen Variationen im Quelltext werden während der Analyse berücksichtigt, sodass ihre Ergebnisse alle Varianten einschließen (Vollständigkeit). Trotzdem werden Gemeinsamkeiten und Unterschiede zwischen verschiedenen Systemvarianten nur einmal analysiert, wodurch der Analyseaufwand gemessen an allen Varianten erheblich sinkt. Obwohl Sampling und variabilitätsgewahre Analysen bereits seit einiger Zeit in der Wissenschaft bekannt sind, existiert keine eingehende Untersuchung der beiden Ansätze hinsichtlich ihrer Anwendung in der Praxis. Zur Schließung dieser Lücke untersuchen wir beide Ansätze hinsichtlich ihrer Laufzeit, des Aufwands für ihren Einsatz und der Fehlererfassung. Alle drei Kriterien sind wichtige Voraussetzungen für den Einsatz statischer Analysen in der Praxis.

Laufzeit. Analysewerkzeuge arbeiten typischerweise auf Abstraktionen (wie beispielsweise Abstract Syntax Tree (AST) und Control-flow Graph (CFG)) des Quellcodes, die alle notwendigen Informationen für die Programmanalyse bereitstellen. Damit konfigurierbare Systeme effizient analysiert werden können, müssen die verwendeten Abstraktionen mit Variabilitätsinformationen angereichert werden [Wa14]. Dies erlaubt, dass Gemeinsamkeiten und Unterschiede eines konfigurierbaren Systems nur einmal analysiert werden müssen. Für die Erstellung von ASTs nutzen wir das Parser-Framework TYPECHEF. TYPECHEF erstellt 1:1 Repräsentationen von C Code mit `#ifdef` Annotationen und behandelt undisziplinierte Annotationen automatisch [Kä11]. Variable Codefragmente (`#ifdef`s) werden durch `Choice` Knoten repräsentiert und stellen somit eine einheitliche Repräsentation aller Systemvarianten dar (Abbildung 1).

Ausgehend von variablen ASTs haben wir einen variablen CFG entwickelt, der alle Programmausführungspfade (d.h. die Nachfolgerbeziehung von Programmanweisungen) im Softwaresystem repräsentiert [Li13]. In Abbildung 3 rechts unten wird einen Ausschnitt des variablen CFGs aus Abbildung 1 gezeigt. Die Zuweisung `c += b;` in Zeile 13 ist optional und wird im CFG durch Annotationen an den Kanten zwischen benachbarten Anweisungen repräsentiert (Zeile 12 bis 15). Auf der Grundlage von CFGs lassen sich leichtgewichtige Datenfluss-Berechnungen definieren, die definierte Programmeigenschaften (beispielsweise Programmierfehler) durch statische Analyse von Programmen bestimmen. Eine klassische Datenfluss-Analyse ist die Liveness-Berechnung. Sie bestimmt alle Variablen in einer Funktion, die vor dem nächsten Schreiben gelesen werden, und kann für die Analyse unbenutzten Quellcodes verwendet werden. Mit Hilfe unserer CFGs lässt sich die Liveness-Berechnung variabilitätsgewahr machen.

Variabilitätsgewahre Analysen erzeugen einen Mehraufwand durch die Überprüfung von Konfigurationsoptionen und deren Beziehungen untereinander. Fragestellungen, wie zum Beispiel ob eine Systemvariante gültig ist oder ob zwei Konfigurationsoptionen zusammen ausgewählt werden können, lassen sich in Boolescher Logik kodieren und mit Hilfe von effizienten Boolean Satisfiability Problem (SAT) Solvern lösen. Das Lösen von SAT Problemen ist ein schwieriges Problem (NP-vollständig) und die Kernfrage ist, ob variabilitätsgewahre

Analysen in der Praxis auch für Systeme mit tausenden von Konfigurationsoptionen skalieren. Für Laufzeitmessungen haben wir die Liveness-Berechnung als variabilitätsgewahre Analyse mit drei verbreiteten Sampling-Verfahren verglichen:

- single configuration: Das Verfahren beschränkt sich auf die Analyse einer einzelnen Systemvariante, in der möglichst viele Optionen ausgewählt sind.
- code coverage: Das Verfahren analysiert mehrere Systemvarianten, sodass jedes variable Codefragment mindestens einmal berücksichtigt wird [Ta12].
- pair-wise: Alle paarweisen Kombinationen von Konfigurationsoptionen werden analysiert, um Wechselwirkungen zwischen diesen zu bestimmen [Ku04].

Um die praktische Anwendung zu überprüfen, haben wir die Laufzeit beider Analyseansätze in den drei größeren Softwaresystemen BUSYBOX (eine Werkzeugsammlung für eingebettete Systeme), LINUX (ein open-source Betriebssystem) und OPENSSL (eine kryptografische Bibliothek) untersucht. Alle drei Systeme haben eine astronomisch große Anzahl an Systemvarianten. Beim Vergleich zeigte sich (Abbildung 2), dass der Aufwand für variabilitätsgewahre Analysen (gestrichelte Linie) nur wenig höher ist als die Analyse einiger weniger Systemvarianten. Der Break-even-Punkt, an dem variabilitätsgewahre Analysen schneller als Sampling-Verfahren sind, liegt laut unseren Messungen zwischen zwei bis drei Varianten.

```
1  #ifdef A #define EXPR (a<0)
2  #else    #define EXPR 0
3  #endif
4
5  int r;
6  int foo(int a #ifdef B, int b #endif) {
7    if (EXPR) {
8      return -b;
9    }
10   int c = a;
11   if (c) {
12     c += a;
13     #ifdef B c += b; #endif
14   }
15   return c;
16 }
```

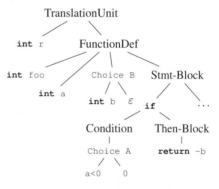

(a) Variable Codefragmente (Zeile 1 bis 3, 6, und 13); Annotationen sind zur einfacheren Darstellung in Codezeilen integriert.

(b) Ausschnitt des variablen AST; Choice kodiert eine statische Bedingung über Konfigurationsoptionen mit AST Knoten als Wert oder dem leeren Element ε.

Abbildung 1: Variabler Quellcode mit dem entsprechenden variablen AST.

Aufwand. Der größte Erfolgsfaktor variabilitätsgewahrer Analysen im Vergleich zu Sampling-Verfahren ist das Teilen von Analyseergebnissen zwischen verschiedenen Systemvarianten. Dieses Teilen stellt sicher, dass Gemeinsamkeiten und Unterschiede nur einmal berechnet werden müssen und somit redundante Berechnungen vermieden werden. Das Teilen von Ergebnissen während der Analyse wird durch drei Strukturmuster sichergestellt, die maßgeblich für die Effizienz variabilitätsgewahrer Analysen verantwortlich sind: 1) late splitting, 2) early joining und 3) local variability representation (Abbildung 3) [Li13]. Late splitting stellt sicher, dass eine Analyse sich erst beim Auftreten von Variabilität in der Eingabe in unterschiedliche Analysepfade aufspaltet und damit unterschiedliche Systemva-

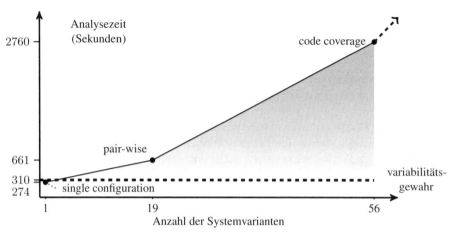

Abbildung 2: Anzahl der Varianten vs. Analysezeit (Liveness-Berechnung) in BUSYBOX.

rianten berücksichtigt. Early joining führt unterschiedliche Analysepfade zusammen wenn ein gemeinsamer Punkt in der Eingabe erreicht wird. Beide Muster dämmen das exponentielle Wachstum des Analyseaufwands ein, der durch lokale Variationen im Quellcode entsteht. Local variability representation stellt sicher, dass Analyseergebnisse redundanzfrei mit Variabilitätsinformationen gespeichert werden und all jenen Systemvarianten zugeordnet sind, denen sie entsprechend ihrer Konfiguration angehören.

Unsere Ergebnisse zeigen, dass die Berechnung der repräsentativen Mengen in Sampling-Verfahren nicht unerheblich ist. Je nach verwendetem Verfahren sind die zugrundeliegenden Algorithmen in der Komplexitätsklasse NP-vollständig, sodass Sampling-Berechnungen für Systeme mit einer großen Anzahl an Konfigurationsoptionen nicht mehr skalieren. Für zwei Sampling-Verfahren übersteigt der Aufwand zur Berechnung der repräsentativen Mengen den Aufwand für die eigentliche Analyse. Darüber hinaus zeigen unsere Ergebnisse, dass die Analysezeit für variabilitätsgewahren Analysen teilweise sogar unter den Berechnung der repräsentativen Mengen liegt. Während dafür mitunter sehr leistungsfähige Computer mit hoher Speicherausstattung notwendig sind, reicht für die Anwendung variabilitätsgewahrer Analysen ein Standardcomputer mit 2 bis 8 GB Arbeitsspeicher zur Berechnung aus.

Fehlererfassung. Auf der Grundlage der in Abbildung 3 genannten Strukturmuster haben wir ein intra-prozedurales Datenfluss-Framework entwickelt, das die Entwicklung variabilitätsgewahrer Analysen für typische Programmierfehler vereinfacht. Zu den Fehlern gehören beispielsweise die fehlende Initialisierung von Variablen und die doppelte Freigabe von dynamisch angefordertem Speicher. Beide Fehler sind sehr ernst zu nehmen, da sie in der Praxis zu einem undefinierten Systemverhalten führen können oder das Potenzial für Angriffe auf die Systemsicherheit bergen. Im Vergleich zwischen variabilitätsgewahrer Analyse und Sampling dient ersterer Analyseansatz als Referenz, da alle gültigen Varianten hinsichtlich möglicher Programmierfehler analysiert werden. Unserer Ergebnisse zeigen, dass Sampling-Verfahren nicht alle Fehler in allen gültigen Varianten eines konfigurierbaren Systems finden. Sampling-Verfahren finden zwischen 14 % und 99 % aller Fehler, die durch variabilitätsgewahre Analysen aufgespürt werden. Dies legt nahe, dass für eine umfassende

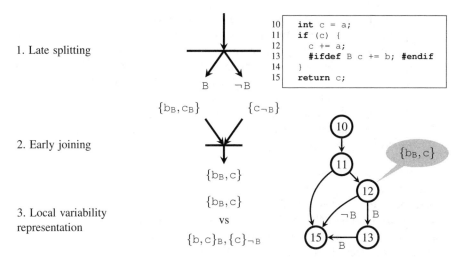

Abbildung 3: Strukturmuster variabilitätsgewahrer Analysen am Beispiel von der Liveness-Berechnung für einen Ausschnitt der Abbildung 1; rechts im Bild ist ein variabler CFG mit dem Ergebnis der Liveness-Berechnung (callout) für die Anweisung in Zeile 12; b_B bedeutet, dass die Variable b nur dann Bestandteil des Analyseergebnisses ist, wenn die Konfigurationsoption B ausgewählt wurde (Lesezugriff in Zeile 13); Variable c ist in den Analyseergebnissen aller Systemvarianten enthalten (Lesezugriffe in den Zeilen 13 und 15).

Analyse aller Varianten variabilitätsgewahre Analysen verwendet werden sollten. Denn Tatsache ist, dass Programmierfehler gerade in jenen Varianten auftreten könnten, die nicht durch das verwendete Sampling-Verfahren analysiert wurden. In der Folge ist das Aufspüren von Fehlern in unterschiedlichen Varianten eingeschränkt und je nach verwendetem Sampling-Verfahren nicht systematisch. Obwohl unsere variabilitätsgewahren Analysen nicht die Reife existierender Werkzeuge erreichen und möglicherweise einige „false positives" enthalten,[1] so konnten wir bereits gefundene und von Konfigurationsoptionen abhängige Programmierfehler in LINUX [Ab14] nachstellen und aufspüren.

4 Refactoring C Code unter Berücksichtigung von #ifdefs

Die größte Herausforderung beim Refactoring konfigurierbarer Systeme ist die Sicherstellung das sich das Systemverhalten nach Anwendung des Refactorings nicht ändert. Insbesondere die Disziplin von `#ifdef` Annotationen und die hohe Variantenvielfalt existierender Systeme sind in der Praxis dabei die größten Probleme [Li15b]. Bei einer Untersuchung 17 verschiedener Transformationswerkzeuge (darunter Entwicklungsumgebungen wie beispielsweise ECLIPSE) zeigten sich die folgenden Probleme:

- Refactorings sind nur mittels einfacher Editor-Funktionen („Suche und Ersetze") möglich, die keinen adäquaten Ersatz für ein Transformationswerkzeug bieten.

---

[1] Das Auftreten von „false positives" ist ein generelles Problem statischer Analysen und unabhängig von variabilitätsgewahren Techniken. Ihr Vorkommen lässt sich allein durch verbesserte Fehlerberechnungen, bspw. durch Pointer-Analysen, und die Ausweitung auf inter-produralen Analysen eingrenzen.

- Die Werkzeuge unterstützen nur eine einzelne Systemvariante, sodass andere Systemvarianten nach der Anwendung von Refactorings Fehler enthalten könnten.
- Abhängigkeiten zwischen Konfigurationsoptionen werden nicht berücksichtigt und daher können einzelne Systemvarianten nach der Transformation fehlerbehaftet sein.
- Vereinzelt generieren Werkzeuge intern alle vom Refactoring betroffenen Systemvarianten und wenden Transformationen individuell an. Dieser Ansatz skaliert in der Praxis nicht für Systeme mit einer großen Anzahl an Systemvarianten.
- Durch den Einsatz von Heuristiken werden Garantien hinsichtlich der Sicherstellung des Systemverhaltens eingebüßt.

Abbildung 4 zeigt ein Beispiel für eine fehlerhafte Ausführung des EXTRACT-FUNCTION Refactorings in ECLIPSE. Die markierten Anweisungen in der Abbildung 4a sollen durch das Refactoring in eine eigene Funktion namens foo ausgelagert werden. Nach der Quellcodetransformation stellt sich heraus, dass sich das Verhalten durch die Änderung der Anweisungsfolge geändert hat. Solche Fehler sind schwer zu finden, gerade weil die Ausführung des Refactorings ohne weitere Rückmeldung in ECLIPSE erfolgte.

```
1  #include <stdio.h>
2  #define DEBUG 1
3
4  int main() {
5    if (DEBUG) {
6      printf("Debug mode entered.\n");
7  #ifdef A
8      printf("Option A enabled.\n");
9  #endif
10     printf("Debug mode left.\n");
11   }
12   return 0;
13 }
```

```
1  #include <stdio.h>
2  #define DEBUG 1
3
4  void foo() {
5    printf("Debug mode entered.\n");
6    printf("Debug mode left.\n");
7  }
8
9  int main() {
10   if (DEBUG) {
11     foo();
12 #ifdef A
13     printf("Option A enabled.\n");
14 #endif
15   }
16   return 0;
17 }
```

Ausgabe der Variante A:
```
1  Debug mode entered.
2  Option A enabled.
3  Debug mode left.
```

Ausgabe der Variante A:
```
1  Debug mode entered.
2  Debug mode left.
3  Option A enabled.
```

(a) Vor EXTRACT FUNCTION foo   *(b)* Nach EXTRACT FUNCTION foo

Abbildung 4: Ein Beispiel für die fehlerhafte Anwendung eines EXTRACT-FUNCTION Refactorings in ECLIPSE. Die Programmausgaben vor und nach dem Refactoring zeigen die Änderung des Systemverhaltens.

Um die Einschränkungen bestehender Ansätze und Transformationswerkzeuge zu bewältigen, haben wir ein eigenes Transformationswerkzeug namens MORPHEUS entwickelt. MORPHEUS nutzt variabilitätsgewahre Abstraktionen von ASTs und CFGs zur Sicherstellung des Systemverhaltens bei Refactorings. Dazu nutzen wir die gleiche Infrastruktur wie zuvor bei der Entwicklung von Analysewerkzeugen (Abschnitt 3). Die Nutzung variabilitätsgewahrer Abstraktionen und Algorithmen stellt sicher, dass Transformationen mit

Hinblick auf alle Systemvarianten sowohl vollständig als auch performant sind. MORPHEUS implementiert drei weit verbreitete Standard Refactorings:

- RENAME IDENTIFIER zielt auf die konsistente Umbenennung von Symbolnamen ab (z.B. Funktionen, Variablennamen und selbst definierte Datentypen).
- EXTRACT FUNCTION: ein Codefragment zusammengehöriger Anweisungen wird in eine eigene Funktion ausgelagert und durch einen Funktionsaufruf ersetzt.
- INLINE FUNCTION ist die Umkehrfunktion zu EXTRACT FUNCTION. Sie ersetzt einen Funktionsaufruf durch die entsprechende Funktionsimplementierung.

Um zu demonstrieren, dass variabilitätsgewahre Transformationen in der Praxis funktionieren, haben wir MORPHEUS für Refactorings in drei realen Systemen eingesetzt. Neben den beiden Systemen BUSYBOX und OPENSSL aus Abschnitt 3 setzen wir auch das eingebettete Datenmanagementsystem SQLITE ein. In 11 479 unterschiedlichen Refactorings konnten wir zeigen, dass MORPHEUS effizient arbeitet (einzelne Refactorings brauchen weniger als eine Sekunde) und auch für größere Softwaresysteme skaliert. Wie schon zuvor bei der Entwicklung variabilitätsgewahrer Analysewerkzeuge stellt auch hier der Einsatz von effizienten SAT Solvern kein Problem dar. Um zu überprüfen, dass variabilitätsgewahre Transformationen keine Verhaltensänderungen verursachen, haben wir eine Standardmethode für das Testen von Transformationswerkzeugen erweitert. Dazu wurden für jedes Refactoring alle betroffenen Systemvarianten ermittelt und ihre Äquivalenz durch einen vorher-nachher Vergleich von Testergebnissen bestimmt.

5 Zusammenfassung

Diese Arbeit schließt eine Lücke in der Entwicklung konfigurierbarer Systeme durch die Bereitstellung skalierbarer Techniken und Werkzeuge für die Analyse und Transformation großer, konfigurierbarer Softwaresysteme. Die entwickelten Techniken können als Ausgangspunkt für weitere Forschungsarbeiten im Gebiet der Analyse und Transformation konfigurierbarer Systeme dienen. Die in der Arbeit vorgestellten Werkzeuge eignen sich besonders dafür, da sie bereits mehrfach mit realen Systemen (z.B. LINUX Kernel) eingesetzt wurden. Abgesehen von der Forschung zeigen die erzielten Ergebnisse Wege auf, wie existierende Werkzeuge (z.B. ECLIPSE) verbessert werden können. Davon würden sowohl Softwareentwickler als auch Anwender profitieren, da sich konfigurierbare Systeme schneller entwickeln lassen und weniger Fehlern aufweisen. Schließlich lassen sich konfigurierbare Systeme mit verbesserten Analyse- und Transformationswerkzeugen nun ähnlich leicht entwickeln, wie es für Einzelsysteme schon seit langem gängige Praxis ist. Dies gilt für konfigurierbare Systeme im Allgemeinen und für Präprozessor-basierte Systeme im Speziellen.

Literatur

[Ab14] Abal, I. et al.: 42 Variability Bugs in the Linux Kernel: A Qualitative Analysis. In: Proc. Int'l Conf. Automated Softw. Eng. (ASE). ACM, S. 421–432, 2014.

[Fa96] Favre, J.-M.: Preprocessors from an Abstract Point of View. In: Proc. Int'l Conf. Softw. Maintenance (ICSM). IEEE, S. 329–339, 1996.

[Kä09] Kästner, C. et al.: Guaranteeing Syntactic Correctness for all Product Line Variants: A Language-Independent Approach. In: Proc. Int'l Conf. Objects, Models, Components, Patterns (TOOLS EUROPE). Springer, S. 174–194, 2009.

[Kä11] Kästner, C. et al.: Variability-Aware Parsing in the Presence of Lexical Macros and Conditional Compilation. In: Proc. Conf. Object-Oriented Programming, Systems, Languages, and Applications (OOPSLA). ACM, S. 805–824, 2011.

[KM03] Ko, A.; Myers, B.: Development and Evaluation of a Model of Programming Errors. In: Proc. Symp. Human Centric Computing Languages and Environments (HCC). IEEE, S. 7–14, 2003.

[Ku04] Kuhn, D. et al.: Software Fault Interactions and Implications for Software Testing. IEEE Trans. Softw. Eng., 30(6):418–421, 2004.

[Li10] Liebig, J. et al.: An Analysis of the Variability in Forty Preprocessor-Based Software Product Lines. In: Proc. Int'l Conf. Softw. Eng. (ICSE). ACM, S. 105–114, 2010.

[Li11] Liebig, J. et al.: Analyzing the Discipline of Preprocessor Annotations in 30 Million Lines of C Code. In: Proc. Int'l Conf. Aspect-Oriented Softw. Dev. (AOSD). ACM, S. 191–202, 2011.

[Li13] Liebig, J. et al.: Scalable Analysis of Variable Software. In: Proc. European Softw. Eng. Conf. and Symp. Found. Softw. Eng. (ESEC/FSE). ACM, S. 81–91, 2013.

[Li15a] Liebig, J.: Analysis and Transformation of Configurable Systems. Dissertation, University of Passau, 2015.

[Li15b] Liebig, J. et al.: Morpheus: Variability-Aware Refactoring in the Wild. In: Proc. Int'l Conf. Softw. Eng. (ICSE). ACM, S. 380–391, 2015.

[SC92] Spencer, H.; Collyer: #ifdef Considered Harmful, or Portability Experience with C News. In: Proc. USENIX Tech. Conf. USENIX Assoc., S. 185–197, 1992.

[Ta12] Tartler, R. et al.: Configuration Coverage in the Analysis of Large-scale System Software. SIGOPS Operating Systems Review, 45(3):10–14, 2012.

[Th14] Thüm, T. et al.: A Classification and Survey of Analysis Strategies for Software Product Lines. ACM Computing Surveys, 47(1):6:1–6:45, 2014.

[Wa14] Walkingshaw, E. et al.: Variational Data Structures: Exploring Tradeoffs in Computing with Variability. In: Proc. Int'l Symp. New Ideas in Programming and Reflections on Softw. (Onward!). ACM, S. 213–226, 2014.

Jörg Liebig wurde 1983 in Wolfen geboren. Er begann sein Studium in Ingenieurinformatik an der Otto-von-Guericke-Universität Magdeburg im Herbst 2003 und beschäftigte sich bereits in seiner Diplomarbeit mit der Programmierung konfigurierbarer Systeme. Nach seinem Abschluss im Dezember 2008 begann er sein Promotionsstudium als wissenschaftlicher Mitarbeiter am Lehrstuhl für Programmierung (Prof. Christian Lengauer, Ph.D.) und später am Lehrstuhl für Softwareproduktlinien (Prof. Dr. Sven Apel). Der Doktorgrad wurde ihm im April 2015 in Passau „summa cum laude" verliehen. Im Anschluss wechselte Dr. Liebig zur Firma Method Park und berät nun Unternehmen bei der Entwicklung und Handhabung konfigurierbarer Systeme.

Methoden für effektive Farbkodierung und zur Kompensation von Kontrasteffekten[1]

Sebastian Mittelstädt[2]

Abstract: Farbe ist eine der effektivsten visuellen Variablen, um Informationen zu kodieren. Jedoch ist die Effektivität von Farbkodierungen nicht hinreichend definiert, was zu kontroversen Ergebnissen und Richtlinien für Farbkodierungen geführt hat. Um diese Lücke zu schließen, führt die Dissertation [Mi15a] eine neue Definition von Effektivität für Farbkodierungen ein und legt dar, dass die Effektivität einer Farbkodierung von der Analyseaufgabe abhängt. Mithilfe existierender Richtlinien können effektive Farbkodierungen nur für einzelne elementare Analyseaufgaben erstellt werden. Diese reichen jedoch nicht für reale Anwendungen aus und müssen kombiniert werden. Aus diesem Grund, werden neue Qualitätsmaße, Richtlinien und Methoden in der Dissertation [Mi15a] vorgestellt, um Farbkodierungen für kombinierte Analyseaufgaben zu erstellen. Des Weiteren werden Werkzeuge bereitgestellt, die Experten und Einsteiger durch die Erstellung effektiver Farbkodierungen leiten. Der Experte kann so seine Erfahrungen einfließen lassen, um damit die Farbkodierung an die Anwendung, Kultur und Vorlieben seiner Nutzer anzupassen. Gleichgültig wie effektiv eine Farbkodierung ist, optische Illusionen können den Nutzer negativ in seiner Analyse beeinflussen. Zum Beispiel bewirken Kontrasteffekte, dass Pixel auf dunklen Hintergründen heller wirken und auf hellen Hintergründen dunkler. Diese Effekte verzerren die Wahrnehmung der kodierten Daten signifikant. Aus diesem Grund stellt die Dissertation [Mi15a] die erste Methodologie und erste Methoden vor, um physiologische Illusionen wie Kontrasteffekte zu kompensieren. Die Methodologie nutzt neue Wahrnehmungsmodelle und Metriken, die auf den individuellen Nutzer angepasst werden können. Durch Experimente kann gezeigt werden, dass die Methode die Genauigkeit von Menschen verdoppelt, die Werte mittels Farbe ablesen und vergleichen. Des Weiteren wird vorgestellt, wie Kontrasteffekte genutzt werden können, um Informationen zu kodieren und Visualisierung anzureichern. Einerseits um wichtige Informationen visuell hervorzuheben, andererseits um die Lesbarkeit von hoch-frequenten Visualisierungen wie Netzwerken zu verbessern. Alle vorgestellten Methoden können auf jedes Bild und auf jede Visualisierung angewendet werden, ohne sie an die Visualisierungen anpassen zu müssen. Aus diesem Grund kann die Effektivität der Methoden an Beispielen und Fallstudien aus verschiedenen Domänen in der Dissertation [Mi15a] demonstriert werden.

1 Einführung und Motivation

"Wie können wir Information mittels Farbe *effektiv* darstellen?", ist die zentrale Frage der Dissertation [Mi15a]. Die Antworten zu dieser Frage bilden die wissenschaftlichen Beiträge: 1) eine neuartige *Definition* von Effektivität und neuartige *Qualitätsmaße* für Farbkodierungen; 2) neuartige *Richtlinien und Methoden* zur effektiven Kodierung von Information mittels Farbe; und 3) neuartige *Methoden*, die sicherstellen, dass der *individuelle* Nutzer die farbkodierte Information effektiv *wahrnimmt*, ohne von *Wahrnehmungseffekten wie Kontrasteffekten* (Abb. 1) fehlgeleitet zu werden.

---

[1] Englischer Titel: "Methods for Effective Color Encoding and the Compensation of Contrast Effects"
[2] Universität Konstanz, mittelstaedt.sebastian@web.de

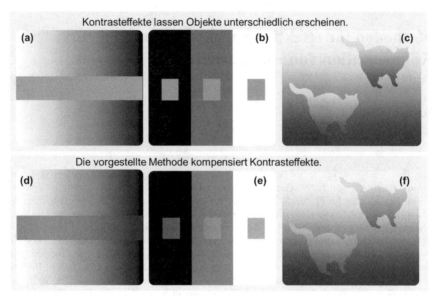

Abb. 1: Beispiele für Kontrasteffekte und deren Kompensation [MSK14]. Die Rechtecke in (a), (b), sowie die Katzen in (c), enthalten dasselbe grau bzw. denselben Farbgradienten. Sie wirken durch ihre Umgebung jedoch unterschiedlich. In Datenvisualisierung bedeutet dies, dass gleiche Datenwerte unterschiedlich und damit fehlerhaft wahrgenommen werden. In (d), (e) und (f) sind diese Effekte durch die vorgestellte Methode kompensiert.

"Effektivität" ist daher von großer Bedeutung für diese Arbeit. Um zu verstehen, warum wir Farbe für die Darstellung von Information nutzen und was "Effektivität" in diesem Kontext bedeutet, muss geklärt werden, wofür und wann visuelle Analyse eingesetzt wird.

1.1 Visuelle Datenanalyse

Datenanalyse allgemein hat das Ziel, Wissen aus Daten zu generieren. Eng verwandte Forschungsfelder wie Statistik und Data Mining stellen automatische Methoden bereit, um große und komplexe Datenmengen zu analysieren.

Diese automatischen Methoden sind sehr effektiv, wenn bekannt ist, *was* oder *welche Art* von Zusammenhängen untersucht werden soll und/oder Probleme präzise formuliert werden können [Fe08]. Besonders bei der explorativen Datenanalyse ist dies jedoch nicht gegeben, weil der Analyst sich schlecht oder vage definierten Problemen stellen muss. Automatische Methoden — allein — führen in diesen Szenarien nicht zu den erforderlichen Ergebnissen, da ihnen Flexibilität, Kreativität und Welt- oder Expertenwissen fehlt, um unklare Fragen zu beantworten und Unerwartetes in den Daten zu entdecken. Aus diesem Grund werden Interaktionen und das Wissen des Menschen benötigt.

Visuelle Datenanalyse und besonders Visual Analytics haben das Ziel, automatische Methoden, ohne die eine Analyse/Exploration von großen und komplexen Datenmengen unmöglich wäre, mit interaktiven Visualisierungen zu kombinieren. Diese Methodik nutzt unsere effiziente Wahrnehmung, sowie unsere Fähigkeit unerwartete Muster in visualisierten Daten zu erkennen, indem sie den Menschen in den Analyseprozess integriert. So kann der Mensch sein Wissen und seine Kreativität nutzen, um automatische Methoden an die Daten oder sich verändernde Fragestellungen, während des Analyseprozesses, anzupassen.

1.2 Farbe als visuelle Variable

Farbe ist eine der wichtigsten und effektivsten visuellen Variablen. Sie kann mit jeder anderen visuellen Variable kombiniert werden, um Datenvisualisierungen anzureichern, ohne dabei wertvollen Platz im Display zu benötigen. Sie ermöglicht damit hoch skalierbare Visualisierungen (Abb. 2). Die Fähigkeit des menschlichen Auges, große Mengen an Farben auf den ersten Ebenen visueller Wahrnehmung zu unterscheiden, bildet die Basis der Erkennung von visuellen Mustern. Unser Auge verstärkt Kontraste zur Detektion von Ecken und zur Gruppierung von gefärbten Flächen, um Texturen, Formen und Objekte zu erkennen. Aus diesem Grund ist die Unterscheidung und Gruppierung von Objekten mittels Farbe und Position viel effizienter als mit anderen visuellen Variablen. Die Wahrnehmung von Farbe geschieht über orthogonale Kanäle, die für die Kodierung von Information genutzt werden können, z.B. kategorische Information mittels des Farbwinkels (rot, grün, blau) und quantitative Information mittels Sättigung und Helligkeit. Des Weiteren bietet unsere Farbwahrnehmung einen metrischen Raum, mit dem wir Farben und damit kodierte Daten vergleichen können, z.B. ist violett ähnlicher zu blau als zu grün. Mit diesen Kanälen und Eigenschaften ist Farbe eine der wenigen elementaren visuellen Variablen, die für komplexe Datentypen und Analyseaufgaben *gestaltet* werden können.

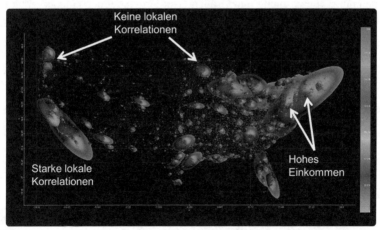

Abb. 2: Überlappungs-freies Streudiagramm [Ja13] von 300.000 Datenpunkten (x/y: Koordinaten, Farbe: Einkommen USA). Überlappende Punkte werden in ellipsoider Form auf freie Pixel verteilt, sodass lokale Korrelationen sichtbar werden und Farbe als dritte Dimension verwendet werden kann.

Genau wegen dieser Möglichkeit und ihrer Komplexität, ist die Farbwahrnehmung eine der Kernforschungsthemen der Informationsvisualisierung und es existieren viele offene Fragen "wie man Information mittels Farbe *effektiv* darstellen kann".

2 Stand der Technik

Es existieren viele Richtlinien zur Farbkodierung von Information (Abb. 3). Jedoch stehen manche im klaren Gegensatz zu anderen und wichtige Ergebnisse psychologischer Studien werden im derzeitigen Stand der Technik für Farbkodierung nicht einbezogen. Eine Gruppe von Forschern hat beispielsweise das Ziel, möglichst *expressive* Farbskalen zu gestalten. D.h. sie enthalten möglichst *viele* unterscheidbare Farben, um möglichste *viele* Datenwerte zu kodieren. Diese Forscher können belegen, dass diese Skalen (Multi-Hue) sehr effektiv für ihre Analyseaufgaben sind.

Eine andere Gruppe beschreibt jedoch, dass diese Farbskalen (besonders die obige Regenbogenskala) den Analysten fehlleiten, da sie nicht *perzeptuell linear* (d.h. mit kontinuierlicher perzeptueller Größenordnung) gestaltet sind. Es kann in Studien klar gezeigt werden, dass wir, anhand des Farbwinkels, Farben nicht ordnen können [Wa12]. Die Darstellung von quantitativer Information benötigt jedoch die akkurate Darstellung von Ordnungen und Größen. Daraus kann gefolgert werden, dass Farbskalen, die mehrere Farbwinkel enthalten, nicht für die Kodierung quantitativer Information genutzt werden sollten. Eriksen und Hake [EH55] sowie Ware [Wa88] führten perzeptuelle Experimente durch, bei denen Teilnehmer quantitative Daten anhand von Farbskalen ablesen sollten. Entgegen der derzeitigen Sichtweise kamen beide Arbeiten zu dem Ergebnis, dass die Teilnehmer mit der Regenbogenskala sogar signifikant genauer waren, als mit perzeptuell linearen Farbskalen.

Der Grund liegt darin, dass die Teilnehmer, in den Experimenten, Datenwerte nicht *verglichen*, sondern *identifiziert* (abgelesen) haben. Für diese Analyseaufgabe ist keine akkurate Wahrnehmung von Ordnung und Größen erforderlich, jedoch eine akkurate Bestimmung der abzulesenden Farbe. Deshalb definiert die Dissertation [Mi15a], dass die *Effektivität von Farbkodierung von der Analyseaufgabe abhängt*, die mittels Farbe durchgeführt werden soll. Mit dieser Definition kann die Kontroverse des Forschungsfeldes aufgelöst und gegensätzliche Richtlinien zusammengeführt werden.

Manche Probleme lassen sich jedoch nicht durch Gestaltung von Farbkodierungen lösen. Eines der grundlegenden und ungelösten Probleme der Informationsvisualisierung ist der

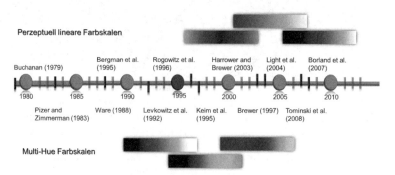

Abb. 3: Auszug der Forschung zur Farbkodierung von Information. Zwei Gruppen stellen gegensätzliche Richtlinien und Ziele zur Gestaltung von Farbskalen bereit.

Einfluss von physiologischen Effekten (wie Kontrasteffekte) [Wa12]. Wie ein farbkodiertes Objekt in der Visualsierung vom Analysten wahrgenommen wird, hängt von der Umgebung des Objektes ab. So erscheinen die Rechtecke und Katzen in Abb. 1 unterschiedlich, obwohl die identisch sind. Ware [Wa88] konnte zeigen, dass diese Kontrasteffekte den Analysten beim Ablesen von farbkodierten Datenwerten um bis zu 20% fehlleiten. Er schlägt vor, dass Farbkodierungen für quantitative Daten viele Farbwinkelwechsel enthalten sollten, um Kontrasteffekte zu vermeiden. Brewer [Br96] erstellte ein Wahrnehmungsmodell zur Vorhersage von Kontrasteffekten. Dieses Modell dient der Erstellung von wenigen Farben, die sich nur mit geringer Wahrscheinlichkeit durch Kontrasteffekte aufeinander auswirken. Beide Methoden lösen das Problem nicht generell, weil sie die Wahrnehmung der gesamten Visualisierungen nicht einbeziehen und nur die Reduzierung der Wahrscheinlichkeit von Kontrasteffekten (und nicht deren Kompensation) bewirken.

Die Dissertation [Mi15a] stellt eine generelle Lösung für dieses Problem vor. Es werden Methoden bereitgestellt, die erfassen, wie der *individuelle* Nutzer eine Datenvisualisierung wahrnimmt. Diese Wahrnehmungsmodelle werden genutzt, um *physiologische Effekte* (wie Kontrasteffekte) in einem Optimierungsprozess *automatisch zu kompensieren oder zu nutzen*, um die Effektivität von Visualisierungen sicherzustellen.

3 Wissenschaftliche Beiträge

3.1 Anforderungen, Richtlinien und Methoden zur Gestaltung von effektiven Farbkodierungen

Durch die neue Definition von *Effektivität* stellt sich heraus, dass ein Unterschied in der Kodierung einzelner Datendimensionen (elementare Analyseaufgaben) und der Kodierung von mehrdimensionalen Datenrelationen (synoptische Analyseaufgaben) besteht, wodurch das Kapitel 2 der Dissertation [Mi15a] in zwei Teile gliedert ist.

Der erste Teil analysiert die Grundlagen menschlicher Farbwahrnehmung für die Kodierung von Information einzelner Datendimensionen. Mit dem Stand der Technik ist es möglich, Farbskalen für einzelne *elementare* Analyseaufgaben zu erzeugen, was für reale Anwendungen nicht ausreicht. Diese erfordern typischerweise eine Kombination von elementaren Analyseaufgaben. Deswegen stellt die Dissertation [Mi15a] neue Anforderungen und konkrete Qualitätsmaße vor, mit denen die Effektivität von Farbskalen anhand realer Analyseaufgabe gemessen werden kann. Auf Basis dieser Qualitätsmaße werden neuartige Richtlinien für die Gestaltung effektiver Farbskalen für einzelne Datendimensionen vorgestellt. Diese werden im Werkzeug *ColorCat* (Abb. 4) nutzbar gemacht, welches Visualisierungs-Experten in der Gestaltung von Farbskalen unterstützt. Der Experte kann seine Erfahrung und Expertise einfließen lassen, um die Skala an die Zieldomäne, den Nutzer (auch Farbenblinde), dessen Kultur und Präferenz anzupassen, wobei *ColorCat* durch Optimierung der Qualität (-smaße) sicherstellt, dass die Skala der Definition von Effektivität genügt.

Der zweite Teil des Kapitels betrachtet die Farbkodierung von mehrdimensionalen Relationen von Daten und stellt dazu für kombinierte synoptische Analyseaufgaben konkre-

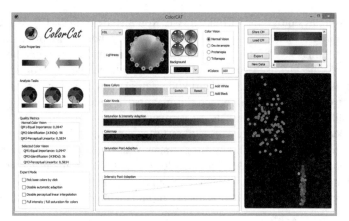

Abb. 4: Free-Software zur Erstellung von Farbskalen für reale (kombinierte) Analyseaufgaben [Mi15b]. Der Analyst kann die Skalen an die Domäne und den Nutzer (auch Farbenblinde) anpassen. Die Software stellt die Effektivität im Hintergrund sicher.

te Qualitätsmaße bereit. Mittels dieser Maße wird ein neuartiger Optimierungsalgorithmus vorgestellt, der mehrdimensionale Relationen von Daten in perzeptuell uniforme Farbräume projiziert und dabei die Effektivität für kombinierte synoptische Analyseaufgaben maximiert [Mi14]. Eine quantitative Studie belegt, dass diese neue Methode den Stand der Technik übertrifft.

3.2 Methoden zur Kompensation von Kontrasteffekten

Es ist möglich die Wahrscheinlichkeit von Kontrasteffekten mittels dem Stand der Technik (s.o.) zu reduzieren. Allerdings konnte bisher keine generelle Lösung für diese Problematik gefunden werden.

Zur generellen Lösung dieses Problems stellt Kapitel 3 der Dissertation [Mi15a] eine Methodologie zur Kompensation von Kontrasteffekten vor (Abb. 5). Mittels existierender Wahrnehmungsmodelle [FJ04] kann bestimmt werden, wie ein Analyst eine Visualisierung wahrnimmt. Nach der Berechnung des wahrgenommenen Bildes wird der Einfluss von Kontrasteffekten mittels neuartiger Qualitätsmaße gemessen. Auf Basis dieser Maße

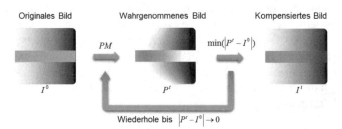

Abb. 5: Methodologie zur Kompensation von Kontrasteffekten [MSK14].

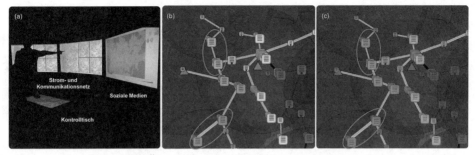

Abb. 6: **(a)** Kontrollraum zur Überwachung von kritischen Infrastrukturen (Stromnetz, Mobilfunknetz, soziale Medien) [Mi15c]. **(b)** Rechtecke visualisieren den Status von Transformatorstationen (grau-gelber Gradient: von Normal zu Warnung). Kontrasteffekte lassen die Situation zu kritisch wirken. **(c)** Kontrasteffekte werden innerhalb 360ms kompensiert [MK15].

kann die Kompensation von Kontrasteffekten als ein numerisches Optimierungsproblem definiert werden. Die vorgestellte Methode ist ein Gradient-basiertes Verfahren, das (ausgehend vom Originalbild) iterativ bessere Lösungen findet, bis ein Bild gefunden ist, in dem die Kontrasteffekte kompensiert sind und die Daten vom Analysten akkurat wahrgenommen werden. In zwei Experimenten mit 40 Teilnehmern kann gezeigt werden, dass die neue Methode die Genauigkeit der Teilnehmer beim Ablesen und Vergleich von farbkodierten Daten signifikant verbessert (verdoppelt).

3.3 Effizienter Algorithmus zur Kompensation von Kontrasteffekten und Methoden zur Personalisierung von Wahrnehmungsmodellen

Für interaktive Visualisierungen und interaktive Experimente, wie beispielsweise die Personalisierung von Wahrnehmungsmodellen, werden effiziente Algorithmen benötigt. Die oben beschriebene Originalmethode ist von kubischer Komplexität, was zu inakzeptablen Laufzeiten führt. Bei dem in Abb. 6 gezeigten Visualisierungssystem mit hoch-auflösenden 4K Displays beträgt die Laufzeit (trotz eines Hochleistungscomputers) 4 Minuten. Kapitel 4 der Dissertation [Mi15a] stellt einen Algorithmus vor, der (durch Ersatzmodelle und effiziente Optimierung) lineare Komplexität erreicht und durch massive Parallelisierung die Laufzeit in der Beispielanwendung auf 360ms reduziert. Diese effiziente Berechnung ermöglicht es, die Kompensation von Kontrasteffekten in interaktiven Visualisierungen anzuwenden. Im folgenden Teil wird dieser Algorithmus zur interaktiven Personalisierung von Wahrnehmungsmodellen genutzt.

Der Hauptbeitrag des Kapitels ist die Einführung von einem neuartigen Wahrnehmungsmodell (Abb. 7) und Methoden zur Erfassung von individuellen Unterschieden der Wahrnehmung von Farbe und Kontrasteffekten. Dies erlaubt die Anpassung der Kompensation von Kontrasteffekten an den individuellen Nutzer, sowie an unterschiedliche Umgebungseinflüsse, wie z.B. Bildschirm Distanz, Umgebungslicht und unterschiedliche Bildschirme. Ein Experiment zur Evaluation der personalisierten Kompensation von Kontrasteffekten zeigt, dass Personalisierung die Genauigkeit von Teilnehmern im Vergleich zum Originalmodell signifikant (um 29%) verbessert.

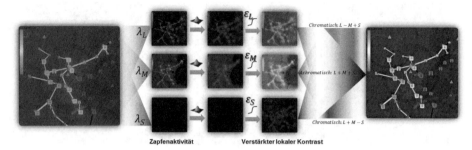

Abb. 7: Die Zapfen des menschlichen Auges nehmen rote, grüne und blaue Wellenlängen des Lichts wahr. Weitere Zellen bestimmen Zentrum bzw. Umgebung und führen eine lokale Verstärkung von Kontrasten durch (Kontrasteffekte). Im vorgestellten Modell kann die Verstärkung durch interaktive Methoden parametrisiert und damit personalisiert werden.

3.4 Methoden zur visuellen Hervorhebung wichtiger Information

Globalen Farbkodierungen, sowie die Methoden zur Kompensation von Kontrasteffekten, können nicht garantieren, dass wichtige Datenobjekte vom Analysten wahrgenommen werden können. Derzeitige Lösungen für dieses Problem benötigen entweder die Interaktion des Analysten [EDF11] oder verzerren den Wertebereich extrem [BGS07].

In Kapitel 5 der Dissertation [Mi15a] wird die visuelle Hervorhebung *unsichtbarer* Information als Optimierungsproblem mit gegensätzlichen Zielen definiert: einerseits sollen wichtige visuelle Strukturen lokal sichtbar gemacht, andererseits die Farbkodierung nur minimal verzerrt werden, um die globale (absolute) Vergleichbarkeit der Werte zu erhalten. Auf Basis dieser Zielvorgabe werden neuartige Methoden und Heuristiken zur Lösung dieses Problems vorgestellt. Die Methoden erhalten vom Visualsierungssystem die wichtigen Datenobjekte und deren Pixel-Koordinaten und fügen Farbkontraste ein, um die Sicht-

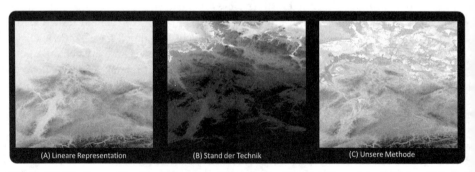

Abb. 8: (**A**) Die lineare Repräsentation einer Topographie. Die Strukturen im nördlichen Teil sind nicht sichtbar. (**B**) Der Wertebereich wird mittels der Methode von Bertini und Santucci [BGS07] so transformiert, dass möglichst viele Strukturen sichtbar werden. Jedoch verzerrt dies den Wertebereich extrem, sodass der Süden viel dunkler (niedriger) im Vergleich zum Norden erscheint. (**C**) macht alle Strukturen gerade sichtbar, ohne den Wertebereich global zu verzerren.

barkeit von wichtigen Datenobjekten zu optimieren. Zum Beispiel sind in Abb. 8 (A) 75% der lokalen Datenmuster nicht sichtbar. Die vorgestellte Methode macht 96% dieser lokalen Muster sichtbar, bei einer Verzerrung von nur 1.28%. Der Stand der Technik macht nur 47% der lokalen Muster sichtbar, bei einer Verzerrung von 25%.

4 Fazit

Die Dissertation [Mi15a] stellt sich der Herausforderung, Information mittels Farbe *effektiv* zu kodieren. Die Hauptbeiträge sind: 1) eine neue Definition und neuartige Qualitätsmaße zur Messung der *Effektivität* von Farbkodierungen; 2) neue Richtlinien, Methoden und Werkzeuge zur *effektiven* Farbkodierung für reale (kombinierte) Analyseaufgaben; 3) die erste generelle Lösung des Problems von Kontrasteffekten, durch eine Methodologie und Methode zur Kompensation von physiologischen Illusionen, die die Genauigkeit des Ablesens von Farbe verdoppelt; 4) Methoden zur Personalisierung von Wahrnehmungsmodellen und der Kompensationsmethoden, die nun auf den individuellen Nutzer und seine Umgebung (Bildschirm Abstand, Umgebungslicht) angepasst werden können und damit die Genauigkeit um weitere 29% erhöhen; 5) neue Methoden zur visuellen Hervorhebung wichtiger Information, um zu garantieren, dass der Analyst wichtige Information auch wahrnehmen kann.

Mittels der Richtlinien und Werkzeuge aus Kapitel 2 können effektive Farbkodierungen für die Zielanwendung, den Nutzer, dessen Kultur und Präferenz erzeugt werden. Die Methoden aus den restlichen Kapiteln optimieren die Effektivität der Visualisierung als Nachbearbeitungs-Schritt des Renderings. Damit bieten sie eine breite Anwendbarkeit, da sie auf jedes Bild und jede Datenvisualisierung anwendbar sind.

Abschließend diskutiert und präsentiert die Dissertation [Mi15a] neue, noch offene Fragen für zukünftige Forschung: Lassen sich komplexere (sogar kognitive) Illusionen kompensieren? Kann man auf Basis der Definition von Effektivität auch andere visuellen Variablen gestalten? Wie können wir Farbskalen für Farbenblinde personalisieren, die Farbwinkel individuell erlernt haben und unterschiedlich wahrnehmen? Wie können wir das intuitive Ablesen von Werten *ohne* Farbskala erreichen? Antworten für diese Fragen sind sehr herausfordernd, jedoch sind sie es Wert, gefunden zu werden.

Literaturverzeichnis

[BGS07] Bertini, E.; Girolamo, AD; Santucci, G.: See what you know: Analyzing data distribution to improve density map visualization. IEEE Symposium on Visualization (Eurographics 2007), 2007.

[Br96] Brewer, Cynthia A: Prediction of simultaneous contrast between map colors with Hunt's model of color appearance. Color Research and Application, 21(3):221–235, 1996.

[EDF11] Elmqvist, N.; Dragicevic, P.; Fekete, J.D.: Color lens: Adaptive color scale optimization for visual exploration. IEEE Transactions on Visualization and Computer Graphics, 17(6), 2011.

[EH55]   Eriksen, Charles W.; Hake, Harold W.: Multidimensional stimulus differences and accuracy of discrimination. Journal of Experimental Psychology, 50(3):153, 1955.

[Fe08]   Fekete, Jean-Daniel; Van Wijk, Jarke J; Stasko, John T; North, Chris: The value of information visualization. In: Information visualization, S. 1–18. Springer, 2008.

[FJ04]   Fairchild, Mark D; Johnson, Garrett M: iCAM framework for image appearance, differences, and quality. Journal of Electronic Imaging, 13(1):126–138, 2004.

[Ja13]   Janetzko, Halldór; Hao, Ming C.; Mittelstädt, Sebastian; Dayal, Umeshwar; Keim, Daniel A.: Enhancing Scatter Plots Using Ellipsoid Pixel Placement and Shading. In: Proceedings of the 46th Annual Hawaii International Conference on System Sciences. IEEE Computer Society, S. 1522–1531, Januar 2013.

[Mi14]   Mittelstädt, Sebastian; Bernard, Jürgen; Schreck, Tobias; Steiger, Martin; Kohlhammer, Jörn; Keim, Daniel A.: Revisiting Perceptually Optimized Color Mapping for High-Dimensional Data Analysis. In Proceedings of the Eurographics Conference on Visualization, S. 91–95, 2014.

[Mi15a]   Mittelstädt, Sebastian: Methods for Effective Color Encoding and the Compensation of Contrast Effects. PhD Thesis, University of Konstanz, 2015.

[Mi15b]   Mittelstädt, Sebastian; Jäckle, Dominik; Stoffel, Florian; Keim, Daniel A.: ColorCAT: Guided Design of Colormaps for Combined Analysis Tasks. In: Proceedings of the Eurographics Conference on Visualization (EuroVis 2015). The Eurographics Association, S. 115–119, 2015.

[Mi15c]   Mittelstädt, Sebastian; Wang, Xiaoyu; Eaglin, Todd; Thom, Dennis; Keim, Daniel; Tolone, William; Ribarsky, William: An Integrated In-Situ Approach to Impacts from Natural Disasters on Critical Infrastructures. In: Proceedings of the 48th Hawaii International Conference on System Sciences. IEEE, S. 1118–1127, 2015.

[MK15]   Mittelstädt, Sebastian; Keim, Daniel A.: Efficient Contrast Effect Compensation with Personalized Perception Models. Computer Graphics Forum, 34(3):211–220, 2015.

[MSK14]   Mittelstädt, Sebastian; Stoffel, Andreas; Keim, Daniel A.: Methods for Compensating Contrast Effects in Information Visualization. Computer Graphics Forum, 33(3):231–240, 2014.

[Wa88]   Ware, Colin: Color sequences for univariate maps: Theory, experiments and principles. IEEE Computer Graphics and Applications, 8(5):41–49, 1988.

[Wa12]   Ware, Colin: Information visualization: perception for design. Elsevier, 2012.

Sebastian Mittelstädt erlangte 2009 den B. Eng. (Informationstechnik) an der DHBW Heidenheim. Danach vertiefte er sich in Datenanalyse und Visualisierung an der Universität Konstanz. Er wurde 2010 als Master Research Student bzw. 2011 als Doktorand im Graduiertenkolleg zur "Explorativen Analyse und Visualisierung großer Datenräume" und als Mitarbeiter der Gruppe von Prof. Dr. Daniel A. Keim aufgenommen. Er erlangte dort 2011 den M. Sc. (Information Engineering) und 2015 den Dr. rer. nat. für seine Dissertation und Publikationen im Forschungsfeld der Informationsvisualisierung und Visual Analytics.

Kooperation in selbstorganisierten heterogenen Schwärmen[1]

Ruby L. V. Moritz[2]

Abstract: In heterogenen Schwärmen haben Individuen verschiedene Qualifikationen oder Interessen, die deren Verhalten maßgeblich beeinflussen können. Sie treten nicht nur in der Natur, sondern auch zunehmend in technischen Anwendungen auf. Die hier zusammengefasste Dissertation erforscht das Problem der Teambildung mit einem Fokus auf multikriterieller Entscheidungsfindung. Anhand von Multi-Agent-Systemen wurden Strategien zur Bildung von Teams, die mehrere Ressourcen abbauen, analysiert. Informationsarme Entscheidungsmechanismen erwiesen sich als sehr effektiv. Darüberhinaus wurde ein Model mit Agenten, die Ressourcen multikriteriell ordnen, entwickelt. Es zeigte sich, dass die Art der Ordnungsrelation den Optimierungsprozess und die Lösungsqualität beeinflusst, sowohl in Multi-Agent-Systemen, als auch bei multikriteriellen Metaheuristiken. Eine hohe Diversität von Ordnungsrelationen im System stellte sich als sehr profitabel heraus.

1 Schwarmintelligenz und multikriterielle Entscheidungsfindung

In der Natur wird Komplexität typischerweise durch dezentrale, verteilte und heterogene Systeme organisiert. Über Millenia hinweg wurden sie durch evolutionäre Prozesse geformt und können heute diversen Selektionsdrücken widerstehen. Dank ihrer außergewöhnlichen Flexibilität und Anpassungsfähigkeit haben sie sich auf allen Kontinenten verbreitet. Besonders faszinierend sind die einfachen Mechanismen, die beispielsweise sozialen Insektenstaaten eine umfangreiche Nährstoffversorgung sichern, hygienische Standards erhalten und Schutz vor Räubern und Konkurrenten bieten. Diese Eigenschaften sind leider nicht typisch für humane Gesellschaften. Doch, wo das menschliche Gehirn komplex und vielschichtig ist, haben Insekten deutlich einfachere Nervensysteme. Wenn tatsächlich Schwärme aus einfachen Individuen besser geeignet sind zur Erfüllung einfacher - aber essentieller - Aufgaben als zentralisierte Systeme, dann kann das Entwickeln von Strategien auf Schwarmebene maßgeblich für unsere Zukunft sein.

Heterogene Schwärme Schwärme können aus identischen Individuen bestehen, doch meistens sind sie - ob natürlich oder künstlich - heterogen. Insbesondere wenn die Schwarmmitglieder zur Bewältigung verschiedener Aufgaben entwickelt wurden, zeichnen sie sich durch individuelle Fähigkeiten aus. Es ist nicht ausgeschlossen, dass sie auch Aufgaben, für die sie nicht design wurden, bearbeiten können, wenngleich weniger effizient. In Notsituationen kann es jedoch zwingend erforderlich sein, dass bestimmte Aufgaben erfüllt werden und Effizienz eine untergeordnete Rolle spielt. Flexible Individuen sind hierbei besonders gut geeignet, wenn sie ihre Fähigkeiten mit entsprechenden Kosten anpassen können. Im Folgenden werden die Mitglieder eines Schwarms als *Agenten* bezeichnet.

---
[1] Englischer Titel der Dissertation: "Cooperation in Self-Organized Heterogeneous Swarms"
[2] Otto-von-Guericke-Universität Magdeburg, ruby.moritz@ovgu.de

Wenn nicht jeder Agent alle benötigten Fähigkeiten zum Erfüllen einer Aufgabe vorweist, ist es notwendig, dass mehrere Agenten miteinander kooperieren, um innerhalb eines Teams diese Fähigkeiten zu kombinieren. Weiterhin gibt es Aufgaben, die von sich aus eine Zusammenarbeit mehrerer Agenten erfordert, beispielsweise der Transport großer oder schwerer Objekte. Solche *Multi-Agent-Aufgaben* setzen voraus, dass Agenten sich in Teams zusammenfinden und kooperieren. Die Zuordnung von Aufgaben, die von einzelnen Agenten bearbeitet werden, ist umfangreich untersucht worden [GM04]. Das Problem der Zuordnung von Multi-Agent-Aufgaben hingegen, ist weniger gut studiert. Eine Formalisierung das Problems ist vorhanden [LZ03], doch nur wenige Lösungsstrategien wurden untersucht [SK98]. Die zusammengefasste Dissertation analysiert, sowohl theoretisch als auch durch Simulationen, Lösungsstrategien insbesondere für Systeme mit zur Laufzeit konfigurierbaren Agenten.

Multikriterielle Entscheidungsfindung Ein bedeutender Aspekt, der innerhalb dieser Arbeit untersucht wurd, ist die Fähigkeit von Teams multikriterielle Entscheidungen zu treffen. Die Schwierigkeit bei multikriteriellen Entscheidungsproblemen ist die gleichzeitige Optimierung mehrerer Qualitätskriterien, zum Beispiel Kosten, Zeitaufwand oder Sicherheit. Oft muss man bei einem Qualitätskriterium Abstriche machen, um ein anderes verbessern zu können. Die von Vilfredo Pareto eingeführte *Pareto-Dominanz* erlaubt es zwei Lösungen zu vergleichen, wenn eine in allen Qualitätskriterien mindestens genauso gut wie die andere ist und in mindestens einem Kriterium besser. Doch alle Paare von Lösungen a, b aus der Lösungsmenge X für die mindestens zwei Kriterien $i, j \in \{1, \ldots k\}$ existieren, in der jeweils eine Lösung besser ist als die andere, sodass $f_i(a) < f_i(b)$ und $f_j(b) < f_j(a)$ gilt, können mit der Pareto-Dominanz nicht geordnet werden. Hierbei sei k die Anzahl aller Kriterien und $f_i(a)$ die Funktion, die $a \in X$ bezüglich des Kriteriums i bewertet. In der Dissertation werden mehrere Ordnungsrelationen vorgeschlagen, die eine weitreichendere Vergleichbarkeit als die Pareto-Dominanz ermöglichen. Die Qualität dieser Ordnungsrelationen wird mithilfe von theoretischen Untersuchungen und multikriteriellen Metaheuristiken ergründet, bevor sie in Multi-Agent-Systemen zur Anwendung kommen.

In Abschnitt 2 wird zunächst auf die Teambildung in Multi-Agent-Systemen eingegangen, Modelle beschrieben und entsprechende Ergebnisse erläutert. In Abschnitt 3 werden Eigenschaften von mehreren Ordnungsrelationen theoretisch und experimentell verglichen. Anschließend wird in Abschnitt 4 gezeigt, wie Multi-Agent-Systeme Ordnungsrelationen priorisieren. Den Abschluss bildet eine kurze Synthese der präsentierten Ergebnisse.

2 Effektive Teams in Multi-Agent-Systemen

Im Zentrum der Doktorarbeit stehen Schwärme von Agenten, deren Aufgabe es ist verschiedene Ressourcen zu sammeln. Dabei ist nicht jeder Agent gleichermaßen befähigt zum Sammeln der verschiedenen Typen von Ressourcen. Die Fähigkeiten eines Agenten werden über dessen Konfiguration festgelegt. Hierzu wird ein Steckplatz- bzw. *Slot*-Modell verwendet. Jedem Agent steht eine feste Anzahl von Slots zur Verfügung, die er mit Ressourcen-spezifischen Modulen belegen kann. Je mehr Slots mit Modulen für eine spezifische Ressource belegt sind, desto effektiver kann der Agent diese sammeln.

Agenten können ihre Effektivität erhöhen, indem sie Teams bilden und von Synergieeffekten profitieren. Hierfür wird eine Teamkonfiguration berechnet, die dann die Teammitglieder als ihre eigene übernehmen. Die Konfiguration eines Teams bestimmt sich nicht über die absolute Anzahl von Modulen der Teammitglieder, sondern setzt sich aus den Fähigkeiten der besten Agenten je Ressource zusammen. So kann im optimalen Fall pro Ressource ein Agent alle seine Slots zum Abbau seiner zugeordneten Ressource belegen. Daraus folgt, dass das optimale Team genau einen Agenten je Ressource hat. Abbildung 1 verdeutlicht wie sich die Konfiguration eines Teams zusammensetzt.

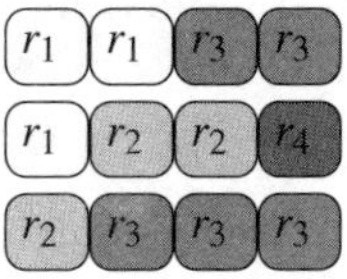

$a_1 = (2,0,2,0)$
$a_2 = (1,2,0,1)$
$a_3 = (0,1,3,0)$
$T = (2,2,3,1)$

Abb. 1: Beispielhafte Konfiguration eines Teams T mit 3 Agenten a_1, a_2, a_3, 4 Ressourcen r_j mit $j \in \{1,2,3,4\}$ und 4 Slots pro Agent; Vektor $a_i = (a_{i1}, a_{i2}, a_{i3}, a_{i4})$ mit $i \in \{1,2,3\}$ gibt die Fähigkeiten von a_i an, wobei a_{ij} die Anzahl von Modulen für r_j angibt.

Ein Agent in dessen Team sich für jeden Ressourcentyp mindestens ein anderer Agent befindet, der diese Ressource besser sammeln kann als er, gibt seinem Team keinen Mehrnutzen. Dann ist dieser Agent für das Team überflüssig. Seien nur Teams ohne überflüssige Agenten valide und die Qualität der Partition einer Menge A von Agenten in Teams definiert als die summierte Effektivität aller Agenten gemäß ihrer Teamkonfiguration. Besteht die Menge A aus zwei validen Teams, dann ist das Problem die Partition von A mit höchster Qualität zu finden NP-schwer. Der entsprechende Beweis erfolgte über eine Reduktion des 3-SAT Problems auf das *optimale Partitionsproblem* [Mo15b].

In Simulationen wurden verschiedene Bewegungsstrategien für Agenten analysiert. Diese müssen entscheiden, ob sie sich in Richtung von hilfreichen Agenten oder nahrhaftem Regionen bewegen. Hierbei zeigt sich unter anderem, dass kleine Teams profitieren, wenn sie sehr kritisch in der Auswahl neuer Mitglieder sind und nahrhafte Regionen bevorzugen. Für größere Teams hingegen ist der Austausch von Agenten mit anderen Teams rentabler [MM13].

Rekonfigurierbarkeit Das modulare Slot-Modell wurde gewählt, um rekonfigurierbare Hardware zu simulieren. Rekonfigurierbare Agenten haben die Möglichkeit sich an die Bedürfnisse des Teams anzupassen und ungenutzte Module auszutauschen. In dem untersuchten Model bewegen sich die Agenten in einer Arena und können andere Agenten, die sich in ihrem Laufweg befinden als Teammitglied rekrutieren. In der Arena gibt es mehrere Quellen, die radial eine spezifische Ressource verströmen. Je näher sich ein Agent oder Team in der Nähe der Quelle einer Ressource befindet, desto größer ist das Vorkommen dieser Ressource und damit auch der Erfolg beim Sammeln. Jeder Agent hat eine Energieversorgung, die alle 500 Zeitschritte für 50 Zeitschritte neu aufgeladen oder gewechselt werden muss. Zum Aufladen verlässt ein Agent sein Team, ist unbeweglich und kann keine Ressourcen sammeln.

Es zeigte sich, dass das Bewegungsverhalten der Agenten einen großen Einfluss auf die Effektivität des Systems und die Größen der gebildeten Teams hat [MM14]. Langsame Agenten, die sich häufiger um ihre eigene Achse drehen akkumulieren größere und effektivere Teams als Agenten, die sich sehr zielstrebig bewegen.

Eine adaptive Strategie zur Teambildung erlaubt Teams, so lange Agenten aufzunehmen, bis ein Agent im Team ein ungenutztes Modul aufweist. Erst wenn dieses Modul durch ein Nützliches ausgetauscht, darf das Team weitere Mitglieder rekrutieren. In Abbildung 2 ist zu sehen, dass die durchschnittliche Teamgröße tatsächlich von der Anzahl der verfügbaren Ressourcen abhängt [MM15a]. Dabei ist zu beachten, dass das System mit einzelnen Agenten initialisiert wird, d.h. alle Agenten sind initial in Teams der Größe 1. Diese adaptive Strategie erzielt für das System eine höhere Effektivität als ein System mit vergleichbaren Teamgrößen, in dem Agenten zufällig mit einer vorgeschriebenen Wahrscheinlichkeit entscheiden, ob sie einen Agenten rekrutieren.

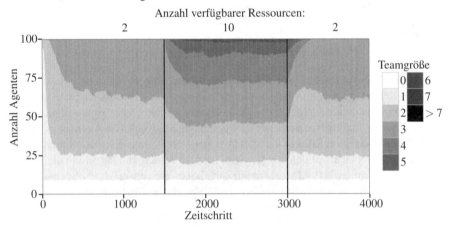

Abb. 2: Zeitreihe über 4000 Zeitschritte einer Simulation; durchschnittliche Anzahl von Agenten, die Mitglied in einem Team der angegebenen Größe sind; Agenten, die gerade Energie aufladen, sind in Teams der Größe 0; in den ersten 1500 und letzten 1000 Zeitschritten sind nur 2 Ressourcen verfügbar, dazwischen 10 (gekennzeichnet durch vertikale Linien).

Schlussfolgernd, können einfache Strategien die Adaptivität und Effektivität in dynamischen kooperativen Systemen steigern, indem Teams ihre Größe selbst regulieren. Ein weiterer Aspekt der Dissertation ist die Adaption von Verhaltensregeln in Schwärmen. Hierzu wurde untersucht, wie Agenten multikriterielle Entscheidungen fällen, wenn sie mehrere Ordnungsrelationen zur Auswahl haben. Dieser Untersuchung ging eine umfangreiche theoretische und experimentelle Analyse dieser Ordnungsrelationen voraus.

3 Multikrielle Rangordnungen

Ein multikrielles Optimierungsproblem ist anstelle von einer einzelnen Zielfunktion, über mehrere Zielfunktionen $\vec{f} = (f_1, \ldots, f_k)$ definiert, die es ohne Beschränkung der Allgemeinheit zu minimieren gilt. Das gesuchte Optimum ist, wegen der Mehrdimensionalität des Suchraumes, kein Punkt, sondern ein $(k-1)$-dimensionaler Raum und enthält typischerweise viele Lösungen. Er wird als *Pareto-Front* bezeichnet. Hierbei bezieht man sich generell auf die Pareto-Optimalität, gemäß der jede Lösung optimal ist, wenn die Verbesserung eines Kriteriums nur möglich ist, indem mindestens ein anderes Kriterium verschlechtert wird. Da es, insbesondere bei NP-schweren Problemen, oft keine akzeptable Möglichkeit gibt die Pareto-Front zu bestimmen, findet man sich in vielen Anwendungen damit ab, wenn nur eine Teilmenge der Pareto-optimalen Lösungen berechnet werden, bzw. Lösungen, die der Pareto-Front sehr nah sind. Um die Qualität einer Menge von Lösungen zu bestimmen wird das dominierte Hypervolumen zwischen einem oder mehreren Referenzpunkten und der gegebenen Lösungsmenge als Maßstab herangezogen. In Abbildung 3 wird dieses Konzept anhand eines Beispiels grafisch dargestellt.

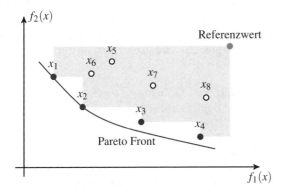

Abb. 3: Lösungen $x_1,\ldots,x_8$ im zweidimensionalen Suchraum und die tatsächliche (meist unbekannte) Pareto-Front (dunkle Linie); Lösungen x_1 bis x_4 (dunkel) sind nicht-dominiert bezüglich der Pareto-Dominanz; die graue Fläche gibt das Hypervolumen der nicht-dominierten Front an bezüglich eines Referenzwertes (obere rechte Ecke) an.

Mit starker Ähnlichkeit zu den untersuchten Multi-Agent-Systemen, nutzen populationsbasierte Metaheuristiken Selektionsmechanismenm um aus einer (relativ kleinen) Menge von Lösungen die 'Besten' auszuwählen. Dies ist zum Beispiel der Fall beim *populationsbasierten Ameisenalgorithmus* (P-ACO) [GM02]. Er nutzt wie der originale Ameisenalgorithmus [DCG99] eine Pheromonmatrix, die allerdings nur mit Pheromon aus der aktuellen Population P befüllt wird. Die Population enthält p Lösungen, deren Struktur genutzt wird, um l neue Lösungen zu generieren. Aus diesen $p+l$ Lösungen werden p Lösungen selektiert als Population für die nächste Iteration. Bei kleinen Populationen ist der Selektionsschritt besonders einflussreich für das Konvergenzverhalten des Algorithmus.

Das Prinzip der Pareto-Optimalität ($\prec$) ist nicht total, d.h. viele Lösungen sind unvergleichbar. Deshalb ist $\prec$ oft unzureichend, um eine fundierte Auswahl an Lösungen zu treffen. Multikriterielle Ordnungsrelationen, die totale Halbordnungen induzieren, schaffen hier Abhilfe. Die Dissertation beschränkt sich dabei auf die theoretische Analyse und den experimentellen Vergleich von Ordnungsrelationen, die möglichst wenig Rechenaufwand erfordern. Diese werden im Folgenden beschrieben.

Rangordnungen Der *Winning Score* [MBC06], der gemäß [CK07] equivalent zum *Average Rank*[BW98] ist, wird vom durchschnittlichen Rang einer Lösung abgeleitet. Sei $r_i(a)$ der Rang von Lösung a bezüglich des Kriteriums i innerhalb einer Menge von Lösungen A, dann wird der durchschnittliche Rang bestimmt durch $rang(a) = \sum_{i=1}^{k} r_i(a)$. Ähnlich zur *Global Detriment* Methode [GFTPCC09], wird die *gewichtete* Rangordnung $<_w$ über eine gewichtete Summe, allerdings in paarweisen Vergleichen, mit normalisierten Gewichten $w_1, \ldots, w_k$ bestimmt, sodass $a <_w b$ g.d.w. $\sum_{i=1}^{k} w_i f_i(a) \leq \sum_{i=1}^{k} w_i f_i(b)$ gilt.

In einem Turnier-ähnlichen Vergleich, bei dem alle Lösungen paarweise mit $<$ verglichen werden über alle Kriterien, können mithilfe verschiedener Punktesysteme mehrere Ordnungsrelationen definiert werden. Eine Lösung 'gewinnt' gegen eine andere Lösung, wenn sie in mehr Kriterien besser ist als die andere. Für die Ordnungsrelation *Win-Lose* $<_{WL}$ ist sowohl die Anzahl der 'gewonnenen' Vergleiche relevant, sowie die Anzahl der 'verlorenen' Vergleiche. So gilt $a <_{WL}^{A} b$, für $a, b \in A$, wenn bei paarweisen Vergleichen mit allen Lösungen aus A entweder a häufiger gewonnen hat als b, oder bei gleich vielen Gewinnen, zumindest seltener verloren hat. Die *Punkte* Ordnungsrelation hingegen, vergibt für jeden gewonnenen Vergleich w viele Punkte und für jedes Unentschieden genau einen Punkt. Die Summe über alle Punkte ergibt das Ordnungskriterium für diese Ordnungsrelationen.

Entsprechende Beweise bestätigten, dass diese vier Ordnungsrelationen totale Halbordnungen ist, d.h. sie sind reflexiv, transitiv und total. Darüber hinaus sind sie feiner als die Pareto-Dominanz [Mo13, Mo15a].

Weitere untersuchte Selektionsverfahren sind das *Standard*-Verfahren, dass zusammen mit dem multikriteriellen P-ACO vorgeschlagen wurde [GM03]. Hierbei wird für die Population eine Lösung und ihre $p-1$ nächsten Nachbarn im Suchraum aus der nichtdominierten Front gewählt. Das außerdem verwendete *Crowding*-Verfahren vergleicht jede neue Lösung a mit einer Untermenge $B \in P$ aus der Population [An07]. Habe $b \in B$, von allen Lösungen aus B die kleinste Differenz zu a im Lösungsraum, dann wird b durch a ersetzt, wenn $a \prec b$. Dieser Ansatz ist nicht zu verwechseln mit dem *crowding* Maß von [De00], das Ähnlichkeiten von Lösungen im Suchraum misst.

Konvergenzverhalten Die Ordnungsrelationen wurden von einem P-ACO und einem genetischen Algorithmus (GA) genutzt, um multikriterielle Instanzen des *Fließfertigungsplanungsproblems* (FSP) und des *Problems des Handlungsreisenden* (TSP) zu optimieren. Während beim FSP die Wahl der Kriterien (Fertigungszeit, totale Laufzeit, Wartezeiten der Maschinen und Aufträge) die Korrelation zwischen diesen festlegt, wurde eine spezielle Methode entwickelt, um für die TSP Instanzen Korrelationen nutzerdefiniert zu setzen. Mithilfe einer umfangreichen theoretischen Analyse wurde die erwartete Korrelation exakt bestimmt [Mo14]. In einer Untersuchung auf Robustheit der verschiedenen Ordnungsrelationen gegen positive und negative Korrelationen zwischen den Kriterien, waren Methoden, die auf dem Prinzip der Pareto-Dominanz basieren stabiler als randomisierte oder gewichtete Methoden.

Abbildung 4 zeigt, dass bei den zwei untersuchten Problemen die Ordnungsrelationen unterschiedlich gut abschneiden. Während das Standard- und Crowding-Verfahren nicht zur erwünschten Konvergenz der Algorithmen führen, erreichen die anderen vier Ordnungsrelationen schnell gute Lösungen und dominieren einen großen Anteil des Suchraumes. Die

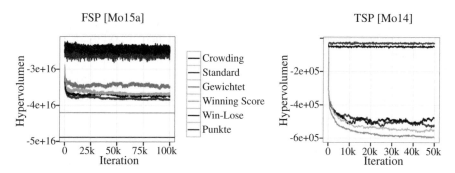

Abb. 4: Konvergenzverhalten des P-ACO mit den entsprechenden Ordnungsrelationen auf einer FSP Instanz (*car1*) und einer TSP Instanz abgeleitet von der *att48* Instanz mit positiver Korrelation; Hypervolumen der Lösungsmengen in Population und neu erzeugten Lösungen; gemessen alle 100 Iterationen; gemittelt über 10 Durchläufe; Der Referenzpunkt setzt sich zusammen aus allen gemessenen Maximalwerten für jedes Kriterium über alle Durchläufe. Für die kleinere FSP Instanz war es möglich die tatsächlich Pareto-Front zuberechnen und als Vergleich mit anzugeben: Die obere horizontale Linie ist das durchschnittliche Hypervolumen von 1000 Stichproben von 5 Lösungen aus der Pareto-Front (Populationsgröße), die untere horizontale Linie ist der entsprechende Wert für eine Stichprobe von 30 Lösungen (Populationsgröße zusammen mit neu erzeugten Lösungen).

Ergebnisse zeigen klar, dass es nicht ein einzelnes optimales Verfahren gibt, sondern in Abhängigkeit zum gewählten Problem, andere Verfahren zu priorisieren sind.

4 Multikriterielle Entscheidungsfindung in Teams

Motiviert durch die Forschungsergebnisse aus Abschnitt 3, wurden dMulti-Agent-Systeme mit mehreren Ordnungsrelationen versehen, sodass die Agenten lernen, welche Ordnungsrelation gemäß der aktuellen Situation am günstigsten ist. Lernen in Schwärmen, insbesondere soziales Lernen, rückt zunehmend in den Fokus der Forschungsgemeinschaft im Bereich der Schwarmintelligenz. Eine besondere Herausforderung liegt hierbei beim Lernen in dynamischen Umgebungen, in denen eine regelmäßige Neuadaption stattfinden muss und Konvergenz vermieden werden sollte. In diesem Rahmen wurde ein neues Konzept für evolutionäre Schwärme vorgestellt: *Haplo-Diploidie*. Dieses Konzept, inspiriert von haplo-diploiden Organismen, beinhaltet ein Vererbungsschema, dass die Diversität im Schwarm erhöht, da alle Agenten zwei Genome besitzen, dabei aber auch die Kommunikation reduziert im Vergleich zu diploiden Systemen basierend auf [GS87]. Zu Vergleichszwecken wurde auch ein haploides System entwickelt, in dem Agenten nur ein Genom zur Verfügung haben.

Die Agenten bewegen sich in einer Arena, in der Aufgaben gleichmäßig verteilt sind und unterschiedliche Anforderungen haben. Agenten, die Informationen zu mehreren Aufgaben speichern können, müssen im Team entscheiden, welche Aufgabe als Nächste bearbeitet wird. Dabei erwägen sie (1) Bewegungs- und Bearbeitungszeit, (2) den Bonus der durch Erfüllung der Aufgabe ausgezahlt wurde, (3) die Wahrscheinlichkeit eine ausreichende Teamgröße beim Erreichen der entsprechenden Aufgabe zu haben und (4) die

Aktualität der Informationen, die veraltet sein können. Jeder Agent hat eine ihm zugeordnete Ordnungsrelation. In einer gleichberechtigten Entscheidung wird die Aufgabe, deren durchschnittlicher Rang am höchsten ist, vom Team gewählt.

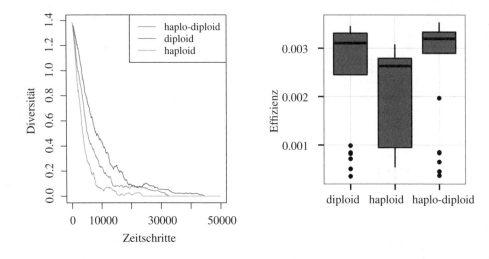

Abb. 5: Divertät der Ordnungsrelationen im System, gemessen mit dem Shannon-Weaver Index und durchschnittlich gesammelter Bonus (Effektivität) bei dynamischer Umgebung, die alle 100 Zeitschritte zwischen verschiedenen Szenarios wechselt.

Es zeigte sich, dass nicht einzelne Ordnungsrelationen, sondern Mischungen aus diesen, die Effektivität des Systems maximieren. Allerdings senken zufällige Effekte und genetischen Drift die Diversität in den Systemen so stark, dass alle Systeme homogenisiert werden [MM15b].

5 Synthese

Diversität in komplexen Systemen ist Herausforderung und Chance zugleich. Die Herausforderung besteht unter anderem in der effektiven Verteilung von Kompetenzen, etwa durch das Bilden von Teams. In umfassenden Untersuchungen von Multi-Agent-Systemen konnte gezeigt werden, dass autonome Teambildung in dynamischen Szenarios adaptiv reguliert werden muss, um die Effizienz des Systems zu maximieren. Bei Teams von rekonfigurierbaren Agenten ist die Größe des Teams maßgeblich für dessen Effizienz.

Doch Diversität birgt auch unverkennbare Vorteile. Hier wurde untersucht wie Diversität im multikriteriellen Entscheidungsfinden Systeme beeinflusst. Systeme, die ihre Diversität länger aufrecht erhalten können, erreichen höhere Effizienzen. Diese Forschungsergebnisse zeigen eindeutig, dass für die Zukunft diversitätserhaltende und -erzeugende Methoden von großem Interesse sein werden.

Literatur

[An07] Angus, D.: Crowding Population-based Ant Colony Optimisation for the Multiobjective Travelling Salesman Problem. In: Computational Intelligence in Multicriteria Decision Making, IEEE Symposium on. S. 333–340, April 2007.

[BW98] Bentley, P.J.; Wakefield, J.P.: Finding Acceptable Solutions in the Pareto-Optimal Range using Multiobjective Genetic Algorithms. In (Chawdhry, P.K.; Roy, R.; Pant, R.K., Hrsg.): Soft Computing in Engineering Design and Manufacturing, S. 231–240. Springer, 1998.

[CK07] Corne, David W.; Knowles, Joshua D.: Techniques for Highly Multiobjective Optimisation: Some Nondominated Points Are Better Than Others. In: Proceedings of the 9th Annual Conference on Genetic and Evolutionary Computation. GECCO '07, ACM, New York, NY, USA, S. 773–780, 2007.

[DCG99] Dorigo, Marco; Caro, Gianni; Gambardella, Luca: Ant algorithms for discrete optimization. Artificial life, 5(2):137–172, 1999.

[De00] Deb, K.; Agrawal, S.; Pratap, A.; Meyarivan, T.: A fast elitist non-dominated sorting genetic algorithm for multi-objective optimization: NSGA-II. In: Parallel Problem Solving from Nature PPSN. LNCS 1917. Springer, S. 849–858, 2000.

[GFTPCC09] Garza-Fabre, M.; Toscano Pulido, G.; Coello Coello, C. A.: Ranking Methods for Many-Objective Optimization. In: Proc. Advances in Artificial Intelligence (MICAI). Jgg. 5845 in LNCS, S. 633–645, 2009.

[GM02] Guntsch, M.; Middendorf, M.: A population based approach for ACO. In (Cagnoni, Stefano; Gottlieb, Jens; Hart, Emma; Middendorf, Martin; Raidl, Günther R., Hrsg.): Applications of Evolutionary Computing. LNCS 2279. Springer, S. 72–81, 2002.

[GM03] Guntsch, M.; Middendorf, M.: Solving multi-objective permutation problems with population based ACO. In (Fonseca, Carlos M.; Fleming, Peter J.; Zitzler, Eckart; Thiele, Lothar; Deb, Kalyanmoy, Hrsg.): Evolutionary Multi-Criterion Optimization. LNCS 2636. Springer, S. 464–478, 2003.

[GM04] Gerkey, Brian P.; Mataric, Maja J.: A Formal Analysis and Taxonomy of Task Allocation in Multi-Robot Systems. The International Journal of Robotics Research, 23:939–954, 2004.

[GS87] Goldberg, David E; Smith, Robert E: Nonstationary Function Optimization Using Genetic Algorithms with Dominance and Diploidy. In: ICGA. S. 59–68, 1987.

[LZ03] Lau, Hoong Chuin; Zhang, Lei: Task allocation via multi-agent coalition formation: Taxonomy, algorithms and complexity. In: Tools with Artificial Intelligence, 2003. Proceedings. 15th IEEE International Conference on. IEEE, S. 346–350, 2003.

[MBC06] Maneeratana, Kuntinee; Boonlong, Kittipong; Chaiyaratana, Nachol: Compressed-objective Genetic Algorithm. In: Proceedings of the 9th International Conference on Parallel Problem Solving from Nature. PPSN'06, Springer-Verlag, Berlin, Heidelberg, S. 473–482, 2006.

[MM13] Moritz, R.L.V.; Middendorf, M.: Self-organized cooperation between agents that have to solve resource collection tasks. In: Swarm Intelligence (SIS), 2013 IEEE Symposium on. S. 206–212, April 2013.

[MM14]   Moritz, R.L.V.; Middendorf, M.: Self-adaptable Group Formation of Reconfigurable Agents in Dynamic Environments. In (Terrazas, German; Otero, Fernando E. B.; Masegosa, Antonio D., Hrsg.): Nature Inspired Cooperative Strategies for Optimization (NICSO 2013), Jgg. 512 in Studies in Computational Intelligence, S. 287–301. Springer International Publishing, 2014.

[MM15a]   Moritz, R.L.V.; Middendorf, M.: Decentralized and dynamic group formation of reconfigurable agents. Memetic Computing, 7(2):77–91, 2015.

[MM15b]   Moritz, R.L.V.; Middendorf, M.: Evolutionary Inheritance Mechanisms for MulticriteriaDecision Making in Multi-agent Systems. In: Proceedings of the 2015 on Genetic and Evolutionary Computation Conference. GECCO '15, ACM, New York, NY, USA, S. 65–72, 2015.

[Mo13]   Moritz, R.L.V.; Reich, E.; Schwarz, Ma.; Bernt, M.; Middendorf, M.: Refined Ranking Relations for Multi Objective Optimization Andapplication to P-ACO. In: Proceedings of the 15th Annual Conference on Genetic and Evolutionary Computation. GECCO '13, ACM, New York, NY, USA, S. 65–72, 2013.

[Mo14]   Moritz, R.L.V.; Reich, E.; Bernt, M.; Middendorf, M.: The Influence of Correlated Objectives on Different Types of P-ACO Algorithms. In (Blum, Christian; Ochoa, Gabriela, Hrsg.): Evolutionary Computation in Combinatorial Optimisation, Jgg. 8600 in Lecture Notes in Computer Science, S. 230–241. Springer Berlin Heidelberg, 2014.

[Mo15a]   Moritz, R.L.V.; Reich, E.; Schwarz, M.; Bernt, M.; Middendorf, M.: Refined ranking relations for selection of solutions in multi objective metaheuristics. European Journal of Operational Research, 243(2):454 – 464, 2015.

[Mo15b]   Moritz, Ruby Louisa Viktoria: Cooperation in self-organized heterogeneous swarms. Dissertation, Universität Leipzig, 2015.

[SK98]   Shehory, Onn; Kraus, Sarit: Methods for Task Allocation via Agent Coalition Formation. Artificial Intelligence, 101(1-2):165–200, Mai 1998.

Ruby L. V. Moritz (*8. Juni 1987, Erlangen) studierte Bioinformatik an der Martin-Luther-Universität Halle-Wittenberg (Oktober 2006 - September 2011, *sehr gut*). Im Februar 2012 wechselte sie als wissenschaftliche Mitarbeiterin und Promotionsstudentin an die Universität Leipzig. In der Arbeitsgruppe von Martin Middendorf war sie neben ihrer Forschungstätigkeit auch bei der Betreuung studentischer Abschlussarbeiten involviert und sammelte Lehrerfahrungen. Während der dreijährigen Promotionsphase war sie zu Gast beim Algorithms & Computational Biology Laboratory der National Taiwan University in Taipeh, ROC, und als DAAD-Stipendiatin beim Advanced Concept Team der Europäischen Weltraum Behörde (ESA) in Noordwijk, NL. Im Februar 2015 verteidigte sie erfolgreich ihre Promotion "Cooperation in Self-Organized Heterogeneous Swarms" mit *summa cum laude* und ist seit August 2015 in der Arbeitsgruppe von Sanaz Mostaghim an der Otto-von-Guericke-Universität Magdeburg als Postdoktorandin in Lehre und Forschung tätig.

ElectroEncephalographics:
Eine neue Modalität für die Grafikforschung[1]

Maryam Mustafa[2]

Abstract: In dieser Arbeit präsentiere ich die Anwendung von Elektroenzephalografie (EEG) als eine neuartige Modalität zur Untersuchung von Wahrnehmungsfragen in der Computergraphik. Bisher wurde EEG vorwiegend für die klinische Diagnostik, in der Psychologie und in der BCI-Community verwendet. Ich erweitere den bisherigen Anwendungsbereich um die Untersuchung von perzeptueller Qualität bildgebender Verfahren auf Basis von neuronalem Feedback.

Da die Ergebnisse der meisten graphischen bildgebenden Verfahren für die Betrachtung durch Menschen bestimmt sind, ist bei der Bildsynthese neben der physikalischen Genauigkeit ebenso die durch den Betrachter tatsächlich wahrgenommene Qualität von großer Bedeutung. Um die tatsächliche wahrgenommene Qualität von Videos und Bildern zu ermitteln, setze ich in meiner Arbeit mit EEG gemessene Daten ein.

1 Einführung

Das Ziel der Computergraphik ist es, Bilder und Videos für menschliche Betrachter zu erzeugen. Der Erfolg jeder Grafik-Pipeline hängt davon ab, wie gut relevante Informationen an den menschlichen Betrachter übermittelt werden können. Die inhärente Komplexität der physikalischen Welt und die Grenzen der Hardware machen es jedoch unmöglich die reale Welt exakt zu replizieren. Die enorme Komplexität der Aufgabe physikalisch korrektes Bildmaterial zu erzeugen macht es notwendig sich auf die Erzeugung von korrekt wahrgenommenen Bildern zu beschränken. Um dieses Ziel zu erreichen ist es essentiell das menschliche Sehsystem (engl. Human Visual System (HVS)) zu analysieren und zu verstehen. Dieses Wissen erlaubt es Computergraphikern die Flexibilität und Robustheit der menschlichen Wahrnehmung auszunutzen, um so die Lücke zwischen Hardwareperformanz und gewünschter Performanz zu verkleinern. Die Integration von Forschung im Bereich der Wahrnehmung in die Computergraphik ist besonders wichtig, wenn realistisches Material für Filme, Spiele und immersive Umgebungen erzeugt werden soll.

Neuroimaging und Brainimaging-Techniken können wesentliche Einsichten und Erkenntnisse für Probleme der Computergraphik liefern. Bis vor kurzem wurde EEG hauptsächlich zur klinischen Diagnose, in der Psychologie und von der Brain-Computer-Interface (BCI) Community genutzt. In diese Arbeit wird der Anwendungsbereich so erweitert, dass EEG zur Verbesserung des Verständnisses der Wahrnehmung von visuellen Ausgaben von computergraphischen Anwendungen genutzt werden kann. Außerdem erlauben die Erweiterungen neue Methoden basierend auf direktem neuronalen Feedback. Die in dieser Arbeit

---
[1] ElectroEncephalographics: A Novel Modality for Graphics Research
[2] Institut für Computergraphik,TU Braunschweig, mustafa@cg.cs.tu-bs.de

vorgestellte Methodik verwendet EEG Daten um die wahrgenommene Qualität von Videos und Bildern zu bestimmten. Dies ist besonders wichtig auf Grund des Unterschieds zwischen wahrgenommener Qualität und der physikalischen Präzision eines Bildes.

Die Untersuchung der Wahrnehmung ist schwierig, da sie weder direkt gemessen noch beobachtet werden kann. Die einzige Möglichkeit die menschliche Wahrnehmung zu untersuchen sind indirekte Messungen. Jeder Wahrnehmungsprozess beeinflusst das menschlichen Verhalten bis zu einem gewissen Grad. Die Untersuchung dieses Verhaltens erlaubt die Konstruktion von Modellen des Wahrnehmungssystems. Eine der wichtigsten Methoden die verwendet werden um verdeckte Wahrnehmungsprozesse zu untersuchen sind psychophysikalische Experimente. Diese Experimente werden in stark kontrollierten Umgebungen durchgeführt in denen eine direkte Kontrolle über möglichst viele Faktoren der Umgebung möglich ist. Um diese absolute Kontrolle möglich zu machen werden diese Experimente mit einfachen abstrakten Stimuli durchgeführt. Dies erschwert die Durchführung solcher Experimente im Kontext von Computergraphik sowie die Modellierung der Ergebnisse. Eine weitere Technik zur Erforschung von Wahrnehmung sind Eye-Tracker um festzustellen auf welche Bereiche von Bildern, Videos und Visualisierungen sich die Betrachter konzentrieren. Diese Werkzeuge sind fester Bestandteil der Forschung in der Computergraphik geworden und haben einzigartige Einsichten ermöglicht.

Neuroimaging Technologien erlauben es Forschern den Prozess der Verarbeitung von Information im Hirn direkt zu visualisieren. Die verbreitetste Brainimaging Methode ist Elektroenzephalografie (EEG), welche die Aktivität größerer Gruppen von Neuronen in der Nähe der Hirnoberfläche misst. Obwohl psychophysische Experimente und Eye-Tracker in der Computergraphik häufig verwendet werden, wurden Neuroimaging Methoden bisher nicht im Bereich der Computergraphik eingesetzt. Die meisten Neuroimaging Verfahren wurden überwiegend für medizinische Diagnostik, in der Wahrnehmungspsychologie und von der Brain-Computer Interface (BCI) Community verwendet, um die menschlichen kognitiven Fähigkeiten oder die Beweglichkeit zu unterstützen oder zu erweitern. Brainimaging und Brainmapping Techniken sind gut geeignet die digitale Repräsentation von Multimedia mit der Wahrnehmung und dem Verständnis der Inhalte zu verknüpfen. Diese Arbeit erweitert den Anwendungsbereich des EEG's um speziell die Wahrnehmung von visuellen Ausgaben von Computergraphik-Anwendungen zu erforschen. Es wird eine neue Methoden entwickelt, die basierend auf direktem neuronalen Feedback einen Satz Parameter optimiert um realistischer wahrgenommenen Ausgaben zu erhalten.

In dieser Arbeit wird die Theorie aufgestellt, dass EEG als nicht-invasive und kostengünstige Methode eine praktikable Herangehensweise für die Untersuchung von Fragestellungen in der High-Level-Wahrnehmung im Bereich der Computergraphik ist [Mu15]. Es wurden die folgenden Hypothesen getestet: Die neuronale Reaktion auf verschiedene Bild- und Videoqualitäten, sind messbar, können mit Single-Trial EEG-Daten klassifiziert werden und können als Feedback verwendet werden, um die Bild-/Video-Parameter zu optimieren.

2 Bild- und Videoqualitätsbestimmung mit EEG

Bild- und Videobasierte Rendering Techniken erlauben die Erzeugung von realistischem Bildmaterial aus wenigen Bildern. Beim Renderingvorgang können Artefakte erzeugt werden, die besonders intensiv wahrgenommen werden und zur Ablehnung des Bildes führen, so dass die meisten Renderverfahren nur eingeschränkt anwendbar sind. Zu sehr häufig vorkommenden Artefakten gehören Ghosting, Blurring und Popping. Während andere Arbeiten ihren Fokus auf die expliziten Reaktionen (overt) des menschlichen Sehsystems (HVS) legen, verwendet diese Arbeit die impliziten Verarbeitung (covert) des HVS um die Wahrnehmbarkeit von Artefakten in Videos zu bestimmen. Sowohl die explizite als auch die implizite Verarbeitung im menschlichen Gehirn wird in der Literatur umfassend untersucht. In diesem Kapitel wird ein erster Schritt zur Nutzung aufgenommener neuronaler Reaktionen zur Erfassung der visuellen Qualität aufgezeigt. Da Bewegung in der menschlichen Wahrnehmung eine wichtige Rolle spielt, werden insbesondere Artefakte im Zusammenhang mit Bewegung in gerenderten Szenen untersucht.

Diese Studie wurde mit 8 gesunden Teilnehmern mit einem Durchschnittsalter von 25 und normaler oder zu normal korrigierter Sehstärke durchgeführt. Alle Teilnehmer hatten durchschnittliche Erfahrung mit digitalen Aufnahmen aber keine Erfahrung mit professioneller Bilderzeugung oder Verarbeitung. Ein 5,6 Sekunden langes Video (Auflösung 1440x1024 Pixel, 30fps) einer auf einem Parkweg gehenden Person (von links nach rechts) diente als Basisstimulus. Das Auftreten der Artefakte wurde um ±4 Frames (±132ms) verzögert, um zu vermeiden, dass die sich die Teilnehmer an eine feste Zeit gewöhnen. Fünf verschiedene Arten von Artefakten wurden in die Szene eingebaut. Diese Artefakte beinhalten sowohl zeitliche als auch räumliche Komponenten.

Die folgenden sechs Testfälle wurden gezeigt:

1. Popping on Person: Ein kleiner rechteckiger Bereich, der Teile der gehende Person enthält, wird für einen Frame eingefroren.
2. Popping: Ein statischer rechteckiger Bereich, wird für ein Frame eingefroren.
3. Blurring on Person: ein kleiner rechteckiger Bereich, der Teile der gehende Person enthält, wird mit einem Gauß-Kernel mit einer Größe von 15 Pixeln in 10 aufeinander folgenden Frames unschaft gemacht. Der Unschärfe-Bereich bewegt sich mit der Bewegung der Person.
4. Blurring: Ein statischer rechteckiger Bereich in der Mitte der Szene wird mit einem unscharfen Gauß-Kernel von einer Größe von 15 Pixeln in 10 aufeinander folgenden Frames unscharf gemacht.
5. Ghosting on Person: Eine teilweise transparente Silhouette der Person bleibt für 10 Frames zurück und wird über die letzten 5 Frames unsichtbar.
6. No Artifacts: Original ohne Artefakte.

Ein Trial bestand aus einer Warteansicht gefolgt von einem Video mit Artefakten. Im direkten Anschluss wurde eine Qualitätsbewertung gefordert. Die Teilnehmer wurden auf-

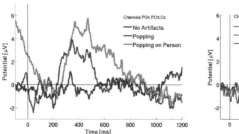 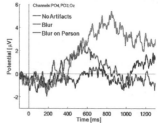

Abb. 1: Die ERPs für Popping und Popping on Person, Blurring, Blurring on Person und No Artifacts gemittelt über alle Trials und Teilnehmer.

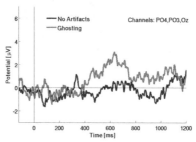

Abb. 2: Die ERPs für Ghosting und No Artifacts, gemittelt über alle Trials und Teilnehmer.

gefordert der bewegten Person mit dem Blick zu folgen und die Qualität jedes Testfalls mit einer ganzen Zahl zwischen 1 (sehr schlecht) und 5 (sehr gut) auf einer Mean Opinion Score (MOS) Skala zu bewerten. Die Teilnehmer wurden nicht auf das Vorhandensein von Artefakten in den Videos hingewiesen.

Abb. 1 und 2 zeigen die unterschiedlichen ERPs gemittelt über alle Teilnehmer der Studie, alle Trials und über alle Elektroden PO4, PO3 und Oz. Zum Vergleich zeigt "No Artifacts" das ERP der gleichen Sequenz ab dem gleichen Startzeitpunkt ohne Artefakte. Die Gültigkeit der Kurven wurde mit einem zweiseitigen t-Test bestätigt. Der Test liefert eine Wahrscheinlichkeit für die Annahme, dass zwei Mengen von Werten aus unterschiedlichen Gruppen stammen. Traditionell wird ein Testergebnis als Signifikant betrachtet wenn $p < 0.05$, was bedeutet, dass die Chance das beide Wertemengen aus der gleichen Gruppe stammen kleiner als 5% ist. In unserem Fall wurde der zweiseitige T-Test für alle Fälle von Artefakten gegen die Groundtruth Daten der exakt gleichen Sequenz vorgenommen. In allen Fällen wurde die Null-Hypthese nicht bestätigt. Für die P-Werte für Popping, Popping on Person, Blurring on Person und Ghosting gilt $p < 0.0001$ während für Blurring $p < 0.004$ gilt. Da die Null-Hypothese in allen Fällen nicht bestätigt wurde und die Wahrscheinlichkeit kleiner als 0.05 (5%) war, kann dies als ausreichender Hinweis für die statistische Signifikanz der Ergebnisse betrachtet werden. Der zweiseitige T-Test wurde zusätzlich auch zwischen Popping und Popping auf Person sowie zwischen Blurring und Blurring auf Person berechnet. In beiden Fällen wurde die Null-Hypthese nicht bestätigt (p-Werte kleiner 0.0001). Mit diesen Werten kann angenommen werden, dass ein signifikanter Unterschied zwischen den unterschiedlichen Arten von Artefakten vorliegt.

Um die Abweichung einzelner Teilnehmer vom Durchschnitt zu bestimmen wurde ein zusätzliche zweiseitiger T-Test zwischen einem zufällig ausgewählten Teilnehmer und dem Durchschnitt der Teilnehmer berechnet. Für alle Stimuli wurde die Null-Hypthese angenommen (p-Werte waren für Popping $p = 0.14$, Popping auf Person $p = 0.86$, Blurring $p = 0.85$, Blurring auf Person $p = 0.97$ und Ghosting $p = 0.74$). Damit ist klar, dass die Reaktion jedes Teilnehmers nahe am Durchschnitt liegt und es somit keine statistisch signifikanten Unterschiede gibt.

Die Auswertung dieser ERPs bietet einige sehr interessante Erkenntnisse. Zunächst wurden alle Artefakte, wenn auch mit unterschiedlicher Stärke, vom Gehirn erfasst. Der Artefakttyp mit der größten Reaktion im ERP war Popping on Person mit einer Latenz von 264ms und einer maximalen Amplitude von 5.758muV, dicht gefolgt von Blurring on Person. Statisches Popping und Blurring riefen jeweils kleinere Reaktionen hervor. Offenbar ist Popping ein einfacher wahrzunehmendes Artefakt, das eine schnellere Reaktion zu Folge hat. Ghosting dagegen scheint eine Verarbeitung der wahrgenommenen Verzerrung zu erfordern bevor es zu einer Reaktion kommt. Diese erhöhte Latenz kann man auch beim weniger offensichtlichen Blurring beobachten.

Die Ergebnisse zeigen, dass das Gehirn nicht nur unterschiedliche auf verschiedene Arten von Artefakten reagiert sondern insbesondere auch auf die Verknüpfung der Artefakte mit Bewegung. Diese Analyse liefert Informationen über die Wahrnehmung von Videos die so bisher nicht modelliert werden konnten. Zusätzlich erlauben die Erkenntnisse eine Reduktion der Renderzeiten indem Berechnungen für Bild-Features ausgelassen werden, die keine starke Reaktion im Hirn hervorrufen. Zusätzlich ist die Reaktion des Gehirns auf Artefakte auch von entscheidender Bedeutung bei der Modellierung von Maskierungsalgorithmen für gerenderte Sequenzen. Diese ersten Experimente zeigen die Möglichkeit auf, mittels EEG Daten die Qualität von Video- oder Bildmaterial zu bestimmen.

3 Single Trial Analyse von EEG-Daten

In diesem Kapitel der Arbeit werden die Daten des vorangegangenen Kapitels verwendet um den Analyseprozess von EEG Daten zu verkürzen. Statt mehreren Versuchen über mehrere Versuchspersonen durchführen zu müssen, kann ein Versuch für eine Versuchspersonen vorgenommen werden. Eine der größten Einschränkungen bei der Verwendung eines EEGs für die Bewertung der Bildqualität ist das niedrige Signal-Rausch Verhältnis (SNR), das es zunehmend schwierig macht Nervenreaktionen von Rauschen zu unterscheiden. Traditionell verwendet man für die Auswertung von EEG Daten ereignisbezogene Potentiale (ERP) verwendet. Da diese jedoch auf Mittelwertbildungen basieren, benötigen sie eine große Anzahl von Versuchspersonen und Versuchen um aussagekräfige Daten zu erhalten. Aufgrund des niedrigen SNR, sind ERPs nicht ohne weiteres für die single-trial Klassifizierung geeignet.

Die hier vorgestellte Methode verwendet einen neuen Wavelet-basierten Ansatz zur Auswertung von EEG Signalen, der eine Vorhersage der wahrgenommenen Bildqualität aus nur einem einzigen Versuch ermöglicht. Der Wavelet-basierte Algorithmus ist in der Lage die EEG Daten zu filtern und das Rauschen zu entfernen, wodurch die Notwendigkeit vieler Versuchspersonen und Versuche entfällt. So ist es möglich, Daten aus nur 10 Elektrodenkanälen für single-trial Klassifizierung zu verwenden und das Vorhandensein von Artefakten mit einer Genauigkeit von 85% vorherzusagen. Die Ergebnisse zeigen außerdem, dass es möglich ist, Versuche anhand des gezeigten Artefakttypen zu unterscheiden und zu klassifizieren. Diese Arbeit ist besonders nützlich um zu verstehen wie das menschliche Wahrnehmungssystem auf verschiedene Arten von Artefakten in Bildern und Videos reagiert. Ein Verständnis der Wahrnehmung typischer bildbasierter Rendering-Artefakte bildet die Basis für die Optimierung von Rendering- und Maskierungsalgorithmen.

Die EEG-Daten werden zunächst mit Hilfe einer komplexen Wavelet-Transformation verarbeitet. Sie werden dann mit einer standard Support Vector Machine (SVM) für alle Klassifizierungsaufgaben klassifiziert. Für die Statistiken wird ein standard 5-fold Cross-Correlation Test vorgenommen. The Daten werden zufällig in 5 Gruppen von 288 Versuchen aufgeteilt. Mit Hilfe einer C-SVM mit einem radialen Basisfunktions (RBF) $e^{-g|x_i-x_j|^2}$ Klassifikator und einer Menge von festen Parametern, wird die SVM mit Daten von 4 Gruppen (976 Versuche) angelernt und gegen die Versuche der verbleibenden Gruppe (288 Versuche) getestet. Dieser Vorgang wird wiederholt, bis alle Versuche klassifiziert worden sind. Der Vorgang wird wiederhold bis die beste Menge an Parametern gefunden worden ist.

Die Ergebnisse zeigen, dass alle Artefakte vom Geherin erkannt wurden. Das Artefakt, das die größte Reaktion hervorgerufen hat, war 'Popping on Person' (popP). Dies ist dicht gefolgt von 'Popping'. Popping ist ein deutlicher wahrgenommenes Artefakt und ruft eine schnellere und stärkere Reaktion hervor, als popping das nicht mit Bewegung zusammenhängt. Wie man sehen kann, zeigt 'Ghosting' die geringste Reaktion im Hinblick auf Latenz und relative Stärke. Offenbar muss das Gehirn die wahrgenommene Verzerrung zunächst verarbeiten, ehe eine EEG-Reaktion messbar wird. Diese Latenz durch der Verarbeitung der wahrgenommenen Stimuli, kann auch beim 'blurring' gefunden werden, bei dem es sich ebenfalls um ein weniger offensichtliches Artefakt handelt. Es ist jedoch interessant zu beobachten, dass blurring in verbindung mit Bewegung eine längere Latenz hat, aber eine höhere Reaktion im Hinblick auf die relative Steigung der Stärke.

Angesichts der statistischen Signifikanz zwischen Ground Truth und eines Artefaktes in den EEG-Daten, befasst sich die Studie mit insgesamt drei Klassifizierungsaufgaben: Die Klassifizierung von Versuchen in eine von zwei Kategorien, Versuche mit Artefakten vs Versuche ohne Artefakte; die Klassifizierung von Versuchen nach der Stärke des Artefakts mit dem Ziel schwere Artefakte zu erkennen; und die Klassifizierung jedes Versuches im Hinblick auf den spezifischen Typ des Artefakts.

Die Klassifikation der single-trial Daten der frontalen Elektroden die Wavelet-Transfomiert wurden, besitzt eine Treffsicherheit von 85%. Betrachtet man die Wavelet-Transfomierten Daten der frontalen Elektroden beträgt die Treffsicherheit der Klassifikation 93%. Dies bedeutet, dass die Erkennung von starken Artefakten am einfachsten erkannt werden kann. Eine zufällige Auswahl und Zuordung eines Artefakttyps würde zu einer erwarteten Präzisio von 16% führen. Die Klassifizierung muss also eine relevant bessere Genauigkeit aufweisen um als erfolgreich betrachtet werden zu können. Unter Verwendung der Daten der

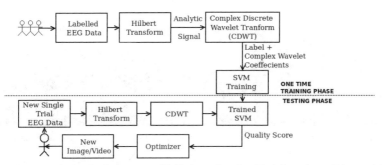

Abb. 3: Das Framwork der Optimierungsschleife benötigt eine Trainingsphase. Diese wird nur ein einmal und mit einer disjunkten Menge von Menschen, die nicht Bestandteil der Prüfung sind, durchgeführt. Danach kann das Verfahren Bilder und Videos für beliebige Personen optimieren.

frontalen Elektroden liegt die Genauigkeit der Klassifizierung bei 64%. Somit ist nicht nur die Bestimmung der wahrgenommenen Qualität von gerendertem Material möglich, sondern auch die Bestimmung der Art von Problemen die wahrgenommen wurden.

4 Human in the Loop

Die Idee ist neue interaktive Ansätze von EEG als direkte Eingabe in Rendering Algorithmen zu erforschen. Da die wahrgenommene Bildqualität nicht immer ein objektives Maß ist und auch bei Nachfrage üblicherweise weder reflektiert noch genauer erklärt werden, stellt dies eine besondere Herausforderung dar.

Die Arbeit untersucht die Hypothese, dass sowohl die allgemeine visuelle Qualität, wie auch die individuellen Präferenzen zuverlässig und reproduzierbar anhand von EEG Messungen bewertet werden können. Hierfür werden die Gehirnströme von Testpersonen zu gerenderten Bildern gemessen und mittels einer vorher trainierten Support Vector Machine (SVM) wird unmittelbar ein "visual appeal"Wert berechnet. Dieser Wert wird von einem numerischen Optimierungsverfahren verwendet um die Parameter eines Rendering-Algorithmus entsprechend den Vorlieben der Testpersonen zu verändern. Durch diese stetige Optimierung wird die gerenderte Ausgabe auf das ästhetische Optimum der einzelnen Personen angepasst.

Bild 3 zeigt die wesentlichen Bestandteile der EEG gesteuerten Optimierungsschleife. Die Optimierungsschleife besteht aus einer einmaligen Trainingsphase, die benötigt wird um dem Klassifikator den Unterschied zwischen neuronalen Reaktionen zu guten und schlechten Stimuli lernen zu lassen. Die Trainingsphase wird mit einer Menge von Testpersonen durchgeführt, die nicht Teil der Test-und Optimierungsphase sind. Sobald ein Klassifikator antrainiert wurde, kann ein visueller Stimulus, unabhängig vom Inhalt des Bildes, von einer einzigen EEG Messung optimiert werden. Das EEG eines Benutzers zu einem Bild oder Video wird aufgezeichnet und dem SVM-Klassifikator übergeben. Der Klassifikator berechnet den visual appeal Wert auf Basis der EEG Daten, welche die Vorliebe des Benutzers für das Bild oder Video reflektiert. Das verwendete Optimierungsverfahren ist

(a) Original input image   (b) Optimized Version 1   (c) Photographer Version 1

Abb. 4: EEG-optimierte Ergebnisse sind einzigartig für jede Personen und können mit von Fotografen verbesserten Versionen mithalten.

ein Downhill-Simplex-Verfahren, welcher eine vordefinierte Anzahl von Parametern des Rendering-Algorithmus in Abhängigkeit des visual appeal Wertes variiert. Das Bild oder Video wird mit Hilfe dieser Daten neu gerendert und danach wieder dem Benutzer gezeigt. Das Optimierungs-Framework ist auf jeden Rendering-Algorithmus anwendbar, der Bilder oder animierte Sequenzen erzeugt, und dessen Ausgang von gewissen Mengen von Parameterwerten abhängig ist. Der modulare Aufbau ermöglicht den einfachen Austausch von Rendering-Komponenten um die verschiedenen Parameter zu optimieren. Die Schleife wird mit zwei verschiedenen Anwendungsszenarien ausgewertet. Im ersten Szenario, sind statische Bilder von realen Szenen in Bezug auf Sättigung, Helligkeit und Kontrast je nach individuellem Geschmack EEG-optimiert. Im zweiten Szenario sind drei Rendering-Parameter variiert wurden um die allgemeine Attraktivität einer Animationssequenz zu optimieren. In dem ersten Optimierungs-Szenario wurden Sättigung, Helligkeit und Kontrast eines Fotos variiert, um ästhetisch ansprechende Versionen des Originalbildes zu erhalten. Die grundlegenden Impulse für die Trainingsphase bestanden aus 23 zufällig ausgewählten Bilder von der MIT-Adobe FiveK Datenbank. Die Datenbank verfügt über insgesamt sechs Varianten für jedes Bild: das Originalfoto plus fünf verschiedenen, von professionellen Fotografen modifizierte Versionen. Da alle Bilder in der Datenbank bis zu einem gewissen Punkt ästhetisch ansprechend sind, wurden zwei zusätzliche Versionen entweder durch Übersättigung oder Überbelichtung geschaffen.

Die SVM-Trainingsdaten wurden gesammelt, in dem den Teilnehmern ein Originalfoto, zwei der Experten-retuschierten ästhetischen Versionen, sowie die übersättigten und überbelichteten Versionen, gezeigt wurden. Insgesamt waren es fünf Versionen pro Foto und 115 verschiedene Bilder. Die resultierenden EEG-Daten wurden mit Hilfe von komplexen Wavelet-Transformationen und einem Standard SVM verarbeitet. Das trainiert SVM wurde dann zum Testen der Optimierungsschleife verwendet. Das Verfahren wurde mit 15 Benutzern, die nicht in der SVM-Trainingsphase teilgenommen haben, evaluiert. Das Auswertungs-Experiment wurde mit 12 zufällig ausgewählten Fotos von der MIT-Adobe FiveK Datenbank durchgeführt. Jedem Teilnehmer wurde eines dieser Bilder gezeigt. Dieses wurde dann mit Hilfe der single-trial EEg-Daten automatisch verbessert. Die Ergebnisse der mit Hilfe der Optimierung erstellten verschiedenen Version der Originalbilder (Fig.4). Die jeweiligen Versionen waren für jeden Probanden unterschiedlich und waren sehr verschieden von den professionell bearbeiteten Versionen. Nach jeder

Bildoptimierung, hatten wir ausführliche Gespräche mit den Teilnehmern bezüglich der optimierten Bilder. Alle Teilnehmer bevorzugten ihre eigene optimierte Version über das entsprechende Originalbild.

Interesanterweise waren den Probanden nicht interessiert an der Genauigkeit des Bildes in Bezug auf die Farbe oder die Details. Viel mehr basierte ihre Vorliebe für das verbesserte Bild auf dem Gefühl was es ihnen vermittelte. Nachdem das Framework mit 15 Nutzern, die 12 Fotos optimierten, getestet wurde, führten wir eine Wahrnehmungsstudie durch, um unsere Ergebnisse mit den Fotografen-erweiterte Versionen der Bilder zu vergleichen. Die Studie wurde darüber hinaus auch online durchgeführt, um eine größere Stichprobenmenge für die Bewertung der die optimierten Versionen zu erhalten. Es wurden 8 Originalbilder mit den zugehörigen von Fotografen verbesserten Versionen, sowie einige EEG-Optimierte Bilder gezeigt. Die Teilnehmer sollten jeder Bildversion einen Wert von Eins bis Fünf zuweisen. Insgesamt gab es 90 Teilnehmer. Die Ergebnisse aus der Wahrnehmungsstudie unterstützen die Schlussfolgerung, dass die optimierten Versionen mehr bevorzugt werden als die von Fotografen verbesserten Versionen, da die durchschnittliche Punktzahl der EEG-optimierten Version bei ungefähr 3.1 lag, wohingegen die Fotografenverbesserte Versionen nur einen Wert von 2.8 erreichten.

Im zweiten Optimierungsscenario evaluiert die Arbeit die Leistung der Optimierungsschleife, wenn die visuelle Qualität einer animierten guided image-filtered Raytracing Sequenz optimiert werden soll. Die Filterung von verrauschten Bildern ist eine grundlegende Bildverbesserungsoperation in der Video- und Bildbearbeitung, aber auch in Global Illumination Methoden die auf Monte Carlo Sampling basieren. Der Filter verfügt über drei Parameter, den Filterradius und zwei epsilon-Werte, die gewählt werden müssen, deren optimale Werte abhängig von den Szeneneigenschaften sind. Alle drei Parameter beeinflussen das Rendering-Ergebnis in unterschiedlicher Weise, indem sie sowohl die Oberflächenglätte, wie auch die Menge an Details kontrollieren. Um Trainingsdaten zu erhalten, wurde die populäre Crytek Sponza Szene und die Sibenik Kathedrale geraytraced um mehrere Versionen in unterschiedlichen Qualitäten zu erhalten. Um die EEG-Feedbackschleife zu testen wurde ine Szene des Blenderfilms Sintel verwendet. Die optimierten Filterparameter waren Radius, Epsilon (Normale) und Epsilon (Tiefe). Um die Präferenz der EEG-optimierten Videos für ein allgemeines Publikum zu bewerten, wurde eine Wahrnehmungsstudie durchgeführt, die Teilnehmer aufforderte, Videos zu bewerten, die vom Framework und Fachleuten optimiert wurden. Die Daten wurden mit einem zweiseitiger t-Test analysiert, bei dem die Null-Hypothese für den t-Test war, dass die optimierten und manuellen Versionen derselben Population angehören. Die t-Test-Wahrscheinlichkeit für die Null-Hypothese $P(H0)$ zeigte, dass die Ratings der optimierten Versionen nicht signifikant anders waren als die der manuellen Version (Nullhypothese wurde nicht abgelehnt).

Die Ergebnisse zeigen, dass die EEG-optimierten Video-Sequenzen genauso visuell ansprechend sind wie Experten optimierte Sequenzen. Darüber hinazs zeigen die Ergebnisse, dass es Möglich ist die Wahrnehmungsqualität eines Video von einer Single-Trial EEG Messung zu bestimmen, ohne das ein Referenzvideo benötigt wird. Dies ist besonders von Bedeutung, da Videos dafür bekannt sind extrem schwer mit Hilfe von EEG Techniken analysierbar zu sein.

5 Conclusion

Es werden experimentelle Daten und eine Analyse vorgestellt, die zeigt dass sich die covert (implizite) and overt (explizite) output des menschlichen Wahrnehmungssystems unterscheiden und dass dieser Unterschied in einigen Fällen sehr stark ist. Die Arbeit zeigt außerdem dass das Gehirn sehr unterschiedlich, nicht nur auf verschiedene Arten von Artefakten reagiert, sondern im Besonderen auf Artefakte die mit Bewegung zusammenhängen. Die Experimente zeigen außerdem, dass es möglich ist Artefakte nach Wahrnehmung zu kategorisieren. Dies erlaubt Einsichten in die Wahrnehmung von Videos die zuvor nicht modeliert worden sind. Diese Arbeit ermöglicht außerdem eine Verkürzung von Renderzeiten durch die Entfernung von Berechnungen für Bildmerkmale die keine starke Reaktion des Gehirns auslösen. Diese Arbeit stellt eine neue Methode für singletrial Klassifizierung von typischen IBR Artefakten. Es ist gezeigt worden, dass Wavelets und eine SVM ein effektiver Weg sind um das Problem des niedrigen Signal-Rausch-Verhältnisses in EEG Daten zu umgehen. Eine neue Methodik wird vorgestellt um zwischen verschiedenen Arten von Artefakten zu unterscheiden die in Videostimuli auftreten, anhand eines single-trial von neuronalen Daten. Diese Arbeit stellt auch einen neuen Ansatz für die Optimierung von Rendering-Parametern vor, die auf single-trial EEG Messungen besteht. Es wird außerdem die Benutzung neuronaler Daten für die Bewertung des visual appeal von gerendereten Bildern und Animationen eingeführt.

Die vorgestellten Projekte haben gezeigt dass es nicht nur möglich ist die Qualität eines Bildes oder Videos mittels EEG zu bestimmen, sondern dass es auch möglich ist diese Qualität in einer direkten Feedback-Schleife zu verbessern, bis eine optimale Lösung erreicht wurde. Neuronale Daten stellen ein praktikables Maß der Ästhetik von Bildern und Videos und für Biofeedback für Grafikanwendungen dar; insbesondere um die Wahrnehmung von gerendereten Bildsequenzen zu untersuchen.

Die Kontributionen dieser Arbeit ebnen den Weg für neue, spannende Kombinationen von Computergrafik und EEG. Es existieren viele Grafikprobleme, die von ihrer Nutzung profitieren können. Zum Beispiel, ist es ideal geeignet für die Qualitätsbewertung von 3D Bildern und Videos.

Literatur

[Mu15] Mustafa, Maryam: ElectroEncephaloGraphics: A Novel Modality For Graphics Research: Dissertation. BoD–Books on Demand, 2015.

Maryam Mustafa ist Postdoc am Institut für Computergraphik an der TU Braunschweig. Ihre Forschungsinteressen beinhalten Mensch-Maschine Interaktion, Wahrnehmung und Erkennung in der Computergraphik. Mustafa erhielt Ihren MIng in Computer Science von der Cornell Universität. Dort war sie auch ein Fulbright Scholar. Erreichbar ist sie unter: mustafa@cg.cs.tu-bs.de

Ermittlung nutzungsbasierter Ähnlichkeiten zwischen Objekten zur Unterstützung von Empfehlungssystemen im Umgang mit selten genutzten Objekten[1]

Katja Niemann[2]

Abstract: Empfehlungssysteme weisen eine stetig wachsende Bedeutung in vielen Anwendungsdomänen auf. Damit wachsen auch die Erwartungen der Nutzer an die Empfehlungen, z.B. in Bezug auf Präzision, Diversität und Neuartigkeit. Unter anderem hindert die dabei oft bestehende geringe Datendichte die Systeme jedoch daran, ihr volles Potential zu entfalten, und inbesondere selten genutzte Objekte werden kaum empfohlen. In dieser Arbeit werden Lösungen konzipiert und empirisch belegt, um Ähnlichkeiten zwischen Objekten basierend auf ihrer Nutzung zu entdecken. Auf diese Art wird eine neue Informationsquelle geschaffen, welche genutzt werden kann, um bestehende Empfehlungssysteme zu erweitern und selten genutzte Objekte zuverlässiger zu empfehlen.

1 Einführung

Für die meisten Internetnutzer sind Empfehlungssysteme allgegenwärtig geworden. Sie bekommen Empfehlungen, wenn sie online einkaufen, Musik hören, einen Urlaub planen oder eine E-Learning Anwendungen nutzen. Empfehlungssysteme wählen dabei aus einer Menge von Objekten diejenigen aus, welche für die Nutzer von besonderer Relevanz sind.

Ein Problem für Empfehlungssysteme stellt die geringe Datendichte dar, welche in den meisten Domänen vorliegt [Zh14]. In Anwendungen, in welchen nur sehr spärliche Informationen vorhanden sind, können häufig keine personalisierten Empfehlungen generiert werden. Dies ist oft bei online verfügbaren Lernportalen der Fall und führt dazu, dass die Lernenden durch das System nicht optimal in ihrem Lernprozess unterstützt werden [Ve11]. In anderen Anwendungen können zwar personalisierte Empfehlungen erstellt werden, die häufig genutzten Objekte werden jedoch überproportional oft empfohlen und die selten genutzten Objekte, welche für die meisten Nutzer aufgrund ihres in der Regel niedrigeren Bekanntheitsgrades schwerer zu finden sind, werden vernachlässigt [AK12]. Dieses Problem betrifft z.B. Portale, in welchen Filme angesehen werden können. Nutzer dieser Portale schätzen jedoch insbesondere Empfehlungen für unbekannte Filme, welche sie selber nicht gefunden hätten, wohingegen Blockbuster weniger interessant sind [Go10].

Das Ziel dieser Arbeit liegt darin, Möglichkeiten aufzuzeigen, mit welchen auch spärliche Informationen über die Nutzung von Objekten so ausgewertet werden können, dass geeignete Empfehlungen für diese Objekte erstellt werden können. Dabei sollen keine Meta-

---

[1] Original title: Discovery of Usage-based Item Similarities to Support Recommender Systems in Dealing with Rarely Used Items
[2] XING AG, katja.niemann@xing.com

daten, wie beispielsweise Angaben zum Inhalt oder Genre eines Films, benötigt werden. Hieraus ergibt sich die erste Forschungsfrage.

FF 1: Lassen sich basierend auf der Analyse der Kontexte, in welchen Objekte genutzt werden, Ähnlichkeitsrelationen zwischen den Objekten aufdecken?

Die nutzungsbasierten Ähnlichkeiten sollen daraufhin genutzt werden, um auch selten genutzte Objekte in die personalisierten Empfehlungen für Nutzer einbinden zu können. Aus diesem Anliegen ergibt sich die zweite Forschungsfrage.

FF 2: Kann der Einsatz von nutzungsbasierten Objektähnlichkeiten Empfehlungssysteme im Umgang mit selten genutzten Objekten unterstützen?

Die Zusammenfassung ist wie folgt gegliedert. Kapitel 2 gibt einen kurzen Überblick über den Stand der Wissenschaft, während Kapitel 3 die in der Arbeit analysierten Datenmengen beschreibt. Kapitel 4 und 5 befassen sich mit jeweils einer der beiden Forschungsfragen. Abschließend diskutiert Kapitel 6 die Ergebnisse und Implikationen der Arbeit.

2 Stand der Wissenschaft

Inhaltsbasierte Empfehlungssysteme nutzen die Attribute der Objekte und die Präferenzen der Nutzer, um Empfehlungen zu generieren. Dabei können die Informationen über die Objekte entweder manuell oder automatisch generiert werden, z.B. durch die Extraktion von Schlüsselwörtern aus Texten. Die Interessen der Nutzer können explizit erfragt oder durch Analyse der genutzten Objekte abgeleitet werden. Zur Empfehlungserstellung werden die Objektprofile mit den Nutzerprofilen abgeglichen und die am besten passenden Objekte empfohlen [LdGS11]. Inhaltsbasierte Systeme können erfolgreich eingesetzt werden, sobald Informationen über die Nutzer und die Objekte vorhanden sind, was jedoch häufig nicht der Fall ist. Zudem tendieren sie zur Überspezialisierung und berücksichtigen keine subjektiven Faktoren, wie die subjektiv empfundene Qualität eines Films.

Im Gegensatz dazu beruhen Verfahren, welche kollaboratives Filtern nutzen, ausschließlich auf Matrizen, welche die expliziten oder impliziten Bewertungen der Nutzer für die Objekte enthalten. Hierbei können entweder die Nutzer, basierend auf den von ihnen bewerteten Objekten, oder die Objekte, basierend auf den Nutzern, welche sie bewertet haben, verglichen werden. Empfohlen werden daraufhin entweder die gut bewerteten Objekte ähnlicher Nutzer oder die Objekte, welche den gut bewerteten Objekten eines Nutzers ähnlich sind. Ein weiteres Verfahren besteht darin, die vorhandene Matrix in kleinere, vollbesetzte Matrizen zu zerlegen und somit die Objekte und Nutzer auf dieselben latenten Faktoren abzubilden. Durch Multiplikation der Matrizen lässt sich jedes Feld der ursprünglichen Matrix und somit jede bisher unbekannte Bewertung schätzen [KB11]. Die Vorteile des kollaborativen Filterns liegen darin, dass keine semantischen Informationen über die Objekte vorhanden sein müssen und auch Ähnlichkeiten zwischen Objekten gefunden werden können, welche nicht auf den ersten Blick ersichtlich sind. Allerdings müssen die Objekt- und Nutzerprofile sich erst durch Nutzeraktivitäten entwickeln, bevor zufriedenstellende Empfehlungen erstellt werden können.

Hybride Techniken kombinieren verschiedene Empfehlungssysteme, um von ihren Vorteilen zu profitieren und ihre Nachteile zu kompensieren [Bu07]. Empfehlungen verschiedener Systeme können z.b. basierend auf einem Gewichtungsschema kombiniert werden. Ein weiteres Beispiel stellt die Merkmalserweiterung dar, bei welcher ein Empfehlungssystem Informationen erstellt, welche vom nächsten Empfehlungssystem genutzt werden.

Es ist jedoch nicht immer ausreichend, Objekte zu empfehlen, welche die Nutzer mögen. Nutzer möchten positiv überrascht werden und Empfehlungen für Objekte bekommen, welche sie ohne Hilfe nicht gefunden hätten. Zudem möchten z.b. Online-Shops, dass eine möglichst große Anzahl ihrer angebotenen Produkte empfohlen wird. Daher werden immer mehr Ansätze entwickelt, welche die Diversität der empfohlenen Objekte und die Anzahl der Empfehlungen für selten genutzte Objekte erhöhen sollen. Solche Ansätze kombinieren in der Regel entweder Nutzungsdaten mit inhaltlichen Daten, welche jedoch häufig nicht verfügbar sind, oder verschlechtern die Präzision der Empfehlungen, wenn z.b. bewusst selten genutzte Objekte bei der Empfehlungserstellung bevorzugt werden, für welche jedoch aufgrund der niedrigen Nutzung keine zuverlässige Bewertungen geschätzt werden können [Ta13, AK12].

3 Anwendungsdomänen und verwendete Datenmengen

Die Domänen, in welchen die hier vorgestellten Ansätze angewendet werden können, sind nicht begrenzt. Diese Arbeit konzentriert sich jedoch auf die Analyse von Datenmengen, welche in den Lernportalen MACE[3] und Travel well[4], bzw. in den Filmportalen Movielens[5] und Netflix[6] gesammelt wurden.

Das Webportal des MACE-Projektes verknüpft Lernmaterialen aus dem Bereich der Architektur über die Grenzen einzelner Repositorien hinweg und ermöglicht seinen Nutzern somit ein einfacheres Auffinden von Objekten wie Zeichnungen und Videos. Für die Analyse konnten Interaktionen von 620 registrierten Nutzern mit 12.176 verschiedenen Objekten ausgewertet werden. Die Nutzeraktionen wurden über einen Zeitraum von 3 Jahren gesammelt und beinhalten das Aufrufen, Bewerten sowie Taggen der Objekte. Das Travel-well-Webportal bietet Lernmaterialien für den Sprachunterricht in Schulen an. Die Datenmenge enthält die Interaktionen von 98 registrierten Nutzern mit 1.924 Objekten, welche innerhalb von sechs Monaten gesammelt wurden. Die gespeicherten Nutzeraktionen umfassen hier jedoch nur das Bewerten und Taggen der Objekte. Für ca. 80% der Objekte beider Datenmengen sind entweder Tags, welche von Nutzern hinzugefügt wurden, oder Klassifikationen, welche von Experten hinzugefügt wurden, vorhanden.

Für MovieLens und Netflix stehen ausschließlich die expliziten Bewertungen von Nutzern für Filme zur Verfügung. Für MovieLens liegen 1.000.000 Bewertungen von 6.040 Nutzern für 3.952 Filme vor. Die hier verwendete Netflix-Datenmenge beinhaltet 1.863.197 Bewertungen von 9.006 Nutzern für 17.208 Filme.

---
[3] http://www.fit.fraunhofer.de/de/fb/cscw/projects/mace.html
[4] http://lreforschools.eun.org/web/guest/travelwell-all
[5] http://www.grouplens.org/node/73
[6] http://www.netflixprize.com/

4 Nutzungsbasierte Ähnlichkeiten zwischen Objekten

Dieses Kapitel behandelt die erste Forschungsfrage: *Lassen sich basierend auf der Analyse der Kontexte, in welchen Objekte genutzt werden, Ähnlichkeitsrelationen zwischen den Objekten aufdecken?* Zunächst wird die Motivation für dieses Vorgehen erläutert. Daraufhin wird der Begriff des Nutzungskontextes in Bezug auf die jeweiligen Domänen definiert, die Berechung der Ähnlichkeit von Objekten basierend auf ihren Nutzungskontexten erklärt und schließlich ein ausgewähltes Experiment vorgestellt.

4.1 Motivation

Die Arbeit folgt der Annahme aus dem *Context Aware Computing*, dass die Aktivitäten eines Nutzers durch sein vorhandenes Wissen und seinen aktuellen Kontext beeinflusst werden und diese somit implizit in den Nutzungsinformationen der genutzten Objekte enthalten sind [AM07]. Es mag zum Beispiel Nutzer geben, welche an sonnigen Sommertagen andere Musik hören als an regnerischen Wintertagen und ein mit Software-Engineering vertrauter Nutzer wird vermutlich andere Bücher zu diesem Thema lesen als ein Studienanfänger. Auch wenn basierend auf den genutzten Objekten nicht alle Kontextinformationen ermittelt werden können, so bestehen sie doch als kontextuelle Verbindung zwischen den Objekten. Diese Arbeit stellt nun die Hypothese auf, dass zwei Objekte, welche in ähnlichen, aber nicht notwendigerweise in denselben Kontexten genutzt wurden, in einer Ähnlichkeitsbeziehung zueinander stehen.

Diese Idee kann als Analogie zu Ansätzen aus der Korpuslinguistik verstanden werden, in welchen linguistische Entitäten (z.B. Wörter) durch ihre Nutzungskontexte, d.h. durch die Entitäten, mit welchen sie gemeinsam genutzt wurden, beschrieben werden. Basierend auf den Arbeiten von Saussure Anfang des 20ten Jahrhunderts, prägte Harris [Ha54] in den 1950er Jahren den Begriff der distributionellen Hypothese, welche aussagt, dass Wörter, die in ähnlichen Kontexten genutzt werden, häufig eine ähnliche Bedeutung aufweisen. Ein Beispiel: in vielen Sätzen kann der Ausdruck *Auto* durch den Ausdruck *Wagen* ersetzt werden. Das bedeutet, dass die beiden Ausdrücke in ähnlichen Kontexten genutzt werden, welche zum Beispiel die Ausdrücke *Werkstatt* und *Autobahn* enthalten. Daher kann angenommen werden, dass die Ausdrücke *Auto* und *Wagen* eine semantische Relation aufweisen [Ho09]. Die vorliegende Arbeit untersucht nun die Annahme, dass Objekte, welche in Nutzungskontexten (z.B. *Web Sessions*) genutzt wurden, in Analogie zu Wörtern, welche in Sätzen genutzt wurden, analysiert werden können.

Abb. 1: Beispielhafte Nutzungskontexte

Abbildung 1 zeigt Objekte, auf welche von zwei unterschiedlichen Nutzern in einem Online-Portal zugegriffen wurde. Es kann festgestellt werden, dass der Film über Renzo

Piana und das Textdokument über Richard Rodgers getrennt voneinander und von unterschiedlichen Nutzern ausgewählt wurden. Dennoch wurden sie in ähnlichen Nutzungskontexten, d.h. gemeinsam mit denselben Objekten (mit einem Textdokument über das Grand Palais und einem Bild, welches das Centre Pompidou zeigt), genutzt. Daher kann angenommen werden, dass die beiden Objekte in einer Ähnlichkeitsrelation zueinander stehen. Tatsächlich referenzieren sie jeweils einen der beiden Architekten, welche das Centre Pompidou gemeinsam entworfen haben.

Ein weiterer Ansatz aus der Korpulinguistik berechnet Kookkurrenzen höherer Ordnung, um Gruppen zu bilden, welche semantisch ähnliche linguistische Entitäten enthalten. Ebenso wie der erste Ansatz, lässt sich dieses Vorgehen adaptieren und auf Objekte anwenden (siehe [NW14, Ni12]), kann hier jedoch nicht weiter ausgeführt werden.

4.2 Definition des Nutzungskontextes für die verwendeten Datenmengen

Die Datenmengen aus dem E-Learning wurden in Webportalen gesammelt, in welchen Nutzer nach Lernmaterialien suchen und sie direkt verwenden können. Hier kann ein Nutzungskontext als äquivalent zu einer *Web Session* verstanden werden, also einer Abfolge von Aktivitäten, welche von einem einzelnen Nutzer bei einem Besuch auf einer Webseite ausgeführt wurden. Diese Definition ist übertragbar auf Domänen mit ähnlichen Rahmenbedingungen, z.B. Webportale, in welchen die Nutzer kurze Videoclips ansehen können.

Die Definition des Nutzungskontextes für Filme ist nicht so naheliegend wie für Lernmaterialien. Gewöhnlicherweise werden nicht mehrere Filme nacheinander in einer kurzer Zeit, sondern an verschiedenen Tagen, konsumiert. Eine Möglichkeit zur Bildung sinnvoller Kontexte besteht daher in der Ausnutzung detaillierter Kontextinformationen, wie dem Zeitpunkt, zu dem ein Film angesehen wurde (z.B. am Wochende oder an einem Wochentag), oder die Begleitung (z.B. mit Freunden oder mit Kindern). Häufig liegen jedoch nur explizite Bewertungen der Filme vor und keine detaillierten Kontextinformationen. In dieser Arbeit werden daher die Nutzerprofile, welche alle Bewertungen eines Nutzers enthalten, verwendet, um Nutzungskontexte zu erstellen. Ein Nutzerprofil kann z.B. in zwei Nutzungskontexte aufgeteilt werden, wobei einer alle über- und der andere alle unterdurchschnittlich bewerteten Filme enthält. Hierfür wird jeweils der Bewertungsdurchschnitt des entsprechenden Nutzers berechnet.

4.3 Repräsention von Objekten und Objektähnlichkeit

In Analogie zur Korpuslinguistik werden zwei Objekte als Kookkurrenzen bezeichnet, sobald sie wenigstens einmal gemeinsam in einem Nutzungkontext aufgetreten sind. Zur Beschreibung eines Objektes eignen sich jedoch nur diejenigen Objekte, mit welchen es signifikant häufig und nicht nur zufällig genutzt wurde. Daher wird zunächst für alle Kookkurrenzen ein Signifikanzwert errechnet, welcher die Häufigkeit des gemeinsamen Auftretens, aber auch die Auftretenshäufigkeiten der einzelnen Objekte sowie die Anzahl aller Nutzungskontexte berücksichtigt. Einfache Assoziationsmaße wie *Mutual Information* (MI) vergleichen für jedes Objektpaar die Häufigkeit des erwarteten und des tatsächlichen gemeinsamen Auftretens. Andere Assoziationsmaße wie der χ^2-Test beruhen auf einer Kontingenztabelle und vergleichen somit auch die erwarteten Werte für das alleinige Vorkommen der Objekte. Da die Vorkommenshäufigkeit der einzelnen Objekte stark variieren kann und viele Objekte kaum genutzt werden, bietet sich hier für den χ^2-Test die Verwendung der Kontinuitätskorrektur nach Yates an (cor-χ^2). Weitere getestete Assoziationsmaße sind *Log-Likelihood (LL)* und ein *Poisson*-basiertes Assoziationsmaß (PAM), siehe [NW13b].

Nach Berechnung der Signifikanzwerte werden für jedes Objekt die signifikanten Kookkurrenzen ausgewählt. Hierfür gibt es jedoch keinen Standardgrenzwert [Ev08]. In der Arbeit werden daher zwei Herangehensweisen untersucht. Erstens, für jedes Objekt werden die n signifikantesten Kookkurrenzen ausgewählt. Zweitens, für jedes Objekt wird die mittlere Signifikanz aller seiner Kookkurrenzen ermittelt und als Grenzwert für die Bestimmung der signifikanten Kookkurrenzen genutzt. Jedes Objekt wird nun durch einen Vektor beschrieben, welcher die signifikanten Kookkurrenzen des Objektes inklusive der errechneten Signifikanzwerte beinhaltet. Zum Vergleich zweier Objekte wird das Kosinus-Ähnlichkeitsmaß genutzt, welches die Richtung zweier Vektoren vergleicht.

4.4 Experiment: Nutzungsbasierte Ähnlichkeit von Lernmaterialien

Für alle Objektpaare aus den Datenmengen, welche in den Lernportalen MACE und Travel well gesammelt wurden, werden nutzungsbasierte Ähnlichkeiten erstellt und mit den dazugehörigen inhaltsbasierten Ähnlichkeiten verglichen. Zur Berechnung der nutzungsbasierten Ähnlichkeiten werden zunächst die in Kapitel 4.3 vorgestellten Assoziationsmaße und Ansätze zur Auswahl der signifikanten Kookkurrenzen eingesetzt. Hierbei wird die Anzahl n der signifikanten Kookurrenzen zwischen 10 und 1.500 (MACE), bzw. zwischen 10 und 150 (Travel well) variiert. Die nutzungsbasierten Ähnlichkeiten ergeben sich durch die Berechnung der Kosinus-Ähnlichkeit der Kookkurrenzvektoren. Zudem wird jedes Objekt durch eine Menge, welche seine Tags und Klassifikationswerte enthält, beschrieben. Zur Ermittlung der inhaltsbasierten Ähnlichkeit zweier Objekte wird der Jaccard-Koeffizient dieser Mengen berechnet. Abschließend wird der Pearson-Korrelationskoeffizient zwischen den nutzungsbasierten und den inhaltsbasierten Ähnlichkeiten berechnet sowie die Anzahl der Objekte, für welche mindestens eine Ähnlichkeitsbeziehung zu einem anderen Objekt gefunden werden konnte, ermittelt.

Es zeigt sich eindeutig, dass je mehr Kookkurrenzen als signifikant eingestuft werden, also je größer n, desto mehr Ähnlichkeitsbeziehungen können zwischen den Objekten gefunden werden. Dies kann intuitiv dadurch erklärt werden, dass je mehr Kookkurrenzen genutzt werden, um die Objekte zu beschreiben, desto höher ist die Wahrscheinlichkeit, dass zwei Objekte mindestens eine Kookkurrenz teilen. Zudem zeigt sich der Trend, dass mit einem höheren Wert für n der Korrelationskoeffizient zunächst stark steigt und ab einem gewissen Punkt wieder leicht zu sinken beginnt. Werden objektspezifische Grenzwerte zur Auswahl der signifikanten Kookkurrenzen berechnet, können ähnlich gute Ergebnisse wie mit den besten Werten für n erzielt werden und es muss kein zusätzlicher Parameter bestimmt werden. Weiterhin zeigt sich, dass das Assoziationsmaß *Mutual Information* für beide Datenmengen zu den besten Ergebnissen führt. Die Empfehlung liegt daher auf der Nutzung von *Mutual Information* in Kombination mit objektspezifischen Grenzwerten.

Die mit diesem Verfahren erzielten Korrelationskoeffizienten von 0.47 (MACE) und 0.33 (Travel well) deuten auf eine mittlere Korrelation hin. Die genutzten semantischen Informationen sind jedoch spärlich und stellen nur eine oberflächliche Inhaltsrepräsentation der Objekte dar. Eine zusätzliche manuelle Untersuchung der 100 Objektpaare mit den höchsten nutzungsbasierten Ähnlichkeiten zeigt, dass über 95% eine inhaltliche Ähnlichkeit aufweisen, welche in 33% der Fälle nicht aus den semantischen Metadaten ersichtlich ist. Aus diesen Ergebnissen kann gefolgert werden, dass die nutzungsbasierten Ähnlichkeiten der Objekte aus den untersuchten Lernportalen einen Hinweis auf ihre inhaltliche Nähe geben. Für weitere Experimente und ausführliche Ergebnisse, siehe [Ni11, Ni10].

5 Verbesserung von Empfehlungen

Dieses Kapitel behandelt die zweite Forschungsfrage: *Kann der Einsatz von nutzungsbasierten Objektähnlichkeiten Empfehlungssysteme im Umgang mit selten genutzten Objekten unterstützen?* Zunächst wird erläutert, wie die Objektähnlichkeiten für die Vorhersage von Bewertungen genutzt werden können. Daraufhin wird ihr Einsatz zur Empfehlungserstellung in Lern- und Filmportalen diskutiert.

5.1 Vorhersagen von Bewertungen

Die nutzungsbasierten Objektähnlichkeiten und die Objektbewertungen, welche Nutzer bereits abgegeben haben, können genutzt werden, um für jeden Nutzer u vorherzusagen, welche Bewertung $\hat{r}_{ui}$ er für ein von ihm bisher nicht bewertetes Objekt i abgeben würde, siehe Gleichung 1. $P(u)$ bezeichnet dabei das Nutzerprofil von Nutzer u, welches jedes bereits bewertete Objekt j inklusive Bewertung r_{uj} enthält. Die Objektbewertungen werden daraufhin kombiniert und basierend auf der Objektähnlichkeit $sim(i,j)$ gewichtet.

$$\hat{r}_{ui} = \frac{\sum_{j \in P(u), i \neq j}(sim(i,j) * r_{uj})}{\sum_{j \in P(u), i \neq j} sim(i,j)} \quad (1)$$

5.2 Experiment: Empfehlung von Lernmaterialien

Die Evaluationen auf den Datenmengen, welche in den Lernportalen MACE und Travel well gesammelt wurden, zeigen, dass die Kombination von nutzungsbasierten Ansätzen mit kollaborativen Filtern in Domänen mit geringer Datendichte sehr vielversprechend ist. Die Anzahl der Bewertungen, für welche eine Vorhersage getroffen werden kann, steigt dabei im Vergleich zu den kollaborativen Verfahren von 14,8% auf 67,9% (MACE), bzw. von 31,5% auf 94,7% (Travel well), ohne dass die Qualität der Vorhersagen sich verschlechtern. Die ausführliche Beschreibung dieser Experimente ist in [NW13a] zu finden und wurde bei der *EC-TEL '13* mit dem *Best Student Paper Award* ausgezeichnet.

5.3 Experiment: Empfehlung von Filmen

Die Bewertungen der MovieLens- und Netflix-Datenmengen werden zufällig in je fünf Teilmengen aufgeteilt, um eine 5-fache Kreuzvalidierung zu ermöglichen. Dem Ansatz in [AK12] folgend, werden alle Nutzer, welche weniger als 20 hohe Bewertungen (mind. 4 von 5 Sternen) in der jeweiligen Testmenge aufweisen, aus der Testmenge entfernt und zur Trainingsmenge hinzugefügt. Die so erstellten Testmengen enthalten im Schnitt 147.494 Bewertungen (85.309 hohe and 62.185 niedrige Bewertungen) von 2.152 Nutzern (MovieLens), bzw. 305.132 Bewertungen (177.551 hohe and 127.581 niedrige Bewertungen) von 3.439 Nutzern (Netflix). Für jeden Nutzer aus der jeweiligen Testmenge werden nun die Bewertungen für die in der Testmenge vorhandenen Filme geschätzt und die zehn Filme mit der jeweils höchsten geschätzten Wertung ausgewählt. Der hier vorgestellte Ansatz (*Usage Context-based Collaborative Filtering, UC-BCF*) wird dabei in Kombination mit verschiedenen Assoziationsmaßen (siehe Kapitel 4.3) getestet. Dabei wird die Anzahl der signifikanten Kookurrenzen n von 10-100 variiert. Zudem werden folgende Ansätze des kollaborativen Filterns genutzt, um Vergleichswerte zu erstellen: *Item-based Collaborative Filtering* (IBCF), *User-based Collaborative Filtering* (UBCF), *Single Value Decomposition* (SVD) aus der PREA[7] Bibliothek und *Biased Matrix Factorization* (BMF) aus der MyMediaLite[8] Bibliothek.

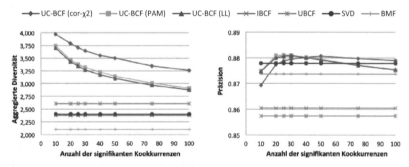

Abb. 2: Ergebnisse für Netflix (Top-10)

Abbildung 2 zeigt eine Auswahl an Ergebnissen für Netflix. Die aggregierte Diversität gibt an, wieviele unterschiedliche Filme insgesamt empfohlen wurden. Die Präzision gibt die relative Anzahl der Filme an, welche für einen Nutzer ausgewählt und von diesem auch tatsächlich mit mindestens 4 von 5 Sternen bewertet wurden. Die Evaluation zeigt für beide Datenmengen, dass der χ^2-Test mit Kontinuitätskorrektur in Kombination mit $n=25$ die besten Ergebnisse liefert. Somit kann die Anzahl der empfohlenen Filmen um 42,37% (UBCF) bis zu 76,52% (BMF) gesteigert werden. Im Gegensatz zu anderen Verfahren, welche die aggregierte Diversität erhöhen, wird hier jedoch die Präzision nicht verringert, sondern sogar leicht angehoben. Weitere Untersuchungen zeigen, dass nicht nur insgesamt mehr, sondern tatsächlich mehr selten genutzte Filme empfohlen werden und dieser Effekt durch Kombinationen mit anderen Verfahren noch verstärkt wird (siehe [NW13b]).

---

[7] http://mloss.org/software/view/420/
[8] http://www.mymedialite.net/

6 Schlussfolgerung

Die Erstellung von Empfehlungen für selten genutzte Objekte ist anspruchsvoll, aber in vielen Anwendungen wünschenswert, z.B. um Nutzer positiv zu überraschen und zufriedenstellen zu können oder um sie in ihren Lernprozessen optimal unterstützen zu können. Das Anliegen dieser Arbeit ist es daher, zum Stand der Wissenschaft für Empfehlungssysteme beizutragen, indem Methoden entwickelt und evaluiert werden, mit welchen trotz einer geringen Datendichte, nützliche Empfehlungen erstellt werden können. Dafür wurden zunächst Lösungen konzipiert, mit welchen Ähnlichkeiten zwischen Objektpaaren allein durch die Analyse ihrer Nutzung gefunden werden können. Hierbei hat sich gezeigt, dass es zwischen den Domänen Unterschiede bei der Auswahl der besten Werkzeuge (wie z.B. Assoziationsmaße und Anzahl signifikanter Kookkurrenzen) gibt. Innerhalb einer Domäne sind die Werkzeuge jedoch zwischen den Datenmengen übertragbar. Danach wurde die Nützlichkeit dieser nutzungsbasierten Ähnlichkeiten bei der Erstellung von Empfehlungen evaluiert. Hierbei hat sich gezeigt, dass die nutzungsbasierten Ansätze, welche in dieser Arbeit entwickelt wurden, sehr viel besser geeignet sind, um Empfehlungen für selten genutzte Objekte zu erstellen, als aktuelle Empfehlungssysteme. Die nutzungsbasierten Ansätze können dabei als eigenständige Empfehlungssysteme eingesetzt oder auch mit anderen Systemen kombiniert werden, um noch mehr, bzw. noch präzisere Empfehlungen erstellen zu können als jedes System für sich alleine.

Literaturverzeichnis

[AK12]   Adomavicius, Gediminas; Kwon, Youngok: Improving Aggregate Recommendation Diversity Using Ranking-Based Techniques. IEEE Transactions on Knowledge and Data Engineering, 24(5):896–911, 2012.

[AM07]   Anand, Sarabjot Singh; Mobasher, Bamshad: Contextual Recommendation. In: Proc. of the PKDD Workshop on Web Mining (WebMine '06). Springer, S. 142–160, 2007.

[Bu07]   Burke, Robin: Hybrid Web Recommender Systems. In: The Adaptive Web: Methods and Strategies of Web Personalization, Kapitel 12, S. 377–408. Springer, 2007.

[Ev08]   Evert, Stefan: Corpora and collocations. In: Corpus Linguistics. An International Handbook, Kapitel 57, S. 1197–1211. Mouton de Gruyter, Berlin, 2008.

[Go10]   Goel, Sharad; Broder, Andrei; Gabrilovich, Evgeniy; Pang, Bo: Anatomy of the long tail. In: Proc. of the 3rd ACM International Conference on Web Search and Data Mining (WSDM '10). ACM Press, New York, NY, USA, S. 201–210, 2010.

[Ha54]   Harris, Zellig S.: Distributional Structure. Word, 10(23):146–162, 1954.

[Ho09]   Hoey, Michael: Corpus linguistics and word meaning. In: Corpus Linguistics. An International Handbook, Kapitel 45, S. 972–987. de Gruyter, Berlin, 2nd. Auflage, 2009.

[KB11]   Koren, Yehuda; Bell, Robert: Advances in Collaborative Filtering. In: Recommender Systems Handbook, Kapitel 5, S. 145–186. Springer, 2011.

[LdGS11] Lops, Pasquale; de Gemmis, Marco; Semeraro, Giovanni: Content-based Recommender Systems: State of the Art and Trends. In: Recommender Systems Handbook, S. 73–105. Springer, 2011.

[Ni10]   Niemann, Katja; Scheffel, Maren; Friedrich, Martin; Kirschenmann, Uwe; Schmitz, Hans-Christian; Wolpers, Martin: Usage-based Object Similarity. Journal of Universal Computer Science, 16(16):2272–2290, 2010.

[Ni11]   Niemann, Katja; Schmitz, Hans-Christian; Scheffel, Maren; Wolpers, Martin: Usage Contexts for Object Similarity: Exploratory Investigations. In: Proc. of the 1st International Conference on Learning Analytics and Knowledge (LAK '11). ACM Press, New York, NY, USA, S. 81–85, 2011.

[Ni12]   Niemann, Katja; Schmitz, Hans-Christian; Kirschenmann, Uwe; Wolpers, Martin; Schmidt, Anna; Krones, Tim: Clustering by Usage: Higher Order Co-occurrences of Learning Objects. In: Proc. of the 2nd International Conference on Learning Analytics & Knowledge (LAK '12). ACM Press, New York, NY, USA, S. 238–247, 2012.

[NW13a]   Niemann, Katja; Wolpers, Martin: A New Collaborative Filtering Approach for Increasing the Aggregate Diversity of Recommender Systems. In: Proc. of the 19th ACM SIGKDD International Conference on Knowledge Discovery and Data Mining (KDD '13). ACM Press, New York, NY, USA, S. 955–963, 2013.

[NW13b]   Niemann, Katja; Wolpers, Martin: Usage Context-Boosted Filtering for Recommender Systems in TEL. In: Proc. of the 8th European Conference on Technology Enhanced Learning (EC-TEL '13). Springer, Berlin Heidelberg, S. 246–259, 2013.

[NW14]   Niemann, Katja; Wolpers, Martin: Usage-Based Clustering of Learning Resources to Improve Recommendations. In: Proc. of the 9th European Conference on Technology Enhanced Learning (EC-TEL '14). Springer, Berlin Heidelberg, S. 317–330, 2014.

[Ta13]   Taramigkou, Maria; Bothos, Efthimios; Christidis, Konstantinos; Apostolou, Dimitris; Mentzas, Gregoris: Escape the bubble. In: Proc. of the 7th ACM Conference on Recommender Systems (RecSys '13). ACM Press, New York, NY, USA, S. 335–338, 2013.

[Ve11]   Verbert, Katrien; Drachsler, Hendrik; Manouselis, Nikos; Wolpers, Martin; Vuorikar, Riina; Duval, Erik: Dataset-driven Research for Improving Recommender Systems for Learning. In: Proc. of the 1st International Conference on Learning Analytics and Knowledge (LAK '11). ACM Press, New York, NY, USA, S. 44–53, 2011.

[Zh14]   Zhang, Mi; Tang, Jie; Zhang, Xuchen; Xue, Xiangyuang: Addressing Cold Start in Recommender Systems: A Semi-supervised Co-training Algorithm. In: Proc. of the 37th International ACM SIGIR Conference on Research and Development in Information Retrieval (SIGIR'14). ACM Press, New York, NY, USA, 2014.

Dr. Katja Niemann wurde 2015 an der RWTH Aachen in der Informatik promoviert und hat zuvor Computerlinguistik und Informatik in Heidelberg studiert. Von 2008 bis 2016 arbeitete sie als wissenschaftliche Mitarbeiterin beim Fraunhofer-Institut für Angewandte Informationstechnik (FIT) in Sankt Augustin und engagierte sich überwiegend in EU-geförderten Forschungsprojekten wie MACE, OpenScout, OpenDiscoverySpace und CloudTeams. Seit 2016 arbeitet sie als Data Scientist bei der XING AG und befasst sich u.a. mit der Erstellung geeigneter Job-Empfehlungen. In ihrer Dissertation hat sie die Nutzung von Datenobjekten in Webportalen analysiert, um Empfehlungssysteme bei der Empfehlung selten genutzter Objekte zu unterstützen. Ihre Forschungsinteressen umfassen u.a. Empfehlungssysteme, Data Mining, Text Mining, Information Extraction und Learning Analytics.

Aktives Lernen für Klassifikationsprobleme unter der Nutzung von Strukturinformationen

Tobias Reitmaier[1]

Abstract: Heutzutage werden mediale, kommerzielle und auch persönliche Inhalte immer mehr in der digitalen Welt konsumiert, ausgetauscht und somit gespeichert. Diese Daten versuchen IT-Unternehmen mittels Methoden des Data Mining oder des maschinellen Lernens verstärkt wirtschaftlich zu nutzen, wobei in der Regel eine zeit- und kostenintensive Kategorisierung bzw. Klassifikation dieser Daten stattfindet. Ein effizienter Ansatz, diese Kosten zu senken, ist aktives Lernen (AL), da AL den Trainingsprozess eines Klassifikators durch gezieltes Anfragen einzelner Datenpunkte steuert, die daraufhin durch Experten mit einer Klassenzugehörigkeit versehen werden. Jedoch zeigt eine Analyse aktueller Verfahren, dass AL nach wie vor Defizite aufweist. Insbesondere wird Strukturinformation, die durch die räumliche Anordnung der (un-)gelabelten Daten gegeben ist, unzureichend genutzt. Außerdem wird bei vielen bisherigen AL-Techniken noch zu wenig auf ihre praktische Einsatzfähigkeit geachtet. Um diesen Herausforderungen zu begegnen, werden in der diesem Beitrag zugrundeliegenden Dissertation mehrere aufeinander aufbauende Lösungsansätze präsentiert: Zunächst wird mit probabilistischen, generativen Modellen die Struktur der Daten erfasst und die selbstadaptive, (fast) parameterfreie Selektionsstrategie 4DS (Distance-Density-Distribution-Diversity Sampling) entwickelt, die zur Musterauswahl Strukturinformation nutzt. Anschließend wird der AL-Prozess um einem transduktiven Lernprozess erweitert, um die Datenmodellierung während des Lernvorgangs anhand der bekanntwerdenden Klasseninformationen iterativ zu verfeinern. Darauf aufbauend wird für das AL-Training einer Support Vector Machine (SVM) der neue datenabhängige Kernel RWM (Responsibility Weighted Mahalanobis) definiert.

1 Einführung

In unseren heutigen Informationsgesellschaft wächst die Anzahl der (mobilen) Internet-Teilnehmer und das durch sie erzeugte Datenvolumen rasant. Aktuelle Studien belegen, dass fast 40% der Weltbevölkerung einen Internetzugang besitzen, wobei die durch Social Media, mobile Apps und Clouds erzeugten Daten im Jahr 2019 ein Volumen von ca. 10, 4 Zettabytes erreichen werden. Diese riesigen Datenmengen versuchen IT-Unternehmen wie beispielsweise Amazon, Google oder Yahoo wirtschaftlich zu nutzen, z. B. für Empfehlungsdienste oder personalisierte Werbung. Hierbei stellen diese Daten aufgrund ihres enormen Volumens, ihrer Heterogenität und ihrer Schnelllebigkeit eine große Herausforderung dar, die unter dem Begriff *Big Data* zusammengefasst wird. Aber auch aktuelle Bestrebungen wie *Internet of Things* (IoT), *Machine-to-Machine* (M2M) oder *Industrie 4.0* führen zu einem weiteren Kommunikations- und Datenanstieg.

Neue technische Entwicklungen (wie Hadoop, Spark oder Storm) ermöglichen es immer besser, die resultierenden Daten zu strukturieren, sodass das nächste erklärte Ziel darin besteht, die richtigen Fragen zu stellen, um Erkenntnisse bzw. Zusammenhänge aus diesen

---

[1] Universität Kassel, Fachbereich Elektrotechnik/Informatik, Fachgebiet Intelligente Eingebettete Systeme, tobias.reitmaier@uni-kassel.de

Daten zu extrahieren. Hierzu kommen statistische Verfahren, Optimierungsalgorithmen und Methoden des Data Mining oder des maschinellen Lernens zum Einsatz. Maschinelles Lernen verfolgt i. A. das Ziel der *Generalisierung*, d. h., ausgehend von Beispieldaten Muster oder Gesetzmäßigkeiten einer Problemstellung zu erlernen bzw. zu *verallgemeinern*, um somit auch unbekannte Daten der gleichen Problemstellung beurteilen zu können. Sind Beispieldaten bereits mit entsprechenden *Zielwerten* (Klassenzugehörigkeiten, Labels) versehen, so kann auf Basis dieser Daten ein *Lernmodell* (Klassifikator) erzeugt bzw. trainiert werden, das die Eingabedaten (Trainingsdaten) geeignet auf die gegebenen Zielwerte abbildet. In den meisten Fällen jedoch stehen die Daten ungelabelt oder nur teilgelabelt zur Verfügung, wodurch im Bereich des maschinellen Lernens zwischen *überwachtem*, *unüberwachtem* und *halbüberwachtem* Lernen unterschieden wird.

Sei ein Klassifikationsproblem gegeben, so hängt die Güte des resultierenden Klassifikators hauptsächlich von den gelabelten Trainingsdaten ab. Weitere Einflussfaktoren sind der verwendete Klassifikatortyp (Modellierung), der Lernalgorithmus und auch die gewählte Parametrierung. Heute ist es oft einfach, große Mengen ungelabelter Daten zu sammeln; doch diese mit den passenden Klassen zu versehen, ist meist schwierig und mit hohen zeitlichen und finanziellen Kosten verbunden. Eine effiziente Lösung um diese Kosten zu senken, stellt *aktives Lernen* (AL) dar, da AL durch Stellen der „richtigen" Fragen die Musterauswahl und somit das Training eines Klassifikators gezielt steuert.

Was ist AL? AL basiert auf der Annahme, dass wenn es dem Lernmodell erlaubt ist, die Daten zu wählen, von denen es lernen will, d. h., aktiv, neugierig und erkundend zu sein, so erzielt dieses trotz einer kleineren Anzahl an Trainingsdaten eine gleichbleibende oder verbesserte Leistung [Se12]. Hierzu nimmt AL an, dass zu Beginn des Lernprozesses eine Menge (Pool) U *ungelabelter Muster* (Instanzen oder Beobachtungen) und eine (meist) kleine Menge L *gelabelter Daten* mit $|L| \ll |U|$ zur Verfügung stehen. Daraufhin erhöht AL iterativ die Anzahl der gelabelten Muster, wobei in jeder *Anfragerunde i* eine Anfragemenge $S_i \subseteq U_{i-1}$ hoch informativer[2] Muster mit Hilfe einer *Selektionsstrategie* Q unter Berücksichtigung des aktuellen „Wissensstands" des aktiv zu trainierenden *Klassifikators* $\mathbf{G}_{i-1}$ ausgewählt wird. Die Muster der Menge S_i werden daraufhin durch ein *Orakel* $\mathcal{O}$ (bzw. einen menschlichen Experten) mit einer Klasse $c \in C$ versehen (gelabelt), von U_{i-1} entfernt und zur Trainingsmenge L_{i-1} hinzugefügt. Anhand von $L_i = S_i \cup L_{i-1}$ wird $\mathbf{G}_{i-1}$ „neu" trainiert. Dies wird so oft wiederholt, bis ein zuvor festgelegtes Abbruchkriterium, wie z. B. eine bestimmte Anzahl an Anfragerunden, erfüllt ist. Im Bereich des AL stellen *poolbasiertes aktives Lernen* (PAL), *streambasiertes aktives Lernen* (SAL) und *Membership Query Learning* (MQL), die wichtigsten Lernszenarien dar, wobei die beiden zuletzt genannten Szenarien nicht weiter betrachtet werden.

Wer nutzt AL und für welche Problemstellungen? Anhand vieler aktueller Veröffentlichungen ist das wachsende Interesse namhafter Unternehmen wie AT&T, IBM, Microsoft, Mitsubishi oder Yahoo an AL zu erkennen, die bereits heute AL in verschiedensten Anwendungsgebieten wie z. B. Bildklassifikation, Spracherkennung oder Wirkstoffdesign erfolgreich einsetzen. Aber auch für IoT, M2M und Industrie 4.0 wird AL eine wichtige

---

[2] Ein Muster wird als *informativ* angesehen, wenn es mit großer Wahrscheinlichkeit die Güte des Lernmodells erhöht, sobald dieses gelabelt für dessen Training berücksichtigt wird.

Rolle spielen, da im Zuge dieser Entwicklungen immer mehr technische Systeme miteinander verknüpft werden, wobei diese unterschiedlichste Quellen, wie Sensoren, das Internet, Datenbanken, etc., als Informationslieferanten nutzen werden, um autonom zu lernen, sich zu konfigurieren oder an Ihre Umgebung anzupassen. Die Relevanz von AL in der Forschung ist auch an verschiedenen aktuellen DFG-Schwerpunktprogrammen zu erkennen, wie Organic Computing, Autonomous Learning oder Kooperativ Interagierender Automobile, die zur Erhöhung der Autonomie technischer Lernsystemen u. a. AL nutzen.

Eine Analyse aktueller Verfahren (Übersichten siehe [RS13, RCS14, Se12]) zeigt, dass AL nach wie vor diverse Defizite aufweist und hinsichtlich der zu erzielenden Klassifikationsgüte und der praktischen Einsetzbarkeit weiterhin Verbesserungspotential besitzt. Insbesondere wird diejenige Information (Strukturinformation), die durch die räumliche Anordnung der (ungelabelten) Daten im Eingaberaum eines Klassifikators gegeben ist, unzureichend berücksichtigt. Außerdem wird bei vielen bisherigen Ansätze noch zu wenig auf eine leichte Handhabung im praktischen Einsatz geachtet (wie auf eine möglichst kleine Anzahl initial gelabelter Muster oder wenig einzustellende Parameter). Um diesen Herausforderungen zu begegnen, werden in der diesem Beitrag zugrundeliegenden Dissertation mehrere Ziele verfolgt und jeweils neuartige, aufeinander aufbauende Lösungsansätze präsentiert. Das dabei angestrebte Ziel besteht in der Entwicklung eines effektiveren, effizienteren und praxistauglicheren AL-Ansatzes.

2 Ziele, Lösungsansätze und innovative Aspekte

In jedem der folgenden Abschnitte werden zunächst die gemachten Annahmen, das zu erreichende Ziel und daraufhin dessen entsprechender Lösungsansatz beschrieben.

Nutzung von Strukturinformation zur aktiven Musterauswahl: Maschinelles Lernen ist grundsätzlich anwendbar, wenn „Strukturen" oder „Regelmäßigkeiten" in einer Menge von Beispieldaten erkannt und ausgenutzt werden können. Für Klassifikationsprobleme bedeutet dies, dass die Daten meist Cluster mit willkürlichen Formen bilden, wobei derartige Strukturen für AL zu erfassen bzw. modellieren sind, um sie für die aktive Musterauswahl und damit für das aktive Training eines Klassifikators zu berücksichtigen. In einer realen Anwendung muss ein AL-Ansatz „from scratch" starten können, d. h., ohne jegliche Klasseninformation ($L_0 = \emptyset$), sodass die räumliche Anordnung der Daten nur mit Hilfe eines unüberwachten Verfahrens modelliert werden kann. Zudem gilt für einen erfolgreichen Einsatz von AL, dass je „einfacher" die Selektionsstrategie Q ist, desto mehr initial gelabelte Muster sollten verteilt im Eingaberaum zur Verfügung stehen, da L_0 dem „initialen Wissen" des Klassifikators G entspricht und folglich einen großen Einfluss auf den aktiven Lernverlauf von G besitzt. In der Literatur wird dieses Problem jedoch kaum beachtet [Re15], sodass viele AL-Ansätze von einer unrealistisch großen Anzahl initial gelabelter Muster ausgehen. Überdies zeigt die aktuelle Forschung, dass eine effiziente Selektionsstrategie einen Kompromiss zwischen Exploration und Exploitation eingehen muss. Zum Beispiel sollten zu Beginn des AL-Prozesses Muster aus allen Regionen des Eingaberaums gewählt werden, in denen sich Daten befinden (Explorationsphase), und zum Ende sollte durch die Auswahl von Mustern nahe der Entscheidungsgrenze des Klassifikators diese feinabgestimmt werden (Exploitationsphase). Somit ist das „Stellen der richtigen Fragen", d. h. die Auswahl informativer Muster, ein facettenreiches Problem, das i. A. zu Mehr-Kriterien-Strategien führt, die in der Praxis kaum oder nur bedingt einsetzbar sind. Der Hauptgrund hierfür ist, dass derartige Selektionsstrategien meist viele Parametern besitzen, die in der Praxis nicht akkurat einzustellen sind, da im praktischen Einsatz von AL nur ein Versuch möglich ist. Das erste Ziel besteht folglich darin, (1) die Struktur der Daten hinreichend zu modellieren, (2) den AL-Prozess ohne initial gelabelten Muster zu starten ($L_0 = \emptyset$) und (3) eine selbstadaptive, (möglichst) parameterfreie Mehr-Kriterien-Strategie zu entwickeln, die Muster unter Berücksichtigung der Datenstruktur wählt.

In einem ersten Schritt wurden in der Dissertation probabilistische, generative Modelle genutzt, um die Struktur der ungelabelten Daten zu erfassen. Dabei handelt es sich um probabilistische Mischmodelle, die unüberwacht (d. h. ohne Klasseninformationen) mit Hilfe von *Variationaler Bayes'scher Inferenz* (VI) einmalig vor Beginn des AL-Prozesses (offline) geschätzt werden. Wurde das Dichtemodell **M** bestimmt, kann dieses anhand gelabelter Muster, von denen während des AL-Prozesses eine immer größere Anzahl zur Verfügung steht, zu einem Klassifikator (CMM: Classifier based on Mixture Modells) erweitert werden. Der CMM-Klassifikator ordnet hierbei den Komponenten von **M** die Klasseninformationen graduell zu. Dies bedeutet, dass sich die Modellkomponenten die Klassen „teilen" (share), wodurch dieser Klassifikator auch als CMM_{sha} bezeichnet wird. Wird der AL-Prozess ohne jegliche Klasseninformation gestartet ($L_0 = \emptyset$), so steht in der ersten Anfragerunde kein trainierter Klassifikator G_0 zur Verfügung, dessen Wissen von der Selektionsstrategie Q berücksichtigt werden kann, um Muster aktiv zu wählen. Daher wurde der „konventionelle" PAL-Zyklus erweitert, sodass in der ersten Anfragerunde mittels eines dichtebasierten Ansatzes (basierend auf **M**) Muster aus Regionen des Eingaberaums mit hoher Dichte gewählt werden. Derartige Muster befinden sich i. A. in der Nähe der Zentren der Modellkomponenten und stellen daher Prototypen für ihre Nachbarmuster dar. Des Weiteren wurde in der Dissertation eine neue Selektionsstrategie namens *Distance-Density-Diversity-Distribution Sampling* (4DS) entwickelt, die vier verschiedene Selektionskriterien für ihre aktive Musterauswahl berücksichtigt. Drei dieser Kriterien (Distanz, Dichte und Verteilung) werden von 4DS *selbstadaptiv*, d. h., während des AL-Prozesses in Abhängigkeit des zu trainierenden Klassifikators gewichtet, um einen guten Kompromiss zwischen einer Exploration und Exploitation zu finden. Außerdem ist 4DS *parameterfrei*, falls auf die Auswahl mehrerer Muster pro Anfragezyklus verzichtet werden kann (Diversität). Ein weiterer innovativer Aspekt der Strategie 4DS ist, dass 4DS mittels des Verteilungskriteriums Muster derart aktiv auswählen kann, dass aus jedem Anfragezyklus eine gelabelte Mustermenge resultiert, deren Klassenverteilung die „wahre", unbekannte Klassenverteilung der Gesamtdaten bestmöglich approximiert.

Aktive Verfeinerung der Strukturinformation: Bisher wurde angenommen, dass das Mischmodell **M** einmalig vor Beginn des AL-Prozesses nur auf Basis der ungelabelten Daten unüberwacht bestimmt wird. Demzufolge wird jegliche Klasseninformation, die während des AL-Prozesses zur Verfügung steht, nicht für eine Feinabstimmung von **M** verwendet. Allerdings kann unter Umständen nur anhand der Klassenlabels erkannt werden, ob datengenerierende Prozesse unterschiedlicher Klassen Muster erzeugen, die im Eingaberaum sich überlappende Cluster bilden. Angenommen, es stünden für alle Trainingsmuster ihre Klassenlabels zur Verfügung, so könnten anhand eines überwachten Modellierungsansatzes *separate* Mischmodelle für jede Klasse $c \in C$ geschätzt werden, die daraufhin zu einem Mischmodell kombiniert werden. Diese Vorgehensweise führt zu einem Klassifikator, der CMM_{sep} genannt wird. Dabei ist anzunehmen, dass dieser Klassifikator aufgrund der überwachten Modellierung eine höhere Klassifikationsgüte erzielt als der Klassifikator CMM_{sha}. Jedoch stehen in einem AL-Prozess initial keine oder bestenfalls nur sehr wenige, gelabelte Muster zur Verfügung, sodass das zweite Ziel darin besteht, die Strukturinformationen anhand der Klasseninformationen, die im Verlauf des AL-Prozesses bekannt werden, iterativ zu verfeinern.

Für die Schätzung des Mischmodells, das dem Klassifikator CMM_{sep} zugrunde liegt, müssen bereits alle Muster der Problemstellung gelabelt sein, da anderenfalls die Varianzen der Modellkomponenten unterschätzt werden. Aufgrund dessen kann ein CMM_{sep}-Klassifikator *nicht direkt* aktiv trainiert werden. Um dennoch den Klassifikator CMM_{sep} aktiv zu trainieren, wird in der vorliegenden Arbeit der AL-Prozess um einen *transduktiven Lernprozess* erweitert. Dieser transduktive Lernprozess nutzt einerseits einen zusätzlichen CMM_{sha}-Klassifikator, um in jeder Iteration i des AL-Prozesses alle noch ungelabelten Muster transduktiv (kostenfrei) zu klassifizieren. Folglich steht nach jeder Anfragerunde eine vollständig gelabelte Mustermenge $(U_i \cup L_i)$ zur Verfügung, auf der der Klassifikator CMM_{sep} „aktiv" trainiert werden kann. Andererseits adaptiert der transduktive Lernprozess auf Basis der angefragten, gelabelten Muster das zugrunde liegende Mischmodell des CMM_{sha}-Klassifikators iterativ durch lokale Änderungen mit dem Ziel, Modellkomponenten zu erhalten, die möglichst nur Muster modellieren, die derselben Klasse angehören. Folglich überführt der transduktive Lernprozess den zusätzlichen CMM_{sha}-Klassifikator iterativ in Richtung eines CMM_{sep}-Klassifikators. Die innovativen Aspekte dieses erweiterten AL-Prozesses sind, dass er eine Adaption der Datenmodellierung auf Basis der bekannt werdenden Klasseninformationen ermöglicht, vollständig probabilistisch ist und prinzipiell mit jeder beliebigen Selektionsstrategie kombiniert werden kann. Zudem kann anstelle des Klassifikators CMM_{sep} auch jeder beliebige andere Klassifikator mit diesem neuen Ansatz aktiv trainiert werden.

Nutzung von Strukturinformation für das aktive Training von SVM: Generell ist bei der Erzeugung eines Klassifikators zwischen *generativen* und *diskriminativen* Ansätzen zu unterschieden. Generative Ansätze modellieren die datengenerierenden Prozesse, z. B. anhand einer Wahrscheinlichkeitsverteilung, und nutzen diese Verteilung meist, um mit Hilfe des Bayes'schen Theorems einen Klassifikator zu erzeugen. Diskriminative Ansätze bestimmen stattdessen direkt aus den Daten eine Diskriminanzfunktion, um die Klassen der Eingabedaten bestmöglich zu separieren. Aus AL-Sicht besitzen beide Ansätze Vor- und Nachteile. Generative Ansätze haben den Vorteil, eine Modellierung der Daten bereitzustellen, die für eine aktive Musterauswahl nützliche Informationen liefert. Zudem können generative Klassifikatoren auch auf Basis teilgelabelter Daten trainiert werden. Diskriminative Ansätze hingegen erreichen meist höhere Klassifikationsgüten als generative Ansätze. Doch wegen ihres „Black-Box"-Verhaltens stellen sie weniger Informationen für eine aktive Musterauswahl bereit. Aufgrund dessen besteht das dritte Ziel darin, Strukturinformation für das (aktive) Training eines diskriminativen Klassifikators wie z. B. *Support Vector Machines* (SVM) zu nutzen. Da sich dadurch die Vorteile beider Ansätze kombinieren lassen, d. h., die Klassifikationsfähigkeit einer SVM, als Stand der Technik im Bereich der Musterklassifikation, mit der Modellierungsfähigkeit eines generativen Ansatzes.

Grundsätzlich steht in jeder Anfragerunde $i > 0$ eines AL-Prozesses ein großer Pool U_i ungelabelter Daten und eine Menge L_i gelabelter Muster zur Verfügung. Jedoch werden für das (überwachte) Training einer SVM, d. h., für die Bestimmung der Support Vektoren, nur Informationen der gelabelten, nicht aber die der ungelabelten Muster berücksichtigt. Aufgrund dessen wurde in der Dissertation ein neuer, datenabhängiger Kernel definiert, der es ermöglicht, in jeder AL-Iteration i eine SVM halbüberwacht, d. h. basierend auf den Informationen beider Mengen U_i und L_i, zu trainieren. Dieser Kernel wird (RWM: *Responsibility Weighted Mahalanobis*)-Kernel genannt, da er die Ähnlichkeit zweier Muster auf Basis von Mahalanobis-Distanzen bewertet, die in den jeweiligen Komponenten des Mischmodells **M** enthalten sind. Hierbei werden die Mahalanobis-Distanzen umso stärker berücksichtigt, je „verantwortlicher" deren Modellkomponenten für die Generierung der betrachteten Muster sind. Die innovativen Aspekte des neuen RWM-Kernels sind, dass er ohne algorithmische Anpassungen mit jeder Standardimplementierung einer SVM und auch mit jedem Standardalgorithmus der quadratischen Optimierung für SVM, wie Sequential Minimal Optimization (SMO), verwendet werden kann. Zudem ist eine SVM mit RWM-Kernel einfach zu parametrieren, da sich effiziente Suchheuristiken einer C-SVM mit (RBF: Radiale Basisfunktionen)-Kernel auf den neuen Kernel übertragen lassen.

Teile der Dissertation wurden bereits in Zeitschriften sowie auf internationalen Konferenzen veröffentlicht. In [RS11] wird die Selektionsstrategie 3DS vorgestellt, wobei 3DS die Informativität eines Muster mit Hilfe einer Linearkombination, bestehend aus einem Distanz-, Dichte- und Diversitätskriterium, bestimmt. Die Gewichte der beiden zuerst genannten Kriterien bestimmt 3DS adaptiv. Eine Erweiterung von 3DS beschriebt [RS13], die 4DS genannt wird, da 4DS ein zusätzliches Verteilungskriterium (Distribution) verwendet. In [RCS14] wird der erweiterte, transduktiver AL-Ansatz vorgestellt, der es einerseits ermöglicht, in jeder Anfragerunde einen beliebigen Klassifikator anhand einer vollständig gelabelten Datenmenge zu trainieren, d. h., die Muster werden entweder durch einen Experten (mit Kosten) oder transduktiv (kostenfrei) klassifiziert. Andererseits ermöglicht er es, die Datenmodellierung iterativ auf Basis der bekannten Klassenlabels zu verfeinern. In [RC14] wird ein modifizierter (kNN: k-Nearest-Neighbors)-Klassifikator namens Resp-kNN für spärlich gelabelte Daten vorgestellt, der auch innerhalb des transduktiven Prozesses verwendet wird, um die Datenmodellierung durch lokale Änderungen zu modifizieren. Der RWM-Kernel wird in [RS15] präsentiert und für das halbüberwachte Training von SVM untersucht. Für eine detailliertere Beschreibung der vorgestellten Lösungsansätze und weitere Literaturhinweise sei auf die Dissertation [Re15] verwiesen.

3 Experimente und Ergebnisse

Dieser Abschnitt erläutert den Aufbau der experimentellen Untersuchungen, die darin erzielten Ergebnisse und schließt mit einem anschaulichen Beispiel.

Experimenteller Aufbau: Zur Untersuchungen der vorgestellten Lösungsansätze wurden 20 öffentlich zugängliche Benchmark-Datensätze verwendet, wobei 16 dieser Datensätzen realen Anwendungen entstammen. Um repräsentative und aussagekräftige Ergebnisse zu erhalten, wurde zudem darauf geachtet, dass viele Datensätze (1) unterschiedliche Muster- und Klassenanzahlen, (2) unausgeglichene Klassenverteilungen und (3) kontinuierliche und kategorische Merkmale besitzen. Zudem wurden alle Datensätze *z-normalisiert* und mittels einer 5-fachen Kreuzvalidierung in *Trainings-* und *Testmengen* aufgeteilt, wobei die Testmengen zu keinen Parametrierungszwecken verwendet wurden. Des Weiteren wurden allen Ansätzen die gleichen Teildatenmengen zur Verfügung gestellt und der AL-Prozess stets nach der Anfrage von maximal 500 Mustern abgebrochen.

Aufgrund der umfassenden experimentellen Untersuchungen und um alle Lösungsansätze *numerisch* miteinander vergleichen zu können, wurden vier Bewertungsmaße *Ranked Performance* (RP), *Data Utilization Ratio* (DUR), *Area under the Learning Curve* (AULC) und *Class Distribution Match* (CDM) verwendet. Das Maß RP vergleicht die untersuchten Ansätze anhand ihrer erzielten Testgüten mit Hilfe eines nicht-parametrischen, statistischen *Friedman-Tests* gefolgt von einem *Nemenyi-Test*. Somit kann mit Hilfe des RP-Maßes Aussagen über die statistische Signifikanz der Ergebnisse getroffen werden. Das Maß DUR vergleicht die Ansätze anhand der Anzahl gelabelter Muster, die benötigt werden um eine vorgegebene Klassifikationsgüte zu erreichen. Das Maß AULC bewertet die Ansätzen auf Basis der Fläche unter ihrer Lernkurve. Das letzte Maß CDM wurde in der Dissertation neu definiert und verwendet als Vergleichskriterium die Abweichung der Klassenverteilung der Menge L von der Klassenverteilung der Gesamtdaten. Folglich bewertet das Maß RP die Effektivität der untersuchten Ansätze, während die Maße DUR, AULC und CDM die Effizienz bewerten.

Ergebnisse: Die Selektionsstrategie 4DS wurde für das AL-Training des Klassifikators CMM_{sha} anhand der 20 Datensätzen mit sieben anderen Selektionsstrategien (3DS, ITDS, PBAC, DUAL, US, DWUS und Random Sampling) numerisch verglichen. Aus diesem Vergleich resultierte, dass der CMM_{sha}-Klassifikator mittels 4DS effizienter und effektiver aktiv zu trainieren ist als mit den zuvor genannten Selektionsstrategien. 4DS benötigte im Mittel mindestens 24% weniger Anfragen, um eine vergleichbare Güte zu erreichen. Zudem erreichte der mit 4DS trainierte CMM_{sha} auf 12 Datensätzen die höchste Testgüte.

Hinsichtlich des zweiten Lösungsansatzes ist festzuhalten, dass anhand des neuen, erweiterten PAL-Prozesses ein mit 4DS aktiv trainierter CMM_{sep}-Klassifikator auf 15 der 20 Datensätze signifikant bessere Klassifikationsergebnisse erzielte als ein mit 4DS trainierter CMM_{sha}-Klassifikator. Des Weiteren wurde hierfür eine ähnliche Anzahl an Expertenanfragen benötigt. Aufgrund der vorherigen Ergebnisse wurde 4DS lediglich mit den Strategien US und Random Sampling numerisch verglichen.

Die Untersuchung des dritten Ansatzes ergab, dass eine SVM mit RWM-Kernel effektiver (auf 11 der 20 Datensätze signifikant höhere Gütewerte) und effizienter (im Mittel mindestens 15% weniger Anfragen) aktiv trainiert werden kann als eine SVM mit RBF-Kernel oder den datenabhängigen Kernels GMM (Gaussian Mixture Models) und LAP (Laplacian). Außerdem konnte gezeigt werden, dass eine SVM mit RWM-, GMM- und RBF-Kernel anhand 4DS effizienter aktiv trainiert werden kann als mit US oder Random Sampling. Zudem erzielte dieser Ansatz im Vergleich zu den beiden vorhergehenden signifikant höhere Klassifikationsgüten unter ähnlich hohen Kosten (Expertenanfragen).

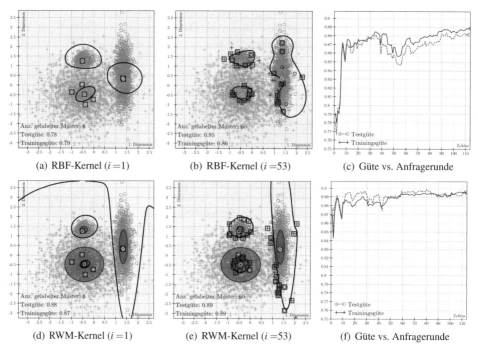

Abb. 1: SVM mit RBF- bzw. RWM-Kernel aktiv trainiert mit US bzw. 4DS auf dem Datensatz Clouds. Die initial (Iteration $i=1$) gewählten Muster sind orange eingefärbt. Die gelabelten Muster, die in der aktuellen Anfragerunde aktiv ausgewählt wurden, sind rot eingefärbt sonst violett.

Exemplarischer Vergleich zweier aktiv trainierter SVM: Nachfolgend wird anhand des Datensatzes Clouds [Re15] exemplarisch das Lernverhalten zweier SVM verglichen. Hierzu wird eine SVM mit RBF-Kernel mittels Uncertainty Sampling[3] (US) und eine SVM mit RWM-Kernel mittels 4DS aktiv trainiert. Abb. 1 zeigt den AL-Prozess beider SVM in zwei ausgewählten Anfragerunden. In jeder Anfragerunde $i > 0$ wurde mit Hilfe beider Strategien jeweils ein Muster aktiv gewählt, durch $\mathcal{O}$ gelabelt und die SVM daraufhin neu trainiert. Die Abb. 1(a) und 1(d) zeigen die SVM nach Ausführung der Initialisierungsrunde, in der acht Muster mit einem dichtebasierten Ansatz gewählt wurden (orange eingefärbt), und die Abb. 1(b) und 1(e) nach der aktiven Anfrage von weiteren 52 Mustern (violett oder rot eingefärbt). Die schwarz durchgezogene Linie stellt die Entscheidungsgrenze der SVM zwischen den Klassen „blaues Kreuz" und „grüner Kreis" dar und die mit einem Rechteck markierten Muster entsprechen ihren Stützvektoren. Im Fall des RWM-Kernels werden zusätzlich mit grau eingefärbten Ellipsen die Komponenten des Mischmodells **M** dargestellt, deren Zentren sich an den Stellen befinden, die durch ein großes × markiert sind. In den linken Abbildungen ist zu erkennen, dass die SVM mit RWM-Kernel, der Strukturinformation berücksichtigt, bereits initial eine deutlich höhere Testgüte (88%) erreicht als die SVM mit RBF-Kernel (78%), der diese Information nicht nutzt. Die mittleren Abbildungen zeigen, dass Muster mit 4DS besser entlang der „wahren" Position der Entscheidungsgrenze verteilt gewählt werden als mittels US, wodurch die SVM mit RWM-Kernel

---

[3] Die Strategie US wählt jeweils das Muster bzgl. dessen Klassenzugehörigkeit die SVM am unsichersten ist.

bereits nach wenigen Anfragen eine Testgüte von 89% erzielt. In den rechten Abbildungen sind die Lernverläufe der beiden SVM dargestellt. Hier ist zu sehen, dass die SVM mit RBF-Kernel erst nach der Anfrage von fast 100 Mustern eine Testgüte von 88% erreicht. Diese Testgüte wird von der SVM mit RWM-Kernel bereits nach acht gelabelten Mustern ($i=1$) erzielt.

4 Zusammenfassung und Ausblick

Ziel der Arbeit war die Entwicklung eines effektiveren, effizienteren und praxistauglicheren AL-Ansatz, wobei drei aufeinander aufbauende Lösungsansätze präsentiert wurden:

1. Die Struktur der Daten wurde mit probabilistischen, generativen Modellen einmalig geschätzt und davon ausgehend eine neue selbstadaptive, (fast) parameterfreie Selektionsstrategie namens 4DS entwickelt. 4DS nutzt Strukturinformation für ihre Musterauswahl und löst ein Schlüsselproblem des AL: In jedem Anfragezyklus eine gelabelte Mustermenge zu „erfragen", deren Klassenverteilung die „wahre", unbekannte Klassenverteilung der Gesamtdaten bestmöglich approximiert.

2. Zur Feinabstimmung der Datenmodellierung wurde der konventionelle PAL-Zyklus um einen transduktiven Prozess erweitert. Dieser adaptiert während des AL-Prozesses anhand der bekanntwerdenden Klassenlabels das Dichtemodell derart, dass jede seiner Komponenten, möglichst nur Muster derselben Klasse modellieren.

3. Zur Kombination der Vorteile generativer und diskriminativer Ansätze für das AL-Training einer SVM wurde der neue, datenabhängige Kernel RWM entwickelt, der im Gegensatz zu verwandten Kernels keine zusätzlichen Parameter besitzt und ohne Anpassungen mit jeder SVM-Standardimplementierung verwendet werden kann.

In umfangreichen Untersuchungen wurde gezeigt, dass mit den vorgestellten Lösungen generative und diskriminative Klassifikatoren effizient (d. h., mit möglichst wenig Expertenanfragen) und effektiv aktiv trainiert werden können, da diese auf Basis statistischer Maße signifikant höhere Klassifikationsgüten erreichen als verwandte AL-Techniken.

Die vorliegende Arbeit stellt einen wichtigen Schritt dar, um AL-Techniken für reale Anwendungen effizient und effektiv nutzen zu können. Für dies wurden einige Restriktionen angenommen, auf denen auch „bisherige" AL-Techniken beruhen, wie es existiert ein allgegenwärtiges und allwissendes Orakel oder die Klassen der Problemstellung sind vor Beginn des Lernprozesses bekannt. Das Ziel zukünftiger Forschungsarbeiten besteht somit darin, diese restriktiven Annahmen weiter aufzuheben, wodurch viele anwendungsnahe Probleme effizient lösbar werden. Prinzipiell lassen sich hierbei zwei mögliche Szenarien unterscheiden [Ca16]: Erstens Szenarien, in die eine kleinere Anzahl an Spezialisten längerfristig in einem kollaborativen AL-Prozess eingebunden sind. Anwendungsgebiete sind typische industrielle Problemstellungen, z. B. im Bereich der Qualitätskontrolle oder Produktentwicklung. Zweitens Szenarien, in die sehr viele „Nicht-Experten" involviert sind, wobei diese meist nur kurzzeitig zur Verfügung stehen. Typisch hierfür sind

Crowdsourcing-Anwendungen zur Beantwortung von Anfragen basierend auf digitalen Medien, um z. B. Empfehlungsdienste kostengünstig zu realisieren. Darüber hinaus müssen sich zukünftige Informationssysteme zur Laufzeit weiterentwickeln, d. h. hochgradig autonom lernen, ihre eigenen Fähigkeiten bewerten und sich an ihre Umgebung anpassen können. Unterschiedliche Gebiete der Informatik leisten hierfür substantielle Beiträge, wobei im Bereich des maschinellen Lernens vor allem neue Verfahren entwickelt werden, die halbüberwachte, verstärkende und aktive Lerntechniken kombinieren.

Literaturverzeichnis

[Ca16] Calma, A.; Leimeister, J. M.; Lukowicz, P.; Oeste-Reiß, S.; Reitmaier, T.; Schmidt, A.; Sick, B.; Zweig, K. A.: From Active Learning to Dedicated Collaborative Interactive Learning. In: Proceedings of the 4th International Workshop on Self-optimisation in Autonomic and Organic Systems. Augsburg, Germany, 2016. (accepted).

[RC14] Reitmaier, T.; Calma, A.: Resp-kNN: A Semi-Supervised Classifier for Sparsely Labeled Data in the Field of Organic Computing. In: Organic Computing: Doctoral Dissertation Colloquium 2014. Kassel, Germany, S. 85–99, 2014.

[RCS14] Reitmaier, T.; Calma, A.; Sick, B.: Transductive active learning – A new semi-supervised learning approach based on iteratively refined generative models to capture structure in data. Inf. Sci., 293:275–298, 2014.

[Re15] Reitmaier, T.: Aktives Lernen für Klassifikationsprobleme unter der Nutzung von Strukturinformationen. Intelligent Embedded Systems. Kassel University Press, 2015.

[RS11] Reitmaier, T.; Sick, B.: Active Classifier Training with the 3DS Strategy. In: Symposium on Computational Intelligence and Data Mining. Paris, France, S. 88–95, 2011.

[RS13] Reitmaier, T.; Sick, B.: Let us know your decision: Pool-based active training of a generative classifier with the selection strategy 4DS. Inf. Sci., 230:106–131, 2013.

[RS15] Reitmaier, T.; Sick, B.: The Responsibility Weighted Mahalanobis Kernel for Semi-Supervised Training of Support Vector Machines for Classification. Inf. Sci., 323:179–198, 2015.

[Se12] Settles, B.: Active Learning. Morgan & Claypool Publishers, 2012.

Tobias Reitmaier studierte Informatik an der Universität Passau, an der er 2009 das Diplom erwarb. Anschließend war er an der Universität Passau für eineinhalb Jahre als wissenschaftlicher Mitarbeiter am Lehrstuhl für Rechnerstrukturen und auch am Institut für Softwaresysteme in technischen Anwendungen der Informatik (FORWISS) in den Bereichen des maschinellen Lernens und der Deflektometrie tätig. Daraufhin wechselte er an das Fachgebiet Intelligente Eingebettete Systeme der Universität Kassel, an dem er innerhalb von vier Jahren promovierte (2015). Zuletzt wirkte er als Post-Doktorand im DFG-geförderten Projekt „Techniken des Organic Computing für die Laufzeit-Selbst-Adaption ubiquitärer, multi-modaler Kontext- und Aktivitätserkennungssysteme" mit. Seine Forschungsinteressen umfassen insbesondere aktives Lernen, Pattern Recognition und Methoden des Data Mining und des maschinellen Lernens.

Interaktives Debugging von Wissensbasen[1]

Patrick Rodler[2]

Abstract: In heutigen Zeiten, wo automatisierte intelligente Applikationen aus unserem Leben kaum noch wegzudenken sind, ist es von entscheidender Bedeutung, dass die solchen Systemen zugrunde liegenden Wissensbasen hohen Qualitätsanforderungen gerecht werden. Als Kurzbeschreibung der gleichnamigen Dissertation motiviert dieser Beitrag den Einsatz von interaktivem Debugging von Wissensbasen durch das Aufzeigen der Probleme existierender nicht-interaktiver Systeme. Es wird ein generisches interaktives Debuggingsystem beschrieben und dessen Funktionsweise erläutert. Zudem werden einige konkrete Anwendungen solcher Debuggingverfahren anhand praktischer Use Cases aus der realen Welt skizziert. Schließlich werden die konkreten Kontributionen der Dissertation vermittelt, u.a. die erstmalige Entwicklung bewiesen korrekter, vollständiger, optimaler und für jegliche monotone Logik anwendbarer Verfahren zur Lösung verschiedener praxisrelevanter Debuggingprobleme.

1 Motivation

Anwendungen der künstlichen Intelligenz (KI) sind im letzten Jahrzehnt zu einem allgegenwärtigen und ständigen Begleiter des Menschen geworden und können sowohl im Alltag (z.b. Smart Home, Empfehlungssysteme sowie Konfigurationssysteme im eCommerce) als auch in Unternehmen (z.B. Planungssysteme für Transportlogistik, Industrie 4.0) und kritischen Systemen (z.B. medizinische Expertensysteme zur Diagnose- bzw. Therapiefindung, Roboter in der Raumfahrt, eHealth Anwendungen) maßgeblich zur Komfortabilität, zur Sicherheit sowie zur Effizienz von Prozessen und Tätigkeiten beitragen. Zentral für viele KI Anwendungen ist die Repräsentation und die Verarbeitung von Wissen. Einen Hauptansatz hierfür stellen Ontologien bzw. Wissensbasen (kurz WBn) formuliert durch logikbasierte Sprachen dar. Entsprechend kodiert können WBn von Computersystemen automatisiert verarbeitet und genutzt werden. Die Formulierung der WBn ist jedoch in den meisten Fällen die Aufgabe eines menschlichen Operators. Beispiele logischer Sprachen, die für solche Zwecke herangezogen werden, sind Aussagenlogik, Datalog, Prädikatenlogik erster Ordnung, die Web Ontology Language (OWL) oder verschiedene Beschreibungslogiken. Aufgrund des erfolgreichen Einsatzes wissensbasierter Systeme findet man heutzutage in unterschiedlichsten Branchen wie Biologie, Geologie, Medizin, Chemie oder der Industrie Experten, die versuchen mittels logischer WBn zur Lösung verschiedenster Problemstellungen zu gelangen. Die Größe, der Informationsgehalt und die Komplexität der so konzipierten WBn sind dabei stetig wachsend. Nunmehr sind WBn mit mehreren Hunderttausenden logischen Sätzen keine Seltenheit mehr.[3] Solche WBn bedeuten jedenfalls eine signifikante Herausforderung für die in deren Entstehung, Wartung, Anwendung und Qualitätssicherung involvierten Personen und Tools.

---

[1] Englischer Titel der Dissertation: "Interactive Debugging of Knowledge Bases", siehe [Ro15]
[2] Institut für Angewandte Informatik, Alpen-Adria Universität Klagenfurt, patrick.rodler@aau.at
[3] Siehe Abschnitt 6.

Den essentielle Nutzen einer WB stellt die automatische Schlussfolgerung implizit durch die WB gegebenen Wissens sowie die Beantwortung komplexer Fragestellungen betreffend der durch die WB modellierten Domäne dar. Die erfolgreiche Realisierung dieser Services setzt allerdings voraus, dass die entsprechende WB das Mindestqualitätskriterium der logischen Konsistenz erfüllt. Denn aus einer inkonsistenten WB können *beliebige* Schlussfolgerungen deduziert werden, womit auch deren Nutzen für jegliche wissensbasierte Anwendung schwindet. Zusätzlich zur Konsistenz können weitere *Anforderungen* an die WB gestellt werden. Beispielsweise könnte Kohärenz postuliert werden, was bedeutet, dass aus einer (prädikatenlogischen) WB für kein darin enthaltenes Prädikat folgen darf, dass dieses für alle möglichen Instanziierungen falsch sein muss. Zusätzlich können konkrete Test Cases spezifiziert werden, welche Auskunft über gewünschte (*positive Test Cases*) bzw. ungewünschte (*negative Test Cases*) Schlussfolgerungen aus der korrekten WB geben. Dieses Test Case Paradigma kann als Analogon zum Softwaredebugging betrachtet werden, wo Test Cases eingesetzt werden, um die korrekte Semantik des Programmcodes zu verifizieren.

Je größer und komplexer WBn werden, desto höher wird die Gefahr, dass zuvor genannte Anforderungen oder Test Cases verletzt werden und die WB damit nicht mehr den notwendigen Qualitätskriterien gerecht wird. Fehlerhafte WBn entstehen häufig aufgrund dessen, dass die menschliche Kognition ab einem gewissen (relativ geringen) Grad an Komplexität (siehe Beispiel auf Seite 3) bereits nicht mehr in der Lage ist, das spezifizierte Wissen zu überblicken, zu verarbeiten und die daraus entstehenden Implikationen zu erkennen, geschweige denn auf deren Richtigkeit hin zu prüfen. Zudem haben Studien der kognitiven Psychologie (z.B. [CP71]) gezeigt, dass Menschen beim Formulieren und Interpretieren logischer Formalismen systematische Fehler begehen. Weitere Gründe für die Nichtkonformität einer WB mit den geforderten Eigenschaften sind darin zu finden, dass WBn oftmals durch eine Vielzahl von Personen in verteilter und größtenteils autonomer Art und Weise konstruiert werden, was die Entstehung von Widersprüchen in der WB begünstigt. Das *OBO Project*[4] und der *NCI Thesaurus*[5] sind Beispiele solcher kollaborativer Entwicklungsprojekte von WBn. Der Einsatz automatischer Systeme zur Generierung von (Teilen von) WBn kann diese Problematik zusätzlich signifikant verschlimmern [Me11]. Aus all diesen Gründen ist es essentiell, skalierbare Methoden zu entwickeln, die die effiziente Fehlerfindung und -korrektur in WBn ermöglichen.

2 Nicht-interaktives Debugging von Wissensbasen

Gegeben bestimmte Anforderungen und Test Cases kann durch WB Debugging Methoden ein (potentieller) Fehler in einer WB K lokalisiert werden. Dies geschieht mittels Berechnung einer Teilmenge D der logischen Sätze in K. Eine solche (potentiell fehlerhafte) Teilmenge nennen wir eine *Diagnose*. Mindestens alle Sätze, die Element einer ($\subseteq$-)minimalen Diagnose sind, müssen geeignet modifiziert oder aus der WB entfernt werden, um eine *Lösungs-WB* K^* zu erhalten, die alle postulierten Anforderungen und Test Cases erfüllt.

---

[4] Siehe http://obo.sourceforge.net
[5] Siehe http://nciterms.nci.nih.gov/ncitbrowser

Als Input erwartet ein WB Debugging System (WBDS) eine sogenannte *Diagnoseproblemistanz (DPI)*, welche durch folgende Parameter gegeben ist: (1) Eine WB K, die über einer beliebigen monotonen logischen Wissensrepräsentationssprache $\mathscr{L}$ formuliert ist. Alle logischen Sätze in K können korrekt oder fehlerhaft sein. (2) Optional: Eine WB B (über $\mathscr{L}$), welche bestimmtes, bereits anerkanntes oder auf Richtigkeit geprüftes Hintergrundwissen über die durch K repräsentierte Domäne spezifiziert. Alle logischen Sätze in B sind per Annahme korrekt. (3) Eine Menge R von Anforderungen an die korrekte WB. (4) Mengen von positiven (P) sowie negativen (N) Test Cases (über $\mathscr{L}$), welche die geforderten semantischen Eigenschaften der korrekten WB angeben. (5) Optional: Metainformationen **FP**, z.B. in Form von Fehlerwahrscheinlichkeiten einzelner Sätze in K.

Ein WBDS benötigt zudem ein logisches Schlussfolgerungssystem (SFS), welches die Entscheidung über Konsistenz (oder Kohärenz) sowie die Berechnung von logischen Folgerungen einer Menge logischer Sätze über $\mathscr{L}$ ermöglicht. Ist nun ein DPI sowie ein adäquates SFS gegeben, so liegt der Fokus eines WBDS auf (einer Teilmenge aller) möglichen Fehlerkandidaten, gewöhnlich die Menge der ($\subseteq$-)*minimalen Diagnosen*. Im Standardfall wird diejenige reparierte Lösungs-WB K^* zurückgegeben, die mithilfe der wahrscheinlichsten oder kardinalitätsminimalen aller berücksichtigten Diagnosen aus der ursprünglichen WB berechnet wird.

3 Probleme des nicht-interaktiven Debuggings von Wissensbasen

Eingesetzt zur Lösung von Problemen der realen Welt müssen WBDSe häufig mit einer enormen Anzahl (häufig tausende) von Lösungs-WBn umgehen. Dabei haben je zwei durch unterschiedliche minimale Diagnosen erzeugte Lösungs-WBn unterschiedliche Semantik hinsichtlich der implizierten und nicht-implizierten logischen Sätze. Selektiert man jedoch einfach eine beliebige der möglichen Lösungs-WBn und ist diese falsch im Sinne ungewünschter Semantik so kann dies zu unerwarteten Implikationen und Nicht-Implikationen, verlorenen gewünschten Folgerungen und überraschenden Fehlern während der weiteren Entwicklung der WB führen. Eine manuelle Begutachtung einer großen Menge an Diagnosen oder Lösungs-WBn ist sehr zeitaufwändig (sofern in der Praxis überhaupt zumutbar), fehleranfällig und in vielen Fällen aufgrund der Berechenbarkeitskomplexität der Diagnosen schlichtweg nicht realisierbar.

Überdies wurden einige WBDSe von [St08] eingehend getestet – mit einem ziemlich ernüchternden Resultat. Und zwar zeigten die meisten WBDSe schwerwiegende *Performanzprobleme*, verursachten einen *Hauptspeicherüberlauf*, konnten nicht alle in der WB vorhandenen Fehler extrahieren (*Unvollständigkeit*), wiesen korrekte Teile der WB als fehlerhaft aus (*Unrichtigkeit*), retournierten *nur triviale Lösungen* oder wiesen nicht-minimale Diagnosen als minimal aus (*Nicht-Minimalität*).

Ein motivierendes Beispiel. Man betrachte folgende in Prädikatenlogik erster Ordnung gegebene WB aus der Domäne der Anatomie:

$$\forall X(sehne(X) \leftrightarrow \forall Y(verbindetKnochenMit(X,Y) \rightarrow muskel(Y))) \quad (1)$$

$$\forall X((\exists Y\, verbindetKnochenMit(X,Y)) \rightarrow sehne(X)) \quad (2)$$

$$\forall X(band(X) \to \neg sehne(X)) \qquad (3)$$
$$band(kreuzband) \qquad (4)$$

Natürlichsprachlich formuliert sagt diese WB in Reihenfolge der angeführten logischen Sätze folgendes aus: (1) Etwas ist eine Sehne genau dann, wenn es einen Knochen ausschließlich mit einem Muskel verbinden kann. (2) Alles, das einen Knochen mit etwas verbindet, ist eine Sehne. (3) Kein Band ist zugleich eine Sehne (und umgekehrt). (4) Das Kreuzband ist ein Band.

Diese WB ist tatsächlich inkonsistent, erfüllt also die Minimalanforderung nicht. Der Leser wird möglicherweise zustimmen, dass diese Inkonsistenz trotz sehr kleiner WB nicht leicht erkennbar ist. Selbst sehr erfahrene Logiker, nämlich Entwickler von Schlussfolgerungssystemen, sind daran gescheitert, dies anhand einer diesem Beispiel strukturell sehr ähnlichen WB einzusehen. Konsultiert man nun für diese WB ein WBDS, so ergibt sich schnell, dass jeder logische Satz (1) - (4) in der WB eine minimale Diagnose ist. Aufgrund fehlender Zusatzinformation kann das WBDS nun lediglich eine dieser Diagnosen (bzw. eine daraus generierte Lösungs-WB) ausgeben, z.B. (3). Durch Entfernung des logischen Satzes (3) wird die WB wieder konsistent und das WB Debugging Problem ist gelöst – vorerst. Formuliert der Benutzer nun einen neuen logischen Satz (3'): $\neg sehne(kreuzband)$, um die durch die Löschung von (3) verloren gegangene gewünschte Implikation, dass das Kreuzband keine Sehne ist, zu kompensieren, erhält er plötzlich wieder eine inkonsistente WB und eine neue Debuggingsession ist nötig. Die Reparatur der WB war also nicht nachhaltig.

4 Die Lösung: Interaktives Debugging von Wissensbasen

Algorithmen zum Interaktiven Debugging von WBn zielen darauf ab, die Menge der Lösungs-WBn durch Benutzerinteraktion sukzessive zu verkleinern. Anders formuliert versuchen diese Verfahren durch regelmäßiges Beschneiden des Lösungssuchraums, repräsentiert durch einen Suchbaum, diesen in seiner Größe handhabbar zu halten und damit Performanzprobleme bzw. Speicherüberläufe zu vermeiden. *Der Benutzer* bezieht sich in diesem Fall entweder auf eine (Gruppe von) Person(en) oder ein geeignetes automatisches Orakel (z.B. ein Wissensextraktionssystem). Man nimmt dabei an, dass der Benutzer zumindest über eine teilweise Expertise in der von der WB modellierten Domäne verfügt. Während einer interaktiven Diagnosesession werden dem Benutzer automatisch generierte und optimierte Anfragen über die Domäne, welche durch die fehlerhafte WB eigentlich beschrieben werden sollte, zur Beantwortung vorgelegt. Die Konstruktion einer solchen Anfrage setzt die Vorausberechnung einer aus mindestens zwei Elementen bestehenden Teilmenge $\mathbf{D}$ aller minimalen Diagnosen voraus. Wir bezeichnen $\mathbf{D}$ als *führende Diagnosen*. Jede Anfrage ist eine Menge oder Konjunktion von logischen Sätzen, die Schlussfolgerungen einer korrekten Teilmenge der WB sind. Eine korrekte Teilmenge der WB ist eine, die weder die gegebenen Anforderungen R noch die gegebenen Test Cases P, N verletzt. Hinsichtlich einer bestimmten Anfrage Q kann jede Menge minimaler Diagnosen der WB, insbesondere also $\mathbf{D}$, in drei Teile partitioniert werden. Der erste Teil ($\mathbf{D}^+(Q)$) inkludiert alle minimalen Diagnosen, die *nur* in Übereinstimmung mit der positiven Beantwortung der Anfrage stehen, der zweite ($\mathbf{D}^-(Q)$) all jene, die *nur* in Übereinstimmung

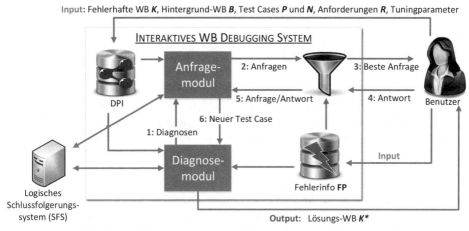
Abb. 1: Das Prinzip des interaktiven Debuggings von Wissensbasen.

mit der negativen Beantwortung stehen, und der dritte ($\mathbf{D}^0(Q)$) all jene, die mit beiden Antworten konsistent sind. Ein positiv beantwortetes Q signalisiert, dass die Konjunktion der logischen Sätze in Q eine Implikation der korrekten WB sein muss. Daher wird ein solches Q zur Menge der positiven Test Cases P hinzugefügt. Analog wird ein vom Benutzer negiertes Q – ein Indiz dafür, dass mindestens ein logischer Satz in Q nicht aus der korrekten WB folgen soll – der Menge der negativen Test Cases N zugeordnet.

Die Allokation einer Anfrage Q zu einer der beiden Test Case Mengen resultiert in einem völlig neuen Debuggingszenario. Für das entstandene neue WB Debugging Problem sind alle Elemente von $\mathbf{D}^-(Q)$ keine minimalen Diagnosen (mehr), sofern Q als positiver Test Case klassifiziert wurde. Andernfalls werden alle Diagnosen in $\mathbf{D}^+(Q)$ invalidiert. Auf diese Art kann der Benutzer durch sequentielle Beantwortung von systemgenerierten Anfragen den Suchraum auf eine einzige noch mögliche minimale Diagnose D_t, also die einzige noch nicht ausgeschlossene minimal invasive Änderung der falschen WB, reduzieren. Die durch die Löschung dieser Diagnose D_t aus der ursprünglichen WB K und durch Hinzufügung des Hintergrundwissens sowie der Konjunktion aller in positiven Test Cases vorkommenden logischen Sätzen reparierte WB $(K \setminus D_t) \cup (\bigcup_{p \in P} p)$ ist diejenige unter allen Lösungs-WBn, die exakt der geforderten Semantik entspricht. Man beachte, dass die Aufnahme der logischen Sätze in positiven Test Cases dabei als Ersatz gewünschter Implikationen dient, die durch die Entfernung der logischen Sätze in der Diagnose aus der WB nicht mehr gegeben wären.

Die Vorteile des interaktiven Debuggings lassen sich also wie folgt zusammenfassen: Der Benutzer kann die fehlerhafte WB debuggen *ohne* analysieren zu müssen, welche Implikationen durch die fehlerhafte WB gegeben oder nicht gegeben sind, warum bestimmte Implikationen durch die fehlerhafte WB gegeben oder nicht gegeben sind oder warum die WB überhaupt fehlerhaft ist, *indem* er/sie Anfragen beantwortet, ob bestimmte (einfache) Aussagen in der gewünschten, zu modellierenden Domäne gelten oder nicht gelten sollen, *unter Garantie* der Auffindung der Lösungs-WB mit exakt der gewünschten Semantik.

5 Design und Funktion eines Interaktiven Debugging Systems

Das Schema eines Interaktiven WB Debugging Systems (IWBDS) wird durch Abbildung 1 veranschaulicht. Wie ein WBDS erhält auch ein IWBDS eine Diagnoseprobleminstanz (DPI) als Eingabe und beruht auf der Verfügbarkeit eines entsprechenden Schlussfolgerungssystems (SFS) für die Logik $\mathscr{L}$, in der die fehlerhafte WB formuliert wurde. Im Falle des IWBDS gibt es noch eine Reihe weiterer Eingabeparameter, mit Hilfe derer man das Verhalten des Systems entlang mehrerer Dimensionen adjustieren kann. Wir nennen diese zusätzlichen Parameter *Tuningparameter*. Diese ermöglichen beispielsweise die Beeinflussung der Reaktionszeit des Systems (d.h. die Zeit zwischen Eingabe einer Anfrageantwort und der Bereitstellung der nächsten Anfrage), die Wahl eines bestimmten Gütemaßes zur Anfrageselektion, die Angabe einer Lösungsfehlertoleranz σ (d.h. das Finden von approximativen Lösungen unterschiedlicher Güte) oder die Auswahl einer Strategie, mittels derer der Suchraum exploriert und beschnitten wird.

Der durch Abbildung 1 illustrierte Ablauf (siehe mit 1 - 6 annotierte Pfeile) während einer interaktiven Debuggingsession ist folgender: (1) Eine Menge **D** von führenden Diagnosen wird durch das Diagnosemodul (unter Zuhilfenahme der Fehlerinformation **FP**, sofern verfügbar) durch Nutzung des SFS berechnet und an das Anfragemodul weitergegeben. (2) Das Anfragemodul erzeugt unter Ausnutzung der führenden Diagnosen **D** einen Pool von möglichen Anfragen und übergibt diesen an die Anfrageselektion. (3) Die Anfrageselektion filtert die „beste" Anfrage Q (gemäß einem Gütemaß, oftmals unter Berücksichtigung der Fehlerinformation **FP**, sofern verfügbar) heraus und zeigt diese dem Benutzer an. (4) Der Benutzer gibt seine Antwort auf Q ein (kennt er diese nicht, so fordert er – evtl. mehrmals – mittels „überspringen" eine Alternativanfrage an). (5) Die Anfrage Q gemeinsam mit der eingegebenen Antwort wird zur Formulierung eines entsprechenden neuen Test Cases verwendet. (6) Dieser neue Test Case wird an das Diagnosemodul zurückgeliefert und in den folgenden Iterationen mitberücksichtigt. Wenn das Stoppkriterium (ermittelt durch die Fehlertoleranz σ, siehe oben) nicht erfüllt ist, also im Moment kein bekannter Lösungskandidat genügend wahrscheinlich ist, startet eine weitere Iteration bei Schritt 1. Ansonsten wird die durch die aktuell höchstwahrscheinliche minimale Diagnose konstruierte Lösungs-WB K^* zurückgegeben.

Ein motivierendes Beispiel (Fortsetzung). Erinnern wir uns an das auf Seite 3 diskutierte Beispiel. Wird zur Auflösung der Inkonsistenz der WB nun ein IWBDS herangezogen, so könnte die erste Anfrage beispielsweise lauten: „Soll jede Instanz in der gewünschten Domäne eine Sehne sein?" Wenn diese Anfrage verneint wird, da der Benutzer weiß, dass es z.B. auch den Bizeps gibt, der ein Muskel ist, so kann das IWBDS daraus deduzieren, dass der Fehler in (1) oder (2) liegen muss, da die verneinte Anfrage $\forall X\,sehne(X)$, also der neue negative Test Case, eine Implikation dieser beiden logischen Sätze ist. Die nunmehr verbleibenden minimalen Diagnosen sind also (1) und (2). Nach einer zweiten Anfrage, etwa: „Kann etwas einen Knochen mit etwas verbinden ohne selbst eine Sehne zu sein?", die der Benutzer bejaht, z.B. da er als Anatomieexperte weiß, dass auch ein Band einen Knochen mit etwas (nämlich einem anderen Knochen) verbinden kann, wird der Suchraum auf eine einzige exakte Lösung reduziert. Diese verlangt nach einer geeigneten Korrektur bzw. der Löschung von Satz (2) aus der WB. Der Benutzer könnte beispielsweise nach Analyse von (2) herausfinden, dass die Negation vor dem Satz vergessen wurde, der richtige Satz (2) also $\neg \forall X ((\exists Y\, verbindet KnochenMit(X,Y)) \to sehne(X))$ lauten sollte.

6 Konkrete Anwendungsbeispiele des Interaktiven Debuggings

Ein Exempel eines (Meta-)Repositoriums von WBn ist die *Open Ontology Repository*,[6] welche unter anderem zur prominenten Ontologiedatenbank *Bioportal*[7] verlinkt. Letztere beinhaltet zum Beispiel die Ontologie *SNOMED CT (Systematized Nomenclature of Medicine – Clinical Terms)*, die umfassendste, mehrsprachige medizinische Terminologie der Welt. Sie beinhaltet aktuell mehr als 311.000 medizinische Terme und über 1.3 Millionen logische Sätze, die Zusammenhänge zwischen diesen Termen auf formale und eindeutige Weise spezifizieren, und wird in mehr als 50 Ländern der Welt in eHealth Applikationen (z.b. elektronische Gesundheitsakte) eingesetzt.[8] Aufgrund der zum Teil verteilten Entwicklung und der Komplexität und Größe von SNOMED-CT entstehen (laufend) eine Vielzahl von logischen Widersprüchen und diversen anderen ungewünschten semantischen Eigenschaften.

Eine andere, in vielen Anwendungen eingesetzte WB, der *NCI (National Cancer Institute) Thesaurus*, eine sukzessive durch ein multidisziplinäres Expertenteam erweiterte medizinische Referenzterminologie in logischer Sprache mit über 400.000 logischen Sätzen, wird von einer stetig wachsenden Zahl von Organsationen wie dem *Clinical Data Interchange Standards Consortium (CDISC)* oder der *US Food and Drug Administration (FDA)* verwendet. Sie beinhaltet formale Definitionen von über 100.000 Konzepten, Termen und Synonymen in der Krebsdomäne, modelliert erforschte Beziehungen zwischen über 10.000 Krebsarten und anderen Krankheiten und umfasst relevante Informationen zu 17.000 Krebsmedikationen und Kombinationstherapien.[9] In Kollaboration mit dem *Center for Biomedical Informatics Research*[10] an der *Stanford University* werden aktuell die in der hier beschriebenen Dissertation entwickelten Debuggingverfahren in das offizielle Entwicklungs- und Qualitätssicherungstool (Protégé[11]) für den NCI Thesaurus integriert.

Außerdem basiert die Realisierung des *Semantic Web* entscheidend auf der Korrektheit von (OWL) Ontologien, die Terme zur semantisch strukturierten Beschreibung von Web Ressourcen eindeutig definieren und Zusammenhänge zwischen unterschiedlichen Begriffen und Domänen präzise spezifizieren sollen.

7 Kontributionen der hier beschriebenen Dissertation

Die dieser Kurzfassung zugrunde liegende Dissertation [Ro15] umfasst im Wesentlichen folgende wissenschaftliche Beiträge:

---

[6] Siehe http://oor.net/
[7] Bioportal (http://bioportal.bioontology.org) ist eine große Sammlung von biomedizinischen WBn immenser Größe (mehrere Zehn- bzw. Hunderttausend logische Sätze pro WB).
[8] Siehe http://www.ihtsdo.org/snomed-ct
[9] Siehe http://www.cancer.gov/research/resources/terminology
[10] Ansprechpartner: Matthew Horridge und Tania Tudorache
[11] Siehe http://protege.stanford.edu/

(1): Diese Arbeit stellt die umfassendste und detaillierteste Behandlung der Thematik des interaktiven Debuggings (monotoner) WBn dar, die es bis dato gibt (34 Kapitel, 365 Seiten). Die Theorie wird von Grund auf eingeführt. Daher kann die Arbeit sowohl als einführende Literatur für interessierte Einsteiger gesehen werden, als auch als ausführliches Werk, das den aktuellen Stand der Forschung widerspiegelt. Diese Arbeit und die zahlreich darin enthaltenen Literaturreferenzen sollen es anderen interessierten Forschern ermöglichen, sich effizient, tief und umfassend in das Feld einzuarbeiten. Es werden darin *erstmals* formale und präzise Problemdefinitionen aller im interaktiven Debugging behandelten Probleme gegeben. Dies stellt einen ersten notwendigen und wesentlichen Schritt zur Lösung solcher Probleme und die Basis für alle weiteren Forschungsaktivitäten in diesem Gebiet dar. Weiters liefert die Arbeit Lösungsverfahren für alle formulierten Probleme, beschreibt diese auf sehr ausführliche Weise, diskutiert deren Vor- und Nachteile und beweist schließlich formal deren Korrektheit. *Derartige bewiesen korrekte, vollständige und optimale Algorithmen und die exakte Beschreibung von deren Integration zu einem voll funktionsfähigen interaktiven Debuggingsystem gab es bislang in der Literatur nicht.* Auch wurde kein anderer Teil dieser Arbeit, abgesehen von den Publikationen des Autors (mit Koautoren), zuvor in der Literatur behandelt.

(2): Die in dieser Arbeit beschriebenen Verfahren sind sehr allgemein und daher sehr vielseitig einsetzbar. Grob gesehen sind die einzigen Voraussetzungen für die Anwendbarkeit der behandelten Methoden die Monotonie der Logik, die zur Spezifikation der vorliegenden fehlerhaften WB verwendet wurde, sowie die Verfügbarkeit von geeigneten automatischen Schlussfolgerungssystemen für diese Logik. Das heißt, die dargelegten *Algorithmen sind sowohl unabhängig von der zugrundeliegenden Logik als auch unabhängig vom verwendeten Schlussfolgerungssystem*. Beispiele für kompatible Logiken finden sich auf Seite 1.

(3): Die Arbeit bietet *erstmals* eine profunde, theoretische Behandlung und Analyse von Anfrageberechnungsmethoden mit neuen Komplexitätsresultaten und einer ausführlichen Diskussion von Verbesserungsmöglichkeiten.

(4): Die Arbeit befasst sich mit der eingehenden Diskussion unterschiedlicher Möglichkeiten, Metainformationen (z.B. Log-Daten, Statistiken) in das Debugging von WBn einfließen zu lassen, die durch Extraktion von Fehlerwahrscheinlichkeiten gewinnbringend ausgenützt werden können.

(5): Es wird *erstmals* ein formaler Korrektheitsbeweis des sehr populären Algorithmus QuickXPlain (QX) [Ju04] zur Auffindung minimal-unerfüllbarer Subformeln (MUS), also von minimal fehlerhaften Teilmengen einer WB, gegeben. QX wird von zahlreichen Arbeiten im Bereich der Constraint Satisfaction Probleme, des Semantic Web und der monotonen WBn eingesetzt. Durch die demonstrierte Korrektheit von QX kann in weiterer Folge in der Dissertation *erstmals* ein vollständiger Beweis der Korrektheit, Vollständigkeit sowie Optimalität einer sehr nützlichen Best-First Variante (höchstwahrscheinliche Diagnosen zuerst) des bekannten Hitting Set Tree Algorithmus [Re87] gegeben werden.

(6): Der theoretische Zusammenhang zwischen den beiden weitverbreiteten, verwandten Konzepten des Konflikts und der Justification wird *erstmals* hergestellt. Ersteres wird häufig im Gebiet der Modellbasierten Diagnose eingesetzt, wohingegen letzteres gebräuchlich ist im Feld der Beschreibungslogiken und des Semantic Web. Als Konsequenz dessen können empirische Resultate betreffend eines der beiden Konzepte auf das jeweilige andere entsprechend übertragen werden. Nachdem zum Beispiel jeder minimale Konflikt eine Teilmenge einer Justification sein muss und da es einen effizienten Polynomialzeitalgorithmus zur Extraktion eines minimalen Konflikts aus einer Obermenge dessen gibt, impliziert die demonstrierte Effizienz der Justificationberechnung für eine Klasse von WBn auch die Effizienz der Konfliktberechnung für diese Klasse.

(7): Zwei neue Algorithmen für die iterative Berechnung von Lösungskandidaten (führende Diagnosen) im interaktiven Debugging werden vorgestellt. Ersterer garantiert die stetige „Konvergenz" zur exakten und optimalen Lösung des interaktiven WB Debugging Problems durch die zwingende Reduktion der Anzahl der verbleibenden Lösungskandidaten nach Beantwortung jeder beliebigen beantworteten Systemanfrage an den Benutzer. Letzterer Algorithmus ermöglicht sehr mächtige Suchraumbeschneidungstechniken weswegen von diesem, speziell für große und harte Diagnoseprobleminstanzen, ein signifikant zeit- und speichersparenderes Verhalten erwartet werden kann als es existierende Algorithmen aufweisen.

(8): Die Arbeit schlägt unterschiedliche Methoden zur Selektion einer „optimalen" Anfrage an den Benutzer vor und stellt ausführliche Analysen dieser Methoden bereit. Umfangreiche durchgeführte Experimente mit WBn der realen Welt belegen, dass informierte (auf a-priori Zusatzinformationen beruhende) Auswahl der Anfrage eine *durchschnittliche Reduktion von 45% des Debuggingaufwandes* gegenüber einer nicht-informierten Greedystrategie impliziert. Außerdem wird Evidenz dafür geboten, dass sowohl die informationstheoretische als auch die Greedyvariante eine signifikant bessere Performance mit sich bringen als eine zufällige Wahl der Anfragen. Für eine neu entwickelte, auf Heuristiken basierende Methode zur Selektion der informationstheoretisch optimalen Anfrage kann gegenüber dem bestehenden Verfahren *für alle untersuchten WBn eine durchschnittliche Ersparnis der halben insgesamten Debuggingzeit* erzielt werden.

(9): Es wird ein konfigurierbares Machine Learning Verfahren (RIO) entwickelt, wodurch das Risiko eines extremen Mehraufwands von bis zu einem Faktor von 23(!), gemessen für eine Testsuite von Real-World WBn, welcher aus gegebener irreführender Fehlerinformation resultieren kann, minimiert werden kann. Dies bedeutet, dass *mehr als 95% des nötigen Aufwandes des mit dem Debuggingsystem interagierenden Benutzers gespart* werden können. Zudem wird gezeigt, dass RIO in allen getesteten Fällen, gegeben das Debugging Problem ist genügend schwer zu lösen, mindestens eine gleich gute Performance hinsichtlich Benutzeraufwand manifestiert wie alle bestehenden Verfahren. Zudem wird in den Experimenten ersichtlich, dass RIO sogar *in über 70% dieser Fälle eine echt bessere Performance als alle existierenden Verfahren* erreicht.

(10): Um die Problematik des rasch explodierenden Suchraums von Diagnoseprobleminstanzen mit minimalen Diagnosen überdurchschnittlich hoher Kardinalität zu adressieren, werden neue Mechanismen eingeführt, die auf „direkte" Art eine Menge von führenden Diagnosen errechnen können, also ohne den Umweg über Konflikte zu gehen. Obwohl dadurch im Gegensatz zum „indirekten" Standardverfahren [Re87] gewisse Optimalitätseigenschaften der vom System gelieferten Ausgabe nicht mehr garantiert werden können, erweist sich die direkte Methode gerade für solche DPIs, die z.B. als Ergebnis (teilweiser) Generierung von WBn durch (fehleranfällige) automatische Systeme entstehen, als extrem wertvolles Hilfsmittel. So *ermöglicht der interaktive direkte Ansatz für diese DPIs die Berechnung von einer bzw. 30 minimalen Diagnosen in durchschnittlich neun Sekunden bzw. weniger als zwei Minuten, wohingegen die Standardmethode nicht einmal eine einzige Diagnose innerhalb eines Timeouts von zwei Stunden lokalisieren kann.* In den Fällen, in denen beide Methoden innerhalb des Timeouts zu einer Lösung kommen, unterscheidet sich die Performanz der Methoden nur vernachlässigbar.

Literaturverzeichnis

[CP71] Ceraso, John; Provitera, Angela: Sources of error in syllogistic reasoning. Cognitive Psychology, 2(4):400–410, 1971.

[Ju04] Junker, Ulrich: QUICKXPLAIN: Preferred Explanations and Relaxations for Over-Constrained Problems. In (McGuinness, Deborah L.; Ferguson, George, Hrsg.): Proc. of the 19th National Conference on AI, Sixteenth Conference on Innovative Applications of AI. Jgg. 3. AAAI Press / The MIT Press, S. 167–172, 2004.

[Me11] Meilicke, Christian: Alignment Incoherence in Ontology Matching. Dissertation, Universität Mannheim, 2011.

[Re87] Reiter, Raymond: A Theory of Diagnosis from First Principles. Artificial Intelligence, 32(1):57–95, 1987.

[Ro15] Rodler, Patrick: Interactive Debugging of Knowledge Bases. Dissertation, Alpen-Adria Universität Klagenfurt, 2015.

[St08] Stuckenschmidt, Heiner: Debugging OWL Ontologies - A Reality Check. In (Garcia-Castro, et al., Hrsg.): Proc. of the 6th International Workshop on Evaluation of Ontology-based Tools and the Semantic Web Service Challenge. Tenerife, Spain, S. 1–12, 2008.

Patrick Rodler wurde am 7. Juni 1984 in Klagenfurt geboren. Er schloss im Jahr 2002 das Gymnasium mit Bestnoten in allen Fächern ab. Danach absolvierte er die Studien der Technischen Mathematik und der Informatik sowie das Doktorat der Technischen Wissenschaften im Bereich Informatik an der Alpen-Adria Univeristät Klagenfurt (kurz AAU) allesamt mit Bestnoten in allen Fächern. Währenddessen war er seit 2010 als Forscher und seit 2012 zusätzlich als Lecturer am Institut für Angewandte Informatik (Forschungsgruppe Intelligente Systeme und Wirtschaftsinformatik) an der AAU u.a. in den Fächern Knowledge Engineering, Algorithmen und Datenstrukturen, Logik, Logische Programmierung sowie Uncertain Knowledge tätig. Seit Anfang 2016 ist er Postdoctoral Researcher in genannter Forschungsgruppe. In der Forschung befasst sich Patrick Rodler mit modellbasierter Diagnose, wissensbasierten Systemen, Wissensrepräsentationssprachen, Beschreibungslogiken sowie dem Semantic Web. In seiner Dissertation beschäftigte er sich eingehend mit dem Thema des interaktiven Debuggings von Wissensbasen und konnte darin u.a. erstmals beweisbar korrekte und optimale Verfahren zur Lösung von verschiedenen Debuggingproblemen entwickeln.

Konvergenzanalyse für die Partikelschwarmoptimierung[1]

Manuel Schmitt [2]

Abstract: Partikelschwarmoptimierung (PSO) ist eine in der Praxis immer wieder sehr erfolgreich eingesetzte Metaheuristik zum Lösen von Black-Box-Optimierungsproblemen und wird speziell im Fall eines kontinuierlichen Suchraums verwendet. Dazu wird das in der Natur häufig auftretende Schwarmverhalten von miteinander kooperierenden Individuen imitiert. Die Dissertation liefert einen Beitrag zum besseren Verständnis des PSO-Algorithmus, basierend auf einer formalen mathematischen Analyse. Der Fokus liegt dabei auf der Untersuchung des Phänomens der *Konvergenz*. Es ist bekannt, dass die Individuen langfristig gegen einen Punkt im Suchraum streben. In der Dissertation wird detailliert untersucht, welche Eigenschaften dieser Punkt hat. Das Hauptergebnis bildet der formale Beweis, dass die Partikel unter relativ moderaten Voraussetzungen an die zu optimierende Funktion ein lokales Optimum finden, wobei der PSO-Algorithmus im Mehrdimensionalen dafür geringfügig modifiziert werden muss. Im Eindimensionalen wird zusätzlich ein allgemeines Laufzeitresultat bewiesen, nach dem bei der Bearbeitung einer beliebigen unimodalen Funktion die erwartete Laufzeit zur Ermittlung des Optimums mit einem Fehler von höchstens 2^{-k} linear in k ist.

Keywords: Partikelschwarmoptimierung, Konvergenzanalyse, Laufzeit

1 Einführung

Partikelschwarmoptimierung (PSO) wurde 1995 von Kennedy und Eberhart ([KE95, EK95]) entwickelt und zum Lösen von kontinuierlichen Black-Box-Optimierungsproblemen eingesetzt. Dieser Abschnitt liefert einen Überblick über Black-Box-Optimierungsprobleme, den PSO-Algorithmus und die Hauptergebnisse der Dissertation.

1.1 Black-Box-Optimierung

In vielen verschiedenen Gebieten, darunter Mineralogie, medizinische Bildverarbeitung sowie beim Erschließen von Gas- und Ölfeldern, treten Optimierungsprobleme auf, bei denen das (o. B. d. A.) Minimum x^* einer Zielfunktion f über einem Suchraum S gesucht ist. Man spricht von einem *Black-Box-Optimierungsproblem*, wenn die Zielfunktion f nicht explizit angegeben ist und keine Information über ihre Struktur, wie etwa über ihre Ableitungen, vorliegt. Stattdessen kann f nur punktweise ausgewertet werden. Abb. 1 gibt einen Überblick über die beschriebene Situation.

Da insbesondere keine Informationen über den Gradienten der Zielfunktion zur Verfügung stehen, können klassische Ansätze zur Optimierung nicht verwendet werden. Stattdessen

---

[1] Englischer Titel der Dissertation: "Convergence Analysis for Particle Swarm Optimization"
[2] Friedrich–Alexander–Universität Erlangen–Nürnberg (FAU), Department Informatik, Lehrstuhl für Informatik 12, manuel.schmitt@fau.de

greift man auf heuristische, naturinspirierte Verfahren zurück. Diese werten f wiederholt an verschiedenen Punkten aus und „lernen" dabei etwas über die Lage der im Hinblick auf die Zielfunktion günstigen Regionen des Suchraums, wodurch die Suche in vielversprechendere Regionen gelenkt werden kann.

Da sich jedes Maximierungsproblem mit Zielfunktion f in ein Minimierungsproblem mit Zielfunktion $-f$ transformieren lässt, werden im Folgenden nur Minimierungsprobleme betrachtet. Ist S ein kontinuierlicher Suchraum, z. B. $S \subset \mathbb{R}^D$, so spricht man von einem *kontinuierlichen Black-Box-Optimierungsproblem*. Für die Behandlung solcher Probleme stellt PSO eine wichtige Lösungsmethode dar.

Abb. 1: Black-Box-Optimierung

1.2 Der PSO-Algorithmus

Die erste Version eines Partikelschwarmoptimierungsverfahrens wurde 1995 von Kennedy und Eberhart ([KE95, EK95]) veröffentlicht. Der Algorithmus sollte eine Population von Individuen, zum Beispiel Vogelschwärme oder Fischschwärme, simulieren, die nach einer in Hinblick auf ein bestimmtes Ziel optimalen Region suchen. Das könnte zum Beispiel die Stelle mit dem besten oder dem meisten Futter sein. Im Gegensatz zu anderen bekannten naturinspirierten Metaheuristiken, wie den prominenten Evolutionären Algorithmen, arbeiten die Partikel eines Schwarms zusammen und tauschen miteinander Informationen aus, anstatt gegeneinander zu konkurrieren. Seit der Erfindung der Partikelschwarmoptimierung wurden zahlreiche Varianten entwickelt und experimentell evaluiert. Übersichten dazu findet man unter anderem in der Dissertation ([Sc15]) und in [He10].

Der PSO-Algorithmus lässt sich wie folgt beschreiben. Zu einem gegebenen Optimierungsproblem mit Zielfunktion $f : S \subset \mathbb{R}^D \to \mathbb{R}$ wird eine Population aus N Partikeln eingesetzt. Dieser Schwarm bewegt sich durch den Suchraum S. Zum Zeitpunkt t befindet sich Partikel n an der *Position* X_t^n, die einem Punkt im Suchraum entspricht, und hat eine *Geschwindigkeit* V_t^n, welche durch einen Vektor aus $\mathbb{R}^D$ dargestellt ist. Zusätzlich speichert jedes Partikel die beste Position, also die mit dem niedrigsten Wert für f, die es bisher besucht hat. Diese Position wird *lokaler Attraktor* genannt und mit L_t^n bezeichnet. Der beste lokale Attraktor des gesamten Schwarms heißt *globaler Attraktor*. Dieser spezielle Punkt im Suchraum wird mit G_t bezeichnet und ist allen Partikeln bekannt. Das heißt, dass die Partikel Informationen austauschen können, indem sie für den gesamten Schwarm sichtbar den globalen Attraktor aktualisieren. Die eigentliche Bewegung des Schwarms erfolgt durch Anwendung folgender *Bewegungsgleichungen*:

$$V_{t+1}^{n,d} = \chi \cdot V_t^{n,d} + c_1 \cdot r_t^{n,d} \cdot (L_t^{n,d} - X_t^{n,d}) + c_2 \cdot s_t^{n,d} \cdot (G_t^d - X_t^{n,d}),$$
$$X_{t+1}^{n,d} = X_t^{n,d} + V_{t+1}^{n,d},$$

wobei t die Iteration, n die Nummer des sich bewegenden Partikels und d die Dimension bezeichnet. Die Konstanten c_1 und c_2 regulieren den Einfluss des persönlichen Gedächtnisses eines Partikels und des gemeinsamen Schwarmgedächtnisses. Durch $r_t^{n,d}$ und $s_t^{n,d}$, die zufällig unabhängig und gleichverteilt aus $[0,1]$ gewählt werden, wird dem Schwarm ein zufälliger Einfluss hinzugefügt. Dieser Bewegungsablauf wird bis zum Erreichen einer festgelegten Abbruchbedingung wiederholt. Abb. 2 gibt einen Überblick über die Bewegung der Partikel. Algorithmus 1 zeigt das PSO-Verfahren in seiner algorithmischen Darstellung. In Experimenten zeigt sich, dass für geeignete Wahl der Parameter der Schwarm nach einer gewissen Zeit gegen einen einzigen Punkt im Suchraum konvergiert. Dies wurde auch unter zusätzlichen Annahmen formal nachgewiesen ([JLY07]), ohne dabei jedoch Aussagen über die Qualität des Punktes zu machen, gegen den der Schwarm konvergiert. Der größte Teil der Dissertation beschäftigt sich mit der Untersuchung der Qualität dieses

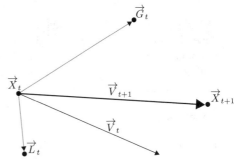

Abb. 2: Bewegung eines Partikels.

Grenzwertes im Hinblick auf die Zielfunktion f. Für die Analyse wird in der Dissertation zunächst ein geschlossenes mathematisches Modell beschrieben, innerhalb dessen die Positionen und Geschwindigkeiten als reellwertige stochastische Prozesse betrachtet werden.

Ein wichtiges Hilfsmittel für die Analyse ist die Einführung des sogenannten *Potentials*, das eine Erweiterung der physikalischen Interpretation des Partikelschwarms darstellt. Haben die Partikel eine hohe Geschwindigkeit und befinden sie sich weit weg von ihrem globalen Attraktor, so ist ihr Potential hoch. Wenn der Schwarm andererseits konvergiert, so konvergiert auch das Potential gegen 0. Die folgende Definition beschreibt die beiden am häufigsten verwendeten Formulierungen für ein Maß des Potentials.

Definition 1 (Potential). *Für $a > 0$ ist das Maß $\Phi_t^{n,d}$ des Potentials von Partikel n in Dimension d zum Zeitpunkt t definiert als*

$$Y_t^{n,d} := \sqrt{|V_t^{n,d}|} + \sqrt{|G_t^d - X_t^{n,d}|}.$$

Das Maß für das Potential des gesamten Schwarms in Dimension d zum Zeitpunkt t ist definiert als

$$\Phi_t^d := \sqrt{\sum_{n=1}^{N} \left(a \cdot |V_t^{n,d}| + |G_t^d - X_t^{n,d}| \right)}.$$

Input : Zu minimierende Funktion
$\quad\quad f : S \to \mathbb{R}$
Output : $G \in \mathbb{R}^D$
// Initialisierung
for $n = 1 \to N$ **do**
$\quad$ Initialisiere Position $X^n \in \mathbb{R}^D$ zufällig;
$\quad$ Initialisiere Geschwindigkeit $V^n \in \mathbb{R}^D$;
$\quad$ Initialisiere lokalen Attraktor $L^n := X^n$;
end
Initialisiere $G := \mathrm{argmin}_{\{L^1,\ldots,L^n\}} f$;
// Bewegung
repeat
$\quad$ **for** $n = 1 \to N$ **do**
$\quad\quad$ **for** $d = 1 \to D$ **do**
$\quad\quad\quad V^{n,d} :=$
$\quad\quad\quad\quad \chi \cdot V^{n,d} + c_1 \cdot \mathrm{rand}() \cdot (L^{n,d} - X^{n,d})$
$\quad\quad\quad\quad\quad + c_2 \cdot \mathrm{rand}() \cdot (G^d - X^{n,d})$;
$\quad\quad\quad X^{n,d} := X^{n,d} + V^{n,d}$;
$\quad\quad$ **end**
$\quad\quad$ **if** $f(X^n) \leq f(L^n)$ **then** $L^n := X^n$;
$\quad\quad$ **if** $f(X^n) \leq f(G)$ **then** $G := X^n$;
$\quad$ **end**
until *Abbruchbedingung erfüllt*;
return G;

Algorithmus 1 : Klassische PSO.

Die verschiedenen Maße, die auftretenden Quadratwurzeln und der zusätzliche Parameter a werden aus technischen Gründen für die Analyse benötigt.

1.3 Hauptergebnisse

Das ultimative Ziel jedes Optimierungsverfahrens ist es, das globale Optimum einer gegebenen Funktion f zu finden. Allerdings ist dieser Anspruch im Fall eines kontinuierlichen Suchraums im Allgemeinen zu hoch, da sich mit endlich vielen Auswertungen der Zielfunktion nicht einmal entscheiden lässt, ob ein bestimmter Punkt das globale Optimum ist oder nicht. Daher wird in der Dissertation das Ziel verfolgt, zu zeigen, dass PSO zumindest ein lokales Optimum findet, das heißt, dass der Algorithmus einem lokalen Optimum beliebig nahe kommt.

PSO ist für beliebige Zielfunktionen konzipiert, aber um der Analysierbarkeit willen wird der Raum der Zielfunktionen auf die wie folgt beschriebene Menge $\mathbb{F}$ eingeschränkt.

Definition 2. *Sei $f : \mathbb{R}^D \to \mathbb{R}$ eine Funktion. $f \in \mathbb{F}$ genau dann, wenn*

(i)   es eine kompakte Menge $K \subset \mathbb{R}^D$ mit positivem Lebesgue-Maß gibt, so dass $P(X_0^n \in K) = 1$ für jedes n und die Menge $I_K = \{y \in \mathbb{R}^D \mid f(y) \leq \sup_K f\}$ beschränkt ist;

(ii) f stetig ist.

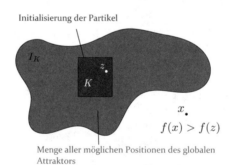

Abb. 3: Zulässige Zielfunktionen.

Gemäß (i) gibt es eine kompakte Menge K, so dass für jedes $x \in K$ nur eine beschränkte Menge I_K von Punkten y mindestens so gut wie x ist. Siehe Abb. 3 für eine Illustration.

Bei einer Initialisierung der Partikel innerhalb von K stellt (i) sicher, dass der globale Attraktor eine gewisse beschränkte Menge in keiner Iteration verlässt und der Schwarm sich nicht „unendlich weit" bewegt. Insbesondere ist damit auch die Existenz eines lokalen Optimums gewährleistet.

Insgesamt sind die Einschränkungen an $\mathbb{F}$ moderat und werden von üblichen Benchmark-Funktionen erfüllt.

Die Hauptergebnisse der Dissertation gelten für Zielfunktionen $f \in \mathbb{F}$ und lauten wie folgt:

- Im 1-dimensionalen findet PSO fast sicher ein lokales Optimum.
- Für unimodale, 1-dimensionale Zielfunktionen liegt die erwartete Laufzeit zur Annäherung an das Optimum bis auf einen Fehler von 2^{-k} in $\mathcal{O}(k)$.
- Im D-dimensionalen findet eine leicht modifizierte PSO für Zielfunktionen aus $\mathbb{F}$, die zusätzlich differenzierbar sind, fast sicher ein lokales Optimum.

In den folgenden Abschnitten werden diese Resultate und insbesondere, was unter „finden" zu verstehen ist, präzisiert und die wesentlichen Beweisideen dargestellt.

2 1-dimensionale PSO - (fast) sicheres schnelles Finden des Optimums

Das erste Hauptergebnis der Dissertation ist der Beweis dafür, dass der globale Attraktor fast sicher[2] ein lokales Optimum findet. Genauer bedeutet das:

Theorem 1. *Falls $f \in \mathbb{F}$, dann gibt es Parameter für die Bewegungsgleichungen des PSO-Algorithmus, so dass fast sicher jeder Häufungspunkt von $(g_t)_{t \in \mathbb{N}}$ ein lokales Minimum von f ist.*

Das heißt, dass jeder Punkt, der kein lokales Optimum ist, eine Umgebung hat, die vom globalen Attraktor nur endlich oft besucht wird. Andernfalls gäbe es einen Häufungspunkt $z \in S$, in dessen Umgebung f streng monoton ist. Das heißt, für jedes $\varepsilon > 0$ würde G_t die ε-Umgebung von z unendlich oft besuchen. Damit dürfte aber kein Partikel einen Punkt x mit $f(x) < f(z)$ treffen, denn da f stetig ist, hat mit z auch eine ganze Umgebung von z kleinere Funktionswerte als x. Da der globale Attraktor nicht durch einen schlechteren Punkt ersetzt werden kann, würde der globale Attraktor in dieser Umgebung von z nie mehr (und damit insgesamt nur endlich oft) liegen.

Zusammengefasst heißt das, dass der Schwarm zwar einerseits jede ε-Umgebung von z unendlich oft besuchen müsste, aber andererseits für hinreichend kleines ε nur die Halbumgebung treffen könnte, in der $f(x) > f(z)$ ist. Dies wird in der Dissertation mit Hilfe umfangreicher Rechnungen widerlegt.

Aus dem Theorem folgt, dass für eine unimodale Zielfunktion das einzige lokale und damit globale Minimum der einzige Häufungspunkt und damit der Grenzwert des globalen Attraktors ist. Gleichzeitig kann das Verhalten der PSO bei der Bearbeitung einer unimodalen Funktion als Modell für ihr Verhalten bei allgemeinen Funktionen gesehen werden, wenn in der Endphase die Konvergenz schon so weit fortgeschritten ist, dass die Partikel sich in der Umgebung eines lokalen Minimums gesammelt haben und die anderen lokalen Minima keinen Einfluss mehr auf den Schwarm haben. Daher erhält die Frage nach der Laufzeit bei der Optimierung einer unimodalen Funktion besondere Aufmerksamkeit.

---

[2] Gemeint ist hier der wohldefinierte mathematische Begriff, nach dem ein Ereignis *fast sicher* eintritt, wenn es eine Wahrscheinlichkeit von 1 besitzt. Man beachte, dass es im Kontinuierlichen nicht-triviale Ereignisse mit Wahrscheinlichkeit 0 gibt, beispielsweise das in der Literatur gelegentlich erwähnte Ereignis, bei dem die Partikel zufällig alle mit derselben Startposition initialisiert werden.

Die Dissertation führt eine Analysemethode ein, die auf Drifttheorie ([Ha82]) basiert und in dieser Form vor der Dissertation noch nicht verwendet wurde. Dabei wird ein Maß Ψ_t für den „Fortschritt" des Partikelschwarms beziehungsweise den Abstand zwischen der derzeitigen Konfiguration aller Partikel und Attraktoren und dem angestrebten Zustand eingeführt, in dem alle Positionen gleich dem Optimum sind und alle Geschwindigkeiten 0 betragen. Dieser Zustand kann zwar in endlicher Zeit nicht erreicht werden, aber der Schwarm kann sich ihm beliebig annähern. In der Dissertation wird bewiesen, dass Ψ_t sich erwartungsgemäß permanent verringert und somit gegen 0 konvergiert. Die Konvergenzgeschwindigkeit von Ψ_t gegen 0 erlaubt Schlussfolgerungen auf die Konvergenzgeschwindigkeit des Partikelschwarms.

Aufgrund ihrer hohen Bedeutung für die zukünftige Forschung wird diese Analysetechnik im Folgenden detaillierter beschrieben.

Grundsätzlich eignet sich als Maß für die Qualität des globalen Attraktors G_t der Wert $|A(G_t)|$, wobei $A(z)$ die Menge aller Punkte bezeichnet, deren Funktionswert höchstens so groß wie $f(z)$ ist. Das heißt, die Qualität des globalen Attraktors wird umso höher eingeschätzt, je kleiner die Teilmenge des Suchraums ist, die ebensogute oder bessere Punkte enthält. Da f unimodal ist, ist diese Teilmenge stets ein Interval, das das Optimum enthält.

Es genügt jedoch nicht, lediglich die Qualität des globalen Attraktors (oder auch aller Attraktoren) zu messen, denn es können pathologische Situationen auftreten, in denen eine unmittelbare, signifikante Verbesserung des globalen Attraktors während der nächsten Iterationen sehr unwahrscheinlich oder sogar unmöglich ist. Wenn beispielsweise das Potential des Schwarms erheblich zu groß ist, so suchen die Partikel ein Areal ab, von dem $A(G_t)$ nur einen (beliebig) kleinen Teil ausmacht und das folglich mit sehr geringer Wahrscheinlichkeit besucht wird. In diesem Fall muss eine Verringerung des Potentials als eine Verbesserung der Konfiguration angesehen werden, auch wenn alle Attraktoren unverändert bleiben.

Andererseits könnte das Potential auch um Größenordnungen zu klein sein, so dass die Partikel in einem Schritt nur einen sehr kleiner Bruchteil der Strecke bis zum Optimum zurücklegen können. In diesem Fall könnten qualitative Verbesserungen des globalen Attraktors zwar stattfinden, wären aber quantitativ aufgrund des zu kleinen Abstandes zwischen altem und neuem globalen Attraktor insignifikant.

Diese Betrachtungen führen zu folgender Definition von Ψ_t.

Definition 3 (Optimalitätsmaß). *Für $C_\Psi > 0$, wird das Optimalitätsmaß Ψ_t wie folgt definiert:*

$$\Psi_t := C_\Psi \cdot \Psi_t^{(0)} + \Psi_t^H + \Psi_t^L \; mit \; \Psi_t^{(0)} := \sum_{n=1}^{N} \sqrt{|A(L_t^n)|}, \Psi_t^H := \sum_{n=1}^{N} Y_t^n \; und \; \Psi_t^L := \frac{|A(G_t)|}{\Phi_{t+1}}.$$

Die auftretende Quadratwurzel wird für die technischen Aspekte des Beweises benötigt. $\Psi_t^{(0)}$ ist das Grundmaß und steht unmittelbar mit der Qualität der Attraktoren in Verbindung. Ψ_t^H und Ψ_t^L werden in der Dissertation als Sekundärmaße bezeichnet. Die Sekundärmaße sind mit bestimmten Konfigurationen des Partikelschwarms verknüpft. Ist das Potential deutlich zu hoch, so macht Ψ_t^H den wesentlichen Anteil von Ψ_t aus und eine Verringerung des Potentials verbessert Ψ_t deutlich. Ist andererseits das Potential erheblich zu niedrig, so übertrifft Ψ_t^L die anderen Summanden innerhalb von Ψ_t bei weitem. Durch hinreichend große Wahl von C_Ψ kann sichergestellt werden, dass sich bei einem Potential, dessen Größenordnung für die Optimierung günstig ist, die Verbesserungen von $C_\Psi \cdot \Psi_t^{(0)}$ signifikant auf Ψ_t auswirken.

Der Hauptteil des Beweises besteht im Nachweis folgender Eigenschaften.

1. Der Partikelschwarm wird so initialisiert, dass $E[\Psi_0] < \infty$.

2. Ist das Potential deutlich zu hoch, so verringert sich in den folgenden Iterationen Ψ_t^H erwartungsgemäß um einen konstanten Faktor. Gleichzeitig sind die Verschlechterung von Ψ_t^L von oben und der Anteil von Ψ_t^H an Ψ_t von unten derart beschränkt, dass die erwartete Verbesserung von Ψ_t^H auch zu einer erwarteten Verbesserung von Ψ_t um einen konstanten Faktor führt.

3. Dasselbe gilt mit vertauschten Rollen von Ψ_t^H und Ψ_t^L, falls das Potential deutlich zu niedrig ist.

4. Ist das Potential weder deutlich zu hoch noch deutlich zu niedrig, so verringert sich $\Psi_t^{(0)}$ erwartungsgemäß um einen konstanten Faktor. Gleichzeitig sind die Verschlechterungen von Ψ_t^H und Ψ_t^L von oben und die erwartete Verbesserung von $\Psi_t^{(0)}$ von unten so beschränkt, dass Ψ_t sich während der folgenden Iterationen erwartungsgemäß um einen konstanten Faktor verbessert.

Der Nachweis dieser Eigenschaften führt zur Verifikation einer Driftbedingung an den Prozess $(\Psi_t)_{t \in \mathbb{N}}$ im Sinne von [Ha82]. Ein im Rahmen der Dissertation für die vorliegenden Erfordernisse angepasstes Drifttheorem ermöglicht es, aus den nachgewiesenen Schranken an die Entwicklung des Erwartungswertes von Ψ_t Schlussfolgerungen auf die erwartete Zeit zu ziehen, die Ψ_t benötigt, um einen festen Wert zu unterschreiten, und liefert schließlich das zweite Hauptergebnis.

Theorem 2. *Sei b der Durchmesser des Suchraums. Wenn die Partikel unabhängig und uniform über den Suchraum initialisiert werden, und die Initialgeschwindigkeit einen endlichen Erwartungswert hat, dann gilt für* $\tau := \min\{t \geq 0 \mid \Psi_t \leq 2^{-k}\}$:

$$E[\tau] \in \mathcal{O}(k + \log(b+1)).$$

Daraus folgt, dass die (zufällige) Zeit zur Annäherung des globalen Attraktors an das Optimum x^* bis auf einen Fehler von 2^{-k} nur linear von k abhängt. Man spricht von linearer Konvergenzordnung. Es ist bekannt, dass kein Verfahren existiert, dass für eine unimodale Funktion eine schnellere Konvergenzordnung besitzt. Lediglich die Konstante innerhalb der $\mathcal{O}$-Notation kann verbessert werden.

3 Mehrdimensionale PSO - Modifikation des Algorithmus

Es stellt sich die Frage, ob vergleichbare Resultate auch im allgemeinen, D-dimensionalen Fall bewiesen werden können. Jedoch stellt sich heraus, dass nun eine weitere Art von pathologischen Konfigurationen auftritt, die bei der Optimierung 1-dimensionaler Zielfunktionen nicht vorgekommen ist. Um dies zu verdeutlichen, zeigt Abb. 4 den Verlauf des Potentials Φ_t und des globalen Attraktors G_t bei der Bearbeitung der 10-dimensionalen Funktion $f(\vec{x}) = \sum_{d=1}^{10} (x_d)^2$, der sogenannten SPHERE-Funktion, durch einen Schwarm aus 3 Partikeln.

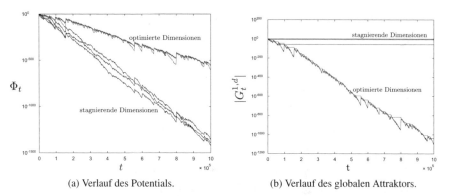

(a) Verlauf des Potentials.   (b) Verlauf des globalen Attraktors.

Abb. 4: Partikelschwarm mit unbalancierten Potentialen beim Bearbeiten der 10-dimensionalen Zielfunktion SPHERE mit $N = 3$ Partikeln. Dimensionen 2, 4 und 10 stagnieren und werden nicht optimiert.

Man erkennt eine klare Separation der Dimensionen. Während 7 Dimensionen ordnungsgemäß optimiert werden und die entsprechenden Einträge sowohl im globalen Attraktor als auch im Potential gegen 0 streben, gibt es drei andere Dimensionen, deren zugehörige Einträge ein vollkommen anderes und unerwünschtes Verhalten zeigen. Hier konvergiert das Potential erheblich schneller gegen 0 als in den 7 optimierten Dimensionen. Gleichzeitig erfolgt keine erkennbare Verbesserung der entsprechenden Einträge des globalen Attraktors. Daher werden diese Dimensionen auch als stagnierende Dimensionen bezeichnet.

Die pathologische Konfiguration, in der das Potential unbalanciert ist und in einigen Dimensionen eine geeignete Größenordnung hat, in anderen aber deutlich zu gering ist, ist offenbar fatal und kann zum Konvergieren gegen einen Punkt führen, der kein lokales Optimum ist. Während sich der Schwarm von den anderen pathologischen Konfigurationen selbstständig heilen konnte, verstärkt sich hier das Ungleichgewicht zwischen den Potentialen in den verschiedenen Dimensionen fortwährend.

Weitere Experimente legen nahe, dass sich diesem Phänomen durch eine Erhöhung der Schwarmgröße beikommen lässt. Allerdings ist die Schwarmgröße, die für die Konvergenz gegen das Optimum benötigt wird, sowohl von der Dimension als auch von der Zielfunktion abhängig. In einer reinen Black-Box-Problemstellung ist also nicht klar, wie groß die

Schwarmgröße gewählt werden muss. Damit kann ein starkes Konvergenzresultat wie im 1-dimensionalen Fall nicht nachgewiesen werden.

In der Dissertation wird daher der PSO-Algorithmus mit dem Ziel modifiziert, auch diese pathologische Konfiguration überwindbar zu machen, gleichzeitig aber das Verhalten des Schwarms und damit seine Stärken möglichst wenig zu verändern. Das führt zu folgendem, modifiziertem PSO-Algorithmus.

Definition 4 (Modifizierte PSO). *Für beliebig kleines, aber festes $\delta > 0$ wird die modifizierte PSO durch dieselben Bewegungsgleichungen wie die klassische PSO (siehe Abschnitt 1.2) definiert, wobei lediglich das Geschwindigkeitsupdate wie folgt geändert wird.*

$$V_{t+1}^{n,d} = \begin{cases} (2 \cdot r_t^{n,d} - 1) \cdot \delta, \\ \quad \textit{falls } \forall n' \in \{1, ..., N\} : |V_t^{n',d}| + |G_{t+1}^{n',d} - X_t^{n',d}| < \delta, \\ \chi \cdot V_t^{n,d} + c_1 \cdot r_t^{n,d} \cdot (L_t^{n,d} - X_t^{n,d}) + c_2 \cdot s_t^{n,d} \cdot (G_{t+1}^{n,d} - X_t^{n,d}), \\ \quad \textit{sonst.} \end{cases}$$

In Worten: Sobald in einer Dimension die Summe aus Geschwindigkeit und Abstand zwischen Position und globalem Attraktor für jedes Partikel unterhalb einer festen Grenze δ liegt, wird die neue Geschwindigkeit zufällig gleichverteilt aus dem Intervall $[-\delta, \delta]$ ermittelt. Dadurch wird das oben angesprochene Phänomen vermieden, denn nun ist das Potential stochastisch nach unten beschränkt. Dadurch wird allerdings auch die Möglichkeit einer Konvergenz des Schwarms geopfert, lediglich die Attraktoren können noch konvergieren. Experimente legen jedoch den Schluss nahe, dass die Modifikation nur sehr selten zur Anwendung kommt, solange der globale Attraktor noch weiter als δ vom Optimum entfernt ist. Folglich bleibt das Schwarmverhalten erhalten, die Modifikation führt nur zur Vermeidung vorzeitig stagnierender Dimensionen, ohne die gesamte Schwarmbewegung zu bestimmen.

Mit ähnlicher Vorgehensweise wie im 1-dimensionalen Fall wird in der Dissertation nun folgendes Resultat bewiesen.

Theorem 3. *Falls $f \in \mathbb{F}$ und zusätzlich stetig differenzierbar, dann gibt es Parameter für die Bewegungsgleichungen des modifizierten PSO-Algorithmus, so dass fast sicher jeder Häufungspunkt von $(g_t)_{t \in \mathbb{N}}$ ein lokales Minimum von f ist.*

4 Zusammenfassung und Ausblick

Die Dissertation erweitert das Verständnis der Partikelschwarmoptimierung, indem sie Einblicke liefert, unter welchen Bedingungen die Partikel ein lokales Optimum finden. Sie beweist, dass Partikelschwarmoptimierung bei der Bearbeitung einer 1-dimensionalen Zielfunktion fast sicher ein lokales Optimum findet. Außerdem wird gezeigt, dass die Konvergenzordnung linear ist, ein im Bereich der Black-Box-Optimierung bis auf einen konstanten Faktor optimales Resultat. Schließlich wird eine Modifikation des Algorithmus vorgestellt, die es erlaubt, dass der Schwarm auch im allgemeinen D-dimensionalen Fall fast sicher ein lokales Optimum findet.

In der Literatur werden häufig zur Vereinfachung von Beweisen unbewiesene, aber entweder durch Experimente oder durch Anschauung plausible Annahmen gemacht und verwendet. Auch ist es üblich, eine Analyse auf einzelne, konkrete Zielfunktionen zu beschränken. In dieser Dissertation wurde jedoch keine derartige Vereinfachung benötigt.

Insbesondere die Anwendbarkeit der Beweistechnik, die der Laufzeitanalyse zugrunde liegt, muss nicht auf die hier vorliegende Analyse beschränkt bleiben.

Literaturverzeichnis

[EK95]   Eberhart, Russell C.; Kennedy, James: A New Optimizer Using Particle Swarm Theory. In: Proceedings of the 6th International Symposium on Micro Machine and Human Science. S. 39–43, 1995. doi:10.1109/MHS.1995.494215 .

[Ha82]   Hajek, Bruce: Hitting-Time and Occupation-Time Bounds Implied by Drift Analysis with Applications. Advances in Applied Probability, 14(3):502–525, 1982.

[He10]   Helwig, Sabine: Particle Swarms for Constrained Optimization. Dissertation, Department of Computer Science, University of Erlangen-Nuremberg, 2010. urn:nbn:de:bvb:29-opus-19334.

[JLY07] Jiang, Ming; Luo, Yupin P.; Yang, Shiyuan Y.: Particle Swarm Optimization – Stochastic Trajectory Analysis and Parameter Selection. In (Chan, Felix T. S.; Tiwari, Manoj Kumar, Hrsg.): Swarm Intelligence – Focus on Ant and Particle Swarm Optimization, S. 179–198. I-TECH Education and Publishing, 2007.

[KE95]   Kennedy, James; Eberhart, Russell C.: Particle Swarm Optimization. In: Proceedings of the IEEE International Conference on Neural Networks. Jgg. 4, S. 1942–1948, 1995. doi:10.1109/ICNN.1995.488968 .

[Sc15]   Schmitt, Berthold Immanuel: Convergence Analysis for Particle Swarm Optimization. Dissertation, Department of Computer Science, University of Erlangen-Nuremberg, 2015. urn:nbn:de:bvb:29-opus4-61621.

[SW13]   Schmitt, Manuel; Wanka, Rolf: Particle Swarm Optimization Almost Surely Finds Local Optima. In: Proc. 15th Genetic and Evolutionary Computation Conference (GECCO). S. 1629–1636, 2013. doi:10.1145/2463372.2463563.

Manuel Schmitt hat Mathematik und Informatik an der Friedrich-Alexander-Universität Erlangen studiert und 2012 mit dem Diplom in Mathematik und der ersten Staatsprüfung für das Lehramt in Mathematik und Informatik, jeweils mit Auszeichnung, abgeschlossen. Nach dem Studium war er dort als wissenschaftlicher Mitarbeiter tätig, wo er im Bereich der theoretischen Informatik forschte und lehrte. Im Rahmen dieser Tätigkeit entstand unter anderem gemeinsam mit Rolf Wanka die Veröffentlichung [SW13], wofür den Autoren der Best Paper Award verliehen wurde.

Verbesserung der Programmierbarkeit und Performance-Portabilität von Manycore-Prozessoren[1]

Michel Steuwer[2]

Abstract: Parallele Prozessoren sind heutzutage, in allen Arten von Rechnersystemen zu finden: von großen Datenzentren bis zu den kleinsten mobilen Geräten. Die Programmierung dieser modernen parallelen Rechnersysteme ist aufwändig und fehleranfällig. Um optimale Performance zu erreichen, muss Software zusätzlich speziell angepasst werden. Dabei muss dieser Optimierungsprozess zurzeit für jede neue Prozessorarchitektur wiederholt werden, d.h. Performance ist nicht portabel.

Diese Dissertation widmet sich diesen zwei zentralen Herausforderungen der parallelen Programmierung. Das entwickelte und implementierte SkelCL Programmiermodel verbessert die *Programmierbarkeit* moderner paralleler Prozessoren mithilfe wiederkehrender paralleler Muster (sog. algorithmische Skelette). In der Dissertation wurde zusätzlich eine neuartige Technik zur Codegenerierung entworfen, basierend auf formell definierten Transformationsregeln, die *Performance-Portabilität* ermöglicht. Ausgehend von einem nachweislich korrekten und portablen Programm wird automatisch hardware-spezifischer und hoch-effizienter paralleler Code generiert.

1 Einführung

Die Architekturen von Rechnersystemen haben sich in den vergangenen 20 Jahren einem drastischen Wandel unterzogen, um den gestiegenen Anforderungen an Performance und Energieeffizienz Rechnung zu tragen. Prozessoren mit einer Vielzahl von *Kernen* sind, in der Form von Multicore-CPUs und Manycore-GPUs (Graphics Processing Units), nicht mehr nur in Hochleistungsrechnern zu finden, sondern auch in herkömmlichen PCs und zunehmend sogar in mobilen Geräten. Die Programmierung dieser hoch-parallelen Systeme stellt eine erhebliche Herausforderung der praktischen Informatik dar.

Die zurzeit am Weitesten verbreiteten Programmieransätze, wie softwareseitiges Multi-threading für Multicore-CPUs oder OpenCL und CUDA für Manycore-GPUs, bieten ein niedriges Programmierniveau, welches die Softwareentwicklung kompliziert und aufwändig macht. Um ein funktional korrektes Programm zu entwickeln, müssen Programmierer Probleme wie Deadlocks und Race Conditions beachten und eigenständig lösen oder vermeiden. Die Entwicklung hoch performanter Software stellt eine sogar noch größere Herausforderung dar, weil diese eine genaue Kenntnis der Prozessorarchitektur voraussetzt. Dabei sind Optimierungen um hohe Performance zu erreichen häufig spezifisch für eine spezielle Prozessorarchitektur. Um die bestmögliche Performance zu erreichen, sind Programmierer daher gezwungen, den aufwändigen Optimierungsprozess für jede neue Prozessorarchitektur zu wiederholen.

---

[1] Englischer Titel der Dissertation: *"Improving Programmability and Performance Portability on Many-Core Processors"* [St15a]

[2] The University of Edinburgh, Scotland, UK, michel.steuwer@ed.ac.uk

Diese Dissertation widmet sich diesen zwei zentralen Herausforderungen der parallelen Programmierung: erstens, der vereinfachten *Programmierbarkeit* moderner paralleler Rechnersysteme und zweitens, der *Performance-Portabilität* von Software auf unterschiedlichen Prozessorachitekturen.

In Abschnitt 3 stellen wir das neue SkelCL Programmiermodel vor, welches sich der Herausforderung der *Programmierbarkeit* annimmt. SkelCL vereinfacht die Programmierung von Systemen mit mehreren Manycore-GPUs mithilfe von drei zentralen Features: erstens, die Speicherverwaltung wird durch speziell implementierte *Datencontainer* vereinfacht; zweitens, Berechnungen werden mithilfe wiederkehrender Muster der Parallelität (sog. *algorithmische Skelette*) strukturiert ausgedrückt; drittens, sog. *Distributions* beschreiben deklarativ die Aufteilung der Datencontainer auf die Speicherbereiche mehrerer GPUs. Das SkelCL Programmiermodel ist als eine Software-Bibliothek, kombiniert mit einem eigenen Compiler, implementiert. Der Compiler ermöglicht eine weitgehende Integration mit der Programmiersprache C++, die besonders bei High-Performance Anwendungen verbeitet ist. Unsere Evaluation zeigt, dass SkelCL den Aufwand der GPU Programmierung drastisch reduziert und eine vergleichbare Performance mit manuell optimierten Implementierungen erreicht.

In Abschnitt 4 präsentieren wir einen neuartigen Ansatz zur Codegenerierung, der die Herausforderung der *Performance-Portabilität* in Angriff nimmt. *Parallele high-level Muster* werden zur algorithmischen Beschreibung von Berechnungen genutzt. Neuartige *parallele low-level Muster* beschreiben das OpenCL Programmiermodel in einer strukturierten Art und Weise. Formal definierte semantik-erhaltende *Transformationsregeln* ermöglichen das Umwandeln von abstrakten high-level Programmen in konkrete, OpenCL-spezifische Programme, welche unmittelbar und mit hoher Performance auf GPUs ausgeführt werden können. Die Transformationsregeln drücken dabei sowohl algorithmische Möglichkeiten bei der Implementierung, als auch hardware-spezifische Optimierungen aus. Da häufig mehrere alternative Transformationsregeln angewendet werden können, ergibt sich ein Suchraum, in dem wir mithilfe einer einfachen automatischen Suchstrategie nach der besten OpenCL Implementierung für eine spezifische GPU suchen können. Wir zeigen formell die Korrektheit der semantik-erhaltenden Transformationsregeln und demonstrieren in einer praktischen Evaluation, dass unser Ansatz, ausgehend von portablen abstrakten Programmen, hardware-spezifischen und hoch effizienten OpenCL Code generiert und damit Performance-Portabilität erreicht.

In nächsten Abschnitt beschreiben wir zunächst nötiges Hintergrundwissen zur Programmierung von Manycore-Prozessoren, welches unsere Forschung motiviert.

2 Hintergrund: Manycore-Prozessoren und Ihre Programmierung

Traditionell wurde die Performance von Mikroprozessoren hauptsächlich durch die Erhöhung der Taktrate sowie die Optimierung des Ausführungsablaufens und von Cache-Speichern verbessert. Diese Entwicklung hat sich vor ungefähr 10 Jahren grundsätzlich geändert, wie in Abbildung 1 zu sehen ist. Während die Anzahl der Transistoren weiterhin gemäß dem Mooresches Gesetz zunimmt, erreichten Taktrate und Energieverbrauch

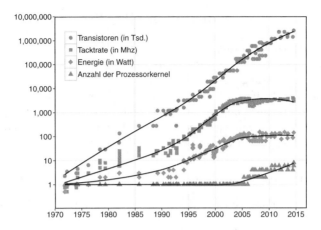

Abbildung 1: Entwicklung von Intel CPUs von 1970 bis 2015. Während die Anzahl von Transistoren weiter exponentiell zunimmt, erreichten Taktrate und Energieverbrauch 2005 ein Plateau. Um die Performance weiter zu steigern, entstanden Multicore-Prozessoren. Abbildung inspiriert von [Su05].

um 2005 ein Plateau. Um die Performance von Prozessoren trotzdem weiter zu steigern, wurden *Multicore-Prozessoren* entwickelt, welche aus mehreren unabhängig operierenden *Kernen* bestehen. Diese Kerne werden zumeist mithilfe von *softwareseitigem Multithreading* explizit programmiert. Diese vorherrschende Art der Programmierung hat sich leider als extrem aufwändig und fehleranfällig erwiesen.

Als eine energieeffiziente Alternative zu Multicore-CPUs haben sich Manycore-GPUs hervorgetan. Ursprünglich zur beschleunigten Berechnung von 3D Grafikszenen entwickelt, ermöglichen moderne GPUs die Ausführung beinahe beliebiger Berechnungen. GPU Prozessorarchitekturen sind für einen hohen Durchsatz von Berechnungen optimiert und in der Lage tausende von Threads zeitgleich in Hardware auszuführen. Dadurch sind GPUs besonders für datenparallele Anwendungen geeignet.

Zur Programmierung von GPUs werden spezifische Programmieransätze verwendet, wobei CUDA und OpenCL die beiden am weitesten Verbreiteten sind. Der Programmierer schreibt spezielle Funktionen, die *Kernel* genannt werden, welche parallel von der GPU ausgeführt werden. Innerhalb des Kernels wird i.d.R. eine eindeutige Thread-Identifikationsnummer verwendet um Berechnungen auf Threads aufzuteilen. Neben den gleichen Problemen des softwareseitigem Multithreadings erfordert die GPU Programmierung zusätzlich das Schreiben von Verwaltungscode der die Ausführung des Kernels auf der GPU organisiert und explizit Daten zwischen der CPU und GPU austauscht. Das Entwickeln von optimierten GPU Anwendungen ist selbst für erfahrene Softwareentwickler eine schwierige Herausforderung, da es genaue Kenntnis der Funktionsweise von GPUs voraussetzt. Darüber hinaus sind viele Optimierungen spezifisch für eine spezielle GPU Architektur, wodurch Performance nicht portabel zwischen unterschiedlichen GPUs oder gar Multicore-CPUs ist. Dadurch müssen zurzeit Optimierungen aufwendig manuell angepasst werden, um die bestmögliche Performance zu erreichen.

3 SkelCL – Ein neuer Ansatz zur GPU-Programmierung

SkelCL ist ein Programmiermodel welches ein hohes Abstraktionsniveau bei der Programmierung von multi-GPU Systemen erlaubt [SKG11]. Durch das Vermeiden von Problemen der Programmierung auf niedrigem Abstraktionsniveau wird die GPU Programmierung signifikant vereinfacht. Im Folgenden stellen wir zunächst das Programmiermodel vor bevor userer Implementierung und Integration des Modells in C++ beschrieben werden. Schließlich evaluieren wir die verbesserte Programmierbarkeit und Performance, die durch SkelCL erreicht werden.

3.1 Das SkelCL Programmiermodel

Das SkelCL Programmiermodel bietet drei zentrale Features, die hier vorgestellt werden.

Parallele Datencontainer In OpenCL müssen Daten explizit zwischen dem Hauptspeicher und dem Speicher der GPU ausgetauscht werden. Die somit notwendige manuelle Programmierung der GPU Speicherverwaltung und des Datenaustausches ist aufwendig und fehleranfällig. SkelCL bietet alternativ dazu eigene parallele Datencontainer, welche auf der CPU und GPU zur Verfügung stehen. Daten werden transparent und automatisch zwischen den Speichern der CPU und GPU transferiert. SkelCL implementiert dazu ein träges (eng. *lazy*) Kopierverfahren, welches Daten nur bei Bedarf überträgt und dadurch unnötige Datentransfers zur Laufzeit vermeidet.

Algorithmische Skelette Um das Abstraktionsniveau zu erhöhen, stellt SkelCL vorgefertigte Muster der parallelen Programmierung, sogenannte *algorithmische Skelette* [Co91], bereit. Dabei spezifiziert ein algorithmisches Skelett nur das Gerüst der parallelen Ausführung von benutzerdefiniertem Code. Formell ist ein algorithmisches Skelett eine Funktion höherer Ordnung, welche vom Programmierer für seine spezielle Anwendung angepasst (instanziiert) wird. Dabei bietet SkelCL effiziente GPU-Implementierungen der vier klassischen datenparallelen Skelette *map*, *zip*, *reduce* und *scan* und führt darüber hinaus zwei neue algorithmische Skelette ein. Das *allpairs* Skelett stellt eine Verallgemeinerung der Matrixmultiplikation dar. Das *stencil* Skelett erleichtert die Programmierung von Stencil-Anwendungen welche häufig in der Bildverarbeitung und bei der Lösung partieller Differentialgleichungen auftreten.

Distributions Bei der Verwendung von mehreren GPUs müssen häufig Daten zwischen den einzelnen GPUs ausgetauscht werden. Die Implementierung eines effizienten Datenaustausches mit OpenCL ist aufwändig und fehleranfällig, da die Aktionen von CPU und mehreren GPUs aufeinander abgestimmt werden müssen. SkelCL bietet sogenannte *Distributions* an, um die Verteilung von Daten auf mehrere GPUs deklarativ zu beschreiben. Während in OpenCL der Datentransfer aus vielen einzelnen Schritten besteht, wird in SkelCL ein Datentransfer indirekt durch das Ändern der Distribution eines Datencontainers ausgelöst. SkelCL bietet drei allgemeine Distributions: *single* – um die Daten auf einer einzelnen GPU zu halten, *block* – um die Daten in Blöcken auf mehrere GPUs aufzuteilen, und *copy* – um die Daten auf alle GPUs zu kopieren. Für das stencil Skelett existiert eine spezielle *overlap* Distribution, welche die Daten in überlappenden Blöcken auf die GPUs verteilt.

3.2 Implementierung von SkelCL in der Programmiersprache C++

Die Implementierung des SkelCL Programmiermodels besteht aus einer Software-Bibliothek, kombiniert mit einem selbst implementierten Compiler, welcher eine weitgehende Integration mit der Programmiersprache C++ erlaubt.

In Listing 1 ist als Beispiel die Berechnung des klassischen Skalarprodukts gezeigt, welches sich als die Summe zweier paarweise multiplizierten Vektoren berechnet: $\sum_i a_i * b_i$. In SkelCL kann dies durch die zwei algorithmischen Skelette *zip* und *reduce* dargestellt werden. Nach der Initialisierung von SkelCL in Zeile 4 werden in Zeilen 6 und 7 die zwei algorithmischen Skelette erzeugt. Das `zip` Skelett wendet die benutzerdefinierte Funktion paarweise auf die Elemente zweier Vektoren an. Im Beispiel wird das Skelett mit der Multiplikation instanziiert, so dass zwei Vektoren paarweise multipliziert werden. Das `reduce` Skelett wird mit der Addition instanziiert, um alle Elemente eines Vektors aufzusummieren. Die angepassten Skelette werden in Zeile 10 auf die zwei Vektoren A und B angewendet, welche zuvor in Zeile 9 erzeugt wurden. Neben dem eindimensionalen `Vector` Datencontainer, bietet SkelCL auch einen zweidimensionalen `Matrix` Container an. Das gezeigte Programm kann auf einer oder auch auf mehreren GPUs ausgeführt werden. Wird für die Datencontainer keine explizite Distribution angegeben, so wird als Standardverteilung *block* ausgewählt.

SkelCL ermöglicht die Verwendung moderner C++ Features, wie z.B. Lambda-Ausdrücke welche in Zeilen 6 und 7 zu sehen sind und die Anpassung der algorithmischen Skelette erheblich vereinfachen. In OpenCL wird jedoch der Quellcode des Kernels als Strings erwartet, welche zur Laufzeit in ausführbaren Code übersetzt werden. Um dieses Problem zu lösen, übersetzt unser selbst implementierter auf der LLVM-Infrastruktur basierender Compiler den gezeigten Quellcode in Listing 1 in einer Form, in der die Multiplikations- und Additionsfunktionen als Strings dargestellt werden. Diese werden dann von der SkelCL Bibliothek zur Laufzeit mit einer vorgefertigten Implementierung der algorithmischen Skelette zu OpenCL Kerneln kombiniert und schlussendlich ausgeführt.

```
1  #include <SkelCL/SkelCL.h>
2
3  float dotProduct(const float* a, const float* b, int n) {
4    skelcl::init();
5
6    auto mult = zip([](float x, float y) { return x*y; });
7    auto sum  = reduce([](float x, float y) { return x+y; }, 0);
8
9    Vector<float> A(a, a+n); Vector<float> B(b, b+n);
10   Vector<float> C = sum( mult(A, B) );
11   return C.front(); }
```

Listing 1: Berechnung des Skalarprodukts zweier Vektoren in SkelCL. Die Berechnung wird transparent auf einer oder mehrerer GPUs ausgeführt.

3.3 Evaluation der Programmierbarkeit und Performance von SkelCL

Zur Evaluation der Programmierbarkeit haben wir als einfache Metrik die Anzahl der Quellcodezeilen gewählt. Abbildung 2 zeigt für fünf Anwendung aus unterschiedlichen Anwendungsbereichen, dass SkelCL Programme in der Regel erheblich kürzer sind als entsprechende OpenCL Programme. Dies gilt sowohl für die Ergebnisse einfacher Benchmark Anwendungen, wie die Berechnung der Mandelbrot Menge, als auch für komplexe Anwendungen aus der realen Welt z.B. die LM OSEM Anwendung aus der medizinischen Bildgebung. Auffallend ist, dass vor allem der CPU Code Anteil erheblich verringert wird. In OpenCL entspricht dies dem Verwaltungscode, welcher in SkelCL fast vollständig entfällt. Die gezeigten SkelCL Programme können ohne Änderungen auf mehreren statt einer GPU ausgeführt werden, während in OpenCL dafür zusätzliche Codezeilen nötig sind.

Abbildung 3 zeigt die erreichte Performance von SkelCL im Vergleich zu OpenCL für sechs Anwendungen. Bis auf die Skalarprodukt Anwendung, erreichen die SkelCL Programme Performance die vergleichbar mit manuell optimierten OpenCL Programmen ist. Dabei sind die SkelCL Programme jedoch (wie in Abbildung 2 zu sehen) deutlich kürzer und durch das höhere Abstraktionsniveau viel einfacher zu programmieren und zu verstehen. In der OpenCL Implementierung des Skalarprodukts wird ein einzelner Kernel gestartet, während in SkelCL zwei getrennte Kernel ausgeführt werden, was den Performance Unterschied erklärt. Im folgenden Abschnitt 4 werden wir eine neuartige Technik zur Generierung von OpenCL Code vorstellen, welche auch für das Skalarprodukt effizienten Code generiert.

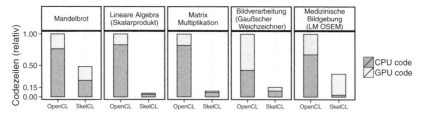

Abbildung 2: Programmieraufwand von SkelCL im Vergleich zu OpenCL. Alle untersuchten Programme sind mehr als 50% kürzer in SkelCL als in OpenCL.

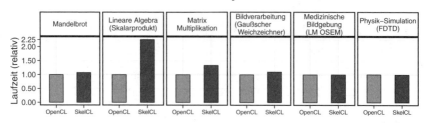

Abbildung 3: Performance von SkelCL im Vergleich zu OpenCL. Für alle untersuchten Programme (bis auf das Skalarprodukt) erreicht SkelCL vergleichbare Performance wie OpenCL. In Abschnitt 4 wird eine Technik vorgestellt um die Performance der Skalarprodukt Anwendung zu verbessern.

4 Ein neuer Ansatz zur Performance portablen Codegenerierung

Die zurzeit vorherrschenden parallelen Programmieransätze bieten keine Performance-Portabilität, da hardware-spezifische Optimierungen manuell angewendet werden, um optimale Performance zu erreichen. In diesem Abschnitt stellen wir einen neuartigen Ansatz vor, der sich dieser Herausforderung der Performance-Portabilität annimmt [St15b]. Dazu führen wir zunächst zwei Arten von parallelen Mustern ein. High-level Muster beschreiben Programme algorithmisch. Low-level Muster drücken OpenCL-spezifische Hardware-Eigenschaften aus. Anschließend, definieren wir Regeln zur automatischen Transformation eines high-level Programms in spezifische low-level Programme. Aus diesen low-level Programmen werden schlussendlich OpenCL Kernel generiert.

4.1 Parallele high-level und low-level Muster

Unser Ansatz basiert auf parallelen Mustern, welche wir als Funktionen modellieren. Tabelle 1 zeigt die parallelen high-level Muster. In der Dissertation werden diese formell definiert und ein *dependent type system* verwendet, um die Länge von Arrays zu erfassen.

Neben den high-level Mustern definieren wir neuartige low-level Muster, welche dem OpenCL Programmiermodell nachempfunden sind. Diese sind in Tabelle 2 zu sehen. Jedes Muster drückt dabei eine spezielle Hardware-Eigenschaft aus, wie z.B. die unterschiedlichen Ebenen der Parallelität, Vektorisierung oder die Speicherhierarchie. Für jedes low-level Muster wird direkt ein enstprechendes Stück OpenCL Code generiert.

High-level Muster	Beschreibung
map	Wendet eine gegebene Funktion auf alle Elemente des Eingabearrays an.
reduce	Berechnet mithilfe eines gegebenen Operators die Reduktion des Eingabearrays.
zip	Erzeugt ein Array durch paarweises kombinieren von zwei Eingabearrays.
split	Teilt das Eingabearray in Blöcke fester Länge auf.
join	Gegenteil von *split*: fügt Blöcke wieder zu einem flachen Array zusammen.

Tabelle 1: Parallele high-level Muster zur algorithmischen Beschreibung von Programmen.

Low-level Muster	Beschreibung
map-global, *map-workgroup*, *map-local*	Jeder **globale Thread**, jede **Gruppe von Threads** oder jeder **lokale Thread** führt parallel eine Berechnung durch.
map-seq, *reduce-seq*	Führe die high-level Muster *map* und *reduce* **sequenziell** aus.
asVector, *asScalar*, *vectorize*	**Vektorisierung** von Daten und Berechnungen.
toLocal, *toGlobal*	Zur Verwendung des schnellen aber kleinen **lokalen Speichers**.
reorder-stride	Speicherzugriffe umordnen, so dass diese von der Hardware zusammengeffast werden (**memory coalescing**).

Tabelle 2: Parallele low-level Muster sind dem OpenCL Programmiermodel nachempfunden.

4.2 Transformationsregeln zur automatischen Optimierung

Der Vorteil einer formalen Definition von parallelen Mustern liegt in der Möglichkeit Programme automatisiert zu transformieren. Dazu definieren wir in der Dissertation eine Reihe von *Transformationsregeln*. Eine solche Regel beschreibt eine syntaktische Transformation des Programms, für welche bewiesen wird, dass sie die Semantik des Programms erhält. In der Dissertation sind insgesamt 29 solche Transformationsregeln definiert und deren Korrektheit formell bewiesen. Dabei unterscheiden wir zwischen zwei Arten von Regeln: erstens, Regeln welche Ausdrücke von high-level Mustern in andere high-level Muster umschreiben und dadurch algorithmische Implementierungsentscheidungen beschreiben, und zweitens, Regeln welche Ausdrücke von high-level Muster auf low-level Muster abbilden und dadurch hardware-spezifische Optimierungen ausdrücken.

Ein Beispiel einer rein *algorithmischen Transformationsregel* ist die *split-join Zerlegung*:

$$\text{map } f \text{ xs} \quad \to \quad (\text{join} \circ \text{map } (\text{map } f) \circ \text{split } n) \text{ xs}$$

Diese Regel beschreibt, dass es möglich ist, um eine Funktion f auf jedes Element des Arrays xs anzuwenden, zuerst das Array in Blöcke der Größe n aufzuteilen (*split n*) und dann durch das äußere *map* für jeden Block die (*map f*) Funktion anzuwenden bevor die Blöcke mit dem *join* Muster wieder verbunden werden. Das innere *map* wendet dabei die Funktion f auf jedes Element eines einzelnen Blocks an. Durch die Anwendung weiterer Transformationsregeln könnte das äußere *map* parallelisiert werden, das innere *map* jedoch sequenziell ausgeführt werden. In dieser Situation würde n dann den Grad der verwendeten Parallelität kontrollieren. Wir führen insgesamt 16 weitere algorithmische Regeln ein, unter anderem um verschiedene Möglichkeiten der Parallelisierung einer Reduktion zu beschreiben oder mehrere Muster zu einem einzigen Muster zu verschmelzen.

Ein Beispiel einer *hardware-spezifischen Transformationsregel* ist die Regel zur Verwendung des schnellen aber kleinen lokalen GPU Speichers:

$$\text{map-local } f \text{ xs} \quad \to \quad \text{toLocal } (\text{map-local } f) \text{ xs}$$

Diese Regel spezifiziert, dass das *toLocal* Muster nur zusammen mit *map-local* verwendet werden kann, welches den lokalen Threads in OpenCL entspricht die in einer Gruppe organisiert werden. In OpenCL ist nur innerhalb solcher Gruppen die Verwendung des lokalen Speichers erlaubt, was diese Regel formal sicherstellt. In der Dissertation sind 11 weitere hardware-spezifische Regeln beschrieben und bewiesen, welche unter anderem Vektorisierung sowie das Ausnutzen der Parallelitäts- und Speicherhierarchien von GPUs ermöglichen.

Da die Korrektheit der Transformationsregeln formal bewiesen ist können diese automatisiert angewendet werden, ohne die Semantik des ursprünglichen Programms zu verändern. Dies steht im krassen Gegensatz zu traditionellen Compilern, die optimierende Transformationen erst nach aufwändiger Analyse anwenden können. Durch die unterschiedliche Anwendung der Transformationsregeln ergibt sich ein Suchraum von unterschiedlich optimierten OpenCL Implementierungen des ursprünglichen Programms. Eine einfache Suchstrategie basierend auf dem Monte-Carlo-Algorithmus ist in der Dissertation beschrieben.

4.3 Evaluation der erreichten Performance-Portabilität

```
1  scal a xs = map (λ x. a∗x) xs
2  asum xs = reduce + 0 (map abs xs)
3  dot xs ys = reduce + 0 (map ∗ (zip xs ys))
4  gemv mat xs ys a b = map + (zip (map (scal a ∘ dot xs) mat) (scal b ys))
```

Listing 2: Lineare Algebra Anwendungen ausgedrückt durch parallele high-level Muster.

Listing 2 zeigt wie vier Anwendungen aus dem Bereich der linearen Algebra mithilfe der parallelen high-level Muster ausgedrückt werden. Ausgehend von diesen Programmen werden Transformationsregeln angewendet, um unterschiedliche algorithmische und hardware-spezifische Optimierungen vorzunehmen. Aus den umgeschriebenen low-level Programmen wird anschließend OpenCL Code generiert.

Abbildung 4 zeigt die Performance des automatisch generierten OpenCL Codes. Dabei vergleichen wir die Performance mit den hochoptimierten Software-Bibliotheken, die der jeweilige Hersteller speziell für seine Prozessoren zur Verfügung stellt. Für alle untersuchen Anwendungen erreicht – oder übertrifft – unser Ansatz die Performance der Hardware Hersteller auf ihrer eigenen Hardware: einer GPU von Nvidia, einer GPU von AMD und einer CPU von Intel. Insbesondere sehen wir, dass für das Skalarprodukt (**dot**), welche in SkelCL ursprünglich deutlich schlechtere Performance zeigte, die hohe Performance der Hersteller erreicht wird. Eine Transformationsregel zur Verschmelzung der *map* und *reduce* Muster ermöglicht die Generierung eines einzelnen effizienten OpenCL Kernels.

Die gezeigte Performance wurde durch eine vollständig automatisierte Anwendung der Transformationsregeln auf die portablen high-level Programme aus Listing 2 erreicht. Damit erreicht unser Ansatz zur Generierung von effizientem Code auf Basis von semantikerhaltenden Transformationsregeln die erwünschte Performance-Portabilität.

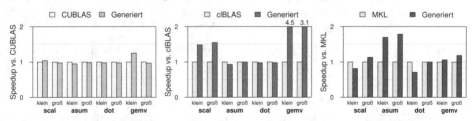

Abbildung 4: Performance des automatisch generierten OpenCL Codes im Vergleich zu den hardware-spezifischen Bibliotheken CUBLAS von Nvidia, clBLAS von AMD und MKL von Intel. In fast allen Fällen zeigt der generiert Code die gleiche oder bessere Performance. Ausgehend vom selben high-level Programm wurde für jeden Prozessor unterschiedlich optimierter Code generiert.

5 Fazit

In dieser Dissertation wurden zwei zentrale Herausforderungen der parallelen Programmierung behandelt. Unser SkelCL Programmiermodel demonstriert, dass es möglich ist die Programmierbarkeit von GPU Anwendungen signifikant zu verbessern ohne Einbußen in der Performance hinzunehmen zu müssen. Ein neuartiger Regel-basierter Ansatz erlaubt die Generierung von spezialisiertem und hoch effizientem OpenCL Code ausgehend von einem portablen high-level Programm. Dieser Ansatz demonstriert erstmals, dass das Ziel der Performance-Portabilität in der Praxis zu erreichen ist.

Durch eine Zusammenführung der beiden Ansätze liegt nahe, dass in der Zukunft eine einfachere Programmierung gekoppelt mit der Generierung von effizientem Code auf einer Vielzahl von parallelen Prozessoren möglich ist. Den Schlüssel dazu stellen die parallelen Muster dar, welche sowohl die Programmierung vereinfachen als auch eine neuartige formelle Darstellung von Optimierungen als Transformationsregeln ermöglichen.

Literaturverzeichnis

[Co91]   Cole, Murray: Algorithmic Skeletons: Structured Management of Parallel Computation. MIT Press, 1991.

[SKG11] Steuwer, Michel; Kegel, Philipp; Gorlatch, Sergei: SkelCL - A Portable Skeleton Library for High-Level GPU Programming. In: 2011 IEEE International Symposium on Parallel and Distributed Processing Workshops and Phd Forum (IPDPSW). IEEE, 2011.

[St15a] Steuwer, Michel: Improving Programmability and Performance Portability on Many-Core Processors. University of Münster, 2015.

[St15b] Steuwer, Michel; Fensch, Christian; Lindley, Sam; Dubach, Christophe: Generating Performance Portable Code using Rewrite Rules: From High-Level Functional Patterns to High-Performance OpenCL Code. In: Proceedings of the 20th ACM SIGPLAN International Conference on Functional Programming. ICFP. ACM, 2015.

[Su05]   Sutter, Herb: The Free Lunch Is Over: A Fundamental Turn Toward Concurrency in Software. Dr. Dobb's Journal, 30(3), 2005.

Michel Steuwer wurde am 21. Mai 1985 in Duisburg geboren. Nach dem Besuch der Grund- und Gesamtschule studierte er von 2005 bis 2010 Informatik mit Nebenfach Mathematik an der Westfälische Wilhelms-Universität Münster. Das Studium schloss er mit einem Diplom ab. Anschließend promovierte er unter der Leitung von Prof. Sergei Gorlatch in der Arbeitsgruppe Parallele und Verteile Systeme in Münster. Während seiner Promotion etablierte er eine erfolgreiche Kollaboration mit der University of Edinburgh, welche er mehrfach besuchte. Er verteidigte seine Disseration erfolgreich am 26. Juni 2015 welche mit der Note *summa cum laude* ausgezeichnet wurde.

Domänen-sensitives Temporal Tagging für Event-zentriertes Information Retrieval[1]

Jannik Strötgen[2]

Abstract: Da Zeit- und Ortsinformationen in beinahe allen Kontexten eine bedeutende Rolle spielen, kommen sie in Form von Zeit- und Ortsausdrücken häufig in Texten vor. Oft werden dort solche Ausdrücke benutzt, um auf etwas zu referenzieren, das irgendwann irgendwo stattfand, stattfindet, oder stattfinden wird – also um auf Events zu verweisen. Bis jetzt werden *Event-bezogene Informationsbedürfnisse* von Standardansätzen des Information Retrievals jedoch bei weitem nicht hinreichend abgedeckt. Im Rahmen der vorgestellten Dissertation wurden neuartige Frameworks entwickelt, mit denen Dokumentensammlungen in Bezug auf zeitliche, räumliche und Event-bezogene Informationen durchsucht und exploriert werden können. Eine besonders wichtige Rolle spielt dabei auch *HeidelTime*, ein domänen-berücksichtigendes, mehrsprachiges System zum Erkennen und Normalisieren von Zeitausdrücken, das im Rahmen dieser Arbeit entstanden ist und für sämtliche Domänen und Sprachen Evaluationsergebnisse erzielt, die den aktuellen Stand der Forschung widerspiegeln.

1 Einführung

Suchmaschinen wie Google oder Bing werden benutzt, um für ein bestimmtes Informationsbedürfnis, das Nutzer durch eine Suchanfrage ausdrücken, Dokumentensammlungen (z.B. das Internet) zu durchsuchen und Dokumente in nach Relevanz geordneten Ergebnislisten zu erhalten. Dabei werden diverse Informationen genutzt, um die Relevanz der Dokumente zu errechnen, z.B. der textuelle Inhalt, aber auch die Beliebtheit von Webseiten sowie Nutzerfeedback. Die Motivation des Themas der vorgestellten Dissertation liegt ebenfalls im Bereich des Information Retrievals. Dabei spielen zwei Konzepte beim Analysieren des textuellen Inhalts von Dokumenten eine zentrale Rolle: Raum und Zeit.

Räumliche und zeitliche Informationsbedürfnisse sind allgegenwärtig. So wurde in mehreren Studien gezeigt, dass viele Internetsuchanfragen räumliche und zeitliche Terme enthalten [NRD08, Zh06]. Außerdem sind räumliche und zeitliche Ausdrücke in Texten aller Art omnipräsent. Zum Beispiel werden Nachrichtentexte in der Regel an einem bestimmten Tag veröffentlicht und beschreiben, was an diesem Tag oder kurz davor bzw. danach geschehen ist oder wird. Somit kommen zeitliche Ausdrücke wie *heute*, *morgen*, *letzte Woche* oder *11. März* oft vor. Ähnliches gilt für geographische Ausdrücke wie Ortsnamen. Allerdings gilt dies nicht nur für Nachrichtentexte, sondern für Texte aller Art, beispielsweise Biographien und Dokumente über historische Geschehnisse.

Bei näherer Betrachtung erkennt man schnell, dass räumliche und zeitliche Ausdrücke nicht isoliert vorkommen, sondern häufig benutzt werden, um zu beschreiben, was an ei-

---
[1] Englischer Titel der Dissertation: „Domain-sensitive Temporal Tagging for Event-centric Information Retrieval" [St15].
[2] Max-Planck-Institut für Informatik, Saarbrücken, jannik.stroetgen@mpi-inf.mpg.de

Abb. 1: Beispiel für Herausforderungen beim Event-zentrierten Information Retrieval.

nem bestimmten Ort zu einer bestimmten Zeit passiert, also um auf *Events* zu referenzieren. Unabhängig davon, ob man eine Dokumentensammlung nach zeitlichen, räumlichen oder Eventinformationen durchsuchen möchte, ist es elementar, dass der Inhalt von Dokumenten nicht schlicht als Menge von Termen betrachtet wird, sondern deren Semantik verstanden wird. So ist es wichtig, dass eine Suchmaschine nicht nur erkennt, dass in einem Dokument ein Wort wie *morgen* vorkommt, sondern auch „weiß", was es bedeutet.

Angenommen ein Nutzer interessiert sich für Weltrekorde in einer bestimmten Region zu einer bestimmten Zeit. Für die Suchanfrage *„Weltrekord in Europa zwischen 1965 und 1974"* soll eine Suchmaschine Dokumente bewerten, von denen für zwei jeweils ein kurzer Auszug in Abb. 1(a) und 1(b) dargestellt ist. Betrachtet man nur die vorkommenden Wörter, sind beide Dokumente offensichtlich gleich relevant. Ist allerdings bekannt, dass *München* in Europa und *1972* im Zeitintervall [1965,1974] liegen (vgl. Abb. 1(c)), kann Dokument A klar als relevanter bestimmt werden. Noch schwieriger wird eine Bewertung, wenn im Text statt mit *1972* mit *10 Jahre später* auf das gleiche Jahr verwiesen würde.

Die der Dissertation zugrundeliegende Hypothese lässt sich wie folgt formulieren: (i) Wenn in Dokumenten vorkommende zeitliche und räumliche Ausdrücke erkannt und in ein Standardformat normalisiert werden, (ii) wenn Suchmaschinen einfach zu nutzende Möglichkeiten bieten, zusätzlich zu textuellen auch räumliche und zeitliche Bedingungen zu formulieren, und (iii) wenn Suchmaschinen Wissen über die hierarchische Organisation von Zeit- und Rauminformation zur Verfügung steht, dann lassen sich zeitliche, räumliche und Event-zentrierte Informationsbedürfnisse bedienen. Um diese Hypothese zu prüfen und zu bestätigen, wurden im Rahmen der Dissertation zahlreiche Beiträge geleistet:

- Entwurf und Implementierung von *HeidelTime*, einem Temporal Tagger zum Extrahieren und Normalisieren von Zeitausdrücken aus Texten verschiedener Domänen und Sprachen, dessen Qualität den aktuellen Forschungsstand widerspiegelt,

- Entwicklung des Konzeptes sogenannter *Raum-Zeit-Events* sowie die Analyse zahlreicher Verfahren ihrer Extraktion aus Texten,

- Formalisierung eines mehrdimensionalen Querymodells zur Kombination zeitlicher, räumlicher und textueller Bedingungen sowie Realisierung eines Rankingansatzes für solche Anfragen, der zusätzlich zwei Arten von Näheinformationen einbezieht,

- Frameworks zum Explorieren von aus Texten extrahierten Eventinformationen sowie Entwicklung eines Modells zur Bestimmung von Dokumentenähnlichkeiten, das allein auf zeitlichen und räumlichen Information beruht.

2 Wichtige Charakteristika Zeitlicher & Räumlicher Informationen

Es gibt drei Charakteristika zeitlicher und räumlicher Informationen, aufgrund derer diese Informationen für zahlreiche Such- und Explorationsaufgaben äußerst nützlich sind.

(i) Zeitliche und räumliche Informationen sind wohldefiniert: Gegeben zwei Zeitpunkte oder -intervalle oder zwei Ortspunkte oder -regionen, dann lässt sich ihre Beziehung identifizieren, z.b. als zeitliche Relation wie „vor", „nach" oder „überlappend" [Al83] oder als räumliche Relation wie „innerhalb", „überlappend"oder „unverbunden" [Co97].

(ii) Zeitliche und räumliche Informationen sind normalisierbar: Unabhängig der verwendeten Terme oder Sprache können zwei Ausdrücke, die auf den gleichen Ort bzw. die gleiche Zeit referenzieren, die gleichen normalisierten Werte in einem Standardformat zugewiesen bekommen.

(iii) Zeitliche und räumliche Informationen lassen sich hierarchisch organisieren: Sowohl zeitliche als auch geographische Information können verschiedene Granularitäten aufweisen. Da feingranulare Orte oder Zeiten häufig innerhalb gröbergranularer Orte und Zeiten liegen, existieren Zeit- und Raumhierarchien.

Auch für die wissenschaftlichen Beträge der hier beschriebenen Dissertation spielen diese Charakteristika eine zentrale Rolle, wie in den folgenden Kapiteln deutlich wird.

3 Temporal Tagging mit HeidelTime

Die zwei Hauptaufgaben eines Temporal Taggers sind das Erkennen von Zeitausdrücken in Texten sowie ihre Normalisierung zu Werten in einem Standardformat. Bevor jedoch der im Kontext der Dissertation entwickelte Temporal Tagger HeidelTime vorgestellt wird, werden zunächst wichtige Informationen zu Zeitausdrücken im Allgemeinen aufgezeigt, Schwachstellen verwandter Arbeiten genannt und die Wichtigkeit erläutert, warum Temporal Tagger Texte verschiedener Domänen unterschiedlich handhaben sollten.

Verschiedene Arten und Vorkommnisse von Zeitausdrücken in Texten
Zum Annotieren von Zeitausdrücken in Texten hat sich in den letzten Jahren *TimeML* (temporal markup language) als Standard herauskristallisiert [Pu10] und fast alle Ansätze zum Temporal Tagging versuchen Zeitausdrücke TimeML-folgend zu adressieren. In TimeML werden sie in vier Kategorien eingeteilt: Date, Time, Duration und Set. Zeitausdrücke, die auf einen Zeitpunkt referenzieren, fallen in die Kategorien Date (wenn die Granularität mindestens ein Tag ist) und Time (Ausdrücke feinerer Granularität). Beispiele sind *März 2010* bzw. *9 Uhr morgens*. Ausdrücke der Kategorie Duration beschreiben Zeitintervalle (z.B. *5 Monate*) und solche der Kategorie Set werden verwendet, um wiederkehrende Ereignisse zu beschreiben (z.B. *zweimal pro Woche*).

Des weiteren ist es wichtig, Ausdrücke für Zeitpunkte in Bezug auf ihre textliche Realisierung zu unterscheiden, denn diese hat direkten Einfluss auf die Schwierigkeit einen Ausdruck richtig zu normalisieren. Während in der Literatur bereits viele verschiedene Ka-

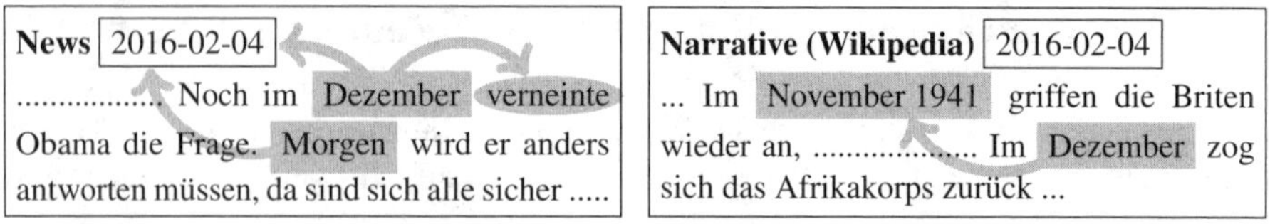

News	2016-02-04
.... Noch im Dezember verneinte Obama die Frage. Morgen wird er anders antworten müssen, da sind sich alle sicher	

Narrative (Wikipedia)	2016-02-04
... Im November 1941 griffen die Briten wieder an, ... Im Dezember zog sich das Afrikakorps zurück ...	

(a) Nachrichtenartiger Text (Dezember ist 2015-12). (b) Narrativer Text (Dezember ist 1941-12).

Abb. 2: Texte verschiedener Domänen sollten beim Temporal Tagging unterschieden werden. Die Referenzzeit für „Dezember" ist in (a) das Puklikationsdatum und in (b) ein Zeitausdruck in Text.

tegorisierungen vorgeschlagen wurden, werden Zeitausdrücke in der beschriebenen Dissertation in explizite, implizite, relative und unterspezifizierte Ausdrücke aufgeteilt. Diese vier Kategorien spiegeln unmittelbar die Schwierigkeit einer korrekten Normalisierung wider. Zur Normalisierung expliziter Ausdrücke bedarf es keiner Kontextinformationen (z.b. *Mai 1999*, 1999-05) und für implizite Ausdrücke reicht etwas Wissen aus, das nicht dem standardmäßigen Zeitwissen entspricht (z.b. zum Normalisieren von *Columbus Day 2013*, dass Columbus Day immer der zweite Montag im Oktober ist). Im Gegensatz dazu benötigt man zum Normalisieren von relativen (*gestern*, *ein Jahr später*) und unterspezifizierten Ausdrücken (*Montag*, *März*) eine Referenzzeit und für letztere zusätzlich die Relation zur Referenzzeit. Beides können – je nach Textsorte – schwer zu bestimmende Informationen sein, die jedoch für eine erfolgreiche Disambiguierung nötig sind.

Schwachstellen verwandter Arbeiten & domänenspezifische Herausforderungen
Das Hauptproblem voriger Arbeiten zu Temporal Tagging ist, dass Texte unabhängig ihrer Eigenschaften alle gleich verarbeitet wurden. Für das erfolgreiche Extrahieren und Normalisieren von Zeitausdrücken sollten Texte verschiedener Domänen jedoch unterschieden werden. In Abb. 2 ist ein Hauptproblem dargestellt. Die Referenzzeit für relative und unterspezifizierte Ausdrücke ist in Nachrichtentexten häufig das Publikationsdatum (Abb. 2(a)), aber in narrativen Texten muss sie im Text selbst identifiziert werden (Abb. 2(b)).

In einer breit angelegten Untersuchung von Korpora, die vier verschiedenen Domänen angehören (Nachrichten, Wikipedia, SMS und wissenschaftliche Publikationen zu klinischen Studien), wurden in der hier beschriebenen Dissertation zahlreiche weitere Charakteristika erkannt, die für erfolgreiches Temporal Tagging höchste Bedeutung haben. Während sie in bisherigen Ansätzen zum Temporal Tagging keine Berücksichtigung fanden, wurden nun zahlreiche Strategien für verschiedene Domänen entwickelt und in HeidelTime realisiert.

Ein weiteres Problem bisheriger Arbeiten ist, dass häufig entweder nur Englisch oder wenige weitere Sprachen adressiert wurden und bisherige Systeme nur schwer für andere Sprachen erweiterbar sind.

HeidelTime – Anforderungen & Design
Um die im Rahmen der Dissertation durchgeführte Forschung zu Event-zentriertem Information Retrieval nicht nur auf englischsprachigen Nachrichtentexten durchführen zu können, bedurfte es eines neuen Temporal Taggers. Somit wurde HeidelTime als ein System entwickelt, das folgenden Anforderungen gerecht wird:

(i) Extraktion und Normalisierung sollen von hoher Qualität sein,
(ii) hochqualitative Ergebnisse für Texte unterschiedlicher Domänen sollen erzielt werden,
(iii) zusätzliche Sprachen sollen problemlos einzubinden sein,
(iv) neue Module sollen einfach zu integrieren sein (z.b. für weitere implizite Ausdrücke),
(v) wenn nötig sollen Anpassungen und Erweiterungen einfach möglich sein.

Um die Anforderungen zu adressieren, wurde HeidelTime als regelbasiertes System entwickelt. Die Extraktion basiert auf regulären Ausdrücken, zusätzlichen linguistischen Informationen wie Wortarten, und der Möglichkeit Ressourcen (z.B. Wortlisten für nichtstandardsprachliche Terme) einzubinden. Für die Normalisierung sind domänenspezifische Strategien zur Referenzzeiterkennung realisiert, und es werden linguistische Informationen verwendet, z.b. durch Tempuserkennung. Um weitere Sprachen und Module einfach integrieren zu können, liegt zwischen sprachunabhängigen und sprachabhängigen Komponenten eine strikte Trennung vor. So können beispielsweise Ressourcen für neue Sprachen hinzugefügt werden, ohne dass der Quellcode von HeidelTime verändert werden muss.

Neben der einfacheren Erweiterbarkeit hat auch folgende Annahme dazu geführt, HeidelTime als regelbasiertes System zu entwickeln: aufgrund des relativ geschlossenen Vokabulars, mit dem Zeitausdrücke gebildet werden, sowie der Notwendigkeit Zeitausdrücke nicht nur zu erkennen, sondern auch zu normalisieren, haben regelbasierte Systeme gegenüber Machine Learning-basierten Systemen beim Temporal Tagging Vorteile. Diese Annahme konnte in zahlreichen (offiziellen) Evaluierungen belegt werden (siehe unten).

HeidelTime – adressierte Sprachen und Domänen
Während HeidelTime im Rahmen der vorgestellten Dissertation mit Strategien für vier Domänen sowie Ressourcen für zahlreiche Sprachen entwickelt wurde, hat HeidelTimes Design und wohldefinierte Regelsprache dazu geführt, dass zahlreiche externe Forscher HeidelTime nicht nur verwenden, sondern auch erweitert haben, z.B. um weitere Sprachen abzudecken (u.a. französisch [MT14]). HeidelTime unterstützt mittlerweile vier Domänen und enthält manuell erstellte Ressourcen für 13 Sprachen. Für einige davon ist HeidelTime der einzige Temporal Tagger. Außerdem wurde kürzlich eine Erweiterung präsentiert, durch die erste Ressourcen für über 200 weitere Sprachen automatisch generiert wurden [SG15].[3]

HeidelTime – Evaluierungen und Forschungswettbewerbe
Für sämtliche Sprachen und Domänen werden mit HeidelTime auf existierenden sowie im Rahmen der Dissertation erstellten und veröffentlichten Korpora Extraktions- und Normalisierungsergebnisse erzielt, die den aktuellen Stand der Forschung darstellen. Auch in Forschungswettbewerben hat HeidelTime als bestes System abgeschnitten: TempEval-2 (englisch) [Ve10], TempEval-3 (englisch, spanisch) [Uz13], EVALITA (italienisch) [Ca14]. Zusätzlich wurde in einer Kreuzevaluation gezeigt, in der HeidelTime mit Einstellungen für vier Domänen auf Korpora verschiedener Textsorten getestet wurde, dass die Berücksichtigung unterschiedlicher Domänen zu signifikaten Verbesserungen führt. Beispielsweise verbessert HeidelTime Temporal Tagging von narrativen Texten (Wikipedia) um etwa 20 Prozentpunkte (Standard-Evaluationsmaß value F1) gegenüber vorigen Ansätzen.

---

[3] HeidelTime ist frei verfügbar (GPL lizensiert), https://github.com/HeidelTime/heideltime/.

4 Raum-Zeit Events

Während es in der Literatur eine Unmenge an Eventdefinitionen und -konzepten gibt, wurde in der hier vorgestellten Dissertation das Konzept sogenannter Raum-Zeit-Events eingeführt, wonach Events lediglich als Kombination von Raum- und Zeitinformation angesehen werden ($e = \langle t, g \rangle$). Um sie aus Texten normalisiert zu extrahieren, bedarf es neben eines Temporal Taggers eines sogenannten Geotaggers, der geographische Ausdrücke erkennt und normalisiert. Im Vergleich zum Temporal Tagging spielen beim Geotagging Charakteristika verschiedener Domänen eine untergeordnete Rolle und – auch deshalb – existierten bereits gute, frei verfügbare Systeme, auf die zurückgegriffen werden konnte.

Obwohl Raum-Zeit-Events eine sehr vereinfachende Definition von Events sind, ist es doch eine sehr sinnvolle und mächtige. Neben der Tatsache, dass Events häufig zu einer bestimmten Zeit an einem bestimmen Ort stattfinden, können durch diese Betrachtung von Events auch sämtliche Eigenschaften von Orts- und Zeitinformationen auf Events angewandt werden (siehe Kap. 2). Außerdem lassen sie sich bereits mit relativ einfachen Mitteln gut erkennen. Eine Analyse zahlreicher heuristischer und linguistischer Methoden zeigte zwar, dass ein einfacher Ansatz, der alle Kookkurrenzen von geographischen und temporalen Ausdrücken in einem Satz als Events extrahiert, verbessert werden kann. Dennoch erzielt aber bereits der Kookkurrenzansatz gute Ergebnisse, die direkt für komplexere Aufgaben verwendet werden können, also z.B. für Event-zentriertes Information Retrieval. Zudem ist die Normalisierung von Events unabhängig von der Extraktionsmethode, da sie durch den Temporal Tagger und den Geotagger sichergestellt wird.

Für geographisches, temporales, und Event-zentriertes Information Retrieval sowie für verschiedene Event-zentrierte Explorationsszenarien wurden Dokument-Profile sowie einige Konzepte zum „Rechnen" mit Raum-Zeit-Informationen entwickelt.

- Gegeben eine Dokumentensammlung D, dann sind mit jedem Dokument $d \in D$ ein *temporales*, *geographisches*, und *Event-Dokument-Profil* ($tdp(d)$, $gdp(d)$, $edp(d)$) assoziiert, in denen alle aus d extrahierten Zeitausdrücke, Ortsausdrücke bzw. Events in normalisierter Form vorliegen.

- Mithilfe der *temporalen Vorgängerrelation* $\prec_T$ lässt sich die Relation zweier normalisierter Zeitausdrücke t_i und t_j, $t_i \neq t_j$, bestimmen als $t_i \prec_T t_j$ oder $t_j \prec_T t_i$.

- Mit der *geographischen Unverbundenheitsrelation* $\emptyset_G$ lässt sich formulieren, dass für zwei normalisierte geographische Ausdrücke g_i, g_j gleicher Granularität $g_i \emptyset_G g_j$ gilt, wenn $g_i \neq g_j$.

- Die temporalen und geographischen Mappingfunktionen $\alpha_T(t'_i) = t''_i$ und $\alpha_G(g'_i) = g''_i$ mappen einen normalisierten Zeit- bzw. Ortsausdruck zur nächstgröberen Granularität einer gegebenen Hierarchie.

Basierend auf den Dokument-Profilen sowie den eingeführten Relationen und Mappingfunktionen lassen sich beliebige Zeitausdrücke, Ortsausdrücke und Events miteinander vergleichen. Dies wurde in der hier vorgestellten Dissertation für zahlreiche Information Retrieval und Explorationsszenarien ausgenutzt.

5 Raum-, Zeit- & Event-zentriertes Information Retrieval

Mit textbasierten Standardansätzen des Information Retrievals lassen sich temporale, geographische und Event-bezogene Informationsbedürfnisse wie das in Kap. 1 eingeführte Beispiel kaum zufriedenstellend formulieren. Außerdem werden typischerweise bezüglich des Inhalts der Texte nur Wörter betrachtet, wodurch beispielsweise ignoriert wird, dass „1972" und „1996" Zeitausdrücke und „München" und „Atlanta" geographische Ausdrücke sind, die Teil von Intervallen bzw. Regionen sein können. Somit lässt sich das in Abb. 1(c) dargestellte Wissen gar nicht erst nutzen.

Deshalb wurden in der hier vorgestellten Dissertation ein mehrdimensionales Querymodell formalisiert, ein prototypisches graphisches Nuzterinterface für temporale und geographische Anfragen realisiert, und Rankingverfahren entwickelt, die sowohl Zeit- als auch Ortsausdrücke als besondere semantische Konzepte berücksichtigen. Zusätzlich wurden zahlreiche Explorationsszenarien entworfen, wie die gemeinsame Karten-basierte Darstellungen aller Events der relevantesten Dokumente zu einer Event-bezogenen Suchanfrage zur interaktiven Exploration relevanter Eventinformationen. Aus Platzgründen sollen im Folgenden jedoch lediglich die Motivation und Haupteigenschaften des Rankingmodells für multidimensionale Suchanfragen beschrieben sowie das Event-zentrierte Dokumentenähnlichkeitsmodell näher betrachtet werden.

Rankingmodell für temporale und geographische Suchanfragen
Wie in Kap. 1 beschrieben enthalten Suchanfragen häufig temporale und geographische Ausdrücke. Diese werden von Standard-Suchansätzen spärlich berücksichtigt. Im Gegensatz dazu wurden in Forschungsarbeiten Rankingmodelle entworfen, die Raum- und/oder Zeitkomponenten zusätzlich zur textuellen Anfrage zulassen ($q = \langle q_{text}, q_{temp}, q_{geo} \rangle$). Die zeitliche und/oder geographische Relevanz von Dokumenten wird dann zusammen mit Standardrankingverfahren für textuelle Suche in einem finalen Ranking zusammengefasst.

Vorige Arbeiten [Be10, Pu07, MMB09] betrachteten allerdings die einzelnen Komponenten der Suchanfragen unabhängig voneinander. Dies ist jedoch nicht intuitiv, da die textuelle Nähe von Wörtern $w \in q_{text}$ und Zeit- und Ortsausdrücken, die in den Intervallen und Regionen q_{temp} und q_{geo} enthalten sind, ignoriert wird. Deshalb wurde hier ein Rankingmodell entwickelt, das diese Unabhängigkeitsannahme auflöst. Neben der Entwicklung neuer Rankingverfahren für die Zeit- und Ortskomponenten, ist eine weitere Haupteigenschaft des Modells, dass belohnt wird, je näher Terme aus q_{text} und relevante Zeit- und Ortsausdrücke in den Texten vorkommen. In einer breiten Evaluierung wurde gezeigt, dass diese Modelleigenschaft zu verbesserten Rankingergebnissen beiträgt.

Event-zentriertes Modell zur Erkennung von Dokumentenähnlichkeiten
In vielen Such- und Explorationsszenarien können Informationen über Ähnlichkeiten von Dokumenten äußerst hilfreich sein. Allerdings sind Ähnlichkeitsbewertungen häufig subjektiv und Dokumente können in Bezug auf unterschiedlichste Eigenschaften als ähnlich betrachtet werden, z.B. aufgrund ihrer Sprache, ihrer Struktur, ihres Themas, enthaltener Wörter oder auch enthaltener semantischer Konzepte. Somit ist auszuschließen, dass ein einziges Ähnlichkeitsmaß als das beste oder gar als das einzig richtige angesehen werden kann. Allerdings basieren viele existierende Modelle unmittelbar auf den in den Doku-

menten enthaltenen Wörtern. Im Gegensatz dazu wurde hier ein neues Ähnlichkeitsmodell entwickelt, das allein auf aus den Texten extrahierten und normalisierten Events basiert. Dieses Event-zentrierte Ähnlichkeitsmodell ist vollständig unabhängig von den in den Dokumenten vorkommenden Wörtern und somit sogar sprachunabhängig. Das im folgenden erläuterte Modell kann deshalb als Komplement zu existierenden, Wörter-basierten Modellen angesehen werden, das neue Arten von Ähnlichkeiten aufdeckt.

Die Schlüsselidee des Modells ist, dass zunächst die Ähnlichkeiten zwischen allen Events zweier Event-Dokument-Profile $edp(d_1)$ und $edp(d_2)$ (also zweier Dokumente) bestimmt werden, diese dann sinnvoll aggregiert werden, und schließlich eine geeignete Normalisierung durchgeführt wird. Basierend auf den Konzepten der temporalen und geographischen Mappingfunktionen aus Kap. 4 – und somit auf den zugrundeliegenden Zeit- und Ortshierarchien – und unter Berücksichtigung weiterer Bedingungen werden zunächst Eventähnlichkeiten bestimmt. Sei α die Summe aller benötigten Mappingschritte, um Gleichheit zweier Events zu erhalten, sei β die maximale Anzahl der involvierten Werte einer Dimension (Raum/Zeit), und sei α_{poss} die Anzahl nach erfolgreichem Mapping noch möglicher Mappingschritte, dann lässt sich die Ähnlichkeit zweier Events bestimmen als

$$sim_e(e_1,e_2) = \frac{1}{(1+\alpha)} \times (\alpha_{poss}+1).$$

Basierend auf den Ähnlichkeiten aller Events zweier Dokumente und einiger Bedingungen für eine geeignete Kombination dieser Ähnlichkeiten sowie einer sinnvollen Normalisierung, lassen sich Event-zentrierte Ähnlichkeiten zwischen Dokumenten bestimmen mit

$$d\text{-}sim_e(d_1,d_2) = \frac{\sum_{i=0}^{n} \sum_{j=0}^{m} sim_e(e_i,e_j)}{min(n,m)},$$

wobei n, m die Anzahl der Events in $edp(d_1)$, $edp(d_2)$ sind. Aufgrund des Aufbaus des Ähnlichkeitsmodells können drei Komponenten getrennt analysiert werden: *Granularity Mapping (M)*, ohne dass nicht-identische Events stets eine Ähnlichkeit von 0 haben, *Granularity Weighting (W)*, ohne dass die ursprünglichen Granularitäten der Events nicht betrachtet werden, und *Normalization (N)*, ohne dass der aggregierte Ähnlichkeitswert nicht bezüglich der Anzahl der in den Dokumenten vorkommenden Events normalisiert wird.

Für die schwierige Aufgabe einer Evaluierung wurde zusätzlich zu einer manuellen Bewertung ein Verfahren entwickelt, das auf Grundlage eines mehrsprachigen Korpus mit sich entsprechenden Dokumenten (aus Wikipedia extrahierte Dokumente, die über Sprachlinks verknüpft sind) die Güte des Ansatzes im großen Stil bewertet. Als je ähnlicher verlinkte Dokumente erkannt werden, als desto besser wird das System bewertet. In Abb. 3 ist dargestellt, wie häufig in einem viersprachigen Korpus mit knapp 24000 Dokumenten für ein Dokument d_{org}, die sprachverlinkten Dokumente d_{link} im schlechtesten Fall den Rank k einnehmen, also $d\text{-}sim_e(d_{org},d_{link}) \leq k$. Zusätzlich zum vollständigen Modell (schwarz) werden auch die Ergebnisse des Modells mit nur je einem der drei Eigenschaften dargestellt (jeweils in grau). Dies verdeutlicht die Wichtigkeit aller drei Modellkomponenten.

Offensichtlich können mit dem neuen Modell Ähnlichkeiten zwischen Dokumenten nur berechnet werden, wenn aus beiden Dokumenten Events extrahiert wurden, wodurch sich

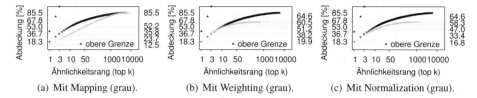

Abb. 3: Evaluierung des Gesamtmodells (schwarz) im Vergleich zu Teilmodellen.

erklären lässt, dass nur 85% der sprachverlinkten Dokumente insgesamt als ähnlich erkannt wurden. Das den in Abb. 3 dargestellten Ergebnissen zugrundeliegende Korpus ist jedoch sehr heterogen und deckt zahlreiche Wikipedia Kategorien ab. Werden stattdessen Dokumente mit typischerweise vielen Events betrachtet (bspw. basierend auf den Wikipediakategorien „Biographie" und „Geschichte"), sind die erzielten Evaluationsergebnisse noch deutlich höher [St15]. Außerdem konnte mithilfe eines Vergleichs mit einem wortbasierten Ähnlichkeitsmodell gezeigt werden, dass zu einem Großteil mit dem neuen Modell andere Dokumente als ähnlich bestimmt werden, die – wie in einer manuellen Evaluation getestet – als äußerst ähnlich betrachtet werden können.

6 Schlussfolgerungen

In der hier vorgestellten Dissertation wurden die Themen Temporal Tagging sowie temporales, geographisches und Event-zentriertes Information Retrieval adressiert. Durch die Entwicklung von HeidelTime wurde der aktuelle Forschungsstand beim Temporal Tagging vor allem bezüglich Domänenunabhängigkeit und Mehrsprachigkeit auf ein neues Level gehievt. Auch im Bereich des Information Retrievals wurden wertvolle Leistungen erbracht, etwa durch die Formulierung des mehrdimensionalen Querymodells sowie der Entwicklung eines Rankingverfahrens, das im Vergleich zu vorigen Ansätzen die unrealistische Unabhängigkeitsannahme zwischen den Dimensionen auflöst. Zusätzlich wurden nützliche Beiträge zur Event-zentrierten Dokumentenexploration geliefert, etwa durch Karten-basierte Ansätze und ein sprachübergreifendes Dokumentenähnlichkeitsmodell.

Literaturverzeichnis

[Al83] Allen, James F.: Maintaining Knowledge about Temporal Intervals. Communications of the ACM, 26(11):832–843, 1983.

[Be10] Berberich, Klaus; Bedathur, Srikanta J.; Alonso, Omar; Weikum, Gerhard: A Language Modeling Approach for Temporal Information Needs. In: ECIR'10. S. 13–25, 2010.

[Ca14] Caselli, Tommaso; Sprugnoli, Rachele; Speranza, Manuela; Monachini, Monica: EVENTI: EValuation of Events and Temporal INformation at Evalita 2014. In: EVALITA'14. 2014.

[Co97] Cohn, Anthony G.; Bennett, Brandon; Gooday, John; Gotts, Nicholas M.: Qualitative Spatial Representation and Reasoning with the Region Connection Calculus. Geoinformatica, 1(3):275–316, 1997.

[MMB09] Machado, Jorge; Martins, Bruno; Borbinha, José: LGTE: Lucene Extensions for Geo-Temporal Information Retrieval. In: GIIW'09. 2009.

[MT14] Moriceau, Véronique; Tannier, Xavier: French Resources for Extraction and Normalization of Temporal Expressions with HeidelTime. In: LREC'14. S. 3239–3243, 2014.

[NRD08] Nunes, Sérgio; Ribeiro, Cristina; David, Gabriel: Use of Temporal Expressions in Web Search. In: ECIR'08. S. 580–584, 2008.

[Pu07] Purves, Ross S.; Clough, Paul; Jones, Christopher B.; Arampatzis, Avi; Bucher, Benedicte; Finch, David; Fu, Gaihua; Joho, Hideo; Syed, Awase Khirni; Vaid, Subodh; Yang, Bisheng: The Design and Implementation of SPIRIT: a Spatially Aware Search Engine for Information Retrieval on the Internet. International Journal of Geographical Information Science, 21(7):717–745, 2007.

[Pu10] Pustejovsky, James; Lee, Kiyong; Bunt, Harry; Romary, Laurent: ISO-TimeML: An International Standard for Semantic Annotation. In: LREC'10. S. 394–397, 2010.

[SG15] Strötgen, Jannik; Gertz, Michael: A Baseline Temporal Tagger for All Languages. In: EMNLP'15. S. 541–547, 2015.

[St15] Strötgen, Jannik: Domain-sensitive Temporal Tagging for Event-centric Information Retrieval. Dissertation, Institute of Computer Science, Heidelberg University, 2015.

[Uz13] UzZaman, Naushad; Llorens, Hector; Derczynski, Leon; Allen, James F.; Verhagen, Marc; Pustejovsky, James: SemEval-2013 Task 1: TempEval-3: Evaluating Time Expressions, Events, and Temporal Relations. In: SemEval'13. S. 1–9, 2013.

[Ve10] Verhagen, Marc; Saurí, Roser; Caselli, Tommaso; Pustejovsky, James: SemEval-2010 Task 13: TempEval-2. In: SemEval'10. S. 57–62, 2010.

[Zh06] Zhang, Wei Vivian; Rey, Benjamin; Stipp, Eugene; Jones, Rosie: Geomodification in Query Rewriting. In: GIR'06. S. 23–27, 2006.

Jannik Strötgen studierte an der Universität Heidelberg Computerlinguistik und Volkswirtschaftslehre (Magister Artium, 2009). In seiner Magisterarbeit beschäftigte er sich mit heuristischen und linguistischen Methoden zur Extraktion von Relationen zwischen biomedizinischen Entitäten aus wissenschaftlichen Texten. Während seines Studiums arbeitete er als Tutor am Institut für Computerlinguistik, als studentische Hilfskraft beim Fraunhofer Institut für Algorithmen und Wissenschaftliches Rechnen (SCAI) sowie als Intern in der IT Forschungsabteilung von GlaxoSmithKline in Pennsylvania. Von 2010 bis 2015 war er Doktorand am Institut für Informatik der Universität Heidelberg, wo er seit 2009 als wissenschaftlicher Mitarbeiter am Lehrstuhl für Datenbanksysteme tätig war. Im März 2015 verteidigte er seine Doktorarbeit per Rigorosum mit summa cum laude. Nach weiteren Monaten an der Universität Heidelberg wechselte er im Oktober 2015 als Postdoc an das Max-Planck-Institut für Informatik (Saarbrücken), wo er sich vor allem den Themen Informationsextraktion und Information Retrieval widmet. Das im Rahmen seiner Dissertation entwickelte System *HeidelTime* ist frei verfügbar und erfreut sich in der Forschungsgemeinschaft großer Beliebtheit.

Herausforderungen in der Anwendbarkeit von Metriken: Bias, Effizienz und Hubness[1]

Abdel Aziz Taha[2]

Abstract: Metriken spiegeln die Ähnlichkeiten bzw. Unterschied zwischen Objekten in Merkmalräumen wider. Es gibt in dieser Hinsicht drei Hauptprobleme: Erstens existieren hunderte von Metriken, die verschiedene Aspekte der Ähnlichkeit berücksichtigen, was den Bedarf an einer formalen Auswahlmethodik für Metriken motiviert. Für dieses Problem präsentieren wir eine detaillierte Analyse von 20 Metriken und präsentieren eine neue formale Methode für Metrikauswahl vor. Zweitens gibt es rechenintensive Metriken, deren ineffiziente Laufzeit in Verbindung mit großen Objekten ein Problem darstellt. Wir schlagen einen neuen beinahe zeit-linearen Algorithmus zur Berechnung der exakten Hausdorff-Distanz zwischen beliebigen Punktwolken vor. Drittens taucht in hoch-dimensionalen Featurespaces eine Kategorie von Schwierigkeiten auf, die als *curse of dimensionality* bekannt ist. Eine dieser Schwierigkeiten ist Hubness. Wir präsentieren eine neue Erklärung für die Ursache von Hubness, die auf einem neuen Modell der Distanzstruktur in hoch dimensionalen Datenräumen beruht. Auf Grundlage dieser Erklärung leiten wir einen Schätzer für Hubness ab, bzw. schlagen wir Verfahren zur Verringerung von Hubness vor.

1 Einführung

Metriken sind Funktionen, die auf Featurespace definiert sind, um Ähnlichkeiten bzw. Unterschiede zwischen Objekten (Punktwolken) widerzuspiegeln. Es gibt hunderte von Metriken, von denen jede nur bestimmte Aspekte der Ähnlichkeit misst. Daher repräsentieren Metriken verschiedene Sichtweisen der Realität. Das resultiert aus den unterschiedlichen Sensitivitäten bzw. Biases (Verzerrungen) der Metriken, was den Bedarf an Methodik für Metrikauswahl motiviert. Als erster Teil dieses Dokuments präsentieren wir in Abschnitt 2 Lösungen, betreffend Metrikbias und Metrikauswahl: Zuerst präsentieren wir eine Analyse eines Sets von 20 Metriken für die Evaluierung medizinischer Bilder und schließen diese Analyse mit Metrik-Auswahlrichtlinien. Dann präsentieren wir eine generelle formale Methodik für Metrikauswahl zwecks Evaluierung beliebiger Objekte.

Ein anderes Problem mit Metriken ist die Effizienz der Berechnung rechenintensiver Metriken, z.B. solche, die die Abstände zwischen allen möglichen Punkt-Paaren berücksichtigen. Die Berechnung kann hier extrem ineffizient sein, insbesondere wenn Objekte verglichen werden, die aus einer enormen Anzahl von Punkten bestehen. Ein Beispiel ist die Berechnung der Hausdorff-Distanz zwischen Magnetresonanztomographiebildern (MRI). Solche Bilder können aus bis zu 200 Mio Punkten (z.B. ganz Körper MRI Images) bestehen. Wir schlagen in Abschnitt 3 einen neuen Algorithmus für Berechnung von der

---

[1] Englischer Titel der Dissertation: Addressing metric challenges: Bias and Selection - Efficient Computation - Hubness Explanation and Estimation
[2] Vienna University of Technology, Institute of Software Technology and Interactive Systems.

Hausdorff-Distanz zwischen beliebigen Punktwolken vor, welcher eine beinahe lineare Zeitkomplexität hat.

In hoch-dimensionalen Featurespaces tritt eine neue Kategorie von Problemen in Verbindung mit Metriken auf, welche als Fluch der Dimensionalität (curse of dimensionality) bekannt ist, z.B. Sparsity (Spärlichkeit), Distanz-Konzentration und Hubness. Diese Schwierigkeiten können auch als Sonderfälle der Metrik-Sensitivität (asymptotische Neigung) betrachtet werden, welche entstehen, wenn die Dimensionalität ausreichend hoch ist. Sie führen dazu, dass Metriken in IR und ML Algorithmen nicht mehr genau sind. Wir präsentieren in Abschnitt 4 eine neue Erklärung der Ursache von Hubness, die auf einem neuen Modell beruht, welches die Distanzstruktur in hoch-dimensionalen Featurespaces repräsentiert. Aufgrund dieser Erklärung leiten wir einen zeit-linearen Schätzer für Hubness ab und schlagen wir ein neues Verfahren zur Verringerung von Hubness vor.

In den nächsten Abschnitten erläutern wir diese Lösungen bündig, welche ausführlich in der Dissertation Taha [?] beschrieben sind.

2 Metrik-Bias und Metrik-Auswahl

Metrik Bias und Sensitivität stellen eine Herausforderung für Metrikauswahl dar. In diesem Abschnitt präsentieren wir eine Analyse von 20 Metriken für Validierung medizinischer Segmentierungen und eine generische Methode für die Auswahl von Evaluierungsmetriken.

2.1 Metriken für Segmentierung medizinischer Bilder

In diesem Abschnitt analysieren wir die Biases von 20 Metriken für die Validierung von Segmentierung medizinischer Bilder. Dieses Set von Metriken wurde anhand einer Literaturrecherche festgelegt, d.h. es wurden nur Metriken berücksichtigt, die häufig in diesem Gebiet angewendet werden. In dieser Analyse zeigen wir insbesondere, wie die verschiedenen Metriken unterschiedliche Sensitivitäten zu den unterschiedlichen Eigenschaften der Segmentierungen haben. Ausführliche Details über diese Analyse sind in Taha et al. [?].

2.1.1 Analyse Metrik-Eigenschaften

Der erste Ansatz der Analyse ist, die Korrelation zwischen den 20 Metriken zu überprüfen. Für diesen Zweck wurden 4833 maschinell erzeugten medizinischen Segmentierungen jeweils mit den zugehörigen Ground Truth Segmentierungen verglichen. Dies wurde unter Verwendung jeder der 20 Metriken wiederholt, und dann wurden die paarweisen Korrelationen zwischen den Metriken berechnet. Die Ergebnisse dieses Experiments zeigen, dass Metriken sich nach Korrelation in drei Gruppen teilen, wobei Metriken in der jeweiligen Gruppe stark miteinander korrelieren, jedoch mit Metriken in anderen Gruppen schwach, gar nicht oder sogar invers korrelieren. Die schwache (oder inverse) Korrelation zwischen Metriken, die in der gleichen Domain häufig benutzt werden, ist eine eindeutige Motivation für die Notwendigkeit an einer standardisierten Disziplin für Metrikauswahl.

Um die Biases und Sensitivitäten der Metriken zu verstehen, möchten wir unterschiedliche Korrelationen zwischen den Metriken zu erklären. Es läßt sich zeigen, dass es zwei unterschiedliche Kategorien von Ursachen der Korrelationsunterschied gibt.

- Ursachen in der Metrikdefinitionen: Ein tiefer Einblick in den Metrikdefinitionen zeigt, dass wir es mit drei Korrelationsgruppen mit Definitionsaspekten zu tun haben, z.B. ob die *True Negatives* in der Definition herangezogen werden oder nicht bzw. ob die Definition eine Behandlung von per Zufall erfolgter Segmentierung vorsieht oder nicht. Korrelationsunterschiede, die durch diese Kategorie von Ursachen verursacht sind, sind Metrik-charakteristisch, d.h. sie hängen nicht von den zugrundeliegenden Segmentierungen ab.

- Ursachen in den Segmentierungen: Die Metrikkorrelationen hängen auch von den validierten Segmentierungen ab. Betrachtet man z.B. die Korrelationen unter Berücksichtigung der Qualität der Segmentierungen (d.h. der durchschnittliche Überlappung zwischen Segmentierungen und Ground Truth), findet man, dass die Korrelation von der Qualität stark abhängt.

In den folgenden Paragraphen zeigen wir Beispiele, wie Eigenschaften der Segmentierungen die Resultate der verschiedenen Metriken beeinflussen und wie diese mit dem Zweck der Segmentierung zusammenhängen können.

Abgrenzungsfehler: Anatomische Strukturen können unterschiedlich komplexe Formen im Sinne der Ränder und Abgrenzungen haben. Manche sind rund und glatt, wie die Nieren, und manche haben komplexe Formen wie Adern und Blutgefäße. Metriken haben unterschiedliche Fähigkeiten Abgrenzungsfehler zu entdecken. Die Wichtigkeit der Abgrenzungsgenauigkeit hängt vom Zweck der Segmentierung ab. Wenn diese Segmentierung z.B. der Beobachtung des Fortschritts eines Tumors oder der Visualisierung eines Organs dient, könnte die Abgrenzungsgenauigkeit von Bedeutung sein. Überlappung- bzw. Volumen-basierte Metriken sind z.B. dafür nicht gut geeignet, weil Abgrenzungsfehler nicht abgefangen werden, da nur das Gesamtvolumen bzw. die Überlappung wichtig ist. Im Gegenteil sind Distanz-basierte Metriken in diesem Fall besser geeignet. Abgrenzungsgenauigkeit ist nicht immer erwünscht. Wenn die Segmentierung z.B. der Entfernung eines Tumors dient, ist die Abgrenzungsgenauigkeit weniger wichtig. Vielmehr ist hier die Recall relevant, d.h. dass die Segmentierung den gesamten Tumor enthält, damit er nicht erneut nachwachsen kann. Metriken, die Recall belohnen (z.B. mutual information), sind in diesem Fall gut geeignet.

Segment-Dichte: Abhängig von den verwendeten Methoden in den Segmentierungsalgorithmen können Segmente unterschiedlich dicht sein. Da die Dichte des Segments einen direkten Einfluss auf die Überlappung bzw. das Volumen hat, würden Überlappung- bzw. Volumen-basierte Metriken einen Algorithmus mit einer höhen Abgrenzungsgenauigkeit benachteiligen, wenn er Segmentierungen mit weniger Dichte produziert. Distanz basierte Metriken sind in diesem Fall besser geeignet.

Segmentsgröße: Je kleiner das Segment ist, desto kleiner ist die Wahrscheinlichkeit einer Überlappung, weil der Freiheitsgrad der Segmentposition großer ist. Bei sehr kleinen, z.B. punktuellen, Segmenten, ist die Wahrscheinlichkeit, dass es überhaupt keine Überlappung gibt bzw. dass die Segmente weit voneinander sind, groß. Ist das der Fall, so versagen die Überlappung- bzw. Volumen-basierte Metriken in Unterscheidung zwischen nahen und weiten Segmenten, denn in beiden Fällen ist die Überlappung null. Distanz basierte Metriken sind in diesem Fall besser geeignet.

2.1.2 Rechtlinien für Metrikauswahl

In Abschnitt 2.1.1 zeigten wir anhand von Beispielen, dass Metriken verschiedene Biases zu den Eigenschaften der validierten Segmentierungen haben. Wir zeigten auch, dass diese Biases abhängig vom Zweck der Segmentierungen erwünscht oder nicht erwünscht sein können. Generell lässt sich sagen, dass Metrikbiases nur dann erwünscht sind, wenn sie erwünschte Segmentierungs-Eigenschaften belohnen oder unerwünschte Eigenschaften benachteiligen. Diese Überlegung haben wir angestellt, um ein formales Protokoll für die Metrikauswahl für die Evaluierung medizinischer Segmentierungen zu erstellen. Dafür wurden zuerst generische Eigenschaften für Segmentierungen definiert, wie Größe, Dichte, Komplexität der Abgrenzungen, etc und dann wurden generische Anforderungen an Segmentierungs-Algorithmen definiert, z.B. genaue Abgrenzungen, Maximierung von Recall, Sensitivität zu Ausreißer, etc. Schließlich wurde ein Protokoll erstellt, das jede Metrik entweder empfehlt oder davon abrät, und zwar basierend auf dem Vorhandensein von diesen generischen Eigenschaften und Anforderungen.

2.2 Ein Framework für automatischen Auswahl von Evaluierungsmetriken

Ist ein analytisches Verfahren unbedingt notwendig, um ein Metrrikbias festzulegen? In Abschnitt 2.1.2 haben wir Metrikbiases mit Hilfe von Analyse der Metrikdefinitionen, Konstruieren von Beispielen und Heranziehen von dokumentierten Beobachtungen in der Literatur festgelegt. In diesem Abschnitt präsentieren wir eine formale Methode für die Ermittlung von Metrikbias, ohne dabei analytische Verfahren zu verwenden. Basierend auf dieser Methode, schlagen wir eine Methodik für Metrikauswahl in einem beliebigen Validierungsprozess vor. Diese Methoden haben wir in Taha et al. [?] publiziert.

Sei M eine Menge von Metriken und sei O eine Menge von Objekten unter Evaluierung. Für jedes Objekt $o_j \in O$ gibt es ein Ground truth Objekt $\hat{o}_j$ mit dem es verglichen (validiert) wird. Sei s_{ij} der Wert des Vergleichs von o_j mit $\hat{o}_j$ unter Verwendung von Metrik m_i. Weiteres sei F eine Menge von Eigenschaften (Ausprägungen), die alle oder einige der Objekte o_i aufweisen. Das Bias von Metrik m_p (die Metrik unter Prüfung) zu der Eigenschaft $f \in F$ wird in zwei Schritten, wie folgt, ermittelt:

Schritt 1, Gruppierung: Die Objekte o_j werden auf zwei Weisen zu n Untermengen gruppiert: Die erste Gruppierung G_z erfolgt zufällig, und die zweite Gruppierung G_f erfolgt nach dem Grad der Ausprägung der Eigenschaft f. Rankt man nun die Gruppen in den beiden Fallen nach ihren durchschnittlichen Metrikwerten s_{ij}, dann bekommt man von jeder Metrik m_i zwei Gruppenrankings, ein Ranking bezüglich der zufälligen Gruppierung G_z, nennen wir es R_{iz} und ein Ranking bezüglich der Gruppierung G_f, nennen wir es R_{if}, d.h. es resultieren insgesamt $2.|M|$ Rankings. Die zwei Rankings, die von der Metrik unter Prüfung (m_f) resultieren, nennen wir R_{pz} und R_{pf}.

Schritt 2, Bias Inferenz: Die Kernidee hinter Bias Inferenz ist folgende: Hat Metrik m_p kein Bias zu Eigenschaft f, so wird erwartet, dass die durchschnittliche Korrelation zwischen dem Ranking, generiert durch die getestete Metrik (m_p) und den Rankings, generiert durch die restlichen Metriken, gleich bleibt, egal ob die zufällige Gruppierung G_z oder die Gruppierung nach der Eigenschaft G_f in Betracht genommen wird. Liegt ein Unterschied in der Korrelation zwischen den beiden Fällen, dann bedeutet das, dass die Metrik m_p Bias bezüglich der Eigenschaft f hat. Die Stärke dieses Bias entspricht dem Unterschied in der Korrelation. Formal heißt das, $B(m_p, f) \approx Corr(R_{pz}, R_{iz}) - Corr(R_{pf}, R_{if})$, wobei $B(m, f)$ ist das Bias von Metrik m zu Eigenschaft f und $Corr(x, y)$ ist die durchschnittliche Korrelation zwischen Metrik x und alle anderen Metriken y.

Um nun eine Metrik aus der Menge M zu selektieren, wird für jede Metrik das Gesamtbias (Summe der Biases über alle Eigenschaften in F) berechnet, und die Metrik mit dem kleinsten Bias wird ausgewählt. Die detaillierte Form der Methode berücksichtigt Eigenschaftsgewichtung bzw. die Richtung der Bias (Belohnung oder Benachteiligung), welche aus Platzmangel hier ausgelassen wurden.

3 Effiziente Metrikberechnung

Metriken zwischen zwei Punktwolken, die auf Messung von allen paarweisen Distanzen beruhen, z.B. die Hausdorff Distanz, sind sehr zeitaufwendig, insbesondere wenn die Punktwolken enorm groß sind. In diesem Abschnitt stellen wir eine Methode für zeitlineare Berechnung der Hausdorff Distanz zwischen beliebigen Punktwolken vor.

Die Hausdorff Distanz H zwischen zwei beliebigen Punktwolken A und B ist das Maximum der Distanzen zwischen jedem Punkt $x \in A$ zu seinem nächsten Nachbarn $y \in B$. Das heißt:

$$H(A,B) = max_{x \in A} \{min_{y \in B} \{||x, y||\}\} \tag{1}$$

Wobei $||.,.||$ eine beliebige Distanz-Norm, z.B. die Euklidische Distanz, ist.

Eine naive Berechnung der HDD bedeutet das Durchlaufen zweier verschachtelter Schleifen. Die Erste (die innere Schleife) läuft über die Punktwolke B, um die nächsten Nachbarn zu finden, und die Zweite (die äußere Schleife) läuft über die Punktwolke A, um das Maximum zu finden. Das hat offenbar eine Zeitkomplexität von $O(|A|.|B|)$, was ein Effizienzproblem mit sehr großen Punktwolken bereitet. In diesem Abschnitt präsentieren wir eine zeit-lineare Berechnungsmethode der Hausdorff Distanz, welche wir in Taha et al. [?] publiziert haben.

Die vorgeschlagen HDD Berechnungsmethode basiert auf zwei Hauptstrategien, die im Folgenden kurz erläutert sind:

Das frühzeitige Brechen (*early break*): Hier werden unnötige Berechnungen vermieden, indem die innere Schleife immer unterbrochen wird, sobald festgestellt wird, dass der Rest der Schleife das Ergebnis nicht ändern kann. Das ist genau der Fall, wenn eine Distanz gemessen wird, die kleiner als die derzeitige HDD (*cmax*) ist. Das wird so erklärt: *cmax* ist das aktuelle Maximum, das als Ergebnis der Iterationen der äußeren Schleife resultiert. Da die äußere Schleife eine Maximierungsschleifen ist, bedeutet das, dass *cmax* monoton steigend ist. Nun unter der Betrachtung, dass die innere Schleifen eine Minimierungsschleifen ist, wenn in einer Iteration der inneren Schleife eine Distanz d gemessen wird, die kleiner als *cmax* ist, bedeutet das, dass diese innere Schleife sofort unterbrochen werden kann, denn das Durchlaufen dieser Schleife kann nie eine Distanz finden, die größer als *cmax* ist.

Die Randomisierung (*randomization*): Diese Strategie nutzt das Lokalitätsprinzip, um die Auswirkung vom *early break* zu maximieren, indem die Reihenfolgen der Abarbeitung in den Schleifen optimiert werden. Wir erklären das wie folgt: Wir wollen, dass das *early break* so oft wie möglich auftritt, und zwar jedes Mal möglichst früh in der inneren Schleife. Wie oben erwähnt, tritt kein early break, wenn die gemessene Distanz gr??er als *cmax* ist. Werden nun die Punkte in der natürlichen Reihenfolge (z.B. Scannen der Pixels eines Bildes von links nach rechts und von oben nach unten) abgearbeitet, dann gilt folgendes: Wenn in einer Iteration in der inneren Schleife kein *early break* auftritt, dann ist es wahrscheinlich, dass in der nachfolgenden Iteration ebenfalls kein *early breaks* wird. Deshalb schlagen wir die Randomisierung der Abarbeitungsreihenfolgen in den inneren und äußeren Schleifen vor, was die Chance für *early breaks* maximiert.

Die Anwendung von *early break*, kombiniert mit *randomization*, erzielt eine erhebliche Effizienzsteigerung gegenüber state-of-the-art Algorithmen. Der vorgeschlagene Algorithmus war in Tests (i) mit Zufallsvariablen um 4,8, (ii) mit realen medizinischen 3D Bilder um 7,8, und (iii) mit realen Straßen-Netzwerken um 30 Mal schneller als die state-of-the-art Algorithmen.

4 Formale Analyse von Hubness

Hubness ist ein Phänomen, das auftritt, wenn k-Nächst-Nachbar (*k*-NN) Algorithmen auf hoch-dimensionalen Datenräumen angewendet wird. Hubness ist durch Auftritten von Hubs gekennzeichnet. Diese sind Objekte, die weit öfter als erwartet als nächste Nachbarn von anderen Objekte gefunden werden. Unti-Hubs sind im Gegenteil Objekte, die sehr selten oder gar nicht als nächste Nachbarn gefunden.

Sei X eine Punktwolke mit $x \in X$. Wendet man nun einen k-NN Algorithmus auf X an, so definieren wir die Funktion $N_k(x)$ als die Anzahl der Punkte in X, für die x als nächster Nachbar gefunden wurde. Wir definieren Hubness als die Verzerrung (Asymmetrie) von der Verteilung der Funktion $N_k(x)$. Bitte beachte, dass die Funktion $N_k(x)$ den Werk k

als Erwartungswert hat. Nun sind Hubs Objekte, welche wesentlich weit über k mal als nächste Nachbarn gefunden werden.

In Abschnitt 4.1, präsentieren wir eine neue Erklärung für die Entstehung von Hubness, basierend auf einem neuen Modell für Distanzen in einem hoch-dimensionalen Raum. In Abschnitt 4.2 schlagen wir Applikationen vor, die auf dieser Erklärung basieren, nämlich einen Schätzer für Hubness und ein Verfahren für Hubness-Verringerung. Dieser Abschnitt ist detaillierter in Taha et al. [?] erläutert.

4.1 Entstehung von Hubness

Der begriff *distance concentration* (DC) bezeichnet ein besonderes Verhalten der Distanz im hoch-dimensionalen Raum, demzufolge die Distanz zum Mittelpunkt und die paarweise Distanz konvergieren, wenn die Dimensionalität ausreichend groß ist. Das heißt, Punkte sind (i) auf dem gleichen Abstand zueinander und (ii) auf dem gleichen Abstand zum Mittelpunkt.

Nun stellt sich die Frage, welche Distanzstruktur es in hoch-dimensionalem Raum gibt, die die Merkmale (i) und (ii) gelten lässt? In die Dissertation [?] zeigen wir mit Methoden, die aus Platzgründen hier nicht präsentiert werden können, dass die Distanz im hoch-dimensionalen Raum so konvergiert, dass die Datenpunkte nur in bestimmten Orten relativ zu den Orthants des Datenraums residieren können, sodass die Datenpunkte die Ecken eines Hyperwürfels bilden. Wir verstehen unter einem Orthant hier einen Teilraum im Hyperraum analog zu einem Quadrant im zwei-dimensionalen Raum. Abbildung 1 (A) veranschaulicht im zwei-dimensionalen Raum, wie Punkte, die in bestimmten Orten relativ zu den Quadrants residieren, ein Quadrat bilden. Offenbar gibt es 2^d Orthants in einem

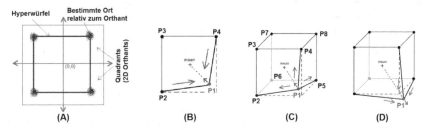

Abb. 1: Illustration von Hyperwürfel-Modell in 2D: (A) Punkte, die in bestimmten Orten relativ zu den Orthants (Quadrants) konzentriert sind, bilden die Ecken eines Hyperwürfels (Quadrat). (B) Ein Punkt, der vom Eck in Richtung Mittelpunkt abweicht, wird näher zu den benachbarten Punkten. (C), wie in (B), aber in 3D. (D) Ein Punkt, der vom Eck in Richtung nach außen abweicht, wird weiter von den benachbarten Punkten.

d-dimensionalen Raum. Berücksichtigt man nun die enorme Anzahl von Orthants in einem hoch-dimensionalen Raum (z.B. $2^{100} \approx 10^{30}$), so kann man davon ausgehen, dass in einem Orthant höchstens ein einziger Punkt residiert. Wir fassen bisher unser Modell für Distanzstruktur in hoch-dimensionalen Datenräumen so zusammen: Hoch-dimensionale Datenpunkte besetzen die Ecken eines Hyperwürfels, wobei es auf einer Ecke höchstens einen Punkt gibt. Beachten Sie, dass die Punkte nur dann exakt auf den Ecken stehen, wenn die Dimensionalität unendlich ist. In der Praxis ist sie es aber nicht. Deshalb können die Punkte von den Hyperwürfel Ecken abweichen. Ab jetzt werden wir dieses als das Hyperwürfel-Modell bezeichnen.

Nun möchten wir Hubness, basierend auf dem Hyperwürfel-Modell, erklären, wobei wir zur Illustration einen zweidimensionalen Raum betrachten. Stellen wir uns vier Punkte vor, die exakt auf den Ecken eines Quadrats stehen. Da die Abstände zwischen diesen Punkten gleich sind, erwarten wir kein Hubness, da jeder Punkt die gleiche Chance hat, als nächster Nachbar gefunden zu werden. Weil die Punkte in der Praxis nicht unbedingt exakt auf den Ecken stehen müssen, nehmen wir an, dass ein Punkt von der Ecke in Richtung Mittelpunkt abweicht, wie es Abbildung 1 (B) veranschaulicht. Das führt dazu, dass Punkt 1 näher zu Punkt 2 und 4 liegt und als ihr nächster Nachbar gilt. Daher wird P1 zu einem Hub. Wie schaut es aus, wenn wir einen dreidimensionalen Raum (also eine Dimension mehr), als in Abbildung 1 (C), betrachten? Wenn P1 aus der Würfelecke in Richtung Mittelpunkt abweicht, wird P1 diesmal näher zu drei Punkten werden, nämlich P2, P4, und P5, also um einen Punkt mehr als in 2D-Raum. Hyperwürfel-Geometrie besagt, dass ein Eck in einem d-dimensionalen Hyperwürfel mit d Kanten verbunden ist. Deshalb wird ein vom Eck in Richtung Mittelpunkt abweichender Punkt näher zu d Ecken werden und vermutlich für alle auf diesen Ecken stehenden Punkten als nächster Nachbar gelten. Das erklärt, warum Hubness mit steigender Dimensionalität stärker wird. Eine Abweichung in die Gegenrichtung, also weg vom Mittelpunkt, wie es in Abbildung 1 (D) veranschaulicht ist, wirkt umgekehrt: P1 wird in diesem Fall weiter weg von den drei benachbarten Ecken werden und gilt daher zu keinem als nächster Nachbar. P1 wird deshalb zu einem Unti-Hub.

Eigentlich können Punkte in beliebigen Richtungen abweichen. Bisher haben wir nur von Abweichungen gesprochen, die sich auf der Hyperwürfels-Achse (zum Mittelpunkt und weg vom Mittelpunkt) bewegen. Wir bezeichnen diese als die *radiale Abweichung*. Betrachten wir nun Abweichungen orthogonal dazu (normal auf die radiale Richtung). Offenbar handelt es sich hier um einen $(d-1)$-Teilraum. Wir bezeichnen diese Richtung als die *tangentiale Abweichung*.

Wie wirken tangentiale Abweichungen auf Hubness? Ein Punkt, der tangential abweicht, wird zwar näher zu einigen Ecken, aber gleichzeitig weiter von anderen Punkten werden. Statistisch gesehen hebt sich die Wirkung von tangentialer Abweichung auf, d.h der Hubness des tangential abweichenden Punktes wird dadurch nicht verändert.

Auf jeden Fall wirken viele tangentiale Abweichungen Hubness-mindernd auf andere radial abweichende Punkte. Wir erklären das so: Betrachten wir noch einmal Abbildung 1 (C) und unterscheiden wir zwischen zwei Fällen, während P1 in Richtung Mittelpunkt abweicht. Fall 1: alle anderen Punkte stehen exakt auf den Ecken, und Fall 2: viele Punkte weichen in beliebigen tangentialen Richtungen ab. Im Fall 1 wird P1 definitiv nächster Nachbar zu allen benachbarten Punkten, egal wie klein die Abweichung ist. Im Fall 2 wird dieser Effekt jedoch durch die tangentiale Abweichung geschwächt, und hängt von dem Verhältnis zwischen der radialen Abweichung und der mittleren tangentialen Abweichung ab. D.h. Man kann dieses Verhältnis als ersten groben Schätzer für Hubness nehmen, d.h.

das Hubness eines Datensatz X ist

$$Hubness(X) \approx \frac{mittlere\ radiale\ Abweichung}{mittlere\ tangentiale\ Abweichung} \quad (2)$$

Selbstverständlich können Abweichungen in beliebiger Richtung (nicht nur radial und tangential) sein, aber egal in welcher Richtung sie erfolgen, sie können immer in zwei Komponenten zerlegt werden, eine Komponente in die radiale Richtung und eine in die tangentiale Richtung.

4.2 Hubness Schätzung und Minderung

In diesem Abschnitt erläutern wir in Kürze, wie die Hubness-Erklärung im Abschnitt 4.1 verwendet wird, um zeit-lineare Hubness Schätzer zu definieren. Formel 2 besagt, dass das Verhältnis zwischen mittlerer radialen und mittlerer tangentialen Abweichung ein Indikator von Hubness ist. Anstatt die Abweichungen der einzelnen Punkte direkt zu messen, kann man die mittleren Abweichungen leichter und effizienter mithilfe von Statistiken der Distanz zum Mittelpunkt (DTM) und der paarweisen Distanz (PWD), wie folgt, schätzen:

Die mittlere radiale Abweichung: Der Varianz der DTM ist offenbar ein direkter Schätzer für den Umfang der mittleren radialen Abweichung, was leicht zu zeigen ist. Ein weiteres wichtiges Merkmal der DTM Verteilung sind Ausreißer (Outliers). Wenn Outliers auf der linken Seite der Verteilung liegen, dann weisen sie auf Punkte hin, die stark in Richtung Mittelpunkt abweichen, die also mit hoher Wahrscheinlichkeit Hubs sind. Wenn die Outliers im Gegenteil auf der rechten Seite liegen, dann weisen sie auf Unti-Hubs hin. Schließlich ist die Wölbung der DTM Verteilung ein wichtiger Indikator für den Umfang der mittleren radialen Abweichung, denn eine stark gewölbte Verteilung besteht aus zwei Teilen: (i) Eine Masse in der Mitte, die darauf hinweist, dass viele Punkte auf den Ecken konzentriert sind. (ii) Zwei relativ langen Ausläufern auf den Seiten, die darauf hinweisen, dass einige Punkte von den Ecken radial abweichen.

Mittlere tangentiale Abweichung: Der Varianz der PWD ist ein Schätzer der gesamten mittleren Abweichung (radial und tangential) und kann daher verwendet werden, um die mittlere tangentiale Abweichung zu schätzen. Da der PWD Varianz zeit komplex ist, reicht eine in linearer Zeit gerechnete Stichprobenschätzung, welche sich in den Tests als völlig ausreichend erwiesen hat.

Ein Hubness-Schätzer, basierend auf die oben genannten Statistiken, wird in linearer Zeit gerechnet und hat eine starke Korrelation mit dem naiven sehr Zeit-komplexen Algorithmus, der auf Messung von Nächst-Nachbar Listen von allen Punkten beruht.

Wir stellen eine Methode für Hubness-Minderung vor, die auf der Entfernung von den Punkten mit den höchsten Hubness-Werten aus dem Datensatz basiert. Diese Punkte können mithilfe eines Hubness-Schätzers ermittelt werden, der dazu definiert ist, um Hubness eines einzigen Punktes anstatt des gesamten Datensatzes zu schätzen. Empirische Tests mit Zufallsvariablen bzw. realen Textdaten zeigen, dass die Entfernung von wenigen Hub-Punkten (ca. 1% von dem gesamten Datensatz) zu erheblichen Hubness-Minderung führt.

5 Conclusion

Dieses Dokument fasst die Dissertation in [?] zusammen, in der Lösungen für Schwierigkeiten in der Verwendung von Metriken in Featurespaces aufgezeigt werden. Diese Lösungen liegen in drei Gebieten. Im ersten Gebiet wird eine umfassende Analyse von 20 Metriken für die Validierung von Segmentierungen medizinischer Bilder durchgeführt. Diese Metriken werden nach ihren Eigenschaften und die Korrelation zwischen ihnen analysiert. Weiteres werden zusätzlich die Zusammenhänge zwischen generischen Eigenschaften der Segmentierungen und generischen Anforderungen analysiert, um Richtlinien für Auswahl von Metriken zu definieren. Die Auswahlmethodik wird für andere Domänen in Form von einer formalen Methodik für die Metrikauswahl generalisiert. Im zweiten Gebiet wird ein zeit-linearer Algorithmus für die Berechnung des Hausdorff Distanz präsentiert, welcher allgemein und an beliebigen Punktwolken anwendbar ist. Im dritten Gebiet wird eine neue Erklärung des Hubness-Phänomens präsentiert. Basierend auf dieser Erklärung, werden Schätzer für den Umfang von Hubness von einem Datensatz bzw. von einem bestimmten Punkt vorgeschlagen. Weiters wird eine Methode für Hubness-Minderung vorgestellt, die auf der Entfernung von den Top-Hub-Punkten beruht, welche durch Einsatz des vorgeschlagenen Schätzers ermittelt werden können.

Literaturverzeichnis

[Ta15]   Taha, Abdel Aziz: Addressing metric challenges: Bias and Selection Efficient Computation Hubness Explanation and Estimation. Dissertation, Vienna University of Technology, December 2015. http://ifs.tuwien.ac.at/~taha/phd_thesis.pdf.

[TH15a] Taha, Abdel Aziz; Hanbury, Allan: An Efficient Algorithm for Calculating the Exact Hausdorff Distance. IEEE Transactions on Pattern Analysis and Machine Intelligence, 37:2153–2163, Mar 2015.

[TH15b] Taha, Abdel Aziz; Hanbury, Allan: Metrics for Evaluating 3D Medical Image Segmentation: analysis, selection, and tool. BMC Medical Imaging, 15:29, August 2015.

[THJ14] Taha, Abdel Aziz; Hanbury, Allan; Jimenez del Toro, Oscar: A Formal Method for Selecting Evaluation Metrics for Image Segmentation. In: 2014 IEEE International Conference on Image Processing (ICIP) (ICIP 2014). Paris, France, S. 932–936, okt 2014.

Abdel Aziz Taha wurde am 20. Dezember 1970 geboren. Er besuchte die Schule im Palästina (Westjordanland), wo er 1989 auch die Matura erfolgreich abschloss. Von 1992 bis 1996 absolvierte er eine Ausbildung für Elektrotechnik auf der HTL Mödling. Bis 2001 arbeitete er als Elektroingenieur im Industriebereich. Von 2002 bis 2011 arbeitete er in der Softwareentwicklung in industriellen Projekten. Parallel dazu studierte er Informatik auf der TU Wien. 2006 absolvierte er das Bakkalaureatsstudium für Technische Informatik und 2008 das Magisterstudium für Informatikmanagement. Im Jahr 2012 begann er sein Doktoratsstudium auf der TU Wien, wo er auch parallel dazu in der Forschung in der Technischen Universität Wien arbeitete. Ende 2015 schloss er sein Doktoratsstudium mit Auszeichnung ab.

Spezifikation und Verifikation von Produktlinien mit Feature-orientierten Verträgen[1]

Thomas Thüm[2]

Abstract: Variabilität ist allgegenwärtig in der heutigen Softwareentwicklung. Während Techniken zur effizienten Implementierung von Software-Produktlinien seit Jahrzehnten eingesetzt werden, waren Verifikationstechniken ein Forschungsschwerpunkt in den letzten Jahren. Wir geben eine Übersicht darüber, wie existierende Verifikationstechniken auf Produktlinien angewandt worden. Mithilfe unserer Erkenntnisse beheben wir zwei Defizite früherer Forschungsarbeiten. Einerseits untersuchen wir systematisch wie Verträge zur Produktlinienspezifikation genutzt werden können. Unsere theoretische Diskussion und praktische Evaluierung führt uns zum Konzept der Feature-orientierten Verträge. Insbesondere haben wir beobachtet, dass viele aber nicht alle Feature-orientierten Verträge dem liskovschen Substitutionsprinzip folgen. Anderseits nutzen wir Feature-orientierte Verträge zum Vergleich verschiedener Verifikationstechniken und -strategien für dieselbe Produktlinienimplementierung und -spezifikation. Bei der Kombination von Theorembeweisern und Modellprüfern konnten wir Synergien für die Produktlinienverifikation messen.

1 Einführung

Heutige Software wird meist nicht von Grund auf neu entwickelt, sondern aufbauend auf existierender Software [RC13, LC13, XXJ12, HK12, An14]. Widersprüchliche funktionale und nicht-funktionale Anforderungen zwingen Entwickler Software in Varianten zu entwickeln. Die Ähnlichkeiten und Unterschiede zwischen diesen Varianten werden mit Software-Produktlinien explizit als Features modelliert [PBvdL05, CN01]. Mit generativer Programmierung kann jedes Software-Produkt für eine gegebene Feature-Auswahl automatisch generiert werden [CE00, BSR04, Ap13]. Ein typisches Beispiel für eine Produktlinie ist ein Betriebssystem [Pa76] wie z.B. Linux, aber es gibt viele weitere Anwendungsdomänen [We08] in denen Rentabilität, Entwicklungszeit und Qualität durch Produktlinien verbessert werden können [CN01, vdLSR07, Lu07].

Software-Produktlinien werden zunehmend für sicherheitskritische Systeme eingesetzt [We08]. Existierende Verifikationstechniken wie Theorembeweisen, Modellprüfen und Typprüfung können benutzt werden, um jedes Produkt einzeln zu verifizieren. Durch die Ähnlichkeiten der Produkte entsteht dabei jedoch redundanter Verifikationsaufwand. Zudem steigt die Anzahl der generierbaren Produkte häufig exponentiell in der Anzahl der Features, sodass die Verifikation von jedem Produkt einzeln nicht skaliert [Li13]. Effizientere Ansätze wurden in verschiedenen Forschungsbereichen vorgestellt, zuerst für Modellprüfung (engl. model checking) [FK01, NCA01], dann für Typprüfung (engl.

---

[1] Englischer Titel der Dissertation: "Product-Line Specification and Verification with Feature-Oriented Contracts" [Th15]

[2] TU Braunschweig, t.thuem@tu-braunschweig.de

type checking) [APB02] und Theorembeweisen (engl. theorem proving) [Po07]. Seither wurden viele weitere Ansätze für jede Verifikationstechnik vorgeschlagen. Die dabei verwendeten unterschiedlichen Terminologien erschweren das Verständnis ihrer Unterschiede und deren systematische Anwendung in Forschung und Industrie.

Beim Erstellen einer Übersicht der Forschungsliteratur zur Produktlinienverifikation konnten wir Schwächen bisheriger Ansätze feststellen, von denen wir zwei adressieren. Erstens fokussiert die Literatur auf effizienten Verifikationstechniken wobei Spezifikationstechniken oft nicht empirisch validiert werden. Allerdings ist die Spezifikation des gewünschten Verhaltens entscheidend für viele Verifikationstechniken [CGP99, Sc01, Sm85]. Zweitens wurden Verifikationstechniken bisher nicht miteinander kombiniert, um die gleichen Eigenschaften einer Produktlinie zu überprüfen. Solche Kombinationen können jedoch die Effektivität und Effizienz der Verifikation erhöhen. Unser langfristiges Ziel ist, dass Verifikationstechniken und -strategien basierend auf statischen Eigenschaften einer Produktlinie wie die Anzahl, Größe und Kohäsion von Features empfohlen werden können. Diese Doktorarbeit liefert drei Hauptbeiträge, um dieser Vision näher zu kommen:

- Wir schlagen eine Klassifikation von Techniken zur Produktlinienverifikation vor, welche die zu Grunde liegenden Strategien zur Implementierung, Spezifikation und Verifikation identifiziert. Basierend auf unseren Einsichten beim Klassifizieren von 137 Ansätzen, entwickeln wir eine Forschungsagenda.

- Wir diskutieren systematisch, wie Methodenverträge zur Spezifikation von Produktlinien genutzt werden können. Wir präsentieren eine Taxonomie für und Mechanismen zur Feature-orientierten Vertragskomposition und evaluieren diese Anhand von 14 Produktlinien.

- Wir stellen eigene Verifikationstechniken für Feature-orientierte Verträge auf und evaluieren diese. Insbesondere konnten wir Synergien bei der Kombination von Theorembeweisern und Modellprüfern in Bezug auf die Effizienz und Effektivität für Produktlinien messen.

2 Klassifikation von Verifikationstechniken für Produktlinien

Mit Hilfe von Software-Produktlinien werden ähnliche Software-Produkte effizient und basierend auf wiederverwendbaren Artefakten erstellt. Während es eine Vielzahl von effizienten Strategien zur Implementierung von Produktlinien gibt [CE00, Ap13], ist ein aktueller Forschungsgegenstand wie Verifikationstechniken, beispielsweise Typprüfung, Datenflussanalysen, Modellprüfung und Theorembeweisen, von einzelnen Programmen auf Produktlinien skaliert werden können.

Wir klassifizieren Ansätze zur Produktlinienverifikation in drei Hauptstrategien: produktbasierte (engl. product-based), Feature-basierte (engl. feature-based) und familienbasierte Analysen (engl. family-based analyses). Mit der produktbasierten Strategie werden alle oder eine repräsentative Teilmenge der Produkte generiert und verifiziert, wobei es zu vielen redundanten Berechnungen kommt. Hingegen wird bei der Feature-basierten Strategie

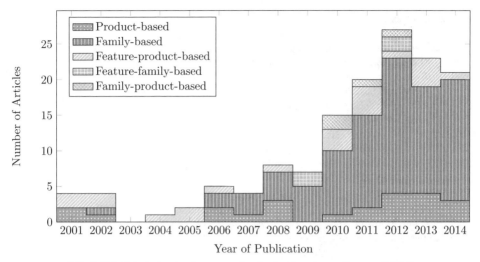

Abb. 1: Häufigkeit der Analysestrategien in der Forschungsliteratur [Th15].

jedes Features in Isolation analysiert, wodurch jedoch Fehler durch Feature-Interaktionen nicht aufgedeckt werden können. Alle Features und deren Abhängigkeiten werden bei der familienbasierten Strategie zusammen analysiert, was allerdings deutlich mehr Speicher benötigt als die anderen Strategien.

Abb. 1 zeigt, dass der Großteil der Forschungsliteratur familienbasierte und produktbasierten Strategien vorschlägt, aber die Feature-basierte Strategie in der reinen Form nie aufgetreten ist. Stattdessen konnten wir Kombinationen dieser drei Hauptstrategien ausfindig machen. Besonders häufig wurde dabei die Feature-basierte mit der produktbasierten Strategie zu einer Feature-produktbasierten Strategie kombiniert. Dabei werden erst Features in Isolation verifiziert und dann die Verifikationsergebnisse für die Verifikation aller Produkte genutzt, wo dann auch Feature-Interaktionen verifiziert werden können.

Die Klassifikation von 137 Ansätzen zur Verifikation von Produktlinien hat uns zu neuen Einsichten geführt. Erstens gibt es sehr vielfältige Ansätze die damit beworben werden, dass sie kompositional sind. Wir unterscheiden zwischen Feature-produktbasierten und Feature-familienbasierten Strategien, um zu enthüllen wie diese Ansätze mit inhärent nicht-kompositionalen Eigenschaften wie Feature-Interaktionen umgehen. Zweitens haben wir identifiziert, dass nicht alle Strategien auf alle Verifikationstechniken angewandt wurden, womit sich die Frage stellt, ob diese neuen Kombinationen prinzipiell möglich und effizient sind. Basierend auf diesen und weiteren Einsichten haben wir eine Forschungsagenda entwickelt, für die wir auf die eigentliche Doktorarbeit verweisen [Th15]. Wir hoffen, dass unsere Klassifikation die Bedeutung und Herausforderungen von Produktlinienverifikation verdeutlicht, Diskussionen mit einer gemeinsamen Terminologie vereinfacht, und Forscher motiviert neue Kombinationen zu explorieren. Wir verweisen interessierte Leser auch auf unsere Webseite wo wir neue Ansätze klassifizieren.[3]

---

[3] http://fosd.net/spl-strategies/

```
public class Graph {                                    feature module Base
  private Collection<Node> nodes;
  private Collection<Edge> edges;
  /*@ requires edge != null && nodes.contains(edge.first)
    @          && nodes.contains(edge.second);
    @ ensures hasEdge(edge); @*/
  public void addEdge(Edge edge) {
    edges.add(edge);
  }
  [...]
}
```

```
public class Graph {                                    feature module MaxEdges
  private static Integer MAXEDGES = new Integer(10);
  /*@ requires \original && MAXEDGES != null;
    @ ensures \old(edges.size()) < MAXEDGES ==> \original; @*/
  public void addEdge(Edge edge) {
    if(countEdges() < MAXEDGES)
      original(edge);
  }
}
```

Abb. 2: Beispiel für Feature-orientierte Verträge mit expliziter Vertragsverfeinerung [Th15].

3 Spezifikation mit Feature-orientierten Verträgen

Die meisten auf Produktlinien angewandten Verifikationstechniken benötigen eine Spezifikation des gewünschten Verhaltens für jedes Produkt. Während es einige Spezifikationsansätze für Produktlinien gibt, sind diese häufig nur Mittel zum Zweck und nicht empirisch validiert. Um dies zu ändern, erstellen wir die erste tiefgreifende systematische Diskussion und Evaluierung, wie Produktlinien spezifiziert werden können und sollten. Damit stellt unsere Forschung die Grundlage für andere Forschungsbereiche dar, die auch auf Spezifikationen angewiesen sind, wie beispielsweise die formale Verifikation, Feature-Interaktionserkennung, und Testfallgenerierung für Produktlinien.

Unsere Betrachtungen stützen sich auf Verträge zur Spezifikation des gewünschten Verhaltens. Verträge können genutzt werden um direkt im Quelltext Spezifikationen anzugeben und ermöglichen die Schuldzuweisung (engl. blame assignment), welche hilft die Fehlerursache zu lokalisieren [Me88, Ha12]. Die obere Hälfte in Abb. 2 zeigt ein Beispiel für einen Vertrag, welcher der Methode addEdge zugeordnet ist. So besteht ein Vertrag aus einer Vorbedingung, die der Aufrufer einer Methode sicherstellen muss und aus einer Nachbedingung, welche die Methode selbst erfüllen muss. Zudem bieten Verträge zahlreiche Verifikationsmöglichkeiten, wie beispielsweise Theorembeweisen [Bu05, BHS07, Ba11, Ha12], Modellprüfung [Ro06], Datenflussanalysen [Bu05, Ha12], Überprüfung auf Laufzeitbedingungen [Me88, Bu05, Ba11, Ha12], sowie die Testfallgenerierung [Bu05, Ha12].

In Produktlinien verhalten sich Methoden jedoch nicht immer gleich und daher muss auch Variabilität in Verträgen modelliert werden können. In Abb. 2 geben wir ein Bei-

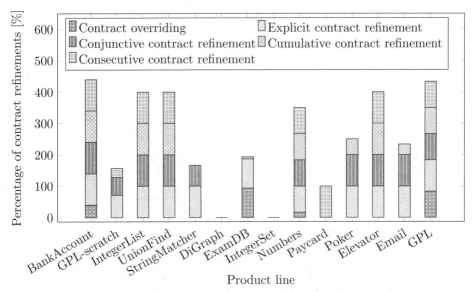

Abb. 3: Anwendbarkeit verschiedener Mechanismen für Variabilität in Verträgen [Th15].

spiel, wie die Basisimplementierung einer Klasse durch das Feature namens *MaxEdges* verändert werden kann. Dieses Beispiel bedient sich der Feature-orientierten Programmierung [Pr97, BSR04], in der Klassen auf Feature-Module aufgeteilt werden. Wenn das Feature *MaxEdges* gewählt ist, so wird die ursprüngliche Implementierung der Methode addEdge derart verändert, dass die maximale Anzahl an Kanten in einem Graph nie überschritten werden kann. Ziel der in der Dissertation vorgeschlagenen Featureorientierten Verträge ist es nun, dieses veränderte Verhalten auch zu spezifizieren. Dazu wird ein neuer Vertrag aus Vorbedingung und Nachbedingung angegeben, wobei – ähnlich wie in der Implementierung – die ursprünglichen Vorbedingung und Nachbedingung mittels Schlüsselwort original referenziert werden können.

Unser Beispiel besteht nur aus zwei Features, *Base* ist notwendig und *MaxEdges* optional, wodurch auch nur zwei verschiedene Produkte generiert werden können. Generell erlauben jedoch n optionale, unabhängige Features die Generierung von bis zu 2^n verschiedenen Produkten. Mit Feature-orientierten Verträgen können wir für jedes der Produkte auch eine maßgeschneiderte Spezifikation generieren. Die im Beispiel gezeigte explizite Vertragsverfeinerung (engl. explicit contract refinement) ist jedoch nur einer der Mechanismen, die in der Dissertation vorgestellt werden. Daneben gibt es noch einige implizite, die ohne das Schlüsselwort original auskommen, da Vorbedingungen und Nachbedingungen immer in bestimmter Weise miteinander verbunden werden (z.B. per Disjunktion oder Konjunktion). Abb. 3 zeigt wie oft jeder dieser Mechanismen auf bestimmte Verträge in verschiedenen Produktlinien angewendet werden konnte. Insbesondere wird hierbei deutlich, dass das reine Überschreiben von Verträgen (engl. contract overriding) – also explizite Vertragsverfeinerung ohne das Schlüsselwort original – meist nicht ausreicht, obwohl es oft für die aspektorientierte Programmierung vorgeschlagen wird.

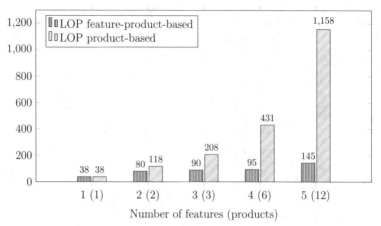

Abb. 4: Einsparung bei der Verifikation von Software-Produktlinien durch Beweiskomposition in Lines of Proof (LOP) [Th15].

4 Verifikation mit Feature-orientierten Verträgen

Da Feature-orientierte Verträge erlauben viele Produkte effizient zu spezifizieren, stellt sich natürlich auch unmittelbar die Frage, ob all diese Produkte auch ihre Spezifikation erfüllen. Wie oben erwähnt, ist jedoch die separate Verifikation von jedem einzelnen Produkt oft zu aufwändig. Insbesondere, wenn - wie bei der deduktiven Verifikation mit Theorembeweisern - Nutzerinteraktion nötig ist. Die Dissertation befasst sich im Wesentlichen mit zwei verbesserten Verifikationstechniken, die wir hier mit den Messergebnissen zusammen vorstellen wollen. Beide Techniken nutzen die deduktive Verifikation als Grundlage, da wir dies als neuen Bereich in unserer Literaturrecherche identifiziert haben.

Mit Feature-orientierten Verträgen haben wir die Feature-orientierte Programmierung um die Möglichkeit erweitert, nicht nur die Implementierung für jedes Produkt zu generieren, sondern auch die Spezifikation in Form von Verträgen. Mit der Beweiskomposition (engl. proof composition) führen wir diesen Gedanken fort und generieren auch maschinenlesbare Beweise für jedes Produkt. Dabei werden für jedes Feature Teilbeweise von Menschen geschrieben und dann zur Überprüfung für jedes Produkt kombiniert und von einem Beweisassistenten vollautomatisch überprüft. In Abb. 4 vergleichen wir die Ergebnisse der Verifikation einer Produktlinie mit Beweiskomposition, also einer Featureproduktbasierten Strategie, mit einer herkömmlichen produktbasierten Strategie. Dabei haben wir als Maß für den Aufwand zum Beweisen die Zeilen in Beweisskripten (engl. lines of proof) gezählt. Hierbei sind deutliche Einsparungen mit steigender Anzahl von Features ersichtlich; es wird somit der Aufwand beim Schreiben der Beweisskripte durch einen Menschen reduziert. Nichtsdestotrotz gibt es durch die Beweiskomposition keine Einsparung bei der Überprüfung der Beweisskripte für jedes Produkt durch ein Computerprogramm.

Um sowohl beim Beweisfinden als auch bei der Beweisüberprüfung von den Gemeinsamkeiten der Produkte zu profitieren, haben wir als weitere Technik Variabilitätskodierung

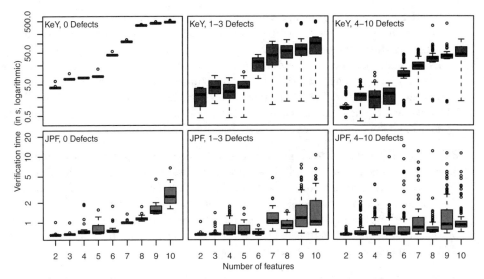

Abb. 5: Verifikationszeit mit Theorembeweisern und Modellprüfern für keine, wenig und viele Fehler in Software-Produktlinien [Th15].

(engl. variability encoding) erstmals auf deduktive Verifikation angewandt. Die Idee von Variabilitätskodierung ist es, zum Zweck der Verifikation die Variabilität zur Kompilierungszeit in Variabilität zur Laufzeit zu überführen. Dabei wird für jedes Feature eine neue boolesche Variable erzeugt, die repräsentiert ob das Feature gewählt ist oder nicht. Variabilitätskodierung ist somit eine Form der familienbasierten Analyse, bei der bestehende Verifikationswerkzeuge ohne Anpassungen für Produktlinien genutzt werden können.

In unserer Evaluierung haben wir den Theorembeweiser KeY und den Modellprüfer JPF erstmalig zur Überprüfung der gleichen Eigenschaft genutzt und verglichen. Dabei haben wir Produktlinien ohne Fehler, mit wenigen und mit vielen Fehlern in Form von Mutationen in Quelltext und Spezifikationen simuliert. In Abb. 5 zeigen wir die zur Verifikation benötigte Zeit und können dabei feststellen, dass unabhängig von der Größe der Produktlinie Fehler einen positiven Einfluss auf die Verifikationszeit haben. Für Modellprüfer entspricht das der Intuition, da die Verifikation beim ersten gefundenen Fehler abbricht und viele Fehler zu einem früheren Abbruch führen. Bei Theorembeweisern hätten wir vermutet, dass eine längere Zeit zum Beweisen nötig ist, aber intelligente Strategien zur Erkennung von Sackgassen in Beweisen resultieren ebenfalls in kürzerer Verifikationszeit.

5 Zusammenfassung

Der Erfolg von Software-Produktlinien hängt nicht nur von effizienten Techniken zur Programmgenerierung ab, sondern auch von effizienten und effektiven Verifikationsstrategien. Da Produktlinien immer mehr auch für sicherheitskritische Anwendungen eingesetzt werden, gewinnt die Verifikation von Produktlinien immer mehr an Bedeutung.

Während existierende Verifikationsansätze aus unterschiedlichen Forschungsbereichen stammen, schlagen wir eine einheitliche Terminologie vor und klassifizieren existierende Ansätze nach ihrer Strategie mit Variabilität in Implementierung, Spezifikation und bei der Analyse umzugehen. Eine interessante Einsicht ist, dass viele Arbeiten behaupten Kompositionalität zu erreichen, wobei wir zwischen kompositionaler Implementierung, kompositionaler Spezifikation und drei Arten kompositionaler Analyse unterscheiden. Unsere Klassifikation legt damit offen wie diese Ansätze mit den inhärent nicht-kompositionalen Feature-Interaktionen umgehen.

Bei unserer Literaturrecherche mussten wir feststellen, dass Spezifikationstechniken für Produktlinien bisher nur unzureichend betrachtet wurden. Daher haben wir mit Featureorientierten Verträgen erstmals systematisch diskutiert und evaluiert wie wir Produktlinien spezifizieren können. Unsere wichtigste Einsicht ist, dass viele zur Verifikation genutzte Spezifikationstechniken zu restriktiv sind und daher oft nicht angewendet werden können. Mit Feature-orientierten Verträgen ermöglichen wir verschiedene Techniken für eine Produktlinie zu kombinieren und dabei Synergien zu erreichen.

Basierend auf Feature-orientierten Verträgen haben wir Beweiskomposition und Variabilitätskodierung als zwei Techniken betrachtet, um die Verifikation jedes Produktes einzeln zu vermeiden. Dabei reduziert die Beweiskomposition nur den Aufwand beim Schreiben der Beweisskripte, während Variabilitätskodierung auch die Überprüfung der Beweisskripte beschleunigt. In beiden Fällen konnten wir jedoch drastische Verbesserungen durch das Ausnutzen der Gemeinsamkeiten messen.

Literaturverzeichnis

[An14]   Antkiewicz, Michał; Ji, Wenbin; Berger, Thorsten; Czarnecki, Krzysztof; Schmorleiz, Thomas; Lämmel, Ralf; Stănciulescu, Stefan; Wasowski, Andrzej; Schaefer, Ina: Flexible Product Line Engineering with a Virtual Platform. In: Proc. Int'l Conf. Software Engineering (ICSE). ACM, New York, NY, USA, S. 532–535, 2014.

[Ap13]   Apel, Sven; Batory, Don; Kästner, Christian; Saake, Gunter: Feature-Oriented Software Product Lines: Concepts and Implementation. Springer, Berlin, Heidelberg, 2013.

[APB02] Aversano, Lerina; Penta, Massimiliano Di; Baxter, Ira D.: Handling Preprocessor-Conditioned Declarations. In: Proc. Int'l Working Conference Source Code Analysis and Manipulation (SCAM). IEEE, Washington, DC, USA, S. 83–92, Oktober 2002.

[Ba11]   Barnett, Mike; Fähndrich, Manuel; Leino, K. Rustan M.; Müller, Peter; Schulte, Wolfram; Venter, Herman: Specification and Verification: The Spec# Experience. Comm. ACM, 54:81–91, Juni 2011.

[BHS07] Beckert, Bernhard; Hähnle, Reiner; Schmitt, Peter: Verification of Object-Oriented Software: The KeY Approach. Springer, Berlin, Heidelberg, 2007.

[BSR04] Batory, Don; Sarvela, Jacob N.; Rauschmayer, Axel: Scaling Step-Wise Refinement. IEEE Trans. Software Engineering (TSE), 30(6):355–371, 2004.

[Bu05]   Burdy, Lilian; Cheon, Yoonsik; Cok, David R.; Ernst, Michael D.; Kiniry, Joseph; Leavens, Gary T.; Leino, K. Rustan M.; Poll, Erik: An Overview of JML Tools and Applications. Int'l J. Software Tools for Technology Transfer (STTT), 7(3):212–232, Juni 2005.

[CE00]   Czarnecki, Krzysztof; Eisenecker, Ulrich: Generative Programming: Methods, Tools, and Applications. ACM/Addison-Wesley, New York, NY, USA, 2000.

[CGP99]   Clarke, Edmund M.; Grumberg, Orna; Peled, Doron A.: Model Checking. MIT Press, Cambridge, Massachussetts, 1999.

[CN01]   Clements, Paul; Northrop, Linda: Software Product Lines: Practices and Patterns. Addison-Wesley, Boston, MA, USA, 2001.

[FK01]   Fisler, Kathi; Krishnamurthi, Shriram: Modular Verification of Collaboration-Based Software Designs. In: Proc. Europ. Software Engineering Conf./Foundations of Software Engineering (ESEC/FSE). ACM, New York, NY, USA, S. 152–163, 2001.

[Ha12]   Hatcliff, John; Leavens, Gary T.; Leino, K. Rustan M.; Müller, Peter; Parkinson, Matthew: Behavioral Interface Specification Languages. ACM Computing Surveys, 44(3):16:1–16:58, Juni 2012.

[HK12]   Hemel, Armijn; Koschke, Rainer: Reverse Engineering Variability in Source Code Using Clone Detection: A Case Study for Linux Variants of Consumer Electronic Devices. In: Proc. Working Conf. Reverse Engineering (WCRE). IEEE, Washington, DC, USA, S. 357–366, 2012.

[LC13]   Laguna, Miguel A.; Crespo, Yania: A Systematic Mapping Study on Software Product Line Evolution: From Legacy System Reengineering to Product Line Refactoring. Science of Computer Programming (SCP), 78(8):1010–1034, August 2013.

[Li13]   Liebig, Jörg; von Rhein, Alexander; Kästner, Christian; Apel, Sven; Dörre, Jens; Lengauer, Christian: Scalable Analysis of Variable Software. In: Proc. Europ. Software Engineering Conf./Foundations of Software Engineering (ESEC/FSE). ACM, New York, NY, USA, S. 81–91, August 2013.

[Lu07]   Lutz, Robyn: Survey of Product-Line Verification and Validation Techniques. Bericht 2014/41221, NASA, Jet Propulsion Laboratory, La Canada Flintridge, CA, USA, Mai 2007.

[Me88]   Meyer, Bertrand: Object-Oriented Software Construction. Prentice-Hall, Inc., Upper Saddle River, NJ, USA, 1st. Auflage, 1988.

[NCA01]   Nelson, Torsten; Cowan, Donald D.; Alencar, Paulo S. C.: Supporting Formal Verification of Crosscutting Concerns. In: Proc. Int'l Conf. Metalevel Architectures and Separation of Crosscutting Concerns. Springer, London, UK, S. 153–169, 2001.

[Pa76]   Parnas, David L.: On the Design and Development of Program Families. IEEE Trans. Software Engineering (TSE), SE-2(1):1–9, Marz 1976.

[PBvdL05] Pohl, Klaus; Böckle, Günter; van der Linden, Frank J.: Software Product Line Engineering: Foundations, Principles and Techniques. Springer, Berlin, Heidelberg, September 2005.

[Po07]   Poppleton, Michael: Towards Feature-Oriented Specification and Development with Event-B. In: Proc. Int'l Working Conf. Requirements Engineering: Foundation for Software Quality (REFSQ). Springer, Berlin, Heidelberg, S. 367–381, 2007.

[Pr97]   Prehofer, Christian: Feature-Oriented Programming: A Fresh Look at Objects. In: Proc. Europ. Conf. Object-Oriented Programming (ECOOP). Springer, Berlin, Heidelberg, S. 419–443, 1997.

[RC13]   Rubin, Julia; Chechik, Marsha: A Framework for Managing Cloned Product Variants. In: Proc. Int'l Conf. Software Engineering (ICSE). IEEE, Piscataway, NJ, USA, S. 1233–1236, Mai 2013.

[Ro06]   Robby; Rodríguez, Edwin; Dwyer, Matthew B.; Hatcliff, John: Checking JML Specifications Using an Extensible Software Model Checking Framework. Int'l J. Software Tools for Technology Transfer (STTT), 8(3):280–299, Juni 2006.

[Sc01]   Schumann, Johann: Automated Theorem Proving in Software Engineering. Springer, Berlin, Heidelberg, 2001.

[Sm85]   Smith, Brian Cantwell: The Limits of Correctness. SIGCAS Comput. Soc., 14,15(1,2,3,4):18–26, Januar 1985.

[Th15]   Thüm, Thomas: Product-Line Specification and Verification with Feature-Oriented Contracts. Dissertation, University of Magdeburg, Germany, Februar 2015.

[vdLSR07] van der Linden, Frank J.; Schmid, Klaus; Rommes, Eelco: Software Product Lines in Action: The Best Industrial Practice in Product Line Engineering. Springer, Berlin, Heidelberg, 2007.

[We08]   Weiss, David M.: The Product Line Hall of Fame. In: Proc. Int'l Software Product Line Conf. (SPLC). IEEE, Washington, DC, USA, S. 395, 2008.

[XXJ12] Xue, Yinxing; Xing, Zhenchang; Jarzabek, Stan: Feature Location in a Collection of Product Variants. In: Proc. Working Conf. Reverse Engineering (WCRE). IEEE, Washington, DC, USA, S. 145–154, 2012.

Thomas Thüm ist wissenschaftlicher Mitarbeiter am Institut für Softwaretechnik und Fahrzeuginformatik an der Technischen Universität Braunschweig. Er studierte Informatik mit Nebenfach Mathematik an der Otto-von-Guericke-Universität Magdeburg von 2004 bis 2010 und schloss dieses Studium mit Auszeichnung ab. Während des Studiums forschte er bereits fünf Monate an der University of Texas at Austin. Im Anschluss an das Studium promovierte er in Magdeburg im Bereich Softwaretechnik unter Anleitung von Prof. Gunter Saake. Die am 23. Februar 2015 verteidigte Doktorarbeit wurde mit dem Prädikat summa cum laude bewertet. Thomas Thüm erhielt mit dieser Arbeit den Preis für die beste Dissertation der Fakultät für Informatik und den mit 1.000 Euro dotierten Dissertationspreis der Otto-von-Guericke-Universität. Seine Diplomarbeit erhielt bereits den mit 2.000 Euro dotierten Software-Engineering-Preis der Ernst-Denert-Stiftung. Er hat im Zuge seiner Dissertation an mehr als 40 wissenschaftlichen Publikationen mitgewirkt, darunter sind auch zahlreiche Veröffentlichungen als Erstautor in hochrangigen Zeitschriften und Konferenzen wie z.B. ACM Computing Surveys oder der International Conference on Software Engineering. Zudem hat er sich eingesetzt für den Wissenstransfer von Forschung zu Lehre und industrieller Softwareentwicklung. Die Open-Source-Entwicklungsumgebung FeatureIDE hat er bereits seit 2007 mitgeprägt und darin auch zahlreiche seiner Forschungsprototypen integriert. FeatureIDE wird seit Jahren an Universitäten weltweit für Forschung und Lehre verwendet sowie seit einigen Monaten auch in der Industrie.

Visuelle Analyse Sozialer Medien für die Situationseinschätzung[1]

Dennis Thom[2]

Abstract: Mit dem Entstehen sozialer Medien ist das Internet zu einem unaufhörlichen Strom von Wissen, Beobachtungen, Gedanken und persönlichen Statusberichten angewachsen. Diese Entwicklung bedeutet auch völlig neue Möglichkeiten für die Situationseinschätzung (Situation Awareness) in Bereichen wie dem Katastrophenschutz, der Seuchenkontrolle oder im Journalismus. In der hier vorgestellten Dissertation wurden Lösungsmodelle entwickelt, welche es erlauben, die Datenfluten zu bewältigen, Anomalien automatisch zu erkennen und daraus ein visuelles Lagebild zu generieren. Gemäß dem Ansatz der Visual Analytics wurden dabei Verfahren des Data Mining und Machine Learning engmaschig mit den Möglichkeiten der interaktiven Datenvisualisierung verknüpft.

1 Einführung

Mit dem Aufkommen der sozialen Medien hat sich die Natur des modernen Internets entscheidend verändert. Obschon es seit jeher eine gewaltige Quelle von Informationen und Neuigkeiten zu verschiedensten Themen war, hat es sich in jüngster Zeit zu einem unaufhörlichen Strom von Wissen, Beobachtungen, Gedanken und persönlichen Statusberichten entwickelt. Diese Informationen werden in Echtzeit von Millionen von Nutzerinnen und Nutzern auf der ganzen Welt geteilt. Zugleich bedeutet diese Entwicklung völlig neue Möglichkeiten für Anwendungsdomänen, in denen das sogenannte *Situationsbewusstsein* (engl. Situational Awareness) eine entscheidende Rolle spielt - so etwa dem Katastrophenschutz, der Notfallrettung, der Seuchenkontrolle oder im Journalismus. Es lassen sich nun zeitnah Augenzeugenberichte in Youtube finden, Bewegungsmuster von Facebooknutzerinnen und -nutzern während Evakuierungsmaßnahmen beobachten oder die geographische Verbreitung eines Ereignisses durch Verortung von Twitter-Meldungen nachzeichnen.

Die Datenmengen, die jedoch verarbeitet werden müssen, um relevante Einträge zu finden, umfassende Übersichten zu erzeugen und abnormale Muster zu erkennen, bedeuten einige der größten informatischen Herausforderungen unserer Zeit. Nicht nur ist der Umfang (Volume) der täglich erzeugten Inhalte größer als jede einzelne Datenbank, welche vor dem Internet-Zeitalter entstanden ist. Die Daten werden darüber hinaus mit gewaltigen Durchsätzen (Velocity) in Echtzeit übertragen, sie weisen eine erhebliche inhaltliche und strukturelle Vielfalt (Variety) auf und sie sind oft mit Ungenauigkeiten, irreführenden Hinweisen, Gerüchten und gefälschten Informationen versehen, was zu Problemen mit unklarer Vertrauenswürdigkeit (Veracity) führt. Im Gegensatz zu vielen anderen Herausforderungen treffen daher auf Daten aus sozialen Medien gleichzeitig alle charakteristischen Eigenschaften zu, welche gemeinhin als die "vier V's" von Big Data bezeichnet werden.

---
[1] Englischer Titel der Dissertation: Visual Analytics of Social Media for Situation Awareness
[2] Institut für Visualisierung und Interaktive Systeme, Universität Stuttgart. (Dennis.Thom@visus.uni-stuttgart.de)

Das noch junge Forschungsfeld der Visual Analytics wurde geschaffen, um genau diese Art von Problemen zu lösen. Dazu werden Ansätze aus den Bereichen Data Mining, Machine Learning und Information Retrieval eng mit Konzepten aus den Bereichen Datenvisualisierung und Mensch-Maschine-Interaktion verknüpft. Als ein Teilgebiet der Informationsvisualisierung versucht Visual Analytics die Stärken von hochinteraktiven visuellen Schnittstellen mit den Möglichkeiten automatischer statistischer Verfahren zu vereinen. Das Ziel dieser Verbindung besteht darin, Problemlösungen in Bereichen zu entwickeln, in denen menschliche Analystinnen und Analysten von der Datenfülle überwältigt wären, während reine Rechenkraft nicht ausreichen würde, um subtile Muster in den Inhalten zu identifizieren und Informationen mit Kontextwissen in Bezug zu setzen.

1.1 Lösungsansatz

Die vorgelegte Doktorarbeit [Tho15] identifiziert vier Anforderungen, welche berücksichtigt werden müssen, um eine umfassende Lageeinschätzung in Krisensituationen basierend auf Daten aus sozialen Medien zu ermöglichen. Diese Anforderungen ergeben sich direkt aus den vier zentralen Forschungsfragen - **Datenerfassung:** Wie können hinter entfernten Web-APIs abgelegte Datensätze trotz Anfrage- und Bandbreiten-Beschränkungen (sog. Rate-Limits) interaktiv erfasst, extrahiert und exploriert werden? **Datenkontext:** Wie können Millionen täglicher Nachrichten in einem konsistenten Lagebild aggregiert, dargestellt, mit Kontextinformationen assoziiert und dabei auftretende Anomalien aufgezeigt werden? **Datenkomplexität:** Wie können erfasste Daten tiefergehend untersucht, die Bedeutung der verknüpften Informationen verstanden und relevante Einzelbeobachtungen herausgefiltert werden? **Datenverarbeitung:** Wie können interaktive Systeme implementiert werden, welche die Analyse auf die Verarbeitung in Echtzeit skalieren?

Basierend auf zentralen Ideen der Visual Analytics stellt die Arbeit drei Techniken bereit, welche es erlauben die Probleme der *Erfassung*, der *Kontextualisierung* und der *Komplexität*

Abb. 1: ScatterBlogs: Prototypisches System zur Einbindung sozialer Medien in der Lagedarstellung.

zu bewältigen. Darüber hinaus wird eine prototypische Implementierung vorgestellt, welche die Lösungen zusammenbringt und die skalierbare *Verarbeitung* der Daten sicherstellt (Abb. 1). Um die Verfahren miteinander zu verbinden, wird zudem ein integriertes analytisches Modell vorgestellt, welches ihre komplementären Eigenschaften zueinander in Bezug setzt. Das Ziel dabei ist es, die Analyse in allen Stufen der Lageeinschätzung von der initialen Formulierung des Informationsbedarfs, über die Filterung auf die exakte Gesamtmenge relevanter Daten, bis zur Entwicklung eines umfassenden Lagebildes zu unterstützen. Um das Grundprinzip der Lösungsansätze zu verdeutlichen, wird in dieser Kurzfassung exemplarisch auf die Lösungsstrategien zur Bewältigung der Herausforderungen *Datenkontext* und *Datenkomplexität* sowie deren Evaluation im Rahmen des übergreifenden analytischen Modells eingegangen. Abschließend werden die zentralen wissenschaftlichen Beiträge der Arbeit diskutiert und ein Ausblick auf die Weiterentwicklung gegeben.

2 Datenkontext: Visuelle Event-Entdeckung

Geo-referenzierte Daten der sozialen Medien sind von zentralem Wert im Katastrophenschutz und verwandten Anwendungsdomänen. Mittels der freiwilligen Verortung der Inhalte durch GPS-Empfänger in mobilen Endgeräten (sog. Volunteered Geographic Information) kann nicht nur eingeschätzt werden, ob Berichte von Augenzeugen stammen, sondern es können auch erstmals raumzeitliche Muster erkannt werden, welche auf wichtige Ereignisse hindeuten. Studien konnten beobachten, dass Unfälle, öffentliche Unruhen oder Naturkatastrophen in den sozialen Medien stets in raumzeitlich abgrenzbaren Anhäufungen (Cluster) von ähnlichen Inhalten resultieren. Während in manchen Anwendungsdomänen eine stichwortartige Vorfilterung des Datenstroms erfolgen kann, besteht im Rahmen der Lageeinschätzung jedoch häufig das Problem, dass zunächst völlig unbekannt ist, welche Suchworte zur Entdeckung solcher Muster beitragen würden. An diesem Punkt kann eine datengetriebe Herangehensweise, welche den inhaltlichen, zeitlichen und geographischen Kontext aller Beiträge berücksichtigt, Einstiegspunkte in den Analyseprozess erzeugen. Da rein algorithmische Verfahren bei der semantischen Komplexität der Inhalte jedoch schnell an Grenzen stoßen, sollten Analystinnen und Analysten mit aussagekräftigen Visualisierungen ausgestattet werden, welche es Ihnen ermöglichen, automatisch erkannte Muster in großer Zahl zu beurteilen. In der Dissertation wurde daher ein neuartiges Verfahren entwickelt, um potentiell relevante Ereignisse basierend auf raumzeitlichen Mustern automatisch zu erkennen und geographisch auf einer interaktiven Karte darzustellen.

2.1 Visuelle Clusteranalyse und Spatiotemporale Anomalien

Die Grundidee des hier beschriebenen Verfahrens besteht darin, die Analyse von einem Anfrage-getriebenen Suchprozess in einen Daten-getriebenen Explorationsprozess umzukehren. Bei herkömmlicher Herangehensweise würden z.B. wiederholt Suchbegriffe eingegeben, um dadurch relevante Einzeldokumente und besondere Muster in den geographisch verorteten Daten erkennen zu können. Stattdessen wird nun versucht, mit dem automatischen Erkennen solcher Muster zu beginnen und dann zu visualisieren, welche

Suchworte zum Auffinden dieser Muster führen würden. Da sehr viele solcher Muster in den Daten vorhanden sein können, ist eine Visualisierung notwendig, die den verfügbaren visuellen Raum (engl. Screenspace) optimal ausnutzt, um alle potentiell relevanten Inhalte in aggregierter Form anzuzeigen.

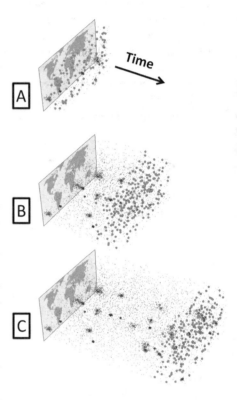

Um das Ziel der Ereigniserkennung zu verwirklichen, wurde zunächst ein neuartiges Clusteranalyse Verfahren entwickelt. Der Algorithmus basiert im Kern auf dem bekannten K-Means Verfahren, welches adaptiert wurde, um mit kontinuierlichen Datenströmen umgehen zu können. Parallel dazu wurde eine eng daran gekoppelte Visualisierung entwickelt, welche die skalierbare Repräsentation der identifizierten Anomalien ermöglicht. Die Verfahren adressieren speziell zwei Herausforderungen: Zum einen können herkömmliche Clusteranalyse Algorithmen schlecht mit großen Echtzeitdatenströmen umgehen und zum anderen soll ein flüssiger Übergang der Visualisierung von einer globalen Betrachtungsweise bis hin zur Beobachtung einzelner Städte und Stadtgebiete ermöglicht werden. Um diese Herausforderungen zu bewältigen, setzt das Design auf zwei Spezifika der Daten - nämlich dass der textuelle Umfang der Beiträge oft von sehr beschränkter Länge ist und dass der Zeitstempel neu empfangener Daten in der Regel nicht weit in der Vergangenheit liegen kann. Aufbauend auf diesen Eigenschaften erreicht das Verfahren seine Skalierbarkeit durch inkrementelle Adaption an neue Daten und das

Abb. 2: Illustration der Ereigniserkennung. Blau: Tweets. Rot: Clusterzentren.

bewusste Auslagern bzw. „Vergessen" älterer Bereiche des Datenraums.

Nach der Vorverarbeitung in einer regulären NLP-Pipeline werden neu eingehende Nachrichten dabei zunächst in ihre textuellen Einzelkomponenten zerlegt und auf Lemmas zurückgeführt. Jede Textkomponente wird zusammen mit Zeitstempel, Nutzerkennung und Geolokation zwischengespeichert. Diese - im Rahmen des Algorithmus als *Termartefakte* bezeichneten - Datenobjekte dienen als Basissignal für das anschließende Clustering. Dabei werden inhaltlich übereinstimmende Termartefakte als isolierte Ähnlichkeitsgruppe betrachtet und das Clustering findet zeitgleich parallel aber strukturell getrennt für jede Gruppe statt. Wesentliche Unterschiede zum bekannten K-Means Verfahren bestehen etwa darin, dass die Anzahl k der möglichen Cluster nicht vorher bestimmt, sondern adaptiv an das gegenwärtige Datenaufkommen angepasst wird. Dazu wurde ein Gewichtungs- und Abtrennungsmechanismus entwickelt, welcher anwachsende Cluster mit vielen Elementen aber geringer raumzeitlicher Dichte in kleinere Cluster zerteilt. Auf diese Weise können tatsächliche Cluster auf einfache Weise von Hintergrundrauschen abgetrennt werden. Darüber hinaus werden ältere Cluster, bei denen länger keine weiteren Elemente hinzugekommen sind, abschließend evaluiert, bei ausreichender Dichte und inhaltlicher Signifikanz in einer Datenbank persistiert und aus der aktiven Berechnung entfernt. Mit diesem Gleitfenster-Prinzip (engl. Sliding Window) kann sichergestellt werden, dass die Anzahl zu berücksichtigender Elemente überschaubar bleibt und z.b. stets für einen schnellen Zugriff im Arbeitsspeicher gehalten werden kann.

Ursächlich für die nun erkannten spatiotemporalen Cluster können neben tatsächlich kritischen Situationen natürlich auch vollkommen harmlose Ereignisse sein. Dazu zählen etwa Sportereignisse, Straßenfeste oder größere Konferenzen. Allein aufgrund der inhaltlichen Analyse kann ein vollautomatisches Verfahren nicht zuverlässig ermitteln, welche mögliche Kritikalität oder Relevanz einem Ereignis genau zukommt. An dieser Stelle wird das Ergebnis des Clusterings daher mit der interaktiven Visualisierung kombiniert, um Analystinnen und Analysten die Möglichkeit zu bieten, diese Entscheidung selbst zu treffen. Dazu werden die erkannten Cluster zunächst basierend auf der Bevölkerungsdichte sowie der historischen Frequenz des Inhalts im jeweiligen Gebiet normalisiert. Das heißt, es wird einerseits überprüft, wie sich die Größe des Clusters zur allgemeinen Nachrichtenfrequenz zur gegebenen Zeit verhält und andererseits wird errechnet, ob ein häufiges Vorkommen der entsprechenden Inhalte für diesen Ort ungewöhnlich ist. Je ungewöhnlicher - sprich unwahrscheinlicher - das Cluster gegebener Größe, desto bedeutsamer ist es im Rahmen der Abschätzung kritischer Ereignisse. Basierend auf dieser initialen Signifikanzgewichtung werden die für einen betrachteten Kartenausschnitt besten Kandidaten zur Anzeige ausgewählt. Sie werden dann als inhaltlich korrespondierende Bezeichner mit zur Gewichtung proportionaler Größe am jeweiligen Ort des Ereignisses repräsentiert. Um den verfügbaren Darstellungsraum dabei optimal auszunutzen, wird ein Partikel-basiertes Layout Verfahren angewandt, welches in höheren Zoomstufen ein leichtes Abweichen der Bezeichner vom eigentlichen Ort des Auftretens bis zu einem festgelegten Grad erlaubt. Darüber hinaus werden inhaltlich überlappende Bezeichner visuell akkumuliert, was einem Overfitting des Clusterings für niedere Zoomstufen der Karte automatisch entgegenwirkt. Durch die Kombination von Signifikanzgewichtung, Layoutverfahren und Aggregation werden so für jeden betrachteten Ausschnitt der Karte immer nur die Ereignisse angezeigt, welche in ihrer regionalen Relevanz in etwa der Toponymie der jeweiligen Ebene entsprechen. Es entsteht also ein semantischer Zoom, bei dem größere Ereignisse - wie etwa ein Hochwasser - durch die Vergrößerung auf der Karte in die einzelnen Sub-Ereignisse - wie etwa einen dadurch verursachten Stromausfall - zerfallen.

3 Datenkomplexität: Informationsklassifikation und Drill-Down

Wenn ein kritisches Ereignis - etwa eine Großschadenslage - einmal eingetreten ist, besteht meist die Anforderung, zuverlässig alle relevanten Informationen bezüglich des kritischen Ereignisses zu identifizieren und gleichzeitig mit der Informationsflut umzugehen. Bei dieser Aufgabe scheitern rein Schlüsselwort-basierte Anfragen häufig daran, dass sie entweder zu allgemeine Begriffe enthalten und daher zu viele Ergebnisse liefern oder zu spezifisch sind und dann oft wichtige Dokumente auslassen. Um beide Aspekte - Genauigkeit (Precision) und Trefferquote (Recall) - in einem Erkennungs-Modell zu optimieren, kommen Klassifikatoren basierend auf maschinellen Lernverfahren in Frage. So sind etwa binäre Bayes-Klassifikatoren oder Support-Vektor-Maschinen aufgrund ihrer großen Mächtigkeit bei gleichzeitiger Konfigurationsarmut erfolgversprechende Ansätze, um relevante von nicht-relevanten Nachrichten bezüglich eines Ereignisses abzutrennen.

Bei der zeitkritischen Entscheidungsfindung besteht das Problem solcher Ansätze allerdings schon darin, dass vor der Anwendung ein erheblicher Aufwand investiert werden muss, um das Modell adäquat zu trainieren. Einmal erstellt, haben die Modelle dann eine statische Natur, die zwar dahingehend optimiert wurde, bestimmte Arten von Inhalten zuverlässig zu erfassen, die sich zugleich allerdings nur aufwendig auf plötzliche Änderungen in Inhalten oder Anforderungen anpassen lässt. Darüber hinaus wird von den Anwenderinnen und Anwendern erwartet, dass sie den Erkennungsmodellen vertrauen ohne ein tiefergehendes Verständnis für deren individuelle Wirkungsweise entwickelt zu haben. Das kann häufig zu einer falschen Einschätzung führen, welche Ergebnisse zu erwarten sind und welche vom Modell ignoriert werden.

Das zweite in der Arbeit vorgestellte Kernkonzept ergänzt das analytische Equipment. Es wird gezeigt, wie sich die Erstellung, Evaluation, Anpassung und Anwendung solcher Nachrichtenklassifikatoren durch interaktive visuelle Schnittstellen dynamisch optimieren lässt. Der Ansatz umfasst zwei Stufen, welche eng verknüpft sind und einen Arbeitsfluss von interaktivem Training und echtzeitfähiger Orchestrierung binärer Klassifikatoren beschreiben. In der ersten Stufe wird die „Black Box" der Modellerstellung für Analystinnen und Analysten geöffnet, indem sie das Klassifikator-Training in einer explorativen Weise überwachen und steuern können. Die einmal erstellten Modelle können dann in der zweiten Stufe interaktiv konfiguriert und durch logische Operatoren in einem Filter/Flow-Diagramm miteinander kombiniert werden. Aus dem gewonnenen Verständnis für die Modelle in der Trainings-Phase kann beim späteren Monitoring profitiert werden. Gleichzeitig können Einsichten aus dem Monitoring durch nachfolgende Trainingsiterationen externalisiert werden. Der Workflow führt somit zu stetigen wechselseitigen Verbesserungen.

3.1 Inter-Aktives Lernen

Beim herkömmlichen Active Learning werden Modelle dadurch trainiert, dass einer menschlichen Probandin oder einem Probanden wiederholt unsicher klassifizierte Dokumente angezeigt werden. Es wird dann dazu aufgefordert, diese als tatsächlich zugehörig oder nicht zugehörig zu einer Klasse zu markieren (engl. Labeling). Basierend auf den Markierungen wird das Modell vom Algorithmus dann inkrementell angepasst, bis die Klassifizierung zufriedenstellend ist. Obschon diese Methode bereits effizienter als reines Corpus Labeling ist, bietet sie keine Einsicht, wie das Training voranschreitet, wie sich das Modell entwickelt und inwiefern es bereits die mentale Konzeption der Klassen repräsentiert. Gerade bei der Erfassung von Echtzeitdaten aus sozialen Medien ist es jedoch von entscheidender Bedeutung, dass Analystinnen und Analysten verstehen, welche Resultate von einem gegebenen Modell berücksichtigt werden.

Im Rahmen der Dissertation wurde daher ein Verfahren entwickelt, um die Entwicklung eines linearen Klassifikators während des Trainings auf Daten sozialer Medien visuell wiederzugeben. Um ein Modell für ein bestimmtes Thema zu erstellen - z.b. Nachrichten, die sich auf den Straßenverkehr beziehen - können zunächst archivierte Zeiträume aus einer Datenbank geladen werden. Die Nachrichten werden dann auf einer Karte dargestellt, welche eine räumliche und zeitliche Filterung der Ergebnismenge erlaubt. Mittels Stichwort-basiertem Bootstrapping kann nun auf Knopfdruck ein initialer Klassifikator generiert werden. Dies führt dazu, dass Nachrichten der beiden erkannten Klassen (d.h. Themenzugehörig und nicht Themenzugehörig) farblich gekennzeichnet werden. Zusätzlich werden Nachrichten mit besonders unsicherer Klassifizierung - d.h. solche, die sich z.b. im Falle einer SVM nahe der Entscheidungsgrenze befinden - mit speziellen Symbolen dargestellt. Die Aufgabe der Anwenderin oder des Anwenders besteht nun darin, mittels der Werkzeuge gute Beispiele für korrekt klassifizierte aber auch solche für inkorrekt klassifizierte Nachrichten zu finden. Zu diesem Zweck werden verschiedene Werkzeuge zur Verfügung gestellt, um die Inhalte zu untersuchen. Dazu gehören neben einer Textsuche und der bereits vorgestellten visuellen Ereignis-Indikation auch spezifische Explorationsverfahren. Beispielsweise können mittels einer virtuellen Lupe Inhalte aller Nachrichten in einem geographischen Bereich textuell aggregiert werden. Nach Auswahl einer relevanten, aber falsch klassifizierten Untermenge, kann dem System die Fehlklassifikation mitgeteilt werden. Dieses passt den Klassifikator dann entsprechend an und aktualisiert die Darstellung. Das Verfahren wird iterativ fortgesetzt, bis ein zufriedenstellendes Erkennungsergebnis erreicht wird. Hierzu kann das entstandene Modell stets anhand anderer archivierter Datensätze und mittels explorativer Auswertung überprüft werden. In einer Studie wurde gezeigt, dass dieses Vorgehen nicht nur ein zügiges Erstellen wirkungsvoller Klassifikatoren ermöglicht, sondern Analystinnen und Analysten auch einen erweiterten Einblick in die Wirkungsweise des erstellten Models und seiner Zuverlässigkeit ermöglicht [HKBE12]. Insbesondere erlaubt die Vorgehensweise auch das kurzfristige Erstellen und Trainieren von Modellen, da sich ihre Qualität und Bereitschaft für den Einsatz zeitnah beurteilen lässt.

3.2 Adaptive Orchestrierung

Sobald die Modelle zum Einsatz kommen, sollten sie sich adaptiv auf die Bedingungen in der gegenwärtigen Monitoring-Umgebung einstellen lassen. Zu erwarten sind hier sowohl durch das Ereignis bedingte Änderungen im Kommunikationsverhalten als auch Änderungen der Anforderungen in der Erkennungsgenauigkeit oder der untersuchten Thematik. Um hier eine interaktive Orchestrierung und dynamische Anpassung der Klassifikatoren zu ermöglichen, wurde eine visuelle Filter/Flow-Metapher entwickelt. Klassifikatoren für verschiedene Themen können aus einer annotierten Datenbank geladen werden, um sie dann als Knoten eines Graphen darzustellen. Ein zentraler Wurzelknoten repräsentiert dabei stets die Menge aller Nachrichten, die in Echtzeit vom System eingesammelt wurden. Wenn Klassifikatoren hinzukommen, müssen sie per neuer Kante mit einem bestehenden Knoten verbunden werden und repräsentieren dann die Menge aller gefilterten Nachrichten, die nach der Klassifikation in der jeweils positiven Klasse verbleiben.

Schaltflächen an den Knoten erlauben die nachträgliche Konfiguration der Klassifikatoren, um beispielsweise die Gewichtung zwischen mehr Genauigkeit oder höherer Trefferquote dynamisch anzupassen. Darüber hinaus können verschiedene Knoten mittels der Mengenoperatoren Vereinigung, Schnitt und Komplement verknüpft werden. Die Operatoren werden als kleinere Knoten dargestellt, welche jeweils bestehende Knoten miteinander verbinden und das Resultat der Operation repräsentieren. Beispielsweise können zwei Basisklassifikatoren für verkehrsbezogene und unfallbezogene Nachrichten durch Schnittmengenbildung kombiniert werden, um ein Erkennungsmodul für Verkehrsunfälle zu erhalten. Mit dem Werkzeug zur Orchestrierung können die einmal erstellten Klassifikatoren in Echtzeit an das aktuelle Szenario angepasst und zu komplexeren ad-hoc Erkennungsstrukturen kombiniert werden. Zugleich lassen sie sich auch fortwährend anhand der aktuellen Situation evaluieren. Mit Werkzeugen zur direkten Suche und Exploration, wie sie in den vorangegangenen Abschnitten vorgestellt wurden, kann die Untersuchung über die automatische Erfassung hinausgehen. So lässt sich dann beurteilen, ob die Leistungsfähigkeit noch angemessen und die Anpassungen wirkungsvoll sind. Sollte dies nicht mehr der Fall sein, kann der Klassifikator in einer erweiterten Trainingsiteration, wie in der vorherigen Stufe beschrieben, kurzfristig auf die veränderte Situation angepasst werden.

4 Evaluation: Die ScatterBlogs Platform

Um die Leistungsfähigkeit und das Zusammenspiel der vorgestellten Komponenten im Rahmen des analytischen Modells zu evaluieren, wurden alle Verfahren als Teil der interaktiven Visual Analytics Anwendung *ScatterBlogs* implementiert. Ein Visual Analytics System ist eine Verbindung dreier Elemente: Algorithmische Methoden, visuelle Schinttstellen und der Person, die sie bedient. Seine Leistungsfähigkeit kann daher nur dann akkurat beurteilt werden, wenn die Software von einer erfahrenen Analystin oder einem Analysten komplementiert wird. Um die Nützlichkeit der Ansätze der Doktorarbeit zu untersuchen, wurden daher Nutzer- und Expertenstudien mit unterschiedlichen Gruppen durchgeführt. Als abschließende Evaluation fand eine großangelegte Studie mit 29 Domänenexpertinnen und -experten in den Bereichen Bevölkerungsschutz und Schutz kritischer Infrastrukturen statt. Um die Studie durchzuführen, wurden im Vorfeld umfassend Twitter-Daten während der Hochwasserkatastrophe 2013 in Deutschland aufgezeichnet. Für die Studie wurden diese dann in einer Echtzeit-Simulation der Lageeinschätzung eingespielt. Eine Besonderheit der Studie lag darin, verschiedene Sichtweisen auf das Problem und die vorgelegte Lösung zu erfassen. So konnten acht unterschiedliche Institutionen, einschließlich dem Bundesamt für Bevölkerungsschutz und Katastrophenhilfe (BBK), dem Gemeinsamen Melde und Lagezentrum des Bundes und der Länfer (GMLZ) sowie die Stromkonzerne EnBW und DB Netze für die Teilnahme gewonnen werden.

Basierend auf den tatsächlichen Ereignissen im Zeitraum, wurden analytische Aufgaben und Erfolgskriterien festgelegt, welche mittels der Anwendung und den analytischen Kernkonzepten zu bewältigen waren. Dazu gehörten etwa die Erkennung der Hochwasserlage und die Beurteilung ihrer Schwere in verschiedenen Städten, die Beschreibung von Gegenmaßnahmen, welche sich in der Bevölkerung beobachten ließen oder das Auffinden von Bedrohungen für kritische Infrastrukturen. Neben der formalen Bewältigung der Aufgaben wurde auch beobachtet, welche Probleme und Verbesserungsmöglichkeiten sich bei der Benutzung des Systems ergaben. Darüber hinaus wurden Anmerkungen der Analystinnen und Analysten aufgezeichnet, ein Fragebogen zum Umgang mit den Analysemethoden ausgehändigt, und ein abschließendes informelles Feedback erfragt.

Die Auswertung der Studie ergab, dass die Analyse mit ScatterBlogs eine signifikante Bereicherung für die Informationsbeschaffung und -Beurteilung in der zeitkritischen Lageeinschätzung darstellt. Gegenüber der bisher manuellen Analyse der sozialen Medien oder dem Einsatz herkömmlicher Informationskanäle waren die Expertinnen und Experten in der Lage, ungewöhnliche Entwicklungen frühzeitig zu erkennen, abzuschätzen und tiefergehend auszuwerten. Die meisten der gestellten Aufgaben wurden mit großem Erfolg und innerhalb kurzer Zeit bewältigt. Entsprechend positiv fielen das formelle sowie das informelle Feedback aus. Gelobt wurden insbesondere die Echtzeitfähigkeit der Ansätze, die Verknüpfung von automatischer Datenorganisation und -aggregation mit visueller Repräsentation sowie die Möglichkeiten zur Bewältigung der Datenflut mit intuitiven und mächtigen Werkzeugen. Als Ansatzpunkte für zukünftige Verbesserungen wurden unter anderem die Entwicklung von mehrstufigen Datenschutzkonzepten, Möglichkeiten zur automatischen Beurteilung der Vertrauenswürdigkeit von Information sowie dem Einsatz gewohnter Konventionen und Symbolik aus dem Bereich Leitstellensoftware genannt.

5 Zusammenfassung der Beiträge, Generalisierung und Ausblick

Die vorgelegte Dissertation hat vier maßgebliche Anforderungen identifiziert, die zur Erreichung umfassender Lagebeurteilung aus Daten sozialer Medien erfüllt werden müssen. Sie umfassen Fragen der geospatialen Kontextualisierung, zuverlässigen Erfassung, des entfernten Zugriffs und der Verwaltung der Daten. Die daraufhin entwickelten Ansätze dienen als Muster, um die spezifischen Probleme in diesem Bereich und ähnliche Probleme in verwandten Bereichen zu bewältigen. Durch die Verbindung der Kernkonzepte in einem übergreifenden analytischen Modell wurde veranschaulicht, wie zentrale Ideen der Visual Analytics dazu dienen können, Herausforderungen mit umfassenden textuellen Echtzeitdaten zu bewältigen. Durch die Implementierung einer integrierten Visual Analytics Software konnte der Ansatz von Expertinnen und Experten auf realen Daten getestet werden. Die Nützlichkeit und Anwendbarkeit der Verfahren sowie des übergreifenden analytischen Modells wurden abschließend in einer großangelegten Evaluation validiert.

Durch die Erkenntnisse, die im Rahmen der Entwicklung gewonnen wurden, gelang es darüber hinaus, die Konzeption des noch jungen Forschungsfelds Visual Analytics weiterzuentwickeln. Im Rahmen der Dissertation wurde gezeigt, wie sich die Anforderungen von gerichteter *Erkennung* und ungerichteter *Entdeckung* im analytischen Prozess eng mit den Grundkonzepten *überwachten* und *unüberwachten* maschinellen Lernens in Bezug setzen lassen. Um die visuelle Analyse von textuellen Echtzeitdaten zu ermöglichen, müssen sich beide Fähigkeiten gegenseitig ergänzen. Beispielsweise kann zunächst die unüberwachte Clusteranalyse dazu dienen, relevante Ereignisse zu entdecken und somit Einstiegspunkte für die Analyse zu liefern. Anschließend können Erkennungsmodelle dann mittels überwachten Lernens perfekt auf die gegenwärtige Monitoring-Situation angepasst und das Erkennen sämtlicher relevanter Information sichergestellt werden. Über bestehende Ansätze hinausgehend wurde zudem gezeigt, wie sich diese Fähigkeiten komplementiert einsetzen lassen. In der Analyse entsteht dabei eine Schleife, in der zunächst Interessantes entdeckt wird, was dann zum Aufbau der Fähigkeit zur Erkennung führt. Diese Fähigkeit kann wiederum genutzt werden, um tiefergehend in die Analyse einzusteigen und eine erneute Entdeckung in dem nun durch die Erkennung vor-gefilterten Datensatz zu ermöglichen. So entsteht eine Schleife, in der sich iterativ das Verständnis für die verfügbaren Daten, die Mächtigkeit der Modelle zu ihrer Auswertung und die Qualität der ermittelten Ergebnisse kontinuierlich verbessern lassen.

Die hier entstandene Forschung lässt sich nebst der Anknüpfungspunkte, die sich schon aus der Evaluation ergaben, in viele unterschiedliche Richtungen weiterdenken. So stehen etwa neuartige Ansätze zum Datenschutz durch Aggregation oder der automatisierten Beurteilung der Glaubwürdigkeit von Inhalten bereits jetzt im Fokus der Anstrengungen. Weitere spannende Forschungsfelder ergeben sich in der algorithmischen Berücksichtigung von Bild- und Videoinhalten der mit den Beiträgen verknüpften Medien. Da diese im Bereich der Lageeinschätzung ebenfalls eine herausragende Rolle spielen, könnten in naher Zukunft auch Beiträge der Computer-Vision und Bildähnlichkeit dazu beitragen, eine breite Vorfilterung, Aggregation und Anomalie-Erkennung zu ermöglichen. Natürlich resultiert auch hier wieder eine Herausforderung aus der schieren Menge an Echtzeitdaten. Simple und damit zugleich performante Verfahren können eingesetzt und deren inhärente Einschränkungen durch Visualisierungen effektiv kompensiert werden.

Literaturverzeichnis

[HKBE12]   Florian Heimerl, Steffen Koch, Harald Bosch, and Thomas Ertl. Visual classifier training for text document retrieval. *IEEE Transactions on Visualization and Computer Graphics*, 18(12):2839–2848, 2012.

[Tho15]   Dennis Thom. *Visual Analytics of Social Media for Situation Awareness*. Universität Stuttgart (OPUS), Stuttgart, 2015.

Dr. rer. nat. Dennis Thom wurde am 7. Mai 1982 in Esslingen am Neckar geboren. Seine Hochschulreife hat er am Georgii-Gymnasium in Esslingen und der Friedrich-Ebert-Schule in Esslingen-Zell erworben. Er hat das Studium der Informatik an der Universität Stuttgart im Jahr 2010 absolviert und wurde ebendort im März 2015 promoviert. Seit 2011 war er als wissenschaftlicher Mitarbeiter am Institut für Visualisierung und Interaktive Systeme (VIS) beschäftigt. Seine wissenschaftlichen Interessen liegen in den Bereichen Datenvisualisierung, Mensch-Computer-Interaktion und maschinelles Lernen. Seit Anfang 2016 ist Dennis Thom Gründungsmitglied bei ScatterBlogs, einer vom Bundesministerium für Wirtschaft und Energie (BMWi) geförderten Ausgründung an der Universität Stuttgart.

Ein konsistentes chemieinformatisches Framework für automatisiertes virtuelles Screening[1]

Sascha Urbaczek[2]

Abstract: Virtuelles Screening ist mittlerweile zu einem integralen Bestandteil der industriellen und akademischen Arzneimittelforschung geworden. Es wird eingesetzt, um sehr große Substanzdatenbanken mit der Hilfe von computerbasierten Methoden auf eine überschaubare Zahl vielversprechender Wirkstoffkandidaten zu reduzieren. Um dies zu erreichen, werden komplexe mehrstufige Arbeitsabläufe benötigt, die aktuell nur von Spezialisten durchgeführt werden können. Das Ziel der vorliegenden Arbeit war die Entwicklung einer zuverlässigen Basis für die Entwicklung von Software, die auch Medizinalchemikern den Zugang zur computergestützten Wirkstoffsuche ermöglicht. Das Ergebnis ist ein konsistentes chemieinformatische Software-Framework (NAOMI), das die anspruchsvollen Anforderungen eines solchen Anwendungsszenarios erfüllt.

1 Einleitung

Die computergestützte Wirkstoffsuche ist ein wichtiger Bestandteil der Entwicklung von Arzneimittelwirkstoffen und spielt insbesondere bei der Erzeugung und Auswahl vielversprechender Leitstrukturen eine zentrale Rolle. In der Literatur finden sich etliche Beispiele für ihren erfolgreichen Einsatz bei der Suche nach neuen Medikamenten [MS11]. Mit der zunehmenden Verbreitung hat jedoch auch die Kritik an der Qualität, Zuverlässigkeit und allgemeinen Anwendbarkeit computergestützter Methoden zugenommen, insbesondere in Hinblick auf das virtuelle Screening [Sc10, Ri10, Sc12b]. Die Vorhersagegenauigkeit ist noch bei weitem nicht ausreichend, um ohne aufwändige Analyse und Interpretation durch Experten verlässliche Ergebnisse zu produzieren. Und eine vollständige Automatisierung scheint in Anbetracht der Komplexität der Wirkstoffsuche sogar mehr oder weniger illusorisch.

Aus diesem Grund wurde angeregt, dass der zukünftige Erfolg des Feldes nicht nur von der Entwicklung neuer Methoden und Konzepte, sondern auch von der Fähigkeit zur Integration der Erfahrungen und Strategien aus der klassischen Medizinalchemie abhängen wird [Ku03]. Ein entscheidender Schritt in diese Richtung könnte sein, Medizinalchemiker zu befähigen, selbst stärker auf computergestützte Methoden zurückzugreifen [RM12]. Auf diese Weise könnten experimentell arbeitende Forscher zum Beispiel von einem besseren Verständnis für dreidimensionale Aspekte der Interaktionen von Protein und gebundenen Molekülen durch Visualisierung in Screening-Applikationen profitieren. Zudem bieten computergestützte Methoden ihnen die Werkzeuge, um ihre Hypothesen effizient zu formulieren und nachvollziehbar zu validieren. Das Ziel, Medizinalchemiker stärker in die

---
[1] Englischer Titel der Dissertation: A consistent cheminformatics framework for automated virtual screening
[2] Fakultät für Mathematik, Informatik und Naturwissenschaften der Universität Hamburg

computergestützte Wirkstoffsuche zu integrieren, wird jedoch das zukünftige Design chemieinformatischer Software wesentlich beeinflussen. Nach Ritchie sollten Anwendungsprogramme für diesen Zweck "well-thought-out, suitable for their needs, [and] able to generate useful, timely and valid results" sein [RM12].

Das Ziel der vorliegenden Arbeit war der Aufbau einer soliden Basis für die Entwicklung von Software, die eine Integration von Medizinalchemikern in die computergestützte Wirkstoffsuche erleichtert. Das Ergebnis dieser Bemühungen ist ein neues chemieinformatisches Software-Framework (NAOMI) für virtuelles Screening, welches speziell auf die damit verbundenen Anforderungen angepasst wurde. Erstens erlaubt das NAOMI-Framework Medizinalchemikern, basierend auf innovativen und intuitiv verständlichen Konzepten, ihre Erfahrung und ihr Expertenwissen genau an den Stellen der Berechnungen einzubringen, die für den Erfolg ihrer Projekte maßgeblich sind. Zweitens umfasst NAOMI zahlreiche neue chemieinformatische Methoden, die auf einem konsistenten internen chemischen Modell aufbauen und eine effiziente Ausführung der einzelnen Schritte des virtuellen Screenings erlauben. Die so erreichte Effizienz ist jedoch nicht nur eine notwendige Voraussetzung für Hochdurchsatz-Screening, sondern spielt auch eine zentrale Rolle bei interaktiven Anwendungen, die in Kombination mit einer intuitiven Benutzerschnittstelle eine Schlüsselrolle in der Integration von Medizinalchemikern in die computergestützte Wirkstoffsuche spielen. Drittens wurde viel Wert darauf gelegt sicherzustellen, dass die Ergebnisse der verschiedenen Rechenschritte chemisch sinnvoll sind und dass ein hoher Grad an Konsistenz zwischen den verschiedenen Komponenten des Prozesses sichergestellt ist. Dies ist von entscheidender Bedeutung, da viele Schritte automatisiert werden müssen, um zu erreichen, dass Medizinalchemiker sich auf die für sie relevanten Teilaspekte konzentrieren können. Wie in den Publikationen dieser kumulativen Dissertation gezeigt wird, sind zahlreiche Methoden in NAOMI selbst relevante Beiträge in ihren jeweiligen Anwendungsgebieten und ihre Kombination erlaubt den Aufbau effizienter, stark automatisierter und hoch-adaptiver Screening-Prozesse.

Im Folgenden werden die konzeptionellen und algorithmischen Beiträge des NAOMI-Frameworks zum Feld des computergestützten Wirkstoffentwurfs vorgestellt. Diese beinhalten die zuverlässige Interpretation von Molekülstrukturen aus chemischen Dateiformaten, Methoden zum Prozessieren, Speichern und Durchsuchen von großen Molekülmengen, die Vorhersage und Bewertung von intermolekularen Wechselwirkungen im Kontext von Protein-Ligand-Komplexen und die Identifikation vielversprechender chemischer Strukturen mit Hilfe eines index-basierten Docking-Ansatzes. In den folgenden drei Abschnitten, welche die Phasen des strukturbasierten Wirkstoffentwurfs widerspiegeln, werden die Ansätze des NAOMI-Frameworks zur Lösung spezifischer Probleme aus der jeweiligen Phase beschrieben. Der Text schließt mit einer Zusammenfassung und einem Ausblick auf mögliche Erweiterungen und zukünftige Anwendungen.

2 Screening-Bibliothek

Die Erstellung einer fokussierten Bibliothek ist der erste Schritt eines virtuellen Screenings. Den Ausgangspunkt bildet oftmals eine große Moleküldatenbank, aus der eine

Teilmenge mit für die jeweilige Fragestellung geeigneten Eigenschaften ausgewählt wird. Hierbei können zahlreiche Aspekte, wie beispielweise physiko-chemische und strukturelle Eigenschaften, kommerzielle Verfügbarkeit oder die aktuelle Patentlage, eine wesentliche Rolle spielen. Um die Laufzeiten der Berechnungen zu verringern und unnötigen Aufwand bei der Analyse der Resultate zu vermeiden, enthält die Screening-Bibliothek im optimalen Falle nur solche Moleküle, die auch tatsächlich als Wirkstoffe in Frage kommen. Neben diesen allgemeinen Bedingungen, die auch im experimentellen Kontext ihre Gültigkeit haben, existieren jedoch zusätzlich noch weitere, für das computergestützte Screening spezifische, Aspekte. Zum einen muss die Qualität der Moleküldaten sichergestellt werden, da chemisch invalide Strukturen letztendlich zu falschen und somit nutzlosen Ergebnissen führen. Zum anderen ist aus Gründen der Effizienz und Konsistenz oftmals eine Normalisierung der chemischen Strukturen mit anschließender Abspeicherung in chemischen Datenbanken sinnvoll. Abhängig vom gewählten Screening-Ansatz kann es zudem noch notwendig sein, zusätzliche Eigenschaften, z.B. dreidimensionale Atomkoordinaten oder Molekülkonformationen, zu berechnen.

In der NAOMI-Publikation[3] wurde das hierarchische chemische Modell eingeführt, das den Kern des NAOMI-Frameworks bildet. Es wurde speziell für die effiziente Prozessierung von im Kontext der Wirkstoffsuche relevanten, d.h. organischen, Molekülen entwickelt. Eine der wichtigsten Aufgaben ist die Bereitstellung aller benötigten strukturellen Informationen und chemischen Deskriptoren für die Entwicklung und Implementierung unterschiedlicher chemieinformatischer Methoden und Algorithmen. Obwohl es keinen direkten Weg gibt, die chemischen Modelle verschiedener chemieinformatischer Software-Bibliotheken hinsichtlich Qualität untereinander zu vergleichen, zeigen die auf der Konvertierung von chemischen Dateiformaten basierenden Untersuchungen aus der Publikation zumindest indirekt, dass das chemische Modell des NAOMI-Frameworks robuster als das anderer Frameworks und insbesondere in Bezug auf die Interpretation und Konvertierung chemischer Dateiformate hochgradig konsistent ist. Die Integrität der strukturellen Daten kann selbst bei Verwendung unterschiedlicher Repräsentationen und multiplen Konvertierungsschritten zuverlässig gewährleistet werden. Zudem zeichnen sich die zugrundeliegenden Algorithmen durch eine höhere Effizienz gegenüber vergleichbaren Methoden aus. In Hinblick auf das virtuelle Screening ist die Prozessierung von Informationen aus chemischen Dateiformaten ein notwendiger erster Schritt, der gewöhnlich für große Datenmengen durchgeführt werden muss. Das bedeutet, dass die zugehörigen Prozesse neben einer hohen Effizienz auch einen hohen Automatisierungsgrad aufweisen müssen und zudem sichergestellt sein muss, dass die chemische Information korrekt interpretiert und zuverlässig an darauffolgende Verfahrensschritte propagiert wird. Das NAOMI-Framework lehnt deshalb alle gemäß des internen Modells invaliden Strukturen ab, um die akkurate Beschreibung der zugrundeliegenden Moleküle zu jedem Zeitpunkt sicherzustellen. Darüber hinaus wurden verschiedene Korrekturmechanismen entwickelt, welche die Arbeit mit inkonsistenten Daten bis zu einem gewissen Grade ermöglichen. Insbesondere die letzten beiden Aspekte sind zentral, wenn nicht mit stark kuriierten Datensätzen gearbeitet wird.

---

[3] Urbaczek, S.; Kolodzik, A.; Fischer, J.R.; Lippert, T.; Heuser, S.; Groth, I.; Schulz-Gasch, T.; Rarey,M.: NAOMI: On the Almost Trivial Task of Reading Molecules from Different File Formats. J. Chem. Inf. Model. 51(12):3199-3207, 2011.

In der URF-Publikation[4] wurde das Konzept der Unique Ring Families (URF) als Grundlage für die Identifikation und Beschreibung von Ringsystemen und Ringen innerhalb des NAOMI-Frameworks beschrieben. Ringe sind ein allgegenwärtiges Strukturmotiv in Molekülen und beeinflussen deren physiko-chemischen Eigenschaften maßgeblich. Im chemieinformatischen Kontext sind insbesondere die Anzahl der Ringe in einem Molekül sowie die Ringzugehörigkeit einzelner Atome für zahlreiche Anwendungen von großer Bedeutung. Aus diesem Grund wurde eine Vielzahl unterschiedlicher Konzepte und Algorithmen zur Beschreibung und Bestimmung von Ringen in Molekülen entwickelt, deren Vielfalt sich aus der fehlenden Eindeutigkeit bei der Identifikation von Zyklen in Graphen und der daraus resultierenden Notwendigkeit, heuristische Kriterien für chemisch sinnvolle Ringe zu definieren, erklärt. Letztere wiederum sind, wie oftmals in chemieinformatischen Anwendungen, ein Kompromiss zwischen chemischer Intuition und technischer Realisierbarkeit und hängen stark vom Anwendungskontext ab. Die innerhalb des NAOMI-Frameworks verwendeten URF sind der erste veröffentlichte Ringdeskriptor, der die drei wichtigsten Kriterien für chemisch sinnvolle Ringe gleichzeitig erfüllt. Erstens verhalten sich die URF in Bezug auf Größe polynomiell, d.h. die Anzahl der Ringe wächst nicht exponentiell mit der Zahl der Atome. Zweitens sind die URF eindeutig, so dass der Deskriptor unabhängig von dem zur Berechnung verwendeten Algorithmus und der Struktur der Input-Daten ist. Drittens entsprechen die URF, im Gegensatz zu zahlreichen anderen Konzepten, insbesondere in Hinblick auf die Ringzugehörigkeit einzelner Atome sehr stark der chemischen Intuition. In der Publikation wurde zudem ein Algorithmus beschrieben, mit dem die URF in polynomieller Zeit berechnet werden können, so dass, wie in der Validierung der Methode gezeigt, selbst für sehr komplizierte Fälle keine Probleme hinsichtlich der Laufzeit auftreten.

Das chemische Datenbanksystem des NAOMI-Frameworks, die MolDB, wurde gemeinsam mit einem interaktiven Tool zur Bearbeitung von Moleküldatensätzen (MONA) in der MONA-Publikation[5] vorgestellt. Das zentrale Konzept der MolDB ist die Molekülmenge (Molecule Set), die als Menge von in Hinblick auf ihre Topologie paarweise unterschiedlichen Molekülen definiert ist. Molekülmengen stellen gewöhnlich Untermengen der gesamten Moleküldatenbank dar und werden durch Anwendung spezieller Filterkombinationen zusammengestellt. Die MolDB implementiert verschiedene Filtertypen unterschiedlicher Komplexität sowie Operationen zur Erstellung und Manipulation von Molekülmengen. Die Zusammenstellung von Screening-Bibliotheken auf Basis von Molekülmengen ist ein sehr intuitives Konzept und stellt somit auch für Medizinalchemiker keine Hürde dar. Die Operationen der MolDB sind zudem sehr effizient, so dass interaktive Abläufe auch mit mehreren Millionen Molekülen problemlos realisiert werden können. Dies ist ein sehr wichtiger Faktor, da in vielen Situationen die optimale Kombination von Filtern nicht von Anfang an bekannt ist, sondern basierend auf den Ergebnissen des letzten Schrittes iterativ erarbeitet werden muss. Hierbei sind lange Wartezeiten zwischen den Operationen hinderlich. MONA als Applikation stellt genau diese Funktionalität bereit und kann so-

---

[4] Kolodzik, A.; Urbaczek, S.; Rarey, M.: Unique Ring Families: A Chemically Meaningful Description of Molecular Ring Topologies. J. Chem. Inf. Model., 52(8):2013-2021, 2012.
[5] Hilbig, M.; Urbaczek, S.; Heuser, S.; Groth, I.; Rarey, M.: MONA - Interactive Manipulation of Molecule Collections. J. Cheminform., 5(1):38, 2013.

mit als Beispiel dienen, wie das NAOMI-Framework zur Implementierung effizienter und interaktiver Software für Medizinalchemiker verwendet werden kann.

Die Konzepte und Algorithmen des NAOMI-Frameworks zur Behandlung von Tautomeren und Protonierungszuständen, zusammenfassend als Protomere bezeichnet, wurden im Rahmen der VSC-Publikation[6] vorgestellt. Nach Sayle [Sa10] bestehen im chemieinformatischen Kontext in Bezug auf Protomere fünf wesentliche Aufgaben, nämlich Vergleich, Normalisierung, Enumeration, Auswahl und Vorhersage. Die ersten beiden Themenkomplexe sind eng miteinander verwoben, da die Erstellung einer normalisierten Darstellung oftmals auch den ersten Schritt für den Vergleich zweier Moleküle darstellt. Mit Enumeration ist die bloße Generierung aller (theoretisch) möglichen Protomere gemeint, wohingegen Auswahl und Vorhersage eine Bewertung der resultierenden Molekülstrukturen, z.B. in Bezug auf Stabilität, miteinschließen. Auswahl bedeutet die Einschränkung der (theoretisch) möglichen Gesamtmenge auf eine für den aktuellen Kontext relevante, aber ungeordnete, Untermenge. Vorhersage beinhaltet dann auch die Bestimmung der Stabilitätsordnung, und somit der Verhältnisse der Strukturen untereinander. Die Basis für die Behandlung von Protomeren innerhalb des NAOMI-Frameworks bildet das Valence State Combination(VSC)-Modell. Dieses adressiert, im Gegensatz zu vielen anderen Konzepten, durch Berücksichtigung von Mesomerie, Tautomerie und Ionisierung konsequent und konsistent alle relevanten Dimensionen des Problems und ermöglicht somit eine vollständige Systematisierung der möglichen Protomere von Molekülen. Auf Basis des VSC-Modells wurden für die weiter oben erwähnten fünf Aufgaben Lösungen innerhalb des NAOMI-Frameworks entwickelt. Der Nachweis der hohen Konsistenz dieser Lösungen, die sich insbesondere darin ausdrückt, dass die Ergebnisse unabhängig davon sind, welches Protomer als Input verwendet wird, wurde anhand der verschiedenen in der Publikation vorgestellten Validierungsprozeduren erbracht. Zudem konnte auf Basis kurierter Datensätze eine sehr gute Übereinstimmung zwischen den von Experten ausgewählten Protomerformen und den Vorhersagen auf Basis des internen Bewertungsschemas gezeigt werden.

3 Protein-Struktur

Die Vorhersage eines realistischen Bindungsmodus mit Hilfe eines Docking-Algorithmus setzt die detaillierte Kenntnis der Bindetasche des Proteins auf atomarer Ebene voraus. Die dreidimensionale Struktur des Zielproteins ist somit, neben der Screening-Bibliothek, die zweite notwendige Voraussetzung für die Durchführung eines virtuellen Screenings. Die bei weitem wichtigste Quelle für experimentell bestimmte Strukturinformationen von Proteinen und Protein-Ligand-Komplexen ist die Protein Data Bank (PDB) [Be00] mit aktuell mehr als 90000 Einträgen. Die dort bereitgestellten Daten lassen sich jedoch im Allgemeinen nicht direkt für virtuelle Screenings einsetzen, sondern müssen durch verschiedene Arbeitsschritte teilweise sehr aufwendig aufbereitet werden. Die Strukturdaten in der PDB werden in Form von dreidimensionalen Atomkoordinaten unter Verwendung eines speziellen chemischen Dateiformats zur Verfügung gestellt. Um diese Daten für den virtuellen Wirkstoffentwurf nutzbar zu machen, werden Methoden benötigt, die zuverlässig

---

[6] Urbaczek, S.; Kolodzik, A.; Rarey, M.: The Valence State Combination Model: A Generic Framework for Handling Tautomers and Protonation States. J. Chem. Inf. Model., 54(3):756-766, 2014.

Molekülstrukturen aus diesen dreidimensionalen Atomkoordinaten ableiten können. Im Gegensatz zu den weiter oben beschriebenen Methoden zur Prozessierung von Molekülen einer Screening-Bibliothek, müssen bei der Interpretation von Daten aus der PDB immer auch experimentelle Ungenauigkeiten berücksichtigt werden.

In der PDB-Publikation[7] wurde der Algorithmus zur Ableitung von Molekülstrukturen aus dreidimensionalen Atomkoordinaten des NAOMI-Frameworks vorgestellt. Die Evaluierung der Ergebnisse erfolgte anhand des Vergleichs der von der Methode aus PDB-Daten abgeleiteten Moleküle mit bekannten Referenzstrukturen. Im Rahmen einer umfassenden Analyse konnte gezeigt werden, dass der Algorithmus in der großen Mehrheit der Fälle selbst bei stark verzerrten Geometrien das erwartete Ergebnis liefert. Die Ursachen von Abweichungen wurden detailliert untersucht und konnten in den meisten Fällen auf experimentellen Ungenauigkeiten in den Atomkoordinaten zurückgeführt werden, die sich nicht eindeutig auflösen ließen. Weiterhin wurde der Algorithmus mit anderen bereits publizierten Methoden verglichen. Hierbei konnte gezeigt werden, dass durch Rückgriff auf das robuste chemische Modell des NAOMI-Frameworks Fehler anderer Methoden vermieden werden konnten. Zudem zeichnet sich das NAOMI-Framework auch bei der Prozessierung von PDB-Daten wieder durch eine hohe Effizienz im Vergleich zu anderen Frameworks aus.

Ein weiterer zentraler Aspekt bei der Aufbereitung von Strukturinformationen aus der PDB ist die Berechnung von Koordinaten für Wasserstoffatome, da diese im Normalfall experimentell nicht bestimmt werden können. In der Protoss-Publikation[8] wurde die Methode zur Bestimmung von Wasserstoffposition innerhalb von Protein-Ligand-Komplexen, die auf einer früheren Arbeit aus der Arbeitsgruppe [LR09] aufbaut, beschrieben. Die wesentliche Erweiterung besteht vor allem in der umfassenden Berücksichtigung von Protomeren auf Seite des Liganden sowie der Verwendung des NAOMI-Frameworks zur konsistenten Beschreibung von Molekülen. Das Ziel der Erweiterung war, die relativen Stabilitäten der beteiligten chemischen Gruppen bei der Vorhersage des optimalen Wasserstoffbrückennetzwerks zu berücksichtigen. Protoss ist somit ein Beispiel für die von Sayle als Vorhersage bezeichnete Aufgabe im Kontext von Protein-Ligand-Komplexen. Ziel ist eine Menge von relevanten Protomeren zu erzeugen, aus denen dann die wahrscheinlichste Form basierend auf Stabilitätsbetrachtungen ausgewählt wird. Die umfassende Berücksichtigung von Protomeren bei der Identifikation des optimalen Wasserstoffbrückennetzwerks in Protein-Ligand-Komplexen stellt ein Alleinstellungsmerkmal des Protoss-Ansatzes dar. Die prinzipielle Notwendigkeit der Berücksichtigung derartiger Effekte konnte anhand einer umfassenden Analyse der verschiedenen tautomerisierbaren und ionisierbaren Substrukturen von Molekülen innerhalb der PDB nachgewiesen werden. Die hohe Qualität der Vorhersage wurde zudem durch verschiedene Experimente belegt und mit den Ergebnissen anderer Methoden verglichen. Hierzu wurde die Anzahl der unerwünschten Interaktionen, d.h. die räumliche Überlappung von Wasserstoffatomen oder Interaktion zweier Akzeptor-Atome, sowie die Abweichung von der erwarteten Protomerform her-

---

[7] Urbaczek, S.; Kolodzik, A.; Heuser, S.; Groth, I.; Rarey, M.: Reading PDB: Perception of Molecules from 3D Atomic Coordinates. J. Chem. Inf. Model., 53(1):76-87, 2013.

[8] Bietz, S.; Urbaczek, S.; Schulz, B.; Rarey, M.: Protoss: A Holistic Approach to Predict Tautomers and Protonation States in Protein-Ligand Complexes. J. Cheminform., 6(1):12, 2014.

angezogen. In beiden Hinsichten übertrifft Protoss existierende Ansätze und zeichnet sich zudem, wie zahlreiche Methoden des NAOMI-Frameworks, durch eine hohe Effizienz aus.

4 Virtuelles Screening

Wie weiter oben bereits erwähnt wurde, stellen Screening-Bibliothek und aufbereitete Proteinstruktur die Voraussetzungen für das strukturbasierte virtuelle Screening dar. Den methodischen Kern des Ansatzes bildet das Docking, eine Methode die verwendet wird, um die Art wie Moleküle an Proteine binden, den sogenannten Bindungsmodus, vorherzusagen und energetisch zu bewerten. Das zugrundeliegende algorithmische Problem ist eine räumliche Ausrichtung des Moleküls zu finden, die geometrisch in die Bindetasche des Proteins passt und die zudem einer bioaktiven Konformation, d.h. der tatsächlichen Konformation des Liganden im Bindungszustand, entspricht. Dies setzt die gleichzeitige Berücksichtigung von Translation und Rotation innerhalb der Bindetasche, der inhärenten konformationellen Flexibilität von Molekülstrukturen sowie der Effekte, die Interaktionen zwischen Proteinen und den gebundenen Liganden bestimmen, voraus. Diese enorme Vielfalt an Einflussfaktoren macht Docking zu einem hochgradig komplexen Problem.

Die im Rahmen der cRAISE-Publikation[9] beschriebene Docking-Engine des NAOMI-Frameworks ist eine Weiterentwicklung des TrixX-Ansatzes [SR07, SR09] aus der gleichen Arbeitsgruppe. Die zugrundeliegende Technologie baut auf einer deskriptorbasierten Bitmap-Suche auf und trägt den Namen RAISE (Rapid Index-based Screening Engine). Kern der Methode sind die sogenannten RAISE-Deskriptoren, die für Molekül und Bindetasche berechnet werden und deren Vergleich die Feststellung von räumlicher und chemischer Komplementarität erlaubt. Durch den Einsatz von Bitmap Indices beim Vergleich der Deskriptoren kann eine extrem hohe Effizienz erreicht werden. Ein wichtige Eigenschaft der RAISE-Technologie ist die Unterstützung sogenannter Pharmakophore. Diese beschreiben spezielle Anforderungen an den Bindungsmodus, z.B. bestimmte Atome des Proteins, die in Wechselwirkung mit dem Liganden treten müssen, oder bestimmte Regionen in der Bindetasche, in denen der Ligand nicht liegen darf. cRAISE ist in der Lage, derartige Randbedingungen direkt während der Platzierung des Liganden in der Bindetasche, und nicht nachgelagert, zu berücksichtigen und somit eine höhere Effizienz durch frühzeitiges Verwerfen ungeeigneter Lösungen zu erreichen. Neben der Steigerung der Geschwindigkeit spielen Pharmakophore jedoch auch bei der Integration von Medizinalchemikern eine wichtige Rolle, da sie eine Möglichkeit bieten, den Screening-Prozess auf Basis der eigenen Erfahrung aktiv zu steuern.

Die RAISE-Technologie und die darauf aufbauende Docking-Methodik (cRAISE) basieren vollständig auf dem NAOMI-Framework und profitieren von der konsistenten Beschreibung von Molekülen und Proteinen. Obwohl RAISE die grundlegenden Prinzipien des TrixX-Ansatzes adaptiert hat, bestehen doch beträchtliche Unterschiede vor allem in Hinblick auf die interne Modellierung von Interaktionen zwischen Protein und Ligand. Die resultierende RAISE-Screening-Pipeline kombiniert alle Methoden und Konzepte, die

---

[9] Henzler, A.M.; Urbaczek, S.; Hilbig, M.; Rarey, M.: An Integrated Approach to Knowledge-Driven Structure-Based Virtual Screening. J. Comput.-Aided Mol. Des.s, 28(9):927-939, 2014.

im Rahmen der Dissertation entwickelt wurden, und ermöglicht einen hochgradig effizienten Screening-Workflow, der zu sehr großen Teilen automatisch ablaufen kann, aber Intervention und Steuerung an verschiedenen zentralen Stellen zulässt.

Die vorgestellten Modelle, Konzepte und Methoden eignen sich jedoch nicht nur für den Einsatz im Kontext des strukturbasierten Screenings. In den iRAISE-[10] und COMPASITE-Publikationen[11] werden alternative Anwendungen vorgestellt. Erstere beschreibt einen Ansatz für inverses virtuelles Screening, letztere eine Methode zum Vergleich von Proteinbindetaschen. Beide Beispiele belegen die große Anwendungsbreite von RAISE-Technologie und NAOMI-Framework.

5 Zusammenfassung und Ausblick

Im Rahmen der vorgestellten Dissertation [Ur] wurde ein konsistentes chemieinformatische Software-Framework (NAOMI) entwickelt. NAOMI basiert auf einem robusten chemischen Modell und umfasst eine Vielzahl innovativer Konzepte und Methoden, die zusammen die Basis der RAISE-Screening-Pipeline bilden. Jede einzelne Komponente wurde mit dem Ziel entwickelt, Screening-Berechnung auf eine intuitive und nachvollziehbare Art und Weise durchzuführen und anschließend auf ihre Eignung zur Umsetzung prinzipiell vollständig automatisierter Screening-Anwendungen hin untersucht. In mehreren Evaluierungsstudien wurde gezeigt, dass die zugrundeliegenden Modelle und Algorithmen gleichzeitig effizient und verlässlich sind und so eine ausgewogene Kombination von automatisierten und interaktiven Schritten möglich machen. Dies ist wiederum eine wichtige Voraussetzung für die Implementierung von flexiblen Screening-Workflows für unterschiedliche Anwendungsbereiche.

Die neu entwickelten Methoden stellen jeweils signifikante Verbesserungen gegenüber existierenden Methoden aus den jeweiligen Bereichen dar. Dies betrifft im Besonderen die Umwandlung chemischer Dateiformate, die Interpretation von Molekülen auf der Grundlage von dreidimensionalen Koordinaten, die Normalisierung von Molekülstrukturen und die Generierung von Protomeren. Zusätzlich sind viele der vorgestellten Konzepte wichtige Beiträge zu einer nachhaltigen Lösung von chemieinformatischen Problemen, wie zum Beispiel die Repräsentation von Ringen durch URF und die Behandlung von Protomeren auf der Grundlage des VSC-Modells. Sowohl die Datenbank für Moleküle (MolDB) als auch die Erweiterung für Proteine (ProteinDB) erlauben eine effiziente Speicherung und Prozessierung der jeweiligen Strukturen und stellen damit die Basis für interaktive Funktionalität im Rahmen von Screening-Workflows dar. Die Berücksichtigung von Protomeren bei der Bewertung und Vorhersage von Wasserstoffbrückennetzwerken in Protein-Ligand-Komplexen sowie die Integration der Methode in den Docking-Prozess[12] stellen ein Alleinstellungsmerkmal des NAOMI-Frameworks dar. Die RAISE-Technologie ist

---

[10] Schomburg, K.T.; Bietz, S.; Briem, H.; Henzler, A.M.; Urbaczek, S.; Rarey, M.: Facing the Challenges of Structure-based Target Prediction by Inverse Virtual Screening. J. Chem. Inf. Model., 54(6):1676-1686, 2014.
[11] v. Behren, M.; Volkamer, A.; Henzler, A.M; Schomburg, K.T.; Urbaczek, S.; Rarey, M.: Fast protein binding site comparison via an index-based screening technology. J. Chem. Inf. Model., 53(2):411-422, 2013.
[12] Bisher noch nicht veröffentlicht

die Grundlage für eine sehr effiziente Screening-Engine, die zudem eine Formulierung von intuitiven pharmakophoren Beschränkungen unterstützt. Die zusätzlichen RAISE-Anwendungen, inverses Screening und der Vergleich von Bindetaschen, verdeutlichen das Potential des Ansatzes zur Lösung verschiedener chemieinformatischer Probleme.

Obwohl der aktuelle Stand der Pipeline einen wichtigen Meilenstein für die Entwicklung interaktiver Screening-Workflows darstellt, gibt es noch immer genügen Raum für Verbesserungen. Zum einen könnte die Qualität der Docking-Ergebnisse durch eine nachgelagerte Optimierungsprozedur basierend auf der in der gleichen Arbeitsgruppen entwickelten HYDE-Methode [Sc12a] verbessert werden. Dies wurde zwar auf Software-Ebene schon umgesetzt, die notwendige Evaluierung steht jedoch noch aus. In Hinblick auf die hohe Effizienz des RAISE-Ansatzes wäre die Berücksichtigung von Proteinflexibilität, ein bisher immer noch ungelöstes Problem im Bereich des virtuellen Screenings, eine weitere mögliche Anwendung. Zudem ist die RAISE-Technologie nicht auf strukturbasierte Ansätze beschränkt und könnte auch als Basis für die Entwicklung von ligandbasierten Verfahren dienen. Natürlich bietet auch das NAOMI-Framework durch seine hohe Konsistenz und Effizienz einen guten Ausgangspunkt für die Entwicklung neuer und verbesserter chemieinformatischer Methoden. Als Beispiele seien hier neue Konzepte für die Visualisierung von Molekülmengen auf Basis von Ähnlichkeiten oder Methoden aus dem Bereich der Fragmenträume genannt.

Ein weiteres wichtiges Ziel der Entwicklung des NAOMI-Frameworks war die Schaffung einer Basis für die Realisierung von Software-Applikationen, die auch von Medizinalchemikern genutzt werden können. MONA sowie das von der Firma BioSolveIT entwickelte Tool SeeSAR[13] sollen als Belege dienen, dass auch dieses Ziel erreicht werden konnte.

Literaturverzeichnis

[Be00] Berman, H.M.; Westbrook, J.; Feng, Z.; Gilliland, G.; Bhat, T.N.; Weissig, H.; Shindyalov, I.N.; Bourne, P.E.: The Protein Data Bank. Nucleic Acids Res., 28(1):235–242, 2000.

[Ku03] Kubinyi, H.: Drug Research: Myths, Hype and Reality. Nat. Rev. Drug. Discov., 2(8):665–668, 2003.

[LR09] Lippert, T.; Rarey, M.: Fast Automated Placement of Polar Hydrogen Atoms in Protein-Ligand Complexes. J. Cheminform., 1(1):13, 2009.

[MS11] Matter, H.; Sotriffer, C.: Applications and Success Stories in Virtual Screening. In (Sotriffer, C., Hrsg.): Virtual Screening - Principles, Challenges, and Practical Guidelines, Jgg. 48 in Methods and Principles in Medicinal Chemistry, S. 319–358. Wiley-VCH, Weinheim, 2011.

[Ri10] Ripphausen, P.; Nisius, B.; Peltason, L.; Bajorath, J.: Quo Vadis, Virtual Screening? A Comprehensive Survey of Prospective Applications. J. Med. Chem., 53(24):8461–8467, 2010.

[RM12] Ritchie, T.J.; McLay, I.M.: Should Medicinal Chemists do Molecular Modelling? Drug Discov. Today, 17(11-12):534–537, 2012.

---

[13] https://www.biosolveit.de/SeeSAR/

[Sa10] Sayle, R.A.: So you think you understand tautomerism? J. Comput.-Aided Mol. Des., 24(6-7):485–496, 2010.

[Sc10] Schneider, G.: Virtual Screening: An Endless Staircase? Nat. Rev. Drug Discov., 9(4):273–276, 2010.

[Sc12a] Schneider, N.; Hindle, S.; Lange, G.; Klein, R.; Albrecht, J.; Briem, H.; Beyer, K.; Claussen, H.; Gastreich, M.; Lemmen, C.; Rarey, M.: Substantial Improvements in Large-scale Redocking and Screening Using the Novel HYDE Scoring Function. J. Comput.-Aided Mol. Des., 26(6):701–723, 2012.

[Sc12b] Scior, T.; Bender, A.; Tresadern, G.; Medina-Franco, J.L.; Martinez-Mayorga, K.; Langer, T.; Cuanalo-Contreras, K.and Agrafiotis, D. K.: Recognizing Pitfalls in Virtual Screening: A Critical Review. J. Chem. Inf. Model., 52(4):867–881, 2012.

[SR07] Schellhammer, I.; Rarey, M.: TrixX: Structure-Based Molecule Indexing for Large-Scale Virtual Screening in Sublinear Time. J. Comput.-Aided Mol. Des., 21(5):223–238, 2007.

[SR09] Schlosser, J.; Rarey, M.: Beyond the Virtual Screening Paradigm: Structure-Based Searching for New Lead Compounds. J. Chem. Inf. Model., 49(4):800–809, 2009.

[Ur] Urbaczek, S.: A Consistent Cheminformatics Framework for Automated Virtual Screening. Dissertation, Universität Hamburg, Juni 2015.

Sascha Urbaczek hat sein Studium der Chemie an der Universität Heidelberg mit dem Diplom abgeschlossen. Während des Grundstudiums erhielt er das Jubiläumsstipendium des Verbandes der chemischen Industrie und war anschließend Stipendiat der Studienstiftung des deutschen Volkes. Nach einer Diplomarbeit im Bereich der theoretischen Chemie wechselte er im Sommer 2008 an die Universtät Hamburg, um dort eine Dissertation im Bereich Chemieinformatik anzufertigen. Im Anschluß daran entwickelte er die im Rahmen der Promotionszeit entstandene Software für den industriellen Einsatz bei der Beiersdorf AG und der BioSolveIT GmbH weiter. Seit Mitte 2014 arbeitet er als IT Unternehmensberater bei der Platinion GmbH und beschäftigt sich schwerpunktmäßig mit Analyse, Entwurf und Umsetzung von anspruchsvollen IT-Lösungen für Unternehmen.

Pipelines für effiziente und robuste Ad-hoc-Textanalyse[1]

Henning Wachsmuth[2]

Abstract: Suchmaschinen und Big-Data-Analytics-Anwendungen zielen darauf ab, ad-hoc relevante Informationen zu Anfragen zu finden. Häufig müssen dafür große Mengen natürlichsprachiger Texte verarbeitet werden. Um nicht nur potentiell relevante Texte, sondern direkt relevante Informationen zu ermitteln, werden Texte zunehmend tiefer analysiert. Dafür können theoretisch komplexe Pipelines mit zahlreichen Analysealgorithmen eingesetzt werden. Aufgrund fehlender Effizienz und Robustheit sind die durchgeführten Textanalysen in der Praxis jedoch bislang auf einfache, manuell erstellte Pipelines für antizipierte Anfragen beschränkt. Der vorliegende Beitrag gibt einen Überblick über einen Ansatz zur automatischen Erstellung von Pipelines für beliebige Textanalysen. Die resultierenden Pipelines sind effizienzoptimiert und arbeiten robust auf heterogenen Texten. Der Ansatz kombiniert zu diesem Zweck neuartige Verfahren, die auf Techniken der klassischen künstlichen Intelligenz und des maschinellen Lernens basieren. Formale Untersuchungen wie auch zahlreiche empirische Experimente belegen, dass der Ansatz einen wichtigen Schritt hin zum Ad-hoc-Einsatz von Textanalyse-Pipelines in Suchmaschinen und Big-Data-Analytics-Anwendungen darstellt.

Keywords: Textanalyse, Pipeline, Effizienz, Künstliche Intelligenz, Maschinelles Lernen

1 Einführung

Informationssuche ist ein fester Bestandteil des Lebens. Menschen surfen im Netz, um neues Wissen zu erlangen, und Unternehmen analysieren Big Data, um geschäftsrelevante Erkenntnisse zu gewinnen. Bereits heute finden Suchmaschinen in vielen Fällen die relevantesten Ergebnisse *ad-hoc*, das heißt, unmittelbar als Antwort auf eine Suchanfrage. Anstatt Informationen zurückzugeben, liefern sie jedoch meist nur zahlreiche Links zu Webseiten. Dies erschwert die Suche vor allem, wenn viele Informationen zusammenzubringen sind oder wenn sie einer Nadel im Heuhaufen gleicht. Big-Data-Analytics-Anwendungen stehen vor ähnlichen Problemen; geschätzte 95% aller geschäftsrelevanten Informationen liegen in Textform vor [HP10]. Daher sind Experten der Meinung, dass zukünftig mehr und mehr direkt relevante Informationen aus großen Mengen von Texten entnommen und aufbereitet werden [Et11, KH13]. Hierfür sind verschiedene Algorithmen zur Verarbeitung natürlicher Sprache nötig, hier unter dem Begriff *Textanalysen* zusammengefasst.

Die Ermittlung relevanter Informationen erfordert in der Regel eine Reihe aufeinander aufbauender Algorithmen. Um zum Beispiel Informationen über die Entwicklung einer Branche zu erhalten, müssen Relationen zwischen verschiedenen Typen von Entitäten (z.B. Firmennamen) und Ereignissen (z.B. Umsatzprognosen) erkannt und später normalisiert und aggregiert werden. Die Erkennung wiederum erwartet meist eine syntaktische Aufbereitung der Texte, etwa um Wortarten oder Satzglieder. Dafür müssen die Texte zuvor in Wörter und Sätze zerlegt worden sein. Aufgrund solcher Abhängigkeiten werden die

---

[1] Englischer Titel der Dissertation: "Text Analysis Pipelines—Towards Ad-hoc Large-scale Text Mining"
[2] Bauhaus-Universität Weimar, F. Medien, Bauhausstr. 11, 99423 Weimar, henning.wachsmuth@uni-weimar.de

verwendeten Algorithmen typischerweise in einer *Pipeline* angeordnet, die jeden Algorithmus nacheinander auf einem Text ausführt. Während für viele Textanalysen effektive Algorithmen existieren, werden Textanalyse-Pipelines in der Praxis bislang nur für einfache und antizipierte Suchanfragen eingesetzt. Dies hat insbesondere drei Gründe:

Erstens werden Pipelines bislang manuell (möglicherweise werkzeugunterstützt [Ka10]) für gegebene Anfragen erstellt, weil ihr Design Expertenwissen über die zu verwendenden Algorithmen erfordert. Daher können unvorhergesehene Anfragen nicht ad-hoc beantwortet werden. Zweitens mangelt es vielen Pipelines an Laufzeiteffizienz, weil ihre Ausführung die Analyse von Texten mit berechnungsintensiven Algorithmen beinhaltet [Sa08]. Daher eignen sie sich nicht für den Einsatz auf großen Datenmengen. Und drittens sind viele Pipelines nicht robust gegenüber der Vielfalt natürlicher Sprache, weil die verwendeten Algorithmen domänenspezifische Textmerkmale analysieren [BDP07]. Daher lässt sich im Fall beliebiger Texte keine hinreichende Effektivität gewährleisten.

In der Dissertation, die diesem Beitrag zugrunde liegt, wird die Fragestellung untersucht, wie sich Textanalysen ad-hoc in effizienter und robuster Weise durchführen lassen [Wa15]. Zentrale Hypothese ist, dass sich Wissen über eine Textanalyse sowie Informationen, die während der Textanalyse gewonnen werden, nutzen lassen, um das Design, die Ausführung und die Ausgabe der eingesetzten Pipeline zu verbessern. Um dies automatisch zu erreichen, werden Techniken der klassischen künstlichen Intelligenz und des maschinellen Lernens eingesetzt. Der in der Dissertation vorgestellte vierteilige Ansatz und die erreichten Ergebnisse werden auf den folgenden Seiten zusammengefasst.

Im Speziellen dient der Stand der Technik von Pipelines innerhalb der gegebenen Problemstellung als Ausgangspunkt (Abschnitt 2). Zuerst werden wissensbasierte Verfahren zur Ad-hoc-Erstellung einer Pipeline für eine gegebene Anfrage sowie zur optimalen Ausführung der Pipeline auf ihren Eingabetexten erarbeitet. Darauf aufbauend wird gezeigt, wie sich die Reihenfolge der verwendeten Algorithmen sowohl theoretisch als auch praktisch auf Basis der Informationen in Texten optimieren lässt, um die Laufzeiteffizienz der Pipeline zu maximieren. Schließlich wird eine neuartige Mustererkennung entwickelt, die domänenübergreifend gültige Gesamtstrukturen von Texten lernt, um die Robustheit bestimmter Analysen zu erhöhen. Die vier Teilansätze werden in Abschnitt 3 skizziert.

Die Korrektheit und Komplexität aller Teilansätze wurde, soweit möglich, formal analysiert. Mithilfe prototypischer Java-Implementierungen wurden darüber hinaus zahlreiche empirische Experimente auf neuen und auf anerkannten Benchmark-Datensätzen durchgeführt, um die erreichte Effektivität, Effizienz und Robustheit im Vergleich zu bestehenden Ansätzen zu evaluieren. Dabei wurden wissenschaftlich und industriell wichtige Textanalysen betrachtet, wie die Erkennung von Umsatzprognosen in News-Artikeln oder die Stimmungsanalyse von Reviews. Auch wurden Software-Frameworks und -Werkzeuge bereitgestellt, welche die praktische Anwendbarkeit der Ansätze demonstrieren.

Die in Abschnitt 4 besprochenen Ergebnisse der Dissertation belegen, dass anfragespezifische Pipelines in Echtzeit automatisch erstellt werden können. Stets wird eine optimale Ausführung erreicht, bei der Texte nur so weit analysiert werden, wie für die Ermittlung relevanter Informationen zwingend nötig. Durch die Reihenfolge-Optimierung lässt sich

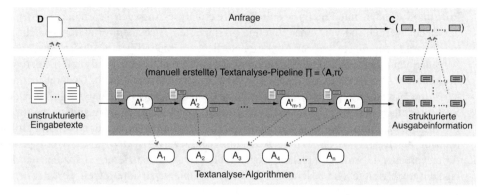

Abb. 1: Bisheriger Stand der Technik: In der manuell erstellten Textanalyse-Pipeline Π analysieren Algorithmen alle Eingabetexte vollständig, um die gesuchten Ausgabeinformationen zu produzieren.

die Effizienz von Pipelines um teils mehr als eine Größenordnung verbessern, ohne ihre Effektivität zu beeinflussen. Sogar auf heterogenen Texten wird die Effizienz erhalten, indem die Reihenfolge individuell angepasst wird. Auch gelingt durch den Fokus auf die Gesamtstruktur von Texten Robustheit in Analysen, die mit der Argumentation von Texten zu haben. Insgesamt verkörpert der entwickelte Ansatz damit einen wichtigen Baustein für den Einsatz beliebiger Pipelines in Suchmaschinen und Big Data Analytics.

2 Problemstellung

Ziel einer Textanalyse ist die Ermittlung strukturierter Ausgabeinformationen aus einer Menge unstrukturierter Eingabetexte **D**. Dabei kann **D** eine Handvoll homogener Texte genauso wie ein potentiell nie endender Strom heterogener Texte sein. Die Ausgabeinformationen können zum Beispiel in Datenbanken gespeichert oder in Analytics-Anwendungen weiterverarbeitet verden. Enstprechend sind die Typen der Informationen vorgegeben, hier spezifiziert als geordnete Menge **C**. Ein Typ kann etwa bestimmte Entitäten repräsentieren, wie Firmennamen oder Zeitausdrücke, oder auch Relationen, wie die Gründung einer Firma in einem bestimmten Jahr. Ein Paar (**D**,**C**) lässt sich als Anfrage interpretieren, deren Ziel es ist, alle zu **C** passenden Ausgabeinformationen aus **D** zu ermitteln.

Im Fokus stehen im vorliegenden Beitrag Textanalyse-Pipelines; sie werden standardmäßig zur Bearbeitung einer gegebenen Anfrage eingesetzt und zuvor von Experten manuell erstellt. Konzeptuell lässt sich eine Pipeline als ein Tupel $\Pi = \langle \mathbf{A}, \pi \rangle$ modellieren. Dabei ist $\mathbf{A} = \{A'_1, \ldots, A'_m\}$ eine Menge von $m \geq 1$ Textanalyse-Algorithmen ist, die einer Grundmenge $\{A_1, \ldots, A_n\}$, $n \geq m$, entnommen wurde. π ist hingegen ein Schedule, der die Ausführungsreihenfolge der Algorithmen in **A** vorgibt. Jeder Algorithmus $A'_i \in \mathbf{A}$ analysiert die Texte aus **D**, um Informationen bestimmter Typen aus **C** zu produzieren. Dafür benötigt er eine (potentiell leere) Menge an Typen als Eingabe, die von vorangehenden Algorithmen zu produzieren sind. Enstprechend muss π sicherstellen, dass die Abhängigkeiten zwischen Algorithmen erfüllt werden. Abb. 1 illustriert alle beschriebenen Konzepte; sie repräsentieren den Ausgangspunkt der Untersuchungen in diesem Beitrag.

Prinzipiell können mit Pipelines beliebige Textanalyse-Anfragen bearbeitet werden. In der Regel werden die von einer Pipeline produzierten Ausgabeinformationen nicht immer korrekt sein, da sie aus der Analyse natürlichsprachiger Texte resultieren, welche im Allgemeinen mehrdeutig sind. Vielmehr erzielt eine Pipeline eine bestimmte Effektivität, quantifiziert zum Beispiel als Anteil korrekter Ausgabeinformationen. Generell betrachtet ist die Erreichung hoher Effektivität das oberste Ziel einer Textanalyse. Insbesondere Suchmaschinen und Big-Data-Analytics-Anwendungen zielen darüber hinaus darauf ab, Informationen unmittelbar in Folge einer Anfrage zu ermitteln und zwar aus enorm großen Mengen heterogener Texte. Wie in Abschnitt 1 aufgezeigt, ist der Einsatz von Pipelines für entsprechende Anfragen bislang wegen fehlender Automatisierung, Effizienz und Robustheit noch weitgehend beschränkt. Um diese Probleme zu adressieren, verfolgt der im vorliegenden Beitrag präsentierte Ansatz drei Ziele:

1. *Die automatische Erstellung von Pipelines.* Dadurch lassen sich relevante Informationen ad-hoc für gegebene Anfragen ermitteln.

2. *Die Optimierung der Effizienz von Pipelines.* Dadurch lassen sich Analysen bei gleichem Zeitaufwand auf größeren Mengen von Texten durchführen.

3. *Die Optimierung der Robustheit von Pipelines.* Dadurch lässt sich die Effektivät von Analysen auf heterogenen Texten verbessern.

Stand der Technik In einigen Fällen liefern führende Suchmaschinen bereits heute direkt relevante Informationen, etwa bei der Suche nach bekannten Personen oder anderen Entitäten. Zum Teil werden solche Informationen mittels Textanalysen gefunden [Pa11], zum Teil entstammen sie aber auch frei verfügbaren Wissensbasen wie www.freebase.com. So oder so ist die Ermittlung der Informationen bislang auf antizipierte Anfragen beschränkt, da Suchmaschinen die Informationen in einem vorberechneten Index verwalten.

Für die genannten Ziele existiert ansonsten noch keine Gesamtlösung. Einige verwandte Arbeiten adressieren zumindest einzelne Ziele in abgewandelter Form. So gibt es Ansätze, die anstelle einer anfragespezifischen Pipeline eine lediglich durch die Anfrage konkretisierte Analyse verwenden [Ba07], was sich allerdings nur für grundlegende Informationtypen machen lässt. In der Analytics-Anwendung SystemT beschreibt ein Nutzer alternativ dazu die durchzuführenden Analysen, während die Umsetzung automatisch geregelt wird [Kr09]. Ähnlich wie der hier vorgestellte Ansatz beschränkt SystemT Analysen auf potentiell relevante Textteile und optimiert ihre Reihenfolge hinsichtlich Effizienz, ist aber auf den Einsatz regelbasierter Algorithmen beschränkt. Das Effizienzproblem lässt sich umgehen, indem potentiell relevante Informationstypen bereits in den Suchindex aufgenommen werden [Ca05]. Das funktioniert natürlicherweise aber ebenfalls nur für antizipierte Typen. Auch durch eine Beschränkung auf einfache, skalierbare Analysen wird Effizienz erreicht, was jedoch in der Regel mit Effektivitätsverlust einhergeht [PRH04]. Für Robustheit, schließlich, ist der meist verbreitete Ansatz Domänenanpassung [BDP07], wobei diese mithilfe von Beispieltexten aus den Zieldomänen geschieht. Nicht zuletzt bei Suchmaschinen sind die Zieldomänen jedoch nicht vorhersagbar. Daher zielt der vorgestellte Ansatz darauf ab, direkt Domänenunabhängigkeit zu erreichen. Für andere als die hier untersuchten Textanalysen gibt es vergleichbare Ansätze, etwa [MC11].

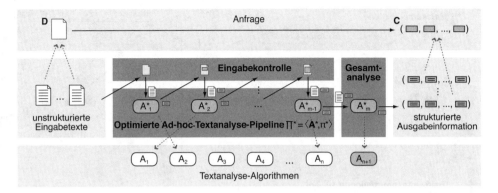

Abb. 2: Überblick über den vorgestellten Ansatz: Jeder Textanalyse-Algorithmus A_i^* der ad-hoc erstellten Pipeline $\Pi^* = \langle \mathbf{A}^*, \pi^* \rangle$ erhält nur Teile eines Eingabetextes von der Eingabekontrolle, für die seine Ausgabe relevant ist. Der Schedule π^* der Algorithmen ist effizienzoptimiert. Die Effektivität der Ausgabeinformationen wird mittels einer Gesamtanalyse domänenübergreifend erhalten.

3 Ansatz

Um es Suchmaschinen und Big-Data-Analytics-Anwendungen zu ermöglichen, Texte ad-hoc zu analysieren, wird ein Ansatz vorgeschlagen, der im Kern auf drei Ideen basiert:

1. *Optimierte Ad-hoc-Textanalyse-Pipelines.* Die in einer Pipeline zu verwendenden Algorithmen lassen sich aus einer Anfrage automatisch ableiten. Ihr Schedule lässt sich anhand ihrer Laufzeiten und produzierten Ausgabeinformationen optimieren.

2. *Eingabekontrolle.* Die Teile eine Textes, die ein Algorithmus analysieren muss, lassen sich von der Anfrage, der Typen seiner Ausgabeinformationen und der bislang produzierten Ausgabeinformationen ableiten.

3. *Gesamtanalyse.* Die Robustheit bestimmter Analysen lässt sich erhöhen, indem ihr Fokus auf die Gesamtstruktur eines Textes anstelle seines Inhalts gelegt wird.

Abb. 2 zeigt, wie sich der bisherige (in Abb. 1 dargestellte) Stand der Technik auf Grundlage dieser Ideen weiterentwickeln lässt. Zur Umsetzung der Ideen wurden in [Wa15] vier Teilansätze erarbeitet, die im Folgenden skizziert werden.

Ad-hoc-Textanalyse-Pipelines Damit sich auch unvorhergesehene Anfragen ad-hoc beantworten lassen, muss eine Textanalyse-Pipeline unmittelbar erstellt werden können. Zu diesem Zweck wurde eine Formalisierung der prozessorientierten Sicht auf Textanalyse erarbeitet. Konkret wird jeder Algorithmus als Aktion aufgefasst, die – falls anwendbar – den Zustand eines Eingabetextes (im Sinne der bislang im Text gefundenen Informationen) in einen anderen Zustand (erweitert um die Ausgabeinformationen des Algorithmus) überführt. Diese Sicht ist konsistent zu Standard-Frameworks für Textanalyse, wie Apache UIMA. Sie erlaubt, die Ad-hoc-Erstellung als Suche nach einer zulässigen Folge von Aktionen und damit als Planungsproblem aufzufassen. In [Wa15] wird die Erstellung mittels der Künstliche-Intelligenz-Technik *Partial Order Planning* adressiert [RN09], wobei verschiedene Effizienz- und Effektivitätskriterien priorisiert werden können.

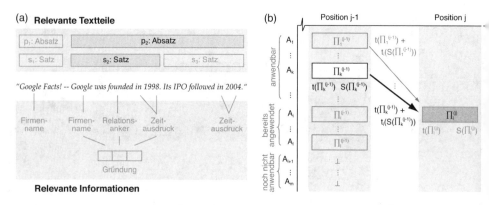

Abb. 3: (a) Gegenüberstellung der relevanten Teile eines Textes und der darin befindlichen relevanten Informationen bezüglich einer Relation *Gründung*. (b) Bestimmung der laufzeitoptimalen Pipeline $\Pi_i^{(j)}$ mit Algorithmus A_i in Position j auf Basis aller Pipelines der Länge $j-1$.

Eingabekontrolle Anstatt jeden Eingabetext direkt von einem zum nächsten Algorithmus in einer Pipeline weiterzugeben, wird eine Eingabekontrolle eingeführt, die für jeden Algorithmus entscheidet, welche Teile des Textes er zu analysieren hat. Dafür wird nach jeder Algorithmusausführung ermittelt, welche Teile noch alle zur Beantwortung einer Anfrage relevanten Informationen enthalten können. Abb. 3(a) illustriert die relevanten Teile eines Beispieltextes auf Satz- und Absatzebene. Wie in [Wa15] gezeigt, eignet sich dafür *Assumption-based Truth Maintenance* [RN09]. Dazu wird die Relevanz jedes Textteils als aussagenlogische Formel modelliert. Schlussfolgerungsverfahren ermöglichen dann, jeden Algorithmus nur auf für ihn relevanten Teilen auszuführen. Dadurch lässt sich jegliche unnötige Analyse vermeiden. Zusätzlich lässt sich der Tradeoff zwischen Effizienz und Effektivität beeinflussen, indem kleinere Textteile betrachtet werden, was Zeit spart, aber unter Umständen manche Informationen nicht mehr auffindbar macht.

Optimierte Textanalyse-Pipelines Unter Verwendung einer Eingabekontrolle entscheidet der Schedule der verwendeten Algorithmen über die Laufzeiteffizienz einer Pipeline. Ein optimales Scheduling erweist sich als dynamisches Programmierproblem, wie in Abb. 3(b) illustriert. Dort resultiert die Laufzeit $t(\Pi_i^{(j)})$ einer Pipeline $\Pi_i^{(j)}$ der Länge j aus der minimalen Summe der Laufzeit $t(\Pi_k^{(j-1)})$ einer Pipeline der Länge $j-1$ und der Laufzeit $t_i(S(\Pi_k^{(j-1)}))$ von Algorithmus A_i auf dem noch relevanten Textteil $S(\Pi_k^{(j-1)})$. In der Praxis sind die Laufzeiten und relevanten Textteile im Vorhinein nicht bekannt. Stattdessen kann die optimale Pipeline aber auf einer Trainingsmenge an Texten mit *informierter A**-*Suche* [RN09] approximiert werden. Probleme treten nur auf, wenn sich Eingabetexte als sehr heterogen bezüglich der Verteilung relevanter Informationen herausstellen, da es dann keinen stets optimalen Schedule gibt. Um damit umzugehen, wird in [Wa15] ein *selbstüberwachter maschineller Lernansatz* [Ba07] entwickelt, der die Laufzeiten verschiedener Schedules für jeden gegebenen Text vorhersagt und die Pipeline passend adaptiert.

Gesamtanalyse Die vorgeschlagene Gesamtanalyse dient schließlich dazu, die Domänenrobustheit einer Pipeline durch einen Fokus auf die Gesamtstruktur von Texten zu erhöhen.

während vom Inhalt der Texte abstrahiert wird. Entsprechend Abb. 2 lässt sich die Gesamtanalyse als alternativer letzter Algorithmus einer Pipeline verstehen. Er zielt speziell auf Analysen ab, die mit der Klassifikation argumentativer Texte (wie Reviews oder Essays) zu tun haben. Mittels einer *überwachten Clustering-Variante* können in Trainingstexten domänenübergreifend gültige Muster in Argumentationsverläufen bestimmt werden [Wa15]. Durch den Vergleich des Verlaufs eines Textes mit allen Mustern lässt sich dann die Gesamtstruktur des Textes in bisher nicht dagewesener Weise messbar machen.

4 Ergebnisse

Der beschriebene Ansatz zielt darauf ab, das Design von Textanalyse-Pipelines zu automatisieren, die Effizienz ihrer Ausführung zu optimieren und die Robustheit ihrer Ausgabe zu verbessern. Um den Erfolg des Ansatzes zu überprüfen, wurden im Rahmen der Dissertation [Wa15] einzelne Aspekte formal analysiert, vor allem aber alle Teilansätze in zahlreichen Experimenten auf neu entwickelten und auf anerkannten Benchmark-Datensätzen empirisch evaluiert. Im Folgenden werden wesentliche Ergebnisse und daraus gewonnene Erkenntnisse anhand der drei adressierten Probleme zusammengefasst:

Automatische Erstellung von Pipelines Die Ad-hoc-Erstellung von Textanalyse-Pipelines wurde für insgesamt 14 Anfragen verschiedener Komplexität evaluiert, welche die Erkennung von Marktprognosen sowie die Erkennung biomedizinischer Relationen betreffen. Die Ergebnisse legen nahe, dass sich effektive und effiziente Pipelines in realistischen Situationen nahezu in Nullzeit automatisch erstellen lassen. So dauerte die Erstellung von Pipelines mit bis zu 21 Algorithmen aus einer Grundmenge von 76 Algorithmen auf einem Standardrechner maximal 26 Millisekunden (gemittelt über 25 Durchläufe). Nach bestem Wissen wird dadurch zum ersten Mal ermöglicht, Textanalysen für unvorhergesene Anfragen ad-hoc durchzuführen. Offene Probleme resultieren im Wesentlichen aus der Automatisierung; so lässt sich die Erstellung zwar auf verschiedene Priorisierungen hin ausrichten (etwa "Effizienz über Effektivität"), Gewichtungen erscheinen hingegen schwierig. Auch kann das Zusammenspiel verschiedener Algorithmen in Ad-hoc-Szenarien natürlich im Vorhinein nicht überprüft werden.

Optimierung der Effizienz von Pipelines Die Eingabekontrolle adressiert eine Schwachstelle nahezu aller existierenden Textanalysen; sie erkennt auf formale Weise im Vorhinen, auf welchen Teilen eines Textes eine Analyse irrelevant ist, und erlaubt so die Maximierung der Effizienz einer gegebenen Pipeline. Das entstehende Optimierungspotential lässt sich nicht generell quantifizieren, da es von den verwendeten Algorithmen und der Menge relevanter Informationen in Texten abhängt. In mehreren Fallstudien lag der Anteil des von einem Algorithmus im Durchschnitt verarbeiteten Textes aber stets zwischen 40% und 80%. Exemplarisch zeigt Abb. 4 die entsprechend analysierten Anteile für eine Pipeline zur Erkennung der bereits erwähnten Gründungsrelation auf dem englischsprachigen CoNLL-2003-News-Datensatz [TM03]. In Fällen, wo die meisten Analysen alle Textteile betreffen (wie bei vielen Textklassifikationsproblemen), wird der Effekt der Eingabekontrolle hingegen gering sein. Der zusätzliche zeitliche Aufwand lag in allen Experimenten aber nur bei 1% der Gesamtlaufzeit und ist daher im Grunde vernachlässigbar. Auch sonst

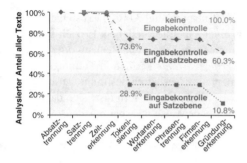

Abb. 4: Analysierter Anteil des CoNLL-2003-Datensatzes für jeden Algorithmus einer Pipeline zur Erkennung von Gründungsrelationen.

Tab. 1: Laufzeit von sechs Ansätzen zum Scheduling einer Pipeline für Umsatzprognosen auf 20 Trainings- und ihrer Analyse von 366 Testtexten.

birgt die Eingabekontrolle keine nennenswerten Nachteile, weswegen sie für die Zukunft eine logische Erweiterung von Standard-Frameworks wie Apache UIMA darstellt.

Bei gegebener Eingabekontrolle entscheiden die irrelevanten Teile von Texten über den optimalen Schedule einer Pipeline, wie formal bewiesen wurde; relevante Teile müssen ohnehin von allen Algorithmen analysiert werden. Auf homogenen Texten wurde der Schedule zuverlässig mittels des entwickelten A^*-Suchansatzes optimiert. Tab. 1 zeigt Ergebnisse eines Beispielexperiments mit zehn Algorithmen zur Erkennung von Umsatzprognosen für vier A^*-Konfigurationen auf 20 Trainingstexten. Die Ergebnisse verdeutlichen den Nutzen des Schedulings: Gegenüber einer Standard-Pipeline mit Eingabekontrolle wurde die Laufzeit etwa um Faktor 4 verbessert. Dabei wurde nahezu die optimale Laufzeit erreicht. Der zusätzliche Aufwand lohnt sich jedoch nur auf großen Datenmengen: Auf den 366 Testtexten ist ein Greedy-Scheduling-Ansatz, der einzig auf Laufzeitschätzungen der Algorithmen basiert, noch ebenbürtig. Gegenüber Pipelines ohne Eingabekontrolle konnte die Laufzeit sogar um bis zu Faktor 16,5 verbessert werden. Auf heterogenen Texten reicht ein fester Schedule mitunter hingegen nicht aus; dort wurde die Laufzeit des optimierten Schedules vom entwickelten Lernansatz für adaptives Scheduling noch um bis zu 30% verringert. Eine Abschätzung der Heterogenität erwies sich jedoch als notwendig, da Vorhersagefehler des Lernansatzes auf homogenen Texten zu Nachteilen führen können.

Optimierung der Robustheit von Pipelines Die Gesamtanalyse wurde auf Reviews unterschiedlicher Domänen evaluiert. Es wurden Muster gefunden, die typische Verläufe von Stimmungen und den in Reviews auftretenden Diskursrelationen repräsentieren. Sie geben neue Einblicke, wie Menschen heutzutage argumentieren. Maschinelle Lernexperimente zur Stimmungsanalyse auf einem neuen Hotelreview-Datensatz und einem Standard-Filmreview-Datensatz [PL05] untermauern den Nutzen der Muster zur Erreichung von Robustheit: Ihre Effektivität blieb in acht domänenübergreifenden Experimenten fast immer stabil; im Durchschnitt fiel der Anteil korrekt klassifizierter Stimmungen um lediglich sieben Prozentpunkte. Im Vergleich dazu betrug der Verlust auf Basis der Verteilung der Stimmung in Reviews 12 Prozentpunkte und auf Basis des Inhalts gar 23 Prozentpunkte. Dennoch bleibt die insgesamt erreichte Effektivität weiter verbesserbar. Eine Kombination mit Verfahren zur Domänenanpassung erscheint in dieser Hinsicht vielversprechend, wird aber als Arbeit für zukünftige Forschung offen gelassen.

Insgesamt wurde mit den gewonnenen Erkenntnissen ein zentraler Grundstein für den Ad-hoc-Einsatz von Textanalyse-Pipelines auf großen Datenmengen gelegt. Um diese Forschung fortführen und die durchgeführten Experimente reproduzieren zu können, wurden alle wesentlichen Teilansätze als Open-Source-Software umgesetzt. Auch wurden drei Benchmark-Datensätze für wissenschaftlich und industrielle relevante Textanalysen veröffentlicht. Software und Daten sind auf http://is.upb.de/?id=wachsmuth frei zugänglich.

5 Fazit

Textanalyse-Pipelines ermöglichen, relevante Informationen für komplexe Anfragen in natürlichsprachigen Texten zu finden. Bislang ist ihr Einsatz in Suchmaschinen und Big-Data-Analytics-Anwendungen jedoch begrenzt, da es an Automatisierung, Effizienz und Robustheit mangelt. Dieser Beitrag hat einen Überblick über den in [Wa15] entwickelten Ansatz zur Adressierung dieser Probleme und die dort erreichten Ergebnisse gegeben. Mittels klassischer und moderner Techniken der künstlichen Intelligenz werden Pipelines automatisch erstellt, bezüglich ihrer Laufzeiteffizienz optimiert und hinsichtlich ihrer Effektivität auf vielfältigen Texten verbessert. Empirische Evaluierungen belegen, dass der Ansatz beliebige Textanalysen ad-hoc ermöglicht, ihren Einsatz auf deutlich größeren Datenmengen zulässt und für viele Anfragen robustere Analysen gewährleistet. Zwar ist der Ertrag einiger Teilansätze in manchen Fällen nur gering. Auch bleibt das generelle Effektivitätsproblem der Verarbeitung natürlicher Sprache bestehen. Dennoch stellen die erzielten Ergebnisse einen wichtigen Baustein hin zum Einsatz von Pipelines in Suchmaschinen und Big Data Analytics dar. Ob sich die zukünftige Informationssuche tatsächlich in diese Richtung bewegt, wird sich herausstellen. Die unmittelbare Suche nach relevanten Informationen hat jedenfalls bereits begonnen [Et11, Pa11, KH13].

Literaturverzeichnis

[Ba07] Banko, Michele; Cafarella, Michael J.; Soderland, Stephen; Broadhead, Matt; Etzioni, Oren: Open Information Extraction from the Web. In: Proceedings of the 20th International Joint Conference on Artificial Intelligence. S. 2670–2676, 2007.

[BDP07] Blitzer, John; Dredze, Mark; Pereira, Fernando: Biographies, Bollywood, Boom-boxes and Blenders: Domain Adaptation for Sentiment Classification. In: Proceedings of the 45th Annual Meeting of the Association for Computational Linguistics. S. 440–447, 2007.

[Ca05] Cafarella, Michael J.; Downey, Doug; Soderland, Stephen; Etzioni, Oren: KnowItNow: Fast, Scalable Information Extraction from the Web. In: Proceedings of the Conference on Human Language Technology and Empirical Methods in Natural Language Processing. S. 563–570, 2005.

[Et11] Etzioni, Oren: Search Needs a Shake-up. Nature, 476:25–26, 2011.

[HP10] HP Labs: Annual Report. Bericht, 2010. Verfügbar auf http://www.hpl.hp.com/news/2011/jan-mar/pdf/HPL_AR_2010_web.pdf (Zugriff am 2. Februar 2016).

[Ka10] Kano, Yoshinobu; Dorado, Ruben; McCrohon, Luke; Ananiadou, Sophia; Tsujii, Jun'ichi: U-Compare: An Integrated Language Resource Evaluation Platform Including a Comprehensive UIMA Resource Library. In: Proceedings of the Seventh International Conference on Language Resources and Evaluation. S. 428–434, 2010.

[KH13] Kelly, John E.; Hamm, Steve: Smart Machines: IBM's Watson and the Era of Cognitive Computing. Columbia University Press, New York, NY, USA, 2013.

[Kr09] Krishnamurthy, Rajasekar; Li, Yunyao; Raghavan, Sriram; Reiss, Frederick; Vaithyanathan, Shivakumar; Zhu, Huaiyu: SystemT: A System for Declarative Information Extraction. SIGMOD Records, 37(4):7–13, 2009.

[MC11] Menon, Rohith; Choi, Yejin: Domain Independent Authorship Attribution without Domain Adaptation. In: Proceedings of the International Conference Recent Advances in Natural Language Processing 2011. S. 309–315, 2011.

[Pa11] Pasca, Marius: Web-based Open-Domain Information Extraction. In: Proceedings of the 20th ACM International Conference on Information and Knowledge Management. S. 2605–2606, 2011.

[PL05] Pang, Bo; Lee, Lillian: Seeing Stars: Exploiting Class Relationships for Sentiment Categorization with Respect to Rating Scales. In: Proceedings of the 43rd Annual Meeting on Association for Computational Linguistics. S. 115–124, 2005.

[PRH04] Pantel, Patrick; Ravichandran, Deepak; Hovy, Eduard: Towards Terascale Knowledge Acquisition. In: Proceedings of the 20th International Conference on Computational Linguistics. S. 771–777, 2004.

[RN09] Russell, Stuart J.; Norvig, Peter: Artificial Intelligence: A Modern Approach. Prentice-Hall, Upper Saddle River, NJ, USA, 3rd. Auflage, 2009.

[Sa08] Sarawagi, Sunita: Information Extraction. Foundations and Trends in Databases, 1(3):261–377, 2008.

[TM03] Tjong Kim Sang, Erik F.; Meulder, Fien De: Introduction to the CoNLL-2003 Shared Task: Language-independent Named Entity Recognition. In: Proceedings of the Seventh Conference on Natural Language Learning at HLT-NAACL 2003. S. 142–147, 2003.

[Wa15] Wachsmuth, Henning: Text Analysis Pipelines—Towards Ad-hoc Large-scale Text Mining. Lecture Notes in Computer Science 9383. Springer, 2015.

Henning Wachsmuth wurde 1983 in DeKalb, Illinois geboren und wuchs danach in Osnabrück und Bielefeld auf. Nach dem Abitur am Bielefelder Helmholtz-Gymnasium im Jahr 2002 und dem darauf folgenden Zivildienst studierte er ab 2003 an der Universität Paderborn Informatik mit Nebenfach Medienwissenschaft. Dort erhielt er 2006 zunächst den Bachelor, 2009 schloss er sein Studium dann als Diplom-Informatiker ab. Anschließend arbeitete er am s-lab – Software Quality Lab der Universität Paderborn mit Schwerpunkt in der algorithmischen Verarbeitung natürlichsprachiger Texte. Zeitgleich promovierte er am Lehrstuhl Datenbank- und Informationssysteme und verteidigte Anfang 2015 erfolgreich seine Dissertation. Seit April 2015 forscht er als Postdoc am Lehrstuhl Content Management und Web-Technologien der Bauhaus-Universität Weimar an der computerlinguistischen Analyse von Argumentation.

Leistungsbewertung von Ressourcenmanagementstrategien für zelluläre und drahtlose Mesh-Netzwerke

Florian Wamser[1]

Abstract: Heutige Kommunikationsnetzwerke müssen eine große Anzahl an heterogenen Anwendungen und Diensten schultern. Dies gilt zusätzlich zu den Herausforderungen, dass sie kostengünstig sein sollen und schnelles, qualitativ-hochwertiges Internet anbieten müssen. Ein spezialisiertes Ressourcenmanagement kann in vielen dieser Fälle helfen und eine Win-Win-Situation für beide Parteien - den Benutzer und das Netzwerk - darstellen.

In meiner Dissertation [Wa15] untersuche ich verschiedene neue Ressourcenmanagementansätze zur Leistungsoptimierung und Steigerung der Ressourceneffizienz in Zugangsnetzen. Die untersuchten Ansätze arbeiten auf verschiedenen Kommunikationsschichten und erfüllen unterschiedliche Ziele. Am Ende stellt diese Arbeit Empfehlungen für Netzbetreiber dar, wie ein Ressourcenmanagement für unterschiedliche Netzwerktypen und Ziele aussehen kann und welcher Nutzen in Vergleich mit dem erforderlichen Aufwand und der höheren Komplexität zu erwarten ist.

1 Motivation

In heutigen Zugangsnetzen steigt der Datenverkehr unaufhaltsam an. Viele große Hersteller und Netzwerkoperatoren reden von der *1000x Data Challenge* (zu Deutsch: Steigerung des Datenverkehrs um das Tausendfache). Es gibt immer mehr Applikationen und Anwendungen, resultierend aus dem technischen Fortschritt bei Geräten für den Endverbraucher und dem technologischen Fortschritt im Netzwerk. Gleichzeitig ergeben sich auch immer unterschiedlichere Anwendungsfelder. Zu nennen sind hierbei die aufstrebenden Felder der Maschine-zu-Maschine-Kommunikation, Anwendungen aus dem Gesundheitswesen, Ultra-High-Definition-Fernsehen, neue kommerzielle Dienste für das Transportwesen und für Firmen, Assistenzsysteme für ältere Menschen und Sensornetzwerke. Damit entstehen hohe, heterogene Anforderungen an die Zugangsnetze.

Aus technischer Sicht der Kommunikationsnetze bedeutet dies, dass nicht nur einzelne Anwendungen im Netzwerk unterstützt werden müssen, sondern dass eine breite Berücksichtigung aller Umstände und Anforderungen nötig ist. Dies gilt zusätzlich zu den üblichen Anforderungen, wie beispielsweise Kosten- und Energieeinsparungen im Netzwerk.

Eine solche umfassende Berücksichtigung aller Eventualitäten kann nur durch ein dynamisches, individuelles und intelligentes Management der Übertragungsressourcen erreicht werden. Dabei muss einerseits die theoretische Kapazität soweit wie möglich ausgenutzt

---

[1] Lehrstuhl für Kommunikationsnetze (Prof. Dr.-Ing. Phuoc Tran-Gia), Universität Würzburg, florian.wamser@informatik.uni-wuerzburg.de

werden und andererseits aber sowohl die System- und Netzarchitektur als auch das Nutzer- und Applikationsverhalten angemessen in Betracht gezogen werden. Hierfür ist ein vielschichtiges Ressourcenmanagement auf verschiedenen Ebenen nötig.

Das Ziel der Doktorarbeit ist die Entwicklung, Untersuchung und Bewertung von einem ganzheitlichen Ressourcenmanagement im Hinblick auf neue Anforderungen und aufkommende, neue Anwendungsfelder. Es werden entsprechende Ansätze auf verschiedenen Kommunikationsebenen mit sowohl Simulationsstudien als auch praktischer Emulationen und Messungen in Testbeds entwickelt. Die untersuchten und entwickelten Ansätze unterscheiden sich hinsichtlich der Komplexität und der Ebene auf der sie arbeiten mit dem Ziel, den gesamten Gestaltungsraum auf systematische Art und Weise abzudecken. Da die Ansätze in der Regel nicht allgemein gültig für alle Arten von Zugangsnetzen evaluiert werden können, sind in der Arbeit Implementierungsbeispiele enthalten. Zusätzlich werden technologiespezifische Bewertungen neben der Modellierung des Szenarios und der Applikationsanforderungen durchgeführt. Es werden Mobilfunknetze und drahtlose Mesh-Zugangsnetzwerke in dieser Arbeit betrachtet.

2 Teil 1: Untersuchungen zum Ressourcenmanagement auf der physikalischen Ebene

Der erste Teil beschäftigt sich mit dem Management von Ressourcen auf der physikalischen Übertragungsebene. Es werden verteilte Ressourcenallokationsansätze unter verschiedenen Einstellungen für Mobilfunknetze untersucht. Aufgrund der ambitionierten Leistungsziele der Netzwerkoperatoren, werden in Mobilfunknetzen Übertragungsressourcen sehr oft wiederverwendet. Dies führt zu potentieller Interferenz zwischen Mobilfunkzellen, die auf den gleichen Frequenzen senden. Der Schwerpunkt der Arbeit im ersten Teil liegt auf der Identifizierung von Ansätzen, die in der Lage sind, solche Störungen zu reduzieren. Es werden verschiedene Koordinierungsmechanismen entwickelt und vorgeschlagen, die zu einer effizienteren Ressourcennutzung führen. Weiterhin werden neue Möglichkeiten zum Partitionieren und/oder Einschränken die verschiedenen Übertragungsressourcen (Zeit, Frequenz, Ort) im Hinblick auf die unterstützte Anzahl von Benutzern im Netzwerk ausgewertet und mit der Leistung von konventionellen Schemata verglichen. Diese Auswertungen werden für Benutzer mit konstantem Verkehrsaufkommen durchgeführt. Ein weiteres zusätzliches Ziel ist es ferner, die verschiedenen Ansätze in Bezug auf verschiedene, neue Verkehrsmuster zu untersuchen, wie etwa nicht-saturierter Verkehr im Uplink. Der heutige Verkehr im Uplink besteht oftmals aus kleinen Bursts durch wiederholende TCP-Acknowledgements, HTTP-Anfragen oder konstantem Signalisierungsverkehr. Dazu wird ein neuer Ressourcenzuweisungsalgorithmus vorgeschlagen, der auf der intelligenten Wahl eines Modulations- und Kodierungsschemas für einen nichtsaturierten Uplink basiert. Alle Ansätze werden modelliert und detailliert mit umfangreichen Simulationen ausgewertet.

2.1 Zusammenfassung der Ergebnisse

Zunächst wird der Einfluss verschiedener Partitionierungsstrategien und Beschränkungen der Übertragungsressourcen evaluiert. Eines der Ziele ist, die verschiedenen Ansätze in Bezug auf aktuelle Verkehrsmuster, wie beispielsweise nicht-saturierender Verkehr im Uplink, zu bewerten. Zu diesem Zweck wird der Uplink untersucht, welcher heute typischerweise im Mobilfunk aus TCP-Bestätigungen oder kurzen HTML-Anfragen besteht. Infolgedessen wird kein Szenario mit ausgelasteten Übertragungswarteschlangen untersucht, sondern ein realistisches Uplink-Szenario bei nicht gesättigter Verkehrssituation. Darüber hinaus werden dezentrale Ansätze untersucht, die keine Signalisierung erfordern. Neue Kombinationen werden mit herkömmlichen Systemen verglichen, die keine Beschränkung oder Ressourcenaufteilung wie das gängige Frequency Reuse 1 verwenden.

Es hat sich gezeigt, dass

1. eine Ordnungsmetrik (koordinierte Benutzerzuweisung) für die Leistung des gesamten Mobilkommunikationssystems kritisch ist. Diese Metrik legt eine Reihenfolge fest, nach der die Benutzer auf die Übertragungsressourcen zugewiesen werden. Dies gilt sowohl für volle Frequenzwiederverwendung sowie für Fractional Frequency Reuse-Ressourcenpartitionierung.

2. Teilfrequenzwiederverwendungsschemata wie Soft Frequency Reuse (SFR) in Verbindung mit einer Benutzerordnungsmetrik eine Leistungssteigerung ermöglichen.

3. bei SFR-Ressourcenzuteilung die Art der Einschränkung der Übertragungsressourcen die Leistung der Benutzerallokation erheblich beeinflusst.

4. die Koordinierung in Bezug auf Benutzergruppen (aggregierte Koordination) kaum wirksam ist im Vergleich zu der Betrachtung der einzelnen Nutzer. Dies liegt an der Tatsache, dass eine Begrenzung der Gesamtsendeleistung für eine Gruppe, es einem einzelnen Benutzer erlaubt eine signifikant hohe Sendeleistung zu verwenden, was in viele Fällen zu Störungen (Interferenzen) führt.

5. für SFR gilt: eine koordinierte Benutzerzuweisung im Hinblick auf Interferenzen zwischen Zellen erlaubt eine höhere Leistungssteigerung als die unterschiedliche Behandlung von einzelnen Benutzern, wie in den verschiedenen Arten von SFR spezifiziert.

6. auch für die Zuweisung zu den Seitenbändern (Frequenzbänder, die vorrangig zu anderen Nachbarzellen oder Sektoren gehören) ergibt sich eine Leistungssteigerung bei der Verwendung einer Ordnungsmetrik. Der Effekt ist jedoch weniger vorteilhaft im Vergleich zur Verwendung von Ressourcenbeschränkung.

7. der optimale Beschränkungsfaktor von SFR abhängig ist von der Last im Netzwerk.

Weiterhin wird der Einfluss der Antennenkonfiguration auf SFR, Frequency Reuse 1 (volle Frequenzwiederholung) und Frequency Reuse 3 (Frequenzpartitionierung) untersucht. Erweiterte Interferenzvermeidungsansätze setzen eine angemessene Antennenkonfiguration voraus. Solch eine Konfiguration hat den Zweck, einerseits eine ausreichende Zellabdeckung zu gewährleisten; andererseits soll sie eine gute Zellisolierung gegenüber Störungen zwischen Zellen erreichen.

Es hat sich gezeigt, dass

1. die Antenneneinstellung (Abwärtsneigung) signifikant die Leistung von SFR beeinflusst. Sie ist abhängig von der Zellgröße und der aktuellen Last.
2. aufgrund von Pfadverlust, Mehrwegeausbreitung und Antennenkonfiguration eine unterschiedliche Behandlung der Benutzer nach der geographischen Lage innerhalb der Zelle für partielle Frequenzwiederholung nicht sinnvoll ist. Vielmehr ist es günstiger die erfahrene Interferenz von Benutzern abhängig von der Signalstärke als Metrik zu benutzen.

Die Antennenkonfiguration beeinflusst die Signalausbreitung innerhalb der Mobilfunkzelle. Somit kann bei einer angepassten Einstellung die Interferenz verringert werden. Folglich kann die Verminderung der Störung als weniger wichtig in einem solchen Fall betrachtet werden. In der Arbeit werden verschiedene Antennenkonfigurationen getestet. Für eine feste Zellengröße wurden vertikale Einstellungswerte bestimmt, bei denen die Ressourcenzuteilung am effizientesten funktioniert.

Die elektrische Abwärtsneigung zeigte die besten Ergebnisse für alle Ressourcenallokationsstrategien und untersuchten Neigungswinkeln. Bei voller Frequenzwiederverwendung (Frequency Reuse 1) wird die Zellisolierung ab einer bestimmten Last in der Zelle wichtiger als die Vermeidung von Interferenzen. Insgesamt werden mit SFR bessere Ergebnisse erzielt, da die Abdeckung besser ausgenutzt und die Interferenz bereits durch das SFR-Schema gemildert wird.

Weiterhin wird in der Arbeit zudem ein neuer Ressourcenzuweisungsalgorithmus vorgeschlagen, der auf der Grundlage einer intelligenten Auswahl eines Modulations- und Kodierungsschemas für einen nicht gesättigten Uplink basiert. Aufbauend auf den vorhergehenden Ergebnissen wird ein Schema entwickelt, das a) weniger lastabhängig ist und folglich nicht dynamisch angepasst werden muss, b) Interferenzen reduziert, und c) Frequenzpartitionierung verwendet.

Im Zuge dessen hat sich gezeigt, dass es eine nicht-lineare Beziehung zwischen Sendeleistung und dem gewählten Modulations- und Kodierungsschema für die gleiche Menge an Daten gibt. Zum Beispiel benötigt eine Übertragung mit Modulation QPSK-1/2 etwa 4,5 Ressourceneinheiten mehr gegenüber einer Modulation mit QAM64-3/4. Die akkumulierte Übertragungsleistung mit QPSK ist jedoch etwa 15 dB niedriger als bei QAM64-3/4 bei der gleichen Menge an übertragenen Daten. Daher ergibt sich durch ein geringes Modulationsschema eine signifikante Einsparung an Sendeleistung. Als Ergebnis wird ein Leistungsgewinn aufgrund der geringeren Interferenzen zwischen Zellen erreicht.

Der vorgeschlagene Algorithmus nutzt diese Feststellung. Wenn Übertragungsressourcen in einem Rahmen nicht verwendet werden, wählt er eine robustere Modulation und Kodierung für die Benutzer, um Störungen zwischen Zellen zu verringern. Dies ist besonders interessant im Uplink mit nicht saturiertem Kanal, weil hier einige freie Ressourcen genutzt werden können.

Es hat sich ergeben, dass

1. niedrigere Modulations- und Kodierungsschemata genutzt werden können, um Störungen zwischen Zellen zu verringern.
2. wenn Ressourcen in einer Zelle und in dem entsprechenden Übertragungsrahmen nicht verwendet werden, die Modulations- und Kodierungsschemata abgesenkt werden können, um vollständig die Ressourcen zu nutzen. Obwohl mehr Ressourcen verwendet werden, wird die Inter-Zell-Interferenz reduziert.
3. dieser Ansatz deutlich weniger lastabhängig ist als reines SFR.

3 Teil 2: Spezifikation und Entwicklung von anwendungsorientiertem Ressourcenmanagement

Aufgrund der unterschiedlichen Anwendungen und Dienste, werden die Netze zunehmend mit heterogenen, anwendungsspezifischen Anforderungen von Applikationen konfrontiert. Dem entsprechend liegt der Schwerpunkt im zweiten Teil auf der Optimierung der Netzwerkcharakteristiken und -parameter unter Berücksichtigung von Anwendungen und deren Bedürfnissen. Es wird anwendungsbezogenes Ressourcenmanagement eingeführt und spezifiziert, um effiziente und maßgeschneiderte Zugangsnetze zu ermöglichen. Dazu verwendet das Ressourcenmanagement Informationen über den Status einer Anwendung (zB. aktiv/inaktiv, Anzeigen eines Video, Pufferfüllstand einer Anwendung, Applikationstyp: zB. Chat, Zustand der Applikation, Interaktion mit Benutzer), und integriert diese Daten in das Netzwerk-Ressourcenmanagement. Basierend auf entsprechender Literatur werden Anwendungsinformationen genutzt, die die wahrgenommene Qualität beim Benutzer (Quality of Experience, QoE) in hohem Maße widerspiegeln. Ein integraler Bestandteil dieses Ressourcenmanagements ist das Bestimmen und Messen der nötigen Informationen der Anwendungen. Die Leistung des Ressourcenmanagements hängt stark von diesem Vorgang ab. Um die entsprechenden Informationen überwachen zu können, wird in der Arbeit ein dynamischer Ansatz vorgestellt und im dritten Kapitel am Beispiel von YouTube-Video-Streaming implementiert und bewertet.

3.1 Zusammenfassung der Ergebnisse

In der Arbeit wird anwendungsbezogenes Ressourcenmanagement eingeführt, um effiziente und angepasste Zugangsnetze zu ermöglichen. Der Fokus liegt sowohl auf der Beschreibung des Ansatzes als auch auf der Definition der nötigen Komponenten. Eigenständige Nutzungsszenarien werden definiert und evaluiert für verschiedene Arten von Zugangsnetzen.

Weiterhin wird in diesem Teil der Arbeit die Implementierung und Bewertung eines passenden Applikationsmonitoring präsentiert. Monitoring zu diesem Zweck ist derzeit noch nicht ausreichend in der Literatur behandelt worden.

Es wurde gezeigt, dass

1. Netzwerkprobleme einen hohen negativen Einfluss auf die erfahrene Dienstgüte (Quality of Experience) beim Nutzer haben können.
2. durch QoE-Modellierung mögliche Stellschrauben für Ressourcenmanagementalgorithmen identifiziert werden können.

Der vorgeschlagene Ressourcenmanagementansatz ist anwendungsbezogenes Ressourcenmanagement. Es werden Informationen über den Status einer Applikation genutzt (Applikationsinformationen). Eine Applikation kann beispielsweise aktiv oder ruhend sein. Sie kann ein Video abspielen oder Informationen anzeigen. Applikationsinformationen spiegeln die QoE eines Nutzers zu einem hohen Grad wieder, wenn sie richtig und anwendungsspezifisch ausgewählt werden.

Es hat sich gezeigt, dass

1. die Integration von Anwendungsinformationen helfen kann zu entscheiden, welche Ressourcenmanagementaktionen durchgeführt werden sollten.
2. Ressourcenmanagement unter Berücksichtigung des Applikationszustands ein dynamisches Monitoring der Applikation erfordert.
3. neben dem Monitoring, die folgenden anderen Komponenten für anwendungsorientiertes Ressourcenmanagement nötig sind: Ressourcenmanagementaktion, Netzwerkmonitoring, Entscheidungseinheit, das die Informationen über Netzwerk und Applikation empfängt und verarbeitet.

Die Leistung von anwendungsorientiertem Ressourcenmanagement ist abhängig von der genutzten Informationen. Zu diesem Zweck wird ein dynamisches Monitoring am Beispiel YouTube Video Streaming entwickelt und bewertet. Es besteht aus einem optionalen Web Browser-Plugin, das den Zustand der Applikation erkennt, und einer Netzwerkkomponente. Insbesondere erkennt das Plugin den aktuellen Abspielzeitpunkt des Videos. Die Netzwerkkomponente untersucht den Datenverkehr im Netzwerk und detektiert Adobe Flash Videos. Es extrahiert die Video-Metadaten und schätzt so den aktuellen Videopufferfüllstand am Client.

Es ergibt sich ein Trade-off zwischen Komplexität und Genauigkeit. Wenn das optionale Plugin genutzt wird ist der Eingriff auf der Client-Seite nötig. Wenn das Plugin nicht genutzt wird, kann mit der Komponente im Netzwerk die fehlenden Informationen geschätzt werden. Die Netzwerkkomponente wird typischerweise an einem Netzelement installiert, das zentral agiert und Datenverkehr weiterleitet. Wenn beide Teile zusammen genutzt werden, kann der Pufferfüllstand mit hoher Genauigkeit geschätzt werden.

Der aktuelle Videodaten-Pufferfüllstand am Client korreliert direkt mit der Gefahr für ein Video-Stocken (auch Stalling oder Buffering genannt). Nach aktuellen Arbeiten [Ho11, Do11] ist das Video-Stocken der dominierende Faktor für eine QoE-Verschlechterung. Bei Video-Clips ist dies wichtiger als die angezeigte Video-Auflösung, was das zweit wichtigste Kriterium ist.

Es wurde gezeigt, dass

1. das vorgeschlagene Monitoring den Zeitpunkt, wann ein Video zu stocken beginnt, schätzen kann.
2. das Monitoring als kleines Plugin-Programm implementiert werden kann, während es wertvolle Informationen für einen Netzwerkoperator liefert. Falls es genutzt wird, können beide Parteien davon profitieren, da der Operator Informationen über die Nutzerzufriedenheit sammeln und für den Benutzer das Netzwerk optimieren kann.

4 Teil 3: Anwendungsbeispiele, Emulation, Messung und Leistungsanalyse von anwendungsbezogenem Ressourcenmanagement für drahtlose Mesh-Zugangsnetzwerke und zelluläre Mobilfunknetze

Man kann Ressourcenmanagementansätze und -algorithmen nicht allgemein gültig für alle Arten von Zugangsnetzen untersuchen. Je nach Netzwerktyp und -technologie ergeben sich unterschiedliche Netzwerkeigenschaften, die ein Ressourcenmanagement ausnutzen kann oder berücksichtigen muss. In der Arbeit werden Anwendungsbeispiele von applikationsbezogenem Ressourcenmanagement gegeben. Zum einen werden drahtlose Multi-Hop Mesh-Netzwerke betrachtet. Mesh-Netzwerke bieten viele verschiedene Optionen und Managementmöglichkeiten bei der Übertragung von Daten. Somit stellt ein solches Netz eine ausgezeichnete Gelegenheit dar, die Vorteile von anwendungsbezogenem Ressourcenmanagement zu quantifizieren. Die Bewertung erfolgt in einem Mesh-Testbed mit empirischen Messungen anhand von YouTube. Diese praktische Implementierung veranschaulicht die Vorteile des Konzepts, zeigt die Machbarkeit und quantifiziert den Nutzen für YouTube.

Ein weiterer Typ von Netzwerk, das untersucht wird, ist das Mobilfunknetz. Im letzten Teil der Arbeit wird anwendungsorientiertes Ressourcenmanagement für die Luftschnittstelle im Mobilfunk zwischen Teilnehmergerät und der Basisstation spezifiziert und bewertet. Insbesondere durch den kostenintensiven Wettbewerb unter den verschiedenen Betreibern ist der Einsatz eines solchen Ressourcenmanagements sinnvoll, da er eine effizientere Ressourcennutzung ergibt. Dies bestätigen die simulativen Ergebnisse in weiten Teilen.

4.1 Zusammenfassung der Ergebnisse

Zunächst wird die Tauglichkeit von Ressourcenmanagementkonzepten für drahtlose Mesh-Netzwerken bewertet. Dies wurde am Beispiel von YouTube Video Streaming durchgeführt. Im Anschluss wird der Einfluss auf die QoE quantifiziert, wenn Applikationsinformationen beim Scheduling in Downlink-Richtung in der Mobilfunkbasisstation genutzt werden.

Insbesondere werden verschiedene Applikationen oder Tätigkeiten im Internet wie Web Browsing, Dateidownloads, progressives Video-Streaming und Skype Video Conferencing betrachtet. Im Fokus ist die Quantifizierung der Vorteile spezifisch für verschiedene Applikationen.

Die Bewertung von drahtlosen Mesh-Netzwerken wurde in einem Testbed durchgeführt. Die nötigen anwendungsorientierten Komponenten wurden implementiert und in das Netzwerk integriert. Es werden in der Dissertation detaillierte Implementierungsdetails von der vorhandenen Realisierung beschrieben.

Es wurde gezeigt, dass

1. ein anwendungsorientiertes Ressourcenmanagement sowohl die Ressourcenauslastung als auch die erfahrene Nutzerqualität verbessern kann. Dies gilt für drahtlose Mesh-Netzwerke als auch für zelluläre Mobilfunknetze im gezeigten Anwendungsfall.

2. mehr YouTube-Nutzer im Zugangsnetzwerk unterstützt werden können durch die effizientere Ausnutzung der Übertragungsressourcen mit anwendungsbezogenem Ressourcenmanagement.

3. die Last verteilt werden kann auf verschiedene Internet-Gateways eines Mesh-Netzwerks

4. eine dynamische Priorisierung von IP-Flüssen die QoE von YouTube-Nutzern signifikant verbessern kann durch die Berücksichtigung des aktuellen Pufferfüllstands des Nutzers.

5. auch auf Anwendungsseite ein Ressourcenmanagement durchgeführt werden kann, das die Videoauflösung der Anwendung adaptiert. Der Unterschied zu aktuellen adaptiven Video-Streaming-Lösungen ist, dass in diesem Fall die Entscheidung durch das Netzwerk gesteuert wird. Eine niedrigere Videoauflösung resultiert in einer niedrigeren Downloadbandbreite mit geringer Verschlechterung der Nutzerzufriedenheit. Folglich kann durch die clientseitige Adaption die Nutzerzufriedenheit kontrolliert werden, wenn nicht genügend Ressourcen zur Verfügung stehen.

6. der beste Trade-Off zwischen QoE und Ressourceneffizienz erreicht werden kann wenn ein kombinierter Ansatz verwendet wird. Die Ergebnisse zeigen, dass eine Strategie aus einem Zusammenspiel von clientseitiger und netzwerkseitiger Adaption hilft, eine hohe QoE zu establieren und Ausgaben zu sparen.

Die Untersuchungen in einem zellulären Zugangsnetz wurde mit Hilfe einer simulativen Analyse durchgeführt. Es wurde ein 3GPP LTE Simulator auf Systemebene entworfen und in Verbindung mit einem detaillierten Modell für verschiedene Applikationen, einem TCP-Protokoll-Modell und verschiedenen Übertragungskanalmodellen implementiert. Zunächst wird ein Schedulingalgorithmus vorgeschlagen, der dynamisch Nutzer bevorzugt, falls eine QoE-Beeinträchtigung bevorsteht. Die Priorisierung wird proaktiv nach dem aktuellen Pufferfüllstand des Video Players durchgeführt. Am Schluss wird eine statistische Studie durchgeführt. Der Nutzen von anwendungsbezogenem Ressourcenmanagement, das den Anwendungsstatus für verschiedene Applikationen einbezieht, wird betrachtet.

Für zelluläre Mobilfunknetze gilt, dass

1. der Schedulingprozess aufgrund von aktuellen Anforderungen vom Client angepasst werden kann, um eine QoE-Verbesserung für den Endbenutzer zu erreichen, falls insgesamt in der Zelle genügend Ressourcen zur Verfügung stehen.

2. für ein YouTube-Video das Video-Stocken auf Kosten der Download-Zeit anderer Nutzer verhindert werden kann, die Web Browsing benutzen oder Dateien aus dem Internet herunterladen. Gerade für lange Downloads wird dadurch die Gesamt-QoE verbessert, da eine Verlängerung der Downloadzeit bei langen Downloads zu einem gewissen Maße durch den Nutzer toleriert wird [Do11].

3. ein flexibles Scheduling definiert werden kann, das den Pufferfüllstand eines Client-Videos berücksichtigt. Dies kann benutzt werden, um Nutzer-Diversität (multi user diversity) auszunutzen. Jedoch wird das Signalisieren des Pufferstatus vom Client zur Basisstation benötigt. Weitere Herausforderungen sind die Skalierbarkeit des Ansatzes, d.h. der Umgang mit vielen Nutzern, die zur gleichen Zeit Videos schauen.

4. eine Verbesserung der gesamten erfahrenen Nutzerqualität zu erwarten ist, falls anwendungsbezogenes Scheduling für die betrachteten Szenarios mit verschiedenen Applikationen und Diensten genutzt wird.

Die Resultate quantifizieren den Trade-Off zwischen der Komplexität für die Bereitstellung von Anwendungsinformationen im Netzwerk und dem Gewinn im Hinblick auf die QoE des Nutzers.

Literaturverzeichnis

[Do11] Dobrian, Florin; Sekar, Vyas; Awan, Asad; Stoica, Ion; Joseph, Dilip; Ganjam, Aditya; Zhan, Jibin; Zhang, Hui: Understanding the impact of video quality on user engagement. ACM SIGCOMM Computer Communication Review, 41(4):362–373, 2011.

[Ho11] Hoßfeld, Tobias; Seufert, Michael; Hirth, Matthias; Zinner, Thomas; Tran-Gia, Phuoc; Schatz, Raimund: Quantification of YouTube QoE via crowdsourcing. In: Multimedia (ISM), 2011 IEEE International Symposium on. IEEE, S. 494–499, 2011.

[Wa15] Wamser, Florian: Performance Assessment of Resource Management Strategies for Cellular and Wireless Mesh Networks. Dissertation, 2015.

Florian Wamser ist wissenschaftlicher Mitarbeiter am Lehrstuhl für Kommunikationsnetze an der Universität Würzburg. Er studierte an der Universität Würzburg und an der Helsinki University of Technology, Finnland. Sein Diplom in Informatik erhielt er im Jahr 2009. Während der Diplomarbeit arbeitete er an den Themen Charakterisierung und Modellierung von Anwendungsverkehrsströmen in drahtlosen Breitband-Zugangsnetzen. Im Jahr 2015 erhielt er den akademischen Grad „Doktor der Naturwissenschaften" (Dr. rer. nat.). Der Titel seiner Dissertation ist Leistungsbewertung von Ressourcenmanagementstrategien für zelluläre und drahtlose Mesh-Netzwerke. Sein aktueller Forschungsschwerpunkt liegt auf der analytischen und simulativen Leistungsbewertung und Optimierung von Cloud-Netzwerken und verwandten Bereichen.

Über die Auswirkungen von DNSSEC auf das Internet[1]

Matthäus Wander[2]

Abstract: Im folgenden Beitrag werden die Sicherheitsdefizite des Domain Name Systems (DNS) untersucht und die Auswirkungen der DNSSEC-Sicherheitserweiterungen bewertet. Durch Messungen im Internet wird die systematische Durchführung von DNS-basierten Netzsperren belegt. In China und im Iran wird eine Technik eingesetzt, die vollumfänglich DNS-Anfragen im Netz untersucht und prinzipiell auch die Kommunikation Dritter in anderen Ländern beeinträchtigen kann. Die Sicherheitsziele von DNSSEC sind Datenintegrität und Authentizität, was durch Signaturen umgesetzt wird. Die NSEC3-Erweiterung schützt zudem DNS-Server durch ein Hash-Verfahren vor dem Auslesen des Domainnamensraums. Die von NSEC3 zugesicherte Privatheit kann allerdings durch den Einsatz von GPU-Berechnung effizient angegriffen werden.
Ferner wird mit aktiven Messmethoden die Verbreitung von DNSSEC untersucht, die nach anfänglicher Zurückhaltung deutlich zugenommen hat. Auf der Serverseite gibt es mehr als fünf Millionen mit DNSSEC signierte Domainnamen, die jedoch teilweise unsicher oder aufgrund von Wartungsfehlern nicht mit DNSSEC erreichbar sind. Auf der Clientseite ist die Validierungsquote in den letzten drei Jahren weltweit von rund 1% auf 21% gestiegen.

Keywords: Domain Name System, DNSSEC, IT-Sicherheit, Internetzensur, Hash-Angriffe

1 Einleitung

Das *Domain Name System* (DNS) ist ein im Internet verteilter Namensdienst, der Domainnamen auf IP-Adressen, Dienstbezeichner oder andere Ressourcen abbildet. Die meisten Internetbasierten Anwendungen hängen vom DNS ab, um Hostnamen und Serveradressen abzurufen, z. B. das World Wide Web, E-Mail oder Voice over IP. Sollte die Namensauflösung nicht zur Verfügung stehen, ist auch die Konnektivität der Anwendungen eingeschränkt. Ein sicherer und zuverlässiger Betrieb des DNS ist daher für das Internet essentiell.

Die ursprüngliche DNS-Spezifikation sah keine Sicherheitsmechanismen vor, um vor gefälschten DNS-Antworten zu schützen. Durch DNS-Spoofing kann ein Angreifer Verbindungsversuche zum falschen Host umleiten, um z. B. einen Phishing-Angriff durchzuführen oder E-Mails umzuleiten. Als Abhilfe führte die *Internet Engineering Task Force* die *Domain Name System Security Extensions* (DNSSEC) ein [Ar05], die die Datenintegrität und Authentizität von DNS-Antworten durch kryptographische Maßnahmen gewährleisten sollen.

Das Ziel der in diesem Beitrag vorgestellten Dissertation [Wa15] ist es, die Sicherheitsdefizite des DNS zu untersuchen und zu verstehen, welche Auswirkungen die Einführung von

---
[1] Englischer Titel der Dissertation: „The Impact of DNSSEC on the Internet Landscape"[Wa15]
[2] Universität Duisburg-Essen, matthaeus.wander@uni-due.de

DNSSEC hat. Das methodische Vorgehen besteht in der Durchführung von messbasierten Analysen.

2 Domain Name System und DNSSEC

Das Domain Name System bildet eine global verteilte Namensdatenbank. Die Systemarchitektur besteht aus Resolvern (Clients) und Servern, wobei die Verwendung von zwischengeschalteten Resolvern als Proxy-Server mit Cache gängig ist. Der Namensraum ist hierarchisch als Baum strukturiert. Die Verwaltung der Wurzel (*root*) erfolgt zentral durch die *Internet Corporation for Assigned Names and Numbers*, die die Verantwortung über Top-Level-Domains an andere Organisationen delegiert. Die Top-Level-Domain-Betreiber wie z. B. DENIC (de) wiederum delegieren registrierte Domains (beispiel.de) an Endnutzer, darunter natürliche Personen, Unternehmen oder andere Organisationen.

DNSSEC fügt digitale Signaturen in DNS-Antworten ein, die mittels asymmetrischer Kryptosysteme wie z. B. RSA oder ECDSA erzeugt und überprüft werden [Ar05]. Die öffentlichen Schlüssel sind Teil des Namensraums, wobei die Authentizität eines Schlüssels durch eine hierarchische Verkettung sichergestellt wird: eine Domain authentifiziert den Schlüssel einer Subdomain, indem der Fingerprint (Hashwert) des Subdomain-Schlüssels signiert wird. Zur Validierung einer Domain-Signatur authentifiziert ein DNSSEC-Resolver die Schlüsselkette von der zu validierenden (Sub-)Domain bis hin zum Root-Schlüssel. Der öffentliche Teil des Root-Schlüssels ist DNSSEC-Resolvern wohlbekannt und dient als Vertrauensanker (*Trust Anchor*). Das Vertrauensmodell von DNSSEC entspricht damit dem Baum, der aus der hierarchischen Delegierung von Domains folgt. Die Autorität einer Domain beschränkt sich auf ihren jeweiligen Teil des Namensraums, wobei Root über den vollständigen Namensraum verfügt.

Die Sicherheitsgarantien von DNSSEC beschränken sich auf authentische und unveränderte DNS-Namensauflösungen. Anwendungen müssen daher weiterhin Verschlüsselungsprotokolle wie TLS oder SSH zur Absicherung der Anwendungsdaten verwenden. DNSSEC ermöglicht allerdings das Bootstrapping von anwendungsbasierten Sicherheitsmechanismen, z. B. durch Authentifikation von digitalen Zertifikaten. Mehrere solcher Erweiterungen sind als *DNS-based Authentication of Named Entities* (DANE) spezifiziert, um z. B. für die Übertragung von E-Mails TLS-Verschlüsselung zu erfordern und vor Downgrade-Angriffen zu schützen [DH15].

3 Sicherheitsanalyse

Ohne die Verwendung von kryptographischen Sicherheitsverfahren ist DNS-Spoofing für Angreifer trivial möglich, sofern der Inhalt einer DNS-Anfrage mitgehört wird (*On-Path-Angreifer* oder *In-Path-Angreifer*). Das Spoofing ist ohne Kenntnis der Anfrage (*Off-Path-Angreifer*) aufwendig, da zufällig gesetzte Felder in der Anfrage erraten werden müssen, indem eine große Anzahl von unterschiedlichen gefälschten DNS-Antworten gesendet wird. Die Erfolgswahrscheinlichkeit eines Angriffs steigt deutlich, sollte der Resolver mehrfach dieselbe Anfrage senden. Diese Variante des DNS-Spoofings ist in der Literatur als *Birthday-Angriff* bekannt, wobei das üblicherweise zitierte mathematische Modell des Geburtstagsparadoxons die Wahrscheinlichkeit unterschätzt und der Angriff, den wir als *Courier-Angriff* bezeichnen, tatsächlich noch effektiver ist. Zum Schutz vor Courier-Angriffen sollten Resolver identische Anfragen erkennen und zurückhalten.

Neben der Möglichkeit eine Anwendung zum falschen Server umzuleiten, ist es mit DNS-Spoofing auch möglich, den Zugang zu einer Website zu sperren. Eine mögliche Sperrmethode ist hierbei das Blacklisting von gesperrten Domainnamen auf den Resolvern der Netzzugangsanbieter. Diese Methode wird in vielen Ländern eingesetzt, z. B. in der Türkei während der Sperrung von Twitter und Youtube im März 2014, ist jedoch für Internetnutzer vergleichsweise einfach zu umgehen. Eine andere Methode ist *DNS-Injection*, bei der sämtliche DNS-Nachrichten im Netz überwacht werden und gefälschte DNS-Antworten für gesperrte Domainnamen gesendet werden. DNS-Injection ist technisch anspruchsvoller in der Implementierung, allerdings schwieriger für den Nutzer zu umgehen und dadurch effektiver.

3.1 Messbasierte Studien zu DNS-Injection

Durch messbasierte Analysen wird in dieser Arbeit die systematische Durchführung von DNS-Injection-Angriffen in China und im Iran zum Zweck der Internetzensur belegt. Bei den dazu entwickelten Messmethoden kann sich der Ausgangspunkt der Messung außerhalb der von den Sperrfiltern betroffenen Netze befinden. Dadurch ist es z. B. möglich DNS-basierte Sperren von sozialen Medien im Iran zu beobachten. Kurz nach der Wahl von Irans Präsident Hassan Rohani war etwa von August bis Oktober 2013 eine zeitweise Rücknahme der Sperren sozialer Medien in den meisten iranischen Netzen zu sehen (Abb. 1). Die Erkennung einer gefälschten DNS-Antwort ist anhand der darin enthaltenen IP-Adresse möglich, die mit einem Abfrage-Algorithmus effizient ermittelt werden können.

DNS-Injection kann prinzipiell Dritte in anderen Ländern unbeabsichtigt beeinträchtigen, wenn das Routing von Dritten durch ein von der Sperre betroffenes Netz erfolgt. Die folgende Studie untersucht den möglichen Einfluss des chinesischen Sperrfilters auf Dritte. Eine großflächige Messung mit 255 002 offenen Resolvern außerhalb von China ergab, dass 6 % vom chinesischen Sperrfilter betroffen sein können, wenn sie eine südkoreanische Domain auflösen (unterhalb `kr` oder der internationalisierten Variante `xn--3e0b707e`). Dies ergibt sich daraus, dass der Top-Level-Domain-Betreiber KRNIC einen gespiegelten Anycast-Knoten seines DNS-Servers in Beijing betreibt. Dieser Server beantwortet allerdings abhängig von der aktuellen Routing-Konfiguration auch Anfragen aus anderen Ländern, so in der Messung u. a. aus Rumänien, Italien, Iran und Panama. DNS-Injection betraf in der Vergangenheit auch die deutsche Top-Level-Domain `de`, zu der Anycast-Knoten u. a. in Beijing und Hongkong betrieben werden, ist nach einer Anpassung der Routing-Konfiguration jedoch nicht mehr nachweisbar. Hongkong ist selbst nicht direkt vom chinesischen DNS-Sperrfilter betroffen, was durch Messungen vor Ort aus zwei Hongkonger Netzen heraus bestätigt werden konnte. DNS-Injection ist dann in der Pra-

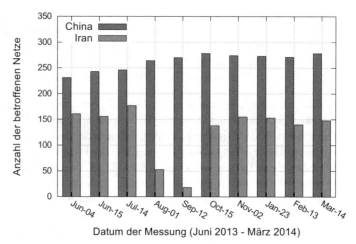

Abb. 1: Gefälschte Antworten für facebook.com im Zeitverlauf.

xis nachweisbar, wenn sich der Zielserver in einem Land befindet, in dem Netzbetreiber aktive Internetsperren einsetzen. Für Inhaltsanbieter und Internetdienstleister ist dies neben dem Hosting von replizierten DNS-Servern auch beim Aufbau von Content Delivery Networks relevant. Ein Teil der oben genannten Forschungsergebnisse wurde im Open-Access-Journal *IEEE Access* im Jahr 2014 veröffentlicht [Wa14a].

3.2 DNSSEC und Angriffe auf NSEC3-Privatheit

Mit DNSSEC kann ein validierender Resolver DNS-Spoofing-Angriffe erkennen, wobei die Sicherheit von der Wahl des asymmetrischen Kryptosystems, der Schlüssellänge und der Vertrauenswürdigkeit der Autoritäten in der Namenshierarchie abhängt. DNSSEC stellt die Integrität und Authentizität der DNS-Antworten sicher, trägt jedoch nicht zur (fehlenden) Privatheit von DNS bei: Anfragen und Antworten werden im Klartext übermittelt. Dadurch ist die Privatsphäre von Internetnutzern gefährdet [He14]. Darüber hinaus ermöglicht DNSSEC das Auslesen der vollständigen DNS-Datenbank einer Domain, da negative Antworten mit Namensfehler Informationen über existierende Domainnamen preisgeben, die sich per *Zone Enumeration* systematisch auslesen lassen. Die DNSSEC-Erweiterung NSEC3 versucht das Auslesen der Serverdatenbank zu verhindern, indem durch eine Hashfunktion unkenntlich gemachte Namen zurückgegeben werden.

In dieser Arbeit werden drei GPU-basierte Angriffsmethoden auf die NSEC3-Hashfunktion vorgestellt, um effizient die Hashwerte zu Klartextnamen zurückzurechnen. Alle drei Methoden basieren auf dem Prinzip Klartextkandidaten zu iterieren, zu denen der NSEC3-Hashwert berechnet wird. Der berechnete Hashwert wird mit den Hashwerten verglichen, die zuvor vom DNS-Server ausgelesen wurden. Zur Optimierung der GPU-Speicherzugriffe besteht der Hashwertvergleich aus einer Bloomfilter-Abfrage und bei positivem Ergebnis der Abfrage aus einer binären Suche.

Der *Brute-Force-Angriff* iteriert den Suchraum vollständig, ist jedoch bei einer Länge von mehr als 10 Zeichen rechenaufwendig und damit unpraktikabel. Der *Wörterbuch-Angriff* iteriert eine vorgegebene Liste von Klartextkandidaten. Die GPU-Berechnung ist dabei so performant, dass selbst Wörterbücher mit mehreren Millionen Einträgen innerhalb von Sekunden berechnet werden. Um die Effektivität zu vervielfachen, erzeugt der Wörterbuch-Angriff weitere Klartextkandidaten durch das Einfügen von Zeichenfolgen in Wörter. Als Zeichenfolgen werden die häufigsten n-Gramme verwendet, die wiederum aus dem Wörterbuch hergeleitet sind. Der *Markow-Ketten-Angriff* verwendet ein statistisches Modell bereits bekannter Domainnamen, um weitere wahrscheinliche Klartextkandidaten herzuleiten. Das statistische Modell lässt sich durch die Anwendung des Brute-Force-Angriffs mit kurzen Wortlängen ermitteln.

Mit diesen Methoden wird erstmals ein Angriff auf die Top-Level-Domain com präsentiert, bei dem mit einer GPU 64 % der NSEC3-Hashwerte in fünf Tagen gebrochen wurden (Abb. 2). Der Wörterbuchangriff war die effizienteste Methode und fand innerhalb von 14 Stunden die Klartextnamen zu 62 % der NSEC3-Hashwerte.

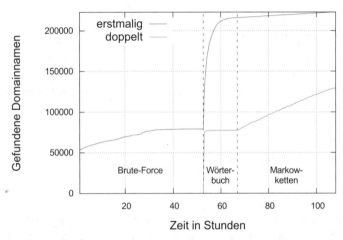

Abb. 2: NSEC3-Hashangriff auf Top-Level-Domain com.

Der Nutzen von NSEC3 ist in der Praxis fraglich, da der Einsatz signifikante Mehrkosten hinsichtlich CPU-Zeit und Nachrichtenlänge verursacht. Die Anzahl der Iterationen ist in der Hashfunktion als Parameter vorgesehen, um den Rechenaufwand einer Hashberechnung und damit den Schutz der Privatheit zu erhöhen, was allerdings auch die eigenen CPU-Kosten des Serverbetreibers erhöht. Tatsächlich steigt mit der Erhöhung der Iterationen sogar die relative Effizienz einer GPU gegenüber einer CPU (Abb. 3). Die NSEC3-Angriffe wurden beim *IEEE International Symposium on Network Computing and Applications* (NCA) im Jahr 2014 publiziert, wo sie mit dem *Best Student Paper Award* ausgezeichnet wurden [Wa14b].

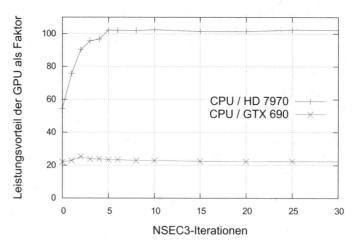

Abb. 3: Performance-Vergleich Vierkern-CPU zu GPU.

4 Verbreitung von DNSSEC

Der Einsatz von DNSSEC erfordert serverseitig die Signierung von Domains und clientseitig die Validierung von Domains und deren Signaturen. Die folgenden beiden Studien erfassen die Verbreitung auf beiden Seiten.

4.1 Serverseitige Verbreitung

Mithilfe der NSEC3-Angriffe aus Abschnitt 3.2 ist es erstmals möglich, die Anzahl der mit DNSSEC signierten Domains vollständig zu erfassen: Anfang 2015 gab es 5,1 Millionen DNSSEC-signierte Domains (Tab. 1). Die Verbreitung von DNSSEC schwankt signifikant zwischen Top-Level-Domains aufgrund von finanziellen und anderen Anreizen der Betreiber, wobei die meisten signierten Domains unterhalb der niederländischen Top-Level-Domain zu finden sind.

TLD	Konfiguration	Signierte Domains
1. nl	NSEC3, opt-out, $i = 5$	2 279 702
2. br	verschiedene	566 694
3. cz	NSEC3, $i = 10$	448 984
4. com	NSEC3, opt-out, $i = 0$	426 182
5. se	NSEC	349 514
[642 weitere Top-Level-Domains mit DNSSEC]		
Gesamt:		5 146 705

Tab. 1: Top-Level-Domains mit den meisten DNSSEC-signierten Domains.

Aus der Menge aller 5,1 Millionen Domains ermitteln wir die Klartextnamen mit den oben erläuterten NSEC3-Angriffen. Nach drei Wochen Rechenaufwand mit vier Grafikkarten erhalten wir den Klartextnamen von 3,4 Millionen Domains, um weitere Analysen durchzuführen. Fast alle Domains (> 99 %) sind mit RSA signiert. 13 674 (0,4 %) der Domains verwenden unsichere 512-bit lange RSA-Schlüssel, von denen einer zu Demonstrationszwecken innerhalb von drei Wochen mit einer Mehrkern-CPU gebrochen wurde[3]. 3,1 Millionen Domains (92 %) verwenden mindestens einen 1024-bit langen RSA-Schlüssel, die nach dem gegenwärtigen Stand der Wissenschaft und Technik als nicht mehr ausreichend sicher gelten. Die Empfehlung lautet an dieser Stelle auf eines der Elliptische-Kurven-Kryptosysteme umzusteigen, da sie bei kürzerer Nachrichtenlänge ein höheres Sicherheitsniveau als RSA bieten. Darüber hinaus sind 21 198 (0,6 %) der Domains aufgrund von Wartungsfehlern fehlerhaft signiert und können mit DNSSEC nicht aufgelöst werden.

4.2 Clientseitige Verbreitung

Land	Datenpunkte	ab 2012/05	2013	2014	bis 2015/03
1. Schweden	7 236	56,4% ± 2,7	55,3% ± 1,5	55,9% ± 2,6	58,1% ± 4,5
2. Tschechien	5 019	30,6% ± 2,8	33,7% ± 2,0	41,4% ± 2,6	52,1% ± 4,3
3. Finnland	2 060	13,5% ± 3,4	25,7% ± 3,1	37,3% ± 3,6	45,4% ± 6,8
4. Ukraine	12 010	1,8% ± 0,6	33,9% ± 1,0	21,8% ± 2,0	13,9% ± 4,4
5. USA	86 546	13,5% ± 0,5	19,2% ± 0,4	26,6% ± 0,5	38,0% ± 0,9

Tab. 2: Länder mit der höchsten DNSSEC-Validierungsquote (± 95 % Konfidenzintervall).

Die Anzahl der validierenden Clients ist durch eine dreijährige webbasierte Messung von 2012 bis 2015 erfasst (Tab. 2). Nach Bereinigung der Messdaten liegen 841 026 Datenpunkte mit 556 875 eindeutigen IPv4-Adressen vor. Ähnlich wie bei der serverseitigen Verbreitung liegt auch bei der Validierung eine geographisch unterschiedliche Verteilung vor. Schweden gehört zu den frühen Anwendern von DNSSEC, wobei die Verbreitung in anderen Ländern teilweise erheblich zugenommen hat. Die Validierungsquote von 44 in der Messung vertretenen Ländern stieg im Median von 1 % (2012) auf 21 % (2015). Offen ist hierbei allerdings, ob die Validierung nahe bei den Endgeräten stattfindet, um unvertraute Kommunikationswege vollständig abzusichern. Falls die DNSSEC-Validierung lediglich auf DNS-Resolvern des Netzzugangsanbieters oder anderer Anbieter stattfindet, so ist der Kommunikationsweg zum Endnutzer angreifbar. Eine frühere Fassung dieser Studie wurde bei der *Passive and Active Measurement Conference* (PAM) im Jahr 2013 veröffentlicht [WW13].

5 DNS-Caching

Obwohl DNSSEC Ende-zu-Ende-Sicherheit bietet, erschweren zwischengeschaltete Resolver mit Cache den Einsatz von DNSSEC-Validierung auf Endgeräten. Wird eine An-

---
[3] Zustimmung des Domaineigentümers liegt vor.

frage aufgrund eines Validierungsfehlers wiederholt, so geben zwischengeschaltete Resolver dieselbe fehlerhafte Antwort aus dem Cache erneut zurück. Das kann z. B. durch einen Spoofing-Angriff verursacht werden, inbesondere aber auch durch eine fehlerhafte Server-Konfiguration (siehe oben: 0,6 % fehlerhafte Domains). Durch das Caching hat ein Endgerät in diesem Fall keine Möglichkeit die Namensauflösung zu wiederholen, um z. B. einen anderen Server anzufragen oder eine neue DNS-Antwort nach Korrektur des Konfigurationsfehlers zu erhalten. Im Ergebnis führt dies zu einem Denial of Service auf dem Endgerät.

Andererseits trägt DNS-Caching zur Performance und Skalierarbeit des Domain Name Systems bei, wie in dieser Arbeit mit messbasierten Simulationen gezeigt wird. Ein DNS-Resolver, der in einem Campusnetz 10 000 Clients bedient, senkt die durchschnittliche Anzahl externer Anfragen pro Cache Miss von 2,04 auf 1,32 und reduziert die durchschnittliche Auflösungszeit im 75ten Perzentil von 42 ms auf 14 ms. Daher sollten Endgeräte standardmäßig die vorhandene DNS-Infrastruktur mit Caching nutzen, bei Validierungsfehlern jedoch selbständig die DNSSEC-Zielserver anfragen, um im Cache gespeicherte, fehlerhafte DNS-Antworten zu umgehen.

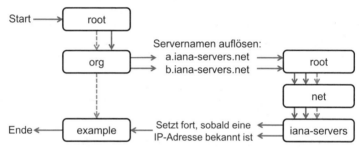

Abb. 4: Ein Resolver folgt Subdomain-Delegierungen (gestrichelte Linien), wobei zur Auflösung von Servernamen ggf. weitere Abfragen erforderlich sind (durchgezogene Linien).

Zur Ermittlung der Effektivität von DNS-Caching wird erstmals ein Simulationsmodell verwendet, das die Kosten von Folgeanfragen (Auflösung von sog. *Out-Of-Bailiwick*-Servernamen und CNAME-Aliassen) berücksichtigt. Diese sind u. a. dann notwendig, wenn der für eine Subdomain zuständige Server selbst einer anderen Domain angehört und somit zunächst der Servername aufgelöst werden muss, bevor die ursprüngliche Namensauflösung fortgesetzt wird (Abb. 4). Dadurch wird zusätzliche Netzwerklast verursacht: ohne die Auflösung von Out-Of-Bailiwick-Servernamen wären pro Namensauflösung durchschnittlich 1,58 statt 2,04 Anfragen notwendig. Daraus folgt die Empfehlung an Administratoren, *In-Bailiwick*-Servernamen mit *Glue Records* für Domain-Delegierungen zu verwenden.

6 Fazit und Ausblick

DNS-Spoofing ist ein Angriff auf die Namensauflösung des Domain Name Systems, um Clients auf den falschen Server umzuleiten oder um Zugang zu Servern und Websites zu sperren. Eine Variante des Spoofings ist DNS-Injection, das in China und im Iran eingesetzt wird und in dieser Arbeit durch aktive Messungen im Internet nachgewiesen wurde. DNS-Injection kann auch den Netzwerkverkehr von Dritten in anderen Ländern stören, wenn deren Traffic durch ein von DNS-Injection betroffenes Netz geleitet wird. In der Praxis ist dies dann nachweisbar, wenn sich der Zielserver in China oder im Iran befindet, wobei dies auch replizierte Anycast-Knoten einschließt. DNSSEC schützt vor DNS-Spoofing und vor den unbeabsichtigten Auswirkungen von DNS-Injection auf Dritte. Innerhalb der von DNS-Injection betroffenen Netze schützt DNSSEC nur bedingt, da zwar falsche Antworten erkannt werden, aber Denial-of-Service-Angriffe möglich sind.

Das Vertrauensmodell von DNSSEC setzt voraus, dass ein Domainbetreiber den übergeordneten Domain-Autoritäten volles Vertrauen entgegenbringt (insbesondere Top-Level-Domain und Root). In Zukunft könnten Mechanismen eingeführt werden, um die Abhängigkeit zu reduzieren. So könnten z. B. stabil betriebene länderspezifische Top-Level-Domains ihre öffentlichen Schlüssel als Vertrauensanker selbständig verteilen, ohne dass Root dies beeinflussen oder überschreiben kann.

Privatheit ist bei DNSSEC lediglich in der NSEC3-Erweiterung berücksichtigt, die die Serverdatenbank vor Offenlegung schützen soll. Durch GPU-basierte Angriffe auf die NSEC3-Privatheit ist jedoch eine effiziente Wiederherstellung der Datenbank möglich. Serverbetreiber sollten daher in einer Kosten-Nutzen-Analyse abwägen, ob die moderate Verlangsamung des Angreifers die zusätzlichen Betriebskosten beim Einsatz von NSEC3 rechtfertigt. Als Abhilfe könnten GPU-Beschleuniger für DNS-Server entwickelt werden, damit Servern mehr Rechenlast für die NSEC3-Hashfunktion zur Verfügung steht. Durch die Entlastung der CPU für andere Aufgaben wäre der Server zudem weniger anfällig für Denial-of-Service-Angriffe durch NSEC3.

DNSSEC ist in der Praxis sowohl serverseitig (Signierung) als auch clientseitig (Validierung) verbreitet. Neben einigen Domains mit unsicheren Schlüssellängen verwendet die Mehrheit 1024-bit lange RSA-Schlüssel, die als nicht mehr ausreichend sicher gelten. Elliptische-Kurven-Kryptosysteme mit 256-bit langen Schlüsseln sind hierzu eine sinnvolle Alternative mit höherem Sicherheitsniveau. Ein Teil der Domains ist fehlerhaft signiert, was in Zukunft z. B. durch Domain-Monitoring und robuste Administrationswerkzeuge behoben werden könnte.

Bei der clientseitigen Verbreitung ist derzeit noch unklar, inwieweit DNSSEC-Validierung bis zu den Endgeräten durchgedrungen ist. Dies wäre notwendig, um aus DNSSEC einen Nutzen über die sichere Namensauflösung hinaus zu ziehen, z. B. für die Authentifikation von digitalen Zertifikaten mit DANE. Problematisch sind bei einer Validierung auf dem Endgerät zwischengeschaltete Cache-Komponenten, da diese zwar die Performance und Skalierbarkeit verbessern, aber durch das Zwischenspeichern von falschen Antworten die Verfügbarkeit senken.

Weiterer Forschungsbedarf besteht darin, wie ein universeller Transport von DNSSEC-Nachrichten bis zu allen Endgeräten umgesetzt werden kann. So könnten z. B. automatische Tunneling-Lösungen Validierung auf Endgeräten ermöglichen, auch wenn DNSSEC-Nachrichten aufgrund von dazwischen geschalteten Middleboxen nicht zuverlässig transportiert werden können.

Literaturverzeichnis

[Ar05] Arends, R.; Austein, R.; Larson, M.; Massey, D.; Rose, S.: , DNS Security Introduction and Requirements. RFC 4033, März 2005.

[DH15] Dukhovni, V.; Hardaker, W.: , SMTP Security via Opportunistic DNS-Based Authentication of Named Entities (DANE) Transport Layer Security (TLS). RFC 7672 (Proposed Standard), Oktober 2015.

[He14] Herrmann, Dominik: Beobachtungsmöglichkeiten im Domain Name System: Angriffe auf die Privatsphäre und Techniken zum Selbstdatenschutz. Dissertation, Universität Hamburg, 2014.

[Wa14a] Wander, Matthäus; Boelmann, Christopher; Schwittmann, Lorenz; Weis, Torben: Measurement of Globally Visible DNS Injection. Access, IEEE, 2:526–536, 2014.

[Wa14b] Wander, Matthäus; Schwittmann, Lorenz; Boelmann, Christopher; Weis, Torben: GPU-Based NSEC3 Hash Breaking. In: Network Computing and Applications (NCA), 2014 IEEE 13th International Symposium on. IEEE, S. 137–144, 2014.

[Wa15] Wander, Matthäus: The Impact of DNSSEC on the Internet Landscape. Dissertation, Universität Duisburg-Essen, 2015.

[WW13] Wander, Matthäus; Weis, Torben: Measuring Occurrence of DNSSEC Validation. In: Passive and Active Measurement, Jgg. 7799 in Lecture Notes in Computer Science, S. 125–134. Springer Berlin Heidelberg, 2013.

Matthäus Wander promovierte an der Universität Duisburg-Essen und ist dort derzeit als Lehrender tätig. Zu seinen Forschungsinteressen gehören IT-Sicherheit, Rechnernetze und Internetmessungen. Während seiner Tätigkeit als wissenschaftlicher Mitarbeiter veröffentlichte er auch Forschungsarbeiten über Peer-to-Peer-Techniken. Davor war er bis 2009 als Functional Safety Engineer beim TÜV NORD tätig. Das Studium der Angewandten Informatik schloss er 2008 mit Diplom ab.

Methoden zum Untersuchen von Gen-Strata Interaktionen in genomweiten Assoziations-Metaanalysen am Beispiel der Adipositas[1]

Thomas Winkler[2]

Abstract: Genomweite Assoziations Meta-Analysen (GWAMAs) haben wesentlich zum besseren Verständnis der Genetik von komplexen Krankheiten, wie z.b. Adipositas, beigetragen. Allerdings ist wenig darüber bekannt, ob sich genetische Effekte zwischen Subgruppen, wie z.b. zwischen Männern und Frauen unterscheiden. Die vorliegende Arbeit befasste sich daher mit stratifizierten GWAMA Ansätzen zum Identifizieren von genetischen Varianten, deren Effekte sich signifikant zwischen Subgruppen unterscheiden. Zwei leistungsfähige und einfach zu verwendende Softwarepakete namens EasyQC und EasyStrata wurden entwickelt, welche die Durchführung, Qualitätskontrolle und Auswertung von stratifizierten GWAMAs ermöglichen. Die Softwarepakete werden von verschiedenen genetischen Forschungskonsortien verwendet und haben dadurch bereits erfolgreich zu einem besseren Verständnis der genetischen Effekte auf Krankheiten oder auf krankheitsrelevante Merkmale, sowie deren Gruppenabhängigkeiten, beigetragen.

1 Einführung

Das Ziel von Genetischen Assoziationsstudien ist das Aufspüren von Assoziationen zwischen genetischer Variation und Krankheiten, wie z.B. Typ 2 Diabetes, oder krankheitsrelevanten Parametern, wie z.B. Body Mass Index (BMI, einem Maß für Fettmasse) oder Taille-Hüft-Verhältnis (THV, einem Maß für Fettverteilung).

Die häufigste Form genetischer Variation sind sogenannte Single Nucleotide Polymorphisms (SNPs), welche den Austausch einer einzelnen Base an einer bestimmten Stelle im menschlichen Genom bezeichnen. Technische Fortschritte im Bereich der Hochdurchsatz- und Microarraytechnolgie Mitte der 2000er Jahren, haben dazu geführt, dass mehrere Millionen SNPs in einer einzigen Messung erfasst werden können [HD05].

Seither haben genomweite Assoziationsstudien (GWAS), bei denen Millionen von SNPs parallel auf Assoziation getestet werden, wesentlich zum besseren Verständnis der Genetik von komplexen Krankheiten beigetragen [We14]. Da einzelne GWAS durch ihre Stichprobengröße limitiert sind und sehr kleine genetische SNP Effekte nur mit sehr großen Stichprobezahlen detektiert werden können, haben sich im Laufe der letzten Jahre groß angelegte genetische Forschungskonsortien zusammengefunden. Diese haben sich zum Ziel gesetzt, mehrere GWAS in sogenannten genomweiten Assoziations-Metaanalysen (GWAMAs) zusammen auszuwerten, um somit Stichprobenzahl und Power der Auswertung gleichermaßen zu erhöhen.

---

[1] Englischer Titel der Dissertation: "Methods to investigate gene-strata interaction in genome-wide association meta-analyses on the example of obesity"
[2] Institut für Epidemiologie und Präventivmedizin, Universität Regensburg, thomas.winkler@ukr.de

Eines der größten GWAMA Konsortien weltweit ist das Genetic Investigation of ANthropometric Traits (GIANT) Konsortium, ein Zusammenschluss von mehr als 125 einzelnen GWAS für anthropometrische Maße, welche zu einer Gesamtstichprobengröße von mehr als 330,000 Personen beitragen (www.broadinstitute.org/collaboration/giant). Aktuelle GIANT GWAMAs für Adipositasparamter haben eine Vielzahl an assoziierten Genorten für BMI (97 Genorte) und THV (49 Genorte) gefunden [Lo15, Sh15]. Ein Beispiel für die Darstellung eines GWAMA Ergebnisses für THV ist in **Abbildung 1** gezeigt.

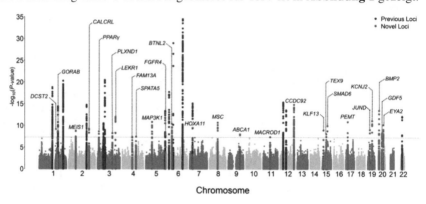

Abb. 1: Manhattan-Plot des GIANT GWAMA Ergebnisses für THV (adjustiert für BMI, aus [Sh15]). Der Plot zeigt Assoziations P-Werte für 2.8M untersuchte SNPs auf einer ?log10 Skala über chromosomaler Basenposition des jeweiligen SNPs. Mit THV assoziierte Genorte sind farblich hervorgehoben (blau: bereits bekannte Genorte, rot: neu gefundene Genorte).

Weitere besondere Anforderungen, wie das stratifizierte Auswerten jeder einzelnen GWAS und GWAMA nach Geschlecht, Rauchverhalten, körperlicher Aktivität oder Alter erhöhen die allgemeine Komplexität der GIANT GWAMAs. Ziel der stratifizierten GWAMAs ist, Genorte zu detektieren, an denen sich die genetischen Effekte signifikant zwischen den beiden Gruppen, also z.B. zwischen Männern und Frauen, unterscheiden. Um Effekt-Unterschiede möglichst effektiv zu finden, wurde im Rahmen dieser Doktorarbeit, erstmals eine systematische, methodische Evaluierung von stratifizierten GWAMA Ansätzen zum Identifizieren von Effekt-Unterschieden durchgeführt. Verschiedene Ansätze wurden mittels Simulationen und analytischen Berechnungen hinsichtlich Typ 1 Fehler und Power unter realistischen Szenarien verglichen. Sämtliche statistische Methoden zum Auswerten einer stratifizierten GWAMA wurden in einem R Softwarepaket namens EasyStrata implementiert [Wi14b].

Zusammen wurden in aktuellen GIANT GWAMAs für BMI und THV (allgemeine GWAMAs zur Detektion von assoziierten Genorten [Lo15, Sh15], sowie alters- und geschlechtsstratifizierter GWAMAs zur Detektion von Alters- und Geschlechtsunterschieden [Wi15a]) mehr als 3,000 einzelne GWAS Ergebnisse zusammengetragen und gemeinsam ausgewertet. Da jedes einzelne GWAS Ergebnis 2.8 Millionen Zeilen von SNP-spezifischen Assoziationsergebnissen enthielt, wurden bis zu 8.4 Milliarden Datenpunkte von Assoziationsergebnissen ausgewertet. Um eine valide und effektive Durchführung der hochdimensionaler GWAMAs zu gewährleisten, wurden im Rahmen dieser Doktorarbeit, Prozeduren zur Qualitätskontrolle (QC) der multiplen big GWAS Daensätze entwickelt und in einem R Softwarepaket namens EasyQC implementiert [Wi14a].

Im Folgenden werden die Entwicklung und die Methodik der beiden R Softwarepakete EasyStrata und EasyQC, sowie deren Anwendung im Rahmen des GIANT Konsortiums beschrieben [Wi15b].

2 Entwicklung der Easy Softwarepakete

Beide Softwarepakete, EasyStrata und EasyQC, wurden in R mittels objektorientierter Methoden programmiert und in das eigens entwickelte Easy-Framework integriert. Das Easy-Framework exportiert eine einzelne R Funktion, entweder EasyStrata() oder EasyQC(), über welche auf die implementierten Methoden zugegriffen werden kann. Zum Starten des Programms wird die jeweilige Funktion in der R Befehlszeile aufgerufen und der Pfad zu einer individuell angepassten ecf-Skriptdatei als Funktionsparameter angegeben. Die ecf-Skriptdatei ist eine einfache Textdatei, welche aus zwei Teilen besteht: Einem Konfigurationsteil, welcher Daten Input/Output bestimmt und einer Skriptschnittstelle, welche die auszuführenden Methoden und Befehle definiert und aneinanderreiht.

Bei der Entwicklung des Easy-Frameworks wurden in besonderem Maße objektorientierte Programmiermethoden verwendet. Jede über die Skriptschnittstelle zur Verfügung gestellte Methode, wurde als eigene Klasse im Framework verankert. Jede Klasse besitzt Funktionen zum Übersetzen der Skriptparameter in Variablen, zur Validierung der eingegebenen Parameter und zum Ausführen der jeweiligen Methode. Die einheitliche Struktur der verschiedenen Methoden-Klassen ermöglichen dem Entwickler eine einfache Aktualisierung und Erweiterung der Pakete um neue Methoden, welche dem Benutzer über die Skriptschnittstelle voll-parametrisiert zur Verfügung gestellt werden.

Um multiple big GWAS atensätze möglichst effizient zu verarbeiten, verwendet das Easy-Framework Methoden des data.table R Paketes. Dieses bietet state-of-the-art Funktionen zum Einlesen, Kombinieren und Verarbeiten von sehr großen Datensätzen in R. Das data.table Konzept wurde in einem eigenen Datentyp, namens GWADATA, verankert. Dieser stellt verschiedene Datenverarbeitungsfunktionen bereit und wird innerhalb des Easy-Frameworks als Standard Datentyp für die großen GWAS Datensätze verwendet.

Das ecf-Skriptkonzept erlaubt dem Benutzer verschiedenste zur Verfügung gestellte Grafik- und Statistikmethoden in flexibler Weise aneinanderzureihen und iterativ auf multiple GWAS oder GWAMA Datensätze anzuwenden. Dies vereinfacht nicht nur die Handhabung der multiplen ?big GWAS? Datensätze, sondern ermöglicht zugleich die Entwicklung von individuell angepassten QC Skripten und statistischen Auswertungsroutinen. Eine Reihe an vordefinierten ecf-Skripten zur statistischen Auswertung von stratifizierten GWAMAs oder zur GWAMA-QC werden auf der Website www.genepi-regensburg.de/software zur Verfügung gestellt.

3 Evaluierung statistischer Methoden für stratifizierte GWAMAs und Entwicklung der EasyStrata-Software zur Detektion von Effekt-Unterschieden

3.1 Methoden und Implementierung

Die vorliegende Arbeit befasste sich in besonderem Maße mit Methoden, die basierend auf einer stratifizierten GWAMA (z.b. einer Auswertung getrennt nach Geschlecht) zum Identifizieren von genetischen Varianten verwendet werden können, deren Effekte sich signifikant zwischen zwei Gruppen unterscheiden (z.B. zwischen Männern und Frauen).

Hierfür wurde zunächst eine Reihe an statistischen Tests identifiziert, die auf Ergebnisse einer stratifizierten GWAMA anwendbar sind (**Tabelle 1**). Diese Tests wurden in verschiedener Weise kombiniert und systematisch hinsichtlich Typ 1 Fehler und Power zum Detektieren von signifikanten Effekt-Unterschieden untersucht. Dabei wurden unterschiedliche, realistische Szenarien an Stichproben-, Gruppen- und Effektgrößen betrachtet.

Tab. 1: Betrachtete statistische Tests und deren Implementierung in EasyStrata Funktionen. (β_i SNP-Effektschätzer für Gruppe i, SE_i Standardfehler von β_i, $w_i = 1/SE_i$)

EasyStrata Funktion	Anzahl Strata	Teststatistik	Referenz
CALCLCPDIFF	2	$Z_{Diff} = \frac{\beta_1 - \beta_2}{\sqrt{SE_1^2 - SE_2^2}} \sim N(0,1)$	Differenz-Test [Ra13]
METAANALYSIS	2...m	$Z = \frac{\frac{\sum_i \beta_i w_i}{\sum_i w_i}}{\frac{1}{\sum_i w_i}} \sim N(0,1)$	Meta-Analyse [CH79]
JOINTTEST	2...m	$C_{Joint} = \sum_i \beta_i^2 w_i \sim \mathcal{X}_m^2$	Joint (main + interaction) Test [As10]
CALCPHET	2...m	$C_{Het} = \sum_i [(\beta_i - \frac{\sum_i \beta_i w_i}{\sum_i w_i})^2 w_i] \sim \mathcal{X}_{m-1}^2$	Chochrane's Heterogenitätstest [Co54]

Die genomweite Suche nach Effekt-Unterschieden zeigte sich als am besten geeignet für Varianten deren Effekte zwischen den Gruppen in unterschiedliche Richtungen zeigen Überraschenderweise zeigte sich der naive Ansatz, zuerst für allgemeine (gruppenkombinierte) Effekte zu filtern und dann auf Effekt-Unterschied zu testen, als am besten geeignet für Varianten, die keinen oder einen kleineren (aber gleichgerichteten) Effekt in einer der beiden Gruppen zeigen. Bemerkenswert war auch, dass das Filtern für Joint Assoziation eine Erhöhung des Typ 1 Fehlers des Effekt-Unterschied Tests zur Folge hatte, wenn dieser im gleichen Datensatz durchgeführt wird.

Um die diskutierten Ansätze auf hochdimensionale GWAMA Ergebnis-Datensätzen anwenden zu können, wurden sie in das R Paket EasyStrata implementiert [Wi14b] (**Tabelle 1**). Neben einem einfachen Anwenden der Tests, bietet die Software eine erweiterte Funktionalität zum Kombinieren der Tests, zum Extrahieren der signifikanten Ergebnisse sowie zum Erstellen von grafischen Darstellungen der hochdimensionalen Ergebnisse.

3.2 Anwendung auf Daten des GIANT Konsortium

Um geschlechts- und altersabhängige genetische Effekte für Adipositasparameter zu detektieren, wurden im Rahmen des GIANT Konsortiums geschlechts- und alters-stratifizierte (d.h., Männer vs. Frauen und ? 50J vs. ¿50J) GWAMAs durchgeführt [Wi15a]. Hierbei wurden die 330,000 Personen aus verschiedenen GWAS in stratifizierten GWAMAs ausgewertet.

Durch Anwendung der optimalen Ansätze mittels EasyStrata konnten 15 Genorte mit signifikanten Altersunterschieden für den BMI und 44 Genorte mit signifikanten Geschlechtsunterschieden für das THV identifiziert werden (**Abbildung 2**). Dabei zeigte sich sowohl eine Anhäufung von größeren genetischen Effekten auf BMI in der jüngeren Population (an 11 der 15 BMI Genorte), als auch eine Anhäufung von größeren genetischen Effekten auf THV in Frauen (an 28 der 44 THV Genorte).

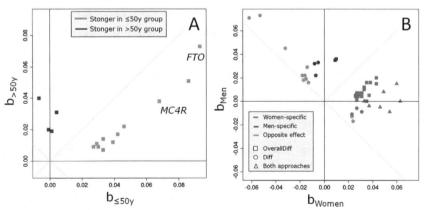

Abb. 2: Vergleich der (A) altersspezifischen genetischen Effekte auf BMI für 15 Genorte mit signifikanten Altersunterschieden, und (B) geschlechtsspezifischen genetischen Effekte auf THV für 44 Genorte mit signifikanten Geschlechtsunterschieden. Die gefundenen BMI Genorte mit Altersunterschied inkludierten Regionen in der Nähe der etablierten Adipositasgene FTO und MC4R.

4 Entwicklung eines Protokolls und der Software EasyQC zur Qualitätskontrolle von GWAMAs

4.1 Methoden und Implementierung

Die Analysten von GWAMA Konsortien haben es meist mit mehreren hundert ?big GWAS? Datensätzen zu tun, ein Umstand der extensive QC und Software benötigt, die mit einer solch großen Zahl an hochdimensionalen Datensätzen umgehen kann. Um dies zu bewerkstelligen, wurde ein Protokoll zur Durchführung der QC und ein leistungsstarkes Tool namens EasyQC entwickelt, welches die QC von mehreren großen GWAS und GWAMA Datensätzen ermöglicht. Ein typischer Ablauf der QC innerhalb eines GWAMA Projektes ist in **Abbildung 3** dargestellt.

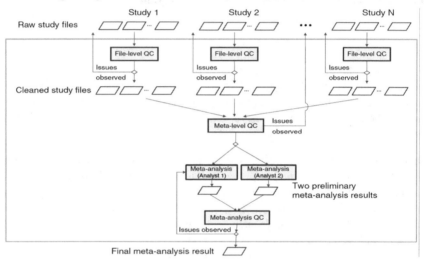

Abb. 3: Ablauf einer typischen GWAMA mit QC (Grafik aus [Wi14a]).

Man nehme an, die beteiligten GWAS wurden seitens der einzelnen Studien bereits durchgeführt und die Ergebnisse auf einem eigens dafür bereit gestellten ftp Server seitens des Konsortiums eingesammelt. Die typische Durchführung der GWAMA kann nun in vier aufeinanderfolgende Schritte aufgeteilt werden: File-level QC, Meta-level QC, Metaanalysis und Meta-Analysis QC.

Beim File-level QC wird jede einzelne, studienspezifische GWAS Ergebnisdatei individuell geputzt und überprüft. Zum Putzen gehören mehrere Schritte, wie z.B. die Harmonisierung der Ergebnisse über alle Studien hinweg oder das Ausschließen von SNPs mit schlechter Qualität: GIANT zum Beispiel, schließt SNPs aus, basierend auf einem zu geringen Vorkommen des selteneren Allels und basierend auf zu geringer Imputations- oder Genotypqualität. Zum Überprüfen gehören detaillierte Plausibilitätsprüfungen, wie z.B. das Überprüfen von allgemeinen Statistiken und Überprüfen der Häufigkeit von SNP Exklusionen. Ziel des File-level QC ist, allgemeine analytische Fehler in den Daten zu finden und Daten schlechter Qualität von vornherein aus der Metaanalyse auszuschließen. Bei

Problemen, wird der jeweilige Studien-Analyst kontaktiert und um eine Validierung oder Korrektur der GWAS Ergebnisse gebeten.

Beim Meta-level QC werden aggregierte Statistiken der geputzten Dateien über mehrere GWAS hinweg verglichen. Ziel dieses Schrittes ist, studienspezifische Probleme und Outlier zu identifizieren, die beim Betrachten eines einzelnen Ergebnisses (File-Level QC) nicht detektiert werden konnten. Zum Meta-level QC gehört das Überprüfen einer Reihe an analytischen Problemen, wie z.B. Probleme mit Phenotyptransformationen (durch Vergleich von Median des Standard Errors in Bezug auf Stichprobengröße, über alle Studien hinweg), mit Allelfrequenzen und Effektrichtungen (durch Plotten der Allelfrequenzen aller SNPs gegen einen Referenzdatensatz), oder mit Populationsstratifizierung (durch Überprüfen von Quantile-Quantile Plots und durch Berechnen des Genomiccontrol Inflationsfaktors [DR54]).

Nach abgeschlossenen File-level und Meta-level QC, folgt die eigentliche Metaanalyse der geputzten GWAS Datensätze. Um etwaige Fehler in Bezug auf Studien In-/ oder Exklusionen sowie andere metaanalytische Fehler auszuschließen, wird diese in der Regel unabhängig von zwei Analysten parallel durchgeführt.

Metaanalysis QC meint das Überprüfen und Validieren des Metaanalyseergebnisses. Dazu gehört der Vergleich der Ergebnisse der beiden Meta-Analysten, sowie das Überprüfen der Ergebnisse auf potentielle Zwischenstudien-Heterogenitäten und auf Einhaltung des Typ 1 Fehlers.

Sämtliche Methoden der File-level, Meta-level und Metaanalysis QC wurden in EasyQC implementiert. Vordefinierte ecf-Skripte für die unterschiedlichen QC Schritte stehen auf www.genepi-regensburg.de/software zum Download bereit.

4.2 Anwendung auf Daten des GIANT Konsortium

Die beschriebenen QC Schritte wurden im Rahmen aktueller GIANT Metaanalysen entwickelt, protokolliert und angewandt [Lo15, Sh15, Wi15a]. Insgesamt wurden bis zu 3,000 einzelne GWAS Ergebnisdateien qualitätskontrolliert und in unterschiedlichen Metaanalysen zusammen ausgewertet.

Hierbei hat sich die enorme Wichtigkeit einer gründlichen Qualitätskontrolle der einzelnen GWAS Ergebnisse gezeigt. Bei circa der Hälfte aller zu Beginn eingesammelten GWAS Ergebnisse wurden Probleme festgestellt, die ein Kontaktieren des jeweiligen Studienanalysten zur Folge hatten. Am häufigsten waren Probleme mit Phenotyptransformationen oder Allelfrequenzen. **Abbildung 4** zeigt verschiedene Muster in Allelfrequenzplots, wie sie im Laufe der GIANT Meta-level QC beobachtet wurden. Abweichungen von Referenzfrequenzen wurden vor allem festgestellt für Studien, deren Ethnizität nicht zur Referenz passte und für Studien, bei denen Allele, Allelfrequenzen oder Strangannotation falsch kodiert wurden. Da solche Fehler ein Umdrehen der Effektrichtung nach sich ziehen, würden sich diese Probleme negativ auf Power und Validität der Metaanalyse auswirken und einen systematischen Fehler im geschätzten Effekt ergeben.

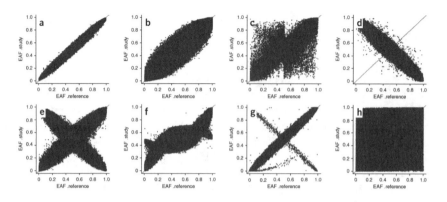

Abb. 4: Qualitätskontrolle von studienspezifischen GWAS Ergebnissen mittels Allelfrequenzplots (from [Wi14a]). Die Graphen zeigen die Häufigkeit des Effektallels (EAF, Effect Allele Frequency) in einer bestimmten Studie über der EAF einer europäischen Referenzpopulation. (a)-(c): Kodierung wurde richtig durchgeführt, wobei die Ethnizität der Studie (a) sehr gut, (b) eher weniger und (c) gar nicht zur Referenzpopulation passt. (d)+(e): Fehlerhafte Kodierung von (d) allen, oder (e) einem Teil der Allele, Allelfrequenzen oder Strangannotationen. (f)-(h): Andere systematische Fehler in der Analyse oder in der Datenverarbeitung.

5 Conclusion

In der vorliegenden Doktorarbeit sind Methoden und Software zur Qualitätskontrolle von GWAS und GWAMAs im Allgemeinen, als auch zur statistischen Auswertung von stratifizierten GWAMAs, untersucht und entwickelt worden. Die Softwarepakete EasyQC (zur GWAMA QC) und EasyStrata (zur Auswertung von stratifizierten GWAMAs) sind im Rahmen von Arbeiten des GIANT Konsortiums entstanden und konnten dort bereits erfolgreich in diversen Projekten eingesetzt werden.

Beide Pakete basieren auf dem eigens entwickelten Easy Framework, welches effiziente Datenverarbeitungsmethoden für multiple hochdimensionale GWAS und GWAMA Datensätze mit einer Skriptschnittstelle verbindet. Über die Skriptschnittstelle können die zur Verfügung gestellten Methoden vom Benutzer flexibel und in einfacher Weise aneinandergereiht und ausgeführt werden. Bereits angepasste ecf-Skripte zur GWAMA-QC und zur statistischen Auswertung von stratifizierten GWAMAs stehen auf www.genepi-regensburg.de/software zum Download zur Verfügung.

Die Software EasyQC und die darin enthaltenen Methoden wurden in GIANT unter anderem zur QC von GWAS und GWAMAs für Adipositasparameter eingesetzt. Insgesamt wurden in den aktuellen GIANT GWAMA Projekten bis zu 330,000 Personen von 125 Studien gemeinsam ausgewertet und eine Vielzahl an assoziierten Genorten gefunden: 97 assoziierte Genorte für den BMI [Lo15] (einem Maß für allgemeine Adipositas, Fettmasse) und 49 assoziierte Genorte für das THV [Sh15] (einem Maß für zentrale Adipositas, Fettverteilung). Besonders interessant war eine daraus resultierende Trennung der Wirkweise der Genetik für Fettmasse und Fettverteilung: Während die gefundenen BMI Genorte vor allem im Zentralnervensystem und im Gehirn wirken (viele davon liegen direkt in der Appetitsignalkette), spielen die gefundenen THV Genorte eher eine Rolle bei der Entstehung von Fettzellen und bei der Insulinregulation.

Auch die optimierten Methoden zur gezielten Detektion von gruppenspezifischen Effekt-Unterschieden und die Software EasyStrata wurden bereits erfolgreich für Adipositasparameter angewandt. Hierzu wurden GIANT GWAMAs stratifiziert nach Alter (¡=50 Jahre vs. ¿50 Jahre) und Geschlecht (Männer vs. Frauen) durchgeführt und ausgewertet [Wi15a]. Für den BMI konnten 15 Genorte identifiziert werden, an denen sich die genetischen Effekte zwischen jüngeren und älteren Probanden signifikant unterscheiden. Für das THV konnten 44 Genorte gefunden werden, an denen sich die genetischen Effekte signifikant zwischen Männern und Frauen unterscheiden. Umgekehrt konnten keine Geschlechtsunterschiede für den BMI und keine Altersabhängigkeit für das THV identifiziert werden. Die Hypothese einer unterschiedlichen Wirkweise der Genetik für Fettmasse (BMI) und der Genetik für Fettverteilung (THV) konnte weiter verstärkt werden: Während BMI Genetik eher vom Alter und nicht vom Geschlecht abhängt, scheint THV Genetik in besonderem Maß vom Geschlecht, nicht aber vom Alter, abzuhängen.

Die Ergebnisse haben enorm zum besseren Verständnis von biologischen Mechanismen der Entstehung von Adipositas beigetragen. Sie bieten neue Ansatzpunkte für die Entwicklung von Medikamenten und Therapien, sowie Potential für eine verbesserte Prädiktion von Adipositas und verwandter Krankheiten, wie z.B. Typ 2 Diabetes. Das Wissen, dass manche genetische Effekte lediglich in bestimmten Gruppen wirken, kann helfen, Medikamente und Therapien im Rahmen einer individualisierten Medizin besser auf die jeweilige Personengruppe anzupassen.

Zusammenfassend lässt sich sagen, dass die methodischen Ergebnisse, bestätigt durch die Anwendung auf Daten des GIANT Konsortiums und die zur Verfügung gestellte Softwareimplementierung, die Durchführung zukünftiger GWAMA Auswertungen zum Detektieren von assoziierten Genorten und Effekt-Unterschieden unterstützen und anleiten können. Komplexität und Dimension der GWAMAs werden dabei aufgrund einer steten Erweiterung des SNP-Panels und einer steten Erhöhung der Stichprobenzahlen, weiter steigen. Die Softwarepakete werden nicht nur von Analysten des GIANT-Konsortiums, sondern auch von anderen international anerkannten genetischen Forschungskonsortien verwendet, wie z.B. dem Cohorts for Heart and Aging Research in Genomic Epidemiology (CHARGE) Konsortium für Blutdruck und Lipidparameter, dem Social Science Genetic Association Consortium (SSGAC) für sozialwissenschaftliche Phenotypen, oder dem Meta-Analyses of Glucose and Insulin-related traits Consortium (MAGIC) für Glukose- und Insulinparameter. Neue Erkenntnisse über genetische Effekte auf Krankheiten und krankheitsrelevante Merkmale, sowie deren Gruppenabhängigkeiten, werden letztendlich zu einem besseren Verständnis der Ursachen und Entstehung von Krankheiten beitragen.

Literaturverzeichnis

[As10]   Aschard, H., Hancock D.B. et al.: Genome-wide meta-analysis of joint tests for genetic and gene-environment interaction effects. Human Heredity 70, 292-300, 2010.

[CH79]   Cox, D.R.; Hinkley, D.V.: Theoretical statistics. London New York: Chapman and Hall ; distributed in U.S. by Halsted Press, 1979.

[Co54]   Cochran, W.G.: The Combination of Estimates from Different Experiments. Biometrics 10, 101-129, 1954.

[DR54]   Devlin, B.; Roeder, K.: Genomic control for association studies. Biometrics 55, 997-1004, 1954.

[HD05]   Hirschhorn, J.N.; Daly, M.J.: Genome-wide association studies for common diseases and complex traits. Nature Reviews Genetics 6, 95-108, 2005.

[Lo15]   Locke, A.E., Kahali B. et al.: Genetic studies of body mass index yield new insights for obesity biology. Nature 518, 197-206, 2015.

[Ra13]   Randall, J.C., Winkler T.W. et al.: Sex-stratified genome-wide association studies including 270,000 individuals show sexual dimorphism in genetic loci for anthropometric traits. PLoS Genetics 9, e1003500, 2013.

[Sh15]   Shungin, D., Winkler T.W. et al.: New genetic loci link adipose and insulin biology to body fat distribution. Nature 518, 187-196, 2015.

[We14]   Welter, D., MacArthur J. et al.: The NHGRI GWAS Catalog, a curated resource of SNP-trait associations. Nucleic Acids Research 42, D1001-1006, 2014.

[Wi14a] Winkler, T.W., Day F.R. et al.: Quality control and conduct of genome-wide association meta-analyses. Nature Protocols 9, 1192-1212, 2014.

[Wi14b] Winkler, T.W., Kutalik Z. et al.: EasyStrata: Evaluation and Visualization of stratified genome-wide association meta-analysis data. Bioinformatics, 2014.

[Wi15a] Winkler, T.W., Justice A.E. et al.: The Influence of Age and Sex on Genetic Associations with Adult Body Size and Shape: A Large-Scale Genome-Wide Interaction Study. PLoS Genetics 11, e1005378, 2015.

[Wi15b] Winkler, T.W.: Methods to investigate gene-strata interaction in genome-wide association meta-analyses on the example of obesity. Dissertation, University of Regensburg, 2015.

Thomas Winkler wurde geboren am 5. Oktober 1981, in Regensburg. Von 2004 bis 2009 absolvierte er ein Mathematikstudium an der Fachhochschule Regensburg, welches er mit einer sehr guten Gesamtnote, erfolgreich als Diplom-Mathematiker (FH) abgeschlossen hat. Seit 2009 ist er als wissenschaftlicher Mitarbeiter am Lehrstuhl für Genetische Epidemiologie an der Universität Regensburg angestellt. Seine Doktorarbeit im Bereich der Biomedizinischen Wissenschaften (Dr.rer.physiol) begann er in 2010 und hat diese in 2015 erfolgreich mit summa cum laude abgeschlossen. In 2012 absolvierte er einen dreimonatigen Forschungsaufenthalt am Charles Bronfman Institut für Personalisierte Medizin, an der Mount Sinai School of Medicine, in New York, USA. Für seine Tätigkeit im Rahmen von verschiedenen, internationalen, genetischen Forschungskonsortien wurde ihm 2014 der CHARGE (Cohorts for Heart and Aging Research in Genetic Epidemiology) Konsortium "Golden Tiger Award" verliehen.

Datenschutzorientierte Analyse, Indizierung und Suche von Dokumenten in Sozialen Internetanwendungen[1]

Sergej Zerr[2]

Abstract: Obwohl es kaum denkbar ist, dass jemand private Informationen wie das Geburtsdatum oder eine private Fotosammlung einer unbekannten Person auf der Straße mitteilt, werden dennoch im Internet solche persönlichen Daten Tag für Tag von Benutzern öffentlich zugänglich gemacht. Nach Bekanntgabe solcher Informationen hat der Benutzer weder Einfluss darauf, wo und wie lange sie gespeichert werden, noch Kenntnis darüber, wer Zugang zu den Daten hat. Besonders viele Daten dieser Art werden in sozialen Netzen geteilt. In dieser Arbeit beschäftigen wir uns damit, Verfahren und Modelle zu entwickeln, die auf der einen Seite dem Benutzer erlauben, vertrauliche Daten sicher und effizient zu indizieren und danach zu suchen, auf der anderen Seite den Benutzer automatisch auf die Vertraulichkeit der Daten aufmerksam machen.

1 Einführung

Das heutige Web bietet Benutzern eine Vielzahl von Applikationen zur Veröffentlichung und zum Austausch von Bildern, Texten und anderen Informationen. Dies resultierte in der Entwicklung leistungsstarker Werkzeuge zur Veröffentlichung und gemeinsamen Nutzung von nutzergenerierten Inhalten und persönlichen Dokumenten. Um effektiven Informationsaustausch und Suche für die stark anwachsende Datenmenge zu gewährleisten, wurden Suchinfrastrukturen und Datenmanagementsysteme sowohl in dem Bereich Industrie, als auch im Web-Umfeld entwickelt. Zusätzlich verbinden Applikationen für reale oder virtuelle Arbeitsgemeinschaften Gruppen von gleichgesinnten Nutzern auf der ganzen Welt. Die Leistungsfähigkeit solcher Werkzeuge und die Einfachheit ihrer Anwendung führen jedoch häufig zu leichtfertigem Umgang mit vertraulichen Informationen. Dies macht eine Berücksichtigung von Datenschutzmechanismen bereits in der Systemdesignphase notwendig.

In dieser Arbeit beschreiben wir Lösungen zum Schutz der Privatsphäre der Benutzer in gemeinschaftlich genutzten Systemen. Insbesondere schlagen wir Lösungen für sichere Informationsspeicherung, Indizierung und den Austausch von Dokumenten vor. Dabei fokussieren wir uns auf: (1) Effiziente und sichere Indizierung von und Suche in gemeinsam verwendeten Dokumenten, (2) Skalierbare Analyse der inhaltlichen Vielfalt für große Dokumentenkorpora, sowie (3) Datenschutzorientierte Inhaltsanalyse von gemeinsam genutzten Inhalten mit automatischen Methoden zur Unterscheidung zwischen öffentlichen und potenziell vertraulichen Inhalten.

---
[1] Englischer Titel der Dissertation: Privacy Preserving Content Analysis, Indexing and Retrieval for Social Search Applications
[2] Forschungszentrum L3S, Leibniz Universität Hannover, Deutschland;
Web and Internet Science (WAIS) Research Group, University of Southampton, UK;
zerr@L3S.de, s.zerr@soton.ac.uk

Zunächst stellen wir *ZERBER+R* vor - ein System, das die Indizierung vertraulicher Dokumente ermöglicht und dabei den Informationsverlust in dem Index je nach Parametereinstellung unterschiedlich stark begrenzt und verhindert. Unser System ermöglicht effiziente und sichere Suchvorgänge, sowie die Auswahl der relevantesten Dokumente unter der Berücksichtigung der Zugriffsrechte für den Benutzer, ohne dass dabei Informationen über diese Dokumente für potentielle Angreifer sichtbar werden. Des Weiteren entwickelten wir effiziente Algorithmen zur Inhaltsanalyse von großen Dokumentensammlungen um ihre Themenvielfalt abschätzen zu können. Dies kann, unter anderem, zur Partitionierung einer Indexdatei hinsichtlich der Zugangsberechtigungen einzelner Benutzergruppen verwendet werden um die Leistungsfähigkeit des Systems weiter zu steigern. Schließlich präsentieren wir ein Framework, das den Benutzer automatisch bei der Auswahl adäquater Datenschutzeinstellungen für seine Dokumente und insbesondere Bilder unterstützt. Dabei untersuchen wir die Verwendbarkeit von ausgewählten Text- und Bildinformationen zur Bildklassifizierung im Kontext des Schutzes der Privatsphäre. Unsere Experimente zeigen, dass unsere Modelle, unter Benutzung sowohl textueller als auch visueller Merkmale, qualitativ hochwertige Klassifikationsergebnisse liefern.

Die in dieser Arbeit entwickelten Methoden und effizienten Algorithmen ermöglichen sowohl die direkte Anwendung in verschiedene datenschutzrelevante Nutzungsszenarien und Web-Anwendungen wie Flickr, Facebook oder Twitter, als auch die Integration in hochskalierbare öffentliche und industrielle Suchsysteme. Darüber hinaus eröffnen unsere theoretischen Erkenntnisse eine Reihe von möglichen Forschungsrichtungen in den Bereichen Indexeffizienz, Zugriffsrechteverwaltung und automatische Klassifikation von persönlichen Daten.

2 Effiziente und sichere Indizierung von und Suche in gemeinsam verwendeten Dokumenten

Dieses Kapitel beschäftigt sich mit der effizienten Indizierung und Suche vertraulicher unstrukturierter Informationen (Textdokumente) die sowohl innerhalb als auch zwischen Arbeitsgruppen ausgetauscht werden [Zea]. Solche Gruppen befinden sich oft innerhalb eines Unternehmens, können aber auch unternehmensübergreifend entstehen. Dabei gibt es typischerweise zur Überwachung und Verwaltung der Zugriffe keine zentrale Dienststelle, der alle beteiligten Unternehmen ihre Dokumente anvertrauen würden. Dagegen können die Mitarbeiter innerhalb eines Unternehmens den zur Verfügung stehenden Authentifizierungsmechanismen vertrauen. Solche Arbeitsumgebungen sind üblich für große private und staatliche Unternehmen sowie Universitäten und finden sich auch im sozialen Web. Eine ideale Lösung zur Indizierung vertraulicher Dokumente würde die Änderungen der Zugriffsrechte auf die Dokumente augenblicklich berücksichtigen und in den Suchresultaten widerspiegeln. Des weiteren würde eine ideale Lösung keine Informationen über die Dokumente liefern auch im Falle eines unautorisierten Lesens oder potentieller Übernahme durch einen Angreifer. Darüber hinaus würde eine ideale Lösung eine Suchanfrage eines autorisierten Benutzers genauso effizient und akkurat beantworten, wie ein herkömmlicher Index [MRS08], so wie er in den modernen Suchmachinen zum Einsatz kommt und in der Abbildung 1 dargestellt ist. Hier wird für jedes in der Dokumentensammlung vorkommende Wort (Martha, Layoff, ImClone) eine *Postingliste* der Dokumente, die dieses Wort beinhalten angehängt. Diese Liste ist sortiert nach Relevanz der einzelnen Dokumente im Bezug auf das entsprechende Wort, sodass der Server einfach den Kopf der Postingliste an den Benutzer liefern muss. Leider lassen sich die Dokumenteninhalte dabei auch, je nach im Index gespeicherten Informationen, weitgehend wiederherstellen.

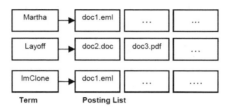

Abb. 1: Eine herkömmliche Indexdatei

Eine Implementierung der Idealen Lösung ist in der Praxis zwar nicht möglich, doch werden wir in diesem Kapitel eine weitgehende Annäherung vorstellen, bei der der Grad des Informationsverlustes in dem Index je nach Parametereinstellung unterschiedlich stark begrenzt werden kann und die sonst den obengenannten Zugriffsschutzanforderungen gerecht wird. Insbesondere soll die in diesem Kapitel entwickelte Indexingstruktur die Beantwortung folgender Fragen eines potentiellen Angreifers ihm Falle einer Indexübernahme erschweren: (a) Es soll weder möglich sein den Inhalt der Dokumente anhand der Indexdatei zu rekonstruieren, noch statistisch Hinweise über die Wortverteilung daraus ableiten zu können. (b) Es sollen keine Informationen über die aggregierte Worthäufigkeitsverteilung in einer Dokumentensammlung abgeleitet werden können. (c) Es soll nicht möglich sein festzustellen, ob ein bestimmtes Wort in einem Dokument oder einer Dokumentensammlung überhaupt vorkommt.

2.1 Vorgestellte Beiträge im Bereich Vertrauliche Suche

Die in diesem Kapitel vorgestellten Beiträge umfassen mehrere Aspekte der effizienten Indizierung und Suche vertraulicher Dokumente wie folgt:

i Als Erstes wird *r-confidentiality* als ein Maß für den Informationsverlust über die zugriffsgeschützten Dokumente aus einem Dokumentenindex entwickelt.
Definition 1 (*r*-Confidential Indexing) *Ein Index ist* r-confidential *genau dann, wenn*

$$\frac{P(X|B,I)}{P(X|B)} \leq r. \tag{1}$$

Hier ist r der Informationsgewinn (Wahrscheinlichkeitsfaktor) darüber, dass sich das Wort w in dem Dokument d befindet (X) nach der Betrachtung des Indexes (I), unter der Annahme, dass der Angreifer bereits ein Hintergrundwissen (B) abgeleitet aus einer ähnlichen Dokumentenmenge oder Untermenge besitzt. Diese Lösung bietet maximalen Schutz, wenn die Indexdatei keine zusätzlichen Informationen über X bietet, verglichen mit dem Hintergrundwissen des Angreifers.

ii Als Zweites wird *Zerber* vorgestellt - ein Dokumentenindex für vertrauliche Informationen. *Zerber* basiert auf Verteilung der mit **k** out of **n** verschlüsselten [Sh79] Teile des Indexes auf zentrale und nicht zwangsweise im vollen Umfang vertrauenswürdige Server. Dieses Verschlüsselungsverfahren ist sicher, solange nicht mehr als **k**-1 Server gleichzeitig durch Angreifer kompromittiert sind. Um statistischen Attacken Widerstand zu leisten, entwickelten wir in diesem Kapitel einen neuartigen Mechanismus zum Zusammenführen von Postinglisten (Postinglistmerging) innerhalb des Indexes. Dieser Mechanismus hat einen minimalen Einfluss auf die Effizienzeigenschaften des Indexes. Bei der Suche garantiert er eine schnelle Berücksichtigung dynamischer Änderungen der indizierten Dokumente, sparsame Benutzung der Bandbreite, benötigt keine Schlüsselverwaltung und liefert die Suchergebnisse vergleichbar effizient gegenüber dem herkömmlichen Index, der sich bei heutigen Suchmaschinen im Einsatz befindet. Postinglistmerging wird in der Abbildung 2 dargestellt. Dabei werden beispielhaft die Postinglisten für "Martha" und "Layoff" zusammengeführt und anschließend einzelne Elemente verschlüsselt, sodass jedes einzelne Element (und somit das Dokument) nicht mehr eindeutig einem Wort zugeordnet werden kann.

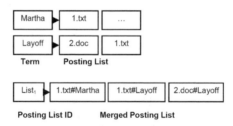

Abb. 2: Eine Indexdatei mit Zusammengeführten Postinglisten

iii Der *Zerber* Ansatz wird zu *Zerber+R* erweitert, um die effiziente Auswahl der relevantesten Dokumenten von einem *r*-confidential Index zu ermöglichen. Es wird ein neuartiges Modell vorgestellt, das den Informationsabfluss an potentielle Angreifer bei der Auswahl der relevantesten Dokumente minimiert. Wir stellen dafür einen neuartigen Transformationsansatz vor, bei dem die spezifische Verteilung der Relevanzwerte der einzelnen Worte nicht mehr erkennbar gemacht wird. Die damit transformierten Werte können auch auf einem nicht vertrauenswürdigen Server gespeichert werden, der dann in der Lage ist effizient und genau die Dokumentensuchanfragen zu beantworten und statistische Auswertungen der Inhalte der Dokumente verhindert.

iv Schließlich werden die vorgestellten Methoden auf zwei Datensätze aus der realen Welt angewendet und evaluiert.

Unsere Experimente belegen, dass die von uns entwickelten Suchmodelle auf der einen Seite wahrscheinlichkeitsbasierte Datenschutzgarantien liefern, auf der anderen Seite sparsam mit dem Datenverkehr umgehen, ein Minimum an Verwaltungsaufwand erfordern und sich dabei an Effizienz kaum von den herkömmlichen Suchmodellen unterscheiden.

3 Skalierbare Analyse der inhaltlichen Vielfalt für große Dokumentenkorpora

Generell haben sich die invertierten Indizes als sehr effizient für die Dokumentensuche erwiesen. Doch gilt dies nur unter der Annahme, dass alle indizierten Dokumente für alle Benutzer der Suchmaschine zugänglich sind. Falls jedoch Zugriffskontrolle auf einzelne Dokumentengruppen erforderlich ist, muss die Postingliste, nach für den Sucher zugänglichen Elementen, zeitaufwändig durchsucht werden. Eine Vorpartitionierung des Indexes unter Berücksichtigung der Zugriffsrechte kann die Anzahl der unnötigen Überprüfungen drastisch reduzieren. Dieses Modell hat zwei Extrema. Auf der einen Seite gibt es einen gemeinsamen Index, wo für jedes Dokument die Zugriffsberechtigung überprüft werden muss. Auf der anderen Seite gibt es Indizes für jede mögliche Zugriffsbeschränkung, deren Zahl wegen aller möglichen Kombinationen sehr hoch sein kann. Im ersten Fall benötigt der Index relativ wenig Speicherplatz und technische Pflege, die Ausführung dagegen benötigt sehr viel Zeit. Im zweiten Fall ist es umgekehrt, die Ausführungszeiten sind vernachlässigbar, der Speicherplatzbedarf jedoch steigt dramatisch an, da die Anzahl der einzelnen Indizes so hoch wie die Anzahl der Arbeitsgruppen sein muss. Clusteringverfahren können eine Lösung des Partitionierungsproblems bei sich stark überlappenden Arbeitsgruppen bieten. Viele Clusteringtechniken benötigen eine Vorabschätzung der Clusteranzahl um effektiv arbeiten zu können [Ja10]. In diesem Kapitel entwickeln wir ein Verfahren zur effizienten Analyse der Inhaltsdiversität in großen Dokumentenmengen [DSZ]. Der dabei berechnete Diversitätsgrad hat großes Potenzial für den Einsatz bei der Parameterabschätzung für die Indexpartitionierung wie die Abbildung 3 unserer Experimente zeigt. Hier haben wir für die Datensätze Reuters (Nachrichten) und Flickr (Fotoannotationen) die Anzahl der Kategorien (Abszisse) variiert und den Diversitätsgrad gemessen.

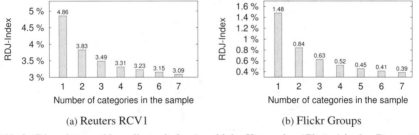

(a) Reuters RCV1   (b) Flickr Groups

Abb. 3: Diversitätsgrad korreliert mit der Anzahl der Kategorien (Cluster) in den Datensätzen

Die Bestimmung des Diversitätsgrades ist in mehreren Disziplinen seit Jahrzehnten ein wichtiges Thema. Dieser Wert gibt Einblicke in einige Eigenschaften wie die Religionszugehörigkeit oder die politische Ausrichtung verschiedener sozialer Gruppen oder Bevölkerungsschichten eines Landes. In der Ökologie wird geringe Biodiversität als ein Maß für die Gesundheitsgefährdung eines biologischen Systems angesehen [Si49, St07]. Aber auch in der Informatik gewinnt die Diversitätsberechnung, zum Beispiel für Recommendersysteme, an Wichtigkeit, um dem Benutzer den Überblick über die vorhandene Datenmenge zu verschaffen. Leider sind die eingesetzten Berechnungsmethoden so komplex, dass sie nur auf kleine Objektmengen, wie Resultate einer Suchanfrage oder Lebensformen in einem Biosystem, angewendet werden können.

3.1 Vorgestellte Beiträge im Bereich Skalierbare Datenanalyse

In diesem Kapitel befassen wir uns mit der Diversitätsanalyse großer Dokumentenmengen. Um das Komplexitätsproblem dabei zu lösen, entwickeln wir zwei Algorithmen zur effizienten Berechnung des Diversitätsgrades.

i   *SampleDJ* ist ein stichprobenbasiertes Verfahren, welches das Berechnungsproblem unabhängig von der Datensatzgröße in einer konstanten Zeit löst, die nur von dem Diversitätsgrad abhängt. Dabei werden Stichproben aus einem Datensatz gezogen und gemittelt bis die Stoppbedingung eintritt. Die Bedingung basiert auf der Tschebyscheff-Ungleichung, die eine obere Schranke der Wahrscheinlichkeit angibt, bei der die Stichprobe von dem Erwartungswert (Diversitätsgrad in unserem Falle) in einem bestimmten Intervall abweicht.

ii *TrackDJ* basiert auf "Min-wise hash" [Br00], einem Verfahren aus der Familie des "Locality Sensitive Hashing" und löst das Berechnungsproblem garantiert in linearer Zeit im Bezug auf die Datensatzgröße. Zunächst werden dabei die einzelnen Objekte mit Hilfe von "Min-wise hash" effizient in kleine Gruppen (Buckets) partitioniert. Dabei liegt der Wahrscheinlichkeitswert, dass sich zwei Objekte in einem Bucket ähnlich sind, sehr nah an deren Jaccard-Koeffizient, der als Basis für die Diversitätsgradberechnung in dieser Arbeit genommen wird.

iii Die vorgestellten Methoden wurden sowohl auf einem synthetischen Datensatz, als auch auf mehreren Datensätzen (zum Beispiel auf 1 Mio. Publikationstitel aus DBLP oder 144 Mio. Bilder aus Flickr) aus der realen Welt angewendet und evaluiert. So brauchen unsere Algorithmen einige Minuten (SampleDJ) bis wenige Tage (TrackDJ) für einen 20 Mio. Datensatz, während die herkömmliche Berechnungsmethode über ein Jahr lang dauern würde.

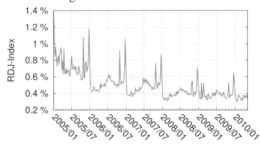

Abb. 4: Ähnlichkeitsgrad von Fotoannotationen über den Zeitraum 2005 - 2010

Die Experimente belegen die hohe Verwendbarkeit unserer Algorithmen. Im sozialen Web können unsere Methoden verwendet werden um zum Beispiel die Diversität von Benutzergruppen zu bestimmen. Darüber hinaus lassen sich unsere Methoden auf Datenströme anwenden, um deren zeitliche Entwicklung zu analysieren und interessante Informationen wie wiederkehrende Ereignisse und Trends zu entdecken. So zeigt die Abbildung 4 den von uns gemessenen mittleren Ähnlichkeitsgrad von Fotoannotationen über den Zeitraum 2005 - 2010, wo wiederkehrende Ereignisse wie "Weihnachten" als Ausschläge zu erkennen sind. Schließlich zeigten wir, dass unsere Methoden zum Abschätzen der Parameter der Partitionierung großer Datenmengen geeignet sind.

4 Datenschutzorientierte Inhaltsanalyse

In diesem Kapitel analysieren wir, wie Verfahren des maschinellen Lernens dazu benutzt werden können, den Vetraulichkeitsgrad von textuellen und visuellen Informationen zu bestimmen [Zeb]. Dabei können die in dieser Arbeit entwickelten Verfahren den Benutzer bei seinen Entscheidungen über die Veröffentlichung von potentiell privatsphäregefährdende Informationen unterstützen. Der Vetraulichkeitsgrad eines einzelnen Dokumentes kann von vielen Kriterien abhängen. Die Inhalte, die typischerweise von Webbenutzern veröffentlicht werden, sind sehr heterogen. Dazu gehören Texte, aber auch Bilder und Videos. Auch die Themen der Inhalte sind verschieden. Ideale Lösung bei der Bestimmung des Vetraulichkeitsgrades wäre (a) Bestimmen von Inhaltstyp und Kontext – ist das Foto auf dem Strand aufgenommen, oder in einem Gebäude – und (b) Bestimmung des Vetraulichkeitsgrades in diesem Kontext. Abbildung 5 zeigt Ergebnisse der Suche in Flickr mit der Suchanfrage "ronaldo". Die Bilder in der linken Spalte stellen das professionelle Leben des Fußballstars vor, die in der rechten Spalte das private. Die Reihenfolge in der linken Spalte entspricht der in Originalergebnisliste. Die rechte Spalte wurde mit Hilfe unserer Methoden automatisch angeordnet.

(a) Top-3
public photos

(b) Top-3
private photos

Abb. 5: Top-3 Suchergebnisse mit den Flickr IDs für die Anfrage "Ronaldo" (a) Originalreihenfolge, und (b) Anordnung mit unseren Suchmethoden (Stand: Okt. 2010).

Da die automatische Ausführung mehrerer Schritte zur Ermittlung des Vertraulichkeitsgrades fehlerbehaftet sein kann, stellen wir eine Methode vor, die auf Verfahren des maschinellen Lernens basiert, um den Vetraulichkeitsgrad direkt anhand der textuellen oder visuellen Eigenschaften des Objektes zu bestimmen. Solche Merkmale sind zum Beispiel das Vorkommen von Gesichtern in einem Bild oder die Farbverteilung. Lange und parallele Kanten deuten auf künstliche Umgebungen hin, kurze und chaotisch angeordnete Kanten dagegen auf Fotos der Natur. Andere effektive Merkmale sind sogenannte SIFT-Features [Lo04] - im Foto zu findende geometrischen Objekte. Auch textuelle Informationen, wie Tags, Titel oder Beschreibung der Bilder erwiesen sich als hilfreich in diesem Kontext. Solche Systeme können dem Benutzer helfen Gefahren für seine Privatsphäre rechtzeitig zu erkennen bevor er die Inhalte veröffentlicht.

4.1 Vorgestellte Beiträge im Bereich Vertrauliche Inhaltsanalyse

In diesem Kapitel stellen wir Verfahren vor, um den Vetraulichkeitsgrad von visuellen und textuellen Informationen zu bestimmen. Darüber hinaus entwickeln wir Algorithmen für privatsphäreorientierte Suche und Diversifizierung der Resultate.

i Unser erstes Ziel ist es, Techniken und Verfahren zu entwickeln, die es dem Benutzer ermöglichen, den Vetraulichkeitsgrad von eigenen Fotos anhand deren visuellen und textuellen Informationen zu bestimmen, um darauf basierend weitere Entscheidungen bezüglich deren Veröffentlichung zu treffen. Dafür entwickelten wir zunächst ein Spiel, bei dem Probanden die von uns zufällig ausgewählten Fotos aus der populären Fotoauschplattform Flickr als "privat" oder "öffentlich" annotieren konnten. Der annotierte Datensatz wurde anschließend veröffentlicht und wird derzeit für Experimente in Forschungsprojekten an verschiedenen Instituten weltweit genutzt. Die Analyse der Annotationen auf Interrater-Reliabilität ergab, dass sich die Probanden im Großen einig über die Zugehörigkeit einzelner Fotos waren, gemessen mit Fleiss Kappa [Gw10] von 0,6. Wir benutzten dieses Feedback später beim Trainieren von Support Vector Maschinenmodellen [MRS08], basierend auf den dabei extrahierten visuellen und textuellen Merkmalen. Die dabei entstehenden Modelle können Informationen aus beliebigen Bildern evaluieren und dem Benutzer Empfehlungen zur Veröffentlichung generieren. Solche Warnsysteme können direkt in sozialen Applikationen eingesetzt werden, zum Beispiel als Browserplugins.

ii Als zweiten Aspekt entwickeln wir die privatsphäreorientierte Dokumentensuche. Heutige Suchsysteme erlauben keine gezielte Suche nach privaten Informationen. Zum einen soll es für den Benutzer möglich sein Dokumente, die über ihn im Web (von ihm, oder von Dritten) veröffentlicht sind frühzeitig zu identifizieren, um eventuell mit entsprechenden Providern Kontakt aufzunehmen. Zum anderen kann die Suchanfrage in Bezug auf den Privatanteil für eine Maschine mehrdeutig erscheinen. Bei der Suchanfrage "Ronaldo" zum Beispiel, könnte sich der Benutzer für Bilder interessieren, die das Privat- oder Berufsleben des Fußbalspielers zeigen. In dieser Arbeit benutzen wir die Ergebnisse der automatischen Bildklassifikation, um gezielt nach privaten Informationen über ein bestimmtes Thema zu suchen.

iv Schließlich stellen wir eine Methode der privatsphäreorientierten Diversifikation von Suchresultaten vor. Diversifikation von Suchresultaten wurde ausgiebig in de Literatur behandelt [GS, Cl] und wird eingesetzt um dem Benutzer einen Überblick über mögliche Facetten des Resultats zu geben. Mit ähnlicher Motivation versuchen wir mit unseren Methoden das Risiko der Unzufriedenheit des Suchenden in Bezug auf den Privatanteil der Suchergebnisse zu minimieren.

Unsere Experimente zeigen, dass es mit maschinellem Lernen möglich ist, das abstrakte Konzept der Privatsphäre in Bildern zu erfassen. Darüber hinaus beobachteten wir, dass verschiedene Aspekte dieses Konzepts bei Benutzern individuell verschieden gewichtet werden. Dies ergibt interessante Richtungen für zukünftige Forschung im Bereich Personalisierung.

5 Zusammenfassung

Die Entwicklungen in der Internet- und Netzwekinfrastruktur zusammen mit der Popularität von Web 2.0 Plattformen haben es sowohl für individuelle Nutzer, als auch für soziale und berufliche Benutzergruppen, möglich und einfach gemacht, große Datenmengen auszutauschen. Diese Entwicklung erfordert auch Mechanismen zur sicheren und gleichzeitig effizienten Veröffentlichung der Daten, wobei intelligente Warnsysteme ein Bestandteil bilden müssen. Sicherheit und Datenschutz in modernen Informationssystemen gewinnen an Bedeutung nicht nur in Unternehmen und sozialen Netzen, sondern auch im Bereich Cloudcomputing, in dem Datenverwaltung und Datenverteilung ohne Garantieen im Bezug auf Datenschutz nicht denkbar sind.

5.1 Ergebnisse

In dieser Dissertation haben wir uns drei wichtigen Herausforderungen gestellt: (1) Effiziente und sichere Indizierung und Suche auf gemeinsam verwendeten Dokumenten, (2) Skalierbare Analyse inhaltlicher Vielfalt für große Dokumentenkorpora, sowie (3) Datenschutzorientierte Inhaltsanalyse von gemeinsam genutzten Inhalten mit automatischen Methoden zur Unterscheidung von öffentlichen und potenziell vertraulichen Inhalten. Die Ergebnisse dieser Dissertation können in vielen Bereichen, wie Cloudcomputing oder Datenstromverarbeitung direkt angewendet werden und eröffnen gleichzeitig weitere Forschungsrichtungen.

5.2 Ausblick

Im Bereich Indizierung und Suche von vertraulichen Informationen, können Verfahren entwickelt und untersucht werden, die sowohl für strukturierte als auch teilstrukturierte Daten geeignet sind. Die Adaptierung von modernen Information Retrieval Mechanismen, wie Suche nach Synonymen, unscharfe Suche und Anfragevorschläge, bleibt ebenfalls eine Herausforderung für vertrauliche Daten.

Im Bereich der skalierbaren Inhaltsanalyse können unsere Verfahren eingesetzt werden, um einen Index durch effiziente Abschätzung der Clusteranzahl effektiv zu partitionieren. Eine andere vielversprechende Richtung ist die Analyse großer Datenströme, bei der unsere Samplingverfahren direkt eingesetzt werden können.

Schließlich, im Bereich privatsphäreorientierte Inhaltsanalyse, können Personalisierungstechniken eingesetzt werden, da das Empfinden von Privatsphäre stark subjektiv ist und sich zudem über die Zeit ändern kann. Obwohl unsere Experimente sich auf Bilder beschränkt haben, ist es denkbar die Methoden nach entsprechender Justierung auch auf Dokumente anderer Datentypen, wie Video, Audio oder Blogeinträge anzuwenden. Auch interdisziplinäre, kulturübergreifende Studien könnten unter Benutzung unserer Methoden zusätzliche Einblicke in das Empfinden von Privatsphäre in verschiedenen Personengruppen ermöglichen.

Literaturverzeichnis

[Br00] Broder, Andrei Zary: Identifying and Filtering Near-Duplicate Documents. In: Proceedings of the 11th Annual Symposium on Combinatorial Pattern Matching. COM '00, Springer-Verlag, London, UK, S. 1–10, 2000.

[Cl] Clarke, Charles L.A.; Kolla, Maheedhar; Cormack, Gordon V.; Vechtomova, Olga; Ashkan, Azin; Büttcher, Stefan; MacKinnon, Ian: Novelty and Diversity in Information Retrieval Evaluation. SIGIR '08, S. 659–666.

[DSZ] Deng, Fan; Siersdorfer, Stefan; Zerr, Sergej: Efficient Jaccard-based Diversity Analysis of Large Document Collections. CIKM '12, S. 1402–1411.

[GS] Gollapudi, Sreenivas; Sharma, Aneesh: An axiomatic approach for result diversification. WWW'09, S. 381–390.

[Gw10] Gwet, Kilem: Handbook of Inter-Rater Reliability. Advanced Analytics, LLC, second. Auflage, 2010.

[Ja10] Jain, Anil K.: Data clustering: 50 years beyond K-means. Pattern Recognition Letters, 31(8):651 – 666, 2010.

[Lo04] Lowe, David: Distinctive image features from scale-invariant keypoints. International Journal of Computer Vision (IJCV), 60(2):91–110, January 2004.

[MRS08] Manning, Christopher D.; Raghavan, Prabhakar; Schütze, Hinrich: Introduction to Information Retrieval. Cambridge University Press, New York, 2008.

[Sh79] Shamir, Adi: How to share a secret. Communications of the ACM, 22:612–613, November 1979.

[Si49] Simpson, E. H.: Measurement of Diversity. Nature, 163, 1949.

[St07] Stirling, Andy: A general framework for analysing diversity in science, technology and society. Journal of The Royal Society Interface, 4(15):707–719, 2007.

[Zea] Zerr, Sergej; Olmedilla, Daniel; Nejdl, Wolfgang; Siberski, Wolf: Zerber+R: Top-k Retrieval from a Confidential Index. EDBT '09, S. 439–449.

[Zeb] Zerr, Sergej; Siersdorfer, Stefan; Hare, Jonathon; Demidova, Elena: Privacy-aware Image Classification and Search. SIGIR '12, S. 35–44.

Sergej Zerr wurde 1977 in Karaganda (Kasachstan) geboren Er studierte Medieninfomatik an der Fachhochschule Osnabrück (Diplom 2003) und ergänzte sein Studium durch Fokussierung auf Information Engineering an den Universitäten Osnabrück und Twente (Master of Science 2006). Inspiriert durch Fortschritte der Suchmaschinen und die Transformation des Internets zum Informationsaustauschmedium zwischen Benutzern, beschäftigte er sich bereits während seiner Masterarbeit mit dem Thema der autorisierten Suche in Zugangsbeschränkten Arbeitsumgebungen. Er vertiefte und erweiterte das Thema auf die Bereiche der sozialen Internetanwendungen als Doktorand an Forschungszentrum L3S an der Universität Hannover, wo er anschließend im Jahr 201! promovierte. Zurzeit forscht Sergej Zerr an der Universität Southampton in Großbritannien im Forschungsteam Web and Internet Science (WAIS) in den Bereichen soziale Netzwerke und Human Computation im Eropäischen Projekt STARS4ALL (688135).

Effiziente Fußgängererkennung in Städtischen Verkehrsszenen [1]

Shanshan Zhang[2]

Abstract: Fußgänger sind wichtige Teilnehmer im Stadtverkehr-Umgebungen, und damit eine interessante Kategorie von Objekten für autonome Fahrzeuge zu handeln. Automatische Personenerkennung ist allgemein eine wesentliche Aufgabe zum Schutz von Fußgangern aus Kollision. In dieser Arbeit werden wir neue Ansatze untersuchen und entwickeln, für die Interpretation räumlicher und zeitlicher Eigenschaften von Fußgängern, unter drei verschiedenen Aspekten: Form, Wahrnehmung und Bewegung. Wir testen unsere drei Ansätze auf Bild- und Videodaten von Verkehrsszenen im Freien, die wegen der dynamischen und komplexen Hintergründe herausfordernd sind. Die erzielten Ergebnisse zeigen, dass unsere Ansätze state-of-the-Art-Leistung erreichen und übertreffen sowie auch für andere Anwendungen, wie z.B. Indoor-Robotik oder öffentlicher Überwachung eingesetzt werden können.

1 Einführung

Dank der Entwicklung der Informationstechnologie spielen Computer eine immer wichtigere Rolle in unserem alltäglichen Leben. Heutzutage werden Computer erfolgreich und allgemein für die Datenverarbeitung und Kommunikation eingesetzt, um die Handarbeit zu reduzieren und Bequemlichkeit weitgehend zu erweitern. Darüber hinaus erwarten wir Menschen immer intelligentere Computer, die unser Leben in einer aktiven Art und Weise unterstützen könnten. Man kann sich leicht viele Anwendungen von Computern als Assistenten denken: Sie beobachten Kinder zuhause; sie prüfen abnormale Ereignisse an öffentlichen Orten wie Flughäfen; sie warnen Fahrer vor Kollisionen, etc. Um solche Anwendungen zu realisieren, müssen wir Computer sehen und unsere reale Welt interpretieren lassen. Sehen bedeutet, dass sie die visuellen Daten unserer realen Welt interpretieren können. Zu diesem Zweck müssen wir nur die erfassten Bilddaten an die CPUs übertragen, was leicht durch aktuelle Hardware getan werden kann. Interpretieren ist jedoch viel komplizierter. Man kann argumentieren, dass selbst ein Kind leicht die Umgebung erkennen kann. So sollte es noch leichter für einen modernen Computer sein, der eine relativ hohe Rechengeschwindigkeit besitzt. Leider ist dies nicht der Fall. Erstens, unser menschliches visuelles System erhält analog Signale, während die Computer digitale Signale in Form von binären Bits erhalten. Zweitens, jeder Mensch ist einer großen Menge von visuellen Daten ausgesetzt nachdem er oder sie geboren ist, aber solche umfangreiche visuelle Ausbildung ist kaum für einen Rechner zu erreichen. So ist es immer noch ein Rätsel für Informatiker, wie das menschliche visuelle System so effizient die verschiedenen Gegenstände von solcher großen Menge von Daten erkennen kann.

---
[1] Englischer Titel der Dissertation: 'Efficient Pedestrian Detection in Urban Traffic Scenes"
[2] Max Planck Institut für Informatik, shanshan@mpi-inf.mpg.de

Was wir versuchen zu tun ist, Computern beizubringen, verschiedene Objekte in einer menschenähnlichen Art und Weise zu erkennen. In den letzten Jahrzehnten haben Forscher in den Computer-Vision- und Mustererkennungs-Gemeinden große Anstrengungen gemacht, um zu ermöglichen, Computer die Umgebung durch die Analyse und Interpretation von Bild- bzw. Videodaten verstehen zu lassen. Leider sind die Computer immer noch weit hinter der Leistungsfähigkeit des menschlichen Gehirns bei der Wahrnehmung dieser Analyse und Folgerung, in Bezug auf sowohl Genauigkeit wie auch Effizienz. Es ist noch ein langer Weg für Computer Vision Wissenschaftler zu gehen. Allerdings ist diese Forschung sinnvoll und spannend, weil sie weitgehend die Fähigkeiten von Computern erweitert, so dass sie den Menschen in einer besseren Weise dienen könnten.

Um das letzte Ziel zu erreichen ist die Erkennung von Objekten eine primäre und wichtige Aufgabe, die wesentlichen Elemente für jedes Szenario sind. Die Fähigkeit zur Erkennung von Objekten würde als Vorverarbeitung auf intelligente Vision-System dienen, von dem es erwartet wird, einige bestimmten Personen zu identifizieren, die menschlichen Verhaltensweisen zu erkennen oder auch komplexere gesellschaftliche Ereignisse zu verstehen.

Man kann sich fragen, wie viele Objektkategorien wir in unserer realen Welt haben? Inmitten eines öffentlichen Bilddatenbank, nämlich ImageNet[3], werden mehr als 80,000 Objektkategorien nach dem WordNet[4] Hierarchie definiert. Aber für viele Anwendungen, ist Person der interessanteste Kategorie, weil die Menschen aktiv an gesammelten visuellen Daten beteiligen, einschließlich der privaten Alben und Video-Überwachung. Insbesondere dient das Szenario von Lokalen als eher wichtiger, weil sie in der Regel mit Sicherheit betrifft. Deshalb konzentriert sich unsere Studie auf Erkennung von Menschen an öffentlichen Orten.

Man kann argumentieren, dass andere Sensoren auch die Aufgabe der Erkennung von Menschen schaffen. So haben beispielsweise Lasersensoren gute Leistung für Objektklassifizierung in Outdoor-Umgebungen durch die Analyse von 3D-Punktwolken-Daten erreicht. Ein offensichtlicher Nachteil der Laser-Sensoren ist jedoch der hohe Preis, vor allem, wenn genaue und dichte Punktwolke für reale Anwendungen erforderlich sind. Eine weitere Option können Ultraschall-Sensoren sein, die billig und bequem verwendet werden. Leider sind sie zu empfindlich gegenüber Lärm und können kaum in der Außenanlage Verkehrs Umgebungen eingesetzt werden. Daher betrachten wir Kameras als eine bessere Wahl, weil Kameras von Low-Cost und in der Lage sind, reichhaltige Informationen über die umliegende Umgebung zu erwerben.

In dieser Arbeit beschäftigen wir uns mit dem Problem der Lokalisierung von Fußgängern von Bild- oder Videodaten, die vor allem von einer auf einem fahrenden Fahrzeug durch regelmäßige Verkehrs in einem städtischen Umfeld montierten Kamera aufgenommen wurden. Diese Aufgabe ist aufgrund einer Reihe von Gründen besonders schwierig, die später diskutiert werden.

---

[3] http://www.image-net.org/
[4] http://wordnet.princeton.edu

2 Anwendungen

Fußgängererkennung hat in den letzten Jahrzehnten große Aufmerksamkeit in akademischen Gemeinschaften angezogen. Dies weist vor allem auf die verschiedenen Anwendungen in verschiedenen Bereichen auf. Hier listen wir drei gängige Anwendungen:

2.1 Fahrerassistenzsysteme (ADAS)

Dies ist wahrscheinlich eine der wichtigsten und schwierigsten Anwendungen. Fußgänger sind sehr anfällig Teilnehmer im Stadtverkehr. Verkehrsunfällen wurden als eine der wichtigsten Ursachen für Tod und Verletzungen auf der ganzen Welt in einem Bericht der Weltgesundheitsorganisation aus dem Jahre 2004 beschrieben, die schätzungsweise 1,2 Millionen Todesfälle und 50 Millionen Verletzungen pro Jahr aufweisen. Nach den Angaben der Weltbank-Website[5] machen Fußgänger 65% der Todesopfer aus den 1,170,000 verkehrsbedingten Todesfälle auf der Welt, wovon 35% Kinder sind. In China, Fußgänger und Radfahrer entfielen im Jahr 1994 27% und 23% der Todesopfer, im Vergleich zu jeweils 13% und 2% in den Vereinigten Staaten. Daher ist der Schutz der Fußgänger von großer Bedeutung. Das erste und wichtigste Ziel ist es, dass Fußgänger bereits die Kollision erkennen könnten, wenn sie sich noch in einer sicheren Entfernung sind. Der Zweck der ADAS ist, möglichst frühzeitig die Fahrer vor möglichen gefährlichen Situation zu warnen, so dass sie genügende Zeit zum Bremsen haben.

2.2 Visuelle Überwachung

Closed-Circuit Television (CCTV) Kameras sind häufig zum Zweck der Überwachung an wichtigen öffentlichen Orten wie Flughäfen, Einkaufszentren und Verkehrsknotenpunkten installiert. Heutzutage werden die Kameras verwendet, um Videodaten aufzuzeichnen, die in Festplatten für den späteren Gebrauch aufbewahrt oder durch Sicherheitspersonal überwacht werden. In der Tat ist es unwahrscheinlich, alle Kameras in einer nichtautomatischen Weise zu überwachen. Um die menschliche Arbeit zu verringern haben die Menschen das Ziel, intelligente Überwachungssysteme zu entwerfen, die in der Lage sind, verschiedene Erkennung und Erkennungsaufgaben in einer automatischen Art und Weise zu erreichen. Fußgängererkennung spielt eine wichtige Rolle für solche Systeme und die Positionsinformation von Personen kann als grundlegende Hinweise für die weitere Analyse von abnormalen Ereignissen wie Raub, Diebstahl oder Laufen rote Lichter verwendet werden.

2.3 Mensch-Roboter-Interaktion

In den frühen Tagen der künstlichen Intelligenz werden Roboter in bestimmten Umgebungen entwickelt, in denen die Menschen nur selten angezeigt sind, um schwere, langwierige

---
[5] http://www.worldbank.org/html/fpd/transport/Straßen/safety.htm

oder gefährliche Aufgaben auszuführen. Aber heute erwarten die Menschen intelligentere Roboter, die Menschen in einem direkteren Weg dienen kann. Zu diesem Zweck ist die Mensch-Roboter-Interaktion eine wichtige Modul zu entwickeln. Der Grundgedanke der Mensch-Roboter-Interaktion ist, Roboter genau die laufenden Menschen rund um sie lokalisieren zu lassen. Eine wesentliche Anwendung kann Roboternavigation, wobei die Ortsinformationen von Menschen verwendet werden können, um Kollision zu vermeiden. Darüber hinaus erwarten die Leute, dass die Roboter einige weiterführende Aufgaben durchführen könnten, z.b. Menschen bei der Bewegung bzw. bei der Lieferung einiger Objekte zu unterstützen, oder auch die Menschen beim Abendessen zu bedienen wie die Kellner in Restaurants. Um diese komplexen Aufgaben zu erfüllen sollten die Roboter in der Lage sein, detaillierte Informationen über umgebende Menschen zu erwerben, wie zum Beispiel Positionen, Größen Haltungen usw.

Unter den obigen drei Anwendungen gilt eine der Fahrerassistenzsysteme (ADAS) als größte Herausforderung sein. Der Grund liegt darin, dass das Außen Szenario gewöhnlich aus mehr komplexen Hintergrund besteht, und die sich bewegende Kamera verursacht signifikante Änderungen zwischen zwei aufeinanderfolgenden Bildrahmen selbst in einem kurzen Zeitfenster. Beide Gründe führen zu bemerkenswerten Störungen für Menschen-Erkennung. Im Gegensatz dazu wird das Szenario die visuellen Überwachung, die Kamera ist statisch und der Hintergrund ändert sich geringfügig über die Zeit; für die Anwendung der Mensch-Roboter-Interaktion ist die Szenario in der Regel weniger dynamisch, weil sich die Roboter in der Regel langsamer als Fahrzeuge bewegen.

Deshalb konzentrieren wir uns auf die Anwendung der Fahrerassistenzsysteme (ADAS). Dennoch sind die in dieser Arbeit entwickelten Technologien nicht auf Verkehrsszenen beschränkt, sondern sie können in anderen Anwendungen direkt oder nach geringen Modifikationen verwendet werden.

3 Herausforderungen

Fußgängererkennung in Verkehrsszenen ist eine anspruchsvolle Aufgabe, nicht nur weil sich die menschliche physische Erscheinungsbild, Kleidung und Körperhaltungen erheblich variieren kann; sondern auch aufgrund der Abweichungen von den realen Umgebungen. Wir stellen kurz die großen Schwankungen in beiden Aspekte vor.

Intra-Class-Variationen: Fußgänger sind hohe Intra-Klasse-Variante, die deutlich signifikanter als einige andere Objektkategorien wie Autos oder Gebäuden sind. Diese Intra-Klasse-Schwankungen machen es unmöglich, die Fußgänger von anderen Objekten vor einem einzigen Cue, wie Farbe oder Form zu unterscheiden. Im Folgenden beschreiben wir Intra-Klasse-Varianten in Bezug auf Aussehen, Kleidung Entscheidungen und Haltungen.

- Aussehen: Menschen können aufgrund genetischer Eigenschaften ganz unterschiedlich voneinander sein, die verschiedenen Hautfarben, Haarfarben, Augenfarben, Figuren haben. Man kann auch sein ursprüngliches Aussehen mit Make-up-Fähigkeit ten, einschließlich das Ändern von Frisuren ändern. Darüber hinaus zeigt man in der Regel verschiedene Auftritte in verschiedenen Altersstufen an.

- Einsätze von Kleidung: Man kann Kleidung mit einer breiten Vielzahl von Farben, Texturen und Designs wählen. Manchmal tragen die Menschen auch verschiedene Accessoires wie Schmuck oder Handtaschen. Alle oben genannten Faktoren führen zu wenigen einheitlichen Farben oder Texturen der inneren Bereiche des menschlichen Körpers. Dementsprechend wird es darauf hingewiesen, dass innere Bereicheünzuverlässige Einsätze sind.

- Haltungen: Eine weitere Quelle von Variationen stammt aus Haltungen der menschlichen Körper Exponate. Fußgänger können zu Fuß über die Straße laufen, an der Ampel stehen oder an eine Wand lehnen. Da die menschlichen Körper nicht starr ist, dass eine Vielzahl von Stellungen wahrscheinlich erscheinen. Jede Körperhaltung zeigt eine identische Form, so dass die Leute mit unterschiedlichen Haltungen ganz verschieden voneinander aussehen. Das heißt, wir müssen vorsichtig bei Formdeskriptoren für Menschen-Erkennung sein.

Umwelt Variationen: Städtische Verkehrsumgebung ist sehr komplex und wenig eingeschränkt, die in der Regel aus verschiedenen Objektkategorien besteht, z.B. Fahrzeugen, Gebäuden, Pflanzen, Tieren und Menschen. Darüber hinaus sind die Standorte der Fußgänger in Bezug auf der Kamera unterschiedliche Standpunkten, Bedingungen der Okklusion oder Schuppen, und deswegen sind sie auch ein wichtiger Faktor, der bestimmt, wie Fußgänger in den Bild- oder Videodaten aussehen.

- Dynamische Hintergrund: Wenn die Kamera sich bewegt mit dem fahrenden Fahrzeug, wird der Hintergrund dynamisch. Im Vergleich zu einem statischen Szenario, in dem der Hintergrund modelliert werden kann und sich bewegende Objekte durch Hintergrundabzug gefunden werden können, ist der dynamische Hintergrund anspruchsvoller, weil jedes Objekt seine Lage und das Aussehen zwischen zwei aufeinanderfolgenden Frames auch in einem eher kleinen Zeitfenster ändern kann. Es wird vorgeschlagen, die Auswirkungen der Kamerabewegung durch die Verwendung affine Theorien zu beseitigen, dennoch ist es eine sehr schwierige Aufgabe, vor allem wenn das Fahrzeug mit hoher Geschwindigkeit fährt. Zu diesem Zweck ist es ziemlich schwierig, Verwendung von Bewegungsinformationen zur Fußgängererkennung zu machen.

- Viewpoints: Grundsätzlich werden Standpunkte durch die relative Lage zwischen Kamera und beobachteten Menschen bestimmt. In den meisten Fällen weisen Objekte unterschiedliche Erscheinungsbilder auf aus verschiedenen Blickwinkeln. Zum Beispiel sehen die Autos viel breiter aus von der linken oder rechten Seite im Vergleich zu den von vorne oder von hinten aussehen. Glücklicherweise ist das Seitenverhältnis der Fußgänger weniger Gesichtspunkt relevant als Autos. Jedoch führen unterschiedliche Standpunkte immer zu verschiedenen Auftritten. Beispielsweise sieht man größere Winkel zwischen zwei Schenkeln des laufenden Fußgänger von der Seitenansicht als die von der Vorder- oder Rückansicht. Außerdem sehen die Schulter größer aus von der Vorder- oder Rückansicht als die in der Seitenansicht.

- Okklusion: In den Stadtverkehr-Szenen ist Okklusion sehr häufig. Fußgänger können durch andere Objekte oder sogar benachbarten Fußgänger in einer überfüllten Szene verdeckt werden. In der ersten Situation, die fehlenden Körperteile in der Regel ändern die Gesamterscheinung. Für diejenigen Klassifikatoren können die unverschlossenen Fußgänger als eine nicht-Fußgänger Objekt erkannt werden, was zu einer hohen Miss-Raten dient. Im zweiten Fall ist es schwierig, zu schließen, welcher Körperteil zu welcher Person gehört, wenn mehrere Fußgänger hochklappen. Manchmal wird eine Gruppe von Fußgängern als einziger erfasst, während manchmal mehrere Hypothesen vorgenommen werden.

- Skalen: Skalierung des Objekts hängt hauptsächlich von der Entfernung zwischen dem betrachteten Objekt und der Kamera ab, unter der Annahme, dass wir die individuelle Differenz in der Höhe ignorieren, die nicht signifikant für Fußgänger ist. Auf diese Weise zeigen die Fußgänger, die weit von der Kamera entfernt sind, wenige Pixel als die näher von der Kamera entfernte in Bilddaten. Die Herausforderungen sind zweifach. Erstens können einige wichtige Hinweise, wie Verbindungen zwischen Körperteilen vage werden, wenn die Anzahl der Pixel unter einer bestimmten Schwelle geht. Manchmal können wir nur eine Silhouette sehen, die noch schwieriger für Menschen zu erkennen und leicht als ein Baum an einigen Fällen anerkannt ist. Zweitens müssen wir Skalen für Schiebefenster Ansätze durchsuchen, damit die Fußgänger von unterschiedlichen Skalen gefunden werden können. Diese sich nahe an der Kamera befindenen Fußgänger sind fast zehnmal größer als die sich entfernteren stehenden Fußgänger.

4 Beiträge des Thesis

Diese Arbeit untersucht das herausfordernde Problem der Fußgängererkennung im Stadtverkehr Szenen und schlägt vor, neue Verfahren zur Interpretation der Merkmale der Fußgänger in drei verschiedenen Aspekten: Form, Wahrnehmung und Bewegung, um eine effiziente Fußgängererkennung zu ermöglichen.

Form spielt eine wichtige Rolle für die Objekterkennung. Auf der einen Seite zeigen Objekten aus verschiedenen Kategorien verschiedene Formen auf den Bildern; auf der anderen Seite teilen verschiedene Objektinstanzen in der gleichen Kategorie in der Regel einige gemeinsamen Formen.

Durch die Beobachtung einer Vielzahl von Fußgänger Bilder haben wir gefunden, dass für Fußgänger die gemeinsame Form des aufrechten menschlichen Körper ein deutliches Unterscheidungsmerkmal ist, die nicht nur das Problem der Fußgängererkennung viel einfacher als Erkennung von allgemeinen Personenerkennung gemacht hat, sondern auch unterscheiden sich die Fußgänger von anderen Objekten im Stadtverkehr Szenen. Daher wollen wir herausfinden, wie diese Eigenschaft für eine effektivere Fußgängererkennung nutzen kann.

Zu erreichen oder sogar für menschenähnlichen Anerkennung ist das endgültige Ziel für die intelligenten Vision-Systeme. Mit dem Ziel der Gestaltung einer erfolgreichen Fußgänger Detektor, der in der Lage ist, Fußgänger so genau und schnell zu finden wie den Menschen, lohnt es sich zu untersuchen, wie menschliche visuelle Systeme visuelle Daten verarbeiten und Gegenstände lokalisieren, für die sie interessiert sind. Auf diese Weise versuchen wir, ein Design- Kognition System zur Fußgängererkennung zu entwerfen.

Durch die Untersuchung der Mechanismen der Kognition Systemen haben wir die Mitte-Surround-Mechanismus für die hervorstechende Objekterkennung als sehr attraktiv gefunden. Die hervorstechenden Aufgaben werden entsprechend als Fußgänger für eine Fußgängererkennungssystem definiert, in dem unter Verwendung des Mitte-Surround Mechanismus für die Feature-Design ein direkter Weg ist, um eine top-down-saliency System zu emulieren.

Bewegung ist auch ein wichtiger Cue, jedoch ist sie noch nicht in großem Umfang für Fußgängererkennung. Im Gegensatz zu der Form Cue, die räumliche Informationen darstellt beschreibt Bewegung die zeitliche Information in aufeinanderfolgenden Einzelbildern. Wir heben drei Fragen: (1) Zu welchem Zweck können wir Bewegungsinformation benutzen? (2) Wie kann man zeitliche Informationen in einer angemessenen Art und Weise interpretieren? (3) Erzeugt Bewegungsinformation Verbesserungen während sie integriert mit räumlichen Informationen? Um diese Fragen zu beantworten, fanden wir heraus, verschiedene inter-Klasse und intra-Klassenmerkmale für Fußgänger durch die Beobachtung einer großen Anzahl von Bewegungskarten, optischen Strömungsvektoren darzustellen. Diese Erkenntnisse inspirieren uns, ein spezifisches Problem von sich bewegender Fußgängererkennung zu lösen.

Im Folgenden werden wir kurz die wichtigsten Beiträge dieser Arbeit in einer technischen Weise vorstellen.

- In Kapitel 3 [ZBC14, ZBC15] schlagen wir ein statistisches Formmodell für den aufrechten menschlichen Körper vor. Dann entwerfen wir abgestimmte Haar-ähnliche Funktionen auf diese Formmodell, so dass die besondere Form-Struktur in Bezug auf der lokalen Differenz repräsentieren. Um robuster Deskriptoren für die lokale Unterschiede zu erzeugen, betrachten wir mehrere Bild-Kanälen, wobei die Farben, Gradientengröße und Histogramme von orientierten Gradienten miteinbezogen sind. Wir haben auch eine ternäre Modalität als Zusatz eingeführt zur traditionellen binären Modalität, um komplizierter geometrischer Konfigurationen darzustellen. Diese informierte Funktionen vermeiden erschöpfende Suche über alle möglichen Konfigurationen und weder stützen sich auf eine Zufallsstichprobe von einem rechteckigen Merkmalsraum und markieren damit einen Mittelweg. Die vorgestellten experimentellen Ergebnisse zeigen, dass unsere Eigenschaften erreichen sowie übertreffen state-of-the-art Performance und robust für Verstopfungen sind. Darüber hinaus erfordern unsere Funktionen wenige Speicher und Rechenzeit für die Ausbildung als kürzlich vorgeschlagenen Wettbewerbsdetektoren und es wird erwartet, sie Echtzeit-Performance mit GPU-Berechnung erreichen können. Das Flussdiagramm wird gezeigt in Abb. 1.

- In Kapitel 4 [Zh14, Zh15a] schlagen wir vor, lokale Kontrastmerkmale durch die Mitte-Surround-Mechanismus in menschlichen visuellen Systemen zu motivieren

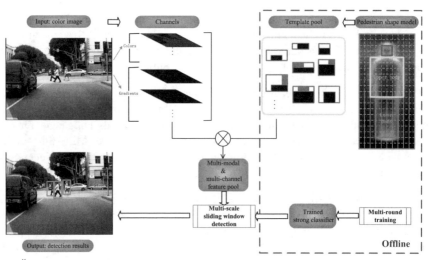

Abb. 1: Übersicht über die Fußgängererkennung basierend auf informierte Haar-ähnliche Funktionen.

und sie auf die Erscheinung von Fußgängern reagieren zu lassen. Im Gegensatz zu früheren Verfahren, bei denen kontrastpixelweise berechnet werden, betrachten wir Kontrastwerte für jeden Bereich, die durch eine statistische Deskriptor statt durch Bildkanal Werte direkt dargestellt wird. Um reichere Informationen zu den lokalen Unterschieden zu integrieren, führen wir multi-direktionale Gegensatz Vektoren ein, die umgebenden Zellen einzeln und nicht als ein Ganzes zu behandeln. Eine weitere wichtige Aufgabe ist es, eine angemessene Abstandsmessung für die Region Deskriptoren zu wählen. Wir machen einen umfassenden Vergleich der Descriptor Streckenkombinationen und finden Sie heraus die optimale von allen Experimenten. Ähnlich wie bei den meisten saliency Detektionssystemen bauen wir eine Kontrastpyramide, was grob-zu-fein lokalen Unterschied durch Variation der Zellgröße darstellt. Das Flussdiagramm wird gezeigt in Abb. 2.

- In Kapitel 5 [Zh13, Zh15b] konzentrieren wir uns auf eine weitere spezifische Aufgabe der Erfassung von bewegenden Fußgänger, die eine interessante Untergruppe für die Anwendung der Adass ist. Bewegungsinformation wird auf zwei verschiedene Arten verwendet. Einerseits führen wir Graphen basierte Segmentierung optischen Fluss Karten zweidimensionalen durch, um Bereiche von Interesse (ROIs) und sich bewegende Objekten durch Blob-Analyse auszuwählen. Auf der anderen Seite entwerfen wir Bewegung Selbst Unterschied kennzeichnet, da wir deutliche Größenordnung Karten bewegter Fußgänger von anderen bewegten Objekten beobachten. Schließlich, um verschiedene Kategorien von Funktionen in einem Lern Rahmen zu integrieren, führen wir ein Zwei-Schicht-System für zuverlässigere Klassifizierung. Das Flussdiagramm wird gezeigt in Abb. 3.

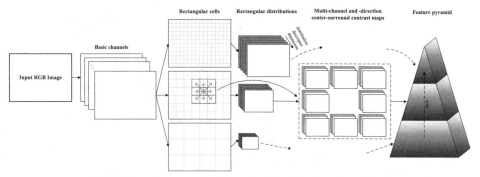

Abb. 2: Flussdiagramm der Mitte-Surround-Merkmalsextraktion.

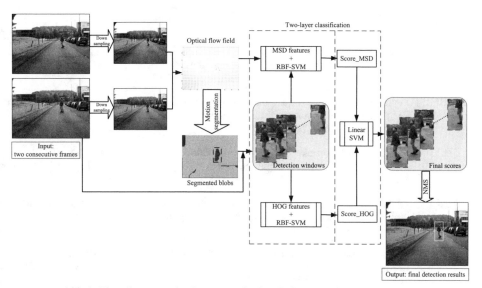

Abb. 3: Flussdiagramm der Bewegung basiert Fußgängererkennung bewegen.

Unsere Ansätze erreichen und übertreffen state-of-the-art Ergebnisse aus Experimenten auf verschiedenen Datensätzen. Im Folgenden fassen wir einige Lehren, die wir aus unserer Untersuchung gelernt haben. Diese Notizen können lehrreich für die zukünftige Forschung sein.

- Vorkenntnisse ist mächtiger als wir dachten. In Kapitel 3 erhalten wir überraschend bessere Ergebnisse als die Baseline-Detektor unter Ausnutzung der Vorkenntnisse für Spieldesign. In der Tat können wir Vorkenntnisse, um die Daten, die wir brauchen, handhaben und damit Verbesserung der Fähigkeit zur Erkennung besser verstehen. Daher ist es sinnvoll zu untersuchen, wie Vorwissen umfassender in der Zukunft zu verwenden.

- Mechanismen der menschlichen visuellen Systeme sind hilfreich für die Gestaltung effektiver intelligenten Vision-Systeme. Das haben Forscher schon vor vielen Jahren erkannt, aber es ist immer noch eine offene Frage, wie diese Mechanismen mit den bestehenden Computer-Vision und Mustererkennungstechniken in angemessener Weise zu integrieren.

- Eigenschaften gegenüber Lernmethoden. Es gibt eine Debatte darüber, welche für eine erfolgreiche Fußgängerdetektor wichtiger ist: Merkmale oder Lernmethoden. In dieser Arbeit arbeiten wir vor allem auf Feature-Design, und hat gefunden, dass aufgrund unserer Verfahren sorgfältig entworfene Funktionen solche recht komplexe Lerntechniken übertreffen. Dieser Erfolg zeigt, dass die Gestaltung der Merkmale die Statistik der angegebenen Daten einzuhalten eine vielversprechende Richtung ist und es voraussichtlich noch bessere Leistung erzielen wird.

Literaturverzeichnis

[ZBC14] Zhang, S.; Bauckhage, C.; Cremers, A. B.: Informed Haar-like Features Improve Pedestrian Detection. In: Computer Vision and Pattern Recognition (CVPR), 2014 IEEE Conference on. 2014.

[ZBC15] Zhang, S.; Bauckhage, C.; Cremers, A. B.: Efficient Pedestrian Detection via Rectangular Features Based on a Statistical Shape Model. IEEE Transactions on Intelligent Transportation Systems, 16(2):763–775, 2015.

[Zh13] Zhang, S.; Bauckhage, C.; Klein, D. A.; Cremers, A. B.: Moving pedestrian detection based on motion segmentation. In: Robot Vision (WORV), 2013 IEEE Workshop on. 2013.

[Zh14] Zhang, S.; Klein, D. A.; Bauckhage, C.; Cremers, A. B.: Center-Surround Contrast Features for Pedestrian Detection. In: Pattern Recognition (ICPR), 2014 22nd International Conference on. 2014.

[Zh15a] Zhang, S.; Bauckhage, C.; Klein, D. A.; Cremers, A. B.: Exploring Human Vision Driven Features for Pedestrian Detection. IEEE Transactions on Circuits and Systems for Video Technology, 25(10):1709–1720, 2015.

[Zh15b] Zhang, S.; Klein, D. A.; Bauckhage, C.; Cremers, A. B.: Fast Moving Pedestrian Detection Based on Motion Segmentation and New Motion Features. Multimedia Tools and Applications, 2015.

Shanshan Zhang erhielt den Master in Signal- und Informationsverarbeitung von der Tongji-Universität im Jahr 2011, und der Promotion in Informatik von der Universität Bonn im Jahr 2015 Derzeit arbeitet sie als Postdoc -Forscher an der Abteilung für Computer Vision und Multimodal Computing, Max Planck- Institut für Informatik, Saarbrücken. Sie war Gastforscher in National Institute of Informatics, Japan, im Jahr 2010. Ihre Forschungsschwerpunkte sind Computer Vision und Mustererkennung und ihre Anwendungen für fahrerlose Fahrzeuge.

GI-Edition Lecture Notes in Informatics

Dissertations

Vol. D-1: Ausgezeichnete Informatikdissertationen 2000
Vol. D-2: Ausgezeichnete Informatikdissertationen 2001
Vol. D-3: Ausgezeichnete Informatikdissertationen 2002
Vol. D-4: Ausgezeichnete Informatikdissertationen 2003
Vol. D-5: Ausgezeichnete Informatikdissertationen 2004
Vol. D-6: Ausgezeichnete Informatikdissertationen 2005
Vol. D-7: Ausgezeichnete Informatikdissertationen 2006
Vol. D-8: Ausgezeichnete Informatikdissertationen 2007
Vol. D-9: Ausgezeichnete Informatikdissertationen 2008
Vol. D-10: Ausgezeichnete Informatikdissertationen 2009
Vol. D-11: Ausgezeichnete Informatikdissertationen 2010
Vol. D-12: Ausgezeichnete Informatikdissertationen 2011
Vol. D-13: Ausgezeichnete Informatikdissertationen 2012
Vol. D-14: Ausgezeichnete Informatikdissertationen 2013
Vol. D-15: Ausgezeichnete Informatikdissertationen 2014
Vol. D-16: Ausgezeichnete Informatikdissertationen 2015

P-1 Gregor Engels, Andreas Oberweis, Albert Zündorf (Hrsg.): Modellierung 2001.

P-2 Mikhail Godlevsky, Heinrich C. Mayr (Hrsg.): Information Systems Technology and its Applications, ISTA'2001.

P-3 Ana M. Moreno, Reind P. van de Riet (Hrsg.): Applications of Natural Language to Information Systems, NLDB'2001.

P-4 H. Wörn, J. Mühling, C. Vahl, H.-P. Meinzer (Hrsg.): Rechner- und sensorgestützte Chirurgie; Workshop des SFB 414.

P-5 Andy Schürr (Hg.): OMER – Object-Oriented Modeling of Embedded Real-Time Systems.

P-6 Hans-Jürgen Appelrath, Rolf Beyer, Uwe Marquardt, Heinrich C. Mayr, Claudia Steinberger (Hrsg.): Unternehmen Hochschule, UH'2001.

P-7 Andy Evans, Robert France, Ana Moreira, Bernhard Rumpe (Hrsg.): Practical UML-Based Rigorous Development Methods – Countering or Integrating the extremists, pUML'2001.

P-8 Reinhard Keil-Slawik, Johannes Magenheim (Hrsg.): Informatikunterricht und Medienbildung, INFOS'2001.

P-9 Jan von Knop, Wilhelm Haverkamp (Hrsg.): Innovative Anwendungen in Kommunikationsnetzen, 15. DFN Arbeitstagung.

P-10 Mirjam Minor, Steffen Staab (Hrsg.): 1st German Workshop on Experience Management: Sharing Experiences about the Sharing Experience.

P-11 Michael Weber, Frank Kargl (Hrsg.): Mobile Ad-Hoc Netzwerke, WMAN 2002.

P-12 Martin Glinz, Günther Müller-Luschnat (Hrsg.): Modellierung 2002.

P-13 Jan von Knop, Peter Schirmbacher and Viljan Mahni_ (Hrsg.): The Changing Universities – The Role of Technology.

P-14 Robert Tolksdorf, Rainer Eckstein (Hrsg.): XML-Technologien für das Se-mantic Web – XSW 2002.

P-15 Hans-Bernd Bludau, Andreas Koop (Hrsg.): Mobile Computing in Medicine.

P-16 J. Felix Hampe, Gerhard Schwabe (Hrsg.): Mobile and Collaborative Busi-ness 2002.

P-17 Jan von Knop, Wilhelm Haverkamp (Hrsg.): Zukunft der Netze –Die Verletzbarkeit meistern, 16. DFN Arbeitstagung.

P-18 Elmar J. Sinz, Markus Plaha (Hrsg.): Modellierung betrieblicher Informationssysteme – MobIS 2002.

P-19 Sigrid Schubert, Bernd Reusch, Norbert Jesse (Hrsg.): Informatik bewegt – Informatik 2002 – 32. Jahrestagung der Gesellschaft für Informatik e.V. (GI) 30.Sept.-3.Okt. 2002 in Dortmund.

P-20 Sigrid Schubert, Bernd Reusch, Norbert Jesse (Hrsg.): Informatik bewegt – Informatik 2002 – 32. Jahrestagung der Gesellschaft für Informatik e.V. (GI) 30.Sept.-3. Okt. 2002 in Dortmund (Ergänzungsband).

P-21 Jörg Desel, Mathias Weske (Hrsg.): Promise 2002: Prozessorientierte Methoden und Werkzeuge für die Entwicklung von Informationssystemen.

P-22 Sigrid Schubert, Johannes Magenheim, Peter Hubwieser, Torsten Brinda (Hrsg.): Forschungsbeiträge zur "Didaktik der Informatik" – Theorie, Praxis, Evaluation.

P-23 Thorsten Spitta, Jens Borchers, Harry M. Sneed (Hrsg.): Software Management 2002 – Fortschritt durch Beständigkeit

P-24 Rainer Eckstein, Robert Tolksdorf (Hrsg.): XMIDX 2003 – XML-Technologien für Middleware – Middleware für XML-Anwendungen

P-25 Key Pousttchi, Klaus Turowski (Hrsg.): Mobile Commerce – Anwendungen und Perspektiven – 3. Workshop Mobile Commerce, Universität Augsburg, 04.02.2003

P-26 Gerhard Weikum, Harald Schöning, Erhard Rahm (Hrsg.): BTW 2003: Datenbanksysteme für Business, Technologie und Web

P-27 Michael Kroll, Hans-Gerd Lipinski, Kay Melzer (Hrsg.): Mobiles Computing in der Medizin

P-28 Ulrich Reimer, Andreas Abecker, Steffen Staab, Gerd Stumme (Hrsg.): WM 2003: Professionelles Wissensmanagement – Erfahrungen und Visionen

P-29 Antje Düsterhöft, Bernhard Thalheim (Eds.): NLDB'2003: Natural Language Processing and Information Systems

P-30 Mikhail Godlevsky, Stephen Liddle, Heinrich C. Mayr (Eds.): Information Systems Technology and its Applications

P-31 Arslan Brömme, Christoph Busch (Eds.): BIOSIG 2003: Biometrics and Electronic Signatures

P-32 Peter Hubwieser (Hrsg.): Informatische Fachkonzepte im Unterricht – INFOS 2003

P-33 Andreas Geyer-Schulz, Alfred Taudes (Hrsg.): Informationswirtschaft: Ein Sektor mit Zukunft

P-34 Klaus Dittrich, Wolfgang König, Andreas Oberweis, Kai Rannenberg, Wolfgang Wahlster (Hrsg.): Informatik 2003 – Innovative Informatikanwendungen (Band 1)

P-35 Klaus Dittrich, Wolfgang König, Andreas Oberweis, Kai Rannenberg, Wolfgang Wahlster (Hrsg.): Informatik 2003 – Innovative Informatikanwendungen (Band 2)

P-36 Rüdiger Grimm, Hubert B. Keller, Kai Rannenberg (Hrsg.): Informatik 2003 – Mit Sicherheit Informatik

P-37 Arndt Bode, Jörg Desel, Sabine Rathmayer, Martin Wessner (Hrsg.): DeLFI 2003: e-Learning Fachtagung Informatik

P-38 E.J. Sinz, M. Plaha, P. Neckel (Hrsg.): Modellierung betrieblicher Informationssysteme – MobIS 2003

P-39 Jens Nedon, Sandra Frings, Oliver Göbel (Hrsg.): IT-Incident Management & IT-Forensics – IMF 2003

P-40 Michael Rebstock (Hrsg.): Modellierung betrieblicher Informationssysteme – MobIS 2004

P-41 Uwe Brinkschulte, Jürgen Becker, Dietmar Fey, Karl-Erwin Großpietsch, Christian Hochberger, Erik Maehle, Thomas Runkler (Edts.): ARCS 2004 – Organic and Pervasive Computing

P-42 Key Pousttchi, Klaus Turowski (Hrsg.): Mobile Economy – Transaktionen und Prozesse, Anwendungen und Dienste

P-43 Birgitta König-Ries, Michael Klein, Philipp Obreiter (Hrsg.): Persistance, Scalability, Transactions – Database Mechanisms for Mobile Applications

P-44 Jan von Knop, Wilhelm Haverkamp, Eike Jessen (Hrsg.): Security, E-Learning. E-Services

P-45 Bernhard Rumpe, Wofgang Hesse (Hrsg.): Modellierung 2004

P-46 Ulrich Flegel, Michael Meier (Hrsg.): Detection of Intrusions of Malware & Vulnerability Assessment

P-47 Alexander Prosser, Robert Krimmer (Hrsg.): Electronic Voting in Europe – Technology, Law, Politics and Society

P-48 Anatoly Doroshenko, Terry Halpin, Stephen W. Liddle, Heinrich C. Mayr (Hrsg.): Information Systems Technology and its Applications

P-49 G. Schiefer, P. Wagner, M. Morgenstern, U. Rickert (Hrsg.): Integration und Datensicherheit – Anforderungen, Konflikte und Perspektiven

P-50 Peter Dadam, Manfred Reichert (Hrsg.): INFORMATIK 2004 – Informatik verbindet (Band 1) Beiträge der 34. Jahrestagung der Gesellschaft für Informatik e.V. (GI), 20.-24. September 2004 in Ulm

P-51 Peter Dadam, Manfred Reichert (Hrsg.): INFORMATIK 2004 – Informatik verbindet (Band 2) Beiträge der 34. Jahrestagung der Gesellschaft für Informatik e.V. (GI), 20.-24. September 2004 in Ulm

P-52 Gregor Engels, Silke Seehusen (Hrsg.): DELFI 2004 – Tagungsband der 2. e-Learning Fachtagung Informatik

P-53 Robert Giegerich, Jens Stoye (Hrsg.): German Conference on Bioinformatics – GCB 2004

P-54 Jens Borchers, Ralf Kneuper (Hrsg.): Softwaremanagement 2004 – Outsourcing und Integration

P-55 Jan von Knop, Wilhelm Haverkamp, Eike Jessen (Hrsg.): E-Science und Grid Ad-hoc-Netze Medienintegration

P-56 Fernand Feltz, Andreas Oberweis, Benoit Otjacques (Hrsg.): EMISA 2004 – Informationssysteme im E-Business und E-Government

P-57 Klaus Turowski (Hrsg.): Architekturen, Komponenten, Anwendungen

P-58 Sami Beydeda, Volker Gruhn, Johannes Mayer, Ralf Reussner, Franz Schweiggert (Hrsg.): Testing of Component-Based Systems and Software Quality

P-59 J. Felix Hampe, Franz Lehner, Key Pousttchi, Kai Ranneberg, Klaus Turowski (Hrsg.): Mobile Business – Processes, Platforms, Payments

P-60 Steffen Friedrich (Hrsg.): Unterrichtskonzepte für inforrmatische Bildung

P-61 Paul Müller, Reinhard Gotzhein, Jens B. Schmitt (Hrsg.): Kommunikation in verteilten Systemen

P-62 Federrath, Hannes (Hrsg.): „Sicherheit 2005" – Sicherheit – Schutz und Zuverlässigkeit

P-63 Roland Kaschek, Heinrich C. Mayr, Stephen Liddle (Hrsg.): Information Systems – Technology and ist Applications

P-64 Peter Liggesmeyer, Klaus Pohl, Michael Goedicke (Hrsg.): Software Engineering 2005

P-65 Gottfried Vossen, Frank Leymann, Peter Lockemann, Wolffried Stucky (Hrsg.): Datenbanksysteme in Business, Technologie und Web

P-66 Jörg M. Haake, Ulrike Lucke, Djamshid Tavangarian (Hrsg.): DeLFI 2005: 3. deutsche e-Learning Fachtagung Informatik

P-67 Armin B. Cremers, Rainer Manthey, Peter Martini, Volker Steinhage (Hrsg.): INFORMATIK 2005 – Informatik LIVE (Band 1)

P-68 Armin B. Cremers, Rainer Manthey, Peter Martini, Volker Steinhage (Hrsg.): INFORMATIK 2005 – Informatik LIVE (Band 2)

P-69 Robert Hirschfeld, Ryszard Kowalcyk, Andreas Polze, Matthias Weske (Hrsg.): NODe 2005, GSEM 2005

P-70 Klaus Turowski, Johannes-Maria Zaha (Hrsg.): Component-oriented Enterprise Application (COAE 2005)

P-71 Andrew Torda, Stefan Kurz, Matthias Rarey (Hrsg.): German Conference on Bioinformatics 2005

P-72 Klaus P. Jantke, Klaus-Peter Fähnrich, Wolfgang S. Wittig (Hrsg.): Marktplatz Internet: Von e-Learning bis e-Payment

P-73 Jan von Knop, Wilhelm Haverkamp, Eike Jessen (Hrsg.): "Heute schon das Morgen sehen"

P-74 Christopher Wolf, Stefan Lucks, Po-Wah Yau (Hrsg.): WEWoRC 2005 – Western European Workshop on Research in Cryptology

P-75 Jörg Desel, Ulrich Frank (Hrsg.): Enterprise Modelling and Information Systems Architecture

P-76 Thomas Kirste, Birgitta König-Riess, Key Pousttchi, Klaus Turowski (Hrsg.): Mobile Informationssysteme – Potentiale, Hindernisse, Einsatz

P-77 Jana Dittmann (Hrsg.): SICHERHEIT 2006

P-78 K.-O. Wenkel, P. Wagner, M. Morgenstern, K. Luzi, P. Eisermann (Hrsg.): Land- und Ernährungswirtschaft im Wandel

P-79 Bettina Biel, Matthias Book, Volker Gruhn (Hrsg.): Softwareengineering 2006

P-80 Mareike Schoop, Christian Huemer, Michael Rebstock, Martin Bichler (Hrsg.): Service-Oriented Electronic Commerce

P-81 Wolfgang Karl, Jürgen Becker, Karl-Erwin Großpietsch, Christian Hochberger, Erik Maehle (Hrsg.): ARCS´06

P-82 Heinrich C. Mayr, Ruth Breu (Hrsg.): Modellierung 2006

P-83 Daniel Huson, Oliver Kohlbacher, Andrei Lupas, Kay Nieselt and Andreas Zell (eds.): German Conference on Bioinformatics

P-84 Dimitris Karagiannis, Heinrich C. Mayr, (Hrsg.): Information Systems Technology and its Applications

P-85 Witold Abramowicz, Heinrich C. Mayr, (Hrsg.): Business Information Systems

P-86 Robert Krimmer (Ed.): Electronic Voting 2006

P-87　Max Mühlhäuser, Guido Rößling, Ralf Steinmetz (Hrsg.): DELFI 2006: 4. e-Learning Fachtagung Informatik

P-88　Robert Hirschfeld, Andreas Polze, Ryszard Kowalczyk (Hrsg.): NODe 2006, GSEM 2006

P-90　Joachim Schelp, Robert Winter, Ulrich Frank, Bodo Rieger, Klaus Turowski (Hrsg.): Integration, Informationslogistik und Architektur

P-91　Henrik Stormer, Andreas Meier, Michael Schumacher (Eds.): European Conference on eHealth 2006

P-92　Fernand Feltz, Benoît Otjacques, Andreas Oberweis, Nicolas Poussing (Eds.): AIM 2006

P-93　Christian Hochberger, Rüdiger Liskowsky (Eds.): INFORMATIK 2006 – Informatik für Menschen, Band 1

P-94　Christian Hochberger, Rüdiger Liskowsky (Eds.): INFORMATIK 2006 – Informatik für Menschen, Band 2

P-95　Matthias Weske, Markus Nüttgens (Eds.): EMISA 2005: Methoden, Konzepte und Technologien für die Entwicklung von dienstbasierten Informationssystemen

P-96　Saartje Brockmans, Jürgen Jung, York Sure (Eds.): Meta-Modelling and Ontologies

P-97　Oliver Göbel, Dirk Schadt, Sandra Frings, Hardo Hase, Detlef Günther, Jens Nedon (Eds.): IT-Incident Mangament & IT-Forensics – IMF 2006

P-98　Hans Brandt-Pook, Werner Simonsmeier und Thorsten Spitta (Hrsg.): Beratung in der Softwareentwicklung – Modelle, Methoden, Best Practices

P-99　Andreas Schwill, Carsten Schulte, Marco Thomas (Hrsg.): Didaktik der Informatik

P-100　Peter Forbrig, Günter Siegel, Markus Schneider (Hrsg.): HDI 2006: Hochschuldidaktik der Informatik

P-101　Stefan Böttinger, Ludwig Theuvsen, Susanne Rank, Marlies Morgenstern (Hrsg.): Agrarinformatik im Spannungsfeld zwischen Regionalisierung und globalen Wertschöpfungsketten

P-102　Otto Spaniol (Eds.): Mobile Services and Personalized Environments

P-103　Alfons Kemper, Harald Schöning, Thomas Rose, Matthias Jarke, Thomas Seidl, Christoph Quix, Christoph Brochhaus (Hrsg.): Datenbanksysteme in Business, Technologie und Web (BTW 2007)

P-104　Birgitta König-Ries, Franz Lehner, Rainer Malaka, Can Türker (Hrsg.) MMS 2007: Mobilität und mobile Informationssysteme

P-105　Wolf-Gideon Bleek, Jörg Raasch, Heinz Züllighoven (Hrsg.) Software Engineering 2007

P-106　Wolf-Gideon Bleek, Henning Schwentner, Heinz Züllighoven (Hrsg.) Software Engineering 2007 – Beiträge zu den Workshops

P-107　Heinrich C. Mayr, Dimitris Karagiannis (eds.) Information Systems Technology and its Applications

P-108　Arslan Brömme, Christoph Busch, Detlef Hühnlein (eds.) BIOSIG 2007: Biometrics and Electronic Signatures

P-109　Rainer Koschke, Otthein Herzog, Karl-Heinz Rödiger, Marc Ronthaler (Hrsg.) INFORMATIK 2007 Informatik trifft Logistik Band 1

P-110　Rainer Koschke, Otthein Herzog, Karl-Heinz Rödiger, Marc Ronthaler (Hrsg.) INFORMATIK 2007 Informatik trifft Logistik Band 2

P-111　Christian Eibl, Johannes Magenheim, Sigrid Schubert, Martin Wessner (Hrsg.) DeLFI 2007: 5. e-Learning Fachtagung Informatik

P-112　Sigrid Schubert (Hrsg.) Didaktik der Informatik in Theorie und Praxis

P-113　Sören Auer, Christian Bizer, Claudia Müller, Anna V. Zhdanova (Eds.) The Social Semantic Web 2007 Proceedings of the 1st Conference on Social Semantic Web (CSSW)

P-114　Sandra Frings, Oliver Göbel, Detlef Günther, Hardo G. Hase, Jens Nedon, Dirk Schadt, Arslan Brömme (Eds.) IMF2007 IT-incident management & IT-forensics Proceedings of the 3rd International Conference on IT-Incident Management & IT-Forensics

P-115　Claudia Falter, Alexander Schliep, Joachim Selbig, Martin Vingron and Dirk Walther (Eds.) German conference on bioinformatics GCB 2007

P-116 Witold Abramowicz, Leszek Maciszek (Eds.)
Business Process and Services Computing
1st International Working Conference on Business Process and Services Computing
BPSC 2007

P-117 Ryszard Kowalczyk (Ed.)
Grid service engineering and manegement
The 4th International Conference on Grid Service Engineering and Management
GSEM 2007

P-118 Andreas Hein, Wilfried Thoben, Hans-Jürgen Appelrath, Peter Jensch (Eds.)
European Conference on ehealth 2007

P-119 Manfred Reichert, Stefan Strecker, Klaus Turowski (Eds.)
Enterprise Modelling and Information Systems Architectures
Concepts and Applications

P-120 Adam Pawlak, Kurt Sandkuhl, Wojciech Cholewa, Leandro Soares Indrusiak (Eds.)
Coordination of Collaborative Engineering - State of the Art and Future Challenges

P-121 Korbinian Herrmann, Bernd Bruegge (Hrsg.)
Software Engineering 2008
Fachtagung des GI-Fachbereichs Softwaretechnik

P-122 Walid Maalej, Bernd Bruegge (Hrsg.)
Software Engineering 2008 - Workshopband
Fachtagung des GI-Fachbereichs Softwaretechnik

P-123 Michael H. Breitner, Martin Breunig, Elgar Fleisch, Ley Pousttchi, Klaus Turowski (Hrsg.)
Mobile und Ubiquitäre Informationssysteme – Technologien, Prozesse, Marktfähigkeit
Proceedings zur 3. Konferenz Mobile und Ubiquitäre Informationssysteme (MMS 2008)

P-124 Wolfgang E. Nagel, Rolf Hoffmann, Andreas Koch (Eds.)
9th Workshop on Parallel Systems and Algorithms (PASA)
Workshop of the GI/ITG Speciel Interest Groups PARS and PARVA

P-125 Rolf A.E. Müller, Hans-H. Sundermeier, Ludwig Theuvsen, Stephanie Schütze, Marlies Morgenstern (Hrsg.)
Unternehmens-IT:
Führungsinstrument oder Verwaltungsbürde
Referate der 28. GIL Jahrestagung

P-126 Rainer Gimnich, Uwe Kaiser, Jochen Quante, Andreas Winter (Hrsg.)
10th Workshop Software Reengineering (WSR 2008)

P-127 Thomas Kühne, Wolfgang Reisig, Friedrich Steimann (Hrsg.)
Modellierung 2008

P-128 Ammar Alkassar, Jörg Siekmann (Hrsg.)
Sicherheit 2008
Sicherheit, Schutz und Zuverlässigkeit
Beiträge der 4. Jahrestagung des Fachbereichs Sicherheit der Gesellschaft für Informatik e.V. (GI)
2.-4. April 2008
Saarbrücken, Germany

P-129 Wolfgang Hesse, Andreas Oberweis (Eds.)
Sigsand-Europe 2008
Proceedings of the Third AIS SIGSAND European Symposium on Analysis, Design, Use and Societal Impact of Information Systems

P-130 Paul Müller, Bernhard Neumair, Gabi Dreo Rodosek (Hrsg.)
1. DFN-Forum Kommunikationstechnologien Beiträge der Fachtagung

P-131 Robert Krimmer, Rüdiger Grimm (Eds.)
3rd International Conference on Electronic Voting 2008
Co-organized by Council of Europe, Gesellschaft für Informatik and E-Voting.CC

P-132 Silke Seehusen, Ulrike Lucke, Stefan Fischer (Hrsg.)
DeLFI 2008:
Die 6. e-Learning Fachtagung Informatik

P-133 Heinz-Gerd Hegering, Axel Lehmann, Hans Jürgen Ohlbach, Christian Scheideler (Hrsg.)
INFORMATIK 2008
Beherrschbare Systeme – dank Informatik
Band 1

P-134 Heinz-Gerd Hegering, Axel Lehmann, Hans Jürgen Ohlbach, Christian Scheideler (Hrsg.)
INFORMATIK 2008
Beherrschbare Systeme – dank Informatik
Band 2

P-135 Torsten Brinda, Michael Fothe, Peter Hubwieser, Kirsten Schlüter (Hrsg.)
Didaktik der Informatik –
Aktuelle Forschungsergebnisse

P-136 Andreas Beyer, Michael Schroeder (Eds.)
German Conference on Bioinformatics
GCB 2008

P-137 Arslan Brömme, Christoph Busch, Detlef Hühnlein (Eds.)
BIOSIG 2008: Biometrics and Electronic Signatures

P-138 Barbara Dinter, Robert Winter, Peter Chamoni, Norbert Gronau, Klaus Turowski (Hrsg.)
Synergien durch Integration und Informationslogistik
Proceedings zur DW2008

P-139 Georg Herzwurm, Martin Mikusz (Hrsg.)
Industrialisierung des Software-Managements
Fachtagung des GI-Fachausschusses Management der Anwendungsentwicklung und -wartung im Fachbereich Wirtschaftsinformatik

P-140 Oliver Göbel, Sandra Frings, Detlef Günther, Jens Nedon, Dirk Schadt (Eds.)
IMF 2008 - IT Incident Management & IT Forensics

P-141 Peter Loos, Markus Nüttgens, Klaus Turowski, Dirk Werth (Hrsg.)
Modellierung betrieblicher Informationssysteme (MobIS 2008)
Modellierung zwischen SOA und Compliance Management

P-142 R. Bill, P. Korduan, L. Theuvsen, M. Morgenstern (Hrsg.)
Anforderungen an die Agrarinformatik durch Globalisierung und Klimaveränderung

P-143 Peter Liggesmeyer, Gregor Engels, Jürgen Münch, Jörg Dörr, Norman Riegel (Hrsg.)
Software Engineering 2009
Fachtagung des GI-Fachbereichs Softwaretechnik

P-144 Johann-Christoph Freytag, Thomas Ruf, Wolfgang Lehner, Gottfried Vossen (Hrsg.)
Datenbanksysteme in Business, Technologie und Web (BTW)

P-145 Knut Hinkelmann, Holger Wache (Eds.)
WM2009: 5th Conference on Professional Knowledge Management

P-146 Markus Bick, Martin Breunig, Hagen Höpfner (Hrsg.)
Mobile und Ubiquitäre Informationssysteme – Entwicklung, Implementierung und Anwendung
4. Konferenz Mobile und Ubiquitäre Informationssysteme (MMS 2009)

P-147 Witold Abramowicz, Leszek Maciaszek, Ryszard Kowalczyk, Andreas Speck (Eds.)
Business Process, Services Computing and Intelligent Service Management
BPSC 2009 · ISM 2009 · YRW-MBP 2009

P-148 Christian Erfurth, Gerald Eichler, Volkmar Schau (Eds.)
9th International Conference on Innovative Internet Community Systems
I^{2}CS 2009

P-149 Paul Müller, Bernhard Neumair, Gabi Dreo Rodosek (Hrsg.)
2. DFN-Forum Kommunikationstechnologien
Beiträge der Fachtagung

P-150 Jürgen Münch, Peter Liggesmeyer (Hrsg.)
Software Engineering
2009 - Workshopband

P-151 Armin Heinzl, Peter Dadam, Stefan Kirn, Peter Lockemann (Eds.)
PRIMIUM
Process Innovation for Enterprise Software

P-152 Jan Mendling, Stefanie Rinderle-Ma, Werner Esswein (Eds.)
Enterprise Modelling and Information Systems Architectures
Proceedings of the 3rd Int'l Workshop EMISA 2009

P-153 Andreas Schwill, Nicolas Apostolopoulos (Hrsg.)
Lernen im Digitalen Zeitalter
DeLFI 2009 – Die 7. E-Learning Fachtagung Informatik

P-154 Stefan Fischer, Erik Maehle Rüdiger Reischuk (Hrsg.)
INFORMATIK 2009
Im Focus das Leben

P-155 Arslan Brömme, Christoph Busch, Detlef Hühnlein (Eds.)
BIOSIG 2009:
Biometrics and Electronic Signatures
Proceedings of the Special Interest Group on Biometrics and Electronic Signatures

P-156 Bernhard Koerber (Hrsg.)
Zukunft braucht Herkunft
25 Jahre »INFOS – Informatik und Schule«

P-157 Ivo Grosse, Steffen Neumann, Stefan Posch, Falk Schreiber, Peter Stadler (Eds.)
German Conference on Bioinformatics 2009

P-158 W. Claupein, L. Theuvsen, A. Kämpf,
M. Morgenstern (Hrsg.)
Precision Agriculture
Reloaded – Informationsgestützte
Landwirtschaft

P-159 Gregor Engels, Markus Luckey,
Wilhelm Schäfer (Hrsg.)
Software Engineering 2010

P-160 Gregor Engels, Markus Luckey,
Alexander Pretschner, Ralf Reussner
(Hrsg.)
Software Engineering 2010 –
Workshopband
(inkl. Doktorandensymposium)

P-161 Gregor Engels, Dimitris Karagiannis
Heinrich C. Mayr (Hrsg.)
Modellierung 2010

P-162 Maria A. Wimmer, Uwe Brinkhoff,
Siegfried Kaiser, Dagmar Lück-
Schneider, Erich Schweighofer,
Andreas Wiebe (Hrsg.)
Vernetzte IT für einen effektiven Staat
Gemeinsame Fachtagung
Verwaltungsinformatik (FTVI) und
Fachtagung Rechtsinformatik (FTRI) 2010

P-163 Markus Bick, Stefan Eulgem,
Elgar Fleisch, J. Felix Hampe,
Birgitta König-Ries, Franz Lehner,
Key Pousttchi, Kai Rannenberg (Hrsg.)
Mobile und Ubiquitäre
Informationssysteme
Technologien, Anwendungen und
Dienste zur Unterstützung von mobiler
Kollaboration

P-164 Arslan Brömme, Christoph Busch (Eds.)
BIOSIG 2010: Biometrics and Electronic
Signatures Proceedings of the Special
Interest Group on Biometrics and
Electronic Signatures

P-165 Gerald Eichler, Peter Kropf,
Ulrike Lechner, Phayung Meesad,
Herwig Unger (Eds.)
10th International Conference on
Innovative Internet Community Systems
(I^2CS) – Jubilee Edition 2010 –

P-166 Paul Müller, Bernhard Neumair,
Gabi Dreo Rodosek (Hrsg.)
3. DFN-Forum Kommunikationstechnologien
Beiträge der Fachtagung

P-167 Robert Krimmer, Rüdiger Grimm (Eds.)
4th International Conference on
Electronic Voting 2010
co-organized by the Council of Europe,
Gesellschaft für Informatik and
E-Voting.CC

P-168 Ira Diethelm, Christina Dörge,
Claudia Hildebrandt,
Carsten Schulte (Hrsg.)
Didaktik der Informatik
Möglichkeiten empirischer
Forschungsmethoden und Perspektiven
der Fachdidaktik

P-169 Michael Kerres, Nadine Ojstersek
Ulrik Schroeder, Ulrich Hoppe (Hrsg.)
DeLFI 2010 - 8. Tagung
der Fachgruppe E-Learning
der Gesellschaft für Informatik e.V.

P-170 Felix C. Freiling (Hrsg.)
Sicherheit 2010
Sicherheit, Schutz und Zuverlässigkeit

P-171 Werner Esswein, Klaus Turowski,
Martin Juhrisch (Hrsg.)
Modellierung betrieblicher
Informationssysteme (MobIS 2010)
Modellgestütztes Management

P-172 Stefan Klink, Agnes Koschmider
Marco Mevius, Andreas Oberweis (Hrsg.)
EMISA 2010
Einflussfaktoren auf die Entwicklung
flexibler, integrierter Informationssysteme
Beiträge des Workshops
der GI-Fachgruppe EMISA
(Entwicklungsmethoden für Infor-
mationssysteme und deren Anwendung)

P-173 Dietmar Schomburg,
Andreas Grote (Eds.)
German Conference on Bioinformatics
2010

P-174 Arslan Brömme, Torsten Eymann,
Detlef Hühnlein, Heiko Roßnagel,
Paul Schmücker (Hrsg.)
perspeGKtive 2010
Workshop „Innovative und sichere
Informationstechnologie für das
Gesundheitswesen von morgen"

P-175 Klaus-Peter Fähnrich,
Bogdan Franczyk (Hrsg.)
INFORMATIK 2010
Service Science – Neue Perspektiven für
die Informatik
Band 1

P-176 Klaus-Peter Fähnrich,
Bogdan Franczyk (Hrsg.)
INFORMATIK 2010
Service Science – Neue Perspektiven für
die Informatik
Band 2

P-177 Witold Abramowicz, Rainer Alt,
Klaus-Peter Fähnrich, Bogdan Franczyk,
Leszek A. Maciaszek (Eds.)
INFORMATIK 2010
Business Process and Service Science –
Proceedings of ISSS and BPSC

P-178 Wolfram Pietsch, Benedikt Krams (Hrsg.)
Vom Projekt zum Produkt
Fachtagung des GI-Fachausschusses
Management der Anwendungsentwicklung
und -wartung im Fachbereich Wirtschafts-
informatik (WI-MAW), Aachen, 2010

P-179 Stefan Gruner, Bernhard Rumpe (Eds.)
FM+AM`2010
Second International Workshop on Formal
Methods and Agile Methods

P-180 Theo Härder, Wolfgang Lehner,
Bernhard Mitschang, Harald Schöning,
Holger Schwarz (Hrsg.)
Datenbanksysteme für Business,
Technologie und Web (BTW)
14. Fachtagung des GI-Fachbereichs
„Datenbanken und Informationssysteme"
(DBIS)

P-181 Michael Clasen, Otto Schätzel,
Brigitte Theuvsen (Hrsg.)
Qualität und Effizienz durch
informationsgestützte Landwirtschaft,
Fokus: Moderne Weinwirtschaft

P-182 Ronald Maier (Hrsg.)
6th Conference on Professional Knowledge
Management
From Knowledge to Action

P-183 Ralf Reussner, Matthias Grund, Andreas
Oberweis, Walter Tichy (Hrsg.)
Software Engineering 2011
Fachtagung des GI-Fachbereichs
Softwaretechnik

P-184 Ralf Reussner, Alexander Pretschner,
Stefan Jähnichen (Hrsg.)
Software Engineering 2011 Workshopband
(inkl. Doktorandensymposium)

P-185 Hagen Höpfner, Günther Specht,
Thomas Ritz, Christian Bunse (Hrsg.)
MMS 2011: Mobile und ubiquitäre
Informationssysteme Proceedings zur
6. Konferenz Mobile und Ubiquitäre
Informationssysteme (MMS 2011)

P-186 Gerald Eichler, Axel Küpper,
Volkmar Schau, Hacène Fouchal,
Herwig Unger (Eds.)
11th International Conference on
Innovative Internet Community Systems
(I^{2}CS)

P-187 Paul Müller, Bernhard Neumair,
Gabi Dreo Rodosek (Hrsg.)
4. DFN-Forum Kommunikationstechnologien, Beiträge der Fachtagung
20. Juni bis 21. Juni 2011 Bonn

P-188 Holger Rohland, Andrea Kienle,
Steffen Friedrich (Hrsg.)
DeLFI 2011 – Die 9. e-Learning
Fachtagung Informatik
der Gesellschaft für Informatik e.V.
5.–8. September 2011, Dresden

P-189 Thomas, Marco (Hrsg.)
Informatik in Bildung und Beruf
INFOS 2011
14. GI-Fachtagung Informatik und Schule

P-190 Markus Nüttgens, Oliver Thomas,
Barbara Weber (Eds.)
Enterprise Modelling and Information
Systems Architectures (EMISA 2011)

P-191 Arslan Brömme, Christoph Busch (Eds.)
BIOSIG 2011
International Conference of the
Biometrics Special Interest Group

P-192 Hans-Ulrich Heiß, Peter Pepper, Holger
Schlingloff, Jörg Schneider (Hrsg.)
INFORMATIK 2011
Informatik schafft Communities

P-193 Wolfgang Lehner, Gunther Piller (Hrsg.)
IMDM 2011

P-194 M. Clasen, G. Fröhlich, H. Bernhardt,
K. Hildebrand, B. Theuvsen (Hrsg.)
Informationstechnologie für eine
nachhaltige Landbewirtschaftung
Fokus Forstwirtschaft

P-195 Neeraj Suri, Michael Waidner (Hrsg.)
Sicherheit 2012
Sicherheit, Schutz und Zuverlässigkeit
Beiträge der 6. Jahrestagung des
Fachbereichs Sicherheit der
Gesellschaft für Informatik e.V. (GI)

P-196 Arslan Brömme, Christoph Busch (Eds.)
BIOSIG 2012
Proceedings of the 11th International
Conference of the Biometrics Special
Interest Group

P-197 Jörn von Lucke, Christian P. Geiger,
Siegfried Kaiser, Erich Schweighofer,
Maria A. Wimmer (Hrsg.)
Auf dem Weg zu einer offenen, smarten
und vernetzten Verwaltungskultur
Gemeinsame Fachtagung
Verwaltungsinformatik (FTVI) und
Fachtagung Rechtsinformatik (FTRI) 2012

P-198 Stefan Jähnichen, Axel Küpper,
Sahin Albayrak (Hrsg.)
Software Engineering 2012
Fachtagung des GI-Fachbereichs
Softwaretechnik

P-199 Stefan Jähnichen, Bernhard Rumpe,
Holger Schlingloff (Hrsg.)
Software Engineering 2012
Workshopband

P-200　Gero Mühl, Jan Richling, Andreas
　　　　Herkersdorf (Hrsg.)
　　　　ARCS 2012 Workshops

P-201　Elmar J. Sinz Andy Schürr (Hrsg.)
　　　　Modellierung 2012

P-202　Andrea Back, Markus Bick,
　　　　Martin Breunig, Key Pousttchi,
　　　　Frédéric Thiesse (Hrsg.)
　　　　MMS 2012:Mobile und Ubiquitäre
　　　　Informationssysteme

P-203　Paul Müller, Bernhard Neumair,
　　　　Helmut Reiser, Gabi Dreo Rodosek (Hrsg.)
　　　　5. DFN-Forum Kommunikations-
　　　　technologien
　　　　Beiträge der Fachtagung

P-204　Gerald Eichler, Leendert W. M. Wienhofen,
　　　　Anders Kofod-Petersen, Herwig Unger (Eds.)
　　　　12th International Conference on
　　　　Innovative Internet Community Systems
　　　　(I2CS 2012)

P-205　Manuel J. Kripp, Melanie Volkamer, Rüdiger
　　　　Grimm (Eds.)
　　　　5th International Conference on Electronic
　　　　Voting 2012 (EVOTE2012)
　　　　Co-organized by the Council of Europe,
　　　　Gesellschaft für Informatik and E-Voting.CC

P-206　Stefanie Rinderle-Ma,
　　　　Mathias Weske (Hrsg.)
　　　　EMISA 2012
　　　　Der Mensch im Zentrum der Modellierung

P-207　Jörg Desel, Jörg M. Haake,
　　　　Christian Spannagel (Hrsg.)
　　　　DeLFI 2012: Die 10. e-Learning Fachtagung
　　　　Informatik der Gesellschaft für Informatik
　　　　e.V.
　　　　24.–26. September 2012

P-208　Ursula Goltz, Marcus Magnor,
　　　　Hans-Jürgen Appelrath, Herbert Matthies,
　　　　Wolf-Tilo Balke, Lars Wolf (Hrsg.)
　　　　INFORMATIK 2012

P-209　Hans Brandt-Pook, André Fleer, Thorsten
　　　　Spitta, Malte Wattenberg (Hrsg.)
　　　　Nachhaltiges Software Management

P-210　Erhard Plödereder, Peter Dencker, Herbert
　　　　Klenk, Hubert B. Keller,
　　　　Silke Spitzer (Hrsg.)
　　　　Automotive – Safety & Security 2012
　　　　Sicherheit und Zuverlässigkeit für automobile
　　　　Informationstechnik

P-211　M. Clasen, K. C. Kersebaum, A.
　　　　Meyer-Aurich, B. Theuvsen (Hrsg.)
　　　　Massendatenmanagement in der
　　　　Agrar- und Ernährungswirtschaft
　　　　Erhebung – Verarbeitung – Nutzung
　　　　Referate der 33. GIL-Jahrestagung
　　　　20. – 21. Februar 2013, Potsdam

P-212　Arslan Brömme, Christoph Busch (Eds.)
　　　　BIOSIG 2013
　　　　Proceedings of the 12th International
　　　　Conference of the Biometrics
　　　　Special Interest Group
　　　　04.–06. September 2013
　　　　Darmstadt, Germany

P-213　Stefan Kowalewski,
　　　　Bernhard Rumpe (Hrsg.)
　　　　Software Engineering 2013
　　　　Fachtagung des GI-Fachbereichs
　　　　Softwaretechnik

P-214　Volker Markl, Gunter Saake, Kai-Uwe
　　　　Sattler, Gregor Hackenbroich, Bernhard Mit
　　　　schang, Theo Härder, Veit Köppen (Hrsg.)
　　　　Datenbanksysteme für Business,
　　　　Technologie und Web (BTW) 2013
　　　　13. – 15. März 2013, Magdeburg

P-215　Stefan Wagner, Horst Lichter (Hrsg.)
　　　　Software Engineering 2013 Workshopband
　　　　(inkl. Doktorandensymposium)
　　　　26. Februar – 1. März 2013, Aachen

P-216　Gunter Saake, Andreas Henrich,
　　　　Wolfgang Lehner, Thomas Neumann,
　　　　Veit Köppen (Hrsg.)
　　　　Datenbanksysteme für Business, Technolo-
　　　　gie und Web (BTW) 2013 –Workshopband
　　　　11. – 12. März 2013, Magdeburg

P-217　Paul Müller, Bernhard Neumair, Helmut
　　　　Reiser, Gabi Dreo Rodosek (Hrsg.)
　　　　6. DFN-Forum Kommunikations-
　　　　technologien
　　　　Beiträge der Fachtagung
　　　　03.–04. Juni 2013, Erlangen

P-218　Andreas Breiter, Christoph Rensing (Hrsg.)
　　　　DeLFI 2013: Die 11 e-Learning
　　　　Fachtagung Informatik der Gesellschaft
　　　　für Informatik e.V. (GI)
　　　　8. – 11. September 2013, Bremen

P-219　Norbert Breier, Peer Stechert,
　　　　Thomas Wilke (Hrsg.)
　　　　Informatik erweitert Horizonte
　　　　INFOS 2013
　　　　15. GI-Fachtagung Informatik und Schule
　　　　26. – 28. September 2013

P-220　Matthias Horbach (Hrsg.)
　　　　INFORMATIK 2013
　　　　Informatik angepasst an Mensch,
　　　　Organisation und Umwelt
　　　　16. – 20. September 2013, Koblenz

P-221　Maria A. Wimmer, Marijn Janssen,
　　　　Ann Macintosh, Hans Jochen Scholl,
　　　　Efthimios Tambouris (Eds.)
　　　　Electronic Government and
　　　　Electronic Participation
　　　　Joint Proceedings of Ongoing Research
　　　　of IFIP EGOV and IFIP ePart 2013
　　　　16. – 19. September 2013, Koblenz

P-222 Reinhard Jung, Manfred Reichert (Eds.)
Enterprise Modelling
and Information Systems Architectures
(EMISA 2013)
St. Gallen, Switzerland
September 5. – 6. 2013

P-223 Detlef Hühnlein, Heiko Roßnagel (Hrsg.)
Open Identity Summit 2013
10. – 11. September 2013
Kloster Banz, Germany

P-224 Eckhart Hanser, Martin Mikusz, Masud Fazal-Baqaie (Hrsg.)
Vorgehensmodelle 2013
Vorgehensmodelle – Anspruch und Wirklichkeit
20. Tagung der Fachgruppe Vorgehensmodelle im Fachgebiet Wirtschaftsinformatik (WI-VM) der Gesellschaft für Informatik e.V.
Lörrach, 2013

P-225 Hans-Georg Fill, Dimitris Karagiannis, Ulrich Reimer (Hrsg.)
Modellierung 2014
19. – 21. März 2014, Wien

P-226 M. Clasen, M. Hamer, S. Lehnert, B. Petersen, B. Theuvsen (Hrsg.)
IT-Standards in der Agrar- und Ernährungswirtschaft Fokus: Risiko- und Krisenmanagement
Referate der 34. GIL-Jahrestagung
24. – 25. Februar 2014, Bonn

P-227 Wilhelm Hasselbring,
Nils Christian Ehmke (Hrsg.)
Software Engineering 2014
Fachtagung des GI-Fachbereichs Softwaretechnik
25. – 28. Februar 2014
Kiel, Deutschland

P-228 Stefan Katzenbeisser, Volkmar Lotz, Edgar Weippl (Hrsg.)
Sicherheit 2014
Sicherheit, Schutz und Zuverlässigkeit
Beiträge der 7. Jahrestagung des Fachbereichs Sicherheit der Gesellschaft für Informatik e.V. (GI)
19. – 21. März 2014, Wien

P-230 Arslan Brömme, Christoph Busch (Eds.)
BIOSIG 2014
Proceedings of the 13th International Conference of the Biometrics Special Interest Group
10. – 12. September 2014 in Darmstadt, Germany

P-231 Paul Müller, Bernhard Neumair, Helmut Reiser, Gabi Dreo Rodosek (Hrsg.)
7. DFN-Forum
Kommunikationstechnologien
16. – 17. Juni 2014
Fulda

P-232 E. Plödereder, L. Grunske, E. Schneider, D. Ull (Hrsg.)
INFORMATIK 2014
Big Data – Komplexität meistern
22. – 26. September 2014
Stuttgart

P-233 Stephan Trahasch, Rolf Plötzner, Gerhard Schneider, Claudia Gayer, Daniel Sassiat, Nicole Wöhrle (Hrsg.)
DeLFI 2014 – Die 12. e-Learning Fachtagung Informatik
der Gesellschaft für Informatik e.V.
15. – 17. September 2014
Freiburg

P-234 Fernand Feltz, Bela Mutschler, Benoît Otjacques (Eds.)
Enterprise Modelling and Information Systems Architectures
(EMISA 2014)
Luxembourg, September 25-26, 2014

P-235 Robert Giegerich,
Ralf Hofestädt,
Tim W. Nattkemper (Eds.)
German Conference on Bioinformatics 2014
September 28 – October 1
Bielefeld, Germany

P-236 Martin Engstler, Eckhart Hanser, Martin Mikusz, Georg Herzwurm (Hrsg.)
Projektmanagement und Vorgehensmodelle 2014
Soziale Aspekte und Standardisierung
Gemeinsame Tagung der Fachgruppen Projektmanagement (WI-PM) und Vorgehensmodelle (WI-VM) im Fachgebiet Wirtschaftsinformatik der Gesellschaft für Informatik e.V., Stuttgart 2014

P-237 Detlef Hühnlein, Heiko Roßnagel (Hrsg.)
Open Identity Summit 2014
4.–6. November 2014
Stuttgart, Germany

P-238 Arno Ruckelshausen, Hans-Peter Schwarz, Brigitte Theuvsen (Hrsg.)
Informatik in der Land-, Forst- und Ernährungswirtschaft
Referate der 35. GIL-Jahrestagung
23. – 24. Februar 2015, Geisenheim

P-239 Uwe Aßmann, Birgit Demuth, Thorsten Spitta, Georg Püschel, Ronny Kaiser (Hrsg.)
Software Engineering & Management 2015
17.-20. März 2015, Dresden

P-240 Herbert Klenk, Hubert B. Keller, Erhard Plödereder, Peter Dencker (Hrsg.)
Automotive – Safety & Security 2015
Sicherheit und Zuverlässigkeit für automobile Informationstechnik
21.–22. April 2015, Stuttgart

P-241 Thomas Seidl, Norbert Ritter, Harald Schöning, Kai-Uwe Sattler, Theo Härder, Steffen Friedrich, Wolfram Wingerath (Hrsg.)
Datenbanksysteme für Business, Technologie und Web (BTW 2015)
04. – 06. März 2015, Hamburg

P-242 Norbert Ritter, Andreas Henrich, Wolfgang Lehner, Andreas Thor, Steffen Friedrich, Wolfram Wingerath (Hrsg.)
Datenbanksysteme für Business, Technologie und Web (BTW 2015) – Workshopband
02. – 03. März 2015, Hamburg

P-243 Paul Müller, Bernhard Neumair, Helmut Reiser, Gabi Dreo Rodosek (Hrsg.)
8. DFN-Forum Kommunikationstechnologien
06.–09. Juni 2015, Lübeck

P-244 Alfred Zimmermann, Alexander Rossmann (Eds.)
Digital Enterprise Computing (DEC 2015)
Böblingen, Germany June 25-26, 2015

P-245 Arslan Brömme, Christoph Busch, Christian Rathgeb, Andreas Uhl (Eds.)
BIOSIG 2015
Proceedings of the 14th International Conference of the Biometrics Special Interest Group
09.–11. September 2015
Darmstadt, Germany

P-246 Douglas W. Cunningham, Petra Hofstedt, Klaus Meer, Ingo Schmitt (Hrsg.)
INFORMATIK 2015
28.9.-2.10. 2015, Cottbus

P-247 Hans Pongratz, Reinhard Keil (Hrsg.)
DeLFI 2015 – Die 13. E-Learning Fachtagung Informatik der Gesellschaft für Informatik e.V. (GI)
1.–4. September 2015
München

P-248 Jens Kolb, Henrik Leopold, Jan Mendling (Eds.)
Enterprise Modelling and Information Systems Architectures
Proceedings of the 6th Int. Workshop on Enterprise Modelling and Information Systems Architectures, Innsbruck, Austria
September 3-4, 2015

P-249 Jens Gallenbacher (Hrsg.)
Informatik allgemeinbildend begreifen
INFOS 2015 16. GI-Fachtagung Informatik und Schule
20.–23. September 2015

P-250 Martin Engstler, Masud Fazal-Baqaie, Eckhart Hanser, Martin Mikusz, Alexander Volland (Hrsg.)
Projektmanagement und Vorgehensmodelle 2015
Hybride Projektstrukturen erfolgreich umsetzen. Gemeinsame Tagung der Fachgruppen Projektmanagement (WI-PM) und Vorgehensmodelle (WI-VM) im Fachgebiet Wirtschaftsinformatik der Gesellschaft für Informatik e.V., Elmshorn 2015

P-251 Detlef Hühnlein, Heiko Roßnagel, Raik Kuhlisch, Jan Ziesing (Eds.)
Open Identity Summit 2015
10.–11. November 2015
Berlin, Germany

P-252 Jens Knoop, Uwe Zdun (Hrsg.)
Software Engineering 2016
Fachtagung des GI-Fachbereichs Softwaretechnik
23.–26. Februar 2016, Wien

P-253 A. Ruckelshausen, A. Meyer-Aurich, T. Rath, G. Recke, B. Theuvsen (Hrsg.)
Informatik in der Land-, Forst- und Ernährungswirtschaft
Fokus: Intelligente Systeme – Stand der Technik und neue Möglichkeiten
Referate der 36. GIL-Jahrestagung
22.-23. Februar 2016, Osnabrück

P-254 Andreas Oberweis, Ralf Reussner (Hrsg.)
Modellierung 2016
2.–4. März 2016, Karlsruhe

P-255 Stefanie Betz, Ulrich Reimer (Hrsg.)
Modellierung 2016 Workshopband
2.–4. März 2016, Karlsruhe

P-256　Michael Meier, Delphine Reinhardt,
　　　　Steffen Wendzel (Hrsg.)
　　　　Sicherheit 2016
　　　　Sicherheit, Schutz und Zuverlässigkeit
　　　　Beiträge der 8. Jahrestagung des
　　　　Fachbereichs Sicherheit der
　　　　Gesellschaft für Informatik e.V. (GI)
　　　　5.–7. April 2016, Bonn

P-257　Paul Müller, Bernhard Neumair, Helmut
　　　　Reiser, Gabi Dreo Rodosek (Hrsg.)
　　　　9. DFN-Forum
　　　　Kommunikationstechnologien
　　　　31. Mai – 01. Juni 2016, Rostock

P-258　Dieter Hertweck, Christian Decker (Eds.)
　　　　Digital Enterprise Computing (DEC 2016)
　　　　14.–15. Juni 2016, Böblingen

P-259　Heinrich C. Mayr, Martin Pinzger (Hrsg.)
　　　　INFORMATIK 2016
　　　　26.–30. September 2016, Klagenfurt

P-262　Ulrike Lucke, Andreas Schwill,
　　　　Raphael Zender (Hrsg.)
　　　　DeLFI 2016 – Die 14. E-Learning
　　　　Fachtagung Informatik
　　　　der Gesellschaft für Informatik e.V. (GI)
　　　　11.–14. September 2016, Potsdam

The titles can be purchased at:

Köllen Druck + Verlag GmbH
Ernst-Robert-Curtius-Str. 14 · D-53117 Bonn
Fax: +49 (0)228/9898222
E-Mail: druckverlag@koellen.de